立川武蔵
TACHIKAWA Musashi

マンダラ観想と密教思想

春秋社

図１　スヴァヤンブーナート仏塔。半球形のアンダ（卵）の上の平頭に眼鼻が描かれており、仏塔がブッダの身体であることを示している。ネパールのカトマンドゥ盆地の西北部

図２　トーラナ（半円形装飾）に見られる阿閦三尊。スヴァヤンブーナート仏塔の東面（上）
図３　トーラナの宝生（下段中央）。クワー・バハール境内中央の仏塔（南面）。ネパールのパタン市（下）

図４『秘密集会タントラ』の五仏のマンダラ。中央に金剛（阿閦）、東（下）に円輪（大日）、南に宝珠（宝生）、西に蓮華（阿弥陀）、北に剣（不空）が位置する（個人蔵）

図５　チベットの胎蔵マンダラ。『タントラ部集成』20 番
[Lokesh Chandra, Tachikawa and Watanabe 2006: 24]

図６　チベットの金剛界マンダラ。『タントラ部集成』22 番
[Lokesh Chandra, Tachikawa and Watanabe 2006: 26]

図７　お練りに用いられる燃灯仏の被り物。クワー・バハール

図８　ボン教の悪趣清浄マンダラ。国立民族学博物館所蔵

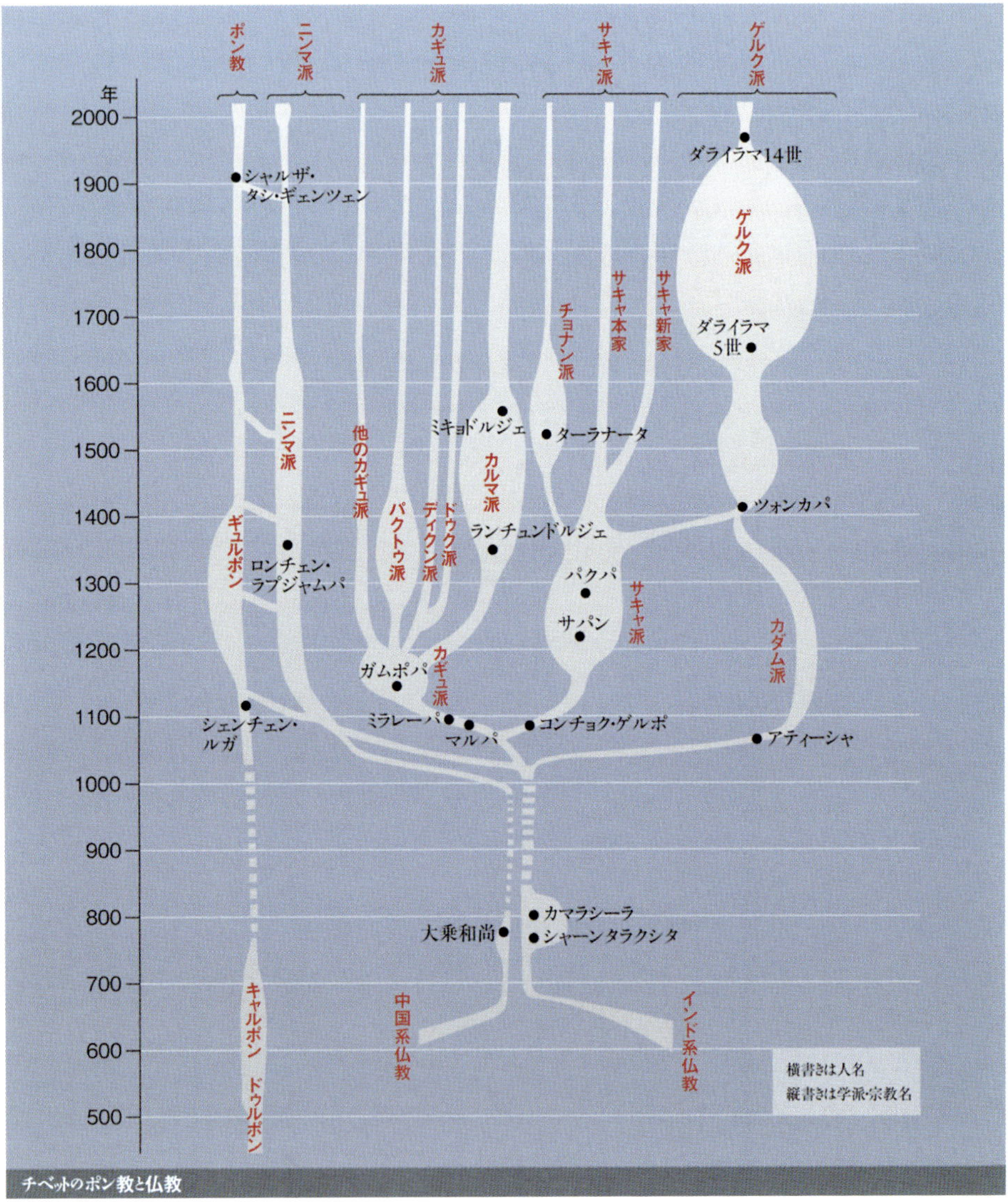

図９　チベット仏教およびポン教の歴史図（著者作）

はじめに

われわれは常に、現在自分たちが置かれている歴史的状況に機敏に対応しなければならない。歴史的状況がそれぞれの人間の存在のあらゆる場面を決定するわけではないが、人間の営みが歴史的・社会的なものであることはいうまでもない。

いかなる宗教も人間の営みの一部であるゆえに、宗教の一形態としての密教（タントリズム）もわれわれが現在置かれている歴史的社会状況と切り離して考察できるものではない。今日における密教の意義は、今日において宗教が有する意義の中で、密教がどのような位置にあるかを明らかにしたうえで問わねばならない。つまり、われわれの問いは「今日の歴史的・社会的状況の中で宗教はどのような意味をもつのか、また、その宗教の意義の中で『密教』と呼ばれてきた宗教形態はどのような意味をもつのか」である。

今日、日本におけるわれわれをとりまく状況は、近代以降のヨーロッパ・アメリカ文化の影響を無視して語ることはできない。明治以降の百数十年の歴史の中で日本の社会・文化は欧米の影響を受けて急激に変化してきた。日本のみではなく、インドや中国、その他アジア諸国の社会・文化・宗教などは、この一世紀間の欧米の社会・文化等によって多大な影響を受けてきた。

さらに、当の欧米の社会・思想状況は特にこの半世紀の間に大きく変化している。この変化の大きさは人類がこれまでに経験したいかなる変化よりも大きい、といわれている。まずイギリスで起きた産業革命は、当初は限られた地域における生産および流通の変化をもたらしたにすぎない。が、それが生み出した交通・通信の発達によってその後休みなく地域を拡げつつ、やがて世界の経済・社会・文化を大きく変化させた。

今日の地球規模における世界変化であるグローバライゼーションは産業革命から始まった流れの末にある。しかし、産業革命後、半世紀前までの変化は、今日われわれの眼の前で起きている変化に較べるならば、その変化の曲線ははるかにゆるやかであった。人々はまがりなりにもその変化に対応することができた。

ところが、この半世紀間、特にこの四半世紀における世界の社会・経済・文化・宗教などの諸局面における変化は、人間がこれまでに経験したことのないような状況に導かれたことを物語っている。産業革命後に生きたマルクスは、疎外のない社会の建設を説いた。しかし、彼の思想は、資本家による労働者たちの搾取さえなければ人間は疎外からまぬがれ、多くの量の労働はより多くの利潤と幸福を約束するという楽観主義に支えられていた。彼の時代には地球上の資源が有限であり人間の環境条件が人間の生産活動によっていとも簡単に破壊されるというようなことは、はっきりとは自覚されていなかったし、また自覚する必要もなかった。

現代の社会は高度産業技術のますますの刷新をめざし、「合理」の名のもとに、効率のよさにトップ・プライオリティを置いている。ヘーゲルやマルクスが見ていた疎外よりもはるかに徹底した程度にまで人間の疎外化は進んでいる。生物学的生命体としてのヒトの精神・生理学的メカニズムを奪い去り、コンピュータ上で数値として操作できるデータとして人間は扱われはじめた。子供たちは、そして大人たちも、コンピューターのディスプレイにたち現われる画像の動きと自分たちの生身の肉体の動きとを重ね合わせることによって十分な身体的刺激を得る、あるいは得たと思い込む。現代人はそのようなかたちの観念人間になっている。

世界規模の市場経済がこの観念人間をまる呑みにしようとしているのが、グローバライゼーションである。これによって世界全体を安定した市場とした世界が築かれ、また「ナショナリズムの抗争のない世界が到来するはずであった」。グローバライゼーションはようするに全世界を均一の原理、つまり合理化された市場原理によって統轄しようとする試み以外の何ものでもない。だが、それは人類繁栄の道というよりも、その道はむしろ滅亡へと走っているのではないだろうか。

この地球規模の生産方法や商業形態、さらには文化の均一化は、多くの少数民族の言語を消し、多様な民族文化・宗教文化を統合しようとしている。それぞれの地域における主流あるいは強力な集団に他の弱小集団が統合されることは人間の歴史の中で常にくり返されてきたことであった。しかし、今起きつつあることは、これまでなかった規模と速度で起きており、それを原因とするような後戻りできない改変が地球上のあちこちで起きている。

そのような変化は「開発の進んでいない」諸国にのみに起きているのではない。アメリカ合衆国はグローバライゼーションによって達成されるあり方のモデルであったはずだ。しかし、この華麗なる消費経済を続ける国においても、「心身症」——近年では身体疾患の一部とされる——をはじめとする現代の危機的症状は顕著である。むしろ、アメリカ、ヨーロッパ、そして日本において心身症などに代表される「現代の病」にはより深刻なものがある。状況の変化に人間が追いついていないのである。

社会における宗教の機能もこの半世紀において確かに変化した。欧米の宗教における最大の変化は、正統キリスト教の弱体化である。神の実在性を信じて疑わなかったキリスト者たちも、「神」という観念の再解釈を余儀なくさせられている。世界から超絶した創造神から「世界との内的な結び方をもつような創造神」へと神観念を変更しようとしているのである。

神そのもの、あるいは神の概念そのものへの深刻な不信は一九世紀にすでにあった。人々がヘーゲル流の世界精神を信じなくなって久しい。ニーチェは「神は死んだ」――この言葉はニーチェ自身のものではないといわれるが――といいながら、一方では死んだ神に代わる何ものかを探した。ニーチェは、彼以後の時代がいわゆる正統派キリスト教の神から離れていくこと、そしてその「神離れ」を促進させる作具であった合理的理性そのものが信頼するに足りないものであることを指摘した。ドイツ観念論が打ち立てたような神、および正統派キリスト教が主張してきたような神の存在証明がともに困難となることを指摘したことに、ニーチェの偉大さがあるわけではない。彼はさらに、そのような神の観念を保持することが将来困難になると指摘する際の旗印であった合理的理性が、やがてより大きな困難へと人間たちを導くことを警告した。彼の思想の意義はこの指摘にある。

マックス・ウェーバーも「合理的精神」が世界史において果たした役割とその危険性を意識していた。ウェーバーはいわゆる「合理的精神」がなぜヨーロッパにおいて成立し、インドや中国には成立しなかったかを明らかにしようとしたが、その際、彼のいう合理的精神が押し上げてきた資本主義がさまざまな問題を孕んでいたことに彼は感づいてはいたのである。もっとも彼はその資本主義の諸問題が大規模に露見する前にこの世を去った。

ここでようやくわれわれは密教の意義について検討する入口に到達したように思う。本書において、われわれが密教にかかわるのは、宗教の一形態としての密教を単に歴史的・文献的に明らかにしようとするためではない。現代における密教の意義を探ろうとするのである。

今日、宗教の課題は、コンピューターの中に組みこまれた「データ人間」を、肉体をもち、生理的反応を有しつづけるヒトの中へと取りもどすことであろう。安全な地球環境を取りもどすには高度の科学技術が必要だろう。しかし、そのような科学技術の開発は、現代社会に見られるようなあくなき利潤の追求がどこかで止められるか修正されるかしないかぎりは不可能である。技術は、いかに高度なものであったとしても、それのみではそのめざす目的を変えることはできない。技術の目的を変えることができるのは、その目的あるいは結果の利用の仕方を決定する人間のみである。

今、宗教は技術の目的をいかに人間たちの生活の中で利用すべきか、その「利用の仕方」を環境・倫理等の諸条件の中で考えねばならない。この問題は決して科学・政治・経済などの中では解決しない。科学や経済が自己否定を通じてそれまでの自己を超えて再生することは期待できないからである。

では、宗教にはそれができるのか。その問題の中で密教はどのような立場にあるのか。そもそも密教とはどのような宗教形態なのか。

「現代の問題は宗教によってのみ解決可能である」などというつもりはない。ただ、以上述べたような観点に立つならば、「宗教」とわれわれが名づけてきた精神的伝統の中から今日の問題を考える意義は十分にあると思う。なかでも密教の伝統が育んできたもろもろの要素は、実は近代の合理主義がそぎ落としたものそのもののように思われる。それゆえにこそ、近年、欧米、日本などでは密教が再評価されてきているのではあるまいか。

密教はその発生の地であるインドのみならず、日本においてもしばしば蔑視の対象となってきた。この蔑視は近年ではほとんどなくなったとはいえ、まったくなくなったわけではない。密教とはどのような宗教形態であるのかを、それが流布した地域におけるそれぞれの形態を考察しながら、さまざまな角度から明らかにする必要があろう。その上で宗教の現代的意義を問おうとするのが、本書の目的の一つである。

「密教」という用語がどのような形態をさすのかについては、今日、定説があるわけではない。この語は一般には大乗仏教の一形態をさすように考えられているが、アジア全域における宗教を考える場合には、ヒンドゥー教における「密教」(タントリズム)をも視野に入れるべきだと思われる。

インド亜大陸でも中国でも仏教の密教は亡んだにもかかわらず、チベット、ブータン、ネパールには今日、仏教の密教が残っていることは偶然ではないと思われる。ヒンドゥー密教もネパール、ベンガル、オリッサなどの地域において勢力が強い。このことは、密教がアーリヤ人たちの文化とは相容れないものであったことを示唆していると思われる。

密教はその根をインド亜大陸の北部あるいはインドを北に超えたヒマーラヤ地域およびアッサム(カーマルーパ)、ベンガルなどにもっていたと推測される。M・エリアーデが「アジア化されたインド」というときには、彼は北アジアからインド亜大陸の北部に至るまでのシャーマニズム的要素が伝えられた広汎な領域を考えていた。インドが「アジア化」されたときは、インドがシャーマニズムや密教の要素を多分に有したときなのである。

M・ウェーバーは、オルギーやエクスターゼの純化は、北インドにおいて南インドにおいてよりよく行われたと述べているが、それは密教、特に仏教密教が北インドにおいてより大きな勢力をもったことと軌を一にしている。もっとも南インドにおいてはシャイヴァ・シッダーンタのようなよく知られたヒンドゥー密教の学派があるが、この学派は血・骨・皮といった土着的崇拝形態を排除し、ヴェーダーンタの思弁的学説をより極端なかたちにおし進めたものであって、血・骨・皮などの儀礼を十分に吸収した後期の仏教密教とはその性格を異にする。

ヒンドゥー教文化は、ヒマーラヤ山脈を越えてチベットや中央アジアに伝えられることはなかった。一方で、チベットは他のどの民族ももちえなかったほどの旺盛な貪欲さで仏教文化を吸収した。インド亜大陸の北端に位置するネパールのカトマンドゥ盆地もチベット仏教とは異なる種類の仏教密教が生き残っている。チベット・ビルマ語系の言語を話すネワール人たちはインド密教のシステムを驚くほど正確に受け入れながらも、自分たちの従来の崇拝形態を失っていない。

ネパールの東には今日ではインドの一州となったシッキムがある。この「国」が歴史に登場するのは一七世紀前半であるが、それまでは同じくチベット・ビルマ語を話すレプチャ、リンプーなどの民族が住んでいた。一七世紀前半以降は、チベット人が移住し、チベット仏教文化が栄えていたシッキム州のさらに東には、仏教国ブータンがある。伝統的にはブータンの宗教はチベット仏教のうちのニンマ派やカギュ派の分派ドゥク派が中心となっている。この国の東南に位置するアッサムには、かつては大乗仏教徒も活動していたが、今日ではヒンドゥー教でもない土着的宗教団体が多い。さらにアッサムには、キリスト教徒もいるが彼らは別にして、「自分たちはヒンドゥー教徒ではない」と宣言している者たちが多く見られる。アッサムは今日ではインド領に入っているが、文化的にはアーリヤ系のヒンドゥー文化とは異質のものを有している。

　ミャンマーの人々は、高原地帯あるいは山岳地帯に住むことの多いチベット・ビルマ語系の民族の中で低地に順応した民族である。今日のミャンマーでは上座仏教が勢力を得ているのであるが、かつては今日の上座仏教徒とは異質の仏教も存在したと思われる。八〜一〇世紀のパガン王朝の都パガンには二〇〇〇を超す仏教寺院の遺跡がある。その当時の建設様式を伝える遺跡もわずかに残っているが、それらの中には密教的とも思われる要素も見られる。少なくとも大乗仏教のパンテオンの像や壁画が見られるのである。ミャンマーの西海岸、アラカン山脈の西側には、大乗仏教の尊像が数多く発見されている。

　チベット、ネパール、シッキム州、ブータン、ミャンマーなどの国や州は、インド亜大陸と中国大陸の中間を斜めに走る地域の中にある。この地域はインド文化圏と中国文化圏の中間に位置し、そのいずれにも属するのではない文化を保ってきた。今、この第三の文化圏をその地域で話されている主要な言語にちなんで「チベット・ビルマ文化圏」と呼ぶことにしたい。

　チベット・ビルマ文化圏において密教が強い勢力を得ているということは、密教の有する性格とチベット・ビルマ文化圏に住む人々の間に何らかの関連があることを意味すると考えられる。チベット・ビルマ文化圏以外に密教が流布しなかったといっているのではもちろんない。ただ、密教の「ふるさと」がチベット・ビルマ文化圏にあったのではないかという仮説を立てることは可能ではないかと思うのである。

　今日の密教の形態はこのように多様であるが、本書ではインド、ネパール、チベットにおける過去と現在の密教のあり方を、マンダラの理論と実際を通じて明らかにし、さらに未来における意義を明らかにしたいと思う。

マンダラ観想と密教思想……目　次

はじめに　i

第1章　インド・ネパールの密教……3

1　密教とは何か　5
一　マックス・ウェーバーと近代合理主義　5
二　ウェーバーの世界宗教の理解　6
三　オルギー（狂躁）とエクスターゼ（恍惚）　9
四　密教とオルギー、エクスターゼ　12

2　インド密教の歴史的背景　15
一　「密教」と「タントリズム」　15
二　密教と現世拒否の緩和　18
三　密教とヨーガの変質　23

3　ヒンドゥー密教　28
一　ヒンドゥー教とタントリズム　28
二　マソーバーとマリアアイ　31
三　ヒンドゥー・タントリズムの源泉　33

四　仏教タントリズムと土着崇拝　36
4　カトマンドゥ盆地のネパール密教　38
一　チベット・ビルマ圏ネパール　38
二　ネパールの国土と宗教　40
三　カトマンドゥ盆地のネワール密教　42
四　カースト制度とネワール仏教　45
第2章　マンダラの成立と金剛界マンダラ……51
1　マンダラとは何か　53
一　マンダラについて　53
二　マンダラの意味するもの　60
三　実践の場としてのマンダラ　63
2　金剛界マンダラの構造　68
一　タントラの分類　68
二　金剛界マンダラの諸尊　76

3 『完成せるヨーガの環』第一九章「金剛界マンダラ」訳注 83

一 サンスクリット・テキストおよび訳 84

二 チベット訳テキスト 119

4 金剛界マンダラ五十三尊の図 130

5 マンダラの構造と機能 145

一 マンダラの用途 145

二 個体と世界 149

三 世界像への関心 151

四 仏教パンテオンの成立 155

五 マンダラの住人たち 158

六 神々のすがた 160

七 供養法とタントラ 165

八 マンダラ観想法とヨーガ 168

6 金剛界マンダラの観想法 172

一 金剛界マンダラの十六大菩薩 172

二 『金剛頂経』と金剛界マンダラ 173

三　三段階による観想　174
四　観想の構造としての三層　179
五　観想主体の確立　金剛界如来の成仏　181
六　十六大菩薩の出現　184
七　金剛界マンダラ出現後のヴァイローチャナ　194
八　むすび　195

第3章　法界マンダラ……197

1　カトマンドゥ盆地のマンダラ　199
一　ネワール仏教　「アジア化」と「インド化」の接点　199
二　マンダラの「インド」的要素　205
三　法界マンダラ　208
四　カトマンドゥ盆地における法界マンダラ　216
五　ハカー・バハールのマンダラ　222
六　スヴァヤンブー寺院の法界マンダラ　229

2　法界マンダラの諸尊　234

3　悪趣清浄マンダラ　270
一　悪趣清浄マンダラの作例　270
二　『完成せるヨーガの環』に述べられる悪趣清浄マンダラ　276
三　『完成せるヨーガの環』に述べられる悪趣清浄マンダラの諸尊図　291
4　カトマンドゥ盆地の仏塔　299
一　スヴァヤンブーナート仏塔　299
二　仏塔1　リッチャヴィ期の仏塔　310
三　仏塔2「四面に仏像の並ぶ仏塔」　312
四　仏塔3「装飾された尖塔を有する仏塔」　316
五　仏塔4　仏塔の古型　318
六　仏塔5「美しい楼閣を有する仏塔」　320
七　仏塔6「火炎輪を有する仏塔」　322
八　仏塔7「水の流し口の上に須弥山がある仏塔」　324
九　むすび　326
第4章　マンダラの観想法………331

1 密教と呪術 333

一 密教の基本構造 333
二 呪術の基本構造 344
三 密教儀礼の一例 ヘールカ成就法について 347

2 金剛ターラーの観想法 363

一 観想法という実践 363
二 女神ターラー 364
三 「金剛ターラーの観想法」の構成 365
四 「金剛ターラーの観想法」訳 368
五 むすび 393

3 秘密仏のシンボリズム 398

一 仏教タントリズムとヒンドゥー教 398
二 仏教パンテオンにおけるヘールカ 398
三 男尊ヘールカの諸相 405
四 シヴァの諸相 407
五 ヘールカとシヴァ 412

六　シヴァとヘールカの象徴的意味の違い　414
七　象徴的意味の二重構造　417
八　むすび　422

第5章　チベットの密教……427

1　チベット密教とは何か　429
一　チベット文明と仏教　429
二　チベット密教の成熟　433
三　血・骨・皮と性　437
四　ゲルク派の精神主義　442

2　チベット仏教パンテオンと観想法　447
一　神々の組織　447
二　仏教タントリズムの「神々」　450
三　チベット仏教の図像集　454
四　チベット仏教の「神々」の分類　459
五　チベット仏教のパンテオン（神界）　462

3 カギュ派の歴史と思想　478

一　カギュ派の法の源泉　478
二　カギュの二派　482
三　シャンパ・カギュ派　483
四　マルパとミラレーパ　484
五　タクポ・カギュ派　487
六　カルマ派　489
七　その他の分派　492
八　カギュ派内部の二潮流　494

4 ランチュン・ドルジェの『大印契誓願』　496

一　智慧（果）と修行過程（道）　496
二　『大印契誓願』の翻訳と解説　503
三　智慧の動態　むすび　527
四　付録『大印契誓願』チベット文テキスト　530

5 サキャ派の歴史と思想　539

一　サキャ派の祖師たち　539

二　サキャ派の道果説　543
三　『金剛句偈』の道果説　546
6　ヘーヴァジュラ・マンダラの観想法　558
一　秘密仏の「不浄な」すがた　558
二　準備としての観想法　562
三　器としてのマンダラの観想　568
四　中尊ヘーヴァジュラの観想　581
五　身体マンダラとしての宇宙　592
7　ツォンカパの生涯と密教思想　596
一　顕教と密教の統一　596
二　ツォンカパの密教体験　601
三　『大真言道次第』　605
四　ナーローの六法　607
第6章　ポン教とマンダラ観想法の実際……611
1　ポン教と密教　613

一　ポン教とシャーマニズム　613
二　宗教の三類型　616
三　古代のポン教　619
四　「変質したポン」（ギュルポン）　622
五　ポン教の教祖トンパ・シェンラプ　625
2　ポン教マンダラと観想法　629
一　マンダラの観想法　629
二　ポン教のマンダラ　632
三　ポン教の悪趣清浄マンダラ　638
四　観想法と精神・生理学的変化　653
五　文献に見られる観想法の実際　659
六　むすび　664
補　遺………667
1　カトマンドゥおよびパタンの寺院　669
2　インド・中央アジア・東アジア仏教地図　670

3　法界マンダラ十六菩薩（賢劫十六尊）の作例　671
4　ショーダシャ・ラースヤー（十六供養女　ṣoḍaśalāsyā）　689
5　ショーダシャ・ラースヤー（十六供養女）　693
6　『タントラ部集成』マンダラ一覧　701

参考文献一覧　708
初出一覧　725
おわりに　727
索　引　1

マンダラ観想と密教思想

第1章　インド・ネパールの密教

1 密教とは何か

一 マックス・ウェーバーと近代合理主義

「はじめに」において、宗教の一形態としての密教は近代合理主義批判の一環として大きな意味を有するであろうと述べた。ここでの近代合理主義とは、経済的合理主義のみならず、社会・思想・文化全体にわたり、人間の内にあると考えられた合理的理性を最も重要な基準として行動する生き方のことである。合理的理性の体系としての自然科学や、それが明らかにした法則を適用して築かれてきた技術系（テクノロジー・システム）を、近代人は確かなもの、人類を幸福に導くものとして信頼してきた。少なくともそのような時期があった。科学と技術に対する信頼が「人間の思いあがり」だなどとは近代初期には思う者はいなかったであろう。

もっとも近代ヨーロッパは科学と技術による前進を無制限に何の疑いもなく受け入れてきたのではない。一般に「理性の時代」といわれる一九世紀においても、合理と非合理の間に激しい抗争が見られた。近代合理精神の「生みの親」であるデカルトにさえ、最近の研究では非合理主義的な発想のあったことが指摘されているのである。

にもかかわらず、ヨーロッパ近代ではいわゆる合理主義が主導的であったことは否定できない。ウェーバーは、ヨーロッパにおいてのみ成立した合理主義を「世界宗教の経済倫理」の観点から分析した。彼の考察の中心は経済的合理主義ではあるが、『儒教と道教』『ヒンドゥー教と仏教』および『古代ユダヤ教』という三部作において、世界宗教の思想構造の分析に基づいて経済的合理主義の近代ヨーロッパにおける成立の事情を明らかにしようとした。

インドの宗教とユダヤ・キリスト教との比較に基づいたウェーバーの宗教倫理の類型は有名である。われわれの密教の考察にとって、このウェーバーの宗教倫理の類型は手がかりとなると思われる。以下ごく簡単にウェーバーの世界宗教の類型学を見てみよう。

二　ウェーバーの世界宗教の理解

ウェーバーにとって、インドの宗教は神的な力の内在化の傾向を有し、思弁的・呪術的なものであった。このようなインドの宗教を、彼は現世を超えた創造主としての神の観念を有するキリスト教的伝統と対比させ、宗教の二大典型における現世拒否のあり方をそれぞれ「瞑想」と「禁欲」という二つの観念によって捉えた。

「現世拒否」とは行為する場としての世界つまり現世に対する何らかの否定的態度（拒否）を指す。宗教であるかぎり、自己自身も含めた眼前の世界に対して否定的態度をとらねばならない。その否定を通じて自分たちが求めるものの誕生を期待しているからこそ宗教は成立する。したがって、宗教倫理は現世に対する拒否として現われる。

キリスト教的伝統に属するもの、特に清教徒たちにおける禁欲は、神の意志が実行されるべく神の行為の道具としての行為の中に見られる。すなわち、人は神の計画を実現するために「実践的な」禁欲を行う。この場合の「禁欲」とは、現実世界からの逃避では決してなく、現世の中で積極的に労働しながらの禁欲である。彼らの労働等の現世内の営みは、合理的な世俗内の行動倫理体系の中に組入れられて利潤を追求し、財を蓄積するように導かれた。

インドにあってもむろん現世において巨大な財を蓄積した人々は存在したが、世俗的繁栄を追求するといった営みが、たとえば神の栄光を具現するためというような宗教的な意味づけを有することは少なかった。インドにおけるヒンドゥー教や仏教などの信者たちの宗教行為は、神秘体験などの非日常的な行為が一般的であったが、清教徒たちは神よりの救済を約束された「聖化された」日常状態を達成することができた。このような態度を「現世内的禁欲」とウェーバーは呼んだ。

インドの宗教の場合には、積極的・能動的な実践というかたちをとる禁欲ではなくて、「聖なるもの」としての力あるいは神を所有する神秘主義的な思弁が求められた。このような場合には、個人は「聖なるもの」の容器であり、現世に対する能動的活動はその容器に「聖なるもの」が宿る静寂を破る危険なものとなってしまう。

ヨーガ行者等の神秘家にとって世界に対する能動的行為とは、せっかく手に入れた、あるいは今まさに手に入れようとしている「聖なるもの」を逃してしまうことになる。もっとも、ウェーバー自身は「聖なるもの」という概念をこのようには用いてはいないけれども。ともあれ、ヨーガ行者は、動かず、話さず、そして心すら働かせないのである。このような態度をウェーバーは「現世逃避的瞑想」と呼んだ。

キリスト教的伝統においても現世の中にあって世俗的生活をしながら禁欲的行為をするのではなく、現世の秩序の中での行為を否定する場合がある。たとえば中世の修道院において、修道僧たちは世俗的な営みからできるかぎり隔離されて暮らしていた。このような態度が「現世拒否的禁欲」である。この場合、修道僧たちが自分たちの食糧を得るために労働したとしても、清教徒たちにおけるように個人および社会の財を蓄積することを目指したわけではない。

一方、インドにおいて世間を離れて森などに暮らすヨーガ行者とは別に、世俗世界の中で神に対する瞑想を行う者たちがいた。この場合には現世に対する拒否、つまり否定の程度は森などの中で隠遁生活を送る行者たちの場合より緩和される。

たとえば、家長の義務を有するバラモンたち、在家の仏教徒たち、妻帯したタントラ行者（密教行者）たちは、世俗の営みを続けながら、自分たちの宗教的財としての精神的至福（悟り、救い等）を求めた。ウェーバーはこのような態度を「現世内神秘主義」と名づけた。

以上の四つの型を再度挙げるならば次のようである。すなわち、

（一）現世逃避的瞑想（ヨーガ行者など）
（二）現世内禁欲（清教徒など）
（三）現世拒否的禁欲（キリスト教の修道僧など）
（四）現世内神秘主義（結婚したバラモンや妻帯した密教行者など）

ウェーバーは、まず（一）と（二）を対立させ、その対立が和らげられた場合として（三）と（四）を挙げている。「現世に対する拒否」という観点から見るならば、（一）と（三）、（二）と（四）がそれぞれ対となると考えることもできる。（一）と（三）は現世から逃避・拒否する傾向にあり、（二）と（四）は現世内に留まるからだ。ウェーバーはインドの宗教では（一）を、キリスト教的伝統では（二）を重視している。また彼は（四）の型にはそれほど注目していない。

ウェーバーの時代のインド学にあっては（一）の型の宗教の研究が盛んであり、（四）の型の宗教については研究も多くなく、当時のヨーロッパではあまり知られていなかった。このことはウェーバーが（四）の型をそれほど重視しなかった理由の一つであろう。ウェーバーの仏教理解が初期仏教に偏っており、後期の大乗仏教に正当な比重を置いていないことも理由となっていると思われる。また（四）の型の宗教に対する評価は、密教（タントリズム）をどのように評価するかという問題と深く結びついている。

三　オルギー（狂操）とエクスターゼ（恍惚）

古代から現在に至るまで、人間の非日常的な精神生理学的状態としてオルギーとエクスターゼがある。これはインドに固有のものではなく、古代ユダヤ、中国、南米、日本など世界のあらゆる国や民族に見られる現象である。このような現象にあっては、特定の身体技法によって非日常的な状態、すなわち恍惚、憑依、脱魂などに入る者たちと、彼らがそのような状態になることによってもたらされる超自然的力などを期待あるいは崇拝する集団との二種類の人々が見られる。この場合、かの非日常的な「エクスターゼ現象を生ぜしめる社会形式がすなわちオルギーなのである」[1]。

古代ユダヤ教は、バール崇拝のようなオルギーやエクスターゼの要素を多分に有する宗教を拒否したが、古代インドの正統バラモンたちもこれらの要素に対して否定的だった、とウェーバーは指摘する。ユダヤ・キリスト教的伝統にあっては、それらの非日常的・呪術的要素は徹底的に排除された。その排除に成功したからこそ、近代ヨーロッパは「呪術の園」に留まることなく、「行為の合理的・現世内的倫理の一体系に組み込むこと」[2]ができたというのである。

一方、インドの正統バラモンたちは、オルギーやエクスターゼといった要素を徹底的に排除するのではなく、ある部分は自らの体系に組みこみ、そうした要素を純化・昇華させていった、とウェーバーは指摘する。

救済または自己神化の手段としてのエクスターゼ（恍惚、忘我）には、脱我や憑依といった急発的性格のものと、昂揚した特殊な宗教的態度の持続という慢性的性格をより強くもつものとがあるが、単なる急発性の忘我を招来せしめる方法としては、あらゆる身体器官における抑圧を排除する手段が用いられた、とウェーバーはいう[3]。彼によれば、アルコール、タバコなどの毒物から取り出された有毒物質、音楽舞踊、性的興奮などによる急激な陶酔の招来がオルギーであるが、これは日常の生活態度にはほとんど積極的な痕跡を残さない。またそれはユダヤの預言者的宗教性が展開するような意味のある内容を欠いているが、一方、慢性的で意識的な憑依の状態は、世界に対して意味ある関係を生ぜしめる、とウェーバーはいう[4]。

ウェーバーは、たとえば古代インドのソーマ祭（ソーマ酒を飲んで神憑りになった祭官による供犠）を「非人間的・動物虐待的な陶酔儀[5]」と呼んでオルギーの一種としている。ソーマ祭というヴェーダの宗教にはじまって、ヒンドゥー哲学者たちの知的忘我の高尚な諸方法、「クリシュナ崇拝を今日までなお——粗野な形であれ洗練された形であれ——支配している性愛的[6]」オルギーにいたるまで、いわゆるオルギーはインドの宗教では優位を占めている、とウェーバーは考える。そして、オルギー的儀礼が「日常生活態度の方法論に対して否定的な意義しかもたなかった[7]」と結論を下す。

ようするにウェーバーは、インドの宗教は究極のところ日常の生活態度にはほとんど積極的な意味をもたないオルギーに基づいており、古代ユダヤの預言者たちの宗教体験はオルギーとはまったく異なるものであり、永遠なる秩序あるいは倫理的神といったものの価値づけに呼応するものであるといっているようだ。もちろんこれはいささか図式めいたいい方であって、ウェーバー自身もこのように単純に述べているわけではない。しかし、オルギーがインド宗教の源泉である一方で、イスラエルの預言者たちの「神との交わり」はインドに見られるようなオルギーとは相容れないものだという考え方が、ウェーバーの思想の根底にあることは確かだ。

だが、はたしてそうであろうか。古代インドの宗教家たちの体験と古代ユダヤの預言者たちの体験はそれほど異質的であろうか。

たしかに古代イスラエルの預言者たちは、バール宗教に見られるようなオルギーを徹底的に排除した一方で、インドの正統バラモンたちはそれを拒絶するばかりではなく、ある種の要素あるいは技法を自らの体系の中に組み入れたということは事実であろう。しかし、ユダヤ・キリスト教的伝統を中心としたヨーロッパの世界においてオルギーが常に徹底的に排除されていたわけではなく、非正統派においてはオルギーやエクスターゼが重視されることもしばしばであった。そしてこの非正統派を排除してきたことが、今日の合理的理性による人間中心主義の危機の一要因ともなったのではなかろうか。

インドにおいても、ウェーバーが指摘するように、「高貴な政人的文人階層や教権的文人階層」は原則として急発的なエクスターゼやオルギーを拒絶した。その拒絶は今日まで続いている。もっともキリスト教正統派におけるよりはインドの宗教のよりいっそう多くの部分が、オルギーやエクスターゼを自分たちのシステムの中に組み入れることに寛容、あるいは積極的であった。だが、オルギーやエクスターゼがインドの宗教において常に優位に立っていたわけではない。問題はどのようなオルギーやエクスターゼを拒絶し、どのようなオルギーやエクスターゼをいかなるかたちで純化したのかである。

ウェーバーは、オルギーを救世主への愛と帰依や聖者崇拝的形式主義などに純化した作業の効果は、中国・日本・チベット、さらには仏教の影響の強い北方インドにおいて大きかったが、南インドにおいては最も小さかったと述べている。(8) もちろん、インドにそうした純化されたかたちがあっても、近代ヨーロッパにおけるような合理的な経済倫理が生まれなかったことは事実である。しかし、そのような合理的な経済倫理をまったく良きもの、危険性のないものと見なすという立場に対して批判が生まれている。さらに、インド・中国・日本において、はたしてオルギーやエクスターゼが「日常の行為にはまったく影響を及ぼさないか、あるいはともかく高度の合理化や体系化という意味での影響は与えない(9)」と考えるのが正しいのであろうか。

四　密教とオルギー、エクスターゼ

オルギーとエクスターゼがインドの宗教においてどのように純化されていったのか、という問題は密教の形成と深く関係する。とはいえ、オルギーとエクスターゼが純化された形態が密教であるというのは正しくない。だが、アジアにおける密教の形成とその構造を考える場合、オルギーとエクスターゼの要素を考慮に入れざるをえない。

すでに述べたようにウェーバーの分類に従うならば、密教は現世内神秘主義に属するであろう。密教の特質は、現世内の営みに対する拒否が大幅に緩和されることである。もっとも、それは密教においてはあらゆる種類のオルギーやエクスターゼが無制限に是認されるということではない。たとえば、日本における真言密教にあっては、ウェーバーのいうアルコールなどの有毒物質、性的興奮などによって招来されるオルギーを認めていない。さらには、空海の体験が急発的性格のエクスターゼを純化したものにすぎないということもできない。空海は即身成仏の思想を説き、マンダラとしてのこの世界が如来の身体であると考えた。このような考え方は、ウェーバーのいう自己神化の一形態かもしれないが、「日常的生活態度の方法論の形成に対して否定的な意義しか持たなかった」ということは正しくないであろう。

なるほど空海の真言密教が明治以降の日本近代資本主義の発達のエートスとなったとはいえないかもしれない。しかし、ヨーロッパ・アメリカの近代が、さらに日本の近代が切り離してきたものの中に、今の時代の危機的状況を考えなおす鍵が隠されているかもしれないのである。密教は、ウェーバーのいう「呪術」を純化させつつ、積極的・建設的な日常生活態度に関する体系を構築するための示唆を与えてくれると思われる。

では、「密教」は歴史的・地理的にどのようなかたちを見せたのか。密教の起源に関しては、従来さまざまな見解が示されてきた。その起源をアーリヤ人のヴェーダの中に求める見解、非アーリヤ的起源を強調する見解、さらにはこの両者を折衷したような見解もある。「密教」と今日われわれが呼んでいる形態、それに類似した形態、あるいはその萌芽が、ヴェーダ聖典やブラーフマナ文献にすでに見られることは事実である。これを密教の起源と見なすのか、起源と呼ぶほどにも顕在化していないと考えるのかでも見解は異なっている。

このように密教の歴史に関する見解がさまざまである原因の一つは、オルギーやエクスターゼ（憑依や脱魂を含む）がインドの宗教史の最も初期から重要な要素であったことだと思われる。密教はオルギーやエクスターゼを純化したものを吸収している場合が多い。その意味において密教は、エクスターゼの一種としての憑依あるいは脱魂を核とするシャーマニズムとも深い関係にある。

M・エリアーデがいう「アジア化されたインド」において密教がアジア各地に伝播したとき、ヨーガとシャーマニズムはその伝播をなしとげた先兵であった。エリアーデによれば、密教の伝播は次のように行われた。

かのタントラ的総合は、前アーリヤ人の土着精神から多数の要素を取り入れる一方、チベット、モンゴルを経てアジアの北の果てまで広がり、またインドの多島海を経て南太平洋にまで達しつつ、インドの国境をはるか彼方に越えてその熱を放射した。[10]

注

（1）［ウェーバー　一九七〇、二四〇］

(2)〔ウェーバー　一九八三、四六六〕
(3)〔ウェーバー　一九七六、二〇二〕
(4)〔ウェーバー　一九七六、二〇二～二〇三〕
(5)〔ウェーバー　一九七六、二〇二〕
(6)〔ウェーバー　一九七六、二〇五〕
(7)〔ウェーバー　一九七六、二〇六〕
(8)〔ウェーバー　一九八三、四六三〕
(9)〔ウェーバー　一九七六、二〇六〕
(10)〔エリアーデ　一九七五、一八六〕

2　インド密教の歴史的背景

一　「密教」と「タントリズム」

「密教」とわれわれが呼んでいる形態がはっきりとしたかたちをとるのは、紀元五、六世紀の頃と推定されている。その起源をP・C・バグチのようにブラーフマナ文献の中に認めたり、(1)B・バッタチャリヤのように紀元前五世紀頃、つまり仏教の誕生の頃に認めるというように、(2)密教の起源を紀元前に求める考え方もあるが、台頭期がグプタ朝後期から崩壊の時期にあたる紀元五、六世紀と考えることに異論はほとんどないであろう。

密教はまず仏教の中で顕著なかたちをとり、二、三世紀遅れてヒンドゥー教の中でも勢力をもったように思われる。その後しばらくして密教の要素を多分に含んだジャイナ教が現われた。仏教の密教は一三世紀前半頃にはインド亜大陸から消滅し、ジャイナ教の密教は今日ではほんのわずかな勢力を残すのみである。一方、ヒンドゥー教の密教は今日でもかなりの勢力がある。このようにして、今日われわれが「密教」と総称している形態は、全インド的宗教運動として展開されたものである。

インドで生まれ、その地で消滅した仏教は、ネパール・チベット・中国などの国を経て、日本にも伝えられて存続した。一方、インドの仏教密教（タントリズム）は、ある時期、スリランカ・タイ・カンボジア・ジャワ・バリなどにも伝えられた。それらの諸地域に伝えられた仏教密教の特質を一言で規定することは困難である。バリ島に伝えられた五仏に対する密教的崇拝、チベット仏教サキャ派に伝えられた性的要素を有する教理体系（道果説など）、空海の即身成仏の考え方などに一貫する密教の核を明確に指摘することは、現時点ではほとんど不可能に思える。しかし、それらの思想・実践形態が歴史的にそれぞれ「仏教の一形態」と理解されてきた以上、それらを一貫する何ものかが存在すると考えるべきであろう。

「密教」という語は、元来は「顕教」との対比で用いられ、日本では真言および天台の密教をさす言葉であった。したがって、チベットの後期密教やヒンドゥー教の影響を受けたバリの密教などを、同じ「密教」という語によって呼ぶことに対する疑問があるのもうなずける。ではあるが、ここで用いる「密教」という語は操作のための名称と考えていただきたい。

また、仏教の密教以外にもヒンドゥー教の密教、ジャイナ教の密教が存在すると先に述べたが、この三種の形態を一まとめにして「密教」と呼ぶことに疑問をもつ研究者もおられるだろう。しかし、仏教、ヒンドゥー教およびジャイナ教を「串ざしにする」ように共通する形態が存在したと考え、それを「密教」と呼ぼうと思う。それゆえ「密教」とは、ここでは学的理解のための仮説である。

インドおよび欧米の研究者の間ではこの半世紀以上にわたって「タントリズム」という語が、今われわれが「密教」と呼んでいるものをさす名称として用いられてきた。この名称も学的理解のための操作なのであって、インドやネパールのいわゆるタントリストたちが自分たちの宗教形態をさすのに「タントリズム」、あるいは「タントラ主義」と実際に呼んできたわけではない。「タントリズム」という英語の基礎となった「タントラ」という語は、密教（タントリズム）の経典をさす語として考えられてはいるが、仏教の密教のすべての経典が「タントラ」と呼ばれているのではない。

また、ヒンドゥー教のタントリズム（密教）の経典すべてが「タントラ」と呼ばれるわけでもない。ヒンドゥー教の一派であるシャークタ派（女神崇拝の派）の文献は一般に「タントラ」と呼ばれるが、後世、この派が西欧においていわゆる密教的形態を代表するものと考えられて「タントラ主義」、つまり「タントリズム」と呼ばれるようになったのであろう。

インドに赴いた宣教師たちは、自分たちの宗教とはまるで異なった宗教をまのあたりにして、その宗教の経典をさす「タントラ」という用語を西欧に紹介した。一七九九年のことである。その後、「タントリズム」という語は、ヒンドゥー教、ジャイナ教、および仏教に共通する特定の形態を指す言葉として用いられている。

このように「タントリズム」という語は、ヒンドゥー教・仏教を含めた汎インド的運動をさしている。しかし、「タントリズム」という語には今日もなお、インド・ネパールにおいて強い差別感がある。「タントリズム」と呼ばれている特定の形態のうち、まだ純化・昇華を経ていない生のままの性的オルギーなどを多く含んでいる形態に対して、純化のすんだ形態に属するものたちがその未昇華の形態を蔑視する場合の呼び名が普及してしまったからだ。「密教」および「タントリズム」という語にはこれまでにすでに歴史があり、それぞれ異なったものをさすという立場に立つことも「密教」と「タントリズム」とを同義に用いることも可能である。本書は後者の立場に立っている。

またタントリズムははたしてヒンドゥー教、ジャイナ教および仏教の中にのみ見られるものなのであろうか。この問いに答えるためには、それぞれの宗教、とりわけ「ヒンドゥー教」という語がどのような範囲をさすのか、あるいはどのような諸形態の総称であるかが明らかにされねばならない。

二　密教と現世拒否の緩和

古代・中世インドの宗教思想史をいくつかの時代に区分することができる。ヴェーダ時代、ウパニシャッド時代、プラーナ（叙事詩）時代、タントラ時代というように、それぞれの時代の経典のジャンルに従って時代を区分する仕方が一般的である。この場合、タントラが最後に置かれていることに注目しよう。

タントリズムの起源が古いものであったとしても、この形態が歴史の表面に登場するのは、インドの古代・中世の歴史の中で末期なのである。これはタントリズム（密教）が、変化した時代の状況に対応するために変質を遂げた、ウェーバーのいう世界宗教（仏教、ヒンドゥー教等）であるからだ。つまり、仏教やヒンドゥー教は一応の展開を遂げた後、五、六世紀以降の時代状況の変化によってそれぞれの救済の方法を変質させざるをえなくなるが、その変質した結果としての形態をわれわれは「タントリズム」と呼んでいるのである。ヒンドゥー教に属するすべての派が、ウェーバーのいう世界宗教の性格を有しているわけではない点には留保が必要だが、「タントリズム」と呼ばれる形態は、世界宗教が追求する「財」である精神的至福（悟り、救済等）を射程に入れたものであることが多い。

仏教が求めたのは個々の人間の精神的至福としての悟り、目覚めであった。このことは仏教史を通じて変わらない。しかし、問題はこれを得る手段である。初期仏教から六、七世紀までの大乗仏教中期までは、悟りを求める手段は業と煩悩の止滅が悟りを得るための主要な手段であった。しかし、五、六世紀以降、徐々にではあるが、業と煩悩の止滅によって悟りを得るという伝統的な方法にゆらぎが見えはじめる。つまり、業と煩悩は単に否定さるべき俗なるものではなくて、業と煩悩をむしろ聖化して受け入れることによって悟りを得ようという傾向が強く見られるようになった。

伝統的な仏教の僧侶集団にあっては、血・骨・皮などを積極的に用いる儀礼は決して行わなかった。まして比丘が憑依状態になることなどは論外であった。しかし、七、八世紀以降の仏教においては、従来の仏教にあっては考えられなかったことが起こりつつあった。つまり、業や煩悩を止滅させることのみを目指すのではなくて、それらを積極的・肯定的な存在へと変質させることが可能だと考えはじめた。現世に対する拒否の態度が変質したのである。

性に対する態度も大きく変化した。すなわち、従来の仏教教団にあって性行為は出家した僧侶に認められるべくもなかったが、八、九世紀以降の仏教密教にあっては、性行為も条件つきではあれ、悟りを得る手段の一環と考えられるようにもなった。そもそも仏教タントリズムの経典の多くが「世尊は女性のバガ（陰部）におられた」というようなショッキングな文句で始まっている。その「バガ」という語に、密教に固有なシンボリズムがあることはいうまでもない。にもかかわらず性に対する考え方の大幅な変化が大乗仏教の中で起きたということは認めねばならないであろう。

ブッダおよび初期仏教教団は儀礼に対して消極的であった。しかし、密教の時代になると供養法（プージャー）、護摩（ホーマ）、瞑想法（サーダナ、成就法）などの儀礼を積極的に行うようになった。

このような救済方法の変化は全体として俗なるものの否定作業の緩和といえるだろう。業や煩悩をなくそうとする否定的態度は、伝統的に止滅の道（ニヴリッティ・マールガ）と呼ばれ、世間的行為などを積極的に行い心の活動を活性化するなどの態度は、促進の道（プラヴリッティ・マールガ）と呼ばれてきた。『倶舎論』に見られるような、業や煩悩を滅していく方法は止滅の道の代表であろう。一方、密教に見られる日常の営みに積極的な態度は促進の道ということができる。このような否定的態度あるいは現世拒否の緩和が密教の特質である。

では、なぜそのような変化が起きたのか。それは仏教の有する救済の方法が変化せざるをえなかったからだ。これは仏教、ひいてはインドの諸宗教が置かれていた歴史的状況とかかわる。元来、仏教は都市社会における個々人の精神性を重視する宗教であった。アーリヤ人は五河地方に侵入してから、約一〇〇〇年をかけて東インドまで移動していった。この移動が終わった紀元前五世紀頃の東インドでは、武士や商人が勢力を有する地域が増えていた。

当初、仏教はこうした武士や商人によって支えられたものであった。しかし、貿易相手であった西ローマ帝国の滅亡とともに商人層は勢力を失い、紀元七世紀中期以降、インドは農村を中心とした社会へと移っていく。それまで仏教の重要な宗教的財であった個人の精神的至福にかわって現世利益の比重が増大していった。密教が勢力を有するようになるのも紀元七世紀頃以降である。

農村を中心とした社会の中で仏教は新しい時代の状況に対応せざるをえなくなった。従来の個人の精神的至福を出家者の立場で追求する態度から、祭礼などの集団的宗教行為を考慮に入れ、さらに土着的崇拝をも組み入れた態度へと変化する必要に迫られたのである。保守的な僧たちによって抑圧あるいは排除されていた血、骨、生皮の儀礼もそれまでにない強い勢いで仏教タントリズムの中へと吸収されていった。

こうした傾向は紀元四、五世紀には認められはじめ、七、八世紀にはかなり顕著なものとなった。このような歴史的変化の中で大乗仏教が救済の方法として、ホーマ祭などの集団的宗教儀礼、血・骨・皮などの土着的崇拝、シャーマニズムの身体技法（憑依、脱魂等）、性的オルギーなどに変質・純化を加えた後、自らのシステムに組み入れたのである。

観点を変えるならば、これは当時の大乗仏教の一部の者たちが従来の伝統的・保守的な救済の方法に対して不満であったということを意味する。そもそもブッダの方法は彼の時代のインドにあっては稀有なほどに呪術から脱却したものであった。おそらくはそのことが後世、仏教が世界宗教となり得た要因の一つであろう。したがって「仏教密教」はブッダおよび初期仏教教団が定めた道を逆方向にたどったといえるのかもしれない。

だが、仏教密教は、そしてヒンドゥー密教も同様に、かつては自らが拒絶した救済方法をそのままに容認したわけではなかった。すでに述べたように、それらの方法に変質・純化を加えたのである。集団的宗教行為、土着崇拝、シャーマニズムの身体技法などの諸方法・要素の内、どのようなものをどの程度にそしてどのような様相において変質・変化させたのか、その歴史が密教の歴史であるといえよう。

わたしはここでバラモンたちのグループによって執行されるホーマ祭、今日もネパールなどで行われている犠牲にされた動物の生血を捧げる儀礼、シャーマンたちによる神憑りといった宗教行為は、なくすべきものであるとか、純化・昇華されるべきであると主張しているのではない。仏教密教は、インドのみならず、密教の伝幡したすべての地域によって、そしてその地域や時代の状況に対応して、かの諸要素の純化をくり返してきた、といっているのである。

では、仏教密教徒たちはウェーバーのいう呪術を自らにとり戻すことによって自分たちの望むものを見出したのであろうか。インド亜大陸のみを考えても密教は紀元六〇〇年頃以降、少なくとも六、七〇〇年の歴史を有している。今日残された文献や史跡によって、われわれはインド仏教密教が一三世紀初頭までは存続していたことを知っている。一一世紀ともなると仏教密教は在野の行者たちの間ばかりではなくて、巨大な仏教僧院の中でも勢力をもっていた。サンスクリット仏教文献をチベット語に訳した『西蔵大蔵経』の三分の二は密教関係のものである。

インド仏教密教が結果として何を得たのかをここで直截に答えることはできない。しかし、幾世紀にもわたるこの密教の宗教運動は、今日のわれわれに貴重な示唆を与えてくれるように思う。時代が大きく変わるとき、宗教もまたその救済の方法を変える。インドにおいて密教が台頭しつつあったときの精神状況と、今日のわれわれの精神状況に共通点があるように思われる。インドにおいて一〇〇〇年以上続いた体制が変化したとき、人々は自分たちが古代からもっていた宗教的伝統を見直そうとした。そこに自分たちの救済の道が用意されているかもしれないと思ったのであろう。

現代のわれわれは合理的理性中心主義によってもたらされたであろう弊害を前にして、その克服のための方法を探している。近年における密教に対する関心の増大は、宗教的救済のために、古代から人間に存在してきた心性を、人々が見つめ直そうとしている証左とは考えられないであろうか。

三　密教とヨーガの変質

ヨーガはインドの宗教における実践方法のうち、最も重要なものの一つである。個々の行者がウェーバーのいう「神の器」となるための手段の主要なるものはヨーガであった。ヨーガ行者は身体的・言語的・心的運動をしない。つまり、彼は動かず、語らず、心も動かせることなく、自らの心身を無化して、「神」の入ってくるのを待つのである。

ヨーガ行者が「神」――神我（プルシャ）、ブラフマン等――を観想するとき、彼は一人で神と向きあう。行者は自分の親族や友人がどのような方法によって救済を得るかはほとんど考えない。ヨーガにかぎらずインドの諸宗教のほとんどが、行者（実践者）個人と「神」（根本原理）との関係に終始している。少なくとも、一人の個体と神という「一対一の関係」が基本にある。

一方、古代ユダヤの預言者たちがヤーウェから啓示を聞くとき、その啓示はとりもなおさずその預言者が属する一族の運命と深く結びついていた。預言者は常に同胞が自分とともに神に向かっていることを意識していたのである。このようなヨーガ行者と預言者の態度の相違が、インドの宗教とユダヤ・キリスト教との相違の核となった。

仏教もその開祖の時代からヨーガを主要な実施法としてきたが、仏教におけるヨーガの形態においても時代とともに止滅の道から促進の道への変化が見られた。つまり、密教のヨーガは心作用を止滅あるいは寂滅へと導くという基本線は守りつつも、心作用を活性化させるという側面をも有するようになったのである。八、九世紀の編纂と推定される密教経典『サンヴァローダヤ・タントラ』には、身体を縦横に貫く脈官《みゃくかん》（ナーディー）の中に気（プラーナ）を走らせる行法が述べられている。この行法の行きつく先は、ウェーバー的にいうならば、一種のエクスターゼと考えられる。身体中にはりめぐらされた脈官の根には、それぞれ尊格が布置《ふち》（ニヤーサ）されている。行者の身体および身体の各所に布置された神々との統一体は一つの立体的マンダラと考えられるが、行者は無数の脈官の中の気の活動を刺激し、最終的にはマンダラとしての身体を神化させる。このような行法もヨーガの一種と考えられる。心作用の止滅ではなくて、高揚した精神生理学的作用の複合体をつくりあげる型のヨーガは、少なくとも仏教においては仏教密教以前には存在しなかった。

『サンヴァローダヤ』における密教的ヨーガによる行法が、実際にどのような結果を生むのかはよくわかっていない。インドの大乗仏教は消滅しているので、この行法の実際をインドにおいて観察することはできないが、残された文献、今日のチベット仏教、さらにはカトマンドゥ盆地のネワール大乗仏教における現状から判断するに、この行法はシャーマニズムの身体技法、たとえばエクスターゼの一種である憑依の技法を取り入れているように思われる。

もっとも仏教密教は、そうした古代から伝えられたエクスターゼの技法をそのままに取り入れたのではなく、純化させた。すなわち、仏教本来の目的である悟りを得る方法そのものでなくても、その方向に沿った自意識を有するというヨーガの自律性は温存される。さらに、優れた行者の観想法の体験が人々の日常の生活態度を浄化するように働き、その体験を中心とした理論体系も生まれたのである。

ヨーガとシャーマニズムの技法とが接点を有することがある。ヨーガを方法とする仏教が北方世界に伝幡する際に、ヨーガはシャーマニズムによって舗装された道を通って仏教をアジアに広く運んだ。すでに述べたように、エリアーデは、シャーマニズムという土台の上をヨーガという行法が走ったインド文化領域を「アジア化されたインド」と呼んだ。

もっとも、いかに念入りに純化がなし遂げられようとも、後期仏教密教の瞑想法（観想法、サーダナ）は人々の普遍的な宗教的救済の手段とはなりえなかったし、今日においてもそのようなことはありえない。マンダラ瞑想法というような実践方法が急発的なエクスターゼではなく、持続的で反復的なものであるにせよ、それのみでは人々の日常生活の普遍的かつ合理的な宗教倫理の体系を生み出すことはできないであろう。そのかぎりではウェーバーのいうとおりである。

しかし、それはイスラエルの預言者たちの、神々の声を聞いたその宗教体験がそのままでは普遍的な宗教倫理の体系を生まないのと同じなのではなかろうか。ヨーガの体験はエクスターゼの一種であり、呪術的であるゆえに、世界に対して積極的な意味をもたないのであるということはできない。イスラエルの預言者の体験が民族の運命とより深く結びつき、集団の行為は神の意志を実現させるため、という考え方によって「聖化」し、それによって合理的な経済倫理の体系をつくりえたということがあったとしても、それはイスラエルの預言者たちの宗教体験とブッダたちのヨーガ行者の体験の質的な差にすべての原因があったとは思えない。また、くり返し述べているように、プロテスタンティズムに見られるような合理主義をもつことが今日の社会において、以前のように望まれているわけでもないのである。

忘れてはならないのは、仏教密教の救済方法の中で今述べたようなマンダラ観想法は密教というシステムのごく一部を占めるにすぎないということである。仏教密教は、止滅の道というインドの宗教の中で正統的な方法を有していた形態が、その正統的な方法に加えて新しい方法をつけ加えるか、あるいはそれを新しく読み直すかしたものである。したがって、密教は新旧の形態の総合であって、古い伝統的な方法を捨て去ったものではない。密教は顕教を前提にしているのであって、顕教の方法を自らの方法としても位置づけようとしたのである。

もっとも、インドの仏教密教の歴史の中には、それ以前の顕教的・伝統的な実践形態に対して激しく対立した密教行者がいたことは事実だ。しかし、密教史の全体的な流れは、インド密教、さらにチベット、ネパール、中国、さらに日本の仏教密教は顕教を自らの基礎として含む方向にあった。

このような密教の総合的性格は、救済方法の総合性をも意味する。密教は人間が歴史の中でもちえた、ほとんどありとあらゆる方法を自らの中に含んできた。非合理的なオルギーやエクスターゼを密教の行法は勇敢にできるかぎり自らのシステムの中に呑みこんできた。そしてなお、密教はオルギーやエクスターゼといった非社会的そして時には反社会的な人間の行為形態には十分批判的であったのである。

このような密教の性格と、密教が行者（実践者）の身体を重視することとは深く結びついている。つまり、密教は人間が古代からもちつづけてきたさまざまな精神生理学的状態を一度は是認する一方で、悟りというようなより普遍的な宗教的財をも追求したかたちの宗教なのである。

ウェーバーはいうかもしれない。そのような救済の方法は合理的な経済倫理を生みだすことができないであろうと。これに対してわれわれは主張しよう。その合理的な経済倫理が優位に立ってきた社会の弊害が顕わになった今、人間にとって「普遍的なもの」であるオルギーやエクスターゼに対して、今一度考え直すべきではないのか。過去における危機の状況にあってオルギーとエクスターゼを考えなおして自らのシステムの中に入れた宗教形態が密教であったとするならば、今日、われわれが密教から学ぶべきものは多くあるだろう。

このような状況の中で密教が最も寄与できると思われる分野は、密教が開発してきた身体技法である。われわれは社会的存在であるとともに生物的生命体である身体に自分たちの営みの基礎を置いている。この生物学的生命体としての生存は、いわゆる合理的なものではない。密教は社会的存在である人間と生物学的生命体であるヒトとしての存在との調和をめざした宗教形態といえるであろう。

現代のわれわれが、ヒトの存在基盤である生物学的生命体のメカニズムを見つめ、社会の中でそれがどのようにあるべきかを考えるとき、人間の精神生理学的側面を直視しながら社会における救済を考えてきた密教から学びえるものは多いと思われる。

注

（1）［Bagchi 1956: 213］

（2）［バッタチャリヤ　一九六二、二四］

3 ヒンドゥー密教

一 ヒンドゥー教とタントリズム

ヒンドゥー教、ジャイナ教および仏教の中にタントラ的要素を多く含んだ形態が生まれたが、それらをそれぞれ「ヒンドゥー・タントリズム」(ヒンドゥー密教)、「ジャイナ・タントリズム」(ジャイナ密教)、および「仏教タントリズム」(仏教密教)と呼ぶということはすでに述べた。

ところで、インドにおけるタントリズムとはヒンドゥー教、ジャイナ教および仏教以外にはないのであろうか。仏教タントリズムとは、元来、呪術的要素を基本的に排除し、精神的至福(悟り)を追求する宗教であった仏教が、その誕生後、一〇〇〇年を経て変質を余儀なくされたものであった。

ジャイナ・タントリズムも仏教タントリズムとほぼ同様に考えることができよう。つまり、基本的には精神的至福を求めた形態が成熟した後、一〇〇〇年以上を経てタントラ的要素を吸収したジャイナ教の一形態が生まれたと考えることができる。もっともジャイナ教はヒンドゥー教の影響を強く受けてきたこと、グジャラート州のジャイナ教徒などに見られるように、呪術的要素も多く含んだジャイナ教があったことを忘れてはならない。

ヒンドゥー教諸派の形態は仏教やジャイナ教のそれよりもはるかに多様である。タントリズムの要素を吸収したヒンドゥー教諸分派も数多くあり、知的エリートの集団から教義形態を有することなく特殊な身体技法を発達させた行者の集団まで、実にさまざまな形態をとっている。たとえば、カシミール・シャイヴィズムの哲学者アビナヴァグプタは、非タントラ系の伝統バラモン哲学の体系にも対抗できるほどの精緻な哲学理論を構築した。南インドにおけるタントリズムの一派であるシャイヴァ・シッダーンタ（一四、五世紀）の宇宙展開の理論は、当時のヴェーダーンタの宇宙論とその精緻さに関してはひけをとらない。

だが一方では、死者の肉を食らい、死体の上で瞑想するタントラ行者がいたと報告されている。シヴァ派の一派であるカーパーリカ派は、頭蓋骨杯（カパーラ）に食物を入れて食べ、死体を焼いた灰を身体に塗り、その灰を食べたといわれている。

バンダルカル東洋学研究所を創設したR・G・バンダルカル（一八三七―一九二五）はその著『ヴァイシュナヴィズム、シャイヴィズムおよび群小の宗教システム』[1]の中で、こうしたカーパーリカ派の「恐ろしく、悪魔的な」[2]宗派の所業を「人間の知性と精神の常軌を逸した狂気じみた事柄」[3]と述べている。一九世紀後半から二〇世紀初頭に活躍したこのバラモン階級出身の研究者が、「狂気じみた所業」といいながらもそのような宗教形態をヒンドゥー教の中に含めていることに注目しよう。死体を焼いた灰を身体に塗ったり、その灰を食べたりすることが「狂気じみた」ことか否かはともかくとして、バンダルカルはそのような宗派もヒンドゥー教の中に含めていたのである。

この章の初めに、「仏教、ジャイナ教およびヒンドゥー教の領域以外にタントリズムは見出されるのか」という問いを立てた。密教、特に仏教密教を仮に定義して「基本的に精神的至福を求めるかたちの宗教が他の型の宗教（集団的宗教行為やシャーマニズム）の要素を組み入れたものである」としてみよう。この仮の定義がヒンドゥー・タントリズムにもあてはまるか否かを検討することで、この問いの答えに近づくことができると思われる。

西インドのバラモンの権化であるかのようなバンダルカルは、「悪魔的な」カーパーリカ派をシヴァ派の一派、つまりヒンドゥー教の一派として扱っていた。ラーマーヌジャも『ブラフマ・スートラ』への彼の註『シュリーバーシュヤ』（二・二・三五〜三六）の中でカーパーリカ派をシヴァ派の一派として述べている。[4]すなわち、言及するに値するものとして扱っているのである。カーパーリカ派がどのような理論体系を築いたかはともかくとして、この「恐ろしき」所業の行者たちの派は、ヒンドゥー・タントリズムの一員と見なされてきた。これはカーパーリカ派の者たちの崇拝形態が、ともかくもバラモン正統派によって先導されたヒンドゥー教の中に組み入れ可能なものであったことを示している。

しかし、インドには正統バラモンたちが拒絶しつづけた崇拝形態も存する。そうした拒絶された形態が常にカーパーリカ派以上に「恐ろしい」ものだということはない。つまり、「血なまぐさい」とか「恐ろしい」ということが拒絶の理由ではなく、真の理由はむしろカーストの相違にあるのではないかと思われる。さらに、われわれの考察にとって重要なことは、バラモンたちが表面下でそれらの拒絶した相手から自分たちに必要な宗教上の素材（身体技法やシンボリズム）を吸い上げていた、と推測することができることだ。タントリズムの素材の一部は、そうした拒絶の相手から「上位」カーストの者たちが吸い上げたものと思われる。

二　マソーバーとマリアイ

インドにはイスラム教、ジャイナ教、仏教、シーク教などを別にして、人口の二割以上を擁している非アーリヤ系の宗教がある。彼らの宗教は一般には「上位」三カースト（バラモン、クシャトリヤ、ヴァイシュヤ）の宗教と対立している。たとえば、マハーラーシュトラ州には「低カースト」――このような言葉を用いることには抵抗を感ずるが――の人々の間にマソーバー、マリアイ等の崇拝形態が見られる。これらの宗教は決して「墓場に住み、死体を焼いた灰を身体に塗ったごく少数の行者たちの崇拝形態」といったような、例外者としての行者たちのものではなく、農村あるいは都市の一般社会の中で重要な機能を果たしながら存続している。

たとえば、ムンバイの東の都市プネー（プーナ）には、現在、マソーバーやマリアイの社が数多く見られ、儀礼も盛んに行われている。(5)「マソーバー」は水牛（マヒシャ）を神として崇める崇拝形態である。ヒンドゥー教一般にあって魔神は水牛のすがたをとることが多く、ヒンドゥー教大女神ドゥルガーの別名は「水牛の魔神を殺す者」（マヒシャ・アスラ・マルディニー）であった。

マソーバーは、「上位」カーストの者たちによって支えられたヒンドゥー教が魔神としたものを自分たちの神としたのである。このことはマソーバー崇拝がヒンドゥー教一般に対して対抗していることの一つの証左である。マソーバーを崇拝している者たちの数はすでに述べたように決して少なくない。プネーからオーランガバードあたりの農村では、今日もマソーバー崇拝が盛んである。

マリアイは土着的な女神崇拝の一形態である。祭司は男性で、長い髪を垂らし、女装して儀式を行う。神懸りになって生きたニワトリの首をかみ切ったりする。一九九七年夏に見た儀礼では、河岸の霊場（ガート）に三〇〇人余りが集まり、祭司たちが神懸りになりはじめると、参加していた女性たちも次々と神懸りとなった。この儀礼にバラモンやクシャトリヤたちが参加していなかったことはいうまでもない。「上位」カーストの者たちにはこの「低位」カーストの宗教形態に対して嫌悪感すらあるからだ。

ところで、マソーバーやマリアイはヒンドゥー教に属すと考えられているのであろうか。先に述べたバンダルカルの『ヴァイシュナヴィズム、シャイヴィズムおよび群小の宗教システム』には実にさまざまな派が述べられているにもかかわらず、マソーバーやマリアイに関する言及はない。彼が学び、勤務したデカン・カレジ、彼が創設したバンダルカル研究所のあたりにはマソーバーやマリアイのシンボルあるいはその社は今日、多数あるが、当時もあったにちがいなく、彼はそれをほとんど毎日見ていたはずなのだ。

バンダルカルにとってマソーバーやマリアイはカーパーリカ派よりもなおヒンドゥー教から遠いものであったと考えざるをえない。つまり、マソーバーやマリアイがプネーの都市社会の中でかなりの規模をもつものとして機能していたとしても、それらはヴェーダ、ウパニシャッド、ヴィシュヌ神、シヴァ神を中心とした宗教形態とは別種のものだとバンダルカルが考えたということだ。

このような考え方はひとりバンダルカルに限ったことではない。二〇世紀後半のバンダルカル研究所を代表したD・ダンデーカル（一九〇九〜二〇〇一）にあっても同様であり、彼のヒンドゥー教研究の中ではマソーバーやマリアイといった「低位」カーストの宗教はほとんど視野に入れられていない。

プネーのバラモンのある者たちは、マソーバーやマリアイには教理や経典がないゆえにそれらはヒンドゥー教ではないという。デカン・カレジの教授であったある研究者も「パーンチャラートラ派はヴィシュヌ系のタントリズムの一派であるが、マソーバーやマリアイはヒンドゥー教には属さない」という。彼自身はヴィシュヌ派の中で、タントリズムの要素を多分に含むパーンチャラートラ派の経典の研究者であり、バラモンであった。このように、非正統派の宗教であるタントリズムに対して理解と好意を有する者も、マソーバーやマリアイを拒絶したのである。もっともインドの人口の何パーセントがヒンドゥー教徒であり、何パーセントがイスラム教徒であるかというような政府の公式発表の場合には、マソーバーやマリアイといった「低位」カーストの宗教もヒンドゥー教の中に数えられている。

三　ヒンドゥー・タントリズムの源泉

古代インドのエリート知識人階層がウェーバーのいうようなオルギーやエクスターゼを拒絶したり、純化してきたことはこれまでにくり返し述べた。オルギーやエクスターゼがタントリズムの元素材であることも述べた。では、そのタントリズムの元素材はいったいどの階層あるいはグループが有していたものなのか。

もしかすると、ヒンドゥーのタントリズムであれ、仏教のタントリズムであれ、彼らが自分たちの崇拝形態を変質させるために汲み入れたその源泉の一部は、正統派が拒絶しつづけてきた「低カースト」の伝統であった可能性は十分ある。もっともマソーバーやマリアイがそうであったといっているわけではない。また、マハーラーシュトラ州においてマソーバーやマリアイがタントリズムと呼ばれることがあったとしても、それは「血の儀礼を行い、神懸りなどが見られる」という意味でのタントリズムであって、カシミール・シャイヴィズムのような精緻な理論体系を有し、オルギーやエクスターゼを純化した形態ということではない。

タントリズムの素材としてのオルギーやエクスターゼの源泉をヴェーダの宗教あるいはヒンドゥー教の中に求めることは可能かもしれない。マソーバーやマリアイをも含めたインドの宗教の総体を「ヴェーダの宗教とヒンドゥー教」と呼び、タントリズムの源泉をインドの地以外には求めないという前提に立てば、そのように主張することはできよう(6)。それでもなお、このような考え方には、ヴェーダの宗教やいわゆるヒンドゥー教の中における、今日まで続いているあの内部抗争から目をそむける危険性が存するのである。

われわれが一般に「ヒンドゥー教」と呼んでいる形態は、上位の三カーストが主導的役割を果たしてきた形態であり、彼らが古くから拒絶しつづけてきた最下位のカーストの崇拝形態は、政府の公式発表以外などではヒンドゥー教の一般的枠からはずされていることがしばしばである。

タントリズムの素材たるオルギーやエクスターゼは、第四のカーストの占有ではもちろんないが、この低カーストの人々の間により純粋に伝えられてきたと考えることができる。事実、今日もなおマリアイの人々はバラモンたちよりも神懸りになる資質に富んでいる。バラモン勢力がそれほど強くない地方では、非バラモン的要素がバラモンたちによって吸い上げられることは比較的容易であったろう。

今日、ネパールには性的オルギーによってエクスターゼに入るヒンドゥー・タントリストたちが存在するという。彼らは秘密結社のような閉鎖的なカルト集団を営んでいるといわれる。ネパールの知識人たちがこの集団に対して拒絶しつづけているのは、インドにおける場合と同じである。その崇拝形態はネパール社会の中で広く認知されているわけではないが、さりとてその「タントラ的集団」が犯罪者扱いされているのでもない。

カトマンドゥ盆地の中には、満月の夜、死体を焼く場所に集まって集会を開く女性のタントリストたちがいるという。「彼女らの指の先からは火が吹き出す」ともいわれる。こうした行者たちはタントリズムに好意的なネパール人たちにとっても「恐ろしきもの」である。このようなタントリストたちの集団は今日のインドにも残っているであろうし、タントリズムの興隆期には、そのようなタントリストたちの集団がインド、ネパールには数多く存在したと思われる。そして、それらの集団の多くは低カーストに属す人々のものであったと推測される。

タントリズムの素材のすべてが、低カーストの崇拝形態からもたらされたと考えることは誤りだ。しかし、タントリズム興隆期に生きたタントリストたちは同時の社会的通念を破って、当時の自分たちに欠けているが低カーストには豊富に伝え残されていたものを吸収したのだと思われる。

今日、インドやネパールにおいてタントリズムに対する蔑視は驚くほど強い。チベットや日本の仏教において密教は、顕教に対して優位に立つことはあっても、さげすまれる立場に立たされることはほとんどない。しかし、ヒンドゥー社会にあっては、タントリズムはわずかな例外を除いては蔑視を受ける場合がほとんどである。それは低カーストの人が社会の中で受ける蔑視に似ている。これはタントリズムの素材が低カーストからもたらされたことが多いからではなかろうか。

マソーバーやマリアイといった崇拝形態は、伝統的バラモン文化の「牙城」であるマハーラーシュトラ地方では、タントリズムの素材の提供者とはならなかった。そもそもマハーラーシュトラではタントリズムはほとんど勢力をもっていない。しかし、伝統的バラモンの勢力がプネーやヴァーラーナシーのようには強くはないカトマンドゥ盆地にあっては、低カーストの性的オルギーを伴う女神崇拝はネパールのヒンドゥー・

タントリズムの素材となっている。カトマンドゥ盆地においても、タントリズム一般に対する蔑視がなお存在していることは事実だ。だがこの盆地では、マハーラーシュトラでは考えられないほどにタントリストたちが今日なお活躍しているのである。

カシミール・シャイヴィズム、南インドのシャイヴァ・シッダーンタ、カトマンドゥ盆地のシャークタ派（女神崇拝派）などの例に見られるように、インドの辺境においてタントリズムの興隆がしばしば見られるということは、タントリズムがバラモン中心主義に抵抗する要素を強く有していることを意味している。仏教タントリズムもインドの辺境において勢力を有したのである。

四　仏教タントリズムと土着崇拝

仏教は元来、バラモン中心主義に批判的であった。ということは、非バラモン的・反バラモン的要素に接近したり、それを吸収したりすることは比較的容易であったということである。ヒンドゥー教・ジャイナ教・仏教のうち、仏教がタントリズム（密教）の形成には最も熱心であった。非バラモン的・反バラモン的要素を吸収するのに、より自由な立場にいたのである。

後期仏教タントラの一つに『ヘーヴァジュラ（呼金剛）・タントラ』がある。この中には世尊ヘーヴァジュラの周囲に八人のダーキニー（空行母）が並ぶヘーヴァジュラ・マンダラが述べられている。ダーキニーとは、魔力を有する女神つまり魔女である。この中にチャンダーリー、ドーンビー（洗濯を職業とする女性）などの名を有するダーキニーがいる（本書、第5章6節参照）。彼女たちはまさに低カーストの女性たちである。ヒンドゥー社会では底辺にいる女性がマンダラの中で世尊の脇に立っているのである。これは後期仏教タントリズムが低カーストの人々に接近したことを示していると考えられよう。

また、仏教タントリストたちは自分たちのヨーガの実修にチャンダーリーたちを女性パートナーとして用いたと考えられる。このようなことは伝統的バラモン僧の間では許されるべくもなかった。このようにして、仏教タントリズムは非アーリヤ的「低」カーストの崇拝形態の変質のための素材を得たのだと考えられる。

ヒンドゥー教・仏教・ジャイナ教以外にもタントリズムがあるか、という問いには、とりあえず次のように答えておきたい。すなわち、タントリズムが経典を有し、整備された教理をもつものと規定したときには、ヒンドゥー教以外にタントリズムは存在しないということができよう。

一方、経典をもち、教義を整備したタントリズムに素材を与えたことがあったとしても、経典や整備された教理などを有していない崇拝形態は、タントリズムと呼ばないほうが、タントリズムの形成過程を理解するためにはより適切と思われる。

ここで「適切」といったのは、この場合、個々のタントリズムの歴史的形成過程を理解しようとする場合には、より誤解が少ないであろうという意味であって、タントリズムとして整備された形態と、タントリズムに素材を与えた形態とが本質的に異なるというものではない。したがって、マソーバーやマリアイがヒンドゥー・タントリズムに影響を与えたか否かは別としても、マソーバーやマリアイ自体はタントリズムと呼ぶべきではないであろう。事実、今日、これらの形態はマハーラーシュトラ州においてタントリズムとは呼ばれていない。

注

（1）［Bhandarkar 1928］。この書は［バンダルカル　一九八四］（『ヒンドゥー教』〈島岩・池田健太郎訳〉せりか書房、一九八四年）として訳されている。
（2）［バンダルカル　一九八四、三七二］
（3）［バンダルカル　一九八四、三七三］
（4）［バンダルカル　一九八四、三六九］
（5）［立川　二〇〇八、六、三五一〜三五六］
（6）ここでは、インド起源のタントリズムを問題にしているのであり、インドの地以外に「密教」と呼びうるものが存するかいなかは問題にしていない。［立川一九九八b、三四］参照。

4　カトマンドゥ盆地のネパール密教

一　チベット・ビルマ圏ネパール

インドと中国という二大文化圏に囲まれている国ネパール。ネパールの人口の大半はインド系であり、二〇〇八年までこの国の国教がヒンドゥー教であったことからもうかがうことができるように、この国はインド主義の大きな壁の中に呑み込まれてきた。しかし、インド亜大陸の北端にあるネパールの文化をインド文化圏の一端とのみとらえることは正しくないと思う。

ネパール文化のアジアにおける位置を考える際には、インドおよび中国という二文化圏を考えるのみでは十分ではなく、ミャンマー・アッサム（カーマルーパ）・ブータン・ネパール・チベット自治区などの地域、つまりインドと中国に挟まれた地域の文化圏の存在を想定すべきであろう。この地域の人々が話す言語にちなんでこの文化圏を「チベット・ビルマ語系文化圏」あるいは単に「チベット・ビルマ文化圏」と呼ぶことについては、すでに本書の「はじめに」で述べた。

ヒンドゥー教はカンボジア・バリなどの地域にも伝播したが、ヒマーラヤ山脈を越えた地域には広がることはなかった。一方、儒教、道教文化がインドの地に流れ入ることもなかった。仏教はインド北端に生まれて、ヒンドゥー教文化から養分を得て成長し、やがてインド亜大陸からは消滅したが、中央アジアを通って中国へと伝播し、また一方ではミャンマー・タイ、さらにはインドネシアなどにも伝えられた。つまり、仏教はヒンドゥー教文化を育てたインド亜大陸の中で誕生し生育したが、その後、中央アジア、東アジアや東南アジアにまで伝播したのである。地理的にのみいえば仏教が伝播したその地域の、いわば中央の地にチベット・ビルマ文化圏があるということができよう。

インド大乗仏教は一三世紀にはインド亜大陸から消滅したが、チベットやネパールの仏教は今日でも生き残っている。ネパールはインド文化圏の北端にありながら、今日に至るまで仏教の勢力を保持している地域である。ネパールはインド文化圏とチベット・ビルマ文化圏との文化摩擦が激しかった地域なのである。

二　ネパールの国土と宗教

ネパールは北海道の約二倍の広さを有する。この国は大ヒマーラヤ山脈の南の斜面にあり、高地の山岳地帯、低地の平原地帯、およびその中間の高原地帯というように大ヒマーラヤ山脈に平行して東西に帯状に走る三つの地域に分けることができる。山岳地帯にはチベット仏教徒が多く、平原地帯には主としてヒンドゥー教徒が住む。中間の高原地帯には仏教徒、ヒンドゥー教徒、およびその両者以外の宗教に属する者たちが住んでいる。

「両者以外の宗教に属する」とは、教義・パンテオン・儀礼形態などが仏教およびヒンドゥー教のものとは考えられないケースを指している。ヒマーラヤ地方にはそのような宗教形態がしばしば見られる。ネパール南部の低地では特に紀元六、七世紀以降、ヒンドゥー教文化が支配的となったが、高原地帯にはヒンドゥー教文化に完全に組み込まれてしまわなかった宗教・社会形態が存続しているのである。

ネパールの諸民族はこの一〇〇〇年以上にわたる歴史において、地理的にヒンドゥー教社会の辺境あるいは周辺にいた。それらの民族の宗教の中にはヒンドゥー教でもなく仏教でもない人々がいるのは当然のことであろう。たとえば、ネパールに住むタルー、ライの人々の宗教をヒンドゥー教であると判断することは、その儀礼やパンテオンから考えて正しくないと思われる。もっともネパール人の中には、タルーやライの人々の宗教をヒンドゥー教であるという者たちがいる。もちろんそれは「ヒンドゥー教」という概念をどのように用いるかによるのであることはいうまでもない。

本書、第1章3節「ヒンドゥー密教」において、「ヒンドゥー教」と「タントリズム」との関係について論じたが、本節においてもヒンドゥー教――あるいはヒンドゥー教および仏教とは異なると考えられている宗教形態――と密教との関係が問題となる。ネパールの人々は「タントリズム」という語をしばしば呪術、しかもヒンドゥー教的な要素の少ない呪術の意味で用いる。もちろんこの用法はわれわれが本書において用いている用法とは異なるが、多くのネパールの人々がそのようにタントリズムを理解しているという現実は無視すべきではなかろう。

ネパールには正統派のヒンドゥー教が伝えられている。『マハーバーラタ』や『ラーマーヤナ』などの叙事詩、ヴェーダーンタやヴァイシェーシカなどの哲学思想、法典、占星術、供養法などの文献もサンスクリットで読む人々がいる。さらには、ヴェーダの祭式の伝統も残っており、ヒンドゥー正統派の規定に従って儀礼も行われているのである。ネパールではヒンドゥー教のパンテオンもインド亜大陸における神々のシステムもほぼそのままに継承されている。つまり、ネパール、特にカトマンドゥ盆地にはヒンドゥー教文化の辺境的形態が伝えられたのではなくて、いわゆる正統的な「大いなる伝統」が伝えられているのである。ネパールにおける仏教密教は、このような状況において育成された。

ネパールと仏教とのかかわりは深い。開祖ブッダはタライ盆地のルンビニーで誕生している。彼は、釈迦族の王子として生まれたのであるが、この一族は純粋にアーリヤ系ではなかったと考えられる。ブッダが出家するまで住んだカピラヴァストゥ（カピラヴァットゥ）は、ルンビニーから西へ約二五キロメートルの地点にある現在のネパール領のティラウラコットであろうと推定されている。

もっともこの説には異論もある。というのは、ルンビニーから約一五キロメートルのインド領ピプラハワにおいて、ストゥーパの下からブッダあるいは釈迦族の貴族の舎利が発見されており、インドの研究者たちはこの地がカピラヴァストゥであったと主張したからである。

後世、仏教が勢力を得てくると、ルンビニーは仏教の聖地として有名になり、多くの巡礼者たちが訪れるようになった。ルンビニーやティラウラコットなどからは、紀元前に製作されたと思われるテラコッタの法輪、菩薩像などが数多く出土している。六三八年に玄奘がルンビニーやカピラヴァストゥを訪れたときには、その地には無数の寺院の廃墟があるのみだった、と彼の『大唐西域記』には記されている。つまり、七世紀頃にはルンビニーあたりはもはや仏教のセンターの一つではなかったのである。当時のルンビニーを中心としたタライ盆地の仏教がどのようなものであったのかについては、今日よくわかっていない。玄奘の『大唐西域記』にもインドおよび現在のネパールにおける密教に関する記述はほとんどない。ネパールにおいて密教が勢力を有するのは七世紀以降であり、中部ネパールに位置するカトマンドゥ盆地においてである。

三　カトマンドゥ盆地のネワール密教

ネパールの国土を山岳地帯、低地の平原地帯、およびその中間の高原地帯の三つに分けて考えることができることはすでに述べたが、ネパールはさらに東部、西部、および中央部にも分けることができる。その中央部の北から南に流れるバグマティ川の流域にカトマンドゥ盆地がある。この盆地は、標高約一一〇〇メートル、東西二五キロメートル、南北約二〇キロメートルの広さであり、ネパールの人口の約一割がここに住む。しかもその大半がカトマンドゥ市、パタン市、バクタプール市に集中している。

カトマンドゥ盆地は、この千数百年の歴史を通じてネパールの政治・文化の中心である。この盆地においてチベット・ビルマ語系のネワール語を話すネワール（ネワー）人がおそらくは紀元四、五世紀頃から活動を始め、今日に至るまで盆地における、さらにはネパールにおける主導的役割を担ってきた。

ネワールの人々は約七世紀頃から本格的にインドから大乗仏教を導入しはじめ、さらに密教的要素を多分に含んだ形態を受け入れた。ネワール人の仏教密教はインド的要素を多く残しながら今日まで存続している。本書で「ネパールの密教」と呼ぶのは、カトマンドゥ盆地を中心に住むネワール人の仏教密教である。

一九五一年までネパール王国は鎖国状態にあった。それ以前のネワール仏教の状況はレヴィやホジソンといった研究者たちによって報告されてはいたが、外国人には不明な点が多かったのである。またネワール教徒たちも、密教的舞踏チャリヤー・ダンスや特定のマンダラ儀礼を秘密にした。今日でも部外者には秘密の儀礼は多い。

一方、ネワール密教はインドより伝えられたものが衰退し、その後、チベットより伝えられたものだと一部の人々によって主張されたことがあった。しかし、ネワールの密教はインドより伝えられた形跡が残ったものであって、チベット仏教の逆輸入ではない。もっとも後世、ネワール仏教がチベット仏教から多大の影響を受けたことは事実だ。

ネワールの多くの僧侶たちはサンスクリットやその俗語であるアパブランシャを読み、それらの言語の儀《ぎ》軌《き》を用い、仏教の尊格たちの名称もほとんどがサンスクリット名で呼ばれている。そのような意味では、大乗仏教が亡ぶ以前のインド大乗仏教のすがたをネワール仏教は彷彿とさせるということができよう。

二〇世紀は別にして、ネパールの地におけるチベット・ビルマ語系の民族の内では、ネワール人は都市文化を築くことができた唯一の民族である。盆地で特に近年、経済力を伸ばしてきたマナンやタマンなどの人々もチベット・ビルマ語系の言語を話すが、彼らはチベット仏教の徒であり、ネワール人のようにサンスクリット文献を読んでインド大乗仏教に触れようとはしなかった。インド系の人々も含めて、盆地においてはネワール人以外にはインド仏教を継承しようとした民族はいなかった。

もっともネワール人のすべてが仏教徒ではない。ネワール人の数は二一世紀初頭で現在約一二五万であるが、その七割強はヒンドゥー教徒であると推定されている。チベット仏教徒、ほんのわずかなテーラヴァーダ仏教徒などを別にすれば、ネワール仏教徒以外にカトマンドゥ盆地には仏教徒はいない。このようにネワール仏教はヒンドゥー社会の中で存続してきたのである。ネワール人はカトマンドゥを中心としたネパールの経済・文化の主役ではあったが、政治的には常にほかの民族に支配されてきた。

カトマンドゥ盆地において興亡した諸王朝は、おおまかにいえば次の四つである。

リッチャヴィ王朝（五世紀頃〜九世紀頃）
タークリ王朝（九世紀頃〜一一世紀）
マッラ王朝（一一世紀〜一七六九年）
グルカ王朝（一七六九年〜二〇〇八）
民主連邦共和国（二〇〇八〜現在）

これらの王朝はすべてヒンドゥー教徒によって建てられており、ネワール人は常にこのヒンドゥー王朝の庇護あるいは抑圧のもとにあった。マッラ王朝は仏教保護政策をとったために、この王朝下でネワールの仏教が最も華々しく開花した。だが、ネワール仏教自体の中に一種のカースト制度を設けるとともに、その全体をもヒンドゥー・カースト社会の中に組み入れたのは、マッラ朝の王スティティ・マッラであった。

四　カースト制度とネワール仏教

ネワール仏教はインド仏教の要素を今日に至るまでよく保っていると述べた。しかし、その反面でネワール仏教はインド仏教とも大きく異なる側面を有している。たとえば、インド仏教の出家集団はヒンドゥーのカースト社会から離脱したところにあったが、ネワール仏教社会はヒンドゥーのカースト社会の中に組み込まれて存在してきた。それは二〇世紀中期、インド・マハーラーシュトラ州でB・アンベードカル（一八九一～一九五六）によって率いられたネオ・ブッディズムがインド社会の中で存続している状態とはいささか様相が異なっている。というのは、後に述べるように、ネワール仏教社会の中では僧侶階級・商人・工人・農民などといった出自による職能集団（ジャーティ）が「上下の区別を伴う位置」の中に位置づけられたからである。ネオ・ブッディズムには、そのような上下の階層的区別は設けられていない。

ネワールの仏教カースト社会において、ヒンドゥー教のバラモン僧の階級に相当するのが、ヴァジュラーチャーリヤであり、ネワール語では「グバジュ」と呼ばれる。今日、ヴァジュラーチャーリヤの職業は、公務員・教員などさまざまであり、僧侶を専業として生計を立てているものはむしろ少ない。彼らはほとんどが妻帯し、肉食や飲酒は禁じられていない。妻帯し家庭生活を営むことが、ネワール仏教における密教的要素の保持に役立ったのだと考えられる。

密教は個人の精神的至福（仏教の場合は悟りの智慧）を求める型の宗教的行為のみではなく、社会において「聖なるもの」にかかわる行為、たとえば、「聖なる」死体にかかわる葬儀などの集団的宗教行為をも組み入れたものである。したがって、仏教僧が妻帯することは、その仏教が密教的性格を有することを助長する場合が多い。チベット仏教ニンマ派の僧侶の多くが妻帯したことは地方文化との結びつきを強め、ニンマ派の密教的勢力の社会への浸透に役立った。

しかし、僧侶たちが妻帯したからといって、その宗教が密教的色彩を強めることを意味するわけではない。浄土真宗やプロテスタンティズムを見れば明らかである。これらの宗教はオルギーやエクスターゼの要素の排除に努めており、そのことが密教的色彩を強めることを抑止したと考えられる。さらに真宗は、元来は集団的宗教行為である葬儀や祖先崇拝を念仏という個人的宗教行為へと溶かし込もうとした。それと対照的に、ネワールやニンマ派の密教は、葬送儀礼をはじめとする人生の節目の儀礼をむしろ古代から続く集団的儀礼の形のままに遂行しようとした。

ネワール仏教社会がヒンドゥーのカースト社会に組み入れられたのは、すでに述べたようにマッラ朝になってからであった。それ以前からカトマンドゥ盆地には数多くの僧院が存在していたが、マッラ朝に入った頃にはヒンドゥー社会の中に組み込まれざるを得ない状況になっていたと考えられる。

ヴァジュラーチャーリヤたちは依頼を受けて儀礼を執行するが、その依頼ができるのは上位のカースト（ジャーティ）に限られている。たとえば、下位のカーストである農民ジャプーは儀礼の執行をヴァジュラーチャーリヤには依頼できない。それは、インドにおいて最下位のカーストの者はバラモンたちに儀礼の執行を依頼できないのと似ている。

今日、ヴァジュラーチャーリヤの家族は約二〇〇〇といわれる。したがって、彼らの人口は約一万余であろう。これはネワール仏教徒の二、三パーセントにあたる。マハーラーシュトラ州のプネー地区におけるバラモンの人口比率の半分以下である。

ヴァジュラーチャーリヤの次のカーストはサキャである。彼らは美術・工芸に巧みで、盆地で作られるマンダラ図や仏像のほとんどが彼らの作品である。このカーストもまたネワール仏教の儀礼を執行することができる。しかし、彼らには僧侶任命権はない。それは第一のカーストたるヴァジュラーチャーリヤの占有なのである。

以上の二つのカーストがネワール仏教の知識人層の中核である。ネワールの仏教寺院の年中行事は今述べた二つのカーストによって執行されている。ちなみに、女性はグティ（各寺院の維持運営のための組織）の構成員となることはできない。現在、ネワール仏教寺院は盆地の北西部にある通称「目玉寺」すなわちスヴァヤンブーナート寺院を中心としてまとまっている。

スヴァヤンブーナート寺院を中心とするといっても、それはヴァチカンを頂点とするローマ・カトリックのような組織が存在するという意味ではない。この寺院がネワールの仏教徒にとって最も重要な寺院であっても、それは歴史の中で人々の尊崇の対象となってきたという意味であって、仏教教団の組織を実質的に統括してきたという意味ではない。

元来、インド亜大陸におけるヒンドゥー教にはカトリック教会に見られるような教皇を頂点としたピラミッド型の堅固な組織があるわけではなかった。ヒンドゥー教においては学的知識の伝授、儀礼の実際に関する知識や技法の伝授などは基本的には親から子へ、あるいは師から少人数の「内弟子」へと伝えられたのであって、大僧院を中心とした学習形態によったのではない。一方、インドにおいて仏教は僧院主義を採用していた。もともと仏教は出家のためのものであって、家庭の中で宗教的な知識や技法の伝授が行われるということは考えられなかった。だが、僧院が学問的に権威をもつことはあったにせよ、インドの大乗仏教には、ローマ・カトリックのような政治的権力をも合わせもつような組織があったとはいえないのである。

強固な組織がないにもかかわらず、インドでは伝統的知識や技法がきわめて正確にしかも長期にわたって伝えられ、さらにはそれらの知識や技法はカースト制度を通じてヒンドゥー教社会を支配する強力な道具となった。M・ウェーバーはインドにおけるこのような現象を説明するために、氏姓カリスマという概念を導入した。「カリスマ」とは、モーゼ、イザヤといった卓越した指導者などが有する精神的資質を意味するのであって、元来は個人に帰属する霊的な指導力（霊威）のことであった。

しかし、古代インドのヴェーダの宗教やヒンドゥー教にあっては、強力な個々の指導者にカリスマが属するというよりは、それぞれの一族あるいは家にカリスマが属するとウェーバーは考え、「氏姓カリスマ（霊威）」と名づけた。たしかに、『リグ・ヴェーダ』の中ではカリスマはそれぞれの一族、たとえば、ヴァシシュタ一族の歴史的人物に帰属するのではなくて、一族の最も遠い祖先であるものに属すると考えられている。ところで、仏教はブッダという強大なカリスマを有する人物によって開かれ、その後の歴史においてもブッダ個人の霊威が問題となった。しかし、このこと自体すでに仏教が非インド的要素をそのはじまりから有していることの証左でもある、といえよう。

ネワール仏教の場合も宗教的伝統に関する知識、技法、そしておそらく気質などは基本的に父親から息子たちに家庭において伝えられてきた。ヴァジュラーチャーリヤの家では父親が家長であるとともに宗教上の導師でもある。ヒンドゥー社会においてバラモンたちがその一族の祖先を背負いながら氏姓カリスマを有するように、僧侶階級ヴァジュラーチャーリヤおよびその第二のカーストであるサキャは、ネワール仏教徒の社会において氏姓カリスマをもちつづけている。

チベット仏教の大きな僧院の化身ラマたちは、それぞれの人格的魅力に加えて幾世代もの転生に対する尊崇を受けることによってカリスマを有する。ヴァジュラーチャーリヤの場合はそのカーストに生まれたことによって、カリスマを受け継ぐことができる。

氏姓カリスマを有することと密教的伝統を守ることとは本来は無関係である。カリスマとは、元来社会の中で指導者あるいは支配的立場にある者たちに存する。バラモンたちに氏姓カリスマが存するということは、彼らが社会の中で少なくとも精神的には指導的立場にあったからである。しかし、すでに述べたように、インドでは一般的に密教（タントリズム）は高い評価を受けていない。

これと対照的にネワールおよびチベットの密教は、高い評価をカトマンドゥ盆地およびチベット仏教圏において受けている。ネワール人たちは自分たちの大乗仏教を「金剛乗」（ヴァジュラヤーナ）であると誇らしげにいう。このような対照はヒンドゥー教における密教の位置と仏教における密教の位置が異なっていることによる。ネワール仏教においては、チベット仏教におけると同様、密教への高い評価によって、ヴァジュラーチャーリヤやサキャたちは氏姓カリスマをもちつづけることができたのである。

しかし、今、ネワール仏教は衰退の度を強めている。この三〇年のネワール仏教のあり方を見ても、仏教寺院の建物の状態は悪化する一方であり、サンスクリットを理解するヴァジュラーチャーリヤの数は激減し、ヒンドゥー教に改宗するネワール人も増えている。

ネワールの仏教密教は、仏教史の中で仏教が現世の中に留まって宗教的「財」を追求した数少ないケースの一つであった。だが、ネワールの仏教密教の形態は、ネワール人にとって少なくとも現在は満足を与えるものではない。彼らは半世紀前のチベット人たちよりもうまく自分をとりまく世界の状況に対応してきた。たとえば、ヒンドゥー社会や外国との勢力の間で生きながらえてきた。しかし、ネワールの金剛乗が守ってきた形態が今後のネパールの中でどのように機能するのかは、おそらくネワールの人々にも不明なのであろう。

第2章 マンダラの成立と金剛界マンダラ

1　マンダラとは何か

一　マンダラについて

インドで生まれたマンダラは、ネパール・チベット・中国、さらには日本などに伝えられた。マンダラは、それが伝えられたそれぞれの地域においてさまざまな形で描かれるとともに、地域あるいは時代ごとに異なった機能を果たしてきた。「マンダラとは何か、一口でいってほしい」という声をしばしば聞く。だが、マンダラの意味を一言でいうのはほとんど不可能だ。

マンダラの原初的な形態ができ上がったのは、おそらく五世紀頃であったと考えられる。当初は携帯用の祭壇のようなものであって、盆の上に簡単な仏像とかシンボルが載っていたものであったであろう。それに対して僧侶なり信者が供養を行っていたと考えられる。供養とは、供物を捧げて「聖なるもの」に祈るという行為をいう。

当初のマンダラには、後世のマンダラのようには「世界の図」といった意味はなかったであろう。また、後世では専門僧の観想法（成就法、sādhana）の対象となったが、初期的なマンダラはそのような観想法の対象として用いられることもなかったと考えられる。

七世紀頃の編纂と考えられる密教経典『大日経』では、マンダラの描き方が述べられている。この経典に述べられるマンダラは、先生が弟子を入門させる儀礼に用いたものであり、師と弟子の二人が地面に描くものであった。人気のない場所を選定して、石とか骨のかけらを取り除き、土地神への供養をする。その後、師と弟子は身を清める。このように約一週間かけて準備をした二人は、最後の夜に石を砕き、色を付けた粒で地面にマンダラ図を描く。夜が明けると、師は弟子をその中に引き入れて弟子としての印可を与えた。こういったような使われ方をしていたのである。

『大日経』に述べられるマンダラは四角である。今日のネパールやチベットのマンダラに見られるように、四角いマンダラを囲む丸い外枠は一〇世紀頃以降にならないと現れない。『大日経』に基いて描かれた胎蔵曼荼羅（胎蔵界曼荼羅）を空海が唐から請来した。もっとも空海が持ち帰ったものは、中国的な解釈を加えたものであり、インドで生まれた経典『大日経』に述べられたとおりのものではないが、空海が持ち帰ったマンダラがインドの古いマンダラの形式を伝えていることに疑いはない。

地面に描かれたマンダラは、もともと長期間持続するものではない。マンダラの上に描かれた仏像やシンボルの上に花とか水とかミルクとかを供えるので、儀礼が終わるころには、マンダラの線はもはや見られず、葉や花、その上にかけられたヨーグルトなどが雑然とあるのみである。儀礼の次第を述べるテキスト（儀軌）では、儀礼の最後の段階においてマンダラを壊すべきであると規定されている。つまり、砂で描いたものを壊してしまうというところも、儀礼の一部として規定されているのである。したがって、元来、マンダラは後に残るようなものとしては考えられていなかった。

『大日経』の少し後に編纂されたと推定されている『金剛頂経』では、また別のマンダラが述べられている。このマンダラにおいて、仏や菩薩たちはそれぞれのシンボルをもっている。本をシンボルとする菩薩（文殊菩薩）を儀礼の対象にする場合を考えてみよう。まず行者が坐る。そして、世界中の本を集めると考える。実際には何もない。しかし、世界中の本を集めて、その一本に心をこらせて、つまり凝固させて、本当に自分の右手に本があるような気になったときに、目の前に置く。すると、本を持った菩薩が立ち上がる。

これで、一人の菩薩の精神的な産出が終わる。生まれてきた仏や菩薩は、自分の場所に行って消えることなく、並んでいる。それを数十回繰り返すと、自分のまわりに仏たちが並ぶマンダラができあがる。このようなマンダラ観想のプロセスが『金剛頂経』に述べられている。このマンダラは、先ほど述べた『大日経』のマンダラとはかなり異なっており、金剛界マンダラと呼ばれる。今日のカトマンドゥ盆地には石版の上に線刻された金剛界マンダラの作例がわずかではあるが残っている（図2-1-01〜06）。

九世紀初頭に空海が持ち帰った、九つの井形になった金剛界マンダラ（九会《くえ》曼荼羅、図2-2-02）の中央のものが、インドやチベットで金剛界と呼んでいるものに相当する。

八、九世紀になると、インドのマンダラの形態は大きく変化する。それまでは、大日如来がマンダラの中心にいたのだが、やがて頭蓋骨杯を持ったり、蛇を巻いたり、毛皮をまとったりした、おどろおどろしい姿の仏がマンダラの主尊として登場する。このような恐ろしい姿の尊格は仏（仏陀、ブッダ）であり、菩薩や明王（忿怒尊）ではない。マンダラの中尊として異形の仏が登場することは、それまで初期・中期大乗仏教が避けて通ってきた血や骨の儀礼、呪術的な要素の強い土着的崇拝を、後期大乗仏教の一部としての密教が積極的に摂取したことを示している。

図2-1-01　金剛界マンダラ。ラガン・バハール、カトマンドゥ
（刻まれた線はほとんど消えてしまっている。三〇〇年以上前のものといわれる）

図2-1-02　金剛界マンダラを収めた社。
シガ・バハール、カトマンドゥ（約三〇〇年前のものである）

図2-1-03　図2-1-02の金剛界マンダラ図（一九八五年撮影。二〇一四年現在では、これほどの線は残っていない）

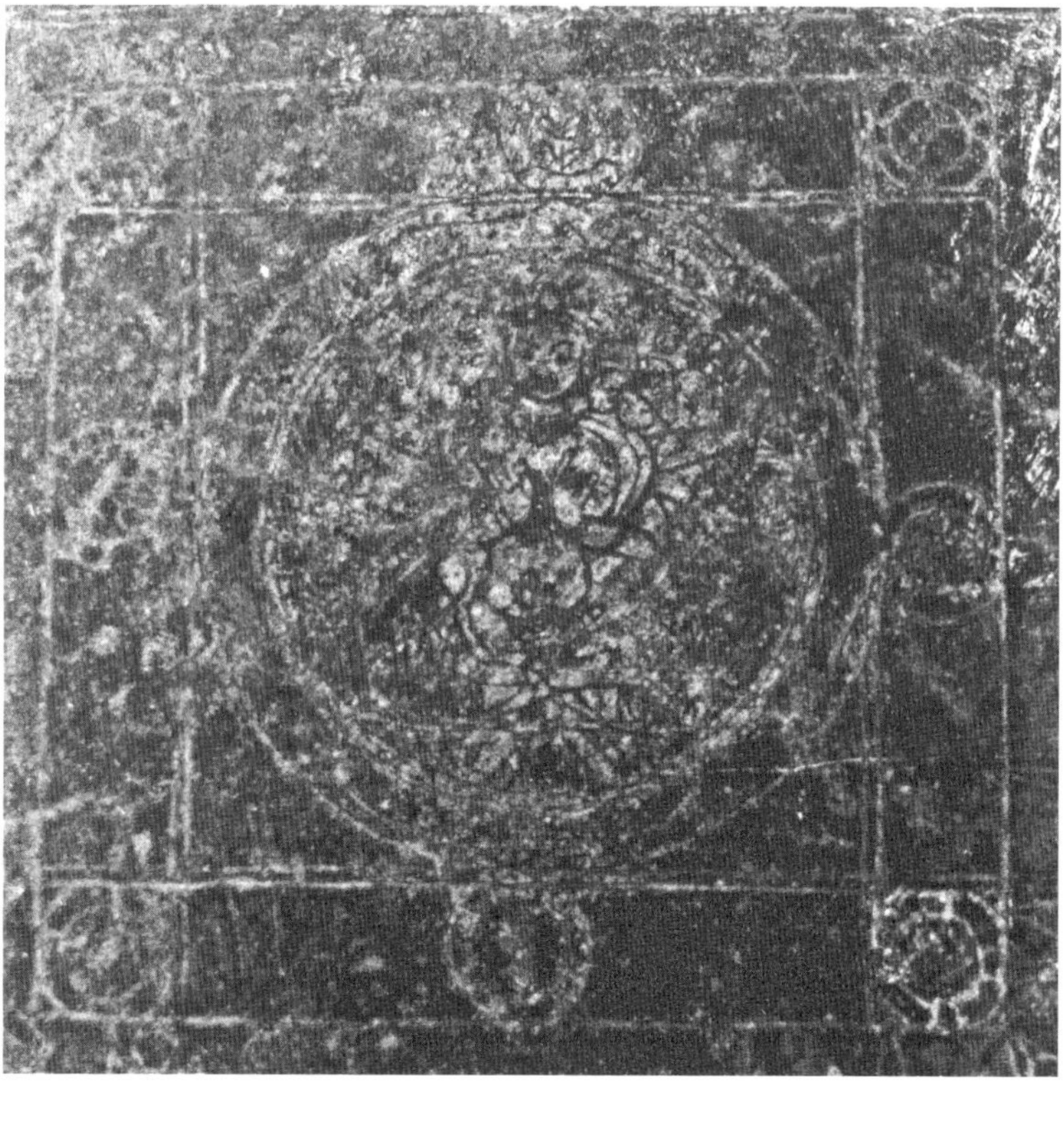

図2-1-04　図2-1-03の金剛界マンダラの中央部（写真下が東である）

図2-1-05　八臂の大日如来（図2-1-04の部分図）

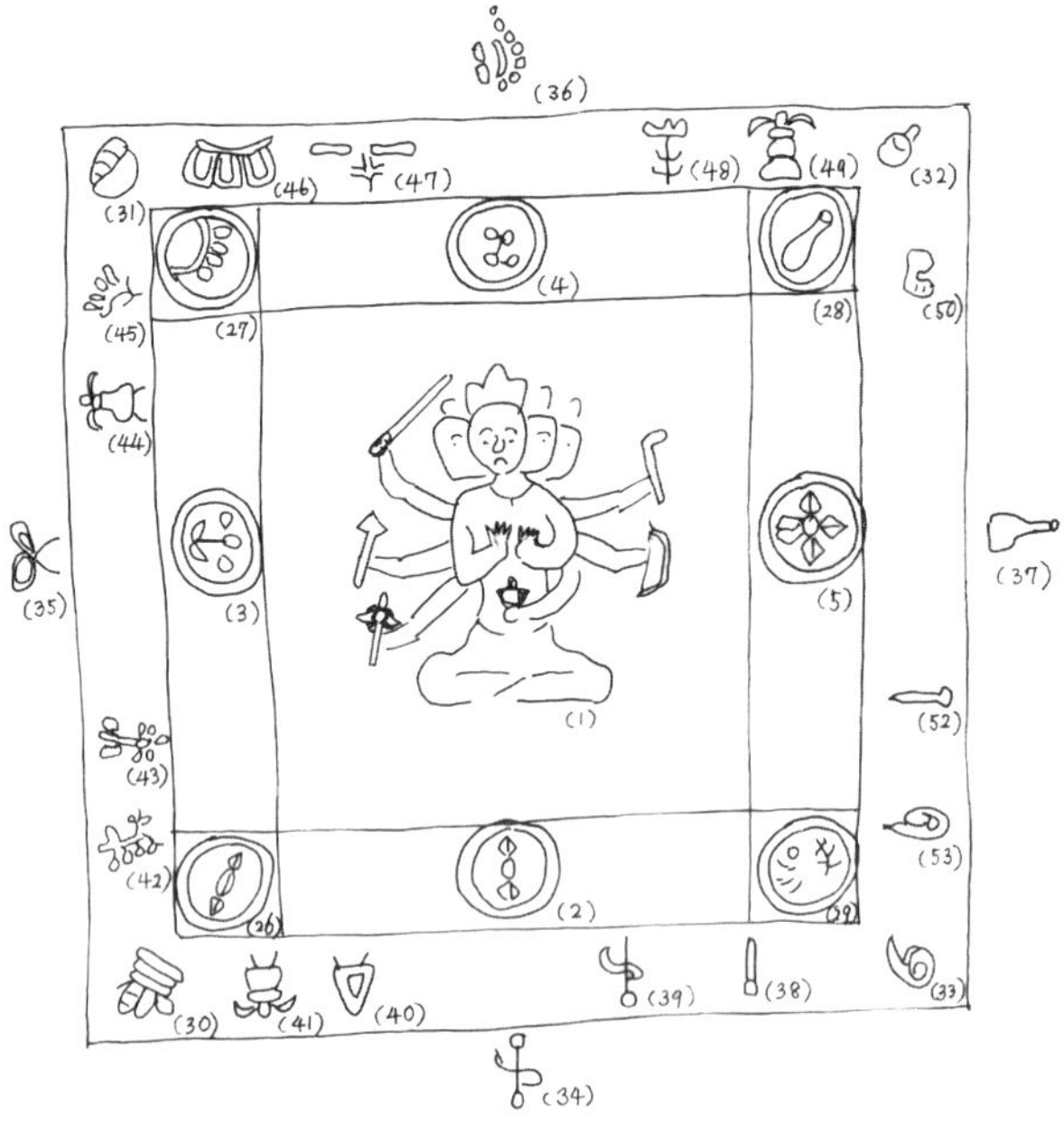

図2-1-06　金剛界マンダラ（一九八五年、筆者によるマンダラのスケッチである。識別可能なシンボルのみを記した）

この図の中の番号と名称は図2-2-05の番号と一致する。

以下に諸尊のシンボル名を判明したかぎりにおいて記しておく。

（2）金剛、（3）宝、（4）蓮華、（5）二重金剛、（26）金剛、（27）花環、（28）ヴィーナー〈琵琶〉、（29）不明、（30）供物容器、（31）香炉、（32）灯明、（33）法螺貝、（38）剣、（39）鉤、（40）鏡、（41）瓶、（42）華(?)、（43）華(?)、（44）瓶、（45）華(?)、（46）甲冑、（47）不明、（48）華(?)、（49）瓶、（50）不明、（52）剣、（53）法螺貝

さらに、九世紀ごろには須弥山を中心とした世界像とマンダラとが合体する。つまり、九世紀頃には須弥山を中心とする世界の構造がマンダラの構造となるのである。須弥山があり、須弥山の頂上に館があって、その館の中に仏たちが整然と並んでいる。そして、この須弥山の下には地・水・火・風の物質的な基礎がある。このような構造全体を上から見ると、四角のまわりに丸があるようなマンダラ図となる（図2―2―04参照）。

一二世紀頃の成立と考えられるマンダラ集成がサンスクリットで残っている。『完成せるヨーガの環』（ニシュパンナ・ヨーガーヴァリー *Niṣpannayogāvalī*）である。このタイトルは、「観想（ヨーガ）が完成したマンダラの環」を意味する。この書ではマンダラは、平面ではなくて、地・水・火・風の元素が積み上がり、その上に須弥山《しゅみせん》があり、須弥山の上に宮殿があり、宮殿の中に仏たちが並び、これを覆うようにして無色透明な金剛でつくられた網が「世界」を守っている、といった構造を有すると述べられている。

図2-1-07　仏像が刻まれた仏塔。11世紀頃。ボードゥガヤー、インド博物館、コルカタ

ともあれ、いろいろなかたちのマンダラがつくられたのだが、一〇世紀頃になると、仏塔の四面に仏像が彫られたものが、一つの立体的なマンダラと考えられるようになったと思われる。たとえば、コルカタのインド博物館にはそういった仏塔がある（図2―1―07）。また、今日、カトマンドゥ盆地には「二〇〇〇基以上の仏塔が存する」といわれる（図2―1―08）。これらのほとんどは個人あるいは家族によって寺院に寄進さ

図 2–1–08　寄進された仏塔（奉献塔）の群。スヴァヤンブーナート寺院

れたものであり、「奉献塔」とも呼ばれる。

北京紫禁城雨花閣には、記録によれば一七五五年、天井につくほどの高さの立体マンダラがつくられて、今日も残っている［干　一九八二、一九〇］。このように、マンダラは、平面に描かれる場合、あるいは布（カンバス）に描かれる場合、立体的なものになる場合がある。また、儀礼が行われる地面あるいは床の上に、今日もカトマンドゥでは二〇センチほどの輪を描いて、その上に花をのせたりミルクをかけたりするので、二〇分もすればかの輪も見えなくなる（図2–5–01）。それがマンダラなのである。このようにマンダラにはさまざまな形態がある。

二　マンダラの意味するもの

日本には最澄が最初に簡単なマンダラを請来したのだが、その後、空海が、そして円珍・円仁がマンダラを請来し、今日にいたっている。そのような密教のマンダラ以外に、日本では浄土における阿弥陀仏、菩薩たちおよび供養女などを描いた浄土《じょうど》変相図《へんそうず》もマンダラの一種と考えられて、浄土曼陀羅と呼ばれてきた。

春日曼陀羅とか熊野曼陀羅と呼ばれるものもある。山や神社があり、鹿が遊び、仏と一体になった神たちが立ち上がっている、といったような図も日本ではマンダラの一種として考えられ、寺社曼陀羅と呼ばれてきた。日蓮宗には板曼陀羅の伝統もある。板曼陀羅とは、日蓮が『法華経』後半部分に登場する如来・菩薩・明王、天などを板の上に漢字や梵字で題目の周囲に書いたものである。

さらに、日本では、たとえば観音菩薩とか不動明王とかが、須弥山の上の宮殿の中に描かれるのでなくて、単独に描かれている場合も、別尊曼荼羅と呼ばれてマンダラの一種と考えられてきた。一文字が描かれている図も種子曼荼羅と呼ばれる。

このように日本の場合には、金剛界などのマンダラ、浄土曼陀羅、社寺曼陀羅もあり、さらに別尊曼荼羅や種子曼荼羅もある。「曼荼羅」という語のこのような「広い」用法は、この三〜四〇〇年のことではなくて、一〇〇〇年近くも前からのことである［立川　一九九八a、二三〇］。

近年では「マンダラ」は日常語としてもしばしば用いられる。「人間マンダラ」「花マンダラ」「テレビ・マンダラ」などといわれる。さまざまな要素あるいは項が、ともかくも一まとまりにあればマンダラと呼ばれる。「恋マンダラ」もある。誰と誰がどうなるというようなことがあらかじめはっきりしておれば、それを日本人は「マンダラ」とは呼ばないだろう。中にある要素や項がどのような関係にあるのかは不明なままである。むしろそれが摩訶不思議であり、魅力的ですらあるのだ。

こういった日本におけるような「マンダラ」という語の用法は、インドやチベットにはない。インドやチベットでは、マンダラの中の諸要素つまり仏や菩薩たちの間の関係がはっきりとわかっていなければマンダラと呼ばれない。ここには、日本人とインド・ネパール人などとの「世界の構造」に対する考え方の違いを読みとることができる。

このようにマンダラにはいろいろな形や機能があるが、ようするにマンダラとは何なのか。仏たちが四角い宮殿の中に住んでいる。その周囲を地・水・火・風を意味する同心円状の輪が取り囲む。このようなものが、今日一般に見られるチベットやネパールのマンダラである。これは、世界あるいは身体の構造を示しているとも解釈できるのだが、マンダラの観想法では、心の中でマンダラ世界が複雑な過程を通じて形成される。密教僧が観想法（瞑想法）の補助手段としてマンダラを描く場合、マンダラは、初めはほんの小さな核であり、その核が次第に大きくなっていく。それが小さな仏になり、次に仏のイメージがはっきりしてくる。その仏がまわりの仏たちを生んで、館も見えるようになり、やがて宮殿の中に整然と並ぶ仏たちが現前に現れるのである。

仏や菩薩が宮殿の中に整然と並ぶ世界ができ上がると、次に行者はこの世界を圧縮する。さらに縮小されていき、やがて鼻先のけし粒ぐらいのものになってしまう。この段階でさまざまな行法があるのだが、このけし粒を自分の体の中に呑み込んでしまう方法もある。この場合、行者は、仏が住んでいる世界を出現させた後、それと自分との相同性あるいは本来的一体性を体験するのである。

マンダラが出現した後は、実践者は主として自らの精神生理学的なヨーガにかかわる。密教の瞑想（観想）の中では、おおまかにいえば、マンダラは前半にかかわるのであって、マンダラが出現して、それが体の中に収められてしまった後はマンダラが重要な役を果たすことはない。

ようするに、マンダラには一五〇〇年の歴史があり、まことに多様な形態・機能があり、地域差もある。一般信徒が用いる場合のマンダラと、専門僧が用いる場合のマンダラとは少なくともその機能は異なる。もっともマンダラと呼ばれる限りは、種差を超えて、あるいは種差の中に何か普遍的なものがあると思われる。

ここで「聖なるもの」という言葉を使おうと思うが、密教の実践において行者が彼のまわりの世界、または眼前にしている世界を聖なるものと見るとき、そのような世界がマンダラである、といえよう。さらにマンダラとは一つの場であり、その場の中に聖なるものが現れており、そして行者がその場の中に、世界の中に、どのような形であれ、入っていられる場でなくてはいけない。

三　実践の場としてのマンダラ

初期的なマンダラとは携帯用祭壇あるいは仏壇のようなものであったということはすでに述べた。初期的なマンダラの場合も含めてマンダラには、「聖なるもの」としての尊格の彫像あるいはシンボルが一つの場に存在するという構造が見られる。今、ここにある盆を「聖なるもの」が顕現する場とし、一つのグラスをブッダの彫像として、盆の上にグラスを載せる。すると、グラスを載せた盆はマンダラの構造を示す一つのモデルとなる。

このマンダラ・モデルには、グラスすなわち仏と、盆すなわち「仏が現れる場」という二つの要素が存する。このような二つの要素、つまり仏・菩薩などの「聖なるもの」と彼らが顕現する場（基体）がマンダラには必ず存在する。これらの二つの要素に加えて、マンダラには第三の要素が不可欠である。その第三の要素とは、マンダラに対する実践である。マンダラに向かっている実践者が何らかの儀礼あるいは実践をしなければ、マンダラはマンダラとして機能しない。この場合の儀礼とは、プージャー（供養）つまり供物を捧げて仏などを崇拝する儀礼などをいい、実践とはマンダラに登場する仏と一体になること、あるいはすでに一体であることを瞑想することなどを指す。

マンダラとは、実践あるいは儀礼を行う者がその中に入ることができる心的空間となる。その中に入って行為すべき世界であるともいえよう。たとえば、小さな携帯用の祭壇のようなマンダラも、それに向かっている実践者が入る、あるいは住むことのできる場を提供する。われわれのマンダラ・モデルでいうならば、グラスの載った盆は、マンダラ実践者としてのわれわれの心がその中に入って儀礼あるいは実践を行う擬似空間のシンボルとなるのである。

くり返すが、マンダラにおいては、まず「聖なるもの」の彫像あるいはシンボルが顕現していなければならない。マンダラにおいては、普通多くの仏や菩薩が「聖なるもの」として現れており、そして、その「聖なるもの」が存在する場が必要である。

仏や菩薩には、働くための場所あるいは国土がなくてはならない。「聖なるもの」としての仏たちは「俗なるもの」としての人間たちと向き合うために現れている。天空に浮かんでいるのみの仏は真の仏ではない。マンダラとは人が実践を行う場すなわち世界であり、マンダラに対して儀礼や実践を行う人間は、マンダラが象徴する世界の中で行為するのである。

マンダラの中で行う実践あるいは儀礼のありかたはさまざまだ。行者がマンダラの中に入って、並んでいる仏や菩薩たちを一人一人めぐって歩くという方法もある。たとえば、ある教室が仏たちの住む館であり、その中の学生たちが仏や菩薩としよう。講義をしているわたしは、仏たちの一人一人を礼拝するためにマンダラの中を歩く。そのときには、学生たちを含んだこの教室はマンダラとなる。

マンダラ図を壁などに掛けて儀礼あるいは瞑想（観想）をする場合もある。この場合、実践者はマンダラの中に完全に入るというよりも、マンダラの「入り口」にたたずんでいる。このような場合でもマンダラは実践者を包む一つの場あるいは擬似空間を提供するのである。

以上述べたケースにあっては、自分と諸尊との違いは明確に意識されていた。このような実践とは違って、行者が自分をマンダラの中尊であるというように思い定める場合もある。マンダラが提供する心的な擬似空間の中で、実践者はそれぞれのほとけをめぐって歩くのではなくて、自分がマンダラの中尊であり、まわりにいる仏たちは自分が生み出したものである、と考える瞑想の仕方も存する。

仏や菩薩はそれぞれ特徴的な持物を持っている。たとえば、文殊菩薩は剣や本（経典）を持っている。文殊を観想する場合には、世界中の剣を集めたような大きな剣が実際に手の中にあるかのように観想する。その後、その剣を現前に差し出すと、文殊が現れる。このような観想法にあっては、自分はすでに仏あるいは菩薩なのである。

このようにマンダラにあっては、さまざまな仏・菩薩つまり住人がおり、その住人たちの場が示されてあり、さらにその中で実践者はマンダラ瞑想の中で行為、つまり心的行為をするものとして示されている。マンダラとは実践者すなわちわれわれが住む世界であるといえよう。マンダラは自己と世界とは一体なのだと語っているとも考えられる。宇宙と（世界）と個我（アートマン）とは、本質的には一体のものであるという、インド精神が古代からもち続けてきたテーゼを、後期大乗仏教の一形態としての密教もまた追求したのである。

ここで再びグラスを載せた盆というシンボルに戻ろう。マンダラとは基体、つまり土台と、その上に存在するものとの複合体であると、くり返し述べてきた。この盆とグラスに相当する基体と「基体の上にあるもの」は、サンスクリットでは「アーダーラ」（基体）と「アーデーヤ」（基体の上に存するもの）と呼ばれる。『倶舎論』に代表されるアビダルマ仏教では、世界は人間たち（世間）と彼らの住む基体すなわち須弥山を中心とする器世間との複合体として考えられる。ただアビダルマ仏教では、かの「世間と器世間の複合体」が修行者の瞑想の結果であるなどとは考えられてはいない。

では、マンダラに登場する「聖なるもの」とは、どのような者たちなのであろうか。マンダラの周縁には悟ってない行者も登場することがあるが、原則としてマンダラに登場するメンバーは、仏・菩薩・明王・天といった「聖なるもの」としての資質をすでに得たものである。一般の人間（凡夫）がマンダラに登場することはまずない。これから修行しようとしている人間が、マンダラの中尊として肖像画のように描かれるということは、マンダラにおいてはない。

マンダラ実践においてマンダラに登場する仏と一体になるという行法は、俗なるものとしての行者、つまりまだ悟っていない行者が、ともかくも「聖なるもの」の資質を得たと仮定して行うものである。これは密教に独特な行法であり、アビダルマ仏教ではありえない修行法である。

山登りをする際に、ふもとから一歩一歩登っていって頂上をきわめる方法もあるが、一気にヘリコプターで頂上まで飛び、頂上で降ろしてもらい、そこから一気にスキーで滑降するといった方法もある。密教の方法は、後者に譬えることができる。つまり、密教は「下から上へ」ではなくて「上から下へ」という方向をとるのである。マンダラ観想において、自分がマンダラの中尊である大日如来だと思うことは、非常に畏れ多いことだ。しかし、そのようなことをあえてするというのが、密教の方法なのである。

マンダラに入るということは、「自分は煩悩のかたまりだと思っている」ほとんどの人間にとって、畏れおおいことである。「マンダラ、マンダラ、と気安く口にすべきではない」という人がいるのも、もっともなことである。しかし、それだからこそ、マンダラの中に入ろうとする際の、驚愕心なり畏れなりをバネにして修行していくというのが、密教の方法なのである。

このように、マンダラには、悟りを得た仏たちと、彼らが住む器（基体、国土）との二つの要素が必要である。世界（器世間）が宮殿、須弥山、宇宙的蓮華などによって構成されているのは、インド人たちが世界の構造をそのようなものとして理解していたことを示している。また、ほとけたちが整然と並んでいることは、修行の階梯が明確に言葉で表現できる整然とした修行のシステムが存することを示している。マンダラ観想法は一種のヨーガなのであるが、そのヨーガの行法に見られる精神生理学的変化をマンダラの仏たちは語っているのである。

マンダラの機能の一つは、崇拝の対象としての「聖なるもの」のイメージを伝えることである。また、仏と一体になったという仮定のもとに立って修行する際の補助手段ともなる。このように、マンダラの有する意味や機能はさまざまである。ではあるが、マンダラの有する特徴の中で最も重要なことは、修行者あるいは実践者が入ることを許すような聖なる世界であることだ。

ここで多くの人が疑問に思うことであろう。すなわち、マンダラは、一人の実践者と仏の関係、あるいは実践者と世界との関係に終始しているではないか。実践者が属する社会はどこにあるのか。歴史はどこに行ったのか、と。

たしかにマンダラにおいては、近現代が考えてきたような歴史や社会は考察されていない、といわざるをえない。「歴史がある」としても、それは実践者一人の修行の歴史であって、民族や人類にかんする、いわゆる近代人の考える歴史ではないだろう。

しかし、地球という基体とそこに住む人間たちとの複合体をマンダラと捉え、人間の歴史を「俗なるもの」から「聖なるもの」に至り、「聖なるもの」から「俗なるもの」へと歩む歴史と捉えることが必要であり、また可能であろう。

2 金剛界マンダラの構造

一 タントラの分類

今日、夥しい数の密教経典が残されている。『西蔵大蔵経』において密教文献が占める割合は全体の約三分の二以上である。現存の『西蔵大蔵経』の編纂方針は一四世紀のチベットの学匠プトゥン（Bu ston）によって定められたが、その中で、密教文献は四種のタントラのいずれかに分類されている。この「四種タントラ」の分類法は後世も一般に用いられることになった。「四種タントラ」とは次の四種である。

①作タントラ（クリヤー・タントラ、kriyā-tantra）

②行タントラ（チャリヤー・タントラ、caryā-tantra）
③ヨーガ・タントラ（yoga-tantra）
④無上ヨーガ・タントラ（アヌッタラヨーガ・タントラ、aunttarayoga-tantra）

この分類法の芽はすでに八世紀頃のインドに見られ、今述べた四分法に近いものが成立するのは一〇世紀頃と思われる。この四分法では、密教経典、陀羅尼、儀軌、観想法などが「タントラ」に含められているが、この四分法は今述べた四種のタントラそれぞれの成立経過の順序とおよそ相応している。

第一の作タントラは、呪文、陀羅尼、諸仏の供養の仕方、壇のつくり方、手印の結び方などの作法を主要な内容とするものである。儀礼主義はブラーフマニズム（バラモン中心主義）の重要な柱の一つであるが、仏教はその始まりから儀礼主義に対しては批判的であった。しかし、大乗仏教の興隆に伴い、特に紀元四、五世紀頃からバラモン僧たちの儀礼を仏教徒は積極的に自らの実践体系の中に組み入れていった。

この時期は新しく生まれた大乗仏教が自らの理論的体系を整備し終わった頃であり、やがて仏教の勢力が新勢力であるヒンドゥー教と対抗しなければならないことを感じはじめていた頃でもあった。この頃の大乗仏教徒たちは、仏たちに水・香・花などを捧げて供養（プージャー）するようになっていた。ごく簡単な構図の「マンダラ」も供養の対象となっていたと考えられる。その供養の方法などを説明したものが第一の「作タントラ」であり、「作」とは作法・方法を意味する。「作タントラ」の経典にあっては、儀礼行為が仏教徒の究極な目的である悟りそのものを行者に獲得させると考えられているわけではなく、供養などはあくまで補助的手段と考えられていたと思われる。

『蘇悉地経《そしつじ》』『蘇婆呼童子経《そばこ》』『不空羂索経』などが、この第一のタントラのグループに属する。チベットにおけるマンダラ理論の集大成である『タントラ部集成』(一九世紀末)では、一三九点のマンダラの中、第一九までが作タントラに属する、と考えられている。『タントラ部集成』のマンダラ・リストに関しては巻末の補遺を参照されたい。もっとも、このチベットにおける分類はタントラ経典の成立の歴史的過程を重視するというよりも、後世のチベット人たちによる整理分類といった側面が強い。

第二の「行タントラ」の代表的なものは、七世紀の成立と考えられている『大日経』である。この経典の出現によって仏教タントリズム(密教)が確立された。第一のタントラは供養などによって現世利益を求める側面が強かったが、『大日経』の中心課題は悟りである。この経典では、外的・身体的行為である儀礼を重要視するとともに、儀礼の内化あるいは精神化を押し進めた。つまり、マンダラをつくり、それに基づいて入門儀礼を行い、そしてヨーガによる瞑想を行ったのである。このような瞑想のあり方は、第三・第四のタントラにおいてよりいっそう発展し、観想法(サーダナ)が実践されるようになった。つまり精神集中によって眼前に神や仏をあたかも実在するかのようにありありと見ることのできるように産出することが薦められた。「心の作用の制御」を目指したヨーガの行法が、いまやむしろ心の作用をふるいたたせ、眼前に「聖なるもの」を成就させる、つまり産出するような形につくりかえられたのである。

古典ヨーガでは、「俗なるもの」の営みを止滅させ、「聖なるもの」の顕現を俟《ま》つという手順を踏んだが、タントリズムにあっては「俗なるもの」の営みをむしろ強め、それを「聖化」することにより、「俗なるもの」と「聖なるもの」との一体化を求める。つまり、ヨーガにおける、いわば心的エネルギーの方向に変化が起きたのである。

行タントラ系のマンダラは、しかしながら後世、それほど勢力をもたなかった。『大日経』に基づく「大悲胎蔵生マンダラ」（胎生マンダラ）[1]は、インドで成立したほとんどのマンダラを受け入れたと思われるチベットにおいても、ほんのわずかな点数が残されているにすぎない。『タントラ部集成』では二〇番の「現等覚大日一二二尊マンダラ」がそれにあたる（巻末の補遺6参照）。

日本に伝えられてきた胎蔵［界］曼荼羅は、『大日経』に基本的には基づきながらも、他の経典の記述を採用し、さまざまな変化・修整を経て現在の形にまとめられたものである。この胎蔵［界］曼荼羅がどのようにして成立したかは明らかではない[2]。空海が中国より持ち帰った胎蔵曼荼羅はおそらく師恵果和尚の指示によってつくられたものであろうが、恵果自身の作になるものか、その師不空との合議になるものかもはっきりしない（図2−2−01）。

胎蔵［界］曼荼羅は、同じく日本に伝えられた金剛界九会曼荼羅（図2−2−02）とともに、今日残されているマンダラの中で最も古いものであり、仏教タントリズムが確立した時期のマンダラの特徴を示している。現図曼荼羅およびチベットに伝えられる大日経マンダラにはヒンドゥー教の神々が数多く現れており、行タントラ系の仏教がヒンドゥー教から強い影響を受けていることを物語っている。第三のヨーガ・タントラになると、こうしたヒンドゥー教的色彩は影をひそめる。

第三のヨーガ・タントラの出現の時期は、第二のタントラ・グループとそれほど離れていない。第三のグループの代表は、すでに述べたように、『金剛頂経』であり、この経典に基づくマンダラが金剛界マンダラである。

金剛界マンダラの構造は、胎蔵マンダラのそれとは根本的に異なる。胎蔵マンダラまでは上部が東を意味

図 2-2-01　胎蔵［界］曼荼羅。長谷寺版。18 世紀

図 2-2-02　金剛界九会曼荼羅。長谷寺版。18 世紀

し、本尊は西を向いていたのであるが、金剛界マンダラでは下部が東を意味し、本尊は東を向くことになる。さらに、従来のマンダラは仏部・蓮華部・金剛部の三部によって構成されていたが、金剛界マンダラは如来部・金剛部・宝部・法部および羯磨《かつま》部という五部によって構成される。これらのうち、金剛界の如来部はそれまでの仏部、金剛部は従来の金剛部、法部は従来の蓮華部が変化・発展したものであり、宝部と羯磨部は新しく導入されたものである。

これらの五部は中央と四方にそれぞれ配置され、金剛界マンダラの核をかたちづくる。すなわち、如来部は中央、金剛部は東、宝部は南、法部（蓮華部）は西、羯磨部は北に配置され、この五部はそれぞれ大日、阿閦《あしゅく》、宝生《ほうしょう》、阿弥陀および不空成就の五仏によって率いられている。阿閦は金剛、宝生は宝珠、阿弥陀は蓮華、不空成就は二重金剛（羯磨）というシンボルを有する。

『金剛頂経』をはじめとする第三のタントラ・グループの実践においては、行者（実践者）は仏たちを観想法によって眼前に出現させ、その仏たちを供養するというにとどまることなく、仏たちと「一体となる」。第一・第二のタントラ・グループの実践にあっては、行者は眼前に出現する仏たちが自分たちとは別の存在であることを意識していた。つまり、仏の前にある自分を意識していたのである。しかし、ヨーガ・タントラの実践、たとえば金剛界マンダラを用いた観想法においては、マンダラが示す「世界」(3)、あるいはマンダラに現れる仏と行者は一体であることを感得するのである。もっともその際には、「一体である」という意識さえなくなるであろう。

第四のタントラ・グループである無上ヨーガ・タントラでは、高度の精神・生理学的なヨーガの技術を用いながら、第三のタントラ・グループで獲得された方法をおし進めていくことになる。この種のタントラの

図 2-2-03　金剛界マンダラ（『タントラ部集成』22 番）
［Lokesh Chandra and others 2006:26］（本書カラー口絵の図 6 を参照）

実践形態では、血・骨・皮の儀礼といった、従来は仏教とあまり接触のなかった土着文化の要素も積極的にとりいれられた。性に対する考え方も変化した。つまり、性は抑圧すべきもの、切り捨てるべき「俗なるもの」ではなく、肯定すべき「聖なるもの」ではないか、という考え方も現れ、性行為が悟りを得るための手段として用いられるようにもなった。多くの腕（多臂）を有し、血に満たされた頭蓋骨杯を持ち、妃を抱くといったような異形の姿をとった仏たちも登場した。

一般には、この第四のタントラ・グループは『秘密集会タントラ』や『ヴァジュラバイラヴァ・タントラ』などの父《ふ》タントラ、『勝楽（チャクラサンヴァラ）タントラ』などの母《も》タントラ、『呼金剛タントラ』や『時輪タントラ』などの不二《ふに》タントラとして、三つに細分される。日本には第四のタントラ・グループの漢訳は、たとえば『呼金剛タントラ』の漢訳（『大正蔵経』一八巻、八九二番）の場合のように、いくつか伝えられたものの、実践としてはほとんど行われなかった。

第四のタントラ・グループは八、九世紀以降、急速にインドの地で編纂され、それらに基づいた実践も行われたのであるが、この種のタントラは特にチベットにおいて盛んに実践された。『タントラ部集成』では半数以上のマンダラが無上ヨーガ・タントラに基づくものである。ネワール密教においても、特にチャクラサンヴァラの伝統は今日に至るまで残されているようであるが、印可を受けた者以外は接することができない。

二　金剛界マンダラの諸尊

金剛界マンダラを構成する主要な諸尊は、通常三七を数えるゆえに「金剛界三十七尊」と呼びならわされている。大日などの五仏を除いた残りの諸尊を「金剛界三十二尊」と呼ぶこともある。この三七尊に一六人の菩薩（賢劫十六尊）が加えられて五三尊が金剛界マンダラに並ぶこともある

これらの五三尊は次のような七グループに分けて考えることができる。

第一グループ（五仏）
第二グループ（四妃）＝大日如来の周囲に位置する四波羅蜜（後に四金剛女となる）
第三グループ（十六大菩薩）＝四仏それぞれの周囲に四人ずつ位置する「十六大菩薩」
第四グループ（内の四供養女）＝諸尊への供養の神格化（その一）
第五グループ（外の四供養女）＝諸尊への供養の神格化（その二）
第六グループ（四門衛）＝仏たちの住む楼閣の門衛
第七グループ（十六菩薩、賢劫十六尊）

ようするに五仏と、女尊の四波羅蜜（四金剛女）、および菩薩を供養尊と門衛がとりかこむという構成になっている。次頁の図2-2-04は、アバヤーカラグプタ（Abhayākaragupta 一一～一二世紀）の著したマンダラ集成『完成せるヨーガの環』に従って、現代のネパールの画家が描いた金剛界マンダラである。このテキストはインド・ネパールおよびチベットにおけるマンダラの重要な規範であった。図2-2-05（本書八〇頁）は図2-2-04のマンダラに登場する五三尊の配置図である。その番号は、先に述べた「金剛界五十三

図 2-2-04　金剛界マンダラ（『完成せるヨーガの環』第 19 章「金剛界マンダラの章」による。大日のまわりには四金剛女が描かれている）。ガウタム・バジュラーチャーリヤ画

尊」を七グループに分けた仕方で付いており、『完成せるヨーガの環』のテキストに述べられる順にはなっていない。今述べた七グループに分ける仕方は日本において伝統的に用いられた方法でもあり、この方が金剛界マンダラの構造を理解するためにはより容易であると思われる。

『完成せるヨーガの環』では第一グループの五仏（五智如来）、第二の四金剛女および第三の十六大菩（四仏の活動の神格化）の二十五尊が金剛界マンダラの中核をかたちづくる。四仏の「妃」である四金剛女が大日のまわりに配

されているのは、四仏それぞれが自らの力を中尊たる大日に供養したことを示している。

この四仏による大日に対する供養に応えて大日が四仏に対してなす供養の具現が、第四のグループ「内の四供養女」である。金剛嬉女は心の喜びの、金剛鬘女は世界の荘厳の、金剛歌女は生命の歌の、そして金剛舞女は世界の舞の神格化である。大日によるこうした活動に応えてさらに四仏が大日に対して供養するのであるが、第五グループ「外の四供養女」は今述べた「四仏による大日に対する供養」の具現である。

香・華・灯および塗は供養法（プージャー）の供物として最も一般的なものである。この第四・第五グループは大日と四仏との相関関係を供養という行為によって示している。

このような相互の供養によって生じた力を増幅させ、衆生を教化するのが第六グループ「四門衛」である。この教化の方法のイメージは象の調教のそれといいならわされてきた。すなわち、まだ調教されていない象を鉤《かぎ》でひっかけ、索で引きよせ、鎖でつなぎ、そして首に鈴を付ける、というように衆生が教化されると解釈されてきた。

以上の第一から第六グループの三七尊が金剛界マンダラに必須の尊格であり、この三七尊にさまざまな尊格が加えられて金剛界マンダラのバリエーションができあがる。図2-2-04に見られるマンダラでは、伝統的な菩薩グループである賢劫（現在の住劫、宇宙周期）十六尊（第七グループ）が回廊の四方に配されている。

金剛界マンダラは大日を中心として上下左右対称であり、四の倍数に中尊大日を加えた数の尊格によって構成されている。二次元的世界に配されたこれらの尊格は、相互の空間的位置関係によって、単なる平面的関係にとどまらず諸尊相互の活動をも含めて示している。

マンダラを観想する人々はそうした諸尊の活動を自分の行為と重ね合わそうとする。「内の四供養女」は

図 2-2-05　金剛界諸尊の配置図

金剛界マンダラ五十三尊名

第一グループ（五仏）

1 大日如来（Vairocana）
2 阿閦如来（Akṣobhya）
3 宝生如来（Ratnasambhava）
4 阿弥陀如来（Amitābha）
5 不空成就如来（Amoghasiddhi）

第二グループ（四金剛女）

6 薩埵金剛女（Sattvavajrī）
7 宝金剛女（Ratnavajrī）
8 法金剛女（Dharmavajrī）
9 業金剛女（Karmavajrī）

第三グループ（十六大菩薩）

10 金剛薩埵菩薩（Vajrasattva）
11 金剛王菩薩（Vajrarāja）
12 金剛愛菩薩（Vajrarāga）
13 金剛喜菩薩（Vajrasādhu）

14 金剛宝菩薩（Vajraratna）
15 金剛光菩薩（Vajrateja）
16 金剛幢菩薩（Vajraketu）
17 金剛笑菩薩（Vajrahāsa）

18 金剛法菩薩（Vajradharma）
19 金剛利菩薩（Vajratīkṣṇa）
20 金剛因菩薩（Vajrahetu）
21 金剛語菩薩（Vajrabhāṣa）

22 金剛業菩薩（Vajrakarma）
23 金剛護菩薩（Vajrarakṣa）
24 金剛牙菩薩（Vajrayakṣa）
25 金剛拳菩薩（Vajrasandhi）

第四グループ（内の四供養女）

26 金剛嬉女（Vajralāsyā）
27 金剛鬘女（Vajramālā）
28 金剛歌女（Vajragītā）
29 金剛舞女（Vajranṛtyā）

第五グループ（外の四供養女）

30 金剛香女（Vajradhūpā）
31 金剛華女（Vajrapuṣpā）
32 金剛灯女（Vajrālokā）
33 金剛塗女（Vajragandhā）

第六グループ（四門衛）

34 金剛鉤（Vajrāṅkuśa）
35 金剛索（Vajrapāśa）
36 金剛鏁（Vajrasphoṭa）
37 金剛鈴（Vajrāveśa）

第七グループ（賢劫十六尊）

38 慈氏菩薩（Maitreya））
39 不空見菩薩（Amoghadarśin）
40 滅悪趣菩薩（Sarvāpāyañjaha）
41 除憂闇菩薩（Sarvaśokatamonirghātamati）

42 香象菩薩（Gandhahastin）
43 大精進菩薩（Śūraṅgama）
44 虚空庫菩薩（Gaganagañja）
45 智幢菩薩（Jñānaketu）

46 無量光菩薩（Amitaprabha）
47 月光菩薩（Candraprabha）
48 賢護菩薩（Bhadrapāla）
49 光網菩薩（Jālinīprabha）

50 金剛蔵菩薩（Vajragarbha）
51 無尽慧（意）菩薩（Akṣayamati）
52 弁積菩薩（Pratibhānakūṭa））
53 普賢菩薩（Samantabhadra）

観想法において大日に接した者が保つべき心の状態を指し示し、「外の四供養女」は供養における供物を示すことで行者に「内的な、つまり精神化された供養」を促す。このような前提のもとで、実践者は大日およびその分身である四仏の活動を自らのものとする。それによって最終的には大日と自己との同一性を体得しようとするのである。もっとも自己を大日に没入させて自己が無となることを実践者は望むわけではない。「聖なる」大日との同一性を感得した後、聖化された「俗なるもの」として実践者の自己は存続する。「聖化された」個を獲得することが仏教タントリズムの核心である。

注

(1) 輪波迦羅と一行の共訳『大毘盧遮那成仏神変加持経』(『大正蔵経』八四八番、一八巻、四a)では「大悲胎蔵生大曼荼羅王」とあり、チベット訳では snying rje chen po'i snying po 'byung ba dkyil 'khor gyi rgyal po chen po (TTP, Vol. 5, p. 243, f. 5.1.8) とある。

(2) 『大日経』に述べられたマンダラと日本に残る現図胎蔵曼荼羅との相違については [立川 一九九五、六五] を参照されたい。

(3) この「世界」の意味については [立川 二〇〇六、二二] を参照されたい。

3 『完成せるヨーガの環』第一九章「金剛界マンダラ」訳注

マンダラ観想はタントリズム（密教）の主要な実践の一つである。実践者は「密教的ヨーガ」の行法によって手順に従いながらマンダラの枠組みをつくり、その中に並ぶ仏や菩薩たちを生み出していく。種子を思いうかべ、その種子をまばたく光に変え、その光によって仏や菩薩を招く。あるいは、その光が仏などのすがたをとるのを見守るのである。眼前に立ちのぼる仏たちはやがて実践者によって引きよせられ、そして、仏の身体と実践者の身体は「一つになる」と考えられている。

このように仏たちのすがたを次々と生んで、あらかじめ定められた配置に並べ終わる作業が密教的なヨーガである。『完成せるヨーガの環』は、このような密教的ヨーガによって生まれたマンダラの簡単な見取り図を集めたものである。つまり、マンダラの伝統に従って観想され仏たちの配列が終了した（完成した）時点における、二六の章に述べられた約三〇種のマンダラの集成である。

本節は『完成せるヨーガの環』の第一九章「金剛界マンダラ」のテキスト校訂と訳注である［Tachikawa 1990: 1073-1120］。他の章の和訳に関しては、巻末文献の森雅秀および立川の項を参照されたい。

一　サンスクリット・テキストおよび訳

使用した写本のリストおよび略号を以下に挙げる。なお、『完成せるヨーガの環』（NPY）の写本については［森　一九九四、一四二～一四〇］を参照されたい。本稿における写本の略号等は今述べた森論文に従っている。森論文に記されているが以下のリストにない写本は、本稿作成にあたって見ることのできなかったものおよび第一九章が欠けていたものである。

B_2: Niṣpannayogāmbalī. Cambridge University Library 所蔵。Add 1279. 82 葉, N. S. 995（西暦 1875）。〔Bhattacharyya 1972〕では写本 C として用いられている。

C: Niṣpannayogāmbalī. Asha Archives, Kathmandu 所蔵。No. 2-146. 116 葉, N. S. 1020（西暦 1900）

D_1: Niṣpannayogāmvalī. 同館所蔵。No. 2-262. 102 葉, N. S. 931（西暦 1811）

E: Niṣpannayogāvalī. National Archives, Kathmandu 所蔵。No. 1/1113. 77 葉, N. S. 686（西暦 1566）。〔Bühnemann & Tachikawa 1991〕に所収。

F: Niṣpannayogāvalī. 同館所蔵。No. 3/1590. 52 葉, N. S. 1018（西暦 1898）

G: Niṣpannayogāvalī. 同館所蔵。No. 3/687. 67 葉, N. S. 320（西暦 1200）。〔Bühnemann & Tachikawa 1991〕に所収。

H: Niṣpannayogāvalī. 同館所蔵。No. 4/2. 66 葉

L:（タイトル不明）Buddhist Library, Nagoya（仏教資料文庫）によりマイクロフィルム化されている。74 葉 , N. S. 985（西暦 1865）〔Takaoka 1981: No. A25〕

M: Niṣpannayogāmbalī. 同上。97 葉 , N. S. 1013（西暦 1918）〔Takaoka 1981: No. CA 8〕

N:（タイトル不明）同上。91 葉 , N. S. 980（西暦 1860）〔Takaoka 1981: No. CH 17〕〔Yoshizaki 1990: No. 3900〕

O: Niṣpannayogāmvalī. 同上。91 葉 , N. S. 834（?）（西暦 1714）〔Takaoka 1981: No. DH 293〕

T: Niṣpannayogāmbarasaptaviṃśatimaṇḍalasya saṃgrahe. 同上。90 葉〔IASWR 1971: WSG-20〕

V: Niṣpannayogāmbalī. 東京大学図書館所蔵。No. 215. 98 葉〔Matsunami 1965: 84〕

W: Niṣpannayogāmbalī. 同館所蔵。No. 216. 134 葉〔Matsunami 1965: 84〕

X: Niṣpannayogāmbalī. 同館所蔵。No. 217. 116 葉 , N. S. 829（西暦 1709）〔Matsunami 1965: 85〕

以下は本書におけるテキストと〔Bhattacharyya 1972〕におけるテキストとの異同を示す。

Bhattacharyya 版			本 稿	
頁数	行数	テキスト	科文	テキスト
44	5	-savajrabodhyaṅgī	〔2. 1. 1〕	-savajrabodhyagrī-
44	5	bodhyaṅgī	〔2. 1. 1〕	bodhyagrī-
44	11	raktaṃ	〔2. 2. 3〕	sitaraktaṃ

44	17	sthāpitaṃ	〔2. 3. 1〕	sthāpayan
45	5	savyena danta-	〔2. 3. 10〕	savyena natidanta-
45	24	lāsyā	〔2. 4. 1〕	vajralāsyā
46	5	-matyo	〔2. 5. 1〕	matayo
46	6	-triśūla-	〔2. 5. 2〕	-śūla-
46	9	catūratnabhadrāda-	〔2. 5. 5〕	caturūnaṃ bhādra-
46	15	vajrāṅkuśā-	〔2. 7. 1〕	vajrāṅkuśa-
46	15	-vajrapāśā-	〔2. 7. 1〕	-vajrapāśa-
46	15	-vajrasphoṭā-	〔2. 7. 1〕	-vajrasphoṭa-
47	2	sattvavajryādi-	〔4. 3〕	sattvavajrīvajrasattvādi-
47	3	ratnavajryādi-	〔4. 4〕	ratnavajrīvajraratnādi-
47	4	dharmavajryādi-	〔4. 5〕	dharmavajrīvajradharmādi-
47	5	karmavajryādi-	〔4. 6〕	karmavajrīvajrakarmādi-
47	7	hṛdbījaṃ oṃ	〔6. 1〕	hṛdbījam āḥ

図 2-3-01 『タントラ部集成』22 番「金剛界マンダラ」
[bSod nams rgya mtsho and Tachikawa 1989: 22]

金剛界マンダラの章（『完成せるヨーガの環』第一九章）

1 〔金剛界マンダラの構造〕

1.1 金剛界マンダラにあっては、金剛籠[1]の中心に洲と小洲と七海[2]に囲まれた須弥山があり、その上に楼閣がある。

2 〔金剛界マンダラの諸尊〕

2.1 〔中尊大日如来〕

2.1.1 その〔楼閣の〕中の獅子の上の二重蓮華[3]の中心に世尊大日〔如来〕が金剛結跏趺坐に坐し、〔身色は〕白で、太陽の光を放っている。輝く五仏の宝冠に飾られた捲き毛[4]を有し、輝く宝石の装飾と衣を身につけ、〔そのラサは[5]〕静寂で白・黄・赤・緑色の四面[6]を持ち、八臂で、〔一組の〕右と左の二臂で覚勝印[7]を金剛を持ちながら結ぶ[8]。他の〔一組の〕二臂で禅定印を結ぶ。〔残りの〕右の二臂で数珠と矢を持ち、左の二臂で円輪と弓を持つ[9]。

2.1.2 あるいは、白色、一面、二臂で金剛を持ちながら覚勝印を結ぶこともある。

2.1.3 金剛拳を結びながら立てた左手の人差し指を金剛拳を結んだ右手によって握るのが覚勝印である。

Vajradhātumaṇḍala

1. 1 vajradhātumaṇḍale vajrapañjarodare[1] dvīpopadvīpasaptasamudrādi[2]-
parikalitasumerūpari[3][4] kūṭāgāraṃ[5]

2. 1. 1 tasya[1] madhye siṃhopari viśvāmbhojasya karṇikāyāṃ bhagavān[2]
vairocano[3] vajraparyaṅkeṇa[4] niṣaṇṇaḥ śubhraḥ sūryaprabhaḥ
sphuratpañcabuddharatnamukuṭamaṇḍitajaṭāviṭapī[(5→] vicitraratnābha-
raṇāmbaraḥ[←5)] śāntaḥ sitapītaraktaharitacaturvaktro[6] 'ṣṭabhujaḥ
savyavāmābhyāṃ dhṛtasavajrabodhyagrīmudro[7][8] 'parābhyāṃ dhṛta-
dhyānamudro dakṣiṇābhyām akṣamālāśaradharo vāmābhyāṃ
cakracāpabhṛt.

2. 1. 2 atha vā[1] śuklaikamukhaḥ[2] [(3→]savajrabodhyagrīmudrābhṛdbhujadvayaḥ[4][←3)].

2. 1. 3 vāme vajramuṣṭes tarjanyā utthitāyā[1] [(2→]dakṣiṇe vajramuṣṭinā grahaṇe
sati bodhyagrīmudrā[←2)].

2.2 〔四仏の妃〕

2.2.1 東の花弁には薩埵金剛女がいる。〔身色は〕青。右手で赤い五鈷金剛を、左手で期剋印（人差し指を伸ばして威嚇する印）を結びながら索を持つ。

2.2.2 南の花弁には宝金剛女がいる。〔身色は〕黄。五鈷金剛の先端に付いた宝石[10]を持ちながら、左手で期剋印を結ぶ。

2.2.3 西の花弁には法金剛女がいる。〔身色は〕赤。右手で五鈷金剛を載せた八葉のピンクの蓮華[11]を持つ。

2.2.4 北の花弁には業金剛女がいる。〔身色は〕緑。右手で五如来の色の十二鈷[12]の二重金剛を持ちながら、左手で期剋印を結ぶ。

2.3 〔四仏と十六大菩薩[13]〕

2.3.1 次に、東方には、象王の上の二重蓮華のうてなに阿閦〔如来〕が金剛結跏趺坐で坐す。〔身色は〕青。右手の中指で青い五鈷金剛を支え持ちながら、触地印のしぐさをする。伸ばした上向きの左手を組んだ両膝のくぼみ[14]の上に置く。

2.3.2 〔阿閦の〕前方[15]の花弁には金剛薩埵がいる。〔身色は〕白。右手の中指で胸へと引き上げるようにして金剛を持つ。左手で結んだ金剛拳を大腿におき、誇らしげに（人差し指を伸ばしてすこし曲げて立てながら[16]）鈴を持つ。

2\. 2. 1 pūrvasmin dale[1] sattvavajrī nīlā savyena pañcasūcika[2]rakta[3]vajraṃ vāmena[4] tarjanīpāśaṃ[5] dadhānā[6].

2\. 2. 2 dakṣiṇe ratnavajrī pītā savyena pañcasūcika[1]vajraśikha[2]ratnaṃ bibhratī vāmena tarjayantī.

2\. 2. 3 paścimena dharmavajrī raktā pañcasūcika[(1→]vajrā[2]ṅkam aṣṭadalaka-malaṃ sitaraktaṃ[3] savyena bibhrāṇā[←1)] vāmena padmam.

2\. 2. 4 [(1→]uttare karmavajrī haritā savyena pañcatathāgatavarṇadvāda[←1)]śasū-cikaṃ[2] viśvavajraṃ dharantī[3] vāmena tarjayantī[4].

2\. 3. 1 tataḥ[1] pūrvasyāṃ diśi dantīndropari[2] viśvapadmasya puṣkare ’kṣo-bhyo vajraparyaṅkī nīlaḥ[3] savyakareṇa madhyāṅgulyā nīlapañcasū-cikavajraṃ[4] dhṛtvā bhūsparśābhinayaṃ [(5→]kurvan vāmahastam[←5)] uttānam utsaṅge sthāpayan[6].

2\. 3. 2 pūrvadale vajrasattvaḥ sitaḥ savyakare madhyāṅgulyā [(1→]hṛdy utka-rṣaṇa[←1)]yogena vajraṃ[2] vāme vajramuṣṭyā kaṭisthayā sagarvaṃ[3] ghaṇṭāṃ bibh-rāṇaḥ.

2.3.3　〔阿閦の〕右〔の花弁〕には金剛王がいる。〔身色は〕黄。右手にある金剛鉤で引きよせるしぐさをしながら左手で索を持つ。両手で持った鉤によって引きよせるしぐさをするという説もある。

2.3.4　〔阿閦の〕左[16]〔の花弁〕には金剛愛がいる。〔身色は〕赤。左右の手で弓矢を持つ。

2.3.5　〔阿閦の〕後方〔の花弁〕には金剛喜がいる。〔身色は〕エメラルド色。金剛を持つ両手によって胸の前で賛同するしぐさをする。

2.3.6　南方には馬の背の上の二重蓮華のうてなに宝生〔如来〕が金剛結跏趺坐で坐す。〔身色は〕黄。右手の中指で金剛の印の宝石を支えもちながら、与願印を結ぶ。伸ばした上向きの左手を両膝のくぼみの上に置く。

2.3.7　〔宝生の〕前方の花弁には金剛宝がいる。〔身色は〕黄。金剛拳に結んだ右手によって両端に金剛の付いた宝石の環を自らの灌頂の場所〔すなわち、頭上〕に置きつつ、左手によって金剛鈴を誇らしげに持つ[17]。

2.3.8　〔宝生の〕右の〔花弁〕には金剛光がいる。〔身色は〕赤。胸の前で両手で支えられた太陽によって照らす。

2.3.9　〔宝生の〕左〔の花弁〕には金剛幢がいる。〔身色は〕緑。両手で握られた如意幢を左腕に置いて示す。

2.3.10　〔宝生の〕後方〔の花弁〕には金剛笑がいる。〔身色は〕白。右手に一列に繋がれた歯の付いた金剛を握り、また左手には〔揺れたため〕曲った二列の歯に〔それぞれ〕付けられた二つの金剛を握って[18]、口の中に入れようとする[19]。

2. 3. 3 dakṣiṇe vajrarājaḥ pītaḥ savyasthavajrāṅkuśenākarṣaṇābhinayī[1] vāmena pāśabhṛt. bhujadvayadhṛtāṅkuśeṇākarṣaṇābhinayaṃ[2][3] kurvann iti kaścit.

2. 3. 4 uttare vajrarāgo rakto vāmetarābhyāṃ[1] dhanurbāṇadharaḥ.

2. 3. 5 paścime vajrasādhur marakatābhaḥ[1] savajrabhujadvayena[2] hṛdi sādhukāradānābhinayaṃ[3] kurvāṇaḥ.

2. 3. 6 dakṣiṇasyām aśvapṛṣṭhe (1→viśvāmbujasya karṇikāyāṃ←1) ratnasambhavo vajraparyaṅkī pītaḥ savyena vajrāṅkaratnaṃ madhyāṅgulyā dhṛtvā varadānābhinayaṃ[2] kurvāṇo vāmam uttānam[3] utsaṅge.

2. 3. 7 pūrvadale vajraratnaḥ pītaḥ savye[1] vajramuṣṭinā prāntayor[2] vajradvayāṅkitaratnamālāṃ svābhiṣekasthāne bandhayan vāmena vajraghaṇṭāṃ[3] sagarvaṃ[4] dadhānaḥ.

2. 3. 8 dakṣiṇe vajratejo rakto hṛdi karadvayadhṛtasūryenāvabhāsayati.[1]

2. 3. 9 uttare vajraketuḥ śyāmo vāmabāhusthaṃ[1] karadvayagṛhītacintāmaṇidhvajaṃ[2][3] darśayati.[4]

2. 3. 10 paścime vajrahāsaḥ[1] śuklaḥ savyena dantapaṅktiyuktavajraṃ[2] gṛhṇaṃs[3] tathā vāme natidantapaṅktidvayayuktavajradvayam[4] āsye niveśayati.

2.3.11　西方には、孔雀の上の二重蓮華のうてなに無量光〔如来〕が金剛結跏趺坐で坐す。〔身色は〕赤。伸ばした上向きの左右の手を組んだ両膝のくぼみの上に置いて禅定印を結ぶ。右手の中指によって金剛を載せた蓮華を持ちながら。

2.3.12　〔無量光の〕前方の花弁には金剛法がいる。〔身色〕は白みを帯びた赤。左手で蓮華の茎を誇らしげに（人差し指を伸ばし、すこし曲げながら立てて）持ちながら、右手でそれを開いている。

2.3.13　〔無量光の〕右〔の花弁〕には金剛利がいる。〔身色は〕虚空のような青。左手で般若経の経函を胸の前に持ち、右手でふりあげた剣を持つ。

2.3.14　〔無量光の〕左〔の花弁〕には金剛因がいる。〔身色は〕金色。左手に載せた八幅輪を右手の中指によって火炎輪のように回す、という転法輪印を結ぶ。

2.3.15　〔無量光の〕後方の〔花弁〕には金剛語がいる。〔身色は〕赤。左手で教宣の〔シンボルたる〕ほら貝を持ち、右手で独鈷杵の先端を握る。

2.3.16　北方には、ガルダ鳥の上の二重蓮華のうてなに不空成就〔如来〕が金剛結跏趺坐で坐す。〔身色〕は緑。右手の中指で二重金剛を支え持ちながら施無畏印を結ぶ。伸ばした上向きの左手を組んだ両膝のくぼみの上に置く。

2.3.17　〔不空成就の〕前方の花弁には金剛業がいる。〔身色は〕緑。右手で胸の前で引き上げるようにして十二鈷の二重金剛を持ち、左手で誇らしげに（人差し指を伸ばしてすこし曲げて立てながら）二重金剛が〔先端に〕ついた鈴を持つ。あるいは、両手の先を合わせて二重金剛を頭上に持つ〔という説もある〕。

2. 3. 11 paścimāyāṃ mayūropari viśvasarojasya varaṭake ’mitābho[1] vajra-
paryaṅkī[2] [(3→] raktaḥ uttāna[←3)]vāmetarakarotsaṅgopari[4] sthāpanāt kṛtasa-[5]
mādhimudraḥ[6] [(7→] dakṣiṇapāṇimadhyāṅgulyā vajrāṅkapaṅkajaṃ[←7)] dhṛtvā.

2. 3. 12 pūrvadale vajradharmaḥ[1] sitarakto vāme garvagṛhīta[2]sanālakama-[3]
ladalaṃ dakṣiṇena[4] vikāśayati[5].

2. 3. 13 dakṣiṇe vajratīkṣṇo[1] gaganaśyāmo vāmena[2] hṛdi prajñāpāramitāpus-
takaṃ dakṣiṇenodyatakṛpāṇaṃ[3] bibhrāṇaḥ.

2. 3. 14 uttare vajrahetuḥ [(1→] suvarṇavarṇo[←1)] [(2→] vāmakarasthā[3]ṣṭāra[4]cakraṃ[←2)] dakṣi-
ṇapāṇimadhyāṅgulyā ’lātacakram[5] iva pravarttayatīti[6] dhṛtadha-[7]
rmacakramudraḥ[8].

2. 3. 15 paścime vajrabhāṣo rakto vāmena dharmaśaṅkhaṃ [(1→] savyenaikasūci-
kavajrajihvāṃ[2] [←1)] gṛhṇānaḥ[3].

2. 3. 16 uttarasyāṃ garuḍopari viśvāmbhojasya karṇikāyām amoghasiddhir
vajraparyaṅkī[1] śyāmo dakṣiṇapāṇinā viśvavajraṃ madhyāṅgulyā
[(2→] bibhrad abhaya[←2)]dānābhinayī vāmam uttānam utsaṅge sthāpayan[3].

2. 3. 17 prācīdale[1] vajrakarmo[2] haritaḥ[3] savyena hṛdy utkarṣaṇayogato[4] dvā-
daśasūcika[5]viśva[6]vajraṃ vāme[7] sagarvaṃ[8] [(9→] viśvavajrāṅkaghaṇṭāṃ[←9)] da-
dhānaḥ[10]. atha vā kṛtakapotāñjalinā hastadvayena viśvavajraṃ mūrdhni.

2.3.18 〔不空成就の〕右〔の花弁〕には金剛護がいる。〔身色は〕黄。両手で金剛冑を持つ。

2.3.19 〔不空成就の〕左〔の花弁〕には金剛牙がいる。〔身色は〕青。両手の小指で作った金剛牙の武器の先を自分の口の前に置き、悪しきものたちを威嚇する。

2.3.20 〔不空成就の〕後方〔の花弁〕には金剛拳がいる。〔身色は〕黄。金剛を〔拳の間に〕はさみながら、二つの金剛拳で握った五鈷金剛を押しつぶそうとする。[20]

2.4 〔内の四供養女〕

2.4.1 中央の楼閣の東南の蓮華に金剛嬉女がいる。〔身色は〕白。二本の手によって金剛誇印[21]を結びながら二つの金剛を持つ。

2.4.2 〔中央の楼閣の〕西南の蓮華に鬘女がいる。〔身色は〕黄。二本の腕によって宝の環を持つ。

2.4.3 〔中央の楼閣の〕西北の蓮華に歌女がいる。〔身色は〕赤。両手でヴィーナーを弾く。

2.4.4 〔中央の楼閣の〕北東の蓮華に舞女がいる。〔身色は〕緑。三鈷金剛を〔それぞれ〕握った両手で舞う。

2.5 〔賢劫十六尊あるいは賢劫の千菩薩〕

2.5.1 中央の楼閣の中、最も外側の台布の東側にはもろもろの蓮華の上に弥勒・不空見・滅悪趣・除憂闇〔の諸菩薩〕がおり、〔彼らのすがたは〕阿閦に似ている。[22]

2. 3. 18 dakṣiṇe vajrarakṣaḥ pītaḥ karadvayena[1] [(2→]gṛhītavajrakavacaḥ[←2)].

2. 3. 19 uttare vajrayakṣaḥ kṛṣṇaḥ karābhyāṃ kaniṣṭhāvajradaṃṣṭrā[1]yudhā-
gradvayaṃ[2] svamukhe dhārayan duṣṭān bhīṣayati[3].

2. 3. 20 paścime vajrasandhiḥ pīto [(1→]vajrabandhe sati[←1)] vajramuṣṭibhyāṃ
gṛhīta[2]pañcasūcika[3]kuliśaṃ pīḍayati.

2. 4. 1 garbhakūṭāgārasyāgneyapadme[1] vajralāsyā[2] sitā vajragarvamudrayā
karābhyāṃ vajradvayaṃ[3] bibhratī.

2. 4. 2 nairṛtyapadme mālā [(1→]pītā bhujābhyāṃ ratnamālā[←1)]dhāriṇī.

2. 4. 3 vāyavyāmbuje[1] gītā[2] raktā hastābhyāṃ vīṇāṃ vādayantī[3].

2. 4. 4 aiśānyābje[1] nṛtyā[2] śyāmā gṛhītatrisūci[3]kavajrahastābhyāṃ[4] nṛtyantī.

2. 5. 1 garbhakūṭāgārād bahiḥ paṭṭikāyāḥ[1] pūrvasyāṃ padmeṣu maitreyā-
moghadar[(2→]śisarvāpāyañja[←2)]hasarvaśokatamonirghātamatayo 'kṣobhyasa-
dṛśāḥ.

2.5.2　〔中央の楼閣の中、最も外側の台布の〕南側にはもろもろの蓮華の上に香象・大精進・虚空庫・智幢〔の諸菩薩〕がおり、〔彼らのすがたは〕宝生に似ている。

2.5.3　〔中央の楼閣の中、最も外側の台布の〕西側にはもろもろの蓮華の上に無量光・月光・賢護・光網〔の諸菩薩〕がおり、〔彼らのすがたは〕無量光に似ている。

2.5.4　〔中央の楼閣の中、最も外側の台布の〕北側にはもろもろの蓮華の上に金剛蔵・無尽恵（無尽意）・弁積・普賢〔の諸菩薩〕がおり、〔彼らのすがたは〕不空成就に似ている。

2.5.5　あるいは、弥勒等の四人を欠く[23]賢劫の千人の菩薩を観想すべきである。東等の台布における彼らの名前は、長くなるのを懼れて〔ここには〕述べていない。

2.6　〔外の四供養女〕

2.6.1　東南の角の蓮華には金剛香女がいる。〔身色は〕白。

2.6.2　西南〔の角の〕蓮華には金剛華女がいる。〔身色は〕黄。

2.6.3　北西〔の角の〕蓮華には金剛灯女がいる。〔身色は〕ピンク。

2.6.4　北東〔の角の〕蓮華には金剛塗女がいる。〔身色は〕緑。

2.6.5　この香女等は以前と同じように[24]持物を持つ。

2.7　〔四摂菩薩〕

2. 5. 2 dakṣiṇasyāṃ sarojeṣu gandhahasti[(1→]śūlaṅgama[←1)]gaganagañjajñānake-
tavo ratnasambhavasadṛśāḥ[2)].

2. 5. 3 paścimāyāṃ paṅkajeṣv amitaprabha[1)][(2→]candraprabhabhadrapā[←2)]lajālinī-
prabhā amitābhasannibhāḥ.

2. 5. 4 uttarasyāṃ saroruheṣu[1)] vajragarbhā[2)]kṣayamatipratibhānakūṭasama-
ntabha[3)]drā amoghasi[4)]ddhisa[5)]dṛśāḥ[6)].

2. 5. 5 atha vā caturūnaṃ bhā[1)]dra[2)]kalpikamaitreyā[3)]dibodhi[4)]sattvasahasraṃ
bhāvyam. prāgādipaṭṭiṣu[5)] tannāmāni tu vistaratrāsān noktāni.

2. 6. 1 āgneyakoṇaka[1)]male[2)] vajradhūpā sitā.

2. 6. 2 nairṛtyapadme vajrapuṣpā pītā.

2. 6. 3 vāyavye[1)] ’bje[2)] vajrālo[3)]kā sitaraktā.

2. 6. 4 aiśānyāmbhoje[1)] vajragandhā śyāmā.

2. 6. 5 etā dhūpādayaḥ pūrvavac cihnadhāriṇyaḥ.

2.7.1 東方等の門の蓮華には、金剛鉤・金剛索・金剛鏁・金剛鈴がおり、[25]〔身色は〕それぞれ白・黄・赤・緑であり、以前と同じように持物を持つ。

3 〔諸尊の図像のための一般的規則〕

3.1 ここでは世尊金剛界〔大日如来〕以外の尊格はすべて一面二臂で、きらびやかな衣装と宝石に飾られ、宝冠を戴き、金剛薩埵等を除いてマンダラの中尊に向かっている。金剛薩埵等の十六大菩薩はそれぞれの主である如来に向かっているからである。

3.2 大日から金剛鈴に至るまでの尊格は、以前に述べたおのおのの蓮華のうてな、あるいは花弁の上に置かれた月輪の上に乗り、太陽のように輝く。

3.3 〔大日・阿閦・宝生・無量光および不空成就という〕五如来以外の四八尊は、薩埵趺坐で坐っている。

4 〔五部族とその主〕

4.1 ここ〔金剛界マンダラ〕では世尊金剛界大日は、その本質が清浄法界体性智であり、自らのすがたに似た金剛薩埵の化仏を戴いている。

4.2 大円智等を本質とする阿閦等の四如来の部族主は、大日である。

2.7.1 pūrvādidvārapadmeṣu vajrāṅkuśavajrapāśa(1→vajrasphoṭavajrāveśā←1) yathākramaṃ sitapītaraktaharitāḥ[2)] pūrvavac cihnadharāḥ.

3.1 iha bhagavato vajradhātor anyā devatāḥ[1)] sarvā[2)] dvibhujā[3)] ekavaktrā vicitravastraratnābharaṇā[4)] ratnamukuṭino[5)][6)] maṇḍaleśābhimukhā[7)] va[8)]jrasattvādīn vihāya. vajrasattvādayo hi ṣoḍaśa[9)]bodhisattvāḥ svasvādhi[10)]patitathāgatābhimukhāḥ.

3.2 vairocanādayo vajrāveśaparyantā devatā (1→yathoktasvakarṇikā(2→svada←1)leṣu[3)] ca candrāsanāḥ←2) sūryaprabhāḥ

3.3 pañcatathāgatebhyo[1)] 'nyā aṣṭacatvāriṃśad devatāḥ sattvaparyaṅkaniṣaṇṇāḥ.

4.1 iha bhagavān vajradhātuvairocanaḥ suviśuddhadharmadhātu(1→jñānātmā←1) svābhavajrasattvena[2)] mudritaḥ.

4.2 ādarśajñānādisvabhāvānām[1)] akṣobhyādicatustathāgatānāṃ kuleśo vairocanaḥ.

4.3 薩埵金剛女、金剛薩埵等の四尊、嬉女と香女、弥勒等の四尊および金剛鉤の〔部族の主〕は、阿閦である。

4.4 宝金剛女、金剛宝等の四尊、鬘女と華女、香象等の四尊および金剛索の〔部族の主〕は、宝生である。

4.5 法金剛女、金剛法等の四尊、歌女と灯女、無量光等の四尊および金剛鏁の〔部族の主〕は、無量光である。

4.6 業金剛女、金剛業等の四尊、舞女と塗女、金剛蔵等の四尊および金剛鈴の〔部族の主〕は、不空成就である。

5 〔四門衛に関する異説〕

5.1 ここ〔中央の楼閣（第一院）と七海との〕中間において〔第一院である中央の楼閣の外にある〕楼閣〔すなわち第二院〕の諸門にも金剛鉤等四人の門衛が観想されるべきである、という異説もある。[26]

6 〔真言〕

6.1 大日の心種子は「アーハ」である。

6.2 「オーム、サルヴァタターガタ、マハーヨーゲーシュヴァラ、フーン」（オーム、一切如来、大ヨーガ主、フーン）というのが心真言である。

4.3 sattvavajrīvajrasattv[(1→]ādicatur[←1)]ṇāṃ [(2→←2)]lāsyādhūpayor maitreyādicatur-
[3)]ṇāṃ vajrāṅkuśasya cākṣobhyaḥ.

4.4 ratnavajrīvajraratnādicatur[1)]ṇāṃ mālāpuṣpayor gandhahastyādica-
tur[2)]ṇāṃ vajra[(1→]pāśasya [←3)]ca ratnasambhavaḥ.

4.5 dharmavajrīvajradharmā[(1→]dicaturṇāṃ gītādīpayor[←1)] [(2→]amitaprabhādica-
tur[←2)]ṇāṃ vajrasphoṭasya cā[3)]mitābhaḥ.

4.6 karmavajrīvajrakarmādicatur[1)]ṇāṃ nṛtyāgandhayor vajragarbhādi-
catur[2)]ṇāṃ vaj[(3→]rāveśasya cā[←3)]moghasiddhiḥ.

5.1 atrābhyantare[1)] kūṭāgā[2)]radvāreṣv [(3→]api vajrāṅkuśā[←3)]dayo dvārapālāś
catvāro dhyeyā iti pakṣāntaram.

6.1 vairocanasya hṛdbījaṃ ā[1)]ḥ.

6.2 oṃ sarvatathāgata mahāyogī[1)]śvara [2)]hūṃ iti hṛdayam.

6.3 「オーム、ヴァジュラヤクシャ、フーン」（オーム、金剛夜叉よ、フーン）というのが、金剛夜叉の真言であり、あらゆる行為に用いられる。

7 〔諸尊の配置に関する異説〕

7.1 ところで『金剛尖タントラ』等には諸尊の配置が異なって述べられているが、ここでは長くなるのを憚れ述べなかった。

6. 3 oṃ[1] vajrayakṣa hūṃ iti vajrayakṣasya mantraḥ sārvakarmikaḥ.

7. 1 yat tu vajraśekharāditantreṣv[1] anyathā[2] 'pi[3] devatāsaṃniveśanam (4→ uktaṃ tad atra vistaratrāsān noktam. ←4)

〔1. 1〕 1) B_2HMO -rodāra; C -lodād; LT -rodāle; 2) B_2CD_1EFGHLMNOTVW -ādiprabhṛti; 3) CD-parikarita-; H -papakalita-; V -parīta-; 4) CHLMT -sumesumerū-; 5) M -gāraḥ

〔2. 1. 1〕 1) O sya; 2) D_1 bhagavīn; 3) E vairono; 4) V -yaṅka; (5 → ← 5) E -vitapī vicitraratnāmbaraḥ; V -vicitraratnāvaraḥ; 6) V -raktatrivaktra; 7) C omits -vajra-; 8) T -bodhyaṃgrī-mudrabhṛdbhujadvayaḥ

〔2. 1. 2〕 1) B_2CDFNOTX vāyaṃ; 2) O śukamukhaḥ; (3 → ← 3) V omits this; 4) N -bodhyaṃgrī-

〔2. 1. 3〕 1) EFW tarjanīm utthitī; B_2CHLMNO tarjanyā utthitāyāṃ; X tarjanyād utthitāyām; T tarjanyāṃ sa (?) ṅkamālāśaradharāvāmābhyāṃ utthitāyā; (2 → ← 2) F omits this; V omits <2. 1. 3>.

〔2. 2. 1〕 1) D_2HM nīlāṃ; 2) CVWX pañcasūka; D_1GHLMT pañcaśuka-/pañcaśūka-; B_2 pañcaśukṛ-; 3) N pañcaśukṛraka-; O pañcaśukṛtaka- 4) O vāme; 5) CD1HLMT -pāśan; V -pāśaḥ; 6) V omits dadhānā; F omits <2. 2. 1>.

〔2. 2. 2〕 1) B_2O pañcasūkṛ-; CEFGVWX pañcaśūka-; D_1HLMT pañcaśuka-; 2) T -śissa-

〔2. 2. 3〕 (1 → ← 1) T omits "vajrā··padmam." 2) B_2FNOV -sūcivajrā-/-sūcīvajra-; D_1LM -śucivajrā-; G -sūkacivajrā-;

3) EFTW raktaṃ

〔2. 2. 4〕 (1 → ← 1) T omits this; 2) F -sūci; LMNTX -śūcika-/-sūcika-; V -sūtraṃ; 3) F rantī; V omits dharantī; 4) F tarjanīyantī

〔2. 3. 1〕 1) V tatra; 2) darintīdrāpari; 3) T inserts (1 → ← 1) of <2. 2. 3> and (1 → ← 1) of <2. 2. 4>; 4) B_2CEFVX -sūka; D_1GHLMO -śuka/śūka; (5 → ← 5) V hastam; 6) V sthāpayat

〔2. 3. 2〕 (1 → ← 1) O hṛtkarṣaṇa-; 2) F vaṣṭe; L vajraḥ; 3) G kaṭisthayā sagarvayā; V kaṭistha sarvaṃ

〔2. 3. 3〕 1) V -ākarṣaś ca; 2) D_1 -dhṛtīkuśeṇā-; CHNT -bhṛtāṅkuśeṇā-; 3) B_2D_1OV -ākṛṣṇā-; CFGHLMN -ākṛṣṭā-; T -ākṛṣṭhā-

〔2. 3. 4〕 1) C kāmeta-

〔2. 3. 5〕 1) HLMNTX maraktā-; 2) V -avaya; 3) NV sādhukāramadānā-

〔2. 3. 6〕 (1 → ← 1) V viśvāmbuja; 2) V varadābhi-; W varabhi-; 3) FL omit uttānaṃ.

〔2. 3. 7〕 1) T save; 2) L ntayor; 3) B_2X sarvaṃ; 4) L dhānaḥ

〔2. 3. 8〕 1) LM-ṣayati

〔2. 3. 9〕 1) B_2 vāmabāhu; 2) T -yaṃgṛ-; 3) GV -dhvajan; 4) T darśayanti

〔2. 3. 10〕 1) N vajrabhāhaḥ; 2) C -yuvajraṃ; V -yukta; 3) CD_1HLMT gṛhnāna; FW gṛhnīna; X gṛhnana; 4) CGNV natidanta-; D_1EFLMT netidanta-

〔2. 3. 11〕 1) V 'pimitābho; 2) M paryaṅka; (3 → ← 3) O rarkāna-; 4) E -metarav ut-; B_2GNLTVW -metarakarav ut-; 5) D_1T sthāpanātadvatsa-; 6) CD_1H -mudrā; FGLM -mudro; (7 → ← 7) B_2CD_1H omit this.

〔2. 3. 12〕 1) G trivajra-; 2) CD_1 garvā-; 3) W -gṛhitanāraka-; 4) C -neṇa; M dakṣiṇe; 5) C vikāsayanti; T vikāśayanti; M omits vikāśayanti.

〔2. 3. 13〕 1) T vajrabhṛṣṇo; 2) CT vāme; 3) CD_1HLMNOT -oddhṛta-

〔2. 3. 14〕 (1 → ← 1) T suvarṇavarṇo uttare vajrahetuḥ; (2 → ← 2) C vāmakasyucakraṃ; O vāmakaṭiṣṭharacakraṃ; 3) D_1HL -kasthā-; X -kaṭisthā; 4) B_1 -sthārā-; N -kaṭasthāra-; 5) N -taca-; 6) N rbhayatīti; 7) EGVW -dha-; 8) D_1MNT -mudrāḥ; H -mudrā

〔2. 3. 15〕 (1 → ← 1) N -vyenakuśuka-; 2) B_2CD_1ELMOX -sūka-; F -śūkla-; T -suka-; V -sūci; W -sū-; 3) W rahvāṃ

〔2. 3. 16〕 1) M -yaṅkaḥ; T -yaṅki; V -yaṅka; (2 →　← 2) B_2LX vibha-; D_1 vibhad bha-; M vibhṛd abha-; O bibha-; T bibhad abha-; 3) V sthāpan

〔2. 3. 17〕 1) CTX prācīnī-; VW prācina-; 2) B_2O vajrarmo; 3) V raktaḥ; 4) T -yogaṇato;
V -yoga; 5) B_2 dvādasū-; 6) FHLMNTV -sūcikaṃ; 7) B_2 vā; V omits vāme; 8) B_2 sagarvayā; EW garvāya; V omits garvayā; (9 → ← 9) V -kaghaṇṭāṃ; 10) D_1 dadhāno; X dadhānā

〔2. 3. 18〕 1) T karadvaya; (2 → ← 2) B_2NOX gṛhītavajrayakṣaḥ pītaḥ karadvayena gṛhītakavacaḥ

〔2. 3. 19〕 1) V -vajradraṣṭhāyu-; 2) B_2N -grahṛdayaṃ; O -gradadvayaṃ; 3) L bhīṣayat; M bhīṣayatī

〔2. 3. 20〕 (1 → ← 1) B_2D_1HLM vajrasandhe sandhi; N vajrabandhe sandhi; T vajrabandhi; 2) TV -taṃ pa-; 3) B_2D_1OX -sūlaku-; C -sūlaka-; EGHLNTV -ślaku-

〔2. 4. 1〕 1) B_2 -āgneya-; N -āgne; 2) B_2O lāsyā; 3) MNT vajrahṛdayaṃ

〔2. 4. 2〕 (1 → ← 1) W mālā-

〔2. 4. 3〕 1) N vāyubhyāṃ; VW vāyuvyāṃ; 2) NTVW vajragītā; 3) T vādayati

〔2. 4. 4〕 1) B_2D_1 aiśānabje; N aiśānye; V aiśānā; 2) V vajranṛtyā; 3) H -sśūcaka; LOT -śucika-/śūcika; 4) B_2CD_1EHMVWX -vajrābhyāṃ bhujābhyāṃ; LNT -vajrābhyāṃ

〔2. 5. 1〕 1) CEHLMN -kāyāṃ; 2) EFVW omit -sarvapāpāyañjaha-; G omits -yañjaḥsarva-.

〔2. 5. 2〕 (1 → ← 1) F -śūsṅgame-; 2) B_2DHLMNOTX -bhavavat; C -bhavavataḥ

〔2. 5. 3〕 1) V amitābha-; (2 → ← 2) C -candrapāla-

〔2. 5. 4〕 1) G sarojeṣu; 2) E vajragarvākṣa-; 3) T -samabha-; 4) W amosi-; 5) X -siddhisiddhisa-; 6) V -amoghasiddhi

〔2. 5. 5〕 1) B_2D_1HLMOX caturatnaṃ bha-; CNT caturatnabha-; 2) F bhārada-; 3) V -yābo-; 4) N -bosa-; 5) E -patīṣu

〔2. 6. 1〕 1) N -ko neka-; 2) V karmale

〔2. 6. 3〕 1) T vāyuvye; 2) V omits 'bje; 3) X vajrāvalo-

〔2. 6. 4〕 1) T aiśānembhoje; V aiśānyābhobje

〔2. 7. 1〕 (1 → ← 1) C -vajrāveśā; 2) N -haritaḥ

〔3. 1〕 1) V omits devatāḥ; 2) C sasarvā; 3) N dibhujā; 4) C vicitraratnā; G vicitravaratnā; 5) X ratnaku-; 6) B_2D_1EMNT -ṭinyo; 7) NO maṇḍaśa-; 8) F -mukhī; 9) V -sattvādi ṣo-; 10) V svasādhi-

〔3. 2〕 1) B_2D_1 yathoktāsvakarṇikāsva-; E yathotāsu karṇikāsu; F yathoktasu karṇikāsu; V yathoktākarṇikāsu; (2 → ← 2) L -kāsanāḥ; (2 → ← 2) M -kāsu daleṣu candrāsanāḥ; 3) T daleṣu; V dale ca

〔3. 3〕 1) B_2D_1 -bhyāṃ

〔4. 1〕 (1 → ← 1) E -jñānasvabhātmā-; V -jñānasvabhāvātmā-; W jñānavajrasattvātmā; 2) L svabhava-; X svābha-

〔4. 2〕 N -nādīsva-

〔4. 3〕 (1 → ← 1) FEG -divajrasattvādicatur-; (2 → ← 2) B_2 vairocanā lāsyā-; CD_1NMTW vairocanena lāsyā; O vairocanā lāsyā; 3) V -yādi

〔4. 4〕 1) V -catuvarṇṇa; 2) V -catuvarṇṇa; (3 → ← 3) B_2D_1M -pāsasya; V -pāśa

〔4. 5〕 (1 → ← 1) V catuvarṇṇa gīā; (2 → ← 2) V amitaprabhā; 3) V ami-

〔4. 6〕 1) V catuvarṇṇa; 2) X -cacaturnāṃ; V -catuvarṇṇa; (3 → ← 3) V -āveśamo-

〔5. 1〕 1) O atrāntare; 2) W kūṭāra-; (3 → ← 3) EW apy aṅkuśā-; V apaṃkuśa

〔6. 1〕 1) V omits āḥ.

〔6. 2〕 1) MNV -yoge-; 2) W -śvarī

〔6. 3〕 F omits oṃ

〔7. 1〕 1) B_2CD_1HLMNTWX -śikha-; V -khatantreṣv-; 2) EV ayathāpi; (3 → ← 3) V uktaṃ sā noktam

訳注

（1）「金剛籠」（vajra-pañjara）とは金剛杵で作られた籠を意味する。金剛界マンダラの内院（第一重）を井状に走る「仕切り」の中に金剛杵の連なりが描かれるが、これが金剛籠の一部を表現したものと見ることができよう。もっとも金剛籠はマンダラ図の中で描かれないことの方が多い。金剛籠に関しては本書三七一頁参照。

（2）諸洲や海に囲まれた須弥山のイメージはすでに『長阿含経』（大正蔵、一巻、一一一c）等に語られるが［小野 一九三六、八三］、須弥山のイメージは『倶舎論』に至って、より精緻なものとなった。この場合も『倶舎論』以来のイメージに基づいて須弥山の構造が考えられているのであろう。四洲と八小洲に関しては［Pradhan 1975: 161-162］［山口・舟橋　一九八七、三七六〜三七八］参照。「七海」（sapta-samudra）に関しては［Pradhan 1975: 160］［山口・舟橋　一九八七、三七一］および『時輪タントラ』1, 16を参照。

（3）「二重蓮華」（viśva-padma）とは、図像学的には上下の二方向に向けられた花弁を有する蓮華として表現されるが、その本来の意味はあらゆる方向に花弁を向けた蓮華であると思われる。後世、チベット仏教では、しかし、さまざまな色彩の花弁を有する蓮華の意味ともなった（故ソナム・ギャツォ氏の教示による）。［トゥッチ　一九八四、八〇］参照。

（4）「捲き毛」（jaṭā）とは、元来はインドの苦行者の髪型の一典型をいう。長い弁髪状の髪を頭上でターバンのように、あるいは蛇のトグロのように捲いた髪をいう。髪には生命力が宿ると信じられたため、髪を切ることなく長くなった髪の結い方の一つである。今日でも苦行者のイメージを残すシヴァ神の髪型には、この捲き毛が見られる。

大日如来や観自在菩薩等に宝石などに飾られた「捲き毛」が現れ、一般には「髪髻冠《はっけいかん》」(jaṭā-makuṭa, jaṭā-mukuṭa)と呼ばれている。この複合語の意味は元来、「捲き毛が冠そのものである」と解されたと思われる。『完成せるヨーガの環』(NPY)のこの個所では「五仏の宝冠に飾られた捲き毛」とあり、少なくともここでは捲き毛と宝冠とは別のものと考えられている。一方、宝冠が実際にはないときにも、髪自体が結いあげられて冠のように見えることもしばしばである。つまり、捲き毛が冠である、という意味に理解すべきと思われる場合も多いのである。

髪髻冠あるいは「飾られた捲き毛」の実例は[佐和　一九八二、カラー二、口絵七・八]に見られる。同書口絵八に見られるように、弁髪のように束になった髪を水平に捲き、その捲かれた髪を残りの髪によって垂直に捲いてしめる。カラー二では、「残りの髪によって垂直に」たばねられた髪が捲いてしめられている。口絵七では、水平に捲いた髪は外からは認められない。

(5)「味」とは、インドの演劇理論の主要概念の一つである。インドの古典的演劇理論は、役者の演技と観劇者の鑑賞との関係を説明するために三つの要素を設定する。その三要素とは、要因(vibhāva)、情態(bhāva)および味(rasa 情調)である。第一は観劇者の心理状態を高揚させるための舞台設定等の外的条件である。第二の要素には、付随的なもの、一時的なもの、および恒常的なものの三種があるが、第一は演技者の身ぶりや表情などの外的表現をいう。第二は第三のものの一時的なあり方をいい、「厭離、倦怠、危惧など三十三種が挙げられ」[清水　一九八三、一〇七]ている。第三は人間の心性の中に見られると考えられる「感情の元型」ともいうべきものである。いとしいと思う心(rati)、怒り(krodha)、勇み心(utsāha)、嫌悪感(jugupsā)、笑おうとする心(hāsa)、うち沈む心(śoka)、おどろき(vismaya)、怖れる心(bhaya)の八種あるいはそれにしずまった心(śama)を加えて九種を数える。第一の要因に刺激され、第二の要因、特に恒常的情態が観劇者の心に生ずる。この情態は観劇者の側にある能動的な欲動と考えられる。すなわち、対象としての意味(よろこび、怒り、かなしみ等)を把握しようとする心、あるいはそれを経験している心を指す。この心が「味」(情調)を喚起する。

「味」は、かの情態のそれぞれに対応して八種あるいは九種ある。すなわち、「恋情（śṛṅgāra）、憤激（raudra）、勇武（vīra）、憎悪（bībhatsa）、滑稽（hāsya）、悲愴（karuṇa）、奇異（adbhuta）、驚愕（bhayānaka）」［辻　一九五六、一八一］および寂静（śānta）である。第一の情態を意味するratiとは元来、性的なよろこびを指し示す語であり、愛の神カーマの妻の名前でもある。現象学的な術語を用いるならば、情態はノエマ的側面、つまり認識の対象的側面を把握しようとする能動的働きを指し示す。

一方、情調は把握される対象としてのノエシス的（受動的）側面、すなわち意味内容をいう。ratiという情態によって把握される情調である恋情は、個人の感情の内容として終わるものではなく、普遍的なものとして昇華され、仕立てあげられた美学的概念によって指し示される。

また、情態と情調の対それぞれに対応して色彩が定められている。たとえば、いとしいと思う心と恋情という対には暗色、怒りと憤激という対には赤という色が定められている［辻　一九五六、一八一］。インドではすでに紀元四〇〇年頃までには、バラタの『ナートヤ・シャーストラ』において「味」の理論が組織化されていた。九世紀頃までには成立していたと考えられる『呼金剛タントラ』の中に「味」に関する叙述があるところなどから考えて、この頃には仏教タントリズムに「味」の理論が導入されていたと思われる。

ＮＰＹにおいても「味」の理論がとり入れられており、ＮＰＹのいくつかの章においては中尊の「味」が述べられている。たとえば、第二章「要集次第に述べられた阿閦マンダラ」の中尊の阿閦の「味」は憤激であり［Bhattacharyya 1972: 54］、第二一章「法界語自在文殊マンダラ」の中尊語自在文殊の味は恋情の味である［Bhattacharyya 1972: 54］。第二三章「ブータダーマラ・マンダラ」の中尊ブータダーマラの「味」は憤激である［Bhattacharyya 1972: 72］。この金剛界マンダラの中尊大日の「味」は寂静である。

清水乞氏は、密教儀礼はドラマに対比することができる［清水　一九八三、一〇八］と述べられた上で「われわれは羯磨マンダラの中で、われわれの内に潜在している菩提心という恒常的情態を味わっている」［清水　一九八三、一〇九］といわれる。マンダラは観想法あるいは成就法のいわば舞台となるのであり、観想者はその舞台の上の役者である仏たちを観想するという行為を行うという意味では、観想法はドラマに譬えることができよう。ただ普通のドラマと違うことは、観想法では鑑賞者である観想者たちが舞台の役者たちと一体となることである。ドラマのクライマックスにおいて一体となったとき、「味」そのものがかたちをとって仏や菩薩となると考えられたのであろう。

ヒンドゥー教の観想法でも同様の発想があり、マドゥスーダナ・サラスヴァティーは「具現した神の姿を具えた、形あるラサ」という［清水　一九八三、一〇九］。ＮＰＹ第二一章の法界語自在文殊は「恋情の味（情調）のかたまり（rāśi）である」［Bhattacharyya 1972: 54］。これは前述のマドゥスーダナ・サラスヴァティーの考え方と相通ずる考え方であろう。

（6）ＮＰＹ第二一章法界語自在文殊の四面の色彩の記述［Bhattacharyya 1972: 54］から類推して「白・黄・赤・緑色」はそれぞれ中央、右、後ろ、および左の面の色彩と思われる。金剛界マンダラの第一院（第一重）は五つに分かれ、下（東）は青、右（向かって左、南）は、黄、上（西）は赤、左（向かって右、北）は緑、中央は白である。大日の四面の正面はマンダラ中央の白と対応している。

（7）栂尾祥雲氏はシャーキャミトラやアーナンダガルバの説によりながら大毘盧遮那 Mahāvairocana と毘盧遮那 Vairocana とは同一ではなく、前者は智法身であり、後者は色身・報身であるといわれる。氏によれば、「智拳印、即ち覚勝印（bodhy-agrī-mudrā）に住するものは、大毘盧遮那であり、覚支の印（bodhy-aiṅgī-mudrā）に住するものは報身、色身としての毘盧遮那であると云って可い」［栂尾　一九三〇、四八一］。

一方、氏家昭夫氏は、［Bhattacharyya 1972: 44］に見られる bodhy-aiṅgī-mudrā というサンスクリットは誤写によるもので、bodhy-agrī-mudrā が正しく、またチベット訳はすべて byang chub mchog となっているが、これは bodhy-agrī の訳であり、さらにネパールの毘盧遮那の印相はことごとく転法輪印をとっているといわれる［氏家　一九八四、八五〜八六］。

ＮＰＹのこの箇所は bodhy-agrī-mudrā とあるべきだと思われる。ＮＰＹ自体がこの印の結び方を説明しており、それは伝統的に覚勝印、最上菩提印あるいは智拳印と呼ばれてきた印である。諸写本にもこの箇所は bodhy-agrī-mudrā とある。ただ、〔2. 1. 2〕の写本N（42a,5）には bodhyaṃgrī-mudrā という読みが見られるが、〔2. 1. 1〕および〔2. 1. 3〕の場合は bodhyagrī-mudrā である。また写本Tの場合、〔2. 1. 1〕のみ bodhyaṃgrī-mudrā である。しかし、この bodhyaṃgrī-mudrā は bodhyagrī-mudrā の誤写であろう。

前述のように、氏家氏はネパールの「大日」像はすべて転法輪印を結んでいるといわれるが、カトマンドゥ盆地におけるネワールの大日の彫像に覚勝印を結ぶものがある。たとえば、クワー・バハール本堂向かって右の仏殿には、覚勝印を結ぶ大日立像がある［立川　一九八七b、九］。

一方、ネワールの仏教徒の間では bodhy-aṅgī-mudrā という語が、二〇〇〇年頃においても印の名称として用いられている。たとえば、二〇〇〇年頃まで、カトマンドゥ盆地におけるネワール仏教の指導者的立場にあった一人のヴァジュラーチャーリヤは、bodhy-aṅgī-mudrā を図2-3-02に見られるように描かれた。これは転法輪印の一種とも考えられるが、通常の覚勝印とは明らかに異なる。また、幾人かのネワール僧たちは転法輪印と bodhy-aṅgī-mudrā とは異なるものだと語っていた。

パタン市のブ・バハールのアガン（聖堂）入口のトーラナには、この寺院の僧たちが大日と呼ぶ立像がある（図2-3-03）。この像の印をこの寺院のある僧は bodhy-aṅgī-mudrā であると語った。しかし、これは明らかに転法輪印と考えるべきであろう。さらにこの像の持物はNPY第二一章の法界語自在文殊のそれと一致する。おそらくはこれは大日ではなくて、法界語自在文殊と思われる。ギャンツェのペンコル・チューデにはブ・バハールの仏と同じ印と持物を有する法界語自在文殊の壁画が見られる［Ricca and Bue 1993: 142］。ともあれ、カトマンドゥ盆地には bodhy-aṅgī-mudrā という呼び方が残っているということができよう。

このネワール人の間に残っている bodhy-aṅgī-mudrā という呼び方が、どの根拠に由来するのかは不明であるが、［Bhattacharyya 1972: 44］にある bodhyaṅgīmudrā という読みの影響も考えられよう。

ちなみに、NPY第一九章〔2. 1. 3〕には覚勝印の結び方が説明されているが、NPYの中で特定の印の結び方が説明されるのは稀である。ＮＰＹの編纂当時、覚勝印の結び方について異論があったために、この章において明記されたのであろう。

（8）金剛［杵］を持ちながら覚勝印を結ぶ二臂の大日像は、ニューデリーの国立博物館に見られる（図2-3-04）。この像では金剛［杵］の端が拳を結んだ右手の指の中から尖き出している。同じように、金剛杵を持つ作例は［張　1993: Fig.16］にも報告されている。カンボジアのクメール遺跡のバンテアイ・クデイ（Banteay Kdei）寺からは金剛を持って覚勝印を結ぶ大日如来の石の浮き彫りが出土している（図2-3-05）［立川　二〇〇三、二五］。また、バリ島中央部にあるヒンドゥー教寺院のバトゥワン（Batuan）寺には、金剛を持って覚勝印を結ぶ大日坐像が置かれている（図2-3-06）。

〔2. 1. 3〕のチベット訳P_2には、「左の拳で金剛杵を握って人差し指を立て、右手で金剛杵を握って、覚勝印を結ぶのである」（g'yon pa'i khu tshur las rdo rje 'dzin pa'i sdigs 'dzub langs pa la / g'yas pa rdo rje bzung nas byang chub mchog gi phyag rgya langs pa'o // TTP, Vol. 87, 61. 2. 2-3）とある。ここでは金剛杵がどのように握られているかが述べられてはいる。この箇所では、金剛杵が右手の指から出るか否かについての言及はないが、両手で金剛杵が握られると理解されていたと推定できる。しかし、このP_2のチベット訳に対応するサンスクリットを見出すことは、現在の時点ではできない。

なお、東京大学図書館所蔵の写本No. 215（V）は〔2. 1. 2〕のsavajra以下の部分、すなわち和訳では「二臂で云々」以下の部分を欠いている。しかし、だからといって、この写本が最も古い形を伝えていると、ただちにいうことはできない。というのは、カトマンドゥ国立古文書館所蔵写本No.3/687［Bühnemann and Tachikawa 1991］（G）の奥書にはN. S. 320（西暦一二〇〇）の年代明記があるが、G写本には〔2. 1. 2-3〕のテキストが見られる。そして明らかにG写本の方がV写本より古いのである。

（9）パタン市のダウ・バハール本堂入口のトーラナ［立川　一九八七b、二七］には八臂の大日像があるが、その持物はこのＮＰＹの記述と一致する。ただし、一組の臂が結ぶ印は先述のブ・バハールの法界語自在文殊のそれ

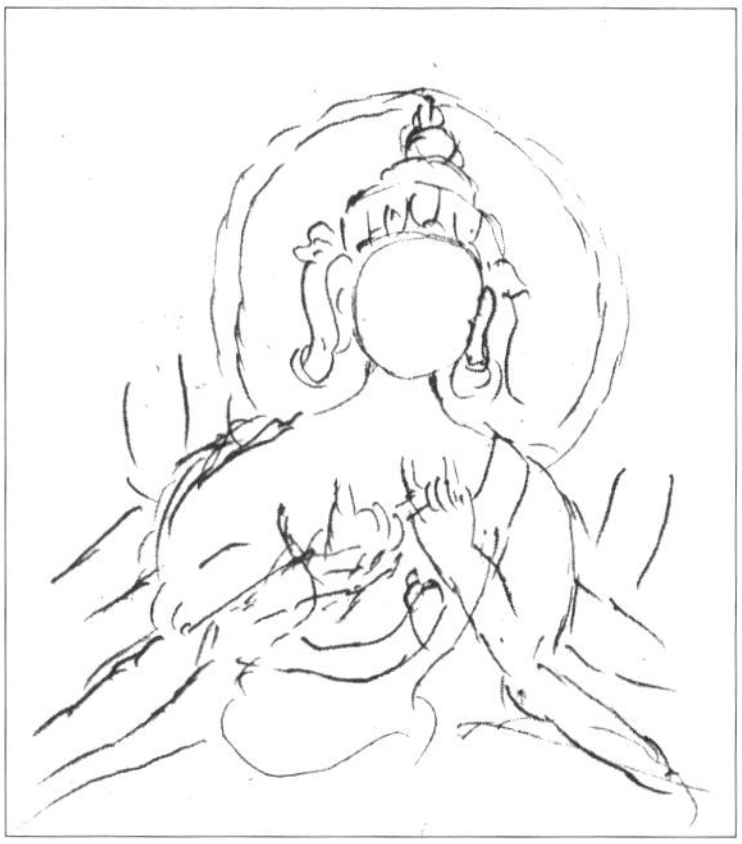

図 2-3-02　'bodhy-aṅgī-mudrā' として描かれた印〔上右〕

図 2-3-03　ブ・バハールのアガン入口トーラナの「大日像」(パタン市)〔上左〕

図 2-3-04　金剛杵を伴う覚勝印を結ぶ大日(部分)。インド国立博物館(ニューデリー)〔中左〕

図 2-3-05　クメール遺跡バンテアイ・クデイから出土した仏塔に刻まれた大日〔下右〕(大村次郷氏提供)

図 2-3-06　バリのバトゥワン寺にある大日〔下左〕

〔図2−3−03〕と同じである。

(10) チベット訳Pには「五鈷金剛によって飾られた（付けられた）宝石」(Vol. 80, 138. 4. 1: rdo rje rtse lnga pas mtshan pa'i rin po che) とあり、チベット訳P2には「五鈷金剛の先端に飾られた（付けられた）宝石」(Vol. 87, 61. 2. 3: rdo rje rtse lnga pa'i rtse mor mtshan pa'i rin po che) とある。この「飾られた」の意味は、五鈷金剛が宝石の先端に付いているという意味、あるいは五鈷金剛が宝石に刻印されている、ということと思われる。チャンキャ一世は、『完成せるヨーガの環』に対する注でもある『究竟鬘及び金剛鬘なる二〔流〕に関する儀軌作法次第解説略述』(TTP. No. 6236, Vol. 162-163) の中では、この箇所を説明して「宝石の先端に五鈷金剛がついたもの」(Vol. 163, 10. 4. 5: rin po che'i rtse mor rdo rje rtse lnga pas mtshan pa) とある。インドおよびチベットの伝統では、宝の先に五鈷金剛が付いていると理解すべきであろう。しかし、日本に伝えられた伝統では異なった理解もあった。たとえば、『五部心観』〔八田　一九八一、二二一〕における宝金剛女は、金剛の上に置かれた宝珠を持っており、「園城寺蔵五部心観完本」の「金剛界大曼荼羅図及観置門第一」では、金剛宝は柄のついた宝珠を右手で持つ姿で描かれている〔栂尾　一九八五、一七二〕。宝金剛女が宝石を手に持つか、金剛を持つかが問題となるが、そのいずれかをサンスクリット・テキストおよびチベット訳から決定することは困難である。

本書第2章4節七番の宝金剛女では、五鈷金剛が先端に付いた宝石を持つすがたで描かれている。

(11) 五鈷金剛の像が蓮華の上に写影されているとも考えられる。一方、『五部心観』〔八田　一九八一、二二一〕では、金剛の上に蓮華が置かれている。

(12) 「十二鈷」とは、三鈷金剛が十字に組合わされていることを意味する。NPYテキスト〔2. 3. 17〕および〔八田　一九八一、二二二〕参照。

(13) 十六大菩薩のセクション〔2. 3〕の和訳が〔森　一九八九、二七七〜二七九〕にある。

(14) **uttānaṃ** は「上向きの［手］を」を、**utsaṅge** は「〔両足を組んでできた〕くぼみのところに」を意味する。「くぼみに上向きの左手を置く」という表現は、この後、宝生如来の左手〔2. 3. 6〕と不空成就如来の左手〔2. 3. 16〕

に見られる。〔2. 3. 1〕のチベット訳ではこのくぼみをpangと訳しているが、〔2. 3. 6〕のチベット訳P_2にはrtsa（根）つまり生殖器と訳す（Vol. 87, 61. 3. 3）。左手の位置はいずれの訳も同じである。

（15）以下の十六大菩薩の位置に関しては、pūrva（チベット語shar), dakṣiṇa（lho), uttama（byang), paścima（nub）が東、南、北、西ではなくて、四仏それぞれの前方、右、左、後方を意味する。

（16）「誇らしげに」（sagarvam）は人差し指をすこし曲げながら立てる仕草で表現される。『五部心観』［八田　一九八一、三］の金剛薩埵の図はNPYの記述とほぼ相応する。〔2. 3. 7〕および注（21）参照。

（17）アーナンダガルバの*Vajrodaya*の第一瑜伽三摩地品には、金剛宝のカルマ・ムドラー（羯磨印）について「灌頂処には二金剛（拳）」とあるのみである［高橋　一九八八、一二三］。

（18）右手には一本の歯の列、左手には二本の歯の列があり、それぞれの列の端に小さな金剛杵が付いている、という意味と理解できる。右手には一本しかないのは、すでに他の一本を口の中に入れたからであろう。「曲って」とは、口の中に入れようとして歯の列が動いたのであろう。

（19）Vajrodayaの第一瑜伽三摩地品には金剛笑のカルマ・ムドラーについて「（拳）を口処に開くべし」とある［高橋　一九八八、一二三］。

（20）NPYの金剛界マンダラに登場する十六菩薩は同じ姿でNPYの法界語自在マンダラにも登場する［Bhattacharyya 1972: 55］［森　一九八九、二四四］。

（21）金剛誇印（vajra-garbha-mudrā 人差し指を伸ばしてすこし曲げる仕草）に関しては、*Kriyāsaṃgraha*第八章のネワール語注に基づいてカトマンドゥ在住のRatnakajee Bajracharyaの御教示を得た。ここに記して謝意を表したい。

（22）賢劫十六尊が四仏のそれぞれを主とする四つの部族に分けられ、それぞれの部族の菩薩たちは主となる仏と同じ姿をとる。［森　一九九三、九二九］によれば、「部族という理念を徹底させることによって、十六尊のそれぞれの菩薩が個性を捨てた単純な姿をとることになったのである」。［田中　一九九二、一一〜一二］参照。

（23）バッタチャリヤ校訂本は、catūratnāとある［Bhattacharyya 1972: 46］。この読みに従うならば、『倶舎論』「世間品」に述べられる、銀・水晶・エメラルドおよび金という四宝より成る須弥山を指し示していると解釈すべきであろう。賢劫つまり「現在の宇宙周期」の千の菩薩たちが須弥山の四面に四分の一ずつ並んでいると考えられていたことになる。ちなみに、写本B_2（40a, 2）に caturatnaṃ とあり、写本C（53a, 2）に caturatna- とある。「四宝から成る〔須弥山〕」という表現は、ネワール仏教文献においてはしばしば見うけられる。たとえば、ネワール仏教儀礼の内、最も基本的な儀礼であるグル・マンダラ供養の儀軌には、「四宝で成り、種々の財宝によって満たされ、八小洲で荘厳された最高の贈り物たるこの須弥山の宝マンダラのすべてを、私は（中略）捧げる」［氏家　一九七四、八一］とある。

一方、NPYの最も古い写本とされるカトマンドゥ国立古文書館所蔵の写本 No. 3-686/3（A. D. 1200, 略号G）および同古文書館所蔵の写本 No. 1-1113（A. D. 1566, 略号E）、さらに東京大学図書館所蔵の写本 No. 215（V）には、caturūnaṃ（四人を欠く）とある。本書のテキストは、この読みに従っている。［Bühnemann and Tachikawa 1991: 35, 116］参照。

チベット訳ではすべて bzhis ma tshang ba（四人を欠く）である。チベットにおけるマンダラ理論の集成『タントラ部集成』（*rGyud sde kun btus*, 略号 GDK）の金剛界マンダラ儀軌においても「四人を欠く」千、つまり九九六人の菩薩が四方に分けられて並ぶとされている（GDK, Vol. 4, pp. 51-52［bSod nams rgya mtsho 1991: No. 22］）。GDK に収められた金剛界系のマンダラである「降三世一〇二三尊マンダラ」「金剛冠摂族一二七一尊マンダラ」［bSod nams rgya mtsho 1991: Nos. 23-24］においても、前記の金剛界マンダラと同様に、九九六人の菩薩が現れる。千人の菩薩の初めの四名は、賢劫に属する者たちではなく過去の劫に属するので省略されて、九九六人となる。

（24）NPY第三章の四供養女の記述を指すと思われる。［Bhattacharyya 1972: 10］参照。

（25）［Bhattacharyya 1972: 46］には四摂菩薩が女性形となっているが、諸写本には男性形で出されているので、ここでは男性形とした。なお、四摂菩薩が女性形で表現される金剛界マンダラもラダックには存する［松長　一九

八一、六二]。「金剛鈴」はここでは vajrāveśa（金剛遍入者）とあるが、一般の名称に従った。

（26） GDK No.22 の金剛界マンダラでは、第二院の諸門にも金剛鉤等の四人の門衛が見られる。［bSod nams rgya mtsho and Tachikawa 1989: 22］［bSod nams rgya mtsho 1991: 30］参照。

二 チベット訳テキスト

〔略号〕

D: 'Jigs med 'byung gnas sbas pa, *rDzogs pa'i rnal 'byor gyi phreng ba*, No. 3141, phu 94b, 5-151a, 7.

N: ——, ——, No. 1557, thu 109a, 6-175a, 2.

P: ——, ——, TTP, No. 3962, Vol. 80, 126. 3. 4-154. 2. 8.

P_2: ——, *dPal 'jams pa'i rdo rje mngon par rtogs pa kun las btus pa rdzogs pa'i rnal 'byor gyi phreng ba*, TTP, No. 5023, Vol. 87, 47. 5. 6-77. 4. 5.

デルゲ版（D）およびナルタン版（N）は東洋文庫所蔵のものを参照した。（以下のチベット語テキストはPを底本とし、Pに訂正すべきところがあれば、その都度、注において記した。なおP_2はP、D、Nと大幅に異なっているために、ここでは異同を示していない。）

1. 1 rdo rje dbyings kyi dkyil 'khor la / rdo rje gur gyi nang du gling dang nye ba'i gling phran dang rgya mtsho dang ri bdun la sogs pas yongs su bsgor ba'i ri rab kyi steng gzhal yas khang ste

2. 1. 1 de'i dbus su seng ge'i steng du sna tshogs padma'i ze 'bru la bcom ldan 'das rnam par snang mdzad dkar po rdo rjo skyil krung gis gnas pa nyi ma'i 'od can / sangs rgyas lngas spras pa'i ratna'i cod pan gyis rgyan[(1)] pa'i ral pa'i thor cog can ratna sna tsthogs pa'i rgyan dang gos ldan pa zhi ba'i zhal bzhi dkar po dang ser po dang / dmar po dang ljang gu dang / phyag brgyad pa g'yas pa dang g'yon pa gnyis kyis rdo rje dang bcas pa'i byang chub mchog gi phyag rgya mdzad pa'o // gzhan gnyis kyis bsam gtan gyi phyag rgya 'dzin pa'o // g'yas pa gnyis kyis bgrang phreng dang mda' 'dzin pa'o // g'yon pa gnyis kyis 'khor lo dang gzhu 'dzin pa'o //

2. 1. 2 yang na 'di ni zhal gcig phyag gnyis pa sku mdog dkar po rdo rje dang bcas pa'i byang chub mchog gi phyag rgya 'dzin pa'o //

2. 1. 3 g'yon pa'i rdo rje khu tshur gyi mdzub mo langs pa la g'yas pa'i[(2)] khu tshur gyis bzung ba byang chub mchog gi phyag rgya'o //

2. 2. 1 shar gyi 'dab ma la sems ma rdo rje ma sngon mo g'yas pas rdo rje rtse (P 146a, 1) lnga pa dmar po 'dzin pa g'yon pas sdigs mdzub dang bcas pas[(3)] zhags pa 'dzin pa'o //

2. 2. 2 lhor rin chen rdo rje ma ser mo g'yas pas rdo rje rste lnga pas

mtshan pa’i rin po che ’dzin pa / g’yon pas sdigs par byed pa’i sdigs mdzub bo //

2. 2. 3 nub tu chos kyi rdo rje ma dmar mo ni rdo rje rste lnga pas mthsan pa’i padma ’dab ma brgyad pa dkar dmar g’yas pas ’dzin pa / g’yon pas padma ’dzin pa’o //

2. 2. 4 byang du las kyi rdo rje ma ljang gu g’yas pa sna tshogs rdo rje rtse mo bcu gnyis pa de bzhin gshegs pa lnga’i kha dog can ’dzin pa / g’yon pas sdigs mdzub bsdigs par byed pa’o //

2. 3. 1 de nas shar phyogs su glang po che’i dbang po’i steng du sna tshogs padma’i lte bar mi bskyod pa sngon po rdo rje skyil krung gis gnas pa / phyag g’yas kyis(4) gung mos rdo rje rtse lnga pa sngon po bzung nas sa gnon gyi tshul byed cing phyag g’yon pa gan rgyal du pang du gzhag pa’o //

2. 3. 2 shar gyi ’dab mar rdo rje sems dpa’ dkar po phyag g’yas pa’i gung mos snying gar ’gying ba’i tshul gyis rdo rje gsor ba’i sbyor ba’o // g’yon pa’i rdo rje khu tshur gyis nga rgyal dang bcas pa’i dril bu dkur brten pa’o //

2. 3. 3 lhor rdo rje rgyal po ser po g’yas par gnas pa’i rdo rje lcags kyus

’gugs pa’i tshul byed cing phyag g’yon pas zhags pa ’dzin pa’o // kha cig ni phyag[5] gnyis rdo rje lcags kyus ’dzin pas ’gugs pa’i tshul byed pa’o // zhes so //

2. 3. 4 byang du rdo rje chags pa dmar po phyag g’yon dang cig shos mam pa gnyis kyis gzhu dang mda’ ’dzin pa’o //

2. 3. 5 nub tu[6] legs pa mar kad kyi mdog lta bu rdo rje dang bcas pa’i phyag gnyis kyis snying gar legs so sbyin pa’l tshul byed pa’o //

2. 3. 6 lhor rta’i rgyab tu sna tshogs padma’i lte bar rin chen ’byung ldan ser po rdo rje (P 146b, 1) skyil krung gis bzhugs pa // g’yas pas rdo rjes mtshan pa’i rin po che gung mos bzung ste / mchod sbying gyi tshul byed pa / g’yon pa mnyam gzhag go //

2. 3. 7 shar gyi ’dab mar rdo rje rin chen ser po ni g’yas pa’i rdo rje khu tshur gyi mtha’ gnyis la rdo rje gnyis kyis mtshan pa’i rin po che’i phreng ba rang gi dbang bskur ba’i gnas su ’ching bar byed cing g’yon pas rdo rje dril bu bsnyems pa dang bcas pas dkur brten pa’o //

2. 3. 8 lho ru rdo rje gzi brjid dmar po snying gar phyag gnyis kyis ’dzin pa’i nyi mas gsal bar byed pa’o //

2. 3. 9 byang du rdo rje tog ljang gu g’yon gyi bar du lhur gnas pa’i phyag gnyis kyis yid bzhin gyi nor bu’i rgyal mthsan ’dzin cing ’phyar ba’o //

2. 3. 10 nub tu rdo rje gzhad pa dkar po g’yas pas so’i phreng ba dang ldan pa’i rdo rje ’dzin pa // g’yon pas kyang de bzhin te so’i phreng ba dang ldan pa’i rdo rje gnyis par gzhag pa’o //

2. 3. 11 nub tu rma bya’i steng du sna tshogs padma’i ze ’bru la snang ba mtha’ yas rdo rje skyil krung can dmar po phyag g’yon pa dang cig shos gan kyal du byas pa pang pa’i steng du bzhag pa ting nge ’dzin gyi phyag rgya’i g’yas pa’i gung mos rdo rjes mtshan pa’i padma ’dzin pa’o //

2. 3. 12 shar gyi ’dab mar rdo rje chos dmar skya g’yon pa ’gying ba’i tshul dang bcas pas padma’i yu ba ’dzin cing g’yas pas kha ’byed pa’o //

2. .3. 13 lho ru rdo rje gnon(7) po nam mkha’ lta bu sngon po g’yon pas thugs kar shes rab kyi pha rol tu phyin pa’i po ti(8) ’zdin pa g’yas pas ral gri ’phyar ba’i tshul du ’dzin pa’o //

2. 3. 14 byang du rdo rje rgyu gser btso ma’i mdog can g’yon par gnas pa’i ’khor lo rtsi bas brgyad pa g’yas pa’i gung mo mgal me lta

bu bskor zhing chos kyi ’khor lo’i phyag rgya ’dzin pa’o //

2. 3. 15 nub tu rdo rje bsrung[(9)] (P 147a, 1) ba dmar po g’yon pa chos kyi dung dang g’yas pas rdo rje rtse gcig pa’i lce ’dzin pa’o //

2. 3. 16 byang du khyung gi steng du sna tshogs padma’i lte bar don yod grub pa ljang gu rdo rje skyil krung gis bzhags pa / phyag g’yas pa’i gung mo sna tshogs rdo rje ’dzin pas mi ’jigs pa sbyin pa’i tshul byed cing g’yon pa gan rkyal du pang bar bzhag pa’o //

2. 3. 17 shar gyi ’dab mar rdo rje las ljang gu g’yas pas snying gar bslang ba’i sbyor bas sna tshogs rdo rje rtse mo bcu gnyis pa ’dzin pa / g’yon pa sna tshogs rdo rjes mthsan pa’i dril bu dkur brten pa / yang na lag pa gnyis kyis[(10)] thal mo spyi bor sbyar nas sna tshogs rdo rje spyi bor ’dzin pa’o //

2. 3. 18 lhor rdo rje bsrung ba ser po phyag gnyis kyis[(11)] rdo rje’i go cha ’dzin pa’o //

2. 3. 19 byang du rdo rje gnod sbyin nag po phyag gnyis kyis mthe chung gnyis kyi rdo rje mche ba’i mtshon gyi rtse mo gnyis rang gi khar bcug pas gdug pa rnams bsdigs par byed pa’o //

2. 3. 20 nub tu rdo rje khu tshur ser po khu tshur[(12)] mthams su rdo rje

ste / rdo rje khu tshur dag gis bzung ba'i rdo rtse lnga pa bsdams pa'o //

2. 4. 1 dbus kyi gzhal yas khang gi me'i padma la rdo rje sgeg mo dkar mo rdo rje dkur brten pa'i phyag rgya'i phyag gnyis kyis rdo rje gnyis 'dzin pa'o //

2. 4 .2 bden bral du padma la phreng ba ma ser mo phyag gnyis gyis rad[13] na'i[14] phreng ba 'dzin pa'o //

2. 4. 3 rlung du padma la glu ma dmar mo phyag gnyis kyis pi wang gi rgyud bsgreng ba'o //

2. 4. 4 dbang ldan du padma la gar ma ljang gu rdo rje rtse gsum pa gnyis bzung nas phyag gnyis kyis gar byed pa'o //

2. 5 .1 dbus kyi gzhal yas khang gi phyi ru snam bu la shar du padma rnams la byams pa dang mthong ba don yod dang ngan song kun (P 147b, 1) 'dren dang / mya ngan dang mun pa thams cad 'joms[15] pa'i blo gros rnams ni mi bskyod pa lta bu'o //

2. 5. 2 lhor padma rnams la spos kyi glang po dang / dpa' bar 'gro ba dang / nam mkha' mdzod dang / ye shes rtog rnams rin chen 'byung ldan lta bu'o //

2. 5. 3 nub tu padma rnams la ’od dpag med dang / zla ba’i ’od dang bzang skyong dang dra ba can gyi ’od rnams ni ’od dpag med lta bu’o //

2. 5. 4 byang du padma rnams la rdo rje snying po dang / blo gros mi zad pa dang / spobs pa rtsegs pa dang / kun tu bzang po rnams ni don yod grub pa lta bu’o //

2. 5. 5 yang na shar la sogs pa’i snam bu rnams la bskal pa bzang po’i byang chub sems dpa’i byams pa la sogs pa stong du bzhis ma tshang ba bsgom par bya’o // de’i mtshan rnams mngas pas ’jigs pas ma bshad do //

2. 6. 1 me’i mtshams kyi[16] padma la rdo rje bdug spos ma dkar mo dang

2. 6. 2 bden bral gyi padma la rdo rje me tog ma ser mo dang /

2. 6. 3 rlung gi padma la rdo rje mar me dkar dmar dang /

2. 6. 4 dbang ldan gyi padma la rdo rje dri chabs ma ljang gu’o[17] //

2. 6. 5 bdug spos ma la sogs pa ’di rnams gong[18] bzhin du phyag mtsham ’dzin pa’o //

2. 7. 1 shar la sogs pa’i sgo’i padma rnams la rdo rje lcags kyu dang rdo rje zhags pa dang / rdo rje lcags sgrog dang / rdo rje ’begs

pa rnams rim pa bzhin du dkar po dang ser po dang dmar po
dang ljang gu rnams ni gong bzhin du phyag mtshan ’dzin pa’o //

3. 1 ’dir bcom ldan ’das rdo rje dbyings las gzhan pa’i lha rnams ni zhal gcig phyag gnyis pa gos dang rad na sna tshogs kyis brgyan pa rad na’i cod pan rdo rje sems dpa’ la sogs pa ma gtogs pa dkyil ’khor gyi dbang phyug la sngon du phyogs pa’o // rdo rje sems dpa’ la sogs pa’i byang chub sems dpa’ bcu drug ni / (P 148 a, 1) rang gi rigs kyi bdag po de bzhin gshegs pa la sngon du phyogs pa’o //

3. 2 rnam par snang mdzad la sogs pa nas rdo rje ’bebs pa’i bar gyi lha rnams ni ji ltar gzungs pa’i lte ba dang ’dab ma rnams la gnas shing nyi ma’i ’od zer can no //

3. 3 de bzhin gshegs pa lnga las gzhan pa’i lha bzhi bcu zhe brgyad ni sems dpa’i skyil krung gis bzhugs pa’o //

4. 1 ’dir bcom ldan ’das rdo rje dbyings rnams par snang mdzad shin tu rnam par dag pa’i chos kyi dbyings kyi ye shes kyi bdag nyid la rang ’dra ba’i rdo rje sems dpas rgyas btab pa’o //

4. 2 me long lta bu’i ye shes la sogs pa’i bdag nyid kyi[19] mi bskyod pa

la sogs pa de bzhin gzhegs pa bzhi'i rigs kyi bdag po ni rnam par snang mdzad do //

4. 3 sems ma rdo rje ma dang rdo rje sems dpa' la sogs pa bzhi dang sgeg mo dang bdug spos ma dang byams pa la sogs pa bzhi dang / rdo rje lcags kyu rnams kyis[20] mi bskyod pa'o //

4. 4 rin chen rdo rje ma dang rdo rje rin chen la sogs pa bzhi dang / phreng ba ma dang me tog ma dang spos kyi glang po la sogs pa bzhi dang rdo rje zhags pa rnams kyis[21] rin chen 'byung ldan no //

4. 5 chos kyi rdo rje ma dang rdo rje chos la sogs pa bzhi dang glu ma dang / mar me ma dang / 'od dpag med la sogs pa bhi dang / rdo rje lcags sgrog rnams kyis[22] snang ba mtha' yas so //

4. 6 las kyi rdo rje ma dang / rdo rje las la sogs pa bzhi dang / gar ma dang dri chab ma dang / rdo rje snying po la sogs bzhi dang rdo rje 'begs pa rnams kyis[23] don yod grub pa'o //

5. 1 'dir nang gi ghal yas khang gi sgo rnams la'ang[24] rdo rje lcags kyu la sogs pa sgo skyong bzhi bsgom par bya'o // zhes pa（P 148 b, 1）phyogs gzhan no //

6. 1 rnam par snang mdzad kyi snying ga'i sa bon āḥ

6. 2 oṃ sarba ta thā ga tā mahā yo ge śva ra[25] hūṃ zhes pa ni snying po'o //

6. 3 oṃ badzra yaksha hūṃ zhes pa ni rdo rje gnod sbyin gyi las thams cad pa'i sngags so //

7. 1 gang yang rdo rje rtse mo la sogs pa'i rgyud gshan gyis kyang lha'i rnam pa'i khyad par gsungs pa de ni 'dir mangs kyis dogs pas ma bshad do // //

〔テキスト校注〕

（1）N brgyan;（2）D pa rdo rje;（3）D pa;（4）D g'yas pa;（5）D gnyis kyis;（6）D tu rdo rje;（7）D rnon;（8）D, N pu ti;（9）D rje smra ba;（10）N, P kyi;（11）D kyi;（12）D tshur gyi;（13）N, P gnyis rad;（14）P rad ni'i;（15）N mun pa XXX 'joms（3文字不明）;（16）D mtshams su;（17）D gu（18）D gang;（19）D kyis;（20）D kyi;（21）D kyi;（22）D kyi;（23）D kyi;（24）D su 'ang;（25）P gī śo ra

4　金剛界マンダラ五十三尊の図

本節に収められた金剛界諸尊の白描は『完成せるヨーガの環』第一九章の説明に基づいてカトマンドゥ在住の画家ガウタム・バジュラーチャーリヤ氏によって描かれたものである。

マンダラに配置された諸尊の番号は、前節で用いられたものと同一である。

図 2-2-05　金剛界諸尊の配置図（再録）

1a 八臂大日如来（Vairocana）

1b 二臂大日如来（Vairocana）

3 宝生如来（Ratnasambhava）

2 阿閦如来（Akṣobhya）

5 不空成就如来（Amoghasiddhi）

4 阿弥陀如来（Amitābha）

7 宝金剛女（Ratnavajrī）

6 薩埵金剛女（Sattvavajrī）

9 業金剛女（Karmavajrī）

8 法金剛女（Dharmavajrī）

11 金剛王菩薩（Vajrarāja）

10 金剛薩埵菩薩（Vajrasattva）

13 金剛喜菩薩（Vajrasādhu）

12 金剛愛菩薩（Vajrarāga）

14 金剛宝菩薩（Vajraratna）

15 金剛光菩薩（Vajrateja）

16 金剛幢菩薩（Vajraketu）

17 金剛笑菩薩（Vajrahāsa）

19 金剛利菩薩（Vajratīkṣṇa）

18 金剛法菩薩（Vajradharma）

21 金剛語菩薩（Vajrabhāṣa）

20 金剛因菩薩（Vajrahetu）

22a 金剛業菩薩（Vajrakarma）

22b 金剛業菩薩（Vajrakarma）

23 金剛護菩薩（Vajrarakṣa）

24 金剛牙菩薩（Vajrayakṣa）

25 金剛拳菩薩（Vajrasandhi）

26 金剛嬉女（Vajralāsyā）

27 金剛鬘女（Vajramālā）

28 金剛歌女（Vajragītā）

30 金剛香女（Vajradhūpā）

29 金剛舞女（Vajranṛtyā）

32 金剛灯女（Vajrālokā）

31 金剛華女（Vajrapuṣpā）

33 金剛塗女（Vajragandhā）

34 金剛鉤（Vajrāṅkuśa）

35 金剛索（Vajrapāśa）

36 金剛鏁（Vajrasphoṭa）

37 金剛鈴（Vajrāveśa）

38 慈氏菩薩（Maitreya）

39 不空見菩薩（Amoghadarśin）

40 滅悪趣菩薩（Sarvāpāyañjaha）

42 香象菩薩（Gandhahastin）

41 除憂闇菩薩（Sarvaśokatamonirghātamati）

44 虚空庫菩薩（Gaganagañja）

43 大精進菩薩（Śūraṅgama）

46 無量光菩薩（Amitaprabha）

45 智幢菩薩（Jñānaketu）

48 賢護菩薩（Bhadrapāla）

47 月光菩薩（Candraprabha）

50 金剛蔵菩薩（Vajragarbha）

49 光網菩薩（Jālinīprabha）

52 弁積菩薩（Pratibhānakūṭa）

51 無尽慧(意)菩薩（Akṣayamati）

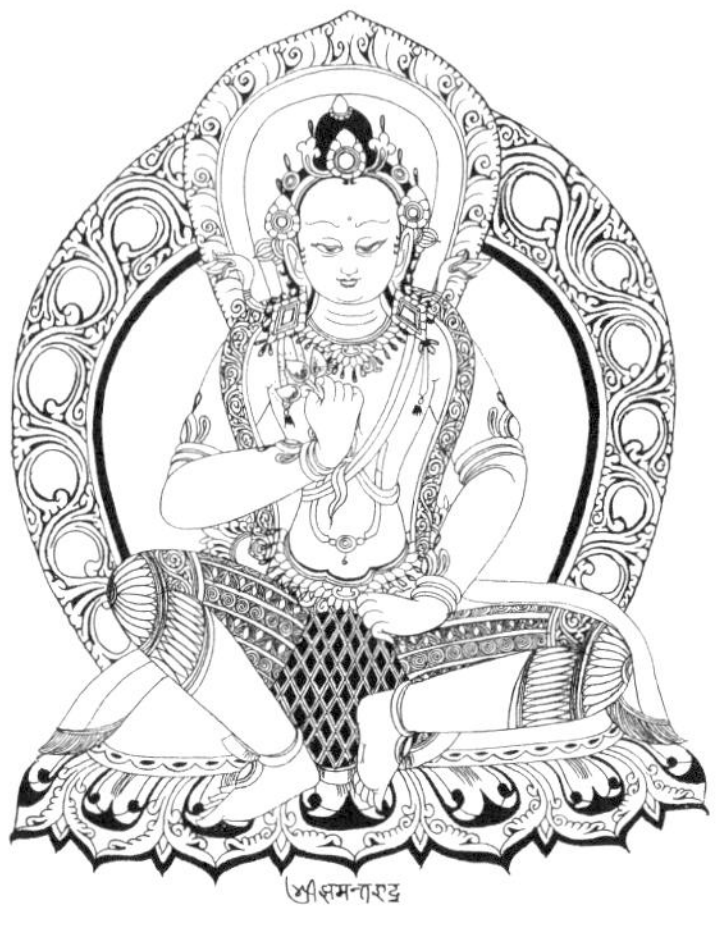

53 普賢菩薩（Samantabhadra）

慈氏（39）から普賢（53）までの一六菩薩のイメージは『完成せるヨーガの環』第二二章の賢劫十六尊の記述による（本書二八一～二八三頁参照）。

5　マンダラの構造と機能

一　マンダラの用途

「マンダラ」は、後世、密教（タントリズム）において宗教実践の補助手段としての「世界図」となった。この世界図は、個々の修行者の自己（自分）の図でもあるが、一〇世紀頃以降、一般には火炎輪に囲まれた四角の館の中に仏や菩薩たちが整然と並ぶというかたちで表現されることになった。その円や四角は世界全体の構造を、そして仏や菩薩は世界の構成要素を象徴していると考えることができる。

しかし、タントリズムにおけるマンダラは世界あるいは宇宙の単なる見取り図ではない。それは「聖なる」価値を与えられた、「行為の場」としての世界であり、それを用いて宗教実践を行う者にとっては「聖なるものの現れ」（聖性顕現《ヒエロファニー》）に他ならない。マンダラに与えられた「聖なる」価値は、当然ながら宗教行為の中において理解される。宗教的行為あるいは宗教的情調のないところではマンダラは単なる模様にすぎない。マンダラの幾何学的な構造やそこに位置する仏たちのすがたは宗教実践の内容あるいは階梯と深く結びついているのである。

図2-5-01　白い石の粉で描かれるグル・マンダラ。カトマンドゥ盆地の仏教徒の家における金剛亥母（ヴァジュラヴァーラーヒー）への供養（プージャー）

マンダラを用いて行われる宗教行為は、専門家としての僧侶たちの行う実践・儀礼と、一般信者たちの行うものとの二種類に区別される。前者にあってマンダラは入門儀礼としての灌頂《かんじょう》やマンダラ「観想法」（バーヴァナー、bhāvanā）あるいは「成就法」（サーダナ、sādhana）において用いられる。それらの儀礼にあっては「供養」（プージャー）も行われ、花や米などの供物を供えて礼拝される。宗教的行為には、集団的なものと個人的なものとの二種があるが、いずれにおいてもマンダラは用いられてきた。この「二種の宗教行為」については［立川　二〇〇六a、一七二］を参照されたい。

カトマンドゥ盆地における仏教の密教儀礼では、先に述べたように、僧の眼の前にマンダラが白い砂で小さく描かれることがある（図2-5-01）。このマンダラは儀礼の中で根本的な役を果たす。そのマンダラに仏を招いて、僧自身その仏と一体になるからである。またマンダラは他の用途にも用いられる。一般の信徒が寺院を訪れ、マンダラの上に米を撒いたり、マンダラに額をつけて礼拝する、といった光景は今日、カトマンドゥ盆地において日常的に見られることである。

カトマンドゥ盆地では一二年ごとに「ダルマダートゥ・ヴラタ」（法界の誓願）と呼ばれる儀礼が行われる。「ヴラタ」とは基本的には婦人たちの断食を含む潔斎である。木版の上に線刻されたマンダラ図の線に石の粉を入れて反転させ、赤い布の上に法界マンダラを写し、そのマンダラに供物を供える。マンダラに並ぶ法界文殊菩薩をはじめとするほとけたちへの供養である。二〇〇一年の夏に行われたときには約三〇〇人ほどの女性たちがスヴァヤンブーナート仏塔の横の広場に集まった（図2-5-02）［伊藤　二〇〇三、九四〜九九］。

またチベット仏教寺院では砂マンダラが作られ、そのマンダラに仏を招き、供養するという儀礼が頻繁に行われている。図2-5-03はカトマンドゥ盆地のチベット仏教ゲルク派に属するセギュ僧院で行われたマンダラ儀礼である。

図2-5-02　ダルマダートゥ・ヴラタの儀礼。法界マンダラが赤い布の上に白い石粉で描かれている。スヴァヤンブーナート寺院にて。2001年8月

図2-5-03　色の着いた砂で描かれる秘密集会マンダラ。カトマンドゥ盆地のセギュ僧院にて。1995年8月

カトマンドゥ盆地のパタン市では、王が灌頂を受ける儀礼（入門儀礼の一種とみなされる）においてマンダラ図が用いられたという。また、チベット僧を火葬に付す際、死体の下に悪趣清浄マンダラを「来世では六道のよりよい道（趣）に生まれることを願って」敷く習慣が残っている。ネワール仏教においては荼毘およびその後の何日間、悪趣清浄マンダラを砂で描いて、死者の生前の家に置く（図2-5-04）。

図2-5-04　死者儀礼のために砂で描かれた悪趣清浄マンダラ（写真手前）

マンダラの構造と機能は、寺院の建築空間の構造や、寺院が果たす機能にしばしばしば移し変えられる。寺院はしばしば立体的なマンダラとして設計されており、寺院の中ではもろもろの尊像がマンダラ図におけるのと同様の配置法に従って置かれていることがある（図2-5-05）。寺院に足を踏み入れた者は、自分が寺院の外とは異なった質の空間の中に入ったことを知り、さらに本堂の中に入ったときには、自分が寺院という「聖なる」統一体の中心に身を置いている、と感ずるであろう。本堂の正面奥にある本尊と脇侍からなる祭壇は、よりいっそう強い度の聖性を帯びた寺院空間の「中心」である。

マンダラ成立のためには、次のような三つの要因が考えられる。すなわち、

①個体と本来的には同一であると考えられた世界

（宇宙）の構造に対する関心が増大したこと、
②仏教パンテオン（仏・菩薩・忿怒尊・天などの尊格のシステム）の成立と、それぞれの尊格（ほとけ）の図像表現が進められたこと、
③仏教において儀礼が積極的にとり入れられたことである。

二 個体と世界

アーリヤ人の手になる最古の文献である『リグ・ヴェーダ』では、現象世界は宇宙の理法リタによって支配されると考えられた。その理法を司るのは太古の神ヴァルナであった。リタは、しかし、主として自然界の変化を司るのであり、世界の空間的構造にはほとんどかかわらなかった。

図 2-5-05　ラダック・タボ寺の堂内の壁に掛けられた金剛界諸尊の像（大矢泰司氏提供）

『リグ・ヴェーダ』の詩人たちにとって世界がひとまとまりの秩序世界として意識されるようになり、その成立と構造が関心の的となったのは『リグ・ヴェーダ』編纂期の最後に近い時期、おそらくは紀元前一〇～九世紀頃だったと推測される。

その時期の『リグ・ヴェーダ』第一〇巻には、宇宙の創造に関する六篇の讃歌が収められているが、その

中でも「宇宙開闢《かいびゃく》の歌」（一〇・一二九）と「原人歌」（一〇・九〇）とがヴェーダにおける宇宙観を知るための重要な資料である。前者は唯一物が原因となってこの世界が展開したと語り、後者ではこの宇宙が巨大な原人に譬えられており、原人の上の四分の三が実在であり、下の四分の一が現象界である（一〇・九〇・三〜四）という。つまり実在と現象界との一応の区別が語られているが、両者が一人の原人の異なる部分として理解されており、ここで実在と現象界との根本的な区別が前提となっているわけではない。

『リグ・ヴェーダ』において、世界の根源は現象界の中に内在的なもの、あるいは現象界と自己同一的なものと考えられた。少なくとも『旧約聖書』におけるように現象世界を超越した創造者の存在は認められていない。『リグ・ヴェーダ』において最も勢力のあるインドラ神が、世界の創造者であると考えられることもあったが［Tachikawa 1999: 107］、インドラ神は少なくとも『旧約聖書』の神（エローヒーム）のように無からの創造は行わない。インドラ神が「生まれたとき」には、すでに天地は存在していた。インドラはエネルギーの移動を司るのであって、エネルギーそのものを創造するわけではない。世界の外に創造者を認めようとしないこのインドの伝統を、マンダラは端的に受け継いでいる。それは、根源が内在化された世界の顕現なのである。

ヴェーダの儀礼主義に反抗して登場してきたウパニシャッド群にあっては、宇宙原理ブラフマンと個我アートマンとの自己同一性が強調された。『チャーンドーギヤ・ウパニシャッド』（六・八）の「汝（個我）はそれ（宇宙我）である」という、いわゆる大文章（マハーヴァーキヤ）は、これら二つの原理の本来的自己同一性を語っている。個我は「さまざまな河が海へと流れ込み、どの河の水かわからなくなるように」あるいは「さまざまな花の花粉が蜜へと作られたとき、どの花から作られた蜜かわからなくなるように」（『チャーンドーギヤ・ウパニシャッド』(六・一〇)宇宙我の中へと帰入あるいは没入する。神秘的直観によって宇宙我と個我が無区別となるこの場面では、世界の構造に関する体系的な知識は必要とされなかった。

初期ウパニシャッドにあって宇宙我ブラフマンは構造を有する世界の全体として捉えられておらず、ブラフマンと個我アートマンとの関係が全体と部分との関係において考えられることはなかった。しかし、後世、宇宙我と世界(宇宙)を同一視し、個我あるいは個体をその部分とみなす傾向が強くなった。世界を超絶した創造者を認めず、世界の展開の原因を世界の中に求めるインド的伝統にあっては、全体としての世界(宇宙)が「聖なるもの」となり、「俗なるもの」たる個体(小宇宙)は、それとの同一化によって聖化される、と考えられるようになった。

部分である小宇宙がいかにして全体である大宇宙と一つであり得るのか。ヒンドゥー教の哲学者や仏教タントリストたちの理論的根拠は、これらの二つの宇宙の間における構造上の相同性(ホモロジー)であった。つまり、大宇宙と小宇宙は量的には異なるが、両者の構造は相同関係にあり、この関係が両者の自己同一を可能にしている、と考えられたのである。マンダラは、大宇宙と小宇宙のこの相同性を表現するものであり、二宇宙の同一性を感得するための補助手段である。

三　世界像への関心

仏教徒にとっても世界(宇宙)は当初、さほど関心の対象ではなかった。紀元六、七世紀以降、仏教の中でマンダラが盛んに用いられるようになった背景には、シャーキャ・ムニ(仏陀)の没後、一〇〇〇年以上にわたる仏教思想の変化・発展がある。初期仏教や、龍樹（紀元一五〇〜二五〇年頃）や世親（紀元四〇〇年頃）に代表される、五世紀頃までの大乗仏教ではマンダラは用いられなかった。用いられるべくもなかった。しかし、タントリズムの興隆がはっきりしたものとなった六、七世紀以降、仏教において、さらにはヴィシュヌ派系のパンチャラートラ派などの一部のヒンドゥー教においても、マンダラは重要なものとなった。このような変化の主要な原因の一つは、世界（宇宙）に対する態度の変化、世界の構造に関する関心の増大である。

シャーキャ・ムニは世界が有限か無限かの問題に対しては無言でもって答えたといわれる。そのような形而上的問題にかかわることは、悟りを得るためには重要でないと考えたからであろう。初期仏教は心身の構成要素として五蘊《ごうん》、すなわち、色（物質）・受（感受作用）・想（単純観念）・行（意欲、行為の慣性的力等）、および識（認識）を考えるが、この五蘊は個体より見た「周囲世界」なのであって、星辰や大地を含んだいわゆる世界・宇宙ではない。初期仏教にはいわゆる「宇宙」という概念は存在しなかったのである。

大乗仏教に理論的モデルを与え、中観派の祖となった龍樹の主著『中論』も世界の構造を明らかにしようとしない。むしろ、世界そのものが、少なくとも実在論的な観点から考えられた世界は存在しない、というのが、この書における彼の主張である。彼にとって世界が実在すると考えることは空性に至るための障害であった。もっとも龍樹もまったくの虚無を空性と考えていたわけではない。『中論』ではたしかに「空性において言葉の多元性（プラパンチャ、戯論）は止滅している」（『中論』一八・五）と述べられているが、同じ『中論』（二四・一八）の中で「縁起なるものそれを空性と呼ぶ。それは仮説（実在はしないが言葉によって仮にその存在を設定すること）であり、中道である」と述べており、仮設の次元における「世界」の存立を認めている。それにしても『中論』を著した彼の主要テーマが、実在論的な世界、つまり自性（実体性）を伴って世界の構造を叙述するところになかったことは明白である。

しかし、仏教における世界の概念図は、すでに龍樹に先立つ、あるいは同時代のアビダルマ哲学において確かな足どりで準備されていた。アビダルマ哲学のそのような動向こそが龍樹の批判の的となったのだが、龍樹の努力にもかかわらず、彼の後、仏教の動向は世界の構造に関するイメージをより精緻なものに作りあげる方向に進んだ。龍樹の空思想のように世界の実在性を否定しようとする思想の流れは一方にありながら、それと並んで構造をもつ世界を中心に据えた思想が育っていったのである。

龍樹より二世紀ほど後に生まれた世親は、彼のアビダルマ哲学書『倶舎論』において仏教の立場から見た世界構造図を完成させた。初期仏教における五蘊は、個体が自らの感官を通して把握できる周囲世界の構成要素であって、山、海、生類などが存する「器世間」（容器としての空間的世界）ではなかった。『倶舎論』は、ゴータマ・ブッダ以来の五蘊の教説を中心に据えて「五位七十五法」と一般に呼ばれる世界の構成要素群を考え出した。そこでは、須弥山（メール山）を中心にして大陸と海が存在するという器世間の精緻なイメージも描き出されている。この器世間のイメージが後世、マンダラという宇宙の縮図の基礎となった。

構造を有するものとして世界を対自的に扱うことを拒否していた仏教が、特にアビダルマ仏教以後、ともかくも世界を一つのコスモス（秩序世界）として認め、そのコスモスの全体的イメージを作りあげていった時代は、ヒンドゥー哲学学派の形成期でもあった。実在論哲学を提唱するヴァイシェーシカ学派は、世界の各構成要素を不変のものとみなし、その組み合わせによって世界の構造を説明した。ヴェーダーンタ学派も世界の始源と形成を考察した。このようにしてこの時期、仏教も正統バラモンたちによるヒンドゥー哲学の諸学派も世界の構造や形成過程について考察をめぐらした。仏教の世界観もそうした傾向に影響されることになったのである。

初期仏教および初期大乗仏教において「世界」は、否定されるべき「俗なるもの」であり、「聖なるもの」としての価値を有していなかった。初期仏教の後半から大乗仏教初期にかけて勢力のあったアビダルマ仏教にあっても、世界（器世間）の存在は悟りの獲得にとって救済論的な意味をもっていなかった。すなわち、アビダルマ仏教にとって重要なことは業と煩悩を滅することであるが、その際、究極的には原子の集まりによって作られている器世間の存在は、悟りを得るためには無関係だったのである。

しかし、後世、マンダラが用いられるようになった密教の時代には、世界は否定されるべき「俗なるもの」ではなく、肯定されるべき「聖なるもの」となっていた。ウパニシャッドにおける「聖なるもの」たる「大宇宙」の位置を、仏教における「世界」も占めるようになったのである。構造を有する世界の存在が認められたうえ、「好ましき聖なるもの」としての価値が与えられるようになると、「聖なるもの」への志向は、より精密な世界像を描き出そうとする意欲と一体のものとなる。この「世界像への意欲」はタントリズム（密教）の儀礼主義によっていっそう強化された。儀礼における「聖なるもの」として、タントリストは世界像を追求し、その図像化に努力を惜しまなかったのである。

マンダラはいわゆる「宇宙の概念図」ではない。マンダラにはガンジス河もヒマーラヤ山脈も描かれない。またマンダラの中には一般の人間もわずかな例外を除いて現れない。ではあるが、マンダラは仏教の伝統の中で、いわゆる世界の構造を描いているものとしては希少なものといえよう。

須弥山世界のイメージはすでに初期仏教にあった。初期仏教後期にはすでに教理体系を有していたアビダルマ仏教においても、須弥山（スメール山）を中心にした詳細な世界図ができあがっていた。しかし、マンダラの中心に須弥山世界が描かれるのは九世紀頃以降であり、それ以降、今日に至るまでチベットやネパールにおけるマンダラは通常、須弥山世界を踏まえている。したがって、仏教全史の中ではマンダラの伝統が世界の構造に深くかかわったものであるといえるであろう。

四　仏教パンテオンの成立

仏教は、その出発点においては、宇宙原理とか「神」とかの存在を認めなかったが、シャーキャ・ムニの死後、数世紀たってからは次第に「神」と呼んでさしつかえない尊格の存在を認めるようになった。大乗経典に登場する仏は、シャカ族の王子として生まれ、サールナートで説法を始めた歴史的存在としてのゴータマ・ブッダではない。阿弥陀仏や大日如来などの大乗の仏たちのイメージが作られていく過程においては、歴史上の個体としてのゴータマ・ブッダのさまざまな出来事は捨象され、昇華されていった。このような大乗の仏たちのイメージの昇華、普遍化の傾向は時代とともにますます強くなり、さまざまな仏が「生み出された」のみならず、仏になるべく努力する菩薩や、仏教の法（ダルマ）を守る護法神なども「人格神」として崇拝されるようになった。

タントリズムが興隆してくると、女神崇拝の要素も仏教の中に盛んに取り入れられ、さらに「九曜」（太陽、月、火星、水星、木星、金星、土星、彗星、日月食を起こすラーフ星）や月の「二十八宿」などの天体、さらには香・華・灯などの供物も神格化された。このようにして、インド仏教は紀元七世紀頃には壮麗なパンテオン（神々の秩序世界）を作り出していた。さらにそれらのパンテオンの神々は図像化され、やがてマンダラの中にそのすがたを現すのである。

仏教のパンテオンの中央に位置する阿弥陀や大日は、宇宙原理ブラフマンとは異質のものであり、ヒンドゥー教のシヴァ神などとも異なったものである。仏のルーツはあくまで悟りを得た人間だからである。にもかかわらず、阿弥陀仏や大日如来などの仏たちのイメージは、弟子たちとともにガンジス河の岸辺にたたずむ師ゴータマのそれからは遠く離れている。

四五年にわたる宣教活動を通じて、ゴータマ・ブッダは「渡しの場の船頭」であって「神の子」ではなかった。「世尊」と呼んで彼を敬った弟子たちも彼を、人間を超えた存在と理解していなかった。しかし、紀元四、五世紀の大乗仏教において仏は「宗教実践の構造を具現する三つの身体」（三身）を得て、一般の人間を超えた側面をもつに至った。この時点でゴータマの生涯は普遍化され、法身《ほっしん》・化身《けしん》・報身《ほうじん》の三様態よりなる構造へと移し変えられた。法身は仏法そのものの身体《カーヤ》（kāya）であり、化身は真理としての法が歴史の世界の中へ身体をとって顕現した仏である。シャーキャ・ムニという歴史上の人物は真理（法）を具現し、入滅した後も永遠に教えを説いていると考えられはじめた。このようにして仏教徒は身体を有し、しかも歴史上の個体を超えた存在を認めるようになった。

化身はやはり歴史上の一個体であるシャーキャ・ムニにそのイメージの基礎を置いているために、普遍的な力を欠いていた。そこで、仏教徒は化身仏をさらに普遍化し、象徴化された仏を誕生させ、「報身《サンボーガカーヤ》」（sambhoga-kāya 果報を享受する身体）と呼んだ。「悟りの報いを享受している位にある仏」という意味である。たとえば、悟りを得るために修行するシャーキャ・ムニのイメージの「神格化」である法蔵菩薩が、衆生を救う誓願を立て、その誓願を成就させ、その果報を享受する――つまり、衆生を救っている――仏が阿弥陀仏である。ようするに、仏法が歴史の中に個体のすがたをとった仏を化身仏と呼び、化身がその歴史上の個差を捨て、むしろ時代の違いを超えたペルソナとして活動するのを報身と呼んだのである。

報身仏はこの世界に実在の人間としては住んでいない。人間たちがそれぞれに許された時間の尽きたときに報身仏の国土――たとえば阿弥陀仏の住む西方浄土――に行くことができると信じられた。西方浄土は、しかし、あまりに遠い。少なくとも西北インドにおいて初期の浄土経典が編纂されていた時代には、浄土は「死の世界」あるいは「死後の世界」として考えられていたと思われる。

また阿弥陀仏は人間をとりまくこの世界あるいは自然との関係が希薄である。それゆえ、人々はより身近に身体を有する仏に救いを求めるようになった。自分たちの命が尽きたときにおいてではなく、生きている今現在ここで会うことのできる仏、しかも法そのものが身体となった仏を求めたのである。ここに大日如来が登場する。

この仏は法そのものが身体をとって顕現した者と考えられた。後世には、この世界は大日如来の身体にほかならない、とする考え方も生まれてきた。「世界」の構造を重視しようとする傾向と、超越的でありつつも人格神である大日如来の成長とが結びついて生まれた考え方といえよう。

人々は自分たちの住む世界において、世界という身体をもつ仏にまみえることが可能になった。むろん阿弥陀が法身仏、大日如来も法身仏と考えられた伝統も今日に至るまで続いている。いずれにせよ、人々は世界の中で「世界という仏」を求めるようになり、その熱意はマンダラの制作に向けられた。マンダラはしばしば、如来の身体というすがたをとった世界である、と考えられたのである。

五　マンダラの住人たち

「ほとけたちの組織」（パンテオン）を形成しつつあった大乗仏教徒たちは、伝統的な仏である阿弥陀や新しく登場した「太陽神」大日如来の他にも、さまざまな仏を生んだ。七世紀頃の成立と推定されている『大日経』に叙述されているパンテオンでは、中央の大日を囲んで東方に宝幢《ほうどう》、南方に開敷華王《かいふけおう》、西方に阿弥陀、および北方に天鼓雷音《てんくらいおん》という五体の仏が位置している。これらの仏たちが胎蔵マンダラの中核となる。

しかし、この五体の仏は後世のマンダラの一般的な中核となることはなく、『大日経』に続いて成立した『金剛頂経』に基づく金剛界マンダラの、いわゆる「五仏」が、この後のもろもろのマンダラの基本的な方向を決定した。もっとも、金剛界の「五仏」は『大日経』の五体の仏と無関係ではない。古い五体の仏の中、大日と阿弥陀を固定し、他の三仏を反時計廻りに九〇度回すことによって「金剛界五仏」となる。天鼓雷音と阿閦、宝幢と宝生、開敷華王と不空とは元来は同一の起源を有する仏であると知るならば、二つのマンダラ間の連続性は明らかであろう。

仏たちはやがてヒンドゥー教の男神のように「妃」を迎えた。ヒンドゥー教の男神たちの「妃」はシャクティ（力）と呼ばれるが、仏の「妃」たちは「プラジュニャー」（智慧）といわれる。仏の「妃」が誰であるかについては、さまざまな伝統があるが、後世、阿閦にはローチャナー、宝生にはマーマキー、阿弥陀にはパーンダラー、不空にはターラーがそれぞれの仏の「妃」であると考えられた。もっともこのような伝統が一般となるのは、金剛界マンダラより後の成立と考えられる「秘密集会マンダラ」や「法界マンダラ」においてである。

仏の「結婚」はタントリズム以外の場では考えられないが、これはタントリズム興隆期のインドにおいて急速な勢いで台頭しつつあった女神崇拝の影響によるものであり、同時に、仏教内においても性に対する考え方が変化してきたことを物語るものであろう。

菩薩は仏の「子」として仏教パンテオンの重要な構成要素である。仏は修行をすでに完成させた法（ダルマ）の具現者であるが、菩薩は悟りを得て仏となるべく実践する存在である。菩薩の実践には二つの相反する方向が見られる。すなわち、悟りを得て仏となろうとする「菩薩から仏へ」という方向、ならびに自らの悟りが後になって衆生を救済しようとする「菩薩から衆生へ」という方向である。一方では、「上方」あるいは中心（仏）へと向かいつつ、他方では、「下方」あるいは周縁（衆生）へと向かうという、菩薩の二面性が仏教パンテオンの動態のエネルギーの源泉である。マンダラの中央部分に位置する仏たちの周囲に、あるいはその間に配された菩薩たちは、その位置と二方向のエネルギーによって、パンテオンあるいはマンダラに動的なまとまりをつくり出している。

初期のマンダラの主要メンバーは仏と菩薩であった。仏の「妃」は初期の仏教パンテオンにおいてはそれほど重要な役割を果たさない。だが後世、密教の発展に伴って仏、菩薩、「妃」（女神）のほかに、護法神や天体の神格化、さらにはヒンドゥー教から組み入れられた神々などが加えられて仏教パンテオンは豊かで複雑なものになった。パンテオンの尊格のすがた（図像学的特徴）は、主要メンバーについてはもちろん、他の神々についても、詳細に規定されていった。

六　神々のすがた

インダス文明の宗教は多神教であり、幾種類かの神々の像が残されている。次に続くアーリヤ人のヴェーダの宗教も多神教であったが、ヴェーダの祭式にあっては神々の像は用いられなかった。天上に住む神々はバラモン僧たちの用意したソーマ酒を飲むために地上に降り立ち、祭式が終わるとまた天上に帰った。ソーマ酒を神々に捧げる儀礼（ソーマ祭）とともに代表的なヴェーダ祭式であるホーマ祭にあっては、餅とバター油（ギー）が火の中に複数の神々の供物として投げ入れられるが、この祭式でも神々の像あるいはシンボルが用いられることはなかった。(1)

無神論的立場に立つ初期仏教徒は、宗教実践において神像あるいは仏像を用いなかった。少なくとも重視しなかった。やがて、紀元前三〜一世紀頃のサーンチーの仏塔や紀元前一世紀頃のバールフットの仏塔に見られるように、造形の分野にもエネルギーを注ぐようになった。これらの仏塔の欄楯《らんじゅん》の浮き彫りには、仏塔に花環を捧げる供養者たちのすがたがしばしば見受けられる。仏塔は涅槃に入った仏陀の象徴であるが、サーンチーやバールフットなどの初期の仏塔の側面に仏陀が人間のすがたで刻まれることはなかった。紀元前一世紀頃の成立と考えられているムンバイ東のカールラー石窟、および、おそらくはそれよりも古く、カールラーに近いバージャー岩窟には、ヤクシャ（夜叉）像、供養者像、女性像などが残っており、当時の仏教徒たちが寺院の内部に人のかたちの像を数多く造ったことを窺わせる。しかし、馬蹄形本堂の深奥部正面には仏塔があるのみで、仏像はない。

カールラー石窟が造営された頃、ガンダーラ地方では仏陀のすがたが表現されるようになっていた。[2] ほぼ同じ頃、デリーの南のマトゥラー地方でもガンダーラとは異なった様式で人間のすがたをとる仏陀像が現れた。大乗仏教徒の造形への意欲は、クシャーン期（一〜三世紀）の後半、グプタ朝（四〜六世紀）においてはますます盛んとなり、仏教パンテオンの各々のメンバーが彫像などに表現されていった。

元来は人間のすがたで表現されることのなかったブッダが、人間のすがたで表現されるようになったというこの変化は、マンダラの成立にとって重要だ。マンダラでは仏や菩薩が象徴形で表現されることもあるが、一般には人間に似たすがたで表現されるからである。

時代とともにマンダラの構造が精緻なものになっていくにつれて、仏教パンテオンの構成メンバーであるほとけたちは、それぞれの位置、身体の色、印相、乗物などが詳細に規定されることになった。たとえば、金剛界の五仏のそれぞれは、その歴史的モデルをシャーキャ・ムニに置きながら、その歴史的存在を超越した如来として、そのすがたが図像学的に定められた。

すでに見てきたように金剛界マンダラの大日は、マンダラ中央に、白色で、説法のシンボルである転法輪印あるいは智拳印（左の拳の人差し指を立て、それを右の拳でにぎる印）を結び、獅子に乗って坐す。阿閦は東方に青色で、右手の先端で大地に触れる触地印を結び、象の上に坐す。宝生は南方に、黄色で、右の拳を見る者の方に見せて願いをかなえる仕草である与願印を結び、馬の上に坐す。阿弥陀はその伝統的な方角である西に、赤色で、禅定に入った状態を示す定印を結び、孔雀の上に坐す。不空は北方に、緑色で、「畏れるな」という意味の施無畏印を結び、ガルダ鳥の上に坐す。

このように五仏にはそれぞれ異なった図像学的特徴が定められているが、五仏は元来は異なった五人の仏

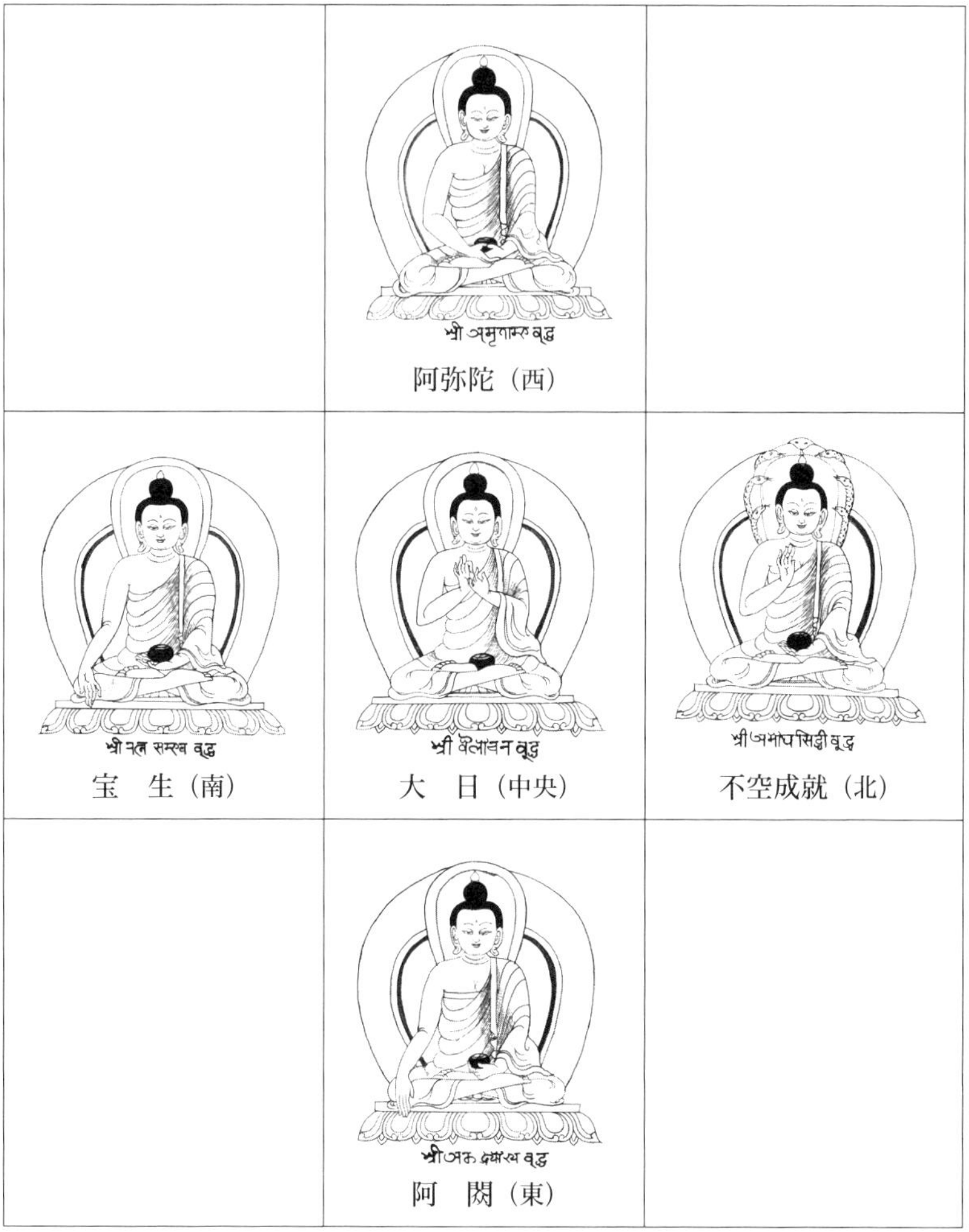

図 2-5-06　金剛界五仏（如来形）。
ガウタム・バジュラーチャーリヤ画

図 2-5-07　金剛界五仏（菩薩形）。『完成せるヨーガの環』第 19 章による。
ほとけたちの方角は図 2-5-06 の場合と同じである。
ガウタム・バジュラーチャーリヤ画

たちではない。中央の大日が自ら諸特質を外化させて四仏として顕現するのであるから、五仏は一体のものであり、大日は究極的には四仏それぞれの性格のすべてを一尊の中に具現した存在であるといえるのである。

マンダラの住人であるほとけたちの図像学的特徴は、タントリストたちが眼前にマンダラの細部までありと観想できる、すなわち精神的に産出できるために、定められたものである。マンダラには、仏や菩薩の観想を容易ならしめるための工夫がなされている。たとえば、五仏の身体の色と方角などの全体は一つの統一的システムにまとめられており、このシステムは実践者が次々とほとけたちを生み出す作業を助けるのである。

大日は、元来、太陽神であり、彼の身体の色は輝く太陽の白色である。中央の大日が東方に生み出す分身である阿閦の青色は、夜明けの東方の空の色、南方に位置する分身である宝生の黄色は高く上った太陽の色、そして、西方の阿弥陀の赤色は夕日の色である。北方の不空の緑色（黒緑色）は夜空の色を表している。このように大日を中心とする五仏は、太陽の運行に譬えることによって空間的のみならず時間的にも枠組みを与えられた宇宙を表現していると考えられる（図2-5-06～07）。

大日の胸元の転法輪印あるいは智拳印、阿閦の右手の触地印、宝生の右手の与願印、阿弥陀の膝元の定印、不空の右手を挙げた施無畏印という、これらの五つの動作は、この順序でスムーズに連続して行うことができる。実際、儀礼において僧侶たちはこれらの五つの仕草を連続して行っているが、その一連の動作はまさに手の舞である。

阿閦の触地印が悟りに至った時点でのシャーキャ・ムニ（ブッダ）を、阿弥陀の定印が瞑想中のブッダを、大日の転法輪印が説法するブッダを、というように仏たちの元来の起源であるシャーキャ・ムニの生涯がマンダラには示されている。仏たちの乗物である象・馬・孔雀、およびガルダ鳥も順次、より速度の速いものとなる。このようにして、さまざまなテーマを含んだ複雑な統一体としてのマンダラは、実践者によるほとけたちの「産出」の過程を先どりして示しているのである。

菩薩・妃・護法神（忿怒尊）などに関しても、同様の図像学上の工夫がなされている。さらに、仏や菩薩たちに対する供養などの行為が象徴化され神格化されたものも、図上に秩序正しく配置される。たとえば、香《こう》（線香）・華《け》（花）・灯《とう》（灯明）・塗《ず》（塗香）という供物は、それぞれ金剛香女・金剛華女・金剛灯女・金剛塗女という「女神」として金剛界マンダラの四隅に位置している。この供養という行為に応えた仏たちの行為も神格化され、マンダラに表現される。それは実践者の行為のプロセスをも示している。

このようにしてマンダラは、宇宙の構造、運行、シャーキャ・ムニの行為、法身仏の活動、人々の実践行為などを、一つの図像に統合的に集約させつつ表現するものであると同時に、実践者の実践を導くチャートでもある。文字によるのではなく、図像あるいはシンボルによって表現されたこのマンダラ世界は、従来の仏教が指し示そうとした真如を、眼前にかたちと色とを伴って出現させたものである、という象徴的意味を担って、まさに「聖なるもの」の具象化とみなされる。

七　供養法とタントラ

マンダラ成立のための第三の要因は、仏教が古代バラモンたちの儀礼を積極的にとり入れ始めたことである。インドの初期仏教は儀礼に対してかなり冷淡であった。しかし、特にグプタ王朝（四〜六世紀）下で、仏教徒たちはヴェーダの時代の儀礼、あるいは当時勢いを増しつつあったヒンドゥー教の儀礼を自分のシステムの中に積極的に取り入れるようになった。

たとえば、今日、日本の密教において行われている護摩は、ヴェーダの宗教の代表的儀礼であるホーマが仏教の中に取り込まれたものだ。ホーマは火への奉献である。火はすなわち火神アグニであるが、この神は天界に住む神々へと供物を届ける使者でもある。つまり、ホーマとは、火神に供物を差し出すことによって、天に住む神々に供物を届ける儀礼なのである。

密教の行者がホーマ（護摩）を焚く場合、彼の眼の前で燃えている火の中に油などの供物を投げ入れる。行者の身体の外では火が燃えている。現前の火の中に供物を入れながら、行者は「自分はこの火によって心の中で煩悩を燃やして滅する」と考える。つまり、煩悩を滅すると考えることによって、悟りに至るための個人的宗教実践としての意味を与えたのである。このように、仏教徒は儀礼のもつ意味を変えたり、付け加えたりして、ヴェーダの祭式を取り込んでいった。

ヴェーダの宗教において、儀礼主義の傾向が強かったことはすでに述べた。ヴェーダの詩人たちに続くウパニシャッドの哲人たちは、儀礼に対して消極的であったが、それでも儀礼主義を奉ずるバラモン文化の枠の中にあった。一方、バラモン中心主義に批判的であった仏教徒たちは、その当初においては儀礼に対しては消極的であった。サーンチーやバールフットの仏塔の浮き彫りに見られるように、大乗以前の仏教においても供養等の儀礼が行われてはいたが、実在する神あるいはブラフマンという根本存在の存在を認めない初期仏教にあっては、一般に儀礼主義的な傾向は弱かった。

大乗仏教の興隆と時を同じくして、仏教内における儀礼の重要性は急速に増していった。代表的な初期般若経典であり、おそらくは龍樹（約二〜三世紀）も読んでいたと推定される『八千頌般若経』第三章の記述は、当時すでに仏塔に対する供養が盛んに行われ、しかもその仏塔供養に高い位置が与えられていたことを窺わせる。紀元三世紀の初期までには成立していたと思われる『法華経』が仏塔崇拝を勧めていることはよく知られている。

供養（供養法、プージャー）の起源についてはよくわかっていない。供養はヴェーダの宗教の基本的なものではなかったが、非アーリヤ的要素を多く含む『アタルヴァ・ヴェーダ』には述べられており、仏教以前から行われてきた儀礼である。紀元二世紀頃までに成立した『マヌ法典』によれば、この頃までにヒンドゥー教の供養のかたちが整備されていたことがわかる。その後、供養は今日に至るまでヒンドゥー教における最も一般的な礼拝儀式として行われてきたが、仏教においても、とりわけタントリズム興隆以降は、重要な儀礼となった。ヒンドゥー教の勢力におされがちであった大乗仏教が、ヒンドゥー教の要素を取り入れつつヒンドゥー教と対抗した結果、仏教内でも儀礼が盛んに行われるようになったと考えられる。

供養の典型は「ウパチャーラ・プージャー」と呼ばれる。「ウパチャーラ」とは、元来は「身近に仕えること」を意味するが、ここでは神々に供養する行為およびその際に捧げる供物の両方を意味する。供養に供物は不可欠である。供物のない場合には、礼拝（ナマスカーラ）という。この儀礼の骨組みは、訪れた客をもてなし、彼が帰るのを見送るように、神を迎え入れ、もてなし、そして見送るというものであるが、供養の作法は時代を経るごとに複雑なものとなった。初期の簡単な供養法は「五つのウパチャーラ」（香・華・灯・塗、および馳走《ナイヴェードヤ》）と呼ばれ、このかたちの供養は現在も残っている。後世、一六の供物《ウパチャーラ》を供えて「神々」に供養する複雑な作法がヒンドゥー教においては一般的となった。

石、金属などで作られた「聖なる」像に対して花や灯明を捧げるという供養法に加えて、密教行者の心に観想された仏・菩薩等に対して供養を行う観想法が、七、八世紀以降、重視されるようになった。つまり、仏等のすがたを石像とか壁画とかに表現し、それに対して供養を行ってきた仏教徒が、心の中に現れてきた仏たちに対して供養するようになったのである。後者の方がより優れていると考えられるようになったと思われる。「聖なるもの」のかたちを石とか金属といった特定の物体に移しとることが、「聖なるもの」の力を限定してしまうのではないか、という懼れが生まれてきたのであろう。

タントリストたちは「神々」の図像化そのものに反対したわけではない。しかし、供養の対象として彼らには外化された「聖なるもの」の彫像などよりも、彼らの眼前に現れてくる神々のイメージの方が重要であった。その神々は、タントリストたちにとっては「聖なるもの」の出現であり、彼らが恣意的に作り上げた単なるイメージではなく、実在するものであった。だからこそ、それは観想法を行うタントリストたちという個体（個我）を、世界（宇宙我）という「聖なるもの」と一致させる力を発揮したのである。

八　マンダラ観想法とヨーガ

マンダラ観想法は、ヨーガの一形態と理解されるべきであって、憑依や脱魂ではない。ヨーガには常に一貫した自己透徹性および自律性があるが、憑依等にはそれはない。とはいえ、観想法という実践形態は、シャーマニズムにおける憑依現象と少なくとも外見上は似たところがある。事実、後世では個人的宗教実践としての観想法と「憑依によって尊格と一体となる身体技法」との区別がつかないような場合も存する。

マンダラ儀礼の中核をなす観想法はヨーガの一形態であると述べた。だが、それは初期仏教や『ヨーガ・スートラ』のヨーガではなくて、後世、ハタ・ヨーガとして体系化されることになる「精神生理学的訓練としてのヨーガ」、つまり、タントリズムの時期に生まれたヨーガである。初期仏教や『ヨーガ・スートラ』のヨーガに代表されるヨーガ（古典ヨーガ）では、実践者の心の作用は止滅させられるべきものであり、実践者の精神集中の対象のイメージも最後には消失するのである。

それに反して、ハタ・ヨーガでは心の作用は活性化され、精神集中の対象のイメージがよりはっきりとしたものとなり、最終的には「現実」となる。観想されたマンダラは、実質的には一尊ずつに対して行われた観想の集積と考えられるが、仏の「産出」という心の精神的作用や、生み出された仏およびそれの作り出す世界を現実視するプロセスなど、ハタ・ヨーガと共通する要素が多い。

初期のタントラ経典群（作タントラ）において述べられるマンダラの構造は簡単なものであり、その内容の重点は、供養を受ける諸尊の配置を示すことや供養の手順にあった。それに対して「チャリヤー（行）・タントラ」群は、弟子を入門させる際に用いられるマンダラを地面に描く手順などを述べてはいるが、最終的な目的は悟りを得る道を示そうとしている。この群の代表は『大日経』であり、すでに述べたように胎蔵マンダラはこの経典に基づいている。

『大日経』によってマンダラにおける大日の位置や機能が定められた時点で、仏教タントリズムは確立したといえるのであるが、マンダラの観想はこの後に続く第三のタントラ群「ヨーガ・タントラ」によって、いっそうの変化・発展をとげた。この新しいタントラ群では、観想法をヨーガそのものとして捉え、その行法を通じて、マンダラに登場する仏と実践者との同一性、さらにはマンダラという宇宙と実践者との同一性を感得する過程が述べられる。「ヨーガ・タントラ」群の中、最も古くかつ重要な経典が『金剛頂経』である。この経典に基づくマンダラ、すなわち金剛界マンダラを観想する方法がマンダラ観想法の基本となった。

マンダラは「聖なるもの」の価値を帯びた世界のすがたである。マンダラによって、「聖なるもの」としての宇宙（世界）が、「俗なるもの」としての実践者に已れ本来のすがたを見せるのである。マンダラ観想では、「聖なるもの」の出現がまずあって、実践者という「俗なるもの」が「聖なるもの」のすがたを見つつ、「聖なるもの」に近づき、「俗なる」実践者が聖化されて、「聖なるもの」と合体するのである。

マンダラ儀礼において、宇宙（世界）はその全体が把握可能な一つのコスモスであり、そのことは「閉じられた」図形としての円——通常、炎をともなってマンダラを囲む——によって表現されている。実践者の心の中には全世界のすがたが現れなければならない。そうでなければ、個としての実践者と全体としての世界との同一性を感得することはできない。個と全体とが観想法において同一となる過程はさまざまであるが、周囲と中心との間の幾度にもわたる往来が、個と全体の本質的同一性の感得を可能とする一つの道であることは確かだ。

マンダラにおいて「聖なるもの」は全世界としてそのすがたを顕現させる一方で、人格を有する「神々」としてもすがたを見せる。実践者を「聖なるもの」へと導く大きな要素の一つは、人格的存在の「身近さ」である。実践者は自己が宇宙であると感得するとともに、眼前に柔和な、ときとして恐ろしいすがたで立つ「神々」と自己とが一体であることを感得する。全世界のすがたと「神々」のそれとの二つは、しかし、二つのものではない。なぜならば、「神々」は世界を構成する要素であり、また一方、世界は一柱の「神」のすがたなのであるから。たとえば、大日は金剛界マンダラの中心尊であるとともに、世界そのもののすがた

でもある。(3)

マンダラは、全体としての世界と個としての実践者、悟りを得た仏と迷いにある実践者という、二組の軸を交わらせようとする。平面にしか描かれることのないマンダラは、平面に描かれつつも、そこに隠された動線によって、非常に活動的な世界を表現する。その活動が、はじめマンダラに向かい合っていたはずの実践者をも巻きこみ、救いとる力、二組の軸の交わりを可能とする力を発揮するのである。

注

(1) ホーマ儀礼については［Tachikawa, Bahulkar and Kolhatkar: 2001］［Tachikawa and Kolhatkar: 2006］［立川 一九九三］を参照されたい。日本の真言密教の護摩（ホーマ）では不動尊の像などが置かれる[Kolhatkar and Tachikawa 2013: 30]が、これは仏教タントリズムにおける変容の結果なのであって、古代の、および今日のインドに残されているヴェーダ祭式の伝統では神々の像は用いられなかった。

(2) このようなガンダーラ地方で興った造形活動はヘレニズムの影響といわれている。ヘレニズムとは、アレクサンドロス大王の遠征によって生まれた、マケドニアなどの東方諸国の文化とギリシャ文化の融合によって生まれた文化形態をいう。この文化の時期は、大王の東方諸国への出征（紀元前三三四年）あるいは彼の没年（紀元前三二三年）からローマのエジプト併合（紀元前三〇年）あるいはローマ帝国成立（紀元六四年）までをいう。

(3) 神とその神が住む世界が一つであるという考え方は、後期インド密教のマンダラにも見られる。たとえば、後期密教を代表するマンダラの一つであるチャクラサンヴァラ（勝楽）・マンダラでは、仏すなわちチャクラサンヴァラは宇宙的な巨人のイメージで考えられている。すなわち、マンダラ図はその巨人を頭の上から見た図だというわけである。インド後期仏教において末期に現れた時輪（カーラチャクラ）マンダラの主尊カーラチャクラも、チャクラサンヴァラ・マンダラの場合と同じように、宇宙を身体としている。

世界が神の身体であると主張することは、インドの宗教における「世界の聖化」の典型的な方法である。九世紀頃からヒンドゥー教においては、この世界はシヴァ神の踊るすがたであるとか、ヴィシュヌ神が牧童女たちと戯れるすがたであると考えられるようになったといわれる。さらに、ヴェーダーンタ学派の思想家ラーマーヌジャ（一一～一二世紀）は、神イーシュヴァラの身体は世界と我（アートマン）であると主張している。『旧約聖書』の神ヤーヴェーのような創造主の存在を認めないインドの宗教にあっては、世界の聖性は創造神を根拠にして弁証することはできない。したがって、世界が神のからだであることを根拠として世界が聖なるものであることを主張することは、インドの宗教にしばしば見られる方法である。

6　金剛界マンダラの観想法

一　金剛界マンダラの十六大菩薩

金剛界マンダラにおける諸尊の配置についてはすでに本書第2章2節において述べた。マンダラは常に中核となる尊格、つまり中尊を有する。金剛界マンダラの中尊はヴァイローチャナ（大日）如来（図2-2-05の金剛界マンダラ番号1、以下、金剛界1と記す）である、その中尊の四方に四仏がいる。四仏とは、東方（マンダラでは下）の阿閦如来（金剛界2）、南方（マンダラでは向かって左）の宝生如来（金剛界3）、西方

（上）の阿弥陀如来（金剛界4）および北方（向かって右）の不空成就如来（金剛界5）をいう。これらの四仏と中尊を合わせて五仏というが、金剛界マンダラはこの五仏を中心として菩薩・供養女尊・門衛たちが立ち並ぶマンダラである。

金剛界マンダラの観想においてはまず、四仏それぞれの周囲の四方に四人ずつの菩薩、つまり一六人の菩薩（十六大菩薩）が生み出される。つまり、マンダラを観想する行者が自らの精神集中（三昧）によって精神的に生み出すのである。これらの一六人の菩薩は四仏それぞれの特性の具現である。本節ではこれらの十六大菩薩に関する観想法について考察してみたい。

二　『金剛頂経』と金剛界マンダラ

金剛界マンダラは、『金剛頂経』に述べられているところに従って描かれたマンダラであり、数多くのヴァリエーションが存在する。『金剛頂経』は二〇数種の金剛界マンダラを説明している。『金剛頂経』はその二〇数種の金剛界マンダラの観想法、描き方、儀礼の規則等の集成であるということができる。チベット自治区のギャンツェに残るペンコル・チューデ仏塔の五階の壁面には、『金剛頂経』に説明される金剛界マンダラのほとんどが描かれている［森　一九九七、二六九〜三一八］。このように一つの寺院の内に、これほど多くの金剛界マンダラのヴァリエーションが描かれている例は他には見られないであろう。ちなみに『金剛頂経』は、第一「金剛界品」、第二「降三世品」、第三「遍調伏品」および第四「一切義成就品」の四品（編）に分かれており、第一「金剛界品」の内の第一章が「金剛界大マンダラ」の説明である。

本節が扱うマンダラは、それらの数多くの金剛界マンダラの内の第一番目のもの、すなわち「金剛界大マンダラ」である。堀内寛仁氏による校訂本［堀内　一九七三］では「第一章金剛界大曼荼羅」に相当するが、本節では主としてその第一章の内の前半の部分、すなわち「金剛界マンダラの諸尊の出生」の部分にあたる§.190までを扱うことにしたい。前記のテキスト部分の概容を、堀内校訂本のテキスト番号と共に挙げるならば、**表1**のようである。

三　三段階による観想

表1に示された内容は序を別にすれば、三段階に分けることができる。堀内校訂本においてそれらの三者それぞれは次のように呼ばれている。

一　第一瑜伽の三摩地（サマーディ、三昧）…§.17-2~33
二　最勝マンダラ王の三摩地…§.34~190
三　最勝羯磨王の三摩地…§.191~194

これらは次のように言い換えることができよう。

一　第一ヨーガと名づけられた観想
二　最も勝れたマンダラの王と名づけられた観想
三　最も勝れた行為の王と名づけられた観想

表１　『金剛頂経』第一品（編）第一章前半の内容
（表１における § 印の右の数字は堀内本のテキスト番号を示す）

0. 序	§.1~17
1. 観想主体の確立（五相成身観《ごそうじょうしんかん》）	§.17−2~33
2. 金剛界マンダラの出現	
2.1. 十六大菩薩の出現	
2.1.1. 金剛薩埵	§.34~43
2.1.2. 金剛王菩薩	§.44~49
2.1.3. 金剛愛菩薩	§.50~55
2.1.4. 金剛喜菩薩	§.56~61
2.1.5.　2.1.1.~4. のまとめ	§.62
（中略）	§.63~131
2.1.19 金剛拳菩薩	§.132~137
2.1.20.　2.1.16~2.1.19 のまとめ	§.138
2.2. 四妃（四波羅蜜）の出現	
2.2.1 金剛波羅蜜	§.139~141
2.2.2 金剛宝波羅蜜	§.142~144
（中略）	§.145~150
2.2.5　2.2.1~4. のまとめ	§.151
2.3 八供養女の出現	
2.3.1. 内の四供養女	
2.3.1.1. 金剛嬉女	§.152~154
2.3.2.2. 金剛鬘女	§.155~157
（中略）	§.158~163
2.3.1.5.　2.3.2.1.~4. のまとめ	§.164
2.3.2. 外の四供養女	
2.3.2.1. 金剛香女	§.165~167
2.3.2.2. 金剛華女	§.168~170
（中略）	§.171~176
2.3.2.5.　2.3.2.1.~4. のまとめ	§.177
2.4 四門衛	
2.4.1. 金剛鉤	§.178~180
2.4.2. 金剛索	§.181~183
（中略）	§.184~189
2.4.5.　2.4.1.~4. のまとめ	§.190
3. 金剛界マンダラ出現後のヴァイローチャナ（大日）	§.191~195

堀内本に見られる前記の「第一瑜伽の三摩地」等の名称は『金剛頂経』自体に見出されるものではなく、校訂者の堀内氏が『金剛頂経』に対するアーナンダガルバ（Ānandagarbha）著の註釈書『金剛の出現』（*Vajrodaya*）に従って記したものである。この三つの観想（三昧）は、アーナンダガルバの時代あたりから「三三昧《さんさんまい》」と呼ばれて、仏教タントリズムにおけるマンダラ観想法のひとつの典型を意味するようになった。もっとも、この三段階のプロセスを経ないマンダラ観想法も存在するが、後世は金剛界マンダラ以外のマンダラの観想にも、この三段階の観想法が適用されるようになった。たとえば、『チャクラサンヴァラ・タントラ』（八世紀頃の成立）には三三昧は存在しなかったと思われるが、後世はこのタントラの伝統に三三昧の観想法が行われるようになった［山口　二〇〇五、一八一］。

「三段階観想」の構造はそれほど複雑なものではない。ようするに、第一段階においてマンダラの中尊の観想（精神的産出）をなし、マンダラの核を形成する。この段階では、マンダラの全体的構造がおぼろげに現れてはいるが、それはマンダラの中でかの中尊がどこに位置するのかを行者が知る程度にとどまる。第二段階では、マンダラに登場する諸尊の観想が行われ、マンダラの全体的枠組みの中にそれらの諸尊のすがた、あるいはそれぞれの尊格のシンボルのかたちが、それぞれの位置に置かれる。この段階が実質的なマンダラ観想である。

第三段階では、マンダラが出現した直後の行者の行為（羯磨《かつま》、カルマ）が問題となる。その行為には二つの異なった方向がある。かの完成したマンダラが行者の心身の中へと取り込まれる第一の方向、そしてマンダラを自己に取り込んだ行者が他者つまり他の衆生に対して働きかける第二の方向である。もっとも、この第三の段階は「三段階観想」の中では詳しく取り扱われていない。『金剛頂経』の「金剛界大マンダラ」の場合でも、表1に見られるように数節（Ś.191～195）が割りあてられているのみである。

後期の仏教タントリズムでは密教的ヨーガを二過程（二次第）に分けるのが一般的となった。その二過程とは、まずマンダラの精神的産出を行う「生成の過程」（生起《しょうき》次第、utpattikrama）と、それに次ぐ精神生理学的なヨーガの修練である「完成の過程」（究竟《くきょう》次第、niṣpannakrama）とである。後者の過程は、出現させたマンダラを行者の心身に収めた後に行うヨーガであり、「三段階観想」の内の第三段階と内容的には重なる。

「生成の過程」と「完成の過程」とは、後に後期仏教タントリズムの観想法の最も代表的なものとなったが、「三段階観想」はしばしば「生成の過程」の実質的内容となった。「三段階観想」があらゆる種類のマンダラの「生成の過程」の内容となったわけではないが、特に金剛界系のマンダラ観想の場合には「三段階観想」が「生成の過程」の内容となったといえよう。

「生成の過程」は、マンダラを眼前に見ることができるように精神的に産出することを目指しており、「完成の過程」は、身体の中を走る脈管の中の息（気）を操作するヨーガとかかわっている。七、八世紀の成立と考えられている『秘密集会タントラ』に対する注釈書である『灯作明広釈』（*Pradīpodyatanaṭīkā*）では、「生成の過程」と「完成の過程」の語が幾度も用いられており、この注釈書が著された頃には「二次第」の概念が存在したことがわかる。九世紀頃の密教行者ナーガールジュナに帰せられる『要集次第』（*Piṇḍīkrama*）と『五次第』（*Pañcakrama*）は、それぞれ『秘密集会タントラ』に従う実践の「生成の過程」と「完成の過程」を述べている。

『金順頂経』の「金剛界大マンダラ」において、三段階による観想システムが存すると考えることはできる。しかし、その内容、特に第一の段階（Ś.17–2~33）は、後世の「三段階観想」とかなり異なる。後世の

「三段階観想」の第一段階では、マンダラの中尊のイメージが図像学的に明確な規定を伴って観想されるのであるが、『金剛頂経』の場合にはマンダラの中尊の図像学的諸特徴はほとんど問題とならず、マンダラの中心に位置する尊格がマンダラの中尊としてふさわしい資格を得るまでの過程が問題となっているにとどまる。

さらに『金剛頂経』の中の三段階による観想の第二段階「金剛界マンダラの出現」（§.34~190）における叙述の仕方も、後世の「三段階観想法」の第二段階とはかなり異なる。というのは、前者では個々の尊格に関する観想が主要な内容であり、個々の尊格がマンダラの全体的構造のどこに位置するかは、少なくともその個々の尊格を観想する場合にはほとんど問題になっていない。一方、後者の場合には、マンダラの諸尊の産出が終わり、マンダラの全体像が明らかになっているからである。

もっとも『金剛頂経』「金剛界大マンダラ」の章は、金剛界マンダラの諸尊の観想が終わった後で、短い節を設けて、その中でそれらの諸尊のマンダラにおける位置を述べている。しかし、その規定はそれ以前の観想の説明と比較するならば、まことに簡略なものである。このことは、今われわれが扱っている『金剛頂経』「金剛界大マンダラ」の章における叙述の目的が、マンダラ図の図像学的説明をすることにあるのではなく、個々の尊格の観想法を説明することにあることを示しているように思われる。このように『金剛頂経』「金剛界大マンダラ」の章における叙述は、「三段階観想」の初期的なかたちを示していると考えることができよう。

四　観想の構造としての三層

『金剛頂経』に述べられる金剛界マンダラの観想は、異なる三つの位階あるいは層の間を往来する心的エネルギーによって行われる。換言すれば、「三層」あるいは「三つのステージ」の間を実践者の心的エネルギーが往復するのである。「三層」とは「仏」、「修行者（観想者）」およびその両者の中間の「層」（位階）であるが、詳しい説明は後ほどすることにしたい。観想のシステムを理解するためにはまず、実践者からの仏への働きかけと仏から実践者への働きかけという、方向の異なる二種の心作用のヴェクトルを区別して考えることにしたい。「方向を伴うエネルギー量」をヴェクトルというが、ここには方向の異なる二種のヴェクトルが存するといえよう。

もっとも『金剛頂経』のテキストにおいては、「実践者」あるいは「観想者」という術語は用いられていない。『金剛頂経』は経典であり、観想の主体と観想の対象はいずれも経典の教主（語り手）としての仏が語るというかたちがとられている。基本的には、観想の主体は「ヴァイローチャナ」という金剛界マンダラの中尊であり、観想の対象の仏たちは「一切如来」と呼ばれる。

「一切如来」（sarvatathāgata）という語は『金剛頂経』では複数形で用いられており、文字通りには「すべての如来」を意味する。しかし、具体的には「一切如来」とは、金剛界五仏の内の大日を除く四仏のことである。サンスクリット・テキスト（Ś.8~12）の中で一切如来が登場するのは、四仏のそれぞれの周囲に十六大菩薩の内の四菩薩が登場したり、四仏のそれぞれが妃（四般若波羅蜜）を大日の前に顕現せしめる場合である。

金剛界マンダラの観想の三層の内、一切如来を第一層、十六大菩薩・四妃等の尊格を第二層（仏と修行者の中間の層）、修行者としてのヴァイローチャナを第三層と名づけよう。金剛界マンダラの観想はこの三層間の心的エネルギーの運動によって説明することができる。この場合、「ヴァイローチャナ」という名称は二重の意味に用いられる。すなわち、すでに成仏して一切如来と同じ位に至った仏としてのヴァイローチャナと、まだ悟りに至っていない修行者としてのヴァイローチャナとの二種である。後者のヴァイローチャナは、後に見るように、一切義成就菩薩と呼ばれることがあるが、この菩薩は第三層に属する。このように、ヴァイローチャナは第一層に属す場合と第三層に属す場合とがある。

すでに述べたように、第一層としての一切如来は多数あるいは無数に存在するのであり、「金剛界の全体」（堀内本 §.8）といわれる。しかし、十六大菩薩等を生むとき以外は、尊格としての具体的なイメージはない。「人間のすがたをとった仏が無数に並んでいる」というイメージもないわけではないが、それが一切如来の主要なイメージではない。マンダラ観想の実践者（行者）の象徴的表現であるヴァイローチャナ自身が一切如来の資格を得ることもある。というよりも、そのことが一切義成就菩薩としてのヴァイローチャナの修行の完成であり、マンダラ観想の最終的目的である。ようするに、マンダラ観想は、第三層の実践者が第一層の一切如来の資格を得るための実践なのである。第二層はその実践の過程であり、第三層が現状（因）、第二層が手段（道）、そして第一層が目的（果）である。

金剛界マンダラの観想では、ヴァイローチャナが十六大菩薩・四妃・八供養女等のそれぞれの尊格を観想し、それぞれのシンボルあるいはシンボルをもつ尊格を精神的に生み出して、しかるべき位置に置く。マンダラに並ぶ尊格のそれぞれが、このような作業によって生み出される。この一連の作業が終了したときに、マンダラ観想というヨーガは完成する。そのとき、究極的な悟りを得たヴァイローチャナは、『金剛頂経』の序（§.8～12）にいわれるような「金剛界の全体」というすがたをとるのである。

五　観想主体の確立　金剛界如来の成仏

すでに述べたように、『金剛頂経』の「金剛界大マンダラの章」は三部分に分かれる（表1参照）。第一の部分は、ヴァイローチャナがマンダラ観想の主体としての資格を得る過程を述べる。『金剛頂経』は、一切如来がヴァイローチャナを囲んで人間たちの住む世界（贍《せん》部洲《ぶしゅう》）に降り立ったところから、「三段階観想」の第一段の説明を始める（§.17）。

一切如来に囲まれて天から降りてくるヴァイローチャナは、これから修行を始める者であるが、一切如来はすでに観想の方法を会得した者である。観想の説明をする者は、すでに観想法を会得した者でなくてはならない。もっとも『金剛頂経』という経典が述べられている時点では、ヴァイローチャナは修行の完成した仏となっている。しかし、経典において修行としての観想が述べられる場合には、ヴァイローチャナは修行者の役を演じてみせるのである。

注意すべきは、［高橋　一九九六、三七六］が指摘するように、『金剛頂経』では法身（法を身体とする仏）の意味で「マハーヴァイローチャナ」（大毘盧遮那）という名称が用いられていることである（§.7）。ちなみに、法身仏たるマハーヴァイローチャナは、一切如来たちの心臓に住むといわれる（§.17）。このようなヴアイローチャナの場合には、第一層に属する仏としての側面が強調されているのである。

インド大陸のかたちを思い出させるような逆台形の贍部洲、つまり人間たちの住む世界に降り立ったヴァイローチャナ（成仏した如来としてのヴァイローチャナ、すなわち第一層の仏）と一切如来は、シッダールタ太子の神話的表現である一切義成就菩薩（まだ成仏しておらず、第三層に属するヴァイローチャナ）が菩提道場に坐って修行をしているところに近づき、そのような修行を行ったからといって成仏できない、と告げる。驚いた一切義成就菩薩は「それではどのようにすればよいのか」と一切如来たちに問う。この問いに対して一切如来たちがかの菩薩に与えた答えが、従来、「五相成身観《ごそうじょうしんかん》」と呼ばれてきたものであり、『金剛頂経』を代表する観想法の一つである。この部分はシャカ族の太子ゴータマが出家して修行の後に仏となったという歴史的出来事を踏まえている。もっともシャカ族の太子を指す「シッダールタ」（目的を成就した者、義成就者）という名称は、紀元後になって用いられるようになったと考えられるが、この『金剛頂経』の箇所では「シッダールタ」がゴータマ・ブッダの名称として考えられている。

五相成身観は、今われわれが問題としている金剛界マンダラの個々の尊格の観想とは一応、別に扱うことができるので、ここでは五相成身観の内容に関する考察はしないことにしたい。ここでわれわれが扱う「三段階観想」の要点は、一切義成就菩薩が一切如来となることである。一切義成就菩薩は、金剛界大菩薩となり（§.29）、この菩薩は金剛界如来となり（§.30）、さらにこの如来は一切如来の位に就くのである（§.32）。したがって、マンダラのほとけ（尊格）たちは、すでに一切如来の位に就いたヴァイローチャナによって生み出されることになる。このほとけたちの産出は如来の説法によって語られ、その説法に従って修行者はマンダラを心の中に作るのである。

金剛界如来と一切如来たちは、次に須弥山の頂上にある金剛摩尼宝頂楼閣に移動し、一切如来たちは自らの獅子座があらゆる方向に向くようにする（§.32）。マンダラは通常、須弥山の頂上に建てられた宮殿に整然と居並ぶ仏たちを、上から見下したものである。この金剛界マンダラの場合も須弥山の頂上にある宮殿の中で、金剛界如来はマンダラの中尊として「あらゆる方向を向いて」坐り、この後、彼の周囲にもろもろの仏や菩薩が生まれ、その生まれた仏たちと宮殿の複合体がマンダラとなるのである。

ヴァイローチャナはしばしば四面を有すると文献に述べられ、また四面の彫像や画像に表現されることが多い。この四面は先に述べた「あらゆる方向」を意味している。「三段階観想」の第一段階にあたる「観想主体の確立」のテキストの内、最後の節（§.33）は、金剛界マンダラにおいて四仏（阿閦、宝生、世自在王すなわち阿弥陀、不空成就、図2-2-05の2〜5）が一切如来の資格を得てヴァイローチャナの四方に坐る、と述べる。四仏の名称が記されるのは『金剛頂経』の、いわゆる「三段階観想」に関するテキスト（§.17-2〜195）の中ではここのみであり、第二段階では、四仏それぞれは「一切如来」の名で呼ばれている。

たしかに『完成せるヨーガの環』第一九章においては、すでに見たように、金剛界マンダラにあって、阿閦・宝生・阿弥陀・不空成就という四仏はそれぞれのすがたを見せるのではあるが、今われわれが扱っている『金剛頂経』における金剛界マンダラの観想にあっては、「一切如来」は観想の主体であるヴァイローチャナと十六大菩薩などの個々の尊格の背後に潜んでおり、それぞれの仏のイメージはほとんど問題となっていない。

「三段階観想」の第一段階に相当する『金剛頂経』におけるテキスト（§.17-2〜33）では、中尊ヴァイローチャナとその四方に坐る四仏、すなわち金剛界マンダラの主要メンバーである「五仏」の名称とその位置が述べられており、マンダラの構図が意識されていないわけではない。しかし五仏それぞれの図像学的特徴は詳しく述べられていない。すでに述べたように、後世の「三段階観想」の第一段階では、マンダラの中尊に対する観想（精神的産出）が問題となるが、『金剛頂経』ではマンダラの中尊が実践者の精神的産出の主要な対象となるのではない。

六　十六大菩薩の出現

今やマンダラの中尊ヴァイローチャナは一切如来の資格を得た。つまり、「第三層」のヴァイローチャナは「第一層」の一切如来の位に就いたのである。第二段階観想にあたる「金剛界マンダラの出現」では、第三層にある実践者が、第一層に位置する仏たちの有するさまざまな特性をかたちある者すなわち第二層のほとけとして（たとえば十六大菩薩として）生み出すのである。

第二層に属するもろもろの尊格が生み出されるパターンの種類は多くない。そのパターンは、十六大菩薩（表1、2.1.）、四妃（表1、2.2.）、八供養女（表1、2.3.）、および四門衛（表1、2.4.）の四種に分かれるが、前者の二と後者の二に大別することができる。すなわち、前者の二は生み出された尊格の位置が一切如来など仏の前後左右によって決められるが、後者の二では仏たちの並ぶ宮殿（楼閣）の内部の位置によって尊格の位置が決まる。

以下、十六大菩薩の出現の節（§.34~138）におけるそれぞれの菩薩の観想のパターンを考察してみたい。十六大菩薩の内、第二の金剛王菩薩の観想（§.44~49）の部分を訳しながら、観想のパターンを取り出してみよう。第一の金剛菩薩の観想の部分（§.34~43）を取りあげなかったのは、第一の菩薩の場合にはパターンとは直接関係のない部分が多く含まれている上に、第三以下の菩薩の観想のパターンは第二のものとほとんど同じだからである。

堀内本では五節であるが、以下九節に分けて考察してみたい。その方がかの三層間の心的エネルギーの移動をより明確に示すことができると思われる。

2.1.2. 金剛王菩薩［すなわち不空王大菩薩］の出現

［一］さて尊き者〔ヴァイローチャナ〕は〔それまでの精神集中に〕続いて「不空王大菩薩の誓約（三昧耶）より生じた衆生（sattva）への加持（聖なる力の付与）という金剛」と名づけられた精神集中（三昧）に入り、「一切如来を召く（鉤召《こうちょう》する）誓約」と名づけられた一切如来の心髄すなわち根本真言を自分の心臓より出した。

「金剛王よ」

ここではヴァイローチャナが一切如来を召くのであるが、これまで繰り返し述べたように、ヴァイローチャナには二面が存する。ここでは、第一層の、つまり修行のすでに完成した仏であるヴァイローチャナが第三層の、すなわち修行者としてのヴァイローチャナを演じている。「衆生への加持」と名づけられた三昧に入るヴァイローチャナは「尊き者」であり、第一層に属する仏である。

一方、「一切如来を召く誓約」と名づけられた一切如来の根本真言を発するヴァイローチャナは、第三層の仏の役を演じている。金剛王菩薩は、第三層のヴァイローチャナが第一層の一切如来を自らの観想の世界に引き入れるという働きの現れである。〔一〕においては、第二層に属する金剛王菩薩はその名称が呼ばれたのみであって、そのすがたを顕わにしているわけではない。観想が進むにつれて、この菩薩はそのすがたをはっきりと現すのである。「加持」(adhiṣṭhāna)とは、一般的にいって、聖性の位階のより上のものから下のものへ「聖なる」力を付与することをいう。たとえば、師が弟子に対して加持するのである。今の場合は、菩薩が衆生に対して行うのである。

〔二〕こ〔の心髄〕が発せられるや否や、かの尊き金剛手(ヴァジュラパーニ)は一切如来のもろもろの鉤となってすがたを現し、

金剛手菩薩は十六大菩薩の第一の金剛薩埵と同一の尊格である。この尊格は密教的観想にあって基本的な役割を果たす。というのは、実践者はまずこの尊格と一体となり、次に他の尊格に変容するという過程をたどるからである。今の場合も「一切如来のもろもろの鉤となる」という具体的な行為は、観想の全体的統括者であるヴァイローチャナ自身が直接に行うのではなく、第二層に属する金剛手が第二層に属する「金剛王菩薩のシンボル形としての鉤」となるという行為を受けもつ。やがてこの鉤というシンボルが金剛王菩薩としてのすがたを現して、第二層に属す尊格となるのである。

〔三〕〔もろもろの鉤は〕尊きヴァイローチャナの心臓に入り、一つに凝り固まって巨大な金剛鉤のかたちとなり、尊きヴァイローチャナの手に握られた。

この段階において、「一切如来を召く」という第三層の誓約が、金剛鉤（金剛杵の付いた鉤）という具体的なすがたをとって、第三層に属する観想者の手の中に道具として置かれる。一切如来を召くという行為の遂行が明確に意識され、その行為のための道具も明確なすがたをとったのである。この道具はその後の観想の中で用いられる。

「一つに凝り固まって」という表現に注意してみよう。もろもろの小さな鉤を一つの巨大な鉤へと作りかえるのだが、なぜ「凝り固まる」という表現を用いたのか。「現れる」とか「〜のかたちを思う」という表現ではなく、まだはっきりとしたかたちのないものが手で確認できるようなかたちをとったことを示唆するような「凝り固まったもの」(ghana) という語は、観想の仕方を垣間見せてくれる。

この「凝り固まったもの」という語は、十六大菩薩・四妃等、いずれの尊格の観想のテキストにおいても見られる。金剛界マンダラの個々の尊格に関する観想の実質的内容は、実際に手に握ることができるほどリアルなまでに個々のシンボルあるいは道具のイメージを凝固させた状態へと導くことなのである。

むろん、これらすべては観想者の精神世界の中でのことであり、観想されたイメージがあたかもエクトプラズムでできた物体のように、物質的なかたちをとるというわけではない。だが、日常的にひとつのイメージを考えているかぎりでは「凝り固ったもの」が生まれる可能性はほとんどない。特殊な精神生理学的な技法が用いられていたと思われるが、今日われわれは、『金剛頂経』等の伝統による金剛界マンダラの観想者がどのような精神生理学的状況のもとで行われていたのかを明確には知らない。その伝統が生きているか否かさえも定かではないのである。

おそらくはマンダラ観想は『金剛頂経』の時代あたりから、憑依などのシャーマニズム的な身体技法との関係があったと思われるが、この種の技法については後に（本書、第6章）考察したいと思う。

〔四〕それからその巨大な金剛鉤から一切世界にある微塵に等しい数の如来のすがたが現れ、一切如来を召くなど、一切仏の神通力によるもろもろの奇跡をなし、

ここでは第二層に属するものとして具体的なすがたを現した金剛鉤が、その機能を果たす。もっともその機能が果たされるのは無数の仏たち、つまり一切如来の力による。換言すれば、第二層のシンボルの機能が果たされるのは第一層の仏たちの力によるのである。

〔五〕〔そして、それらの如来は〕不空王であり、ヴァジュラサットヴァ（金剛薩埵）の精神集中が極めて堅固であるゆえに、一つに凝り固まって不空王大菩薩の身体となって現れ、尊きヴァイローチャナの心臓に留まり、次の偈頌を述べて讃歎した。

ああ、実にわたしは不空王であり、

金剛〔杵〕より生まれた鉤である。

というのは、一切に満ちる仏たちは
〔衆生それぞれの〕完成を得させるために〔わたしを〕召くから。

この段階において、それまで鉤というシンボルのすがたをとっていた十六大菩薩の内の第二の菩薩金剛王は、身体を伴った不空王菩薩としてそのすがたを現す。[三]では鉤がヴァイローチャナの手に握られたが、[五]ではその鉤が身体を現した菩薩となってヴァイローチャナの心臓に留まる。第二層に属する不空王菩薩は、第三層に属する修行者としてのヴァイローチャナの手に握られ、次に心臓に留まる。

ここにおいてもわれわれはヴァイローチャナの二つの側面を見て取ることができる。すなわち、一切如来が不空王菩薩あるいは金剛王としてすがたを現す一方で、修行者すなわち第三層に属する者は一切如来の変身（分身）である鉤を自身の手に握るのである。

[四]においては「一切如来を召く」と明確に述べられている。[五]では仏たちが召く動作の主体として述べられているが、招く対象が明示されているわけではない。津田［一九九五、五二］の訳では召く動作の目的が記されてはいないが、岩本［一九七五、八七］の訳ではその目的を「余」つまり不空王菩薩としている。今の場合は岩本氏の解釈に従った。[四]に見られる「一切如来を召く」動作から[五]に見られるもろもろの仏たちが召く動作への変化はおそらく、第二層に属する不空王菩薩の「成長」を語るものと考えられる。

[六]ついで不空王大菩薩の身体は尊き者〔ヴァイローチャナ〕の心臓から降り出て、一切如来たちの

右の月輪に止って以前〔すなわち十六大菩薩の第一番目の場合〕と同様に教誡を請うた。

ここで注意すべきは、「一切如来たちの右」という表現である。この「右」が図2-2-05の11（本書八〇頁参照）に見られるように、ヴァイローチャナの東方に坐る阿閦如来の「右」を意味していることは、後のテキスト（§.205等）によって明らかだ。この「右」はヴァイローチャナに向かって坐る阿閦の右であって、ヴァイローチャナから向かっては阿閦の左になる。

すでに見たように（§.33）、阿閦等の四仏が一切如来の資格を得て四方に坐るのではあるが、このテキスト［六］では「一切如来の右」と述べられているのみであって、「東方に坐る阿閦如来の右側」にと述べられてはいない。図絵に描かれるときには（図2-2-04～05参照）、東方の阿閦如来の周囲に、十六大菩薩の中の第一から第四までの菩薩が描かれる。だが『金剛頂経』の観想の叙述（§.34~195）では、第一の金剛薩埵（図2-2-05の10）の場合は「前」（§.41）、第二の金剛王菩薩（不空王菩薩）（同図の11）の場合は「右」（§.47）、第三の金剛愛菩薩（同図の12）の場合は「左」（§.53）、および第四の金剛喜菩薩（同図の13）の場合は「後」（§.59）と述べられているのみである。

「一切如来の右」等の表現は、「一切如来」が宇宙に遍満する無数の仏全員を意味するのではなくて、マンダラの中で特定の位置を有し、限定された空間を占める何らかのイメージを有するものを意味する。もちろん、それは四方に坐す阿閦如来等であるが、重要なことは［六］に見られるように、阿閦如来等の名称や位置が明示されていないことである。このような叙述の仕方は、十六大菩薩のみではなく、金剛界マンダラを構成する四妃・八供養女等の場合も同様である。

このことはマンダラ観想の本質に関係すると思われる。つまり、個々の尊格、たとえば不空王菩薩の観想においては、第一層の一切如来の個々の特性を観想し、その特性を第二層に属する尊格として誕生させることに第三層の観想は専念しており、少なくともそれらの尊格を生み出す過程においては、マンダラにおける位置関係はほとんど意識されていないのである。ようするに、［六］では第二層の尊格が第一層の近くにか

図 2-6-01　阿閦如来（下段中央）の右側に坐する金剛鉤菩薩。図版の上段中央は大日如来

たちをとったまま並ぶ。ここでわれわれは三つの層が以前よりもより近い関係に置かれていることを知るのである。

［七］そこで尊き者〔ヴァイローチャナ〕は「一切如来が〔衆生を〕召く誓約という金剛」と名づけられる精神集中に入り、「一切如来による召きの誓約」すなわち、余すことなき衆生世界の一切の衆生を召き、一切の幸福と満足を経験させるため、乃至、一切如来の集会に参加するという最高の完成を得させるために、かの金剛鉤を金剛鉤召菩薩に〔十六大菩薩の内の第一番と〕同様に〔彼の〕両手に授けた。

「金剛鉤召」とは金剛王、不空王の別名である。この段階では第三層のヴァイローチャナによる第二層の尊格の働き、すなわち召くことの確認が行われている。［七］においては一切如来が衆生を召くというように、一切如来から衆生へという行為の方向が明確になっている。［一］では、一切如来は召く対象であったが、観想が進むにつれて一切如来が召きの主体となるという側面がより明らかに示されている。このように行為の主体が転換することを知ること自体が、観想の目的の一つでもある。次のテキスト［八］では、召きという第二層の尊格の働きに焦点が当てられる。そして、その働きは第一層および第三層の行為でもある。

［八］そこで一切如来たちは「〔あなたは〕金剛鉤召、金剛鉤召なのだ」といって金剛名と呼ばれる灌頂を授けた。

灌頂とは、水をふりかけるという行為による聖別の義式である。この儀式によってそれまでにはなかった、あるいは異なる資格が与えられる。テキスト［八］においては、第二層の尊格として生まれてきた不空王菩薩が、召くことという自身の働きを果たす資格のある菩薩として聖別されたのである。

［九］すると、金剛鉤召菩薩はかの金剛鉤によって一切如来たちを召きつつ、次の偈を述べて讃歎した。

これは一切の仏たちの最上の金剛智なのだ。
というのは、一切の仏の目的が成就するための最上の召きだから。

ここでは、資格を認められた金剛鉤召つまり金剛王菩薩が自らに授けられた一切如来の力を讃歎するのである。

以上によって十六大菩薩の第二の菩薩の精神的産出が終わり、この菩薩はそのすがたを保ったまま一切如来の「近くに」坐る。十六大菩薩つまり「四人ずつの四グループ」は、四仏それぞれの「親近《しんごん》」と呼ばれてきた。この後、同じようなプロセスをたどり、第三と第四の菩薩が誕生すると、表1、2.1.5. に示したように、まとめ（§.62）が行われる。つまり、第一番から第四番までの菩薩それぞれの特性が短く述べられるのである。この四菩薩が阿閦如来の近くに坐る者（親近）であることは、§.62 に明示されてはいないが、順を追って観想する者には、その四菩薩が阿閦の周囲に坐る者たちであることは容易に理解できたであろう。

十六大菩薩の第五番から第八番までの位置に関しても、テキストは「一切如来の前」「右」「左」および

「後」と述べるのみであるが、これらは一切如来の具現である南方の宝生如来の親近であることは明らかだ。このようにして、十六大菩薩の精神的産出が終わると、次に四妃・八供養女等のそれぞれが「凝り固まった」すがたを保ちながら、マンダラの定められた位置を占めるのである。もっとも十六大菩薩の場合と同様に、『金剛頂経』は八供養女等の位置については、「阿閦如来のマンダラの左側」（金剛嬉女の場合、§.153）とか、「金剛摩尼宝頂楼閣の左側の偶」（金剛香女の場合、§.166）というように、簡単に触れるのみである。

七 金剛界マンダラ出現後のヴァイローチャナ

「三段階観想」の第三段階では、完成したマンダラが行者の心の中に収めとられる過程およびその後、その観想者が他者に対して行う行為が述べられる。しかし『金剛頂経』における第三段階は、一切如来がヴァイローチャナの心臓に留まると述べているのみだ。つまり、この段階では第三層のヴァイローチャナが第一層の一切如来を自らの中に完全に収めとった状態にあることが明らかにされている。第一段階（§.18）において、一切義成就菩薩に対して、「そのような難行を行っても仏となることはできない」と告げた一切如来たちは、今や自分たちの「中央に輝く」（§.193）仏となったヴァイローチャナに対して、「一切如来として」（§.192～193）敬礼するのである。

ようするに、この第三の段階において第三層のヴァイローチャナは第一層の一切如来となるのである。このように、金剛界マンダラの観想は、観想の主体あるいは行者の象徴的表現である第三層のヴァイローチャナが、観想という手段を通じて、結果である一切如来の資格を得る過程である。もっとも第三層に属する修行者は、第一層の仏の導きがなくては仏となることはできない。さらに『金剛頂経』においては、第三層の修行者を「ヴァイローチャナ」の名前で修行の当初から呼んでいるのである。

八　むすび

以上、金剛界マンダラの観想の過程を『金剛頂経』第一章の「金剛界大マンダラ」の節の中、十六大菩薩の第二菩薩の観想法を中心に考察を進めてきた。『金剛頂経』に述べられる金剛界マンダラの観想は、この第二菩薩金剛王（不空王、金剛鉤召）の観想とほとんど同じものを積み重ねていくものである。もちろん、その積み重ねはマンダラ全体を意識したものであり、順次に行われる観想の対象としてのもろもろの尊格の職能あるいは働きにも違いがあることはいうまでもない。

個々の尊格の観想が積み重なってマンダラが完成したとき、観想者は自分自身が中尊ヴァイローチャナそのものになったと感ずる。そして、彼は楼閣の中に他の仏たちと坐っている自分を知るとともに、一切の仏たちが自分の身体を満たしていることを知るのである。

第3章
法界マンダラ

1 カトマンドゥ盆地のマンダラ

一 ネワール仏教 「アジア化」と「インド化」の接点

カトマンドゥ盆地(ネパール盆地)の住民であるネワール人の間に、インドより直接伝えられた大乗仏教が生きていることは意外と知られていない。紀元前三世紀にはアショーカ王がネパールに使節を送ったと伝えられているが、それはともかくとして、ネワール人たちは五世紀頃までにはインドから仏教を導入し、多くの仏塔を建立し、仏像なども作っていた、と推定される。

カトマンドゥ盆地はチベットがインドより仏教を導入する際の重要な中継地点ともなった。七世紀のチベット王ソンツェンガムポは妃をネパールつまりカトマンドゥの王家より迎えているが、彼女は仏教徒であったと伝えられる。チベットに仏教が本格的に導入されるのは、八世紀後半のナーランダー僧院長シャーンタラクシタと密教行者パドマサンバヴァの努力によるのであるが、この二人がチベットに入る機会を待った場所はカトマンドゥ盆地であった。盆地の南西部パルピンにはパドマサンバヴァが住んだと伝えられる洞窟が残っている。

仏教タントリズム(密教)の行者として有名なマイトリーパ[立川 一九八七a、九三]やナーローパ

［立川　一九八七a、九二］もカトマンドゥ盆地に住んだことがあると伝えられている。チベット僧たちもインドのみならずカトマンドゥ盆地に留学した。たとえば、チベット仏教のカギュ派の開祖マルパは盆地を幾度も訪れている。

ネワール語は印欧語族に属さないのであるが、たとえば諸尊の名称などはサンスクリットのまま用いてきたというように、ネワール人は巧みに印欧語のサンスクリットの語彙を借用してきた。ネワールの仏教僧たちがいかにサンスクリット文献を読みこなしてきたかは、今日盆地に残されたサンスクリット写本の量の多さによっても窺い知ることができよう。またネワール僧によるサンスクリット・テキストの著述もなされてきた。ネワール仏教においてサンスクリットが「権威ある言葉」となってネワールの文化全般に及ぼした変化を、インドにおける大乗仏教文献などの「サンスクリット化」にならって、ネワール文化の「サンスクリット化」と呼ぶことができよう。

カトマンドゥ盆地において仏教が導入された五、六世紀には、ヒンドゥー教も導入されていた。五世紀頃から九世紀頃にかけてのリッチャヴィ王朝下にあっては、仏教とヒンドゥー教はネパールの歴史の中で最も平和な共存関係を保った。一三、四世紀に大乗仏教が亡んでしまったインドとは異なって、カトマンドゥ盆地では特に一三世紀から一八世紀中期までのマッラ王朝下において、そして今日までネワール人たちの手により仏教文化が栄えてきた。

マッラ朝の王たちはヒンドゥー教徒であった。マッラ族の部族神は「タレジュ」（Taleju）と呼ばれるヒンドゥー女神であるが、この女神はインド・マハーラーシュトラ州南部のツルジャープル（Tuljāpur）の守護神であるトゥルジャー女神に由来するといわれる。マッラ族の祖先たちはこの地からはるかカトマンドゥ盆地まで移動してきたのである。盆地において、後世、女神タレジュはドゥルガー女神、カーリー女神さらにはチャームンダー女神と同一視されて今日に至っている。カトマンドゥ盆地東部にあるバクタプール（バドガオン）にはダッタ神を祀る寺院があるが、このダッタ（ダッタートレーヤ）もマハーラーシュトラ州においてよく知られた男神であり、トゥルジャー女神とともにインドよりもたらされた神である。

一八世紀後半にインド系のゴルカ王朝（シャー王朝）が政権を取った。この王朝はヒンドゥー教的政策を一段と推し進めたので、ネワールの仏教徒たちはヒンドゥー勢力を常に意識し、それと対抗せねばならなかった。この王朝は二〇〇八年まで続き、それまではネパールの国教はヒンドゥー教であった。今日までネパールの歴代を通じてネワール人によって建てられた王朝は存在しない。

ヒンドゥー王朝下にあって、ネワール仏教徒の儀礼形態や教義はヒンドゥー教から強い影響を受けざるを得なかった。元来、ヒンドゥー教あるいはバラモン中心主義との抗争は、インド・ネパールにおける仏教徒の運命であった。ネワールの仏教徒たちは、一面では強力な相手に譲りつつ根強く仏教を守ってきたのである。

ネワール仏教の儀礼を見た者は、彼らの儀礼が極めてヒンドゥー教的であることを見て取ることができよう。ネパールに伝えられた時点でのインド大乗仏教の儀礼がどのようなものであったかについては、今日よくわかっていない。インドで大乗仏教が亡んでからすでに七〇〇年以上の年月がたっている。九、一〇世紀以降のインド仏教の儀礼形態はすでにヒンドゥー教的な要素を多く含んでいたであろうが、今日われわれが見ることができるネワールの大乗仏教もヒンドゥー教からの影響を強く受けている。

カトマンドゥ盆地のネワール仏教はヒンドゥー教からの影響によって変質したが、ネワール人たちは元来、もっていたもろもろの要素も保持してきた。ネワール仏教に今日残っているさまざまな儀礼には、インドから伝えられた仏教、あるいはヒンドゥー教が伝えてきた「大いなる伝統」（四一頁）の中に起源をもたない要素が見られる。ネワール人の文化が今日ヒンドゥー教あるいは仏教の影響下にあることは事実だが、ネワール文化はもともとこれら二つの文化とは異なったものであった。

たとえば、ネワール人のジャーティ（出自によって定められた職能集団）の多くは自分たちの一族の「神」（デュク・デュヨー）を有している。もっともそれらの神々の幾柱あるいはいくつかのシンボルは、今日ではインドに起源を有するものであるが、かつてはネワールの諸部族のデュク・デュヨーのシンボルはインド起源のものではなかったと思われる。今日、盆地のあちこちにこれらの「部族神」を祀る場所がある（図3-1-01）。一見、墓地のようにも見えるが、それは墓地ではない。

図 3-1-01　マハルジャン族のデュク・デュヨーのシンボル。カトマンドゥ盆地

仏教とヒンドゥー教をどのような位置関係におくのか、というのは難しい問題である。もしも「ヒンドゥー教」（ヒンドゥイズム）という語によって、仏教以前の、ヴェーダ祭式を中心したバラモン教（ブラーフマニズム）をも含んだ最も広い文化を意味させ、そのような「インド主義」がインドの歴史の根底に存在すると考えるならば、仏教も「インド主義」としてのヒンドゥー教（ヒンドゥイズム）の歴史に現れた比較的大きな「襞」の一つと考えることができるであろう。

しかし、仏教がインドの地に生まれ、バラモン正統派より多くの要素を受け取っていることは事実であるが、仏教とヒンドゥー教とはやはりインドにおける相対する二つの勢力である、と考える方がより正確であろう。仏教がインド以外の地に伝播した一方、ヒンドゥー教はカーストの存する地域にしか広がらなかったということは、ヒンドゥー教がもちえなかった何ものかを仏教がもちえたことの証左であろう。したがって、仏教をヒンドゥー教の一分派だと片づけることはできない。もっとも、少なくともインドにおいては、仏教は結局、インド主義の大きなうねりの中に沈んでしまうのではあるが。

ネワール人における仏教の要素と彼らのいわゆる土着的要素との関係は、一応、「インド主義」という巨大なうねりの中に現れた比較的大きな「襞」（仏教）と小さな「襞」（ネワール土着性）とのからみ合いとして理解できるかもしれない。しかし、現在のネワールの約四分の三がヒンドゥー教徒であることからもわかるように、ネワール社会においてもヒンドゥー教文化と仏教文化とが入り混じっているのである。したがって、ネワール仏教の特質を考える際には、カトマンドゥ盆地におけるヒンドゥー教と仏教（ネワール仏教）との関係を考慮にいれた上で、インド的伝統としての仏教とチベット・ビルマ語系の原語を話すネワール人が古来もち続けてきた諸要素との関係を考えねばならない。

ネワール仏教はインドより直接伝えられたものであり、今日に至るまで、ある部分ではかつてのインド大乗仏教のすがたを彷彿とさせるほどにインド大乗仏教の伝統を保っている。たとえば、仏教パンテオンの図像学的特徴は、チベット・中国・日本におけるそれよりもいっそうインドのそれに近いものを有している。

ネワール仏教徒は一種のカースト制度を有し、供養（供養祭、プージャー）の仕方などはヒンドゥー教のそれと非常に近い。仏教徒の多くがヒンドゥー教の祭りに参加しており、仏教とヒンドゥー教との意識的区

図3−1−02　チベット仏教寺院におけるトルマ。カトマンドゥのチベット仏教寺院にて

図3−1−03　ネワール仏教儀礼において用いられる供養盆のまわりに置かれているゴージャ。写真左上にも並んで置かれている。カトマンドゥ盆地在住のバジュラーチャーリヤ宅にて

別さえない場合もしばしばである。

　ネワール人自身の伝統は、ネワール仏教あるいはネワールのヒンドゥー教の中に巧みに組み込まれている。このネワールの土着要素は元来、ヒンドゥー教の要素と異なるものである。ネワール語はチベット語に近く、習俗にしても決してインド人のそれと同じに扱えない点が多い。チベット仏教では「トルマ」と呼ばれる供物を儀礼において用いるが、ネワール仏教においても「ゴージャ」と呼ばれる供物が作られる(1)（図3−1−02〜03）。両者の機能や形はよく似ており、共通の起源を有していると思われる。

　以上のように、ネワール仏教文化は「サンスクリット化」あるいは「インド化」の要素を強める一方で、バラモン中心主義に対抗する要素をも強めるといった両面性を有した。「アジア化されたインド」（Asianized India）とエリアーデがいうとき［エリアーデ　一九七五b、一八六］、彼はバラモン中心主義と対抗し、その性格も変えてしまうような運動が北方よりインドに浸透したと考えていた。インド大陸から浸透してきた巨大な運動がインドをアジア化するとき、その「アジア化」のルートを逆にたどって、インドから仏教が北

上したのである。その「北上」とインドへの侵入の一つの接点がカトマンドゥ盆地であった。

エリアーデが「アジア」という言葉によって意味しようとしたのは、モンゴルを超えたアジアの北の果てまでを含む地域であり、民間信仰やシャーマニズム的要素を考えていたと思われる。仏教のみならずヒンドゥー教の場合も含めて、タントリズムの興隆がチベット・ネパール・ブータンなどのヒマーラヤ地域、さらにはアッサム・ベンガル・オリッサなどの東北および東インドに特に見られたということは、これらの地に「アジア的要素」が南下しやすかったことを語っているのであろう。

二　マンダラの「インド」的要素

ゴータマ・ブッダはマンダラを用いなかった。龍樹や無着といった初期大乗仏教を代表する思想家たちも、マンダラとは無縁であったし、もしもマンダラが当時仏教徒の間に用いられていたようなことがあったならば、彼らはその使用に反対しただろう。儀礼に対しては消極的であり、世界構造の分析には熱心ではない、というのが、仏教の開祖および少なくともインド初期仏教の前半期に属する者たちの態度であったからだ。

ともあれ、インドでマンダラが生まれたのは、まず仏教においてであった。後世、ヒンドゥー教でもマンダラが作られたが、ヒンドゥー教よりも仏教においてマンダラは発展した。

仏教タントリストたちは、マンダラというかたちで「世界」の構造を示そうとした。この「世界」とはウパニシャッドに述べられたブラフマンを根本とする宇宙でもなく、実在論哲学を提唱したヴァイシェーシカ学派の考える世界とも異なったものであった。つまり、実在する外的世界ではなくて、それまでの仏教の伝統に従って個々人の「心」が獲得した情報を再構成した、いわば心的な世界であった。そのような基本的路線を守りつつも、後世、仏教徒たちは世界の構造を積極的に考察することになった。考えざるをえなかったといった方が正確であろう。

マンダラに並ぶほとけたちに供養する、さらには、ほとけと一体となることを観想するというあり方は、初期仏教や初期大乗仏教の実践形態とは異なるものであった。仏教において供養や護摩がそれ以前よりもよりいっそう重視されたのは、ヒンドゥー教からの影響によるところが大きいであろう。だが、マンダラ儀礼が発展したのは、ヒンドゥー教よりも仏教においてであった。ヒンドゥー教が仏教のマンダラ儀礼や製作を見習ったという側面さえ見られるのである。とはいえ、マンダラが基づいている考え方やマンダラの儀礼形態は、バラモン中心主義が首尾一貫してもってきたものである。仏教は自らの勢力の衰えを感じはじめたとき、時代の要請に従って自らを変えていった。この努力は特に仏教タントリズムの分野において見られた。その努力の結晶の最も大きなものがマンダラであったといえよう。

このようにマンダラは、ヒンドゥー教に圧され気味であった仏教徒たちが自分たちの立場をより鮮明に打ち出そうとしたものであった。しかし、インドにおける仏教タントリズムのマンダラは、結局はインド主義の巨大な「襞」の中に組み込まれた。すなわち、最終的にはマンダラは、行者が自己という小宇宙と世界という大宇宙の同一性をヨーガによって体得するための装置となった、といえよう。

世界の構造を分析し、小宇宙と大宇宙の自己同一性を体得しようとするのは、バラモン中心主義が古代よりもち続けている「思想の水平」であり、「世界の構造」にこだわるのは「インド的」伝統である。インドにはさまざまなタイプの哲学体系が生まれたが、それらの哲学体系の多くの部分が世界構造の説明にあてられている。そのうちでも、バラモン正統派の実在論的哲学を奉ずるヴァイシェーシカ学派の者たちが、世界の構造図に対してより多くの関心を払った。唯名論的立場に立つバラモンたち、すなわちヴェーダーンタ学派の者たちにとっても、世界はたとえそれが幻（マーヤー）であっても、ある程度の実在性を有し、精緻な構造を有するものであった。

一方、非バラモン系の哲学を代表する大乗仏教にとって、世界の実在性を認めることは、「一切は空である」という基本思想に反することになり、ひいては、解脱を得るためには障害に他ならないと考えられた。それでもなお、インドの地で生きのびるために仏教は、インド初期仏教の後半あたりからは世界構造の分析に積極的にかかわらざるを得なかった。広い意味で世界の構造図であるマンダラは、今述べたような、世界の構造にかかわるバラモン中心主義の影響を強く受けたものであるということができよう。このようにして、マンダラは「インド」的なものである。

「アジア化されたインド」の中の「インド」的要素は、マンダラに結実するのであるが、「アジア」的要素はマンダラに対して冷淡だ。インド大乗仏教の伝統を強く受けたチベット仏教、特に論理学・認識論、修行階梯を重視したゲルク派やサキャ派は「インド」的要素が極めて強い。これらの学派の思想は「インド化されたアジア」ともいえるであろう。だが、チベット仏教においてもカギュ派やニンマ派は、ゲルク派やサキャ派とは異なり、「アジア的」である。つまり、論理学や認識論を重要視することなく、土着的、呪術的儀礼によりいっそうの関心を払うのである。

中国仏教では、今まで述べてきたような「インド」的要素は希薄である。日本は仏教を受け入れ、空海によりマンダラが将来されてはいるが、「世界の構造」にかかわることはほとんどなく、「インド」的要素は重視されない[2]。日本の仏教徒にとってマンダラは「世界（宇宙）の構造図」であるというよりも、仏たちの像の集成であるという側面が強かった。日本ではマンダラが、心的であれ、外的であれ、ともあれ秩序世界の図であるという認識は希薄である。

三　法界マンダラ

すでに述べたように、仏教タントラは、第一に祭壇の作り方や儀礼作法を述べる作タントラ、第二にマンダラを用いた観想法によって解脱を求める行タントラ、第三にマンダラ観想法におけるヨーガの重要性を主張するヨーガ・タントラ、第四に精神生理学的な修練を主とするタントラ的ヨーガとマンダラ観想法とを組み合わせた無上ヨーガ・タントラという四グループに分けられ、歴史的にもほぼこの順序で登場した。

仏教タントリズムにおいてはさまざまなマンダラが生まれたが、カトマンドゥ盆地においてよく知られたマンダラに、法界（ダルマ・ダートゥ）マンダラ、正確には法界語自在マンダラ（Dharma-dhātu-vāgīśvara-maṇḍala）がある。これは法界語自在文殊菩薩を中尊とした複雑なマンダラである。このマンダラの根本経典は『ナーマサンギーティ』（*Nāmasaṅgīti*『聖文殊真実名義経』大正蔵、一一八七番）である。この経典は『金剛頂経』の発展系列に属し、ヨーガ・タントラの発展の最終段階に位置すると考えられる。これは文殊菩薩の名（ナーマ）を挙げその徳を賛嘆（サンギーティ）する経典であるが、この経典自体に法界マンダラの構造が詳しく述べられているわけではない。今日、われわれが見ることのできる法界マンダラは、『ナーマサンギーティ』を奉ずる伝統の中で形成されてきたものと考えられる。

因みに、カトマンドゥ盆地では文殊崇拝が盛んである。ネワール仏教徒にとって最も重要な仏塔であるスヴァヤンブーは、法界マンダラをかたどったものであった。[3] カトマンドゥ盆地が文殊崇拝と関係が深いことを示す次のような神話も伝えられている。かつて盆地は巨大な湖であったが、文殊が盆地の南西部の山を自身の剣で切り開いたので、盆地が生まれたというのである。盆地の北方から流れ落ちてきたガンジス河の支流は盆地南西部から南方に流れ落ちている。

本書の第2章3節で扱ったマンダラ集成『完成せるヨーガの環』は二六章を有するが、全体では三〇近いマンダラそれぞれの構造、特にパンテオンの構成を簡単に説明している。この書の第二一章が法界語自在マンダラを扱っている。

一九世紀後半にチベットのサキャ派に属するゴル寺を中心に編纂された、一三九のマンダラ理論の集大成『タントラ部集成』(*rGyud sde kun btus*) 四〇番の法界マンダラは、『完成せるヨーガの環』の法界マンダラとその構造がよく似ている [bSod nams rgya mtsho and Tachikawa 1989: 40] [bSod nams rgya mtsho 1991: 74-78]。

『完成せるヨーガの環』は、カトマンドゥにおいてマンダラを描く際の重要なテキストであったと思われる。カトマンドゥ盆地の北西部にあるスヴァヤンブー仏塔の東側には、マッラ王プラターパ(在位一六四一～一六七四)の命によって、ネパール暦七八八年すなわち西暦一六六六年頃に製作された銅板の法界マンダラが残されているが(図3-1-21)、このマンダラの縁の銘には『完成せるヨーガの環』に従って描かれたとある。また、古い伝統を残していることで有名なカトマンドゥ市ジャターー地区のチュシュヤー・バハール本堂正面の四本のほおづえには、四仏(阿閦・宝生・阿弥陀・不空の四如来)の像があり、これらの図像学的特徴は『完成せるヨーガの環』「法界語自在マンダラの四仏」の叙述と一致する［立川 一九八七b、五一］［van Kooj 1977: 53］。さらに、今日のネワール仏教僧たち、あるいはサンスクリットの知識を有する画家たちの多くが『完成せるヨーガの環』をマンダラの説明や作成の際の重要な基準として用いている。

法界マンダラは、第三のタントラ・グループであるヨーガ・タントラの発展系列の最後に位置するとすでに述べたが、このマンダラには第三のタントラ・グループに現れた「神々」の多くが含まれている。図3―1―04は『完成せるヨーガの環』第二一章に基づいて描かれたものである。なお、この章のサンスクリット・テキストおよび和訳に関しては［森 一九八九、二三五～二七六］を参照されたい。

図3―1―04に見られるように、法界マンダラでは中尊である法界語自在文殊のまわりを仏や菩薩たちが整然と四重に取り囲んでいる。第一重の構造の中核は、金剛界マンダラの大日を除いた四仏を有しており、『金剛頂経』に基づく金剛界マンダラの発展上にあると考えられる。後述するように、第二重には菩薩地、波羅蜜（「完成」と名づけられる、菩薩の宗教実践の項目）、自在、陀羅尼などの神格化され、人に似たすがたに表現された神々が、第一重を四方より囲むようにして配されている。第三重には金剛界マンダラに現れる「賢劫十六尊」（本書八一頁参照）とは異なる一六人の菩薩グループ、恐ろしい形相をした「十忿怒尊」、さらには供養女尊たちが並ぶ。最も外側の第四重には、ヒンドゥー教に起源をもつ八方天、惑星、太陽および月を含む九曜、ヴィシュヌやブラフマンなどの仏教パンテオンに組み入れられたヒンドゥーの神々、太古の大地母神であった七母神、日本でも人気のある鬼子母神、八大龍王、月の二十八宿などが配されている（法界マンダラ諸尊の位置については図3―1―15参照）。

第一重（内マンダラ）は、白色、四面八臂の法界語自在文殊（法界マンダラ図3―1―15の中の1、以下法界1

図 3-1-04　法界マンダラ。『完成せるヨーガの環』第 21 章に従う。
図に向かって下が東である。ガウタム・バジュラーチャーリヤ画

と記す）を中尊とし、その周囲を八仏頂（法界2〜9）がとりまいている。これらの八仏頂は「結跏趺坐に坐し、身体は黄色であり、二臂を有し、右手は法輪を持ち、左手は座の上に置く［Bhattacharya 1972: 54］」。ただし、『完成せるヨーガの環』二一章に現れる八仏頂と、『タントラ部集成』四〇番の法界語自在マンダラに現れる八仏頂との間には若干の相違が見られる。

法界マンダラの中尊である文殊は、金剛界マンダラにおける大日の位置に坐し、大日と同様、獅子に乗る。八仏頂に囲まれた文殊の四方に、阿閦（法界10）、宝生（法界15）、阿弥陀（法界20）、不空成就（法界25）という金剛界マンダラで登場した四仏が並ぶ。四仏それぞれのまわりに四菩薩、すなわち「十六大菩薩」が四つのグループに分けて配置される。四仏それぞれのまわりに配される四菩薩は金剛界マンダラの場合と同じである。ただ、金剛界マンダラにおいては四方に菩薩が配されたが、法界語自在マンダラでは一般に四維に配される。第一重の四維には、四仏の妃たち、つまり、ローチャナー（法界30）、マーマキー（法界31）、パーンダラー（法界32）、およびターラー（法界33）が見られる。

金剛界マンダラでは大日のまわりに四金剛女（四波羅蜜）が配されたが、法界語自在マンダラでは大日のまわりには八仏頂が配され、四金剛女の代わりに四仏それぞれに妃が配されている。この第一重（第一院）は四門をそなえているが、そこには金剛界マンダラと同じように、東門（下）に金剛鉤（法界34）、南門に金剛索（法界35）、西門に金剛鏁（法界36）、および北門には金剛鈴（法界37）が門衛として立っている。このように、法界語自在マンダラの中心である第一重は金剛界マンダラを基本としているのである。

このマンダラの第二重には、四方それぞれに十二女尊で構成されるグループが配される。すなわち、東側には「十二地」（法界38〜49、『華厳経』の説く菩薩の十地に、初地以前の位である勝解行地《しょうげぎょうじ》（信解行地）、および仏地を加えたもの)、南側には「十二波羅蜜」(法界50〜61、『華厳経』の十波羅蜜に、宝蓮華波羅蜜と金剛業波羅蜜を加えたもの)、西側には「十二自在」(法界62〜73、菩薩の十自在に如是女と仏菩提女を加えたもの)が配置される。北側には「十二陀羅尼」(法界74〜85)が並ぶ。彼らは主要な陀羅尼の神格化であり、ウシュニーシャヴィジャヤー(仏頂尊勝)(法界76)、マーリーチー(法界77)、パルナシャバリー(法界78)を含む。

第二重の四門には、四無礙《しむげ》の女神化されたもの、すなわち、法無礙(法界86)、義無礙(法界87)、詞無礙(法界88)、および弁無礙(法界89)が門衛女として立ち、四隅には「内の四供養菩薩」、すなわち、喜女(法界90)、鬘女(法界91)、歌女(法界92)、および舞女(法界93)が配されている。第二重の尊格はすべての女神のすがたをとっている。

このようにして、法界語自在マンダラは、金剛界マンダラを基本にしながらも十二地や波羅蜜などの宗教実践項目を神格化し、恐ろしい形相で仏法を守護する忿怒尊、さらにヒンドゥー教の神々や、九曜、二十八宿などの天体もとり入れた多数の尊格を擁するマンダラである。カトマンドゥ盆地の中に見られるもろもろのマンダラでは、法界語自在マンダラが最も有名である。

図3-1-04のように、四角い楼閣のまわりを同心円が幾重にも囲むというかたちのマンダラ図は、須弥山の山頂に建てられ、中にはほとけたちの並ぶ宮殿を真上から見たてた鳥瞰図である。したがって、そこには垂直的構造は表現されていないが、『完成せるヨーガの環』に従うかぎり、マンダラは三次元的構造を有するものと考えられている。メール山頂に広がった巨大な蓮華の中央に楼閣あるいは城があり、その城は一般には四門を有し、それぞれの門には門衛が侵入者を見張っている。マンダラの中央に位置する四角は四角い城壁を意味している。

メール山の下には地・水・火・風の元素が、今述べた順序でメール山の底から下に向かって積まれていると考えられた。楼閣のまわりを同心円が幾重にも囲むのは、メール山の下に積み重ねられた地・水・火・風の元素が同心円状の環として描かれるのである。地・水・火・風の元素は一般に、四角・円・三角・弓型といわれるが、ここではそれらの元素は順に四角六面体・球・円錐などの三次元的立体と考えられている。そうでなければ、マンダラ平面図の周縁に同心円が描かれることはないからである。

「法界マンダラに見られる四重の四角も四階建ての城であり、第一重が最も高いが小さく、第二・第三となるに従って順に低くなると同時に大きくなるといった構造になっている、つまり、法

図 3-1-05　製作中の立体マンダラの楼閣。カトマンドゥ盆地にて。1982 年

界マンダラの四重になった部分は、ピラミッド型である」という考え方もあるようだ。マンダラの垂直的構造はインドのサンスクリット文献においても触れられており、後世のチベットやチベット仏教の影響を受けた中国では、いわゆる立体マンダラが制作されてきた。今日もなおネパールやインドにおいて立体マンダラが作られている（図 3-1-05）。

しかし、インドにおいて、たとえば『完成せるヨーガの環』において、マンダラの中央部にある楼閣（クーターガーラ）の中で諸尊がピラミッド型に並ぶと考えられていたのか、あるいは高低がなくてフラットに並ぶと考えられていたのであろうか。マンダラ図は諸尊をはるか上方から見たいわゆる鳥瞰図であるために、

一般のマンダラ図からは今述べた疑問に答えることはできない。

マンダラの楼閣の中での諸尊がピラミッド型に配されている後世の作例は確かにある。たとえば、国立民族学博物館にはインド・カリンポンで製作されたブータン形式の立体マンダラがある（図3−1−06）。これはチベットで著された『チベット死者の書』（『中有における聴聞による解脱』）に述べられたマンダラを立体形式で製作したものであるが、ここでは諸尊の並びに高低の差がつけられている。だが、たとえばインドにおいて、『完成せるヨーガの環』に従ってマンダラが描かれた場合、楼閣の中での諸尊がピラミッド型に並ぶと表象されていたかは不明である。『金剛頂経』に述べられた金剛界マンダラの諸尊の観想法（本書第2章6節）の叙述に従うかぎり、諸尊の位置関係に物理的な上下の差があったとは思えない。また『完成せるヨーガの環』は、マンダラの中の第一重（院）と第二重の間に高低の差があると述べてはいない。

図3-1-06　諸尊がピラミッド状に並ぶ立体マンダラ（国立民族学博物館蔵）

チャクラサンヴァラ・マンダラにおいては、世界あるいはマンダラが宇宙的な規模を有する巨人の身体として考えられる場合がある。そのような場合には、チャクラサンヴァラ・マンダラ全体が三次元的立体として表象される。しかし、『完成せるヨーガの環』一二章のチャクラサンヴァラ・マンダラはあくまで二次元的図として説明されている。

四　カトマンドゥ盆地における法界マンダラ

カトマンドゥ盆地の仏教寺院は、中庭を四方から囲むビハール形式を有するものが多いが、その中庭にはほとんどの場合、約四〇センチ四方の護摩壇、高さ一～一・五メートルほどの仏塔、および銅製あるいは石製の「マンダラ台」が配置されている。これらの三つは、一般に本堂正面とその対面の入口を結ぶ直線上に並ぶ。

図3－1－07は、パタン市にある仏教寺院ハカー・バハール（ハク・バハール）の中庭と本堂正面を写している。本堂正面から一直線上に写真左から仏塔、マンダラ台、仏塔、マンダラ台、マンダラ台が並んでいる。この寺院の場所に関しては、補遺1（本書六六九頁）を参照されたい。

図3－1－07の中央に見えるマンダラ台が図3－1－08に見られるものである。図3－1－08に見られるように、マンダラ台とは中央が盛り上がった、あるいは、ときには平らな直径一～一・五メートルほどの円盤（金属製あるいは石製）にマンダラが線によって描かれているものである。銅板にマンダラの諸尊が打ち出されている場合もある。図3－1－08のマンダラは銅版の上に線刻され、その線に金が置かれている。

ハカー・バハールの中庭には四つのマンダラ台があるが、図3－1－07の向かって右の二マンダラは図3－1－09にも見られる。これらの写真からわかるように、マンダラの描かれている円盤は通常、蓮華のうてなに似せて作られており、この円盤の下には「二重蓮華」（viśvavajra）――花弁を上に向けた蓮華と下に向けた蓮華を図3－1－10におけるように上下に合わせたもの――が作られている。

図3-1-07　ハカー・バハール寺境内。写真左の建物が本堂である。パタン、カトマンドゥ盆地

図3-1-09　図3-1-07の写真右端の二マンダラ

▲図3-1-08　ハカー・バハールのマンダラ。図3-1-07では、本堂正面に一直線上に並ぶ仏塔等の中で二つの仏塔の中間に見られる（ハカー・バハール・マンダラ一号）

図3-1-10　図3-1-09の写真右のマンダラ上部拡大図。マンダラが描かれた銅板の下の二重蓮華と自身の尾を噛む蛇

図3-1-11　シンボル形の石製法界マンダラ。スヴァヤンブー寺院。1987年撮影。2010年の時点では、このマンダラの上の金剛杵は別のものに取り換えられ、その上に鉄枠が懸けられている

下段にある下向きの花弁の下部の周囲に、しばしば蛇が巻きついている。このようにマンダラに登場する蛇は自身の尾を噛みながら、常に北を向く。これは宇宙創造神話にしばしば登場し、まだカオスの状態にある「未開展の世界」を抱きしめる原初の蛇である。ギリシャ神話にいうウロボロスと同種のものである。この蛇の下には多角形あるいは円形の筒があり、その筒形の側面には観自在菩薩などが彫られていることが多い。このような「マンダラ台」とも呼ぶべきものは、しかし、盆地では単に「マンダラ」と呼ばれている。「マンダラ台」の多いことがネワール仏教の特質の一つに挙げられる。

ラダックも含めてインドでは、このような「マンダラ台」は今日見つかってないようである。このようなマンダラが製作されたか否かも疑問である。ラダック地方で立体マンダラが作られたことはあっても、カトマンドゥ盆地におけるような「マンダラ台」は報告されていないと思われる。中央チベットや青海省のチベット仏教寺院においても「マンダラ台」は作られなかったのではなかろうか。

盆地の北西の端の丘に建立されたスヴァヤンブー寺院には、ネワール人の手になる石製のマンダラ台がある（図3-1-11）。ここにはシンボル形で描かれた法界マンダラがある（図3-1-12〜13）。これは三〇〇年を経ていると思われるが、かつてはカトマンドゥの旧王宮の南約一キロの地点にあったといわれている。(3)

図3−1−14は『ヴァジュラーヴァリー』に述べられた法界マンダラに従ったシンボル形の法界マンダラである。『完成せるヨーガの環』第二一「法界マンダラ」と諸尊の位置は、四仏のまわりの四妃を除いて、同じである。法界マンダラでは下が東である。

◀図3−1−12　シンボル形の法界マンダラ（図3−1−11）の南および南西部分。諸尊の配置に関しては図3−1−15を参照されたい。スヴァヤンブー寺院

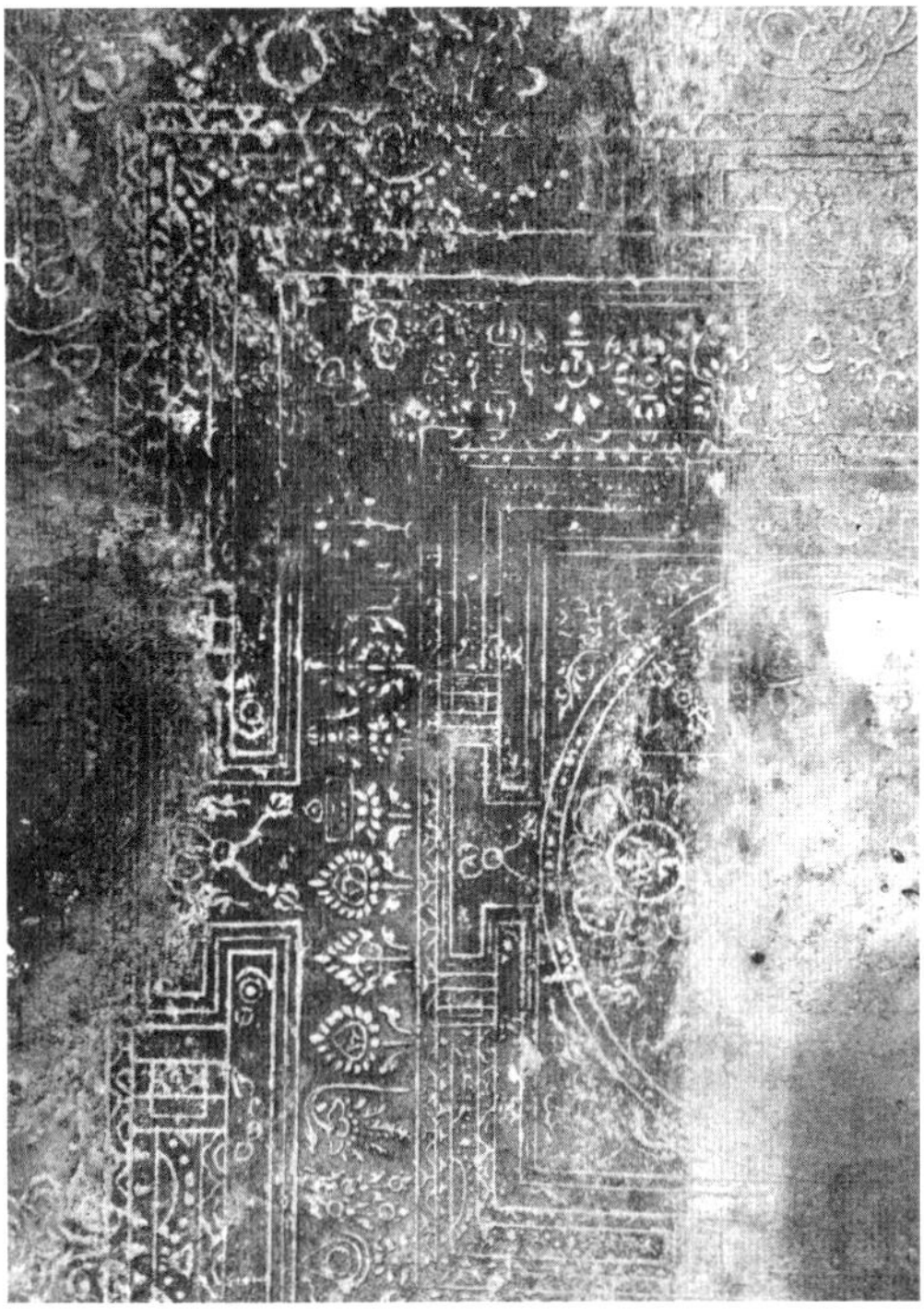

▼図3−1−13　シンボル形の法界マンダラ（図3−1−11）の西および南西部分。スヴァヤンブー寺院

図 3-1-14 『ヴァジュラーヴァリー』に従ったシンボル形の法界マンダラ。
ガウタム・バジュラーチャーリヤ画

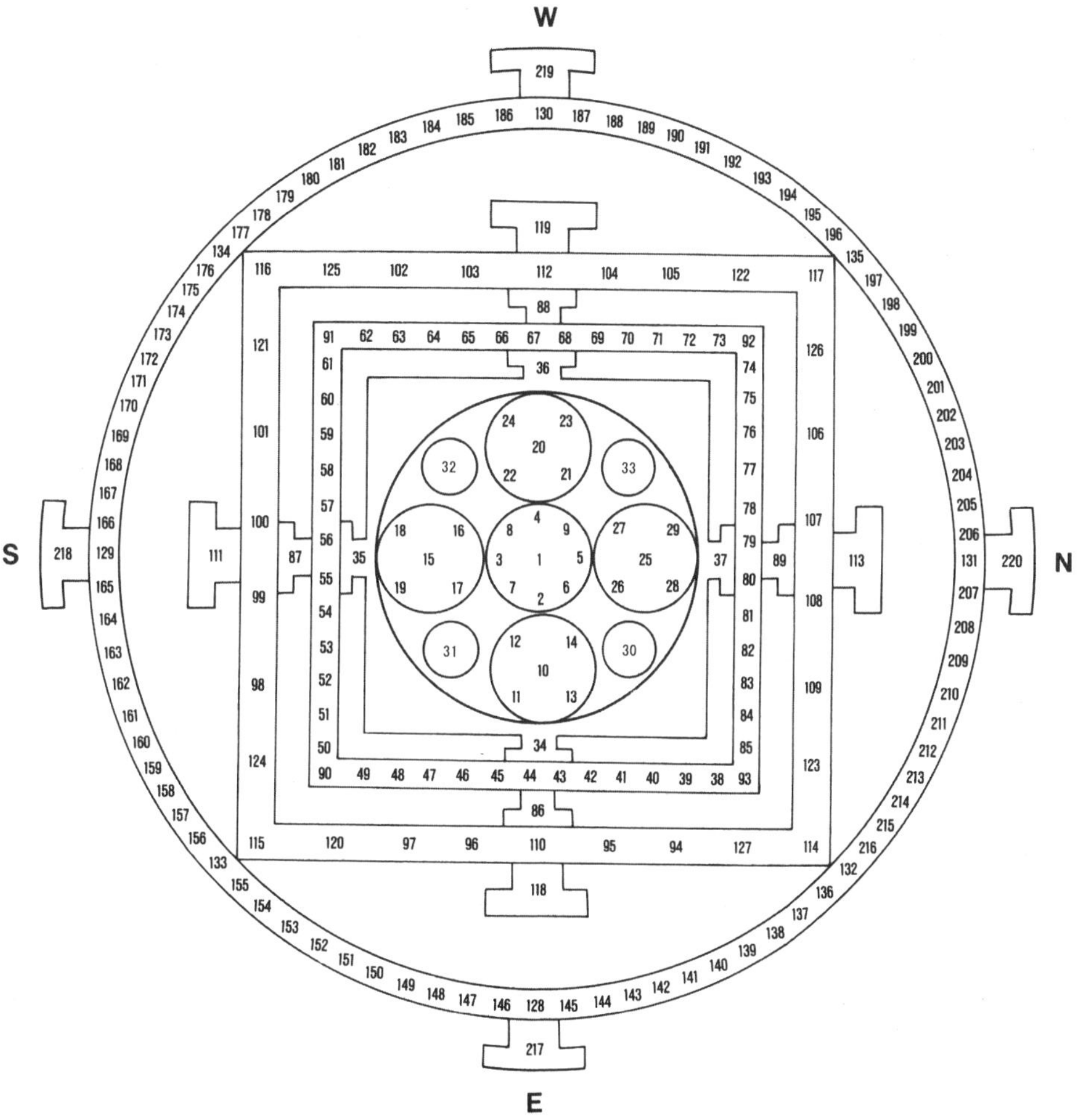

図 3-1-15 『完成せるヨーガの環』21 章における法界マンダラの諸尊配置図。
諸尊名の名前とすがたに関しては本書第 3 章 2 節を参照されたい

図3-1-16　ハカー・バハール寺のマンダラ（ハカー・バハール・マンダラ一号、図3-1-08）

五　ハカー・バハールのマンダラ

ここで再び、ハカー・バハールの「マンダラ一号」（図3-1-08）を取り上げてみたい。このマンダラは「盆地で新しく製作される法界マンダラのモデルである」と、ハカー・バハールの住職もいうように、カトマンドゥ盆地では有名であり、造型作品としても優れている（図3-1-16）。

このマンダラも四重構造を有してはいるが、『完成せるヨーガの環』の法界マンダラ（図3-1-04）の場合とその構造は若干異なっている。すなわち、第一重では中尊、四仏および四妃のみ描かれており、四仏のまわりの十六菩薩のグループは見られない（図3-1-18）。

『完成せるヨーガの環』によれば、法界マンダラの中尊は四面八臂であるが、このハカー・バハール・マンダラ一号の中尊は五面十臂であり、当然、持物も一致しない。しかし、この両者の間には偶然ではない一致が見ら

図 3–1–17　ハカー・バハールのマンダラ一号の中心部
(図 3-1-16 中心部参照)。下が東である

図 3−1−18　ハカー・バハールのマンダラ一号（図 3-1-08, 116 のマンダラ）の諸尊配置図。諸尊の番号は図 3-1-15 と一致する

れる。『完成せるヨーガの環』は文殊が「〔左右の〕二手により転法輪印を結び、右〔の三手〕に剣・矢・金剛を左〔の三手〕に般若経・弓・金剛を持つ」と述べる［Bhattacharyya 1972: 54］。ハカー・バハールの場合では、左右の二手により転法輪印を結び、上方の臂から数えるならば、残る右の四臂は剣・矢・金剛・鉤を持ち、左の四臂は円盤・弓・金剛鈴・旗（？）を持つ。このように第五番目の左右の臂を除けば持物に関してはほぼ『完成せるヨーガの環』とほぼ一致する。

中尊のまわりの四仏の持物についても同様の相応関係が見られる。中尊の上方、すなわち西方に位置する阿弥陀仏の持物については、『完成せるヨーガの輪』では「右に金剛・矢、剣（khaḍga）・鉤を、左に蓮華（padma）・弓、索・鈴を持つ」［Bhattacharyya 1972: 54］と述べられるが、ハカー・バハール・マンダラ一号では、右の剣の位置に蓮華が見られる点を除けば両者の持物は一致している。

これはkhaḍga（剣）とpadma（蓮華）とがサンスクリットでは文字が似ているために起きた混同であり、ハカー・バハール・マンダラ一号の阿弥陀の図像学的特徴は、『完成せるヨーガの環』あるいはその系統のテキストの叙述と一致すると考えることができる。他の仏に関しても中尊や阿弥陀の場合と同様に『完成せるヨーガの環』の叙述にほぼ一致している。

チュシュヤー・バハール本堂正面のほおづえに配されている四仏の持物等が『完成せるヨーガの環』第二一章「法界マンダラ」の記述と一致することはすでに述べた（本書二〇九〜二一二頁）。しかし、『完成せるヨーガの環』第二一章に列挙される持物の順は、ハカー・バハール・マンダラ一号とチュシュヤー・バハールとで理解が異なっている。すなわち、ハカー・バハール・マンダラにあっては、テキスト列挙される持物が上方の臂にある持ち物から下方の臂のそれへと描かれているが、チュシュヤー・バハールの場合には下か

図 3-1-19　ハカー・バハールのマンダラ一号の南部
（図 3-1-16 のマンダラの南部）

ら上への順になっている。このようにして、ネワールの画家たちの間にも異なる二つの画法があったと推測される。ちなみに、チベットではハカー・バハール・マンダラ一号のような描き方も見られるし、現在のネワールの画家の中には、テキストに述べられた順番は無視して左右のバランスや全体の構図を「自分の好みに合わせて」描く者もいる（［立川一九八七b、一八四］参照）。

ハカー・バハール・マンダラ一号の第二重の諸尊は、光背に似た形のみによって表現されている（図3-1-17参照）。『完成せるヨーガの環』によれば、第二重の一方には一二尊が並ぶが、ハカー・バハール・マンダラ一号では一一尊である。ラグ・ヴィーラとローケーシュ・チャンドラによって出版された『ヴァジュラーヴァリーのマンダラ』二一番の法界マンダラ［Raghu Vira and Lokesh

Chandra 1995: 71］では第四重が四角形であるが、ハカー・バハール・マンダラ一号および他のネワール・マンダラの多くが円形である。

マンダラは「閉ざされた空間」を表現するものである。閉ざされていない空間は、行者が観想する場合に一つのまとまりとして捉えることができないからである。少なくともインドやチベットの行者たちはそのように考えたと思われる。浄土マンダラ、社寺マンダラさらには別尊マンダラなどには、今われわれが扱っているマンダラに見られるような「閉ざされた世界空間」は見られない。それは中国および日本においては、世界を「閉じられたひとまとまりのもの」と把握する傾向が、インドにおけるほど強くなかったことを物語るものであろう。

図3-1-20はハカー・バハールの中庭の中、入口に最も近い場所に置かれているマンダラ（図3-1-09の向かって右、ハカー・バハール・マンダラ二号）である。銅版に刻まれたマンダラの線はところどころ摩滅しており、中尊の姿ははっきりと見ることはできない。第一重の四仏のまわりには小さな丸がシンボルとして彫られており、四仏のまわりの菩薩を意味していると思われる。第二重の一方には九尊が並ぶが、これはハカー・バハール・マンダラ一号の場合とも異なっている。マンダラ外縁に見られる四大元素のシンボルも異なっている。このようにマンダラ台二号はその細部においては異なるとはいえ、全体的にはハカー・バハール・マンダラ一号と同様の構造を有しており、ネワールの法界マンダラの典型を示しているといえよう。

ハカー・バハール・マンダラ二号の第四重に並ぶ諸尊の輪の外側には、四方それぞれに月・日、連弁、瓶、連弁、月・日が描かれる。その輪から外へ向かって、風・火・水・地という四大元素がシンボリカルに描かれている、といわれる。(4) しかし、この順序はインド・チベットのマンダラの理解とは逆である。つまり、イ

図 3-1-20　ハカー・バハールのマンダラ二号
(図 3-1-09 の向かって右、図 3-1-10 のマンダラ)

ンドでは四元素は外縁に向かって地・水・火・風という順序となる（本書三七四頁参照）。ともあれ、マンダラが描く宇宙の物質的基礎はこれらの四つの元素によって構成されている。その外側には蓮華の花弁の輪があり、さらにその外側に金剛環がある。マンダラの最外輪は火炎輪である。このようにして、仏たちの住む城は宇宙的規模をもったものであり、その宇宙が一つのまとまりのあるもの、あるいは「閉ざされた空間」として把握されていることが重要である。

ネワールの法界マンダラの代表的作品はハカー・バハールの近くのブ・バハール、ノ・バハールなどにも見られる。［立川　一九九九、六九九～八〇八］を参照されたい。

図3-1-21　スヴァヤンブーの仏塔の東側の法界マンダラ

六　スヴァヤンブー寺院の法界マンダラ

ハカー・バハールのマンダラと並んで、ネワールの法界マンダラの重要なものに、スヴァヤンブー仏塔の東側にある銅版に描かれたものがある。このマンダラの上には図3-1-21に見るように、巨大な金剛杵が置かれている。このマンダラは大小二枚の円形の銅版より成りたち、中央に小さい方の銅版が鋲で打ちつけられている。また第二重の四方それぞれに一二尊が見られ、その限りにおいては『完成せるヨーガの環』の記述と一致する（図3-1-

図 3-1-22　スヴァヤンブーの仏塔の東側のマンダラの東部

図 3-1-23　ウシュニーシャ・チャクラヴァルティン（上段）、ヤマーンタカ（下段中央）、無尽慧（向かって左）および地蔵（向かって右）

15)。

図3‒1‒22は、このスヴァヤンブーの仏塔の東側のマンダラの東部を示している。写真上部からウシュニーシャ・チャクラヴァルティン（法界118、下半身）、その下の段中央はヤマーンタカ（法界110）、さらにその下に法無礙（法界86）、さらその下には十二地（法界38～49）が並ぶ。その下には阿閦仏（法界10）とそのまわりに菩薩たち（法界11など）が見られる。その菩薩たちは『完成せるヨーガの環』の場合（図3‒1‒04、3‒1‒15）におけるように四維ではなくて、四方に配されている。

図3‒1‒23は、図3‒1‒22の部分拡大図であり、上段はウシュニーシャ・チャクラヴァルティン、下段中央はヤマーンタカ、下段向かって左は無尽慧（法界95）、下段向かって右は地蔵（法界96）である。

図3‒1‒24は図3‒1‒23の上段のウシュニーシャ・チャクラヴァルティンを示す。本書第3章2節の『完成せるヨーガの環』第二一章の各尊の図像と大まかには一致する。ただし、図3‒1‒24の尊の左の下から第三臂にある三叉戟は、第3章2節の図118番では数珠である。

図3‒1‒25は、図3‒1‒23の下段向かって左半分、すなわち ヤマーンタカ（下段中央）、無尽慧（向かって左）を示す。持物を持つヤマーンタカの臂の順が異なってはいるが、おおむね『完成せるヨーガの環』と一致する。脚のポーズに関しても一致するが、図3‒1‒25の場合には乗り物は描かれていない。

図3‒1‒26は、写真向かって左から、このマンダラの第四重に現れる七母神の中のブラフマーニー（ハンサ鳥に乗る、法界140、半身のみ）、ルドラーニー（牛に乗る、法界141）、ヴァイシュナヴィー（ガルダ鳥に乗る、法界142）、カウマーリー（孔雀に乗る、法界143）を示している。これらの女神はすべて頭上で合掌しているが、本書第3章2節における七母神（140～146）すべてが合掌しているわけではない。乗り物に関しては一致する。

図3–1–24　ウシュニーシャ・チャクラヴァルティン（図3–1–23の上段）

図3–1–25　ヤマーンタカ（写真右）と無尽慧

図3–1–26　七母神の中のブラフマーニー（半身）、ルドラーニー、ヴァイシュナヴィー、カウマーリー

図3-1-27　水星（向かって左）と木星

図3-1-27の二尊は、向かって左が水星（法界154）、向かって右は木星（法界155）である。本書第3章2節の水星（154番）および木星（155番）の図像と一致する。

この銅板のマンダラに描かれた諸尊のすがたは、『完成せるヨーガの環』の記述とおおむね一致するが、一致しない点もある。もっともプラターパ王の命によってこのマンダラを作った者たちが、どのような写本を用いたかは現在、不明である。

あるネワールの画家、たとえば、ガウタム・バジュラーチャーリヤ氏は「このマンダラこそネワールの特色を示している」という。特に外縁の神々のすがたは腐食して線が鮮明でないところが多い。二〇一〇年前後にこのマンダラ版の改修が行われた（本書第3章4節注（4）参照）。

注

（1）「トルマ」は文字通りには「捨てられるもの」を意味する。儀礼において邪悪なる霊を吸い取る役割を負わされており、儀礼の後に捨てられるものである。

（2）日本仏教においては、この数世紀の間、禅仏教と浄土教（浄土宗、浄土真宗）が有力である。日本の禅では世界の構造を論理的言葉によって説明することは薦められるわけではなく、浄土教では世界の構造の分析をすることはむしろ救済の障害となると考えられた。

（3）四仏および法界マンダラに現れる四妃の龕が設けられていたが、後世、金剛界マンダラの中尊である大日如来の龕が追加されたために、この仏塔は金剛界マンダラとしての特質をも得ることとなった。

（4）ガウタム・バジュラーチャーリヤ氏によれば、このマンダラは元はカトマンドゥ・トゥンディケールのマハーカーラ寺院［Pruscha 1975：B/K-287］にあったが、道路整備のためここに移された。

（5）四大元素の象徴意味に関してはニ〇〇七年夏、ハカー・バハール寺院住職に聞くことができた。ここに記して謝意を表したい。

2　法界マンダラの諸尊

本節は『完成せるヨーガの環』第二一章「法界語自在文殊マンダラ」に登場する二二〇尊の白猫を紹介するものである。法界語自在文殊マンダラあるいは法界マンダラの基本構造は金剛界マンダラのそれであり、前者は後者の発展上にあるということができる。法界マンダラに登場する尊像の数は金剛界マンダラのおよそ四倍であり、今日見られる法界マンダラの成立は金剛界マンダラよりも少なくとも三、四世紀後のことであろう。

カトマンドゥ盆地のネワール密教においては、法界マンダラが最もよく知られているが、ネワール仏教徒がこのマンダラの典拠としているのは『完成せるヨーガの環』であり、本節の白描はネワール人画家ガウタム・バジュラーチャーリヤ氏によって描かれたものであるが、これらの図像はネワール仏教に伝えられたインド密教の諸尊のイメージを伝えている。

法界マンダラ諸尊の図像は、すでに国立民族学博物館より出版されている［長野・立川　一九八九］。この場合も作画者はガウタム・バジュラーチャーリヤ氏であったが、本節の白描資料は、一九八五年から八九年の間に描かれた。ガウタム・バジュラーチャーリヤ氏とサンスクリット・テキストの解釈をめぐって意見が分かれたことはしばしばであった。一九八〇年代後半から二〇〇〇年まで幾度かにわたって氏との討議の末、氏に作画の訂正を依頼した箇所がある。したがって、［長野・立川　一九八九］とは、たとえば、尊像三〇〜三三番［長野・立川　一九八九、八七〜九〇］に見られるように、尊像が異なっている場合もある。

法界マンダラ全体の白描は本書図3-1-04を、同マンダラの諸尊配置図は本書図3-1-15を参照されたい。なお、本節における諸尊の番号は図3-1-15の番号に従っている。

『完成せるヨーガの環』第二一章和訳に関しては森雅秀氏の訳［長野・立川　一九八九、二三五〜二六四］を参照されたい。サンスクリット・テキストと本節の図像との異同は、ネワールの伝統に基づく場合もあるが、サンスクリット解釈の責任はすべて立川にあることをつけ加えておきたい。本節の図像のコンピュータ処理に関しては、亀山健志・亀山智恵子両氏の助力を得た。ここに記して謝意を表したい。

法界語自在マンダラ諸尊リスト

番号	サンスクリット	チベット	漢字表記
1	Mañjughoṣa (Dharmadhātuvāgīśvara)	'Jam dbyangs (Chos kyi dbyings gsung gi dbang phyug)	［法界語自在］文殊 （マンジュゴーシャ）
2	Mahoṣṇīṣa	gTsug tor chen po	大仏頂
3	Sitātapatroṣṇīṣa	gDugs dkar po	白傘蓋仏頂
4	Tejorāśyuṣṇīṣa	gZi brjid phung po	光聚仏頂
5	Vijayoṣṇīṣa	rNam par rgyal ba'i gtsug tor	最勝仏頂
6	Vikiraṇoṣṇīṣa	'Od zer rnam par 'phro ba	捨除仏頂
7	Udgatoṣṇīṣa	'Phags pa	高仏頂
8	Mahodgatoṣṇīṣa	Cher 'phags pa	高大仏頂
9	Jayoṣṇīṣa	rGyal ba	勝仏頂
10	Akṣobhya	Mi bskyod pa	阿　閦
11	Vajrasattva	rDo rje sems dpa'	金剛薩埵
12	Vajrarāja	rDo rje rgyal po	金剛王
13	Vajrarāga	rDo rje chags pa	金剛愛
14	Vajrasādhu	rDo rje legs pa	金剛喜
15	Ratnasambhava	Rin chen 'byung ldan	宝　生
16	Vajraratna	rDo rje rin chen	金剛宝
17	Vajrateja	rDo rje gzi brjid	金剛光
18	Vajraketu	rDo rje tog	金剛幢
19	Vajrahāsa	rDo rje bzhad pa	金剛笑
20	Amitābha	sNang ba mtha' yas	阿弥陀
21	Vajradharma	rDo rje chos	金剛法
22	Vajratīkṣṇa	rDo rje rnon po	金剛利
23	Vajrahetu	rDo rje rgyu	金剛因
24	Vajrabhāṣa	rDo rje smra ba	金剛語
25	Amoghasiddhi	Don yod grub pa	不空成就
26	Vajrakarma	rDo rje las	金剛業
27	Vajrarakṣa	rDo rje bsrung ba	金剛護
28	Vajrayakṣa	rDo rje gnod sbyin	金剛牙
29	Vajrasandhi	rDo rje khu tshur	金剛拳
30	Locanā	sPyan ma	ローチャナー
31	Māmakī	Mā ma kī	マーマキー
32	Pāṇḍarā	Gos dkar mo	パーンダラー
33	Tārā	sGrol ma	ターラー
34	Vajrāṅkuśa	rDo rje lcags kyu	金剛鉤
35	Vajrapāśa	rDo rje zhags pa	金剛索
36	Vajrasphoṭa	rDo rje lcags sgrog	金剛鏁
37	Vajrāveśa	rDo rje 'bebs pa	金剛鈴
38	Adhimukticaryā	Mos pa spyod pa'i sa ma	信解行地
39	Pramuditā	Rab tu dga' ba	歓喜地
40	Vimalā	Dri ma med ma	離垢地
41	Prabhākarī	'Od byed ma	発光地
42	Arciṣmatī	'Od 'phro ma	焰慧地
43	Sudurjayā	sByang dka' ma	難勝地
44	Abhimukhī	mNgon du gyur pa'i sa ma	現前地
45	Dūraṅgamā	Ring du song ba ma	遠行地
46	Acalā	Mi g-yo ba ma	不動地

番号	サンスクリット	チベット	漢字表記
47	Sādhumatī	Legs pa'i blo gros ma	善慧地
48	Dharmameghā	Chos kyi sprin ma	法雲地
49	Samantaprabhā	Kun tu 'od ma	普光地
50	Ratnapadmapāramitā	Rin po che padma'i pha rol tu phyin ma	宝蓮華波羅蜜
51	Dānapāramitā	sByin pa'i pha rol tu phyin ma	布施波羅蜜
52	Śīlapāramitā	Tshul khrims kyi pha rol tu phyin ma	持戒波羅蜜
53	Kṣāntipāramitā	bZod pa'i pha rol tu phyin ma	忍辱波羅蜜
54	Vīryapāramitā	brTson 'grus kyi pha rol tu phyin ma	精進波羅蜜
55	Dhyānapāramitā	bSam gtan gyi pha rol tu phyin ma	禅定波羅蜜
56	Prajñāpāramitā	Shes rab kyi pha rol tu phyin ma	般若波羅蜜
57	Upāyapāramitā	Thabs kyi pha rol tu phyin ma	方便波羅蜜
58	Praṇidhānapāramitā	sMon lam gyi pha rol tu phyin ma	願波羅蜜
59	Balapāramitā	sTobs kyi pha rol tu phyin ma	力波羅蜜
60	Jñānapāramitā	Ye shes kyi pha rol tu phyin ma	智波羅蜜
61	Vajrakarmapāramitā	rDo rje las kyi pha rol tu phyin ma	金剛業波羅蜜
62	Āyurvaśitā	Tshe la dbang ba ma	命自在
63	Cittavaśitā	Sems la dbang ba ma	心自在
64	Pariṣkāravaśitā	Yo byad la dbang ba ma	財自在
65	Karmavaśitā	Las la dbang ba ma	業自在
66	Upapattivaśitā	sKye ba la dbang ba ma	生自在
67	Ṛddhivaśitā	rDzu 'phrul la dbang ba ma	神通自在
68	Adhimuktivaśitā	Mos pa la dbang ba ma	勝解自在
69	Praṇidhānavaśitā	sMon lam la dbang ba ma	願自在
70	Jñānavaśitā	Ye shes la dbang ba ma	智自在
71	Dharmavaśitā	Chos la dbang ba ma	法自在
72	Tathatā	De bzhin nyid ma	如是女
73	Buddhabodhi	Sangs rgyas kyi byang chub ma	仏菩提女
74	Vasumatī	dByig gi blo gros ma	縛蘇摩底
75	Ratnolkā	Rin chen dkar mda' ma	宝　炬
76	Uṣṇīṣavijayā	gTsug tor rnam par rgyal ma	仏頂尊勝
77	Mārīcī	'Od zer can	摩利支
78	Parṇaśabarī	Ri khrod lo ma can	葉　衣
79	Jāṅgulī	Dug sel ma	常瞿利
80	Anantamukhā	sGo mtha' yas ma	無量門
81	Cundā	Tsun dha ma	準　胝
82	Prajñāvardhanī	Shes rab 'phel ma	智慧増長
83	Sarvakarmāvaraṇaviśodhanī	Las dang sgrib pa thams cad rnam par sel ma	除一切業障
84	Akṣayajñānakaraṇḍā	Ye shes mi zad pa'i za ma tog	無尽智篋
85	Sarvabuddhadharmakośavatī	Sangs rgyas thams cad kyi chos kyi mdzod ma	持一切仏庫
86	Dharmapratisaṃvit	Chos so so yang dag par rig pa ma	法無礙
87	Arthapratisaṃvit	Don so so yang dag par rig ma	義無礙
88	Niruktipratisaṃvit	Nges pa'i tshig so so yang dag par rig pa ma	詞無礙
89	Pratibhānapratisaṃvit	sPobs pa so so yang dag par rig pa ma	弁無礙
90	Lāsyā	sGeg mo	嬉　女
91	Mālā	Phreng ba ma	鬘　女
92	Gītā	Glu ma	歌　女
93	Nṛtyā	Gar ma	舞　女
94	Samantabhadra	Kun tu bzang po	普　賢

番号	サンスクリット	チベット	漢字表記
95	Akṣayamati	Blo gros mi zad pa	無尽慧
96	Kṣitigarbha	Sa'i snying po	地　蔵
97	Ākāśagarbha	Nam mkha'i snying po	虚空蔵
98	Gaganagañja	Nam mkha' mdzod	虚空庫
99	Ratnapāṇi	Phyag na rin chen	宝　手
100	Sāgaramati	Blo gros rgya mtsho	海　慧
101	Vajragarbha	rDo rje snying po	金剛蔵
102	Avalokiteśvara	sPyan ras gzigs dbang phyug	観自在
103	Mahāsthāmaprāpta	mThu chen thob	勢　至
104	Candraprabha	Zla 'od	月　光
105	Jālinīprabha	Dra ba can gyi 'od	網　明
106	Amitaprabha	'Od dpag med	無量光
107	Pratibhānakūṭa	sPobs pa brtsegs pa	弁　積
108	Sarvaśokatamonirghātamati	Mya ngan dang mun pa thams cad 'joms pa'i blo gros	除憂闇
109	Sarvanivaraṇaviṣkambhin	sGrib pa thams cad rnam par sel ba	除蓋障
110	Yamāntaka	gShin rje mthar byed	ヤマーンタカ
111	Prajñāntaka	Shes rab mthar byed	プラジュニャーンタカ
112	Padmāntaka	Padma mthar byed	パドマーンタカ
113	Vighnāntaka	bGegs mthar byed	ヴィグナーンタカ
114	Trailokyavijaya	'Jig rten gsum las rnam par rgyal ba	トライローキヤヴィジャヤ
115	Vajrajvālānalārka	rDo rje nyi ma me ltar 'bar ba	ヴァジュラジュヴァーラーナラールカ
116	Herukavajra	He ru ka rdo rje	ヘールカヴァジュラ
117	Paramāśva	rTa mchog	パラマーシュヴァ
118	Uṣṇīṣacakravartin	gTsug tor 'khor los sgyur ba	ウシュニーシャチャクラヴァルティン
119	Sumbharāja	gNod mdzes rgyal po	スンバラージャ
120	Puṣpā	Me tog ma	華　女
121	Dhūpā	bDug spos ma	香　女
122	Dīpā	Mar me ma	灯　女
123	Gandhā	Dri chab ma	塗香女
124	Vajrarūpā	rDo rje gzugs ma	金剛色女
125	Vajraśabdā	rDo rje sgra ma	金剛声女
126	Vajrarasā	rDo rje ro ma ma	金剛味女
127	Vajrasparśā	rDo rje reg bya ma	金剛触女
128	Indra	dBang po	帝釈天
129	Yama	gShin rje	焔　摩
130	Varuṇa	Chu bdag	水　天
131	Kubera	Lus ngan	多聞天
132	Īśāna	dBang ldan	伊舎那天
133	Agni	Me lha	火　天
134	Nairṛti	Srin po'i bdag po	羅刹天
135	Vāyu	rLung lha	風　天
136	Brahman	Tshangs pa	梵　天
137	Viṣṇu	Khyab 'jug	毘　紐
138	Maheśvara	dBang phyug chen po	摩醯首羅
139	Kārttikeya	gDong drug	カールッティケーヤ

番号	サンスクリット	チベット	漢字表記
140	Brahmāṇī	Tshangs ma	ブラフマーニー
141	Rudrāṇī	Drag mo	ルドラーニー
142	Vaiṣṇavī	Khyab 'jug ma	ヴァイシュナヴィー
143	Kaumārī	gZhon nu ma	カウマーリー
144	Indrāṇī	dBang mo	インドラーニー
145	Vārāhī	Phag mo	ヴァーラーヒー
146	Cāmuṇḍā	Tsa mung ḍi	チャームンダー
147	Bhṛṅgī	'Bring gi ri ti	ブリンギー
148	Gaṇapati	Tshogs bdag	ガナパティ
149	Mahākāla	Nag po chen po	マハーカーラ
150	Nandikeśvara	dGa' byed dbang phyug	ナンディケーシュヴァラ
151	Āditya	Nyi ma	日　天
152	Candra	Zla ba	月　天
153	Maṅgala	Mig dmar	火　星
154	Budha	lHag pa	水　星
155	Bṛhaspati	Phur bu	木　星
156	Śukra	Pa ba sangs	金　星
157	Śanaiścara	sPen pa	土　星
158	Rāhu	sGra gcan	羅睺星
159	Ketu	mJug rings	計都星
160	Balabhadra	sTobs bzangs	バラバドラ
161	Jayakara	rGyal bar byed pa	ジャヤカラ
162	Madhukara	sBrang rtsir byed pa	マドゥカラ
163	Vasanta	dPyid kyi lha	ヴァサンタ
164	Ananta	mTha' yas	アナンタ
165	Vāsuki	Nor rgyas	ヴァースキ
166	Takṣaka	'Jog po	タクシャカ
167	Karkoṭaka	sTobs kyi rgyu	カルコータカ
168	Padma	Padma	パドマ
169	Mahāpadma	Padma chen po	マハーパドマ
170	Śaṅkhapāla	Dung skyong	シャンカパーラ
171	Kulika	Rigs ldan	クリカ
172	Vemacitrin	Thag bzangs ris	ヴェーマチトリン
173	Balin	sTobs ldan	バリン
174	Prahlāda	Tshim byed	プラフラーダ
175	Vairocana	rNam par snang byed	ヴァイローチャナ
176	Garuḍendra	Nam mkha' lding gi dbang po	ガルデーンドラ
177	Drumakinnararājendra	Mi 'am ci'i rgyal po ljon pa	ドゥルマキンナララージェーンドラ
178	Pañcaśikha	Zur phud lnga pa	パンチャシカ
179	Sarvārthasiddha	Don kun grub pa	サルヴァールタシッダ
180	Pūrṇabhadra	Gang ba bzang po	プールナバドラ
181	Māṇibhadra	Nor bu bzang po	マーニバドラ
182	Dhanada	Nor sbyin	ダナダ
183	Vaiśravaṇa	rNam thos kyi bu	ヴァイシュラヴァナ
184	Civikuṇḍalin	Pi tsi kun dha li	チヴィクンダリン
185	Kelimālin	Ke li mā lī	ケーリマーリン
186	Sukhendra	sGo'i dbang po	スケーンドラ

番号	サンスクリット	チベット	漢字表記
187	Calendra	sPyod pa'i dbang po	チャレーンドラ
188	Hārītī	'Phrog ma	ハーリーティー
189	Aśvinī	Tha skar	婁　宿
190	Bharaṇī	Bra nye	胃　宿
191	Kṛttikā	sMin drug	昴　宿
192	Rohiṇī	sNar ma	畢　宿
193	Mṛgaśiras	mGo	觜　宿
194	Ārdrā	Lag	参　宿
195	Punarvasu	Nabs so	井　宿
196	Puṣyā	rGyal	鬼　宿
197	Aśleṣā (Āśleṣā)	sKag	柳　宿
198	Maghā	mChu	星　宿
199	Pūrvaphālgunī	Dre	張　宿
200	Uttaraphālgunī	sBo	翼　宿
201	Hastā	Me bzhi	軫　宿
202	Citrā	Nag pa	角　宿
203	Svātī	Sa ri	亢　宿
204	Viśākhā	Sa ga	氐　宿
205	Anurādhā	lHa mtshams	房　宿
206	Jyeṣṭhā	sNron	心　宿
207	Mūlā	sNrubs	尾　宿
208	Pūrvāṣāḍhā	Chu stod	箕　宿
209	Uttarāṣāḍhā	Chu smad	斗　宿
210	Śravaṇā	Gru bzhin	女　宿
211	Dhaniṣṭhā	Mon gre	虚　宿
212	Śatabhiṣā	Mon gru	危　宿
213	Pūrvabhādrapadā	Khrums stod	室　宿
214	Uttarabhādrapadā	Khrums smad	壁　宿
215	Revatī	Nam gru	奎　宿
216	Abhijit	Byi bzhin	牛　宿
217	Vajrāṅkuśa	rDo rje lcags kyu	金剛鉤
218	Vajrapāśa	rDo rje zhags pa	金剛索
219	Vajrasphoṭa	rDo rje lcags sgrog	金剛鏁
220	Vajrāveśa	rDo rje 'bebs pa	金剛鈴

【凡例】

1　以下の白描画は、カトマンドゥ在住のネワール人画家ガウタム・バジュラーチャーリヤ氏が、B・バッタチャリヤ版『完成せるヨーガの環』第二一章「法界語自在文殊マンダラの章」(Benoytosh Bhattacharya, *Niṣpannayogāvalī of Mahāpaṇḍita Abhayākaragupta*, G. O. S., No.109, Oriental Institute, Baroda, 1972, pp. 58-65)〔Bhattacharya 1972〕の記述に従って一九八〇年代に描いたものである。

2　『完成せるヨーガの環』に説明がなく、画家あるいは読者の自由に任されている部分もある。たとえば、サンスクリット・テキスト自体が諸尊の冠や髪型、さらには衣について詳細に述べているわけではない。

1〔法界語自在〕文殊

2　大仏頂　　3　白傘蓋仏頂
4　光聚仏頂　5　最勝仏頂
6　捨除仏頂　7　高仏頂
8　高大仏頂　9　勝仏頂

10 阿　閦

11 金剛薩埵

श्री वज्र राग

13 金剛愛

श्री वज्र राज

12　金剛王

श्री रत्न सम्भव

15　宝　生

श्री वज्र साधु

14　金剛喜

श्री वज्र तेज

17　金剛光

श्री वज्र रत्न

16　金剛宝

18　金剛幢

श्रीवज्रहास

19　金剛笑

श्रीअमिताभ

20　阿弥陀

श्रीवज्रधर्म

21　金剛法

22　金剛利

23　金剛因

श्रीवज्रयाया

24　金剛語

श्रीअमोघसिद्धि

25　不空成就

श्रीवज्रकर्म

26　金剛業

श्रीवज्ररक्ष

27　金剛護

श्रीवज्रयक्ष

28　金剛牙

श्रीवज्रसन्धि

29　金剛拳

श्री लोचन
30　ローチャナー

श्री मामकी
31　マーマキー

श्री पद्मनी
32　パーンダラー

श्री तारा
33　ターラー

श्री वज्राङ्कुश
34　金剛鉤

श्री वज्रपाश
35　金剛索

श्री वज्रस्फोट
36 金剛鏁

श्री वज्रघण्टा
37 金剛鈴

श्री अधिमुक्तिचर्यारश्मि
38 信解行地

श्री प्रमुदितारश्मि
39 歓喜地

श्री विमलारश्मि
40 離垢地

श्री प्रभाकरीरश्मि
41 発光地

श्री अर्चिष्मती रश्मि
42　焰慧地

श्री सुदुर्जया रश्मि
43　難勝地

श्री अभिमुखी रश्मि
44　現前地

श्री दूरङ्गमा रश्मि
45　遠行地

श्री अचला रश्मि
46　不動地

श्री साधुमती रश्मि
47　善慧地

श्रीधर्ममेघभूमि

48　法雲地

श्रीसमन्तप्रभभूमि

49　普光地

श्रीरत्नपाबमिता

50　宝蓮華波羅蜜

श्रीदानपाबमिता

51　布施波羅蜜

श्रीशिलपाबमिता

52　持戒波羅蜜

श्रीक्षान्तिपाबमिता

53　忍辱波羅蜜（黄）

श्री वीर्यपारमिता
54　精進波羅蜜（緑宝色）

श्री ध्यानपारमिता
55　禅定波羅蜜（紺）

श्री प्रज्ञापारमिता
56　般若波羅蜜

श्री उपायपारमिता
57　方便波羅蜜

श्री प्रणिधानपारमिता
58　願波羅蜜

श्री बलपारमिता
59　力波羅蜜

श्री ज्ञानपारमिता

60　智波羅蜜

श्री वज्रकर्मपारमिता

61　金剛業波羅蜜

श्री आयुर्वशिता

62　命自在

श्री चित्तवशिता

63　心自在

श्री परिष्कारवशिता

64　財自在

श्री कर्मवशिता

65　業自在

श्री उपपत्तिवशिता
66　生自在

श्री ऋद्धिवशिता
67　神通自在

श्री अधिमुक्तिवशिता
68　勝解自在

श्री प्रणिधानवशिता
69　願自在

श्री ज्ञानवशिता
70　智自在

श्री धर्मवशिता
71　法自在

श्रीतथता
72　如是女

श्रीबुद्धबोधिप्रभा
73　仏菩提女

श्रीसुमती
74　縛蘇摩底

श्रीरत्नोल्का
75　宝　炬

श्रीउष्णीषविजय
76　仏頂尊勝

श्रीमारी
77　摩利支

श्रीपर्णशबरि

78　葉　衣

श्रीजाङ्गुली

79　常瞿利

श्रीअनन्तमुखी

80　無量門

श्रीचन्द्रा

81　準　胝

श्रीप्रज्ञावर्धनी

82　智慧増長

श्रीसर्वकर्मावरणविशोधनी

83　除一切業障

श्रीअक्षयज्ञानकरण्ड
84　無尽智篋

श्रीसर्वबुद्धधर्म
85　持一切仏庫

श्रीधर्मप्रतिसंवित
86　法無礙

श्रीअर्थप्रतिसंवित
87　義無礙

श्रीनिरुक्तिप्रतिसंवित
88　詞無礙

श्रीप्रतिभानसंवित
89　弁無礙

श्रीहास्या

90　嬉　女

श्रीमाला

91　鬘　女

श्रीगीता

92　歌　女

श्रीनृत्या

93　舞　女

श्रीसमन्तभद्र

94　普　賢

श्रीअक्षयमति

95　無尽慧

श्रीक्षितिगर्भ
96　地　蔵

श्रीआकाशगर्भ
97　虚空蔵

श्रीगगनगंज
98　虚空庫

श्रीरत्नपाणि
99　宝　手

श्रीसागरमति
100　海　慧

श्रीवज्रगर्भ
101　金剛蔵

श्री अवलोकितेश्वर

102　観自在

श्री महास्थानप्राप्त

103　勢　至

श्री चन्द्रप्रभ

104　月　光

श्री जालिनीप्रभ

105　網　明

श्री अमिताभ

106　無量光

श्री प्रतिभानकूट

107　弁　積

श्रीसर्वनिवरणविष्कम्भी
109　除蓋障

श्रीसर्वशोकतमोनिर्घातमति
108　除憂闇

श्रीप्रज्ञान्तक
111　プラジュニャーンタカ

श्रीयमान्तक
110　ヤマーンタカ

श्रीविघ्नान्तक
113　ヴィグナーンタカ

श्रीपद्मान्तक
112　パドマーンタカ

115　ヴァジュラジュヴァーラーナラールカ

114　トライローキヤヴィジャヤ

117　パラマーシュヴァ

116　ヘールカヴァジュラ

119　スンバラージャ

118　ウシュニーシャチャクラヴァルティン

श्री पुष्पा

120　華　女

श्री धूपा

121　香　女

श्री दीपा

122　灯　女

श्री गन्धा

123　塗香女

श्री वज्ररूपा

124　金剛色女

श्री वज्रशब्द

125　金剛声女

126　金剛味女

127　金剛触女

128　帝釈天

129　焰　摩

130　水　天

131　多聞天

श्री ईशान

132　伊舎那天

श्रीअग्नि

133　火　天

श्रीनैरृत्य

134　羅刹天

श्रीवायव्य

135　風　天

श्रीब्रह्मा

136　梵　天

श्रीविष्णु

137　毘　紐

138　摩醯首羅

139　カールッティケーヤ

140　ブラフマーニー

141　ルドラーニー

142　ヴァイシュナヴィー

143　カウマーリー

144 インドラーニー

145 ヴァーラーヒー

146 チャームンダー

147 ブリンギー

148 ガナパティ

149 マハーカーラ

श्रीनन्दिकेश्वर
150　ナンディケーシュヴァラ

श्रीआदित्य
151　日　天

श्रीचन्द्र
152　月　天

श्रीमङ्गल
153　火　星

श्रीबुध
154　水　星

श्रीबृहस्पति
155　木　星

श्रीशुक्र
156　金　星

श्रीशनैश्चर
157　土　星

श्रीराहु
158　羅睺星

श्री केतु
159　計都星

श्रीबलभद्र
160　バラバドラ

श्रीजयंकर
161　ジャヤカラ

162　マドゥカラ

163　ヴァサンタ

164　アナンタ
165　ヴァースキ
166　タクシャカ
167　カルコータカ
168　パドマ
169　マハーパドマ
170　シャンカパーラ
171　クリカ

172　ヴェーマチトリン
173　バリン
174　プラフラーダ
175　ヴァイローチャナ

श्रीगरुडेन्द्र

176　ガルデーンドラ

श्रीकिन्नराइन्द्र

177　ドゥルマキンナララージェーンドラ

श्रीपञ्चशिख

178　パンチャシカ

श्री सर्वार्थसिद्ध

179　サルヴァールタシッダ

श्रीपूर्णभद्र

180　プールナバドラ
181　マーニバドラ
182　ダナダ
183　ヴァイシュラヴァナ
184　チヴィクンダリン
185　ケーリマーリン
186　スケーンドラ
187　チャレーンドラ

205　房宿
206　心宿
207　尾宿
208　箕宿
209　斗宿
210　女宿
211　虚宿
212　危宿
213　室宿
214　壁宿
215　奎宿
216　牛宿
217　金剛鉤
218　金剛索
219　金剛鏁
220　金剛鈴

189　婁宿
190　胃宿
191　昴宿
192　畢宿
193　觜宿
194　参宿
195　井宿
196　鬼宿
197　柳宿
198　星宿
199　張宿
200　翼宿
201　軫宿
202　角宿
203　亢宿
204　氐宿

188　ハーリーティー

3　悪趣清浄マンダラ

一　悪趣清浄マンダラの作例

パタン市においてハカー・バハールやブ・バハールと並んで重要な仏教寺院にクワー・バハール（通称、黄金寺）がある。この寺院には櫓形の門があり、その門の天井に直径約四五センチメートルの石盤がはめこまれており、その上に悪趣清浄マンダラが浮き彫りになっている（図3―3―01）。このマンダラでは十六大菩薩が中尊、四仏および四妃をとりまいている（図3―3―02）。また、蓮華の花弁輪と金剛環との間に七九尊が輪状に配置されている。

クワー・バハールのこのマンダラは、『西蔵曼荼羅集成』（GDK）二七番「一切智大日三十七尊マンダラ」と同種のものと思われ、そのテキストは『如来阿羅漢等正覚者の一切悪趣を浄める威光王の儀軌』（『東北目録』四八三番）［bSod nams rgya mtsho and Tachikawa 1989: 27］である。このマンダラの外輪に並ぶ諸尊には、十方天、八大龍王、諸惑星、二十八宿、四天王、九バイラヴァ、ヤクシャ、ヤクシニー、ラークシャサ、ヨーギニー、山の王、樹木の精などが含まれる［bSod nams rgya mtsho 1991: 58］。これらの尊格は、後に見るように、本章において後ほど扱う『完成せるヨーガの環』二一章の「悪趣清浄マンダラ」の外輪に並ぶ諸

図 3-3-01　悪趣清浄マンダラの一種「一切智大日三十七尊マンダラ」。
クワー・バハールの櫓形の門の天井にある石製マンダラ。パタン

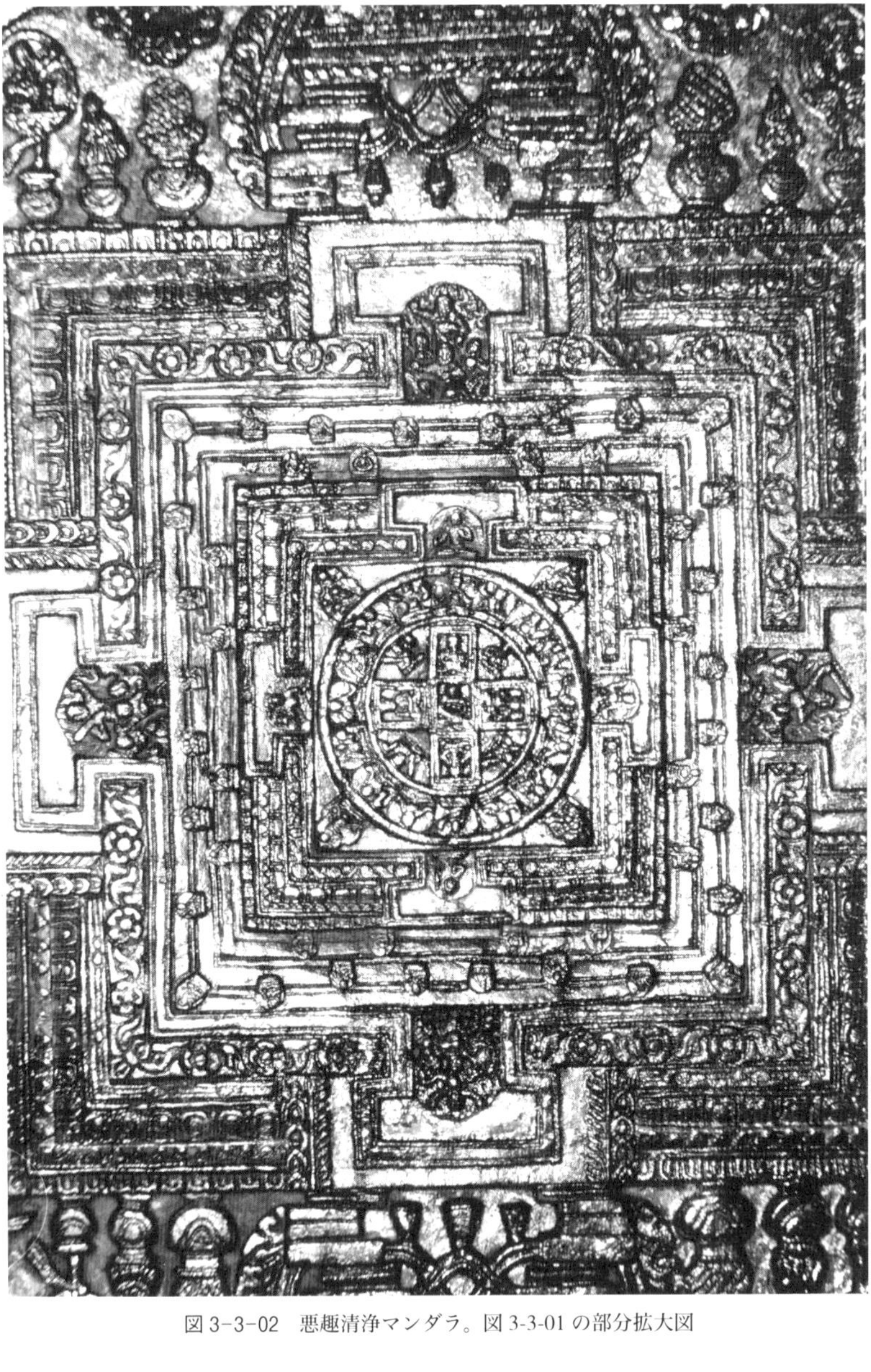

図 3−3−02　悪趣清浄マンダラ。図 3-3-01 の部分拡大図

尊とはかなり異っている。

ネワール仏教には幾種類かの悪趣清浄マンダラが伝えられている。図3–3–05などを描いたガウタム・バジュラーチャーリヤの父であるラトナカジ・バジュラーチャーリヤ著『カトマンドゥの仏教徒のための儀礼儀軌』(*Yeṃ deyā buddha pūjā kriyā yā halaṃ jvalaṃ*)［Ratnakaji Bajracharya 1980］には図3–3–03のマンダラ図が掲載されている。このマンダラは『完成せるヨーガの環』第二二章に述べられる「悪趣清浄マンダラ」の諸尊の位置やシンボルとは一致しないが、対応する部分もある。図3–3–01の悪趣清浄マンダラの場合と同様、外縁の諸尊は一尊ずつ並んでいる。

図3–3–04はスヴァヤンブーの仏塔東側にある悪趣清浄マンダラ(部分図)を示している。中尊仏シャーキャシンハ(大日)と周囲の八仏頂以外はシンボルで表現されている。ここに描かれた諸尊のシンボルは、図3–3–03に見られるシンボルと一致する点が多い。「仏頂」とは、ヨーガ行者の修行がある一定の高さに達したときにその行者の頭頂に生ずる肉の盛り上がりをいい、仏頂尊はその神格化である。

スヴァヤンブーの仏塔のまわりには、図3–3–04のマンダラ以外にもいくつかの悪趣清浄マンダラが見られるが、ほとんどのものは表面が磨滅してしまっている。

図 3-3-03　ネワール仏教に伝えられた悪趣清浄マンダラ
［Ratnakaji Bajracharyya 1980: 105］

図 3-3-04　悪趣清浄マンダラ。スヴァヤンブーの仏塔東側（図 3-4-14 の A）

二　『完成せるヨーガの環』に述べられる悪趣清浄マンダラ

図3-3-05は『完成せるヨーガの環』第二二章による「悪趣清浄マンダラ」を示している。この図では、外マンダラに並ぶ五五尊は二八部屋に納まるように――男尊とその妃が一つの部屋に入るようにして――描かれており、最後の四女神（ビーマー、シュリー、サラスヴァティーおよびドゥルガー、後の和訳参照）は二部屋に入っている。ネワール仏教僧による一つの理解として、ここにマンダラを掲げておきたい。外マンダラの諸尊はそれぞれ単独に――別個の部屋にペアで入るのではなくて――描かれるべきであるという解釈も可能である。

ちなみに、『タントラ部集成』二三番においては、上述の五五尊のうちの多くが合体したかたち（ヤブユム）で描かれている［bSod nams rgya mtsho and Tachikawa 1989: 23］。

以下、『完成せるヨーガの環』第二二章「悪趣清浄マンダラ」の諸尊についての記述のみの訳を掲げておきたい。テキストは主として［Bhattacharyya 1972: 66-67］を用いたが、変更すべきテキストの箇所はその都度、注に述べた。それぞれの尊格の名前の後の括弧に入った番号は図3-3-07の番号と対応する。

図 3-3-05 『完成せるヨーガの環』第 22 章の悪趣清浄マンダラ。
ガウタム・バジュラーチャーリヤ画

図3–3–06　図3–3–05の中央部の拡大図

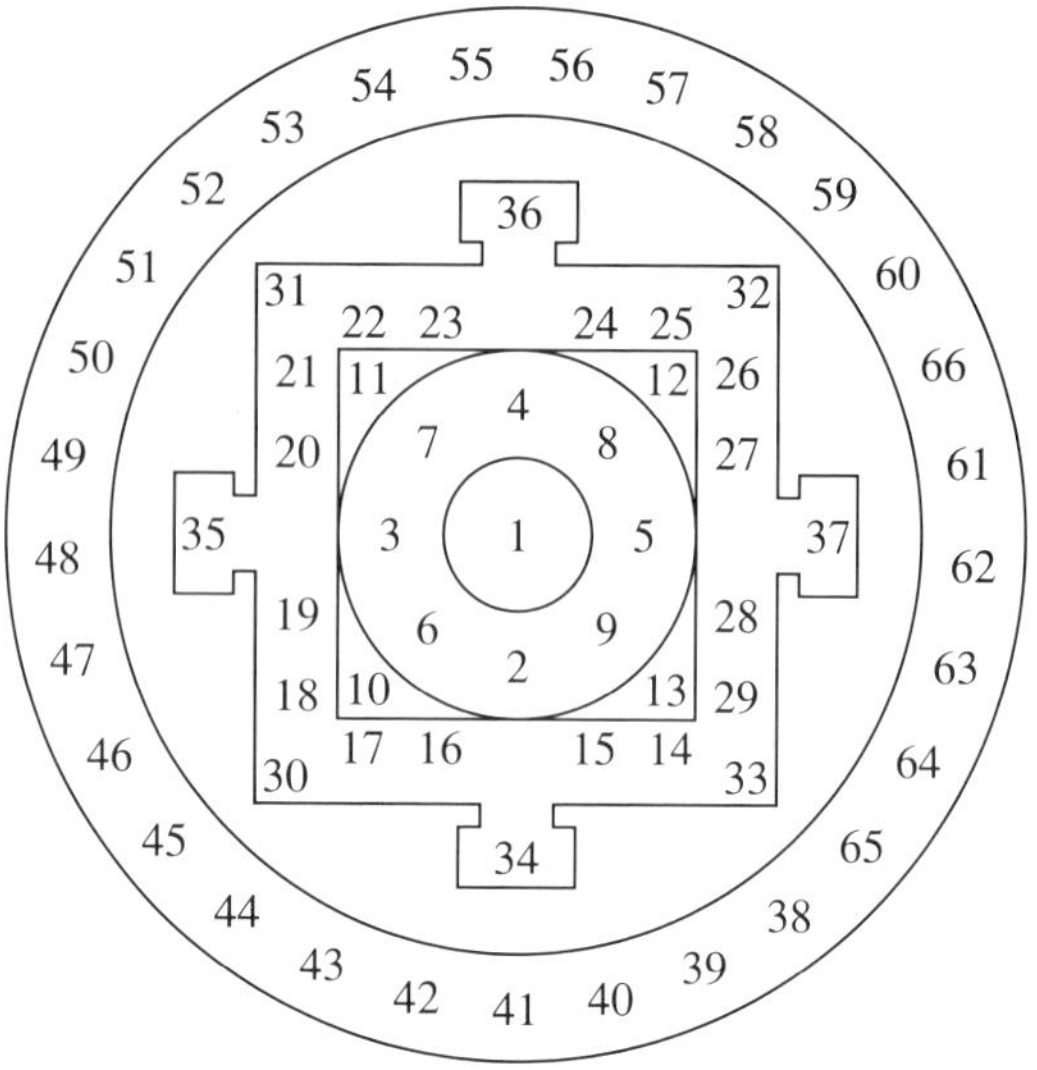

図 3-3-07 『完成せるヨーガの環』
悪趣清浄マンダラの諸尊の配置図

1　楼閣と中尊

悪趣清浄マンダラにあっては、金剛籠の内に風・火・水・地および須弥山の上に楼閣があり、その中の「内的マンダラ」（アビヤンタラ・マンダラ）の中に青い金剛の環で囲まれた黄色の八輻輪がある。ある者たちは、その八輻輪は青色であるという。またある者は、その八輻輪の中央は青で、東輻は白、南輻は青黒、西輻は赤、北輻は黄であるという。輪の中心にある二重蓮華の上にいる獅子の上に世尊、栄えあるシャーキャシンハ（1）すなわちマハーヴァイローチャナがおり、金色で、転法輪印を結ぶ。

2　四方の仏頂尊

東輻にはヴァジュローシュニーシャ〔金剛仏頂〕（2）がいる。〔身色は〕白で、触地印を結ぶ。

南輻にはラトノーシュニーシャ〔宝仏頂〕（3）がいる。〔身色は〕青で、与願印を結ぶ。

西輻にはパドモーシュニーシャ〔蓮華仏頂〕（4）がいる。〔身色は〕赤で、禅定印を結ぶ。

北輻にはヴィシュヴォーシュニーシャ〔一切仏頂〕（5）がいる。〔身色は〕緑で、施無畏印を結ぶ。

3　四維の仏頂尊

東南輻にはテージョーシュニーシャ（光仏頂）（6）がいる。〔身色は〕白と赤の混合色で、右手で日輪を持ち、左手は組んだ足のくぼみに置く。

南西輻にはドゥヴァジォーシュニーシャ（幢仏頂）（7）がいる。〔身色は〕赤を混ぜた青黒で、両手で如意宝の付いた旗を持つ。

西北輻にはティークシュノーシュニーシャ（利仏頂）（8）がいる。〔身色は〕天空の如き青黒で、右手に剣を、左手に経函を持つ。

北東輻にはチャトローシュニーシャ（傘仏頂）（9）がいる。〔身色は〕銀白で、両手で傘を持つ。

4　四隅の女神たち

金剛の環の外側において東南等の隅にラースヤー（嬉女）（10）、マーラー（蔓女）（11）、ギーター（歌女）（12）、ヌリトヤー（舞女）（13）がいる。身色はそれぞれ白、黄、赤、雑であり、二臂である。

5　回廊の十六大菩薩

もろもろの回廊（パッティ）においては〔それぞれの〕門の〔中尊から向かって〕左に二人の菩薩が、右に二人の菩薩がいる。

そこでは、東の廊に弥勒（14）がいる。〔身色は〕黄で、右手にナーガケーサラ（龍華）の花を、左手に炉を持つ。

不空見（15）は黄色で、右手で虚空華を持ってそれを眼で追う。左手は組んだ足のくぼみに置く。

滅悪趣（16）は白で、両手で鉤を持つ。

除憂闇（17）は白と黄の混合色で、右手に棒を、左手は組んだ足のくぼみに置く。

南〔廊〕には、香象（18）がおり、〔身色は〕白っぽい青黒で、右手には塗香〔を溶いた水〕を入れたホラ貝を、左手は組んだ足のくぼみに置く。

大精進（19）は白で、右手で剣を持ち、左手は組んだ足のくぼみに置く。

虚空庫（20）は白っぽい黄で、右手には蓮華に載った法の箱（ダルマ・ガンジャ）を持ち、左手は組んだ足のくぼみに置く。

智幢（21）は、〔身色は青で〕[1]右手に如意宝珠の付いた幢を持ち、左手は組んだ足のくぼみに置く。

西〔廊〕には、無量光（22）がおり、〔身色は〕白で、冠の上に甘露の瓶を右手で持ち、左手は組んだ足のくぼみに置く。

月光（23）は白で、右手に蓮華の上に月輪を持ち、左手は組んだ足のくぼみに置く。

賢護（24）は白で、右手に燃え上がる宝を持ち、左手は組んだ足のくぼみに置く。

光網（25）は赤で、右手に金剛籠を持ち、左手は組んだ足のくぼみに置く。

北〔廊〕には、金剛蔵（26）がおり、〔身色は〕青っぽい白で、右手に青睡蓮を持ち、左手は組んだ足のくぼみに置く。

無尽慧（意）（27）は白で、両手で智慧の甘露の瓶を持つ。

弁積（28）は赤で、右手に蓮華の上に載った宝冠を持ち、左手は組んだ足のくぼみに置く。

普賢（29）は黄金色で、右手に房状になった宝を持ち、左手は組んだ足のくぼみに置く。

6　マンダラの四隅と四門の神々

マンダラの東南等〔の隅〕には華女（30）、香女（31）、灯女（32）、塗女（33）がおり、〔身色は〕それぞれ白、赤、青黒、緑であり、両手で華等を持つ。

東門には金剛鉤（34）がおり、〔身色は〕白で、両手で鉤を持つ。

南門には金剛索（35）がおり、〔身色は〕青で、両手で索を持つ。

西門には金剛鏁（36）がおり、〔身色は〕赤で、両手で金剛鏁を持つ。

北門には金剛鈴（ヴァジュラ・アーヴェーシャ）（37）がおり、〔身色は〕緑で、両手で金剛鈴を持つ。

7　神々の姿

これら三七尊はきらびやかな衣と宝石の飾りを有し、宝冠を被り、二眼、二臂で、二重蓮華の上の月輪に薩埵坐で坐っている。

8　族　主

ここでマハーヴァイローチャナは、自らに似たヴァイローチャナ（大日）の化仏を付けている。ヴァジュローシュニーシャ等四人はマハーヴァイローチャナの化仏を、東方と東南の隅にいる尊格はヴァジュローシュニーシャの化仏を、南方と南西の隅にいる尊格はラトノーシュニーシャの化仏を、西方と西北の隅にいる尊格はパドモーシュニーシャの化仏を、北方と北東の隅にいる尊格はヴィシュヴォーシュニーシャの化仏を戴く。

次に『完成せるヨーガの環』は、外マンダラ（バーフヤ・マンダラ）の回廊（パッティカー）に並ぶ五五尊について述べているが、バッタチャリヤ版には、外マンダラの回廊のあり方に関してテキスト上の問題があると思われる。しかし、この問題に関しては別稿（『日本印度学仏教学研究』六三―二）にすでに述べたので、ここでは外マンダラに見られる諸尊の説明のみを訳しておきたい。これらの五五尊は『初会金剛頂経』「降三世品」の中、特に「五類諸天の灌頂」の節に述べられる諸尊を踏まえている（［堀内　一九八三、三五五～三六七］参照）。しかし、『完成せるヨーガの環』の場合には五五尊のうち、五〇尊は男尊とその妃のペアとして述べられている。「降三世品」ではそのようなペアのかたちでは述べられていない。以下の翻訳では、男尊とその妃がペアになっている場合には、一組のペアに対しては一つの番号で呼び、妃はbを付けた。たとえば、ヴィシュヌ（39）の妃ヴァジュラヘーマーには番号（39b）を付けた。図3‒3‒05では男尊とその妃のペアは一つの「部屋」に入るように描かれている。

9　外マンダラの神々

蓮華輪に囲まれた円輪の内側に北東の方角から始めて右まわりにニーラカンタ（青頸《しょうきょう》）等が配される。

これらのうち、北東には牛に乗るニーラカンタ（38）（シヴァ）がいる。〔身色は〕白で、聖紐をかけ、二本の右手に金剛と与願印を、左手に三叉戟と剣を持つ。

ガルダの上にヴィシュヌ（39）がおり、青黒で、右の手に棍棒と蓮華を、左の二手にホラ貝と円輪を持つ。

ヴァジュラヘーマー（39b）はヴィシュヌに似ているが、黄金色であることが違いである。

クジャクの上にヴァジュラガンタ（40）（クマーラ）がいる。六面で赤く、右の二手に短槍と金剛を、左の二手に鳥と金剛鈴を持つ。

カウマーリー（40b）はヴァジュラガンタに似る。

野鴨（ハンサ）の上にマウナヴァジュラ（ブラフマー）（41）がいる。黄色で、四面を有し、右の二手に金剛と数珠を、左の二手に棒と聖水容器（カマンダル）を持つ。

ヴァジュラシャーンティ（41b）はブラフマーに似る。

白い六牙を有する象王の上にヴァジュラーユダ（金剛を武器とするもの、インドラ）（42）がいる。黄色で、遊戯坐に坐り、右手で金剛を持ち、足を組んだくぼみに置いた左手で金剛を持つ。

女神ヴァジュラムシュティ（42b）はヴァジュラーユダに似る。

七頭立ての馬車の上にヴァジュラクンダリン（太陽）（43）がいる。忿怒の相をとり、赤く、右手によって蓮華を、左手に蓮華の上に載った日輪を持つ。

ヴァジュラームリター（43b）はヴァジュラクンダリンに似る。

野鴨（ハンサ）の上にヴァジュラプラバ（月）（44）がいる。忿怒の相をとり、白色で右手に金剛を、左手に蓮華の上に載った月〔輪〕を持つ。

ヴァジュラカーンティ（44b）はヴァジュラプラバに似る。

山羊の上にヴァジュラピンガラ（火星）（45）がいる。忿怒の相をとり、赤く、右手には金剛を、左手で人肉を取って食べている。

ヴァジュラメーカラー（45b）はヴァジュラピンガラに似る。

蓮華の上にヴァジュラサウムヤ（水星）（46）がいる。忿怒の相をとり、黄色で弓と矢を持つ。

ヴァジュラサウムヤー（46b）はヴァジュラサウムヤに似る。

蛙の上にヴァジュラグル（木星）（47）がいる。忿怒の相をとり、白色（gaurī）で数珠と聖水容器をもつ。

グルヴァジュラー（47b）はヴァジュラグルに似る。

蓮華の上にヴァジュラシュクラ（金星）（48）がいる。忿怒の相をとり、白で、数珠と聖水容器を持つ。

シュクラヴァジュラー（48b）はシュクラヴァジュラに似る。

亀の上にヴァジュラダンダ（土星）（49）がいる。忿怒の相をとり、〔青黒で〕[1]、右手に金剛を、左手に棒を持つ。

ダンダヴァジュラーグリー（49b）はダンダヴァジュラに似る。

ヴァジュララーフ（ラーフ）（50）は赤味がかった青黒で、日輪と月輪を右と左の手に持つ。

ヴァジュラースリー（50b）はヴァジュラーフに似る。

ヴァジュラケートゥ（ケートゥ）（51）は忿怒相をとり、青黒で剣と索としての蛇を持つ。

ヴァジュラーナーギー（51b）はヴァジュラケートゥに似る。

これらの四組（48～51）とヴァジュラサウムヤ以降の六組（46～51）とを他のタントラに述べられているようにここでは〔共に〕述べた。

象の上にヴァジュラシャウンダ（マドゥマッタ）（52）がいる。白色で、右手に金剛を、左手に犁を持つ。

ヴァジュラヴィナヤー（52b）はヴァジュラシャウンダに似る。左手にカトヴァーンガを持つというのが違いである。

コーキラ鳥が曳く車の上にヴァジュラマーラ（マドゥカラ）（53）がいる。緑色で、右手に金剛を、左手に花輪を持つ。

ヴァジュラーサナー（53b）はヴァジュラマーラに似る。左手に短槍を持つというのが違いである。

オウム[2]がひく車の上にヴァジュラヴァシン[3]（ジャヤ）（54）がいる。白色で右手に金剛を、左手にマカラの印の付いた旗を持つ。

ヴァジュラヴァサー[4]（54b）はヴァジュラヴァシンに似る。赤色であるというのが違いである。

蛙の上にヴィジャヤヴァジュラ（ジャヤーヴァハ）（55）がいる。白色で、金剛と剱を持つ。

ヴァジュラセーナー（55b）はヴィジャヤヴァジュラに似る。

花の集まりの上にヴァジュラムサヤ（56）がいる。白色で、両手により金剛と杵を持つ。

ヴァジュラドゥーティー（56ｂ）はヴァジュラムサラに似ている。左手でカトヴァーンガを持つというのが違いである。

雌山羊の上にヴァジュラーナラ（火神）（57）がいる。右の二手で金剛と甲冑を左手で棒と聖水容器を持つ。

ヴァジュラジュヴァーラー（57ｂ）はヴァジュラーナラに似る。

水牛の上にヴァジュラカーラ（ヤマ）（58）がいる。黒色で、金剛と鉤とを持つ。

ゾンビ（ヴェーターラ）の上にヴァジュラカーリー（58ｂ）がいる。黒で、金剛とカトヴァーンガを持つ。

シェーシャ蛇の上にヴァジュラーンクシャ（ヴァラーハ）（59）がいる。青色で野猪の顔を有し、金剛と鉤を持つ。

人の上にヴァジュラムキー（59ｂ）がいる。青色で、野猪の顔を有し、金剛と剣を持つ。

マカラの上にナーガヴァジュラ（水神）（60）がいる。白色で、八つのファナ（広げられた蛇の鎌首）を有し、右手に金剛を、左に手は蛇を索として持つ。

マカラの上にヴァジュラマカラーがいる（60ｂ）。白色で八つのファナを有し、右手に金剛を、左手に金剛の印の付いたマカラを持つ。

鹿の上にヴァジュラーニラ（風神）（61）がいる。青色で、右手に金剛を、左手に風の袋を有する。

ヴェーガヴァジュリニー（61ｂ）はヴァジュラーニラに似る。

ゾンビの上のヴァジュラバイラヴァ（62）は青で、金剛と棍棒を持つ。

ヴァジュラヴィカター（62ｂ）はヴァジュラバイラヴァに似る。左手に索を持つというのが違いである。

ネズミの上にヴァジュラヴィナーヤカ（ガネーシャ）（63）がいる。白色で、象面を有し、二つの右手に金剛と斧を持ち、二つの左手に三叉戟と棒を持つ。蛇を聖紐として有する。

ネズミの上にプータナー（63ｂ）がいる。

ビーマー（64）は緑色で、右手に金剛を左手に剣と盾を持つ。

シュリー（吉祥天）（64ｂ）は白色で、右手に金剛を左手に蓮華を持つ。

サラスヴァティー（弁才天）（65）は白色で右手に金剛を左手にヴィーナーを持つ。

ライオンの上にドゥルガー（65ｂ）がいる。緑色で右の二手に金剛と円輪を、左の二手に武器（paṭṭiśa）とホラ貝を持つ。（後略）

『完成せるヨーガの環』第二一章の悪趣清浄マンダラは、大日如来を中尊とし、四方に四人の仏頂尊を配している。その四人の仏頂尊（2〜5）は、それぞれの印相からもわかるように金剛界の四仏を踏まえている。さらに、四隅（四維）のラースヤーなどの四女神（10〜13）、回廊に並ぶ十六菩薩（14〜29）、マンダラの四隅に見られる華女などの四女神（30〜33）と金剛鉤などの四門衛（34〜37）は、金剛界マンダラの諸尊の位置などと同じである。このように悪趣清浄マンダラは金剛界マンダラの後、それほどの間を置かないで成立したと思われる。

図3-3-08は『ヴァジュラーヴァリー』によるシンボル形の悪趣清浄マンダラである。諸尊配置は『完成せるヨーガの環』第二一章と同じである。マンダラ中心部の尊名とシンボルは以下のようである［Mori 2009: 288-289］［Lokesh Chandra 1977: 132］。

中尊大日（1）	説法印
東輻の金剛仏頂（2）	触地印
南輻には宝仏頂（3）	与願印
西輻には蓮華仏頂（4）	禅定印
北輻には一切仏頂（5）	施無畏印
東南輻には光仏頂（6）	太陽
南西輻には幢仏頂（7）	如意幢
西北輻には利仏頂（8）	剣
北東輻には傘仏頂（9）	傘
東南の隅に嬉女（10）	金剛
南西の隅に鬘女（11）	花環（鬘）
西北の隅に歌女（12）	ヴィーナー
北東の隅に舞女（13）	金剛

三　『完成せるヨーガの環』に述べられる悪趣清浄マンダラの諸尊図

すでに述べたように、『完成せるヨーガの環』の悪趣清浄マンダラの外縁における五五尊がどのように描かれるかは、はっきりしないのであるが、以下の図は五五尊のほとんどがペアで描かれている。ネワール仏教におけるイメージのあり方の例として以下に掲げておきたい。

図 3-3-08　『ヴァジュラーヴァリー』によるシンボル形の悪趣清浄マンダラ中心部。諸尊配置は『完成せるヨーガの環』第 22 章と同じである。
ガウタム・バジュラーチャーリヤ画

(39) ヴィシュヌ
(39b) ヴァジュラヘーマー

(38) ニーラカンタ（妃を伴わない）

(41) マウナヴァジュラ
(41b) ヴァジュラシャーンティ

(40) ヴァジュラガンタ
(40b) カウマーリー

(42) ヴァジュラーユダ
(42b) ヴァジュラムシュティ

(43) ヴァジュラクンダリン
(43b) ヴァジュラームリター

(44) ヴァジュラプラバ
(44b) ヴァジュラカーンティ

(45) ヴァジュラピンガラ
(45b) ヴァジュラメーカラー

(46) ヴァジュラサウムヤ
(46b) ヴァジュラサウムヤー

(47) ヴァジュラグル
(47b) グルヴァジュラー

(48) ヴァジュラシュクラ
(48b) シュクラヴァジュラー

(49) ヴァジュラダンダ
(49b) ダンダヴァジュラーグリー

(50) ヴァジュララーフ
(50b) ヴァジュラースリー

(51) ヴァジュラケートゥ
(51b) ヴァジュラーナーギー

(52) ヴァジュラシャウンダ
(52b) ヴァジュラヴィナヤー

(53) ヴァジュラマーラ
(53b) ヴァジュラーサナー

(54) ヴァジュラヴァシン
(54b) ヴァジュラヴァサー

(55) ヴィジャヤヴァジュラ
(55b) ヴァジュラセーナー

(56) ヴァジュラムサヤ
(56b) ヴァジュラドゥーティー

(57) ヴァジュラーナラ
(57b) ヴァジュラジュヴァーラー

(59) ヴァジュラーンクシャ
(59b) ヴァジュラムキー

(58) ヴァジュラカーラ
(58b) ヴァジュラカーリー

(61) ヴァジュラーニラ
(61b) ヴェーガヴァジュリニー

(60) ナーガヴァジュラ
(60b) ヴァジュラマカラー

(63) ヴァジュラヴィナーヤカ (63b) プータナー	(62) ヴァジュラバイラヴァ (62b) ヴァジュラヴィカター

図 3-3-09 (38-63b)。ガウタム・バジュラーチャーリヤ画

注

（1）Bh,69.5; C,82a,1; D1,70,a,3; E,56b,5; F,37b,5; G55a,4; I,80a,2; X,96a.1 は「青黒で」を欠く。W,101a,1 および［Lee 2004: 82］には kṛṣṇaḥ（青黒で）が見られる。チベット訳（P）（TTP Vol.80, p.146, f.1, l.8）には nag po（青黒で）とある。（38）以降の各尊の身色が述べられているゆえに、この場合も身色が述べられているべきであろう。この箇所ではW写本等に従って「青黒で」を挿入した。

（2）Bh,69,16; E57a,3; G55b,2: śukrarathe; W101a,5: śuklarathe; C82a,7: śukarathe. チベット訳（P）（TTP Vol.80, p.146, f.1, l.8）には ne tso'i shing rta（オウムの車）とある。C写本およびチベット訳（P）に従う。

（3）Bh,69,16: vajravaṃśo; C82b,1: vajravaśī; E57a,3;G,55b,2; H62a,2: vajravasī. ここではE写本等に従う。

（4）Bh,69,17: vajravaṃśā; C82a,7; vajravaśā ・ E57a,3;G,55b,2: H62a,2:vajravasā. ここではE写本等に従う。

4　カトマンドゥ盆地の仏塔

一　スヴァヤンブーナート仏塔

カトマンドゥ盆地では仏塔への崇拝の伝統が根強く生きており、夥しい数の仏塔が残っている。N・グッチョウによれば約一六〇〇の仏塔があるというが、ネワール人たちは二千以上存在するという。ともあれ、このそれほど広くもない盆地の中に、カトマンドゥ、パタンおよびバクタプールという三市に集中して、途方もない数の仏塔が存在する。この盆地における仏塔に関してはN・グッチョウ著『ネパールの仏塔』（*The Nepalese Caitya*）［Gutschow 1997］があり、仏塔の研究に際してこれを無視することはできない。本節では彼の著作に基づいて考察を進めることにしたい。また、カトマンドゥ盆地のヒンドゥー教および仏教の寺院に関しては、ユネスコが行った調査の報告書『カトマンドゥ渓谷』（*Kathmandu Valley*）［Pruscha 1975］は最も基本的な研究であり、ここには盆地におけるほとんどすべての寺院の簡単な歴史、見取り図および写真が載せられている。それゆえ盆地にある寺院を指す場合には、この調査報告書のシステムに従いたいと思う。

図3-4-01　スヴァヤンブーナート仏塔

盆地の西北部には小さな丘があり、この辺りの地区はスヴァヤンブー（自生者）（あるいは「ソエンブー」）と呼ばれる。その丘の上にはスヴァヤンブーナート（自生尊）あるいは単にスヴァヤンブーと呼ばれる仏塔がある［Pruscha 1975: K-MZ 4］［Pruscha 1975: A/K 322］（図3-4-01）。この仏塔は古くからネワール仏教徒の信仰の中心であり、この仏塔を中心に今日もさまざまな祭りや供養などの儀礼が行われている。[1] 本書第3章1節において扱った図3-1-21の法界マンダラや図3-

1–31の悪趣清浄マンダラはこの仏塔の周囲に見られる。なお、仏塔を中心とするコンプレックスが「スヴァヤンブーナート寺院」と呼ばれることもある。仏塔以外に本堂があるわけではない。

スヴァヤンブーナート仏塔の側面に見られるいくつかの龕には、元来は法界マンダラの諸尊が配されていたが、後世、金剛界マンダラの中尊である大日如来の龕が作られてからは、金剛界マンダラと法界マンダラとが合体したようなかたちをとった。これは十六世紀頃のことと推定されている［Gutschow 1997: 32］。

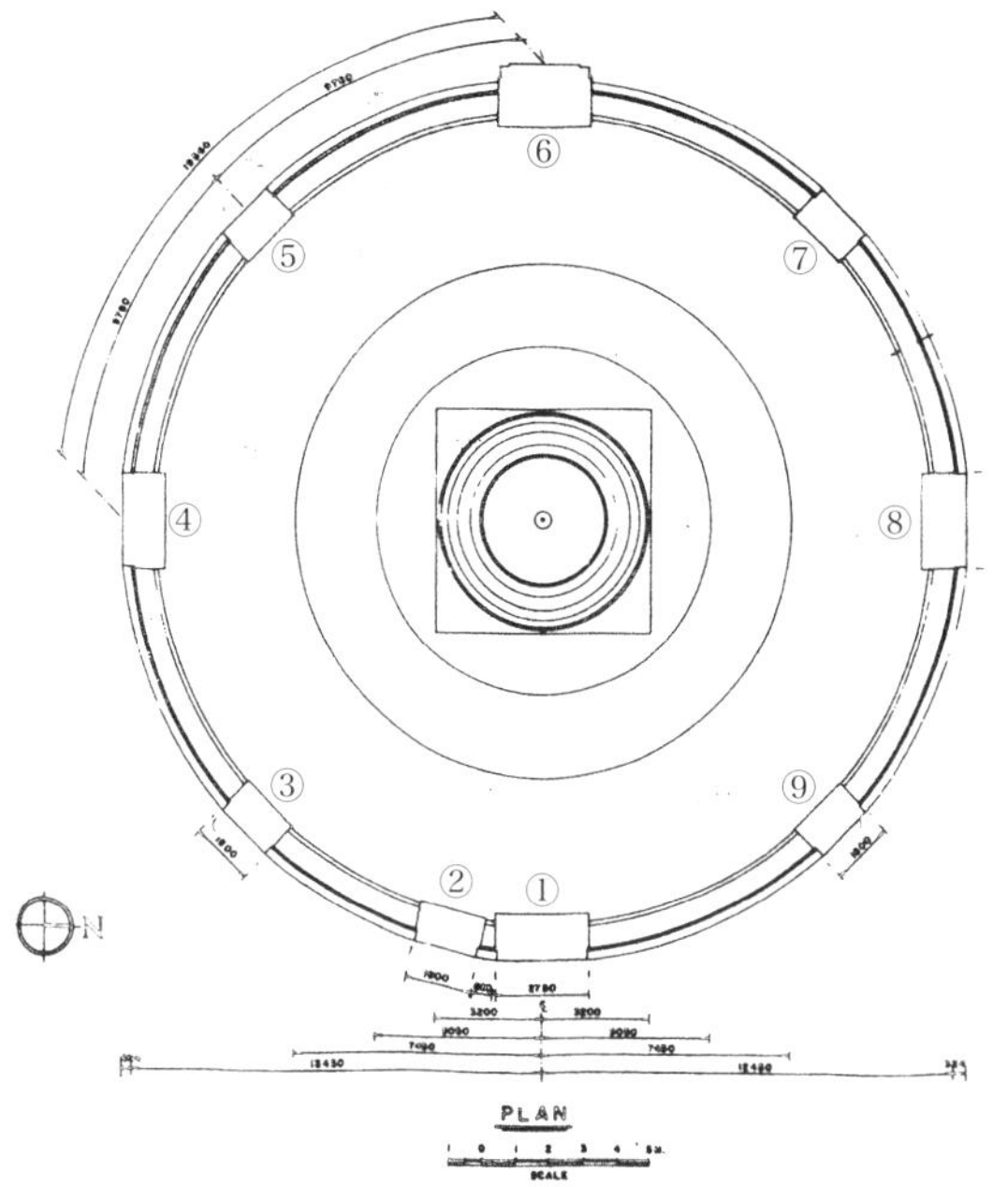

図3-4-02　スヴァヤンブーナート仏塔の平面プラン。図中の①〜⑨の番号は筆者が加えたものであるが、以下の諸尊の龕を示す。①阿閦、②大日、③宝生の妃マーマキー、④宝生、⑤阿弥陀の妃パーンダラー、⑥阿弥陀、⑦不空の妃ターラー、⑧不空（不空成就）⑨阿閦の妃ローチャナー

スヴァヤンブーナート仏塔のプランはこれまでにもいくつか出版されているが、ラーム・K・カルキー(Ram K. Karkee)氏作成のこの仏塔プランを転載しておきたい。[2] 図3–4–02は仏塔の平面プランである。図3–4–03は仏塔の平頭部分のプランであり、図3–4–04は仏塔の側面のプランである。図3–4–03および図3–4–04に見られるように仏塔トーラナには四方それぞれ五尊格の浮き彫りがある。[3]

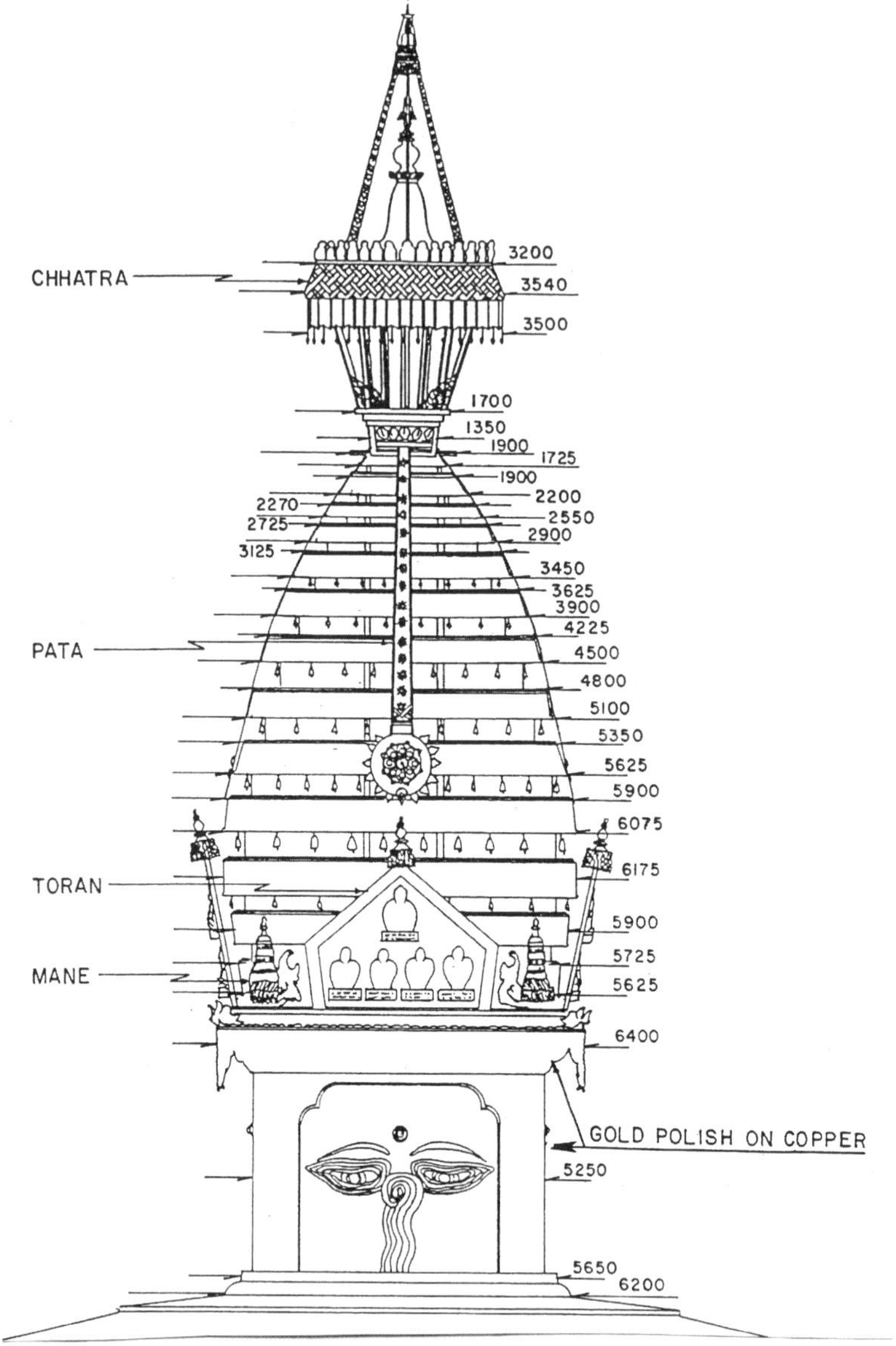

図 3-4-03　スヴァヤンブーナート仏塔平頭のプラン

スヴァヤンブーナート仏塔の側面には九つの龕があり、四方の龕に四仏の像が収められ、それぞれの龕の上に半円形装飾ともいうべき「トーラナ(4)」が置かれている。それぞれのトーラナには阿閦(東、図3-4-05)、大日(阿閦の龕の向かって左、図3-4-06)、宝生の妃マーマキー(南東、図3-4-07)、宝生(南、図3-4-08)、阿弥陀の妃パーンダラー(南西、図3-4-09)、阿弥陀(西、図3-4-10)、不空の妃ターラー(北西、図3-4-11)、不空(北、図3-4-12)、阿閦の妃ローチャナー(北東、図3-4-13)の浮き彫りが見られる。大日の妃ダートゥヴィーシュヴァリーのための浅い小さな龕が、大日の龕の向かって左にある。彫像はない。これは近年になって設けられたものであろう。

図3-4-04　スヴァヤンブーナート仏塔側面のプラン

図 3-4-05　阿閦（中央下段）。右手の金剛と左手の鈴を胸元で交差させる持金剛（上段）。トーラナ上部にはガルダ鳥、下部両端には口を大きく開けた海獣マカラがいる。図 3-4-02 の①のトーラナ

図 3-4-06　大日（中央下段）。右手の金剛を胸元に、左手の鈴を膝に置く金剛薩埵（上段）。持金剛と金剛薩埵は同一の尊格である。トーラナ上部にはライオン面を有するキールティムカ。図 3-4-02 の②のトーラナ

図 3-4-07　宝生の妃マーマキー。トーラナの上部のキールティムカは天空から世界を見守り、地あるいは海ではマカラが創造活動を続ける。マカラの口から吐き出されている花房は、この伝説上の聖獣が産み出した世界を意味する。図 3-4-02 の③のトーラナ

図 3-4-08　宝生（下段中央）。阿弥陀（上段）。カトマンドゥ盆地のトーラナの上部ではキールティムカではなくてガルダ鳥が見られる方が多い。古代インドのトーラナでは、キールティムカが配されるのが一般的である。図 3-4-02 の④のトーラナ

図 3-4-09　阿弥陀の妃パーンダラー。ここではキールティムカは見られず、人頭のガルダ鳥が見られる。図 3-4-02 の⑤のトーラナ

図 3-4-10　宝冠を被った阿弥陀（下段中央）。如来形の阿弥陀（上段）。図 3-4-02 の⑥のトーラナ

図 3-4-11　不空の妃ターラー。図 3-4-02 の⑦のトーラナ

図 3-4-12　不空（下段中央）。宝冠を被った阿閦（上段）。
図 3-4-02 の⑧のトーラナ

図 3-4-13　阿閦の妃ローチャナー。図 3-4-02 の⑨のトーラナ

スヴァヤンブーナート仏塔の原形は五世紀初頭の造営と推定されているが［Gutschow 1997: 86］［Slusser 1982: 275］、今日見られるような形になったのは一二、三世紀であったと思われる。

この仏塔の平頭下部には眼と鼻が描かれている。これは明らかにブッダの顔を描いたものだ。平頭がブッダの顔であるならば、仏塔の本体つまり「卵」（アンダ）はブッダの坐した胴体と脚を表しているといえよう。元来、「卵」はブラーフマナ文献の時代から世界を意味した。したがって、スヴァヤンブーナート仏塔は、涅槃という仏塔本来の意味と、世界と、ブッダの身体という三つの象徴的意味を有すると考えられる。この仏塔のように平頭に眼と鼻が描かれた仏塔はカトマンドゥ盆地においては一般的である。しかし、ギャンツェのようにネワールの画家と工人の影響のあるところは別として、カトマンドゥ盆地以外では眼と鼻が描かれた仏塔は見られない。

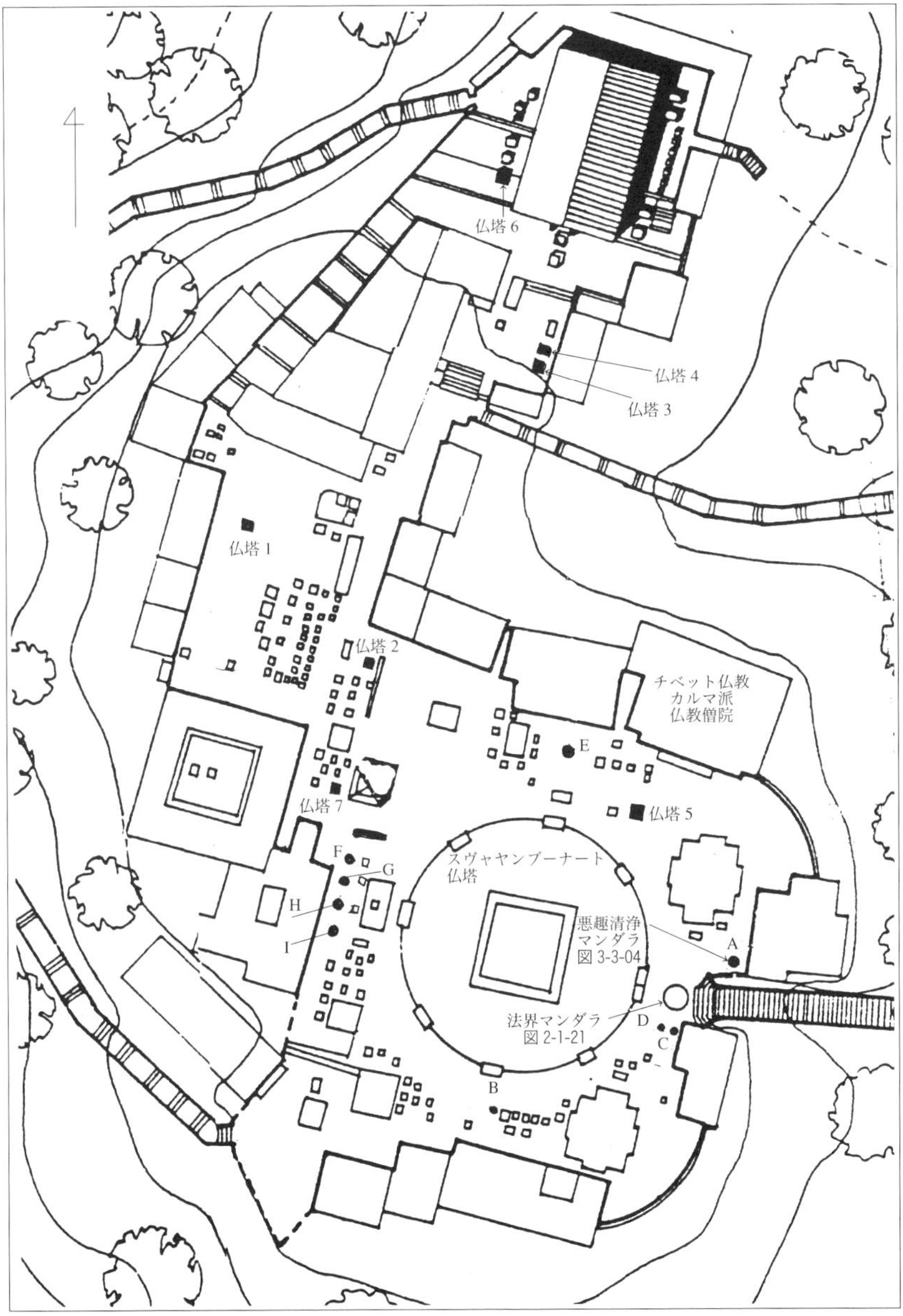

図 3-4-14　スヴァヤンブー寺院見取り図。図は［Pruscha 1975: Vol.1, 228］に基づいている

スヴァヤンブーの丘には二〇〇以上の仏塔が見られる。グッチョウはカトマンドゥ盆地における仏塔の形態の歴史的変遷について述べているが［Gutschow 1997: 9］、スヴァヤンブーの丘に限っても、カトマンドゥ盆地における仏塔の歴史を語るに十分なほどの作例が残っている。ここには、最も古い時期の仏塔から現代に至るまでの代表的な作例が見られるのである。この節ではスヴァヤンブーの丘に見られるいくつかの仏塔について考察したい。スヴァヤンブーの丘の見取り図および本節で扱う仏塔の位置に関しては前頁の図3-4-14を参照されたい。

二　仏塔1　リッチャヴィ期の仏塔

スヴァヤンブーナート仏塔の北西約四〇メートルのところにリッチャヴィ王朝（四〜九世紀）のものと推定される仏塔1（図3-4-15）がある。(5) この仏塔の基壇は二層に分かれており、その第一層（基壇下部）の四面にはトーラナ（半円形装飾）があり、その上部にはキールティムカが彫り込まれている。第二層（基壇上部）にもトーラナはあるが、そこにはキールティムカの像はない。それぞれのトーラナに飾られた四面上下の八つの龕に仏像はない。龕の中に仏像もなく何のシンボルもないというのが、タントリズム（密教）における尊格の究極的な表現方法である。したがって、この仏塔の龕の場合も初めから仏像はなかったのかもしれないが、それぞれの龕の中の面の状態から判断するに、盗難にあったものと考えられる。龕の中の面には石工の鑿の跡と思われる凹凸が残っているからである。またパタン市にある、仏塔1に似たリッチャヴィ期のヴァー・バハ仏塔の龕には仏像が残っている［Gutschow 1997: 138］。

カトマンドゥにおいて仏塔の周囲に仏像が彫りこまれるのは六、七世紀といわれる［Gutschow 1997: 32］。インドにおいてはすでに二世紀に奉献塔側面に仏像が現れる。コルカタのインド博物館にはガンダーラのロリヤン・タンガイ出土の奉献塔が所蔵されている。これは二世紀後半のものと推定されている［肥塚　一九八三、四五］。側面に仏像が彫りこまれる仏塔がすでに二世紀後半に現れたというのは仏塔の歴史を考える際に重要なことである。この仏塔の方形の基壇は二区ずつに仕切られており、誕生、出城などのブッダの行状（仏伝）が彫り込まれている。このコルカタのインド博物館の仏塔の上段には禅定印を結んだブッダが見られる。

ラトナギリの僧院遺跡には側面に仏像の彫りこまれている仏塔が残るが［Mitra 1983: Pl.CCXLc］、それらは五世紀頃には作られていたと考えられる。サールナート僧院跡にも、四面に仏像が彫りこまれた仏塔がいくつか見られるが、これらはおそくとも一〇、一一世紀頃までには作られたと思われる。

図 3-4-15　仏塔 1。リッチャヴィ期の仏塔

スヴァヤンブーナート仏塔の近くにあるこの仏塔1のアンダ（卵）およびその下の部分はリッチャヴィ期のものと思われるが、仏塔の最上部分である平頭（ハルミカー harmikā）は当初からのものではないであろう。この平頭部分は明らかにアンダ部分にはめ込まれているうえに、両者の材質は異なっている。だからといって平頭部分が当初からのものではない

と結論付けることはできない。ではあるが、スヴァヤンブー寺院の境内、さらには盆地全体に見られるほとんどすべての仏塔の平頭が同様の構造を有する。すなわち、盆地に見られる仏塔の平頭には一三重の輪があり、それは仏に至る菩薩の修行段階を示し、さらにその上に金剛地を象徴する小さな装飾が見られる。これは後世、盆地における仏塔の平頭の構造のスタンダードが定められて、それに倣うかたちで古い仏塔の平頭も差し替えられた結果ではなかろうか。そうでなければ、さまざまな形の仏塔がリッチャヴィ期に始まる一〇数世紀にわたる長い期間、同一の構造の平頭を有するとは考えられないのである。(6)

三　仏塔2「四面に仏像の並ぶ仏塔」

スヴァヤンブーナート仏塔の北西約二〇メートルのところにリッチャヴィ期の「四面に仏像の並ぶ仏塔」(catur-vyūha-caitya)がある(7)(仏塔2、図3–4–16)。「ヴューハ」(vyūha)とは仏などの並びを意味する。たとえば、『華厳経』「入法界品」のサンスクリット名は「ガンダ・ヴューハ」(Gaṇḍa-vyūha)であるが、この場合の「ヴューハ」は花の「茎」(gaṇḍa)に譬えられた仏などの並びを意味すると思われる。茎が胴と脚、当然付いていると思われる花が頭に譬えられているのである。この仏塔の場合、四面それぞれにおける仏像の並びが「ヴューハ」と呼ばれている。

この仏塔は九、一〇世紀の作品と考えられる。東の面の仏は、右手に施無畏印を、左手に衣の端をつかむ印相(bhaviṣya-vyākaraṇa-mudrā　未来を予見する印相)を有する(図3–4–17)。この左手の印相は一般には弥勒仏のそれといわれるが、この印相を結ぶ仏がすべて弥勒仏であるというわけではないであろう。南面の仏は、右手に与願印を、下に垂らした左手に花（蓮華）を有する（図3-4-18）。西面の仏は、胸のところに右手を挙げ、その五本の指を曲げている（図3-4-19）。五本の指を曲げた右手の下に左手の五本の指の先端がある。これも一種の転法輪印と考えられる。この印相は、盆地においてしばしば見られる。たとえば、スヴァヤンブーナート仏塔の近くにある女神ビジェーシュヴァリー寺院［Pruscha 1975: K-320］の入り口右側にある高さ五〇センチほどのブッダ坐像に同様の印相が見られる。北面の仏は、右手の指を丸めて作った空間の中に左手を差し入れるような印相を有する（図3-4-20）。これは智拳印に近いかたちではあるが、転法輪印の一種とみることができよう(8)。

図3-4-16　仏塔2。四面に仏像の並ぶ仏塔北面。「水の流し口」あるいはヨーニは常に北を向く

これらの仏たちは直立しているのではなくて、動き出そうとしている。東の仏は右の膝のあたりを少し浮かせており、南の仏も左の脚をわずかに曲げている。西の仏は右の脚を少し曲げ、北の仏の場合は右の膝あたりが曲げられている。これらの仏の脚のわずかな動きがこの仏塔全体に動的な雰囲気を与えている。

この仏塔は四角い枠の中に建てられており、その枠の北面には水を流すための口が設けられている。この「枠」は四角である

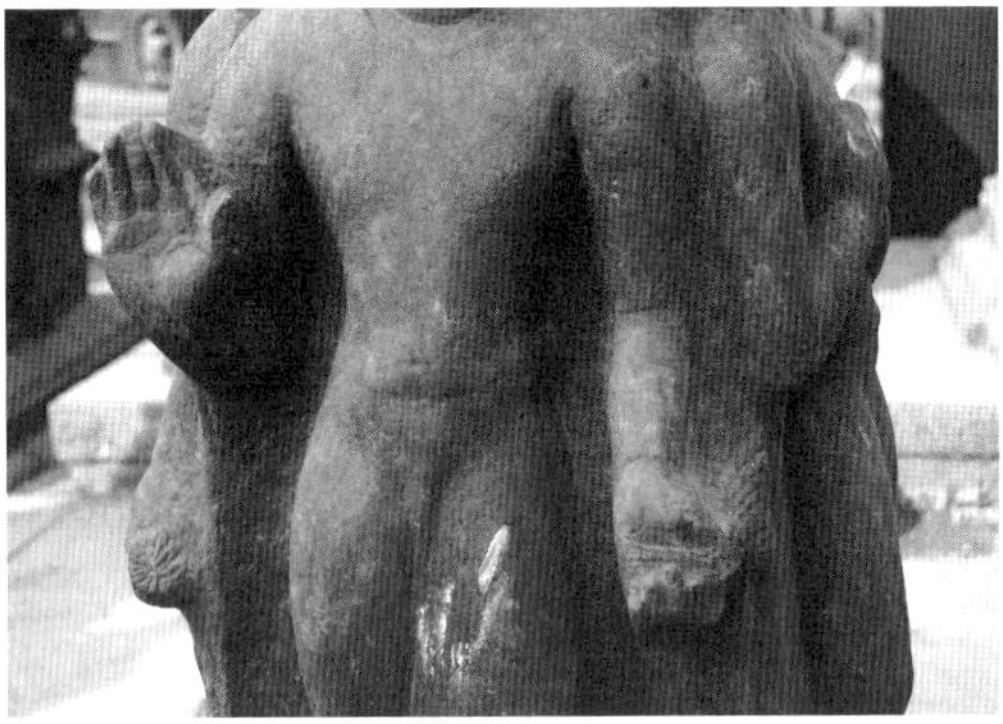

図 3-4-17　東面のブッダの印相。右手は施無畏印。左手で衣の端をつかむ「未来を予言する印」を有する

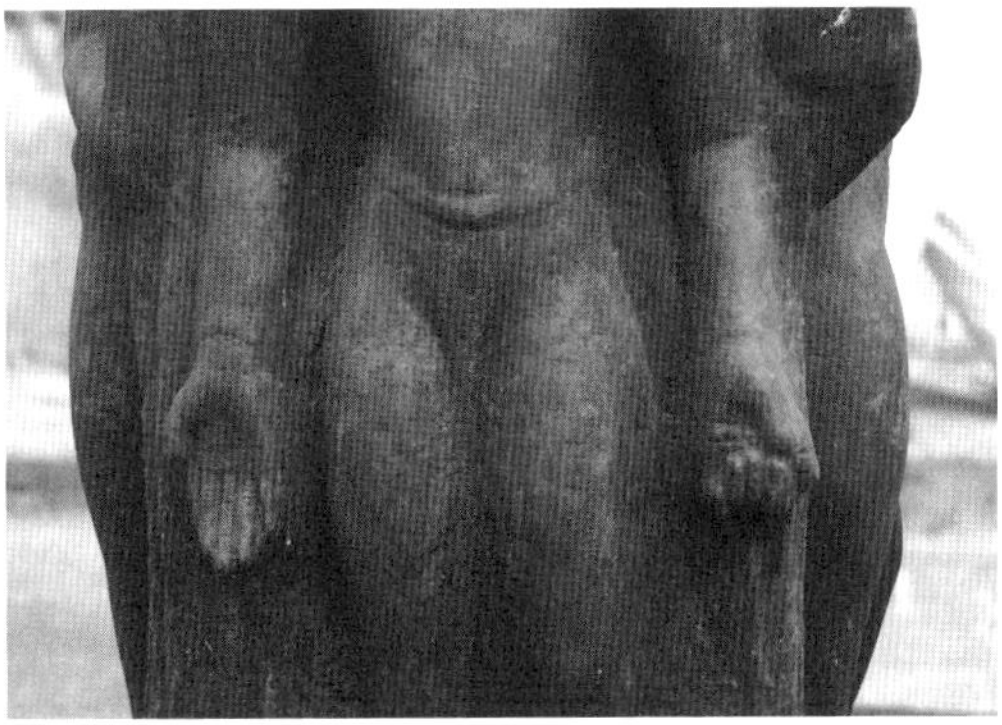

図 3-4-18　南面のブッダの印。右手に与願印。左手に華（蓮華？）が見られる

が、その「流し口」はヨーニ（女性性器）の形を意識したものであろう。この「枠」はこの仏塔製作当初からあったものと思われる。これをヒンドゥー教のリンガ・ヨーニからの影響とみるのか、あるいはこの「枠」と「流し口」はヒンドゥー教と関係がないと考えるのかについては、異論がある。ネワール人の中にはヒンドゥー教からの影響を否定する人たちが多いが、ヒンドゥー教の影響によるものであったと考える方が正しいと思われる。

ここに見られるような「四角い枠と流し口」は、ネパールの仏教においてのみ見られるのではなくて、インド亜大陸の仏教や他の宗教にも見られたと考えられる。たとえば、一九八九年の時点では、エローラ石窟のジャイナ窟にもヨーニを思わせるような「四角い枠と流し口」があったが、その四角い枠の上の像は破壊されてすでになかった。

スヴァヤンブー寺院の「四面に仏像のある仏塔」には、ヨーニを思わせるような「四角い枠と流し口」があったが、これ以後、一〇〇〇年以上もカトマンドゥ盆地には「四角い枠と口」を有する仏塔は現れない［Gutschow 1997: 175］。一六〇〇年頃、カトマンドゥ市のイトゥー・バハ［Pruscha 1975: K-122］に仏塔2の複製が作られたが、その際、「四角い枠と流し口」が現れた［Gutschow 1997: 251］。この複製が作られてしばらくすると、明らかにヒンドゥー教の影響を受けたと考えられるタイプの仏塔が盛んに作られるようになった。そのタイプは、「水の流し口の上にある須弥山のある仏塔」(jalahary-upari-sumeru-caitya) と呼ばれる。これは一七世紀以降に作られるようになったものであるが［Gutschow 1997: 251］、このタイプの仏塔の考察は、仏塔7の考察として後ほど行いたい。

　仏塔2のコピーと思われるものがいくつか盆地に残されている。たとえば、一七世紀のジュヤー・バハ、タメル地区のバガヴァーン・バハ、パタンのナーグ・バハの「四面に仏像のある仏塔」は、仏塔2のコピーであろう［Gutschow 1997: 175］。

図 3-4-19　西面のブッダ。転法輪印の一種

図 3-4-20　北面のブッダの印相。転法輪印の一種

四　仏塔3「装飾された尖塔を有する仏塔」

仏塔3は、スヴァヤンブーナート仏塔から北に数十メートルの距離にあるが、「装飾された尖塔を有する仏塔」（śikhara-kūṭa-caitya）［Gutschow 1997: 18］と呼ばれるタイプのものである(9)（図3–4–21）。このタイプはカトマンドゥ盆地における仏塔の中で最も一般的なものであるが、一七世紀頃から一般的になり、一八世紀以降は盛んに作られたと考えられる。

この種の仏塔の特徴は、「仏塔の上部構造の三要素」（primary trio すなわち、ドラム（胴、円筒構造）、ドーム（アンダ、卵）および平頭）の下に蓮弁の環が見られることである［Gutschow 1997: 18］。ドラムの部分には一般に金剛界四仏の像が四方に配されている。その下には「四人の仏・菩薩」の像が四面のそれぞれに見られる。その「四人の仏・菩薩」は、一七世紀以降のこの種の仏塔では、ほとんどの場合、東面に「未来を予言する印相」を有するブッダ、南面に金剛手菩薩、西面に蓮華手菩薩および北面に文殊菩薩の像が見られる［Gutschow 1997: 49,176］。

図3–4–21　仏塔3。装飾された尖塔を有する仏塔

仏塔3の東面にも「未来を予言する印相」を有するブッダが見られる（図3–4–22）。仏塔2の考察

図 3-4-23　仏塔 3 南面の金剛手尊

図 3-4-22　左手で未来を予言する印を有する仏塔 3 東面のブッダ

において述べたように、東面のブッダが弥勒であるのか、シャカムニであるのかは定かではない。南面の金剛手菩薩の両手は茎のついた蓮華を有するが、左の蓮華の上に金剛、右の蓮華の上に二重金剛が見られる（図3-4-23）。西面の蓮華手菩薩の両手はそれぞれ茎のついた蓮華を有する（図3-4-24）。北面の文殊菩薩は四臂を有するが、その内の一組の両手は胸の前で合掌する（図3-4-25）。他の両手のそれぞれには蓮華があるが、右の蓮華の上には剣が、左の蓮華の上には本（経）が見られる。これらの「一人のブッダと三人の菩薩」は、金剛界マンダラ以前に見られる仏部・金剛部・蓮華部を踏まえ、仏部に含まれていた文殊を独立させたものと考えられる。

四仏の龕の上部にはキールティムカが見られるが、草をくわえている。この四仏の龕のある層の下の一人のブッダと三人の菩薩の龕の上部のトーラナにはキールティムカと海獣マカラが見られるが、ここのキールティムカは蛇をくわえている。元来、キールティムカ

図 3-4-24　仏塔 3 西面の蓮華手菩薩

図 3-4-25　仏塔 3 北面の文殊菩薩

は蛇をくわえるのであるが、後世、草をくわえるキールティムカがチベット仏教、バリのヒンドゥー教においても登場する［立川　二〇〇九、四〇、七七］。

仏塔3の基壇には装飾がない。製作年代、寄進者名などを記した銘はないが、製作されてから二〇〇年は経っていないであろう。このタイプの仏塔の基壇にはしばしば四天王などの像が配されるが、ここには四天王の像はない。

五　仏塔4　仏塔の古型

仏塔3の横に仏塔4がある（図3-4-26）。この仏塔4に銘はないが、例の「一人のブッダと三人の菩薩」

図 3-4-26　仏塔4。古形を保つ仏塔の一種

が仏塔基壇四面に掘り込まれているゆえに、仏塔4自体は一七世紀以降のものと考えられる。仏や菩薩の彫り込まれている基壇を除いた、七世紀頃の古い仏塔が盆地には見られる［Gutschow 1997: 8］。この型の仏塔は一般に仏や菩薩の像をほとんど有することなく仏塔の古形を残している。また、この仏塔の古型は後世のチベットの仏塔の型とよく似ている［Pema Dorjee 1996: 67］［Gutschow 1997: 302］。

仏塔4では、ピラミッドのように上に行くほど小さくなる段が五つあり、第六段がアンダとなっている。この五つの段については今日のネワール仏教ではさまざまな象徴的意味が与えられている。ある説に従うならば、アンダの下の段は「五力」（信・勤・念・定・慧）を、次の下の段は「五根」（眼・耳・鼻・舌・身）を、平頭の最上部は悟りの智慧を意味する［Tuladhar 1985: 2-3］。この種の仏塔の構造とその諸部分のシンボリズムに関しては［Govinda 1976: 55~58］に詳しい説明がある。

仏塔4の型にあっては、一般にアンダの下に五つの段があるが、仏塔4から北に二〇メートルの位置にある仏塔（仏塔の北にあるシャーンティ・プールの東側に並ぶ諸仏塔の内、向かって左橋の仏塔）のように、六段の場合もある。

六　仏塔5「美しい楼閣を有する仏塔」

スヴァヤンブーナート仏塔の北東に見られる仏塔5は、銘によるならば西暦一七七九年（ネワール暦八九九年）に作られた（図3-4-27）。スヴァヤンブー寺院境内に住むある老人によれば、この仏塔の寄進者はシャキャ・ジャーティに近いジャーティであるウラヤの者であり、毎年決まった時にそのジャーティの者たちによってプージャー（供養）が行われる、とのことであった。

図3-4-27　仏塔5。美しい楼閣を有する仏塔

仏塔5は「美しい楼閣を有する仏塔」(ramya-kūṭa-āgāra-caitya) と呼ばれるタイプに属する[8]。側面には法界マンダラの諸尊のイメージが彫り込まれており、仏塔全体が楼閣のように見える。この楼閣は三層を有するが、アンダ部分の下には四仏と四妃の小さな像が、『完成せるヨーガの環』に述べられた法界マンダラの規則通りに並ぶ。その下の層の四面にはショーダシャ・ラースヤー（十六供養女）と多臂の四妃（マーマキー、パーンダラ

ー、ターラーおよびローチャナー）の像が見られる。さらにその下の層には、法界マンダラの十六大菩薩像が並んでいる。カトマンドゥ盆地における美しい楼閣を有する仏塔には法界マンダラの諸尊が彫りこまれることが多い。

パタン市のエタビリーにあるウク・バハの裏地にある仏塔にショーダシャ・ラースヤー像の作例があるが、ここにはそれぞれの供養女の銘がある。それらの女神たちの名称と位置は［Gutschow 1997: 53］に述べられている。ショーダシャ・ラースヤーは、今日のネワールの伝統では（1）ヴィーナー、（2）ヴァンシャー、（3）ムリダンガー、（4）ムラジャー、（5）ラースヤー、（6）マールヤー、（7）ギーター、（8）ヌリトヤー、（9）プシュパー、（10）ドゥーパー、（11）アーローカー、（12）ガンダー、（13）ダルパナー、（14）ラサヴァジュラー、（15）スパルシャーおよび（16）ダルマダートゥガルバーである（補遺4参照）。ウク・バハのショーダシャ・ラースヤーの場合には（16）の代わりにルーパーが入る。スヴァヤンブーナート仏塔の西龕の脇にある鬼子母神寺院のほう杖にはショーダシャ・ラースヤーの像があるが、ここでは（16）ダルマダートゥガルバーの像が見られる。またこれらの十六女神の配置順は常に一定というわけではない。仏塔5の四面におけるショーダシャ・ラースヤーそれぞれの名称を確定することはできなかった。

仏塔5における十六大菩薩像に関しては確定することができる（10）。東面には向かって左から（1）普賢、（2）無尽慧、（3）地蔵、（4）虚空蔵がおり、南面には向かって左から（5）虚空庫、（6）宝手、（7）海慧、（8）金剛蔵がおり、西面には向かって左から（9）観自在、（10）勢至、（11）月光、（12）光網がおり、北面には向かって左から（13）無量光、（14）弁積、（15）除憂闇、（16）除蓋障がいる。

先ほど触れたウク・バハの近くの仏塔には今、名をあげた十六大菩薩の像が見られるが、その配置は東南の（1）普賢から始まって（16）除蓋障に至るまでが時計回りに配置されている。つまり、（1）が「最上位」で（16）が「最下位」というシステムに従っているのである。一方、仏塔6ではそれぞれの面に並ぶ四菩薩の中で「上位」の菩薩が向かって左に位置している。おそらくショーダシャ・ラースヤー像の配置に関しても同様であると思われる。

七　仏塔6「火炎輪を有する仏塔」

仏塔3から北西の方角に二〇メートルほど行くと「火炎輪を有する仏塔」（jvalāvalī-caitya）がある（図3–4–28）。この仏塔は、スヴァヤンブー寺院境内の北西の端にある。仏塔6と呼ぶことにしよう。仏塔6は蓮華の蕾が方形の台の上にあるといったかたちをしている。基壇には六七年とある。これが西暦何年にあたるかは不明であるが、おそらく二〇〇年とたっていないであろう。

方形の基壇の上には八角の低い壇があり、その壇の上半分には蛇が彫られている。その蛇は北方において自身の尾を咬んでいるが、これは宇宙創造のとき、まだ混沌の状態にある世界をとりまく原初の蛇（ウロボロス）である（図3–1–10参照）。

この八角の低い壇の上に円筒形の壇があり、その側面には波形模様がある。これは元素としての水を意味する、といわれている。あるいは、須弥山を取りまく海洋がイメージされているのかもしれない。この波形模様のある円筒形の上には伏鉢状の壇があり、さらにこの伏鉢の上には短い円筒が見られる。

波形の付いた円筒の上にある蕾形の構造が見られるが、この「蕾」の最下部は上向きの大きな花弁の環がある。その上に柵に似たものがある。さらにその上には花が横に並んで環を作っている。「この花の環は風の元素のシンボルであり、その上の環は明らかに火炎を表しており、火の元素のシンボルである。その上の金剛の環は虚空（空）を象徴する」と盆地では解釈されることもある。(11)

金剛の環の上には二重蓮華すなわち花弁が上下に向いた蓮華があり、その上には再び柵に似たシンボルが見られる。下方に現れた柵は一本一本が長めであるのに比べて、二重蓮華の上の柵は短めである。上下の柵が両者とも同じように大地を意味するか否かは不明であるが、両

図 3-4-28　仏塔 6。火炎輪を有する仏塔

図 3-4-29　図 3-4-28 の部分。世界の物質的基礎が積み上がっている

者とも蓮華のすぐ上にある。下の蓮弁から金剛の環に至るまでの部分は一つのまとまりを示しており、上の二重蓮華からアンダ（卵）まではまた別のまとまりを示している。したがって、例の「柵」はそれぞれのまとまりの最下部にあって蓮弁に支えられた世界の底を囲っている柵（プラカーラ）と考えられる。『完成せるヨーガの環』第一章には、マンダラの立体的構造が説明されている。それによれば、まずマンダラの根底は金剛地（ヴァジュラブーミ）の上にあるが、その金剛地を囲むように柵あるいは塀（プラカーラ）がある。仏塔6の「柵」はマンダラ世界の底を囲む塀としてのプラカーラを思い起こさせる。

二重蓮華の上の「短い柵」の上にはアンダ（卵）があり、そのアンダの四方には小さな四仏の像がある。そしてアンダの上には平頭がある。ネワール仏教の伝統によれば、基壇からアンダより下まではブッダの身体（カーヤ）、アンダは言葉（ヴァーク）、そして平頭は心（チッタ）である。すなわち、仏塔全体が一人のブッダを表していると考えられている。したがって、平頭に眼や鼻が描かれなくとも、仏塔がブッダの身体を表している場合が存するのである。もっとも仏塔6の平頭には眼と鼻が描かれている。

八　仏塔7　「水の流し口の上に須弥山がある仏塔」

スヴァヤンブーナート仏塔から北西に一〇メートルほどの所に鬼子母神の寺［Pruscha 1975: B/K 325］があるが、この寺の正面向かって左に、つまり、寺の西側に仏塔7がある（図3-4-30）。この仏塔は「水の流し口の上に須弥山がある仏塔」と呼ばれる（図3-4-16、仏塔2参照）。仏塔7の特徴は「水の流し口」が見られることであるが、この流し口は明らかにヒンドゥー教におけるヨーニ（女性性器）をかたどったものであり、このヨーニは女性原理を意味する。ヒンドゥー教では古くからリンガ・ヨーニ、つまり「ヨーニを貫くリンガ」のシンボルが用いられてきた。リンガはシヴァを、ヨーニはその妃（シャクティ）を意味する。「シャクティ」とは元来、力のことであるが、ここで男神シヴァの力が妃として考えられており、妃のことをシャクティと呼ぶ。シヴァとシャクティとは一体のものと考えられている。

仏塔2の「四面に仏像がある仏塔」の場合には四角い枠の北方に水の流し口が設けられているが、すでに述べたようにその流し口はヒンドゥー教における女性原理のシンボルであるヨーニの形の影響を受けているかもしれないと思わせるものであった。しかし、仏塔7の場合は明らかにヒンドゥー教の影響を受けたものである。

図3-4-30　仏塔7。水の流し口の上に須弥山がある仏塔

仏塔7はヨーニの上に立つリンガを思わせる。この仏塔のデザイナーたちは、ヨーニの上にそそり立つリンガのイメージを有しており、そのイメージの中でリンガの代わりに仏塔を置いたと考えられる。カトマンドゥ盆地においては、インド亜大陸におけるほとんどの地域と同様、リンガ・ヨーニはよく知られたシンボルである。

このようなことは仏塔とリンガとが共通

する何ものかを有していたから起きたことだと思われる。両者の形の基本形は「卵」である。仏塔から平頭を除けばリンガとなる。仏塔は涅槃すなわち死を意味し、リンガはシヴァの生命力を意味した。このように両者のシンボリズムはある層では異なっているが、その二つのシンボルはより深い層においては世界を意味した。卵が世界を意味するという伝統はすでにブラーフマナ文献に見られる［立川　二〇〇八、一七五］。

古代インドの仏教窟およびヒンドゥー教窟の内部はともに馬蹄形をしているが、その最も奥まったところに仏塔あるいはリンガが置かれており、崇拝の対象となっていた。仏教徒とヒンドゥー教徒はともに卵系のシンボルを聖なるものとして崇拝していたのである。したがって、後世のカトマンドゥ盆地におけるように仏教とヒンドゥー教が互いに影響を与え合うほどに「近い」場合には、仏塔7のようなタイプの造形が可能となると思われる。

仏塔7が属するタイプの仏塔の場合には、ヨーニの下に須弥山が背の低い、あるいは短めの円筒によって表現されるのが一般的である。ヨーニの上の仏塔本体の四面には金剛界の四仏が見られ、その上にアンダがある。アンダの四面には仏の坐像が見られる。すなわち、東および南の面には転法輪印の大日、西には金剛薩埵、北には「未来を予言する印」を有する仏の像がある。仏塔7の基壇の四隅には、仏頂尊（南東）、文殊（南西）、般若（北西）および六文字観自在（北東）がある。

九　むすび

カトマンドゥ盆地の仏塔は少なくとも四つの象徴的意味を有すると考えられる。第一には、仏塔はブッダの涅槃を意味する。これは仏教の当初からあった意味である。第二には、仏塔、特にそのアンダ部分は世界を意味する。アンダつまり卵が世界を意味することはインド古来の伝統であったが、仏塔もそのシンボリズムを受けついできたのである。第三には、ブッダの身体を意味する。カトマンドゥ盆地の仏塔のほとんどの平頭の最下部に目と鼻が描かれており、これは仏塔がブッダの身体であることを示している。第四に仏塔は修行の階梯を示している。この意味は特に平頭によって示されている。

仏塔の基本的な象徴的意味はブッダの涅槃であった。つまり、仏塔は少なくとも現世のシンボルではなかった。時代が下るにつれて仏塔の側面にマンダラのほとけたちが彫りこまれていった。マンダラは娑婆世界から遠く離れた仏国土のあり方を描くのではなくて、聖化された現世つまり娑婆世界のあり方を描いたものである。したがって、仏塔が立体的マンダラとして見なされるということは、死のシンボルが現世のシンボルと一体になることである。このことは、密教において仏国土と娑婆世界の距離が短縮されていった歴史的経過と軌を一にする。

注

（1）ネワール仏教徒にとって最も重要な儀礼であるグンラー・ダルマの祭りのスヴァヤンブー寺院の様子については［立川　一九八四、六四～六七］参照。なお、スヴァヤンブーナート仏塔の周囲には九つのマンダラ（A―I）が置かれている。これらのマンダラの多くにとって仏塔のある方向が東である。ただ、仏塔の東にあり、マッラ王のプラタープの命によって作られた法界マンダラ（図3―1―21）は、仏塔のある方向を西にしている。このようにスヴァヤンブーナート仏塔は周囲のマンダラの位置を決定するほどに重要なのである。AからIまでのマンダラは地面に設置されている。それらのマンダラの位置については、図3―4―14を参照されたい。

それらの九つのマンダラのうち、小さなもの（D）は直径三四センチメートル、A、B、Eなど大きなもので直径五〇センチメートル程の真鍮製の円盤に線描されている。A、B、C、D、Eはその線描をおおよそ読み取ることはできるが、F、G、H、Iの四点はその上で儀礼を行ってきたためであろうか、マンダラ図をほとんど読み取ることはできない。A、B、Cは悪趣清浄マンダラである。Cは本書第3章1節において扱った（図3-1-31参照）。マンダラB（直径四六センチメートル）の最外輪には、八方天のシンボルが刻まれている。マンダラAおよびEの最外輪には八方天のシンボルではなく「人間の姿に似た」図像が伝統に従った位置に刻まれている。

（2）このプランは大矢泰司氏（マンダラミュージアム、福島市）がMr. Ram K. Karkee, Utitlity Nepal, Kathmanduに依頼したものである。本書への掲載を許可された大矢氏に御礼申し上げたい。

（3）たとえば、東面のトーラナには上段に大日、下段には向かって左から普賢菩薩、地蔵菩薩、虚空蔵菩薩、密教行者クリシュナチャーリンがいる（図3-4-31）。

（4）近年では四妃、特にパーンダラーとターラーのトーラナのかなりの部分が欠損していたが、二〇〇八年から三年あまりをかけて大規模なスヴァヤンブーナート寺院の修復が行われ、二〇一二年一月には「完全なかたち」に修復された。図3-4-32と図3-4-33は二〇〇八年時点でのパーンダラーとターラーである。

（5）リッチャヴィ期の仏塔はバクタプールでは少なくとも六基、パタンでは破損されたものも含めて一〇五基が残っているといわれる［Gutschow 1997: 139］。

（6）この形の平頭はネワール仏教に特有なものではない。たとえば、ラダックにも見られる［Thubten Legshay Gyatsho 1979: Photo6］。もっともこの仏塔の年代やネワール仏塔との関係は不明である。西蔵地区の仏塔の平頭もおおむねネワール仏塔の平頭と同様である［Pema Dorjee 1996: 51］［中国社会科学出版社　二〇〇三、口絵98］。東南アジアの仏塔の平頭に関しては［Snodgrass 1985: 329］参照。

（7）カトマンドゥ盆地には一二のcatur-vyūha-caityaがある［Gutschow 1997: 175］。

（8）これらの四人のブッダの印相とほとんど同じ印相を有する「四面に仏像のある仏塔」がジャナ・バハ［Pruscha

図 3-4-31　スヴァヤンブーナート仏塔東面のトーラナ

図 3-4-33　ターラー。2008 年

図 3-4-32　パーンダラー。2008 年

1975: K-129］に見られる。
（9）［Sumati Vajracharya 2007: 88］では kūṭāgāra śailī caitya と呼ばれている。
（10）仏塔6の十六大菩薩の像に関しては［Tachikawa 2001］参照。
（11）これらの象徴的意味はガウタム・バジュラーチャーリヤ氏の教示による。ここに記して謝意を表したい。
図3−4−34はハカー・バハール・マンダラ一号の外縁（部分）を示している。外側から火炎輪、金剛の環、蓮弁、地、風、火、水を示していると思われるが、はっきりしない。図3−1−20においては図3−4−29とは別種のシンボリズムが見られるのである。カトマンドゥ盆地におけるこの種の仏塔に描かれた諸元素のシンボリズムは一定していないといえよう。

図3−4−34　ハカー・バハール・マンダラ一号の外縁（部分）

第4章

マンダラの観想法

1　密教と呪術

一　密教の基本構造

（1）「聖なるもの」と「俗なるもの」

本書の初めに、宗教には自己否定的契機が必要であることを、M・ウェーバーの「世界宗教の否定的倫理」の考え方を踏まえて考察した。本書第2章および第3章においては、主として金剛界マンダラや法界マンダラに現れるほとけたちの図像学的考察を行った。金剛界マンダラなどに登場するほとけたちは、インド中期密教に属するものであって、後期密教経典に登場するような忿怒の形相をとった「秘密仏」ではなかった。

本章1節では、後期密教に登場する秘密仏ヘールカの図像学的特徴とその儀礼・実践を扱いたい。後期密教の儀礼は呪術的な要素を多分に含むが、密教の理解のためには呪術と宗教との区別を知る必要がある。宗教にとっては自己否定的契機が不可欠であるが、呪術はその契機を欠くことが多い。本章では、呪術的要素を含んでいるヘールカの儀礼テキストを考察することによって密教と呪術の関係を考えたい。

あらゆる宗教は、その構造の基本に「聖なるもの」と「俗なるもの」との区別を含んでいる。「聖なるもの」という概念を近現代における一つの学的な基礎概念へと高めたのは『聖なるもの』の著者ルードルフ・

オットーであろう。しかし、彼の場合には「聖なるもの」と「俗なるもの」との関係が考察の主眼であったわけではなく、「聖なるもの」を倫理的観点から見ようとする傾向が強く「倫理的であればあるほど聖として完全である」［星野 一九六七、一一五］と考えられた。

N・ゼーダーブロームは「聖なるもの」と「俗なるもの」の関係を、宗教のさまざまな発展段階において理解しようとしたが、彼もまた「聖なるもの」を道徳的観点から考えたためにオットーと同じく、キリスト教的な神観が他の宗教におけるそれよりも優位にあると考えた。

一方、H・ユベール、M・モース、R・カイヨワ、M・エリアーデ等は、オットーやゼーダーブロームとは異なってキリスト教的神観に縛られることなく、宗教を全世界的視野において考察する。彼らにとって、「聖なるもの」と「俗なるもの」との区別は宗教の基本構造を物語るものであり、宗教行為の動態（ダイナミズム）はこの二つの間の関係によって表現される。エリアーデらとは異なった意味においてではあるが、M・ウェーバーもまた「聖」と「俗」との差異を宗教行為の理解にとって重要なものと考えた。

R・カイヨワはその著書『人間と聖なるもの』を次のような言葉で始める。「世界についてのあらゆる宗教上の概念は、聖なるものと俗なるものとの区分を含むものであり、……。事実、宗教に関してどのような定義を提案したところで、その定義が聖と俗との対立を含むものであることはあきらかである」［カイヨワ 一九九四、二二］。彼にとって、聖なるものの体験は、人間と聖なるものの諸関係の総体として現れる。つまり、聖なるものはその特性として、ある事物（彫像、祭具など）、ある人間（王や僧侶）、ある空間（寺院や宮殿）、ある時間（葬儀、年中行事の日など）などに帰属しているのである［カイヨワ 一九九四、二四］。

エリアーデは「聖なるもの」が顕現するこれらの事物を「場（トポス）」と呼ぶ。彼にとって宗教とは

「俗なるもの」という場における「聖なるものの顕現」である。「聖なるもの」それ自体がわれわれの眼の前に現れてくることはない。「聖なるもの」は属性であり、実体すなわち「場」に和合してのみ、その存在をわれわれに知らせることができる。

一方、「俗なるもの」は「聖なるもの」から除外されたものである。たとえば、祭りの日が「聖なる」時であるとすれば、それ以外の日々は「俗なる」時である。寺院の内部は「聖なるもの」であるが、寺院の外部の空間は「俗なるもの」と考えることができる。また寺院境内と本堂においては「聖なる度」(聖性の度)が異なる。つまり、同じ空間でも「聖なるもの」にもなれば「俗なるもの」ともなる。「聖なるもの」と「俗なるもの」はあくまで相関関係のある一組の概念である。この「二極」のいずれにおいても度の違い、すなわち「聖性の位階」が存するのである(［立川　一九八七b、一四］参照)。

自己の可死性、利己的言動、罪、煩悩といったものが「俗なるもの」とみなされることがある。このような種類の「俗なるもの」は、今述べた、祭りではない日常の日々、寺院等ではない空間などとは性質を異にしている。このように「俗なるもの」には、「聖なるもの」の場合も同様であるが、個々人の精神世界に関するものと集団・共同体において定められた行為・行事に関するものとがあるといえよう。

(2)「不浄なるもの」から「浄なるもの」へ　集団的宗教行為

「聖なるもの」に関する考察のために、葬儀という儀礼行為を取り上げてみたい。ある人物X氏が死んだとしよう。葬儀の行われる日時には、通常の日々とは明らかに異なった緊張した「気分」が、X氏の親族およびX氏が生前関係していた集団に生ずる。彼の葬儀がSホールにて行われるとしよう。Sホールは、この日には「忌」の貼り紙がはられ、黒と白の二色の幕にかこまれ、それまでの日々とは異なった「気分」に包まれる。例外的な場合を除けば、われわれの社会では死は不浄なるもの、恐ろしきもの、忌まわしきもの、不気味なものである。X氏の死という出来事に起因し、Sホールに満ちている「気分」もまた不浄なるものだ。これは緊張のない日常の「気分」とは異なったものであり、その意味でわれわれはこれを「聖なるもの」と呼ぶ。

このように「聖なるもの」という言葉は、清らかで、崇高であり、神々しく、美しいというようなものに対してのみ用いられるのではなくして、汚れており、不吉で、不気味で、醜い、というようなものを指すのにも用いられる。死体などの不吉で、不気味なものは、「不浄な気分」を生む力を有するゆえに、非日常的であり、犯すべからざるものであり、したがって「聖なるもの」と呼ぶことができよう。このような例からわれわれは「聖なるもの」の内に相異なる二つの領域が存在することを知る。一つは、不気味で、畏怖心を起こさせるような「不浄なるもの」であり、もう一つは崇高で、美しく、善きものとしての「浄なるもの」である。

葬儀の例に戻っていえば、この不浄なる、聖なる「気分」の源泉は壇に安置されたX氏の死体である。死体からまき散らされる力は、生きのこった者たちの生命の源泉を涸らしてしまうのではないかと恐れられるほどだ。一般に人間の死体は、切りたおされた木や魚の切り身等とはまったく異なったものだ。生きのこった者はX氏への愛着の念を覚えながらも、遺体から伝えられる不気味さや、「遺体には触れたくはない」という感覚を覚えるのである。

死によって引き起こされた不浄なる「気分」は、浄なるものへと浄められねばならない。人々は、不浄なる「気分」の中で生活し続けることはできないからである。不浄なる気分は何らかの方法によって浄められねばならない。

葬儀という儀礼の主要な機能は、浄化作用である。一定の時間の中であらかじめ決められたプログラムに従って行われる葬儀は、「聖なるもの」の一方の領域——すなわち、不浄なるもの——から、同じ「聖なるもの」のもう一方の領域——すなわち、浄なるもの——に移行するための行為である。

「浄なるもの」へと至った行為エネルギーは、目的を果たして方向を失う。方向をもたなくなった行為エネルギーは、ヴェクトル（方向量）ではなくなり、スカラー（無方向量）となる。スカラーは消滅する運命にある。つまり、「不浄から浄へ」という指向を失った行為はもはや存続することはできない。したがって、葬儀が終わると、「浄なる聖」もまた消滅して、再び日常の「俗なる」状態が生まれる。この日常の「俗なる」状態はその後、「聖なる」雰囲気を生むような何らかの事件が起こるまで、あるいは定められた日が来るまで続くのである。

生き残った者は「俗なる」日常の世界に戻って生活を続けるが、X氏はもはやこの世界にはなく、他の世界に「旅立った」と考えられる。葬儀は死んだX氏を彼が生前住んでいた世界から他の世界へと移すための儀礼行為でもある。このように、葬儀は、生きのこった者が死という不幸な事件を克服して生きていくための一手段であるとともに、死んだ者を自分たちとは異なった世界へと送り出す手段なのである。

ところで、葬儀という宗教的行為にあっては、ある人間がその儀礼に意欲的に参加するとしても、その者が属している集団の慣習に従って参加するのであって、その人自身が自分の生活を反省し、その個人の俗なるあり方を否定して、精神の救済を得ようとして儀礼に参加するわけではない。つまり、ここでは「俗なるもの」から「聖なるもの」への移行は「主体的」自己否定によって起きるのではなくて、「聖なる」時間・場所・事件といった外部的条件によってもたらされる。

ようするに、葬儀という行為には次のような要素が存する。すなわち、(一)X氏の死により「不浄なる」気分が生まれ、その気分の中には遺族等は住み続けることはできないという認識、およびX氏はもはやこの世界の人ではないので、亡くなったX氏の身体をこの世界に置いておくことはできないという認識。(二)「不浄なる」気分は浄化され、X氏は他の世界へと送りとどけられねばならないという認識。(三)その手段としての葬儀という儀礼の選択とその実行である、といえよう。また、葬儀は死者が属した集団にとって必要な行為であって、個々人の精神的救済を得ることを主目的としたものではない。

(3)「俗なるもの」から「聖なるもの」へ　個人的宗教行為

祭りとか葬儀とかの集団儀礼の形をとる宗教行為とは別に、個人の自発的、「主体的な」宗教実践が「俗なるもの」から「聖なるもの」に至るための手段となる場合がある。この種の宗教行為にあっては、「聖なるもの」と「俗なるもの」は神と人、救いと罪、悟りと迷いというような「二つの極」として現れる。

葬儀に典型的に見られるように、浄化を目的とする集団的宗教行為にあっては、行為のエネルギーは「聖なるものの領域」の中で「不浄なるもの」から「浄なるもの」へと向けられる。迷いから悟りに至ろうとする、あるいは罪のあり方から救いに至ろうとする、というような個人的宗教実践にあっては、そのエネルギーは、少なくとも人間の立場からみるかぎり、「俗なるもの」から「聖なるもの」へと向かう。「聖なるもの」の力によってのみ、「俗なるもの」が「聖なるもの」へと向かうことができるのであって、「俗なるもの」が自らの力によって「聖なるもの」へと向かっているのではない、というしばしば述べられる主張はもっともなものだ。しかし、ここはそのような論議に立ち入ることをしないでおこうと思う。

われわれの日常の営みはすべて否定さるべき「俗なるもの」、乗り越えられるべきものとして把握され、それから脱するために何らかの「主体的」実践が要求される場合がある。この種の実践においては、社会的に健全あるいは健常と考えられる行為も「俗なるもの」にすぎないとして否定されることが多く、一般にはこの型の実践は個人的に行われる。「宗教実践の主体」としての個人が集まってこの型の実践、たとえば、念仏を行うことはあっても、それは同質の実践を行う個人の集まりにすぎない。そこではそれぞれが個の資格において「聖なるもの」に向かっているのであって、集団的な宗教行為がなされているのではない。

葬儀によって死者が他の世界へと送りとどけられて、二度とはこの世界の一員とはならないように、「俗なるもの」から「聖なるもの」を目指す主体的・個人的な宗教実践においても、一度、「聖なるもの」に至った、あるいは「接した」者は、「俗なる」世界には戻ってこない。少なくともそれが理想とされる。このような不可逆性は儀礼の特性であり、また儀礼と密接な関係にある時間の有する特性でもある。「悟りに至ったもの、あるいは救われた者」であっても、その後、通常は引き続きこの世界（社会）の中に肉体を有して生き続けるが、その人は「それまでとは異なったもの」「一度死にそして生まれ変わったもの」となる。

このような個人的宗教行為にあっても、㈠現状認識、㈡目的、㈢手段の三つの要素が存在する。たとえば、㈠現在の自分の在り方は汚れており、有限であり、というような認識。㈡このような自分の状態から脱け出して、清らかなもの、無限なもの、あるいは「聖なるもの」を獲得する、あるいはそれに「会いたい」という欲求。㈢その手段として禅・念仏・ヨーガがあるいは「神への祈り」というような手段が選ばれ実行される。

どのような宗教にあっても「聖なるもの」に至る、あるいはそれの力に接するためには「俗なるもの」は何らかの方法で否定を受けねばならない。しかし、その「否定」の方法は個々の宗教によって異なる。

すでに見たように（本書六頁）、M・ウェーバーは宗教には二つの典型、すなわち瞑想型と禁欲型があると考え、瞑想型をヒンドゥー教や仏教に代表させ、禁欲型をキリスト教、特にプロテスタンティズムに代表させた。

瞑想型の宗教においては「聖なるもの」に至るために「俗なるもの」の行為は止滅されねばならない、と考えられる。「俗なるもの」であるこの世界はみかけ上の善悪、正邪に関係なくすべて苦に満ちたものであり、「聖なるもの」は人為の彼方にある。それゆえ、人間の行為を止滅させ終わったときに、世界の根本原理、神、悟りの智慧といったものが己を顕現させるのである。インドの宗教にあって最も重要な宗教実践であるヨーガの不動の姿勢は、身体的・言語的さらには精神的な働きのすべてを滅した者の姿を表している。「聖なるもの」を目指すヨーガ行者たちが、直接あるいは積極的に労働に従事しなかった理由も、こうした観点に立てば容易に納得できるであろう。

プロテスタンティズムにおいて、人間たちの労働は神の栄えを表すものであると考えられる。この宗教にあってはインドの瞑想型の宗教とは異なって「聖なるもの」へ至る、あるいは近づく手段として、行為の止滅ではなく行為およびその結果の蓄積が命じられる。この場合、「俗なるもの」の否定は、M・ウェーバーの言葉を借りるならば「禁欲」として現れる。日常生活全体が「俗なるもの」として全否定されるわけではなく、浪費、怠惰、不法な性行為などが禁じられるのである。勤勉な労働は神に認められ、命じられたものだ、という信念が人々の心の中に存するのである。この自覚が自分たちの生活を規律正しくし、財を蓄積するように人々を促す。ここでは「俗なるもの」の一部分が限定的に否定されるのである。

このようにプロテスタンティズムにあっては、「俗なるもの」である人間の行為は、神の業の「道具」（M・ウェーバー）として評価されている。つまり、「俗なるもの」は神に支配されたものとして限定を受けながらも、「聖なるもの」に近づくため、あるいは神に命じられたことを遂行するために自分たちの力を積極的に増大させることができたのである。プロテスタントたちにとって、宗教実践を行うことは結果としては、社会に大きな影響を及ぼす経済活動を行うこととなった。

プロテスタンティズムのような型の宗教が歴史的に大きな影響力をもったことは、インド宗教史の中ではなかった。もっとも仏教タントリズムおよびヒンドゥー・タントリズムにおいて、「俗なるもの」は止滅されねばならないというインド宗教のテーゼに対してかなりの程度、修正が加えられた。

(4)宗教儀礼とそのシンボリズム

カイヨワのいうように儀礼は、「聖なるもの」と「俗なるもの」との諸関係を確実にするものである。もしも儀礼がなければ、狂暴な「聖なるもの」が無力な「俗なるもの」を焼き尽くしてしまうかもしれない。あるいは、貪欲な「俗なるもの」が「聖なるもの」を侵食してしまうかもしれない。「聖なるもの」と「俗なるもの」という二極間の「交わり」は儀礼によって実現される場合もあれば、宗教実践によって実現されることもある。たとえば、ヨーガ、念仏（称名）などは実践であり、葬儀は儀礼といえよう。もっとも、この両者の区別が常にはっきりしているわけではない。たとえば、仏教タントリズムにおける護摩（ホーマ）は古代インドのホーマ儀礼を受け継いだ儀礼であるとともに、個人的・精神的至福を求めるための実践でもある。いいかえるならば、両者が統一された形なのである。

儀礼は時代を通じて一定不変のものではなく、時代あるいは行為者の要求にあわせて、その過程が変えられたり、それに附されたシンボリズムが変えられたりする。儀礼の側面が消滅して「主体的な」宗教実践のみが残り、宗教が非儀礼化される場合も存する。

葬儀はわれわれの生活の中で大がかりな、そして複雑な宗教儀礼の一つである。その複雑な諸過程の一つひとつはそれぞれの伝統において培われた象徴機構に基づいており、葬儀全体に対して、あるいはそれを構成する過程の一つひとつに対してどれほどの重要性が附せられるかは、葬儀に参加する人がその儀礼を社会の中でどのような意味を持つものと考えるか、あるいは、その儀礼に対してそれぞれの参加者がどのような態度をとるかなどによって異なる。ある人にとっては、焼香順の決定が最優先事項であろうし、またある人にとって葬儀とはある集団の中に自分をデヴューさせるチャンスにすぎないであろう。

儀礼を構成していた諸過程がそれぞれ象徴意味を失っていったときには、あるいはその意味を与えている社会に対して反逆するときには、儀礼自体も不必要となろう。今日のように死が「俗なるもの」に侵食されてしまったときにおいては、死が聖なる気分を生まない場合がある。そうした場合には、葬儀は形骸化されるか、ときにはまったく行われないであろう。死者が属していた家族あるいは企業体の権勢を誇示するためにのみ葬儀が行われようとしていると遺族の主だった人物が判断した結果、葬儀が行われないこともあろう。実際、今日では葬儀を不要と考えている人の数は増え続けている。

儀礼の過程、装置などが大幅に変わることもある。その場合には、シンボルの読みかえも行われるであろう。密教（タントリズム）の時代とは、それまで認められていた儀礼の意義が疑問に附され、従来のシンボリズムの改変が迫られていたときであった。現代もまたそうした時代である。

仏教タントリズムは、紀元六、七世紀になって急激に勢力を増大させた。この時期は、グプタ王朝の崩壊後の政治的不安定やバラモン主義の復活などによって、ヒンドゥー教から仏教が圧迫を受けつつあった時代であった。また、インドにおける正統派を自認するバラモン中心主義が土着の信仰・儀礼などを吸いあげつつ、ヒンドゥー教という巨大な「文化の天蓋」としてインドを覆い始めていた時期でもあった。そのような時代の中で、仏教は、ヒンドゥー教勢力に対処しつつ、一方では土着の信仰からそれまでタブーとされてきたいくつかの要素を吸いあげ、現世肯定的側面を強めた。そのような変化は仏教およびヒンドゥー教のタントリズムにおいて顕著に見られる。

後世のインド仏教史において仏教タントリズム（密教）と非タントラ的な仏教（顕教）とがどのような位置関係にあったかについては明確にはわかっていない。しかし、現在残されている厖大な量のサンスクリット文献およびそのチベット語や中国語への翻訳から察するに、九、一〇世紀には密教は整備された理論体系を有していたと考えられる。一一世紀のマイトリーパ（アドゥヴァヤヴァジュラ）が「大乗は二種で、波羅蜜理趣と真言理趣とである」［宇井　一九四九、二二］と述べた頃には、密教（真言理趣）が非密教（波羅蜜理趣）と並ぶほどの位置を占めていたと考えることができよう。

後世の密教において活躍する秘密仏へーヴァジュラ尊などのほとけたちが手に持つ頭蓋骨杯に満たされた血は、仏教タントリズムにおいて「悟りの智慧」を象徴する。しかし、古代インドにおいて、血は、もしそれが祭式の行われている祭壇にふりかけられたならば、儀礼執行者および儀礼依頼者の誓願（vrata）を破り、その祭祀が続行できなくするほどの「不浄なるもの」であった。ところが、仏教タントリズムにおいてそれは「悟りの智慧」という「浄なる聖なるもの」の象徴となった。このようなタントリズムによるシンボルの読みかえは血に関してのみではなく、骨、皮、死体、墓場などに関しても行われた。このようにタントリズムはシンボルの意味を読みかえることによって、その時代の要求に応えたのである。

二　呪術の基本構造

宗教は「聖なるもの」あるいは「浄なるもの」の獲得を目ざして、「俗なるもの」の否定あるいは浄化のための行為を不断に計画的に行うものである。一方、呪術は「聖なるもの」の力を利用して現世利益的な目的を追求する。このような区別は存するのであるが、両者の儀礼には似かよった要素が多くあり、両者の境界がはっきりしないことがある。

呪術行為もまた合目的的行為である。したがって、宗教行為と同様、呪術行為においても㈠現状の認識、㈡目的、㈢手段という三つの要素が見られる。たとえば、藁人形に釘を打ち、呪いをかけて、ある人間を殺そうとする場合を考えてみよう。㈠その人物が生存することによって自分は精神的苦痛あるいは事業上のマイナスを受けており、何らかの手が打たれなければならない、という現状認識。㈡かの人物の死によって自分の利益を増大させること。㈢そのための手段として、呪術行為が選ばれる、というような要素や側面が見られるのである。藁人形に釘を打ってある人物の死を念ずる、という行為は、その人物を死に至らしめる力をその人形からかの人物に効果的に伝えるのである。

呪術行為において、目的は願望という形をとる。願望はどれほど裏切られても、それ自身存在しなくなることはない。予想通りの結果が出なかったときも——その方が多いのだが——失敗の理由づけは通常、他に求められ、呪術的力そのものには求められない。そのような願望はとめどなく生まれてくるために、期待通りの結果は得られないのではないか、という懸念につきまとわれつつも、呪術的行為は繰り返し行われてきた。多くの迷信が、たとえ生活上大きな不都合を生ずると考えられる場合であっても、今日も根づよく生き残っているのは、人々が今もなお呪術的力に対する信頼を失っていないことを示している。現代においても、呪術は古代からその構造をほとんど変えることなく、われわれの生活の中で願望という伴侶と共に生き残ってきている。

フレーザーはその大著『金枝篇』の中で、呪術的儀礼において呪術的力が伝わる経路に関する原理を次の二点に要約している。「第一、類似は類似を生む、あるいは結果はその原因に似ている。第二、かつてたがいに接触していたものは、物理的な接触のやんだ後までも、なお空間をへだてて相互作用を継続する」［フレーザー　一九五一、五七］。前者の原理は類似の法則、後者は接触の法則あるいは感染の法則と呼ばれ、それぞれの原理に基づいた呪術は、類感呪術、感染呪術と呼ばれる。この分類に従えば、藁人形に釘を打つという呪術は類感呪術の一種である。もし呪いをかけられる人間の髪、爪などが人形に付けられる場合は、かの二つの型の呪術が結合したものであると考えられる。

儀礼においてはほとんどの場合、道具あるいは装置が用いられる。今の例では、釘の打たれた藁人形がその儀礼行為の中で最も中心的な役割を果す道具である。この道具は、呪いをかけられる人物を意味するシンボルとして機能する。呪術における道具は呪術者の志向という形のエネルギーが入れられる場所であり、道具の有するシンボリズムが、そのエネルギーの放出通路である。呪術的儀礼は、呪術行為のエネルギーの通路であるといえよう。

呪術では実にさまざまな道具が用いられる。大綱、角、輪、面、護符、ペンタゴン(星形)、男根の形をしたもの、骨、柵、身体からの分泌物、灰、鈴、鏡、鍵、香水、太鼓、文字、宝石、薬草などが、シンボリックな意味を与えられてさまざまなレヴェルにおいて用いられる。

すべての呪術用道具はカリスマ資質を、すなわち人を惹きつける「聖なる」力を有するが、その「聖なる」力は目的獲得のために利用される。その限りにおいて呪術行為は、宗教行為と同様、「聖なるもの」と「俗なるもの」との区別を含んでいるといえよう。しかし、呪術的行為の場合、この二つの「極」の区別は、呪術の目的そのものとは直接関係しない場合がほとんどである。人形を用いてある人物を殺そうとするというような呪術の場合、呪殺が可能か否かは別にして、殺人という目的そのものは、宗教における「二極」の区別を意識した行為によって目指される救済とは異なるのである。

呪術的行為の目的が「聖なるもの」と「俗なるもの」との区別を踏まえる場合も存する。たとえば、「塩をまいて清める」という場合、この行為の目的は浄化である、と考えられる。つまり、この呪術的行為の目的は「聖なるもの」と「俗なるもの」の区別を前提にしているのである。ある人はいうかもしれない。「塩をまいて浄化を願うことは、葬儀などの複雑な宗教儀礼の一部として行われる場合が多く、呪術行為ではなくて宗教行為であると考えるべきだ」と。たしかに、ある人が葬儀の後、塩をまいたとしても、塩という物には浄化力をほとんど認めなくて、浄化をもっぱら心に念じる者にあっては「塩をまいて浄化を願うこと」は一種の宗教行為であると考えることもできよう。

一方、社会的慣習に従って塩をまくという行為それのみによって浄化がなされたと考えられた場合には、その行為はもっぱら塩がもつと考えられている呪術的力に頼ったものであり、それは呪術行為と呼ぶべきであろう。このように呪術行為と宗教行為との差異は、しばしば不明瞭である。その区別はむしろ行為者が、その目的に対してどのような意識をもって行為しているかにかかっているのである。

呪術的行為にあっては、実践者（行為者）は自分の願望を道具に託してその道具に「独り歩き」させる。すなわち、実践者が自身の自律的行為によってその目的を獲得しようとすることをやめ、その道具の有する呪術的力にすべてを託すのである。したがって、呪術においては、「俗なるもの」から「聖なるもの」への主体的歩みや「自己否定の契機」は見られず、「聖なるもの」と「俗なるもの」との緊張の中に自己の存在そのものを投げ込むことはない。

仏教タントリズムはインドの地方に残っていた土着的要素やそれまでバラモン正統派によって抑えられていた非アーリア的要素を吸収していった。この過程の中で、土着的・非アーリア的要素の中に含まれていた呪術的儀礼やその道具も取り入れられていった。もっとも仏教タントリズムはそれらの呪術的儀礼等をそのまま受け入れたのではなく、シンボリズムの改変を行いながら自らの体系の中に位置づけていったのだが、その中に呪術的要素が多分に残っているのは事実である。

三　密教儀礼の一例　ヘールカ成就法について

(1)成就法あるいは観想法

「成就（siddhi）」とは神通力などのいわゆる超能力の獲得、さらには悟りを得ることなどを意味する。「成就法（サーダナ sādhana）」とは、密教的な方法によって成就を得る行法をいい、密教における重要な宗教儀礼・実践のひとつである。成就法の実質的な内容は、すでに述べたように（本書八三頁）、タントラ的（密教的）ヨーガであるが、この種のヨーガによって実践者は眼前に「神」を精神的に産出する。「サーダナ」の「アナ」（-ana）という語尾は手段を意味することがある。密教の実践者たちの中には、成就法という精神集中の技術が神を呼び出すための手段である、と考える者もいる。

一方、神あるいはほとけを行者が自身の目的のために利用することに反対する人々も多い。その人々にとって成就法とは神あるいはほとけへの帰依（バクティ、献信）に他ならない。このように密教において成就法の機能はさまざまである。

本書第2章6節の「金剛界マンダラの観想法」においては、成就法は「観想法」と記されていた。「成就法」という訳語は現代語としてはなじまないのであるが、サンスクリットの意味は「成就法」の方がより正確に表現しているようにも思われる。本書では「成就法」と「観想法」の両方を訳語として用いることにしたい。

われわれが本章で取り上げようとするヘールカ成就法（観想法）は、恐ろしいヘールカ尊を眼前に生む行法あるいは「精神生理学的側面を強く含む身体技法」である。この神は目を見開き、牙をむき、髪を逆立て、手には血で満たされた頭蓋骨杯を持ち、腸でつながれた生首の輪を首にかけている、といった恐ろしい形相をとっている。

元来、神の存在を認めなかった仏教徒もタントリズムの時代になると、「神」が実在し、その神は眼前にありありとその姿をとって現れると考えるようになった。そのような「神」あるいはほとけが「聖なる」世界から降り立って、実践者の眼前に姿をとって現れることを密教行者たちは求めた。「聖なるもの」が現象世界、すなわち「俗なるもの」の中にその姿を現すということがないかぎり、「俗なるもの」は「聖なるもの」へと働きかけることができない、と考えられたのである。

ヘールカ成就法において生み出されたヘールカは、まさに「俗なるもの」すなわち行者における「聖なるもの」の顕現であった。この成就法の初めの過程は、ヘールカ尊を眼前に生むことである。次に、眼前に創造されたヘールカは実践者の心の中に収めとられる。このような過程を踏んで行者（実践者）はヘールカとの合一を体験するのである。

これらのプロセスを通じて印相（手印 mudrā）が重要な補助手段として用いられる。印相とは掌と指との組み合わせによって作られたシンボルとしての仕草であるが、このシンボリカルな行為は「聖なるもの」と「俗なるもの」との媒体として働く。実践者は印相を結び、自分自身の姿を「仏」に似せることによって、「仏」との合一をよりいっそう効果的に行おうとするのである。

（2）「略ヘールカ成就法」

インドにおける成就法の集大成に『観想法の花環』（*Sādhanamālā*, SM）がある。この集成は、七世紀頃から一二世紀頃までの間に著された比較的短い成就法を一二世紀前半頃に編纂したものであるが、本節で扱う『観想法の花環』成就法二四一番の「略ヘールカ成就法」の製作年代ははっきりしない。しかし、この中に述べられるヘールカの図像学的特徴から考えて、九世紀以後のものであろうと思われる。以下にその訳を示しておきたい。

『略ヘールカの成就法』和訳[1]

ヘールカに帰命する。

山などの禅定の場所において、快適なる坐法に従って坐り、慈（他人にいくつしみを与えること）と悲（他人から悲しみを取り除くこと）の心をもって、二重蓮華の上の日輪の上にある自分の心臓[2]に青色のフリーヒ（hrīḥ）という文字を拡散させる光を生ぜしめ、その光によって呼び寄せられた師・仏・菩薩を崇めて、三宝への帰依などをすべきである。

その後、すべてのもの（ダルマ）と自分の身体とには自性（自体）がないと観察して、「オーム、〔わたしの本性は〕空性智〔金剛〕である[3]」と唱えよ。

それからフリーヒという文字から生じた青い恐ろしい金剛を、フリーヒという文字の刻まれた蓮台の上に観想し、そのすべてが転変した勇者ヘールカを思い描け。そのヘールカは青色で、人皮を被り、頭蓋骨の環と阿閦仏〔の小像[4]〕とで頭を飾る。赤褐色の髪は燃え上がり、目は血を帯びて赤く見開かれ、腸で繋がれた生首の環をかけ、人骨で作られた飾りをつけ、一面二臂で、顔は牙のため恐しい。右手には金剛を持ち、左手には〔血で〕満たされた頭蓋骨杯を持ち、カトヴァーンガ杖[5]を肩にかけている。〔そのカトヴァーンガ杖は〕揺れ動く鈴、旗、人頭および二重金剛によって飾られた五鈷杵を上端に付け、その下端は独鈷杵の形をしており、聖紐に似ている。〔ヘールカは〕二重蓮華と日輪の上に左足を置き[6]、その左の腿に右足を置いて踊っている[7]。

そして、そのヘールカの姿で現れた「智の存在」(ジュニャーナ・サットヴァ[8])を見て、自分の心臓にあるフリーヒという文字の光により「智の存在」であるヘールカを招き、アルガ(供物としての水)等を供え、自分の中に収めて、心臓・喉・頭において、サマヤ[9](三昧耶)印によって、ラクシャー〔真言[10]〕を加持せよ。[11]

ここでのサマヤ印は次のようである。二つの金剛拳を結んだ後で、二本の人差し指を内縛して、二本の親指と二本の中指とをそれぞれの順序で上下に針のように伸ばし、残った二本ずつの指を炎の形に立てよ。

そして、観想に疲れたときには次のような真言を唱えよ。「オーン、ヘールカ、金剛サマヤ、フリーヒ、一切有情の悪いサマヤ印相を壊す者よ、フーン、ファット」。そして〔観想の場より〕立ち去れ。〔その後、〕死体置場(尸林)の入口で二つの金剛拳を結んでから、二本の小指を鎖のようにして、二本の人差し指で針をつくり、額のところで保ちながら、印相の光から放たれた黄色の微細な金剛の光を幾度も拡散させることによって〔自分の〕身体全体を覆い、身口意を観想して、前に述べた真言を唱えよ。死体置場に入れ。ラクシャー〔真言〕は不壊である。

略ヘールカ成就法終わる。

※

〔サンスクリットテキスト〕

(使用したサンスクリット・テキストはバッタチャリヤ版([Bhattacharyya 1968b: 468-469])である。)

namo herukāya. parvvatādau dhyānālaye sukhāsanopaviṣṭo maitrīkaruṇāśayaḥ svahṛdi viśvakamalasūryye nīlahrīḥkārasphuradraśmikaṃ vinyasya tadraśmisañcoditagurubuddhabodhisattvān sampūjya triśaraṇa-gamanādikaṃ kuryyāt. tataḥ sarvvadharmān svakāyaṃ ca niḥsvabhāvatayā vyavalokya oṃ śūnyatājñānādi-kaṃ paṭhet. tato hrīḥkāraniṣpannaṃ nīlakarālavajraṃ hrīḥkārādhiṣṭhitavaraṭake dhyātvā tatsarvvapariṇataṃ nīlaṃ naracarmmabhṛtaṃ kapālamālākṣobhyālaṅkṛtaśiraskaṃ jvaladūrddhvapiṅgalakeśaṃ raktavarttulākṣam antrasaṃgrathitamuṇḍamālāvalambitaṃ narāsthiracitābharaṇaṃ dvibhujaikamukhaṃ daṃṣṭrākarālavadanaṃ dakṣiṇakareṇa vajradhāriṇaṃ vāmakāreṇa pūrṇakapālaṃ vāmaskandhāsaktacaladghaṇṭikāpatākānaraśiro-viśvavajrālaṃkṛtapañcasūcikavajraśikharam adha ekasūcikavajrākāraṃ yajñopavītavatkhaṭvāṅgaṃ viśvapadmasūryye vāmapādaṃ tasyaivorau dakṣiṇacaraṇaṃ vinyasya nṛtyaṃ kurvvantaṃ kerukavīraṃ bhāvayaet. tatas tadākāraṃ jñānasattvaṃ dṛṣṭvā taddhṛdayasthahrīḥkāraraśmibhir jñānasattvaherukam ānīya arghādikaṃ dattvā ātmany antarbhāvya hṛtkaṇṭhamūrdhni samayamudrayā rakṣām adhiṣṭhāpayet. tatreyaṃ samayamudrā -- vajramuṣṭidvayaṃ vaddhvā tarjjanībhyāṃ granthiṃ jyeṣṭābhyāṃ madhyamābhyāṃ ca yathākramam adha ūrddhvaṃ sūcīkṛtvā śeṣāṅgulī jvālākāreṇa sthāpayet. tato bhāvanākhinno japen mantram -- oṃ heruka vajrasamaya hrīḥ sarvvasattvaduṣṭasamayamudrāprabhañjaka hūṃ phaṭ. tato visarjjayet. śmaśānapraveśe vajramuṣṭidvayaṃ vaddhvā kaniṣṭhābhyāṃ śṛṅkhalīkṛtvā tarjjanībhyāṃ sūcīkṛtvā lalāṭe dhārayan mudrāraśminiryātapītasūkṣmavajraraśmisphuraṇaiḥ sarvvāṅgam abhivyāpya kāyavākcittaṃ dhyātvā pūrvoktamantraṃ japet. śmaśānaṃ praviśet, abhedyā rakṣā bhavati. saṃkṣepato kerukasādhanaṃ samāptam.

（校訂者B・バッタチャリヤは諸写本の異同を数箇所記しているが、ここでの翻訳はバッタチャリヤ校訂本の読みに従った。）

〔訳注〕

［1］チベット訳 *mDor bsdus pa'i he ru ka'i sgrub thabs*, TTP, No. 5159, Vol. 87, p. 249, f.5, l.6~p.250, f.2, l.4 を参照した。

［2］直訳すれば「二重蓮華と日輪を有する自分の心臓」である。ここでは「二重蓮華の上にある日輪の上に存する自分の心臓」を意味する。マンダラに登場するほとけたちは日輪か月輪のいずれかの上に立つか坐るかである。『観想法の花環』（SM）No. 242,［Bhattacharyya 1968b: 470］参照。

［3］テキストにおける oṃ śūnyatājñānādikaṃ の中の -ādi- は、この真言が oṃ śūnyatājñānavajrasvabhāvātmako'ham の略であることを示す。この真言は『観想法の花環』の中では諸尊に共通な真言としてしばしば現れる。「金剛」はここでは真理のことである。したがって、この真言は「空性智という真理である」を意味する。

［4］ヘールカは阿閦仏の族に属するゆえに阿閦仏の小像（化仏）を頭に戴く。

［5］カトヴァーンガは元来、「ベッドの足」を意味した。その後、T字型の「ベッドの足」は脇の下にはさんで休むための杖となった。さらに、それにさまざまなものが付け加えられて、ここに述べられているような形のものとなり、権威を示す杖となった（図4–1–01）。

［6］「一面二臂」を有するこの脚の形のヘールカは、ヘーヴァジュラとも呼ばれる。TTP, Nos. 2378, 4460 等参照。本書第4章3節の表2参照。

［7］『観想法の花環』二四四番（チベット訳、TTP, Nos. 4212; 4459）は、B・バッタチャリヤによって指摘されているように、二四一番における一面二臂のヘールカと同じヘールカに関するものである［Bhattacharyya 68b: clxi~clxii］。彼は『観想法の花環』Nos. 241, 244 の規定に一致する彫像がダッカ・ミュージアムにあることを指

図 4-1-02　ヘールカ。
ダッカ・ミュージアム
[Bhattasali 1929: Pl. XII] より

図 4-1-01　女神の肩に懸るカトヴァーンガ。この図［Waldschmit 1969: Pl.78］は、「揺れ動く鈴、旗、人頭および二重金剛によって飾られた五鈷杵」というテキストの記述とよく一致する。尊像が図に描かれる場合、その尊像の停止した瞬間が描かれるのである。「揺れ動く鈴」とあるのは、風のためかもしれないが、ヘールカがそれまで動いていたことを表していると思われる。観想法においては、神あるいはほとけがそれまで動いていた、あるいは舞っていたとしても、停止したその瞬間の姿が観想されるのである

摘し、その写真を［Bhattacharyya 1968b: Pl.X］に載せている。図4-1-02はダッカ・ミュージアム所蔵のヘールカ像である。なおナーランダー・ミュージアムにも同様のヘールカ像が所蔵されている［立川 一九七七、二一五］。

［8］成就法において、まず初めに行者は現前に呼び出そうとしているほとけのイメージを描く。このイメージされたほとけを「象徴的（約束の）存在」（サマヤ・サットヴァ samaya-sattva）と呼ぶ。成就法つまり観想法がある段階に進んだところで、「象徴的存在」に似てはいるが行者の外に実在すると考えられる「智の存在」（ジュニャーナ・サットヴァ jñāna-sattva）が行者の心あるいは身体に押し入ってきて「象徴的存在」と一体になる。これが後期密教における成就法のプロセスの大筋である。『観想法の花環』では「象徴的存在」と「智の存在」との合一はしばしば言及されている（［Bhattacharyya 1968b : 21, 23, 60, 78, 170, 172, 173, 174, 205, 311, 348, 386, 416, 475, 518］参照）。『観想法の花環』における「約束の存在」と「智の存在」に関しては［佐久間 一九九三、七九三〜八〇七］参照。

「略ヘールカ成就法」二四一番では、「象徴的存在」と「智の存在」とが一体となると明確に述べられてはいない。「象徴的存在」という語も見られない。そのかわりに「サマヤ印相」が述べられている。この「サマヤ印相」がサマヤ・サットヴァに似た役目を負わされていると思われる。

『観想法の花環』二四五番の「ヘールカ成就法」においては、「象徴的存在」と「智の存在」との合一が述べられている［Bhattacharyya 1968b: 475］。『観想法の花環』二四三番の「ヘールカ成就法」では、「智の存在」は述べられているが、「象徴的存在」は述べられていない。二四二番の「ヘールカ成就法」では「象徴的存在」と「智の存在」のいずれも言及されていないが、「サマヤ印相」は述べられている。

［9］サマヤ（samaya 三摩耶）とは、この場合、仏がすべての衆生に悟りを得させて仏にしようという誓願である。すなわち、「聖なるもの」が「俗なるもの」を救うために立てた誓願をいう。

［10］「ラクシャー」（rakṣā）とは「守るため、あるいは保つための道具・手段」を意味するが、ここでは「真言」の

ことである。真言は行者が達したヨーガの状態を保つ手段としても用いられる。

［11］「加持」とは、一般に「聖なるもの」が「俗なるもの」に対して「聖なる」力を与えることをいう。仏が加持力によって衆生を導く、という場合には、衆生に対して仏が「聖なる」力を与えるのである。今の場合は、ラクシャー真言に「聖なる」力を与えることによって、ラクシャー真言が「聖化」されるのである。

(3)ヘールカの成就法の宗教学的考察

「略ヘールカ成就法」に述べられる成就法（観想法）にあっては、「聖なるもの」はヘールカ尊、その持物、装飾などのすがた・かたちをとって現れる。それらのものは、恐ろしいもの、非日常的なものであり、「不浄なる聖なるもの」である。頭蓋骨杯・死体・人骨・血・腸・生首・人皮などは決して日常的なものではない。当時のインドにおいても、これらのものを見て人々が懐いた「気分」は、今日のわれわれの場合とそれほど異なってはいないであろう。不吉なるものや「不浄なるもの」を自分の生活範囲の中に持ちこまないように努め、そのために占いや暦などにも細心の注意を払っていた古代・中世のインド人にあっては、今日のわれわれがそういったものを見た場合よりも、むしろその精神的ショックはよりいっそう大きなものであったと思われる。

このような非日常的な「不浄なる」イメージが、この成就法においては「不浄にして聖なる」緊張した気分を創り出すために意図的に用いられる。葬儀における「不浄な」気分は、ある人の死という、個人的意図によってはほとんど実現不可能な事件によって創り出されるが、成就法においては「不浄にして聖なる」気分が意図的に生み出される。このようにして創出された「不浄なる」気分は、不浄の「度」が強ければ強いほど、つまり、人皮・骨・血などのイメージが強烈であればあるほど、効果的である。不浄の度が強いということは、「浄なるもの」との落差が大きいということであり、その大きな落差は実践者を奮い立たせ、実践エネルギーがより大きな結果をもたらすのである。

密教において肉や酒が特定の場合において——あるいはシンボリカルに——許されるということも、「不浄なる」気分を意図的・実験的に生み出すためである。密教僧たちはそれまでタブーであったものをあえて犯すことによって緊張を味わう。そして、その緊張を悟りの智を得る際の起爆装置として用いるのである。ある密教経典が「汝の母親の肉を食え」とか「排泄物を食え」などと、おそらくはシンボリカルにであろうが、命じているのも、一般に忌むべきもの、嫌悪すべきものを敢えて自己の経験の領域内に引き入れて、「聖なる儀礼の場」を作り出すためだと思われる。

「略ヘールカ成就法」は実践者が死体置場（シュマシャーナ、尸林）に入ることを命じている。「シュマシャーナ」は「墓地」と訳されることもあるが、日本や欧米のそれとは異なる。火葬にした後の灰が積んであったり、放置された死体が動物に食べられているといったような、いわば死体処理場であった。ここはまさに「不浄なる」場であるが、実践者はそこが「不浄なる」場であるがゆえに、自分自身をそこに置こうとするのである。

このような「不浄なるもの」にあえて実践者がかかわる、あるいはその場に入ることは、実践者が「不浄なるもの」に属することを意味する。属することにより、実践者は自分もまた「不浄なるもの」であることをより深く実感するのである。この場合、実践者は自分を「不浄なるもの」から超越していると考えてはならない。まず自分が煩悩に支配され、汚れた存在であることを知るところから、実践者は出発すべきなのである。

ヘールカが持つさまざまな「不浄なる」シンボルは、人間たちの煩悩で汚れた状態を意味している。そしてこの「不浄なる聖なるもの」であるヘールカは、「不浄なる」共通のシンボルを通して「不浄なる俗なるもの」をも指し示す。「不浄にして聖なる」ヘールカの出現を前にして、実践者は「不浄なる俗なるもの」である自己を見つめながら、「俗なる」自己から「聖なる」自己へと変わろうとする。

実践者が「不浄なる」ヘールカを自己に収め取るとき、そこに投影された自己の不浄と、求めるべき浄との落差の大きさに自己が引き裂かれる思いがするであろう。その大きさは、しかし、その大きさ自体が生み出すエネルギーによって乗り越えられる。ヘールカ成就法における儀礼のさまざまな道具立ては、先述のとおり、かの大きなエネルギーを生むための手段である。かの大きな「聖なる」エネルギーの中で、実践者は血・骨・皮といった「不浄なるもの」が実は「浄なるもの」であることに気づく。かつて実践者にはヘールカの姿が不浄なるものに映ったのであるが、今や「浄なる聖なるもの」として現前に現れるのを見る。ヘールカの「不浄なる」シンボルを浄化することによって、実践者自身が「聖化」されるのである。

今日残されているヘールカの彫像や絵は、頭蓋骨杯とか人皮とかいった「不浄なるもの」を伴っており、ヘールカ自身も不気味な忿怒の形相をとっている。これらの「不浄なる」ヘールカには、しかし、ある種の美と崇高が感じられる。日常では、もしそれが眼前に持ってこられたならば、酸鼻でグロテスクな人皮や頭蓋骨杯は、ヘールカに伴って現れる場合には、美化され、「浄化されたもの」となる。ヘールカはあくまで「勇者」であり、「世尊」(バガヴァッド)であり、聖性を有するほとけなのである。

ネパールやチベットの芸術家たちによって描かれた恐ろしい秘密仏ヘールカの姿は、芸術的価値のある崇高なほとけの姿に描かれている。これはネパールやチベットの宗教芸術において、今述べたような「聖化」あるいは「浄化」が行われている証左であろう。

このように、密教は、「聖なる」雰囲気の中で儀礼を行う集団的宗教行為と、「俗なるもの」を否定し、「聖なるもの」としての救済あるいは悟りを得ようと努力する型の個人的宗教行為との二つを統一しようとする。この二つの型の宗教行為は、実際には個々の宗教において二つながら存在するのであるが、どちらか一方がより顕著に現れるのが一般的である。たとえば、土着文化の要素を多分に含んだチベット仏教古派の儀礼にあっては、集団的儀礼による側面が強調されるであろうし、キリスト教の無教会派、あるいは禅宗や真宗において「俗なるもの」から「聖なるもの」への個人的歩みに重きがおかれるであろう。

(4)ヘールカ成就法における呪術的要素

「略ヘールカ成就法」に述べられている行為は、これが解脱を求めて行われる計画的・主体的な行為であるという意味では宗教行為である。ではあるが、それが呪術的要素を含む可能性も否定できない。

呪術は、道具を使って、またときには苦行などの修練を積み重ねることによって、超感覚的諸力を獲得したり「神」を支配したりして、俗なる世界における目的すなわち現世利益を求めるものであった。この「略ヘールカ成就法」に見られるような、神あるいは仏を眼前に観想する行為は、神の「好意を自分に向けさせ、自分に奉仕させる」という呪術的行為の前段階となり得る。さらに、そこに登場する多数の持物（シンボル）も呪術との共通性を思わせる。

「神」（あるいは、ほとけ）が呼び出されるということは、宗教および呪術においてしばしば見られることであるが、「神」が人間を場として現れる場合には少なくとも二つの型を区別する必要があろう。すなわち、一つには憑依などの非日常的意識状態において「神」が出現する型であり、もう一つは明晰な自己透徹を保ったままヨーガの三昧において聖性が顕現するというような型である。憑依の状態に入っているときには、実践者はその前後とは異質の世界に入っている。しかし、後者の場合には、三昧に入ったときとその前後との間には明晰な自己認識の一貫性が存する。このヘールカの成就法の場合はヨーガの一種であり、実践者はヘールカに憑かれるのではなく、眼前にヘールカを観想する場合でも醒めている。この問題に関しては本書第6章において扱うことにしたい。

しかし、ヨーガの方法によって観想しても、それが本来求めた目的すなわち解脱を求めずして、ヨーガの副産物にすぎない超能力を目的としてしまう場合がある。ヨーガが単なる健康法あるいは念力などを習得するためのものである場合もこれにあたる。このような場合には、たとえヨーガという宗教実践の方法に従って神を観想したにしても、その神が与えるカリスマ的力を現世利益のために利用することになろう。このような目的でヘールカ成就法が実践されれば、それは呪術的行為あるいはそれに極めて近いものになろう。事実、これまでにそのようなケースは存在したのである。

(5)土着文化の吸収

「略ヘールカ成就法」に見られる血・骨および皮の儀礼、ヘールカを抱く女神に表現されるような性力崇拝というような、ヘールカを取りまくいくつかの儀礼形態は、アーリア人の正統派の宗教には元来なかった、あるいは、あったとしても抑えられてきたものである。頭蓋骨杯に皮を張って作ったダマル太鼓などからは、シャーマニズムの要素をうかがうことができる。インド、特に北東部から東部にかけて七、八世紀以降、タントリズムが勢力をもち始めるにしたがって、このような非アーリア的要素は急速にタントリズムの表面に躍り出て、元来、非アーリアの流れを汲む仏教タントリズムのみならず、ヒンドゥー・タントリズムにおいても重要なものとなった。この時期において、ヒンドゥー教の主神シヴァあるいはカーリー女神崇拝における血の儀礼や性力崇拝が重要性を増したのも、そのような動向の現れである。

それまでの出家主義的・禁欲的大乗仏教に対する反動あるいは批判として登場した密教は、それまでバラモン正統派に抑圧されていた精神的伝統や、それまで中央文化にはほとんど現れていなかった地方の伝統を積極的に受け入れた。グプタ王朝という大帝国の崩壊後、小王朝が各地に群立したことによって、それまでの中央集権主義的文化が力を失うとともに地方文化が勢力を増していったのである。

仏教タントリズムに新しく取り入れられた儀礼や神々は、密教の体系の中に順次位置づけられていったが、それらの儀礼は仏教的なものに変えられ、新しい「神の持物」には仏教流の意味が付された。その意味づけはかなり急速に、ときには強引に行われたために、シンボルの形そのものからの類推はほとんど不可能である。たとえば、血が般若の智を意味するということは、血のイメージから推測することはまず不可能であろう。

「仏教は個人の宗教実践を重んずる宗教である」という基本的路線は密教徒たちも守った。したがって、密教が集団儀礼の要素を多分に含んでいるとしても、それは基本的には個人的宗教実践のプロセスの中にシンボリカルに組み入れられた、つまり「儀礼の内化」（エリアーデ）が行われた結果である。

密教がこのように、土着的要素を吸い上げたのは、そのことによって古代から伝えられてきた「聖なるもの」と「俗なるもの」との交わりを自己の体系に取り入れることによって、密教行者や密教的な崇拝に賛同する人々の範囲を広げようとしたためと思われる。このような試みは、結果としては、「俗なるものの否定」という宗教にとって重要な側面を緩和することになった。

すでにわれわれは、密教僧たちがそれまでのタブーを犯したことを述べたが（本書一九頁）、その他にそれまで僧侶にとってはあれほどのタブーであった性行為をタントリストたちはある意味で肯定し、そのタブーを破るのである。つまり、性行為をなしても、「聖なるもの」に至ることができるのではないか。もしかすると性行為は「聖なるもの」なのではないか、と考え始めたのであった。

もちろん、彼らとて、一般の人間の性のあり方をそのまま肯定したわけでは決してない。密教行者にとって性はあくまで俗なるものであり、一度は否定されなければならない。非常に厳しい修行の果てにではあるが、それでも、それまでの禁止状態を緩和することになったのは否定できない。多くの成就法は男神と女神とが交接している場面を思い描けと命じており、後期密教のマンダラでは仏はしばしば妃を抱いている。さらに、「俗なるものの否定の緩和」は性の場面にのみとどまらず、生活のあらゆる場面にわたって行われた。

このように、密教が土着の儀礼およびそのシンボリズムを積極的に吸収し、「俗なるものの否定の緩和」をもたらしたことが、現世利益を求める呪術との距離を近づけた原因の一つともなった。

2 金剛ターラーの観想法

一 観想法という実践

仏教タントリズムの興隆に伴い、仏教においてもほとけたち（諸尊）あるいは神々への供養（プージャー）が盛んに行われるようになった。仏教徒たち、特に密教修行者たちは外化され、形に表された諸尊に対して花や水や線香を供えて礼拝をする一方で、自らの心の中に仏たちを呼び出し、心の中に生まれた「聖なるもの」であるほとけたちにも、やはり心の中で生んだ花や水を捧げて供養をした。さらに、心の中に招きよせた「聖なる」存在が実は自分たちに他ならない、と実感しようとする行法も生まれた。前節（第4章1節）で扱った実践と同様、これもまた観想法（サーダナ、成就法）と呼ばれる実践である。

「サーダナ」とは、文字通りには「生ぜしめること」「成就させること」であるが、この場合には「聖なるもの」である神（あるいは仏）を眼前に精神的に産む儀礼・実践を意味する。生ぜしめられた「聖なるもの」に対する行為が、単に供物を捧げる儀礼行為にとどまって実践者との一体観を体験しない場合であれ、あるいは眼前に生じた「聖なる」像が最終的には実践者と同一であることを感得する場合であれ、観想法はまず実践者の心の中に観想の対象としてのほとけを生むことを目指すのである。

インドの仏教タントリズムにおける観想法の集成としては、『観想法の花環』が重要である。[1] われわれは前節（「1 密教と呪術」）において、『観想法の花環』二四一番を扱った。すでに述べたように（本書三四九頁）、この観想法の集成は、それまで個別的に成立し流布していた比較的小さな約三一二の観想法テキストが編纂され、『観想法の花環』というタイトルが付けられたものと考えられる。今日残されている最も古い写本は一二世紀頃のものであるが、多くの写本が残されており、写本によって観想法の数や順序は異なる。『チベット大蔵経』においては『観想法の花環』という名の一つの文献としては扱われていないが、『観想法の花環』に含まれる観想法のほとんどがそれぞれのタイトルのもとに『チベット大蔵経』に収められている。[2] したがって、チベット語に訳されたときにはまだ『観想法の花環』という観想法集は成立していなかったと思われる。

二 女神ターラー

『観想法の花環』に収められている観想法九七番は「金剛ターラー観想法」（Vajratārā-sādhana）である。この観想法のテキストは五頁半ほどのものではあるが、観想法の過程を簡潔明瞭に示していると同時に、マンダラの立体的構造の説明をも含んでいる。この観想法は金剛ターラーを主尊としたマンダラを心の中に描き出しながら行われる。女神ターラー（Tārā 多羅）は、女神プラジュニャーパーラミター（般若波羅蜜多）とともに、仏教のパンテオンの中で最も古く活躍を始めた女神たちの一人であり、紀元二、三世紀には仏教徒の間でターラー崇拝が行われていたと考えられる。この女神の起原については中央アジア説があるが、明らかではない。エリアーデはターラーが「土着インドの偉大な女神の出現したものである」と考える。[3]

図 4-2-01　金剛ターラー。サールナート出土、11 世紀。インド国立博物館、ニューデリー

当初、仏教の中で活躍した女神らしく、初期ヒンドゥー教においてはほとんど知られていない。後世、仏教タントリズムの時代においてターラーの位置が極めて高くなり、不空成就如来の妃の位を獲得した頃には、ヒンドゥー教においてもターラーは重要な神格として受け入れられていた。

ターラー崇拝の発展の中で、密教的ターラー、つまり金剛ターラーが生まれてきた。『観想法の花環』の中にはこの金剛ターラー女神の観想法が五点（九三〜九七番）含まれているが、その中で九七番のみが金剛ターラー・マンダラの立体的構造について述べており、さらに観想法の過程をも明解に示している。

三　「金剛ターラーの観想法」の構成

『観想法の花環』に収められているテキストのほとんどが、観想法という儀礼・実践の過程を説明する手引き書である。「金剛ターラー観想法」のテキストも観想のマニュアルといえよう。一般に観想法の過程は、準備と主要な観想との二部分に分かれて述べられる。前者では、観想の対象としてのほとけあるいは神の姿をおぼろげながら作っておくこと、つまり観想の「核」の設定、さらには観想者自身の精神的準備がなされる。後者では特定の尊格やそのマンダラの精神的産出がなされる。

『観想法の花環』九七番「金剛ターラー観想法」も、［Ｉ］準備と［II］金剛ターラー・マンダラの観想とに二分される。その内容は以下のように示すことができる。

［Ｉ］金剛ターラー観想の準備
（1）予備的観想
a 金剛ターラーの観想の核の設定
b 金剛ターラーをその核に呼ぶこと
（2）供養と実践者の準備
a 金剛ターラーへの供養
b 実践者の精神的準備
c 「一切は空である」と観想すること
［II］金剛ターラー・マンダラの観想
（1）金剛ターラーの「場」の観想
a 世界を守る金剛籠
b 世界を生む源泉（ダルモーダヤー）

c　世界を構成する四元素
d　仏国土と楼閣
（2）金剛ターラーと諸尊の観想
a　金剛ターラーと諸尊の種子
b　四人の供養ターラー
c　四仏のシンボル
d　四門衛女
e　四妃のシンボル
f　上方と下方の二門衛女
（3）金剛ターラーと観想者との合一
a　観想者の眼等を加持（聖化）すること
b　智的存在と象徴的存在（約束の存在）との合体
c　五仏による灌頂
（4）金剛ターラーの活動

以下、「金剛ターラーの観想法」（『観想法の花環』九七番、西蔵訳『北京版西蔵大蔵経』（TTP）鈴木学術財団、四三一一番）[4]を訳し、簡単な解説を付けたい。

四　「金剛ターラーの観想法」訳

［I］金剛ターラー観想の準備

（1）予備的観想

a　金剛ターラーの観想の核の設定

初めに密教行者は「ア」（a）の文字から変化した月輪を自分の心に観想し、そこにある「ターン」（tāṃ）の黄色の文字を想え。次に、それから変化した九鈷の金剛を、〔次に〕その中心部（臍）にある「ターン」の文字を観想せよ。

b　金剛ターラーをその核に呼ぶこと

その〔「ターン」の文字の〕光によって招かれた智的存在（jñānasattva 智薩埵）の本質を有する女神を天空に見よ。その女神は後で述べるように、持物などに飾られ、四臂、四面を有し、結跏趺坐に坐し、十の女神（devatī）に囲まれている。

雪が結晶する際にまず小さな核を必要とするように、観想もまた初めに「核」を必要とする。その「核」を変化させていくことによって観想しようとする尊格の姿を作り出すのである。「核」としては一般に「ア」等の文字が用いられる。実践者はこの「核」を手がかりにして、これから観想すべき尊格の姿の「核」をまずつくるのである（図4−2−02）。智的存在（智薩埵）とは観想の対象となる仏あるいは尊格である。この存在は実践者の心の外に実在すると考えられる。心の外に仏あるいは神的存在の実在性を認めるのは、それまでの仏教の伝統的教説とは矛盾する。これはこの時点においで仏教がすでに変質していたことを語る証左であろう。

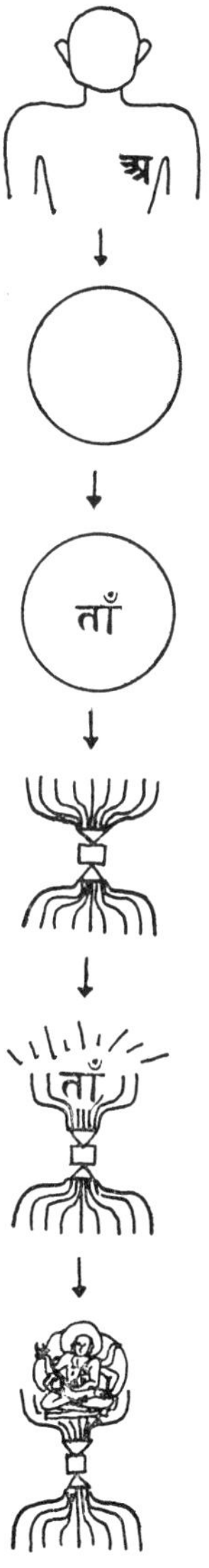

図4-2-02　金剛ターラーの観想の核の設定

（2）供養と実践者の準備

a　金剛ターラーへの供養

自分の心の種子から生まれてきた花等〔すなわち、花、線香、燈明、塗香〈練香〉、食物〕という五供物（ウパチャーラ）を〔女神に〕捧げて敬え。

b　実践者の精神的準備

罪を懺悔し、善行を喜び、三つの避難所〔すなわち、仏・法・僧という三宝〕に帰依し、悟りを開

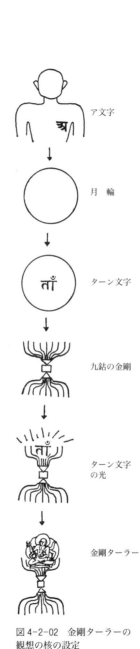

こうと思い立ち、〔楽しみを与える〕慈しみ（慈）と〔苦しみを取り除く〕憐れみ（悲）と〔他人の楽しみをよろこぶ〕喜の心と〔苦楽等に対して平等な〕捨の心をくりかえし起こせ。

c 「一切は空である」と観想すること

次に、すべてのものが無我であり、夢のごときものであり、自性を欠いており、無始以来不生のものであることを思い定めて、

「オーム。私の本性は空性の智という金剛である」

という真言（本書三五三頁参照）を唱えよ。

観想に際してのこのような準備は、金剛ターラーに限らず一般的なものである。[5] 仏教における観想法は、究極的には個人の精神的悟りを求めるものであるゆえに、実践者自身の精神的準備が重要なものとなる。神を招いて供物を捧げるといった、密教以前に行われていた供養（プージャー）などの儀礼は、マンダラの儀礼に取り入れられた場合、「内化」されるのが一般的である。それゆえ、実際の花や香ではなくて、「心の中に生まれた」花や香を供物として用いるのである。

[II] 金剛ターラー・マンダラの観想

以上のような準備的な宗教実践ののちに、本質的実践（正行）である金剛ターラー・マンダラの観想が始まる。まず、世界を包み守るバリヤーとしての金剛籠が生み出され、その中に世界の源泉である「法源」(dharmodayā, dharmodaya, dharmākara) が逆三角形のシンボルとして表される。次に、法源から世界を構成す

る地・水・火・風の四元素が生み出され、この四元素によって金剛ターラーの国土が造られる。この上に金剛ターラーの住む楼閣が建てられるのである。

(1) 金剛ターラーの「場」の観想

a 世界を守る金剛籠

それに間をおかずに、菩提心を念じて、虚空に「ラン」(raṃ) の文字から変化した日輪を観想し、そこに「フン」(huṃ) の文字から変化した三鈷の金剛を観想し、その〔金剛の〕光より生まれた、好きなだけの広さの光り輝く金剛柵 (vajraprakāra)、その光によって作られた金剛籠 (vajrapañjara)、金剛地 (vajrabhūmi)、および外郭輪 (sīmābandha) を観想せよ。

「ラン」の文字を「核」として日輪が生まれるが、この「ラン」の文字は太陽を意味する「ラヴィ」(ravi) の頭文字である。その日輪に射影された「フン」の文字から生まれた金剛から発せられる光より「世界の防衛システム」が作られる。金剛柵はマンダラを取り囲んでおり、その中に半球形の金剛の籠が現れる(図4−2−03)。

金剛界系のマンダラの多くに縦横二本ずつ金剛杵の鎖状になったものが現れ、これによって日本の金剛界マンダラも九つの小マンダラ(九会)に分れている。この金剛杵の鎖状のものは金剛籠の一つの描き方と思われる。金剛籠の中に金剛地とそれを取りまく外郭輪があり、金剛地の上に四元素よりなる世界が成立する。

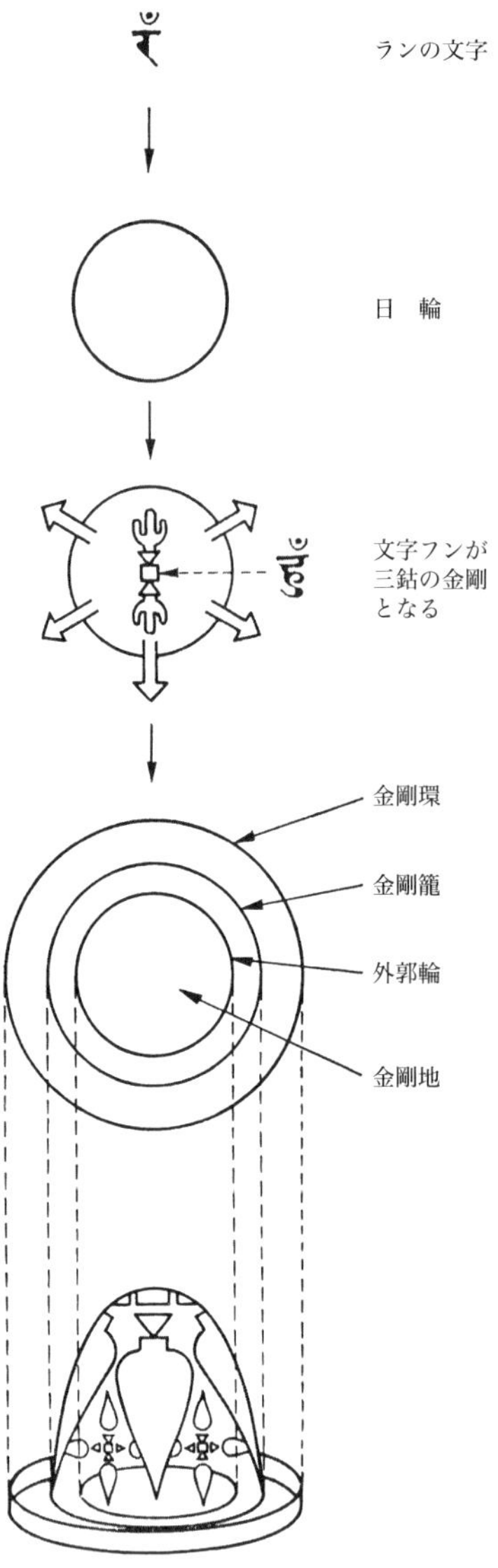

図4-2-03　文字「ラン」から始まって金剛籠に至る観想（「金剛ターラー観想法」のテキストに述べられる情報のみでは、このマンダラの立体構造を正確に知ることはできない。金剛籠は無数の金剛杵によって作られた籠が半円球の形になったものである、というゴル僧院の貫主ソナム・ギャツォ師の解釈によっている）

b　世界を生む源泉（ダルモーダヤー）

次にその〔日輪の〕光より障害を取り除き、籠の中で虚空の本質を有する法源を観想せよ。その法源は、「エー」（e）の文字の形をしており、下方は狭くなって頂点を有し、上方は広く、白色である。

法源は女性性器を意味する逆三角形で表される。サンスクリットの「エー」の文字は逆三角形をしている。

チベットに伝えられた「胎蔵マンダラ」(正等覚大日マンダラ)ではこの逆三角形の法源が大日如来の上に小さく描かれていることがある([bSod nams rgya mtsho 1983: No.20] [bSod nams rgya mtsho and Tachikawa 1989: No.20])。またチベットの「胎蔵マンダラ」において頂点を上にした小さな三角形が大日の下(西)に描かれることもある[Lokesh Chandra, Tachikawa and Watanabe 2006: No.20]。

平安時代、日本に伝えられた胎蔵マンダラでは、頂点を上にした三角形がマンダラ中心部(中台八葉院)の上部に現れる。チベット仏教では恐ろしい姿をしたダーキニー女神などのマンダラには、ダーキニーのまわりに法源が描かれることがある。[6] しかし一般的に完成されたマンダラ図に法源が描かれることは少ない。[7]

本節で扱う金剛ターラー・マンダラの場合にも、法源は観想の初期的段階では出現するが、完成されたマンダラ図には現れていない(図4-2-12参照)。

c　世界を構成する四元素

法源の中では風・火・水・地の四元素がこの順序で下から上へと積まれる。この順序は日本の五輪塔に見られる元素の積み方とは逆である。ちなみに、それぞれの元素の「層」(輪)は「マンダラ」と呼ばれている。この場合、「マンダラ」は二次元的に表象されていたと考えられる。しかし、後で述べるように、金剛籠の場合には明らかに三次元的構造が考えられている。この観想法が著された頃にはマンダラは二次元的イメージと三次元的イメージとが併存していたのであろう。

その〔法源の〕中に、虚空を本質とし、あらゆる方向に花弁を有する蓮華(ヴィシュヴァダラカマラ）の芯に三鈷の金剛があり（図4-2-04）、その細い中央部分を覆いながら、四元素の輪（マンダラ）がある。「ヤン」（yaṃ）の文字から変化した青い半月形の風輪には二つの端にたなびく旗が刻まれている。その上に「ラン」（raṃ）の文字から生まれた三角形の赤い火輪があり、〔三つの〕角には「蜜蜂の触角の形をした文字」すなわち「ラン」（raṃ）が刻まれている。その上にヴァン（vaṃ）の文字から生まれた白い円形の水輪があり、鈴が刻まれている。その上に「ラン」の文字から生まれた黄色い四角形の地輪があり、〔四つの〕角に三鈷の金剛が刻まれている（図4-2-05）。

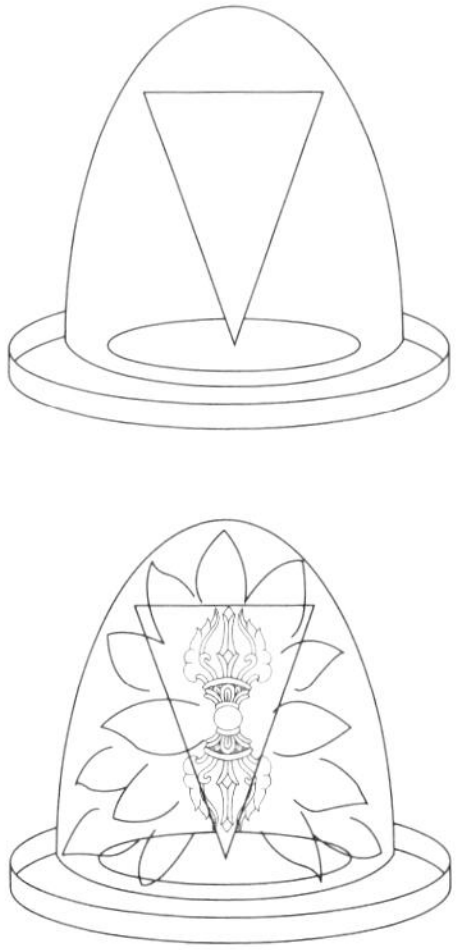

図4-2-04　法源の観想

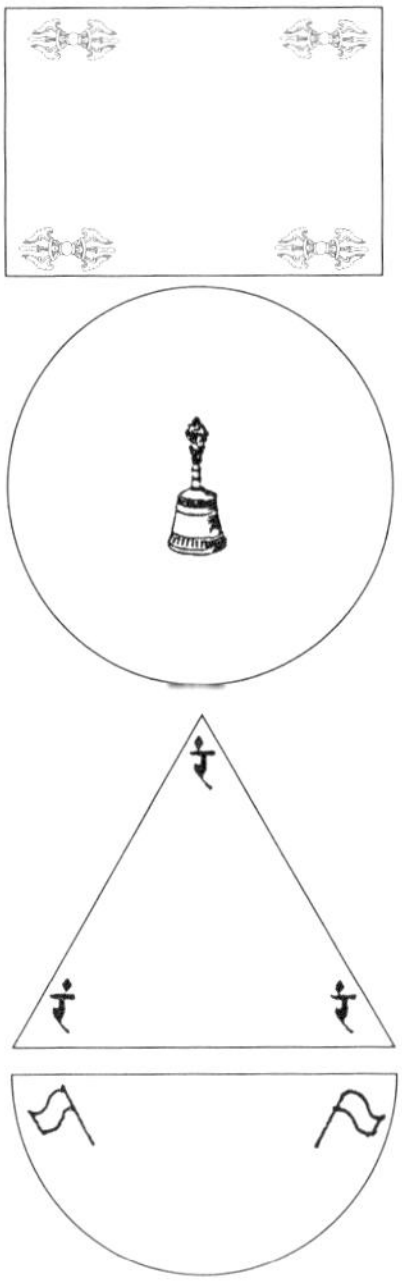

図4-2-05　四元素の観想

今日、われわれがよく目にする、後世のチベット仏教のマンダラ図では、図4-2-06におけるように金剛環の外側に火輪がある。この火輪は黄色・緑色・赤色および青色に分けられているが、これらはそれぞれ地・水・火・風を意味する。ここでは、マンダラという立体構造物を真上から見たとき、高楼等の下にはみ出した部分としての諸元素が、火輪の中で色彩を分けることによって象徴的に描かれているのである。この場合、積み上がった諸元素を上から見下ろしているというかぎりでは、三次元的発想が存するといってよいであろう。一般にマンダラ図では、そのような立体構造は平面に表現されている。後世のチベットのマンダラ図では、図4-2-06に見られるように、火輪すなわち四元素が金剛環の外側に描かれるのが一般的であるが、「金剛ターラーの観想法」に従うかぎり、四元素は金剛環の内側に描かれる。

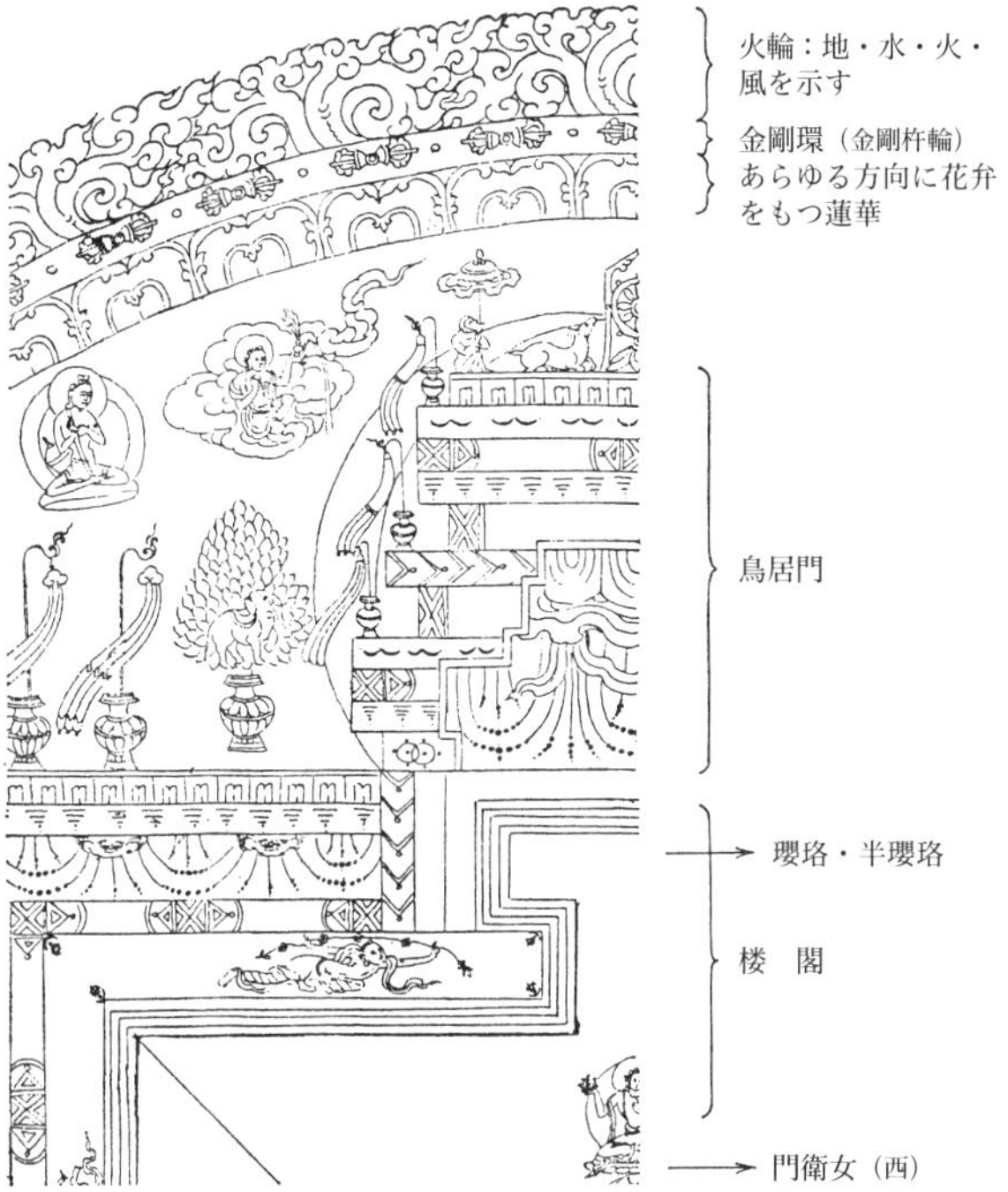

図4-2-06　金剛ターラー・マンダラ（部分）
［Raghu Vira and Lokesh Chandra 1967: Part12, No.16］

「金剛ターラーの観想法」の場合、地・水・火・風という元素が立体形として表象されていたと結論づけることはできない。「金剛ターラーの観想法」のテキストには地の元素は「四角」といわれているのみであって、四角形の面を六つ有する、つまり六面体という立体が図4-2-05に示される観想の段階において考えられていたか否かは不明である。時を経るにしたがって、マンダラの構造を立体的に考える傾向が強くなっていったと思われる。二〇世紀中期（一九五二〜一九五五）、サキャ派のゴル僧院の貫主（ケンポ）であったソナム・ギャツォ師は地・水・火・風の四元素を立体的に考えておられた。

日本において一般に用いられる五輪塔婆や角塔婆では、地・水・火・風・空を象徴する四角・円・三角・半月・団形（宝珠形）がこの順序で下から積み上げられている。しかし、この金剛ターラー・マンダラの場合には、空（虚空）を意味する団形はなく、諸元素が積み上げられる順序は逆である。このような違いは、日本の五輪塔婆や角塔婆では、大地に建てられており、大地が基点になるが、金剛ターラー・マンダラの場合は「中空に浮かぶ」楼閣が基点となることに起因すると考えられる。

d　仏国土と楼閣

そ〔の四元素のマンダラ〕の本質は幻のようなものだと知って、「あらゆる方向に針先を向けた金剛」（viśvavajra 二重金剛）の細い中央部分に楼閣（kūṭāgāra）を観想せよ。それは、四元素の変化（転変）から生まれ、清浄な仏国土の形をとり、大解脱の「町」であり、大日如来を本質（svabhāva）とし、さまざまな宝玉で作られている。

〔その楼閣は〕、四角形で、四門を備え、八柱に飾られ、四つのヴェーランダ（vedī）に囲まれ、四つのトーラナ（toraṇa 鳥居門、門標）に飾られている[8]。

〔楼閣は〕瓔珞・半瓔珞、鈴、鏡、払子、さまざまな旗によって飾られている。その内殿（garbhapuṭa）に八弁と花芯を有する蓮華がある。その中心に見られる文字「ア」より変化した月輪は、大円鏡智の本質を有している〈1〉。その上に、「ターン」の文字から変化した黄色い、平等智を本質とする日輪が現れる〈2〉。次に、「ターン」の文字から変化した、妙観察智の本質を有する黄金色の九鈷の金剛であり、種子（bīja）を含むものが、か〔の日輪〕から出た光によって出現する〈3〉。十方において女神の姿をとり、すべての衆生のために働き、そこで所作智の本質を有する種子とシンボルとの収斂を行う〈4〉。そして、種子とシンボルと月輪と日輪から変化した、清浄な法界体性智の本質を有する女神を観想せよ〈5〉。

以上、楼閣の観想に始まり中尊金剛ターラーの観想に至るまでの過程が〈1〉から〈5〉までの五段階に分けて述べられた。この五段階は、五智それぞれの本質を有すると考えられている。五智とは、五仏（大日・阿閦・宝生・阿弥陀・不空成就）のそれぞれの智をいう。五智の内容と五仏との結びつきは次のようである。

1　法界体性智＝もろもろのものの根本である、完全に清浄な法界を知る智。大日の智。
2　大円鏡智＝もろもろのものを鏡のように明らかに映し出す無垢な智。阿閦の智。
3　平等性智＝もろもろのものを差別なく平等に見る智。宝生の智。
4　妙観察智＝もろもろのものを正しく識別して誤りのない智。阿弥陀の智。
5　成所作智＝衆生を教化するという行為を完成させる智。不空成就の智。

五智は右の順序で挙げられることが多いが、この観想法では阿閦の智である大円鏡智から始まって大日の智である法界体性智で終わっている。それは、第五の段階における女神ターラーの観想と大日の智とを対応させるためであったと思われる。

（2）金剛ターラーと諸尊の観想

金剛ターラーの住む宮殿すなわち「観想の場」が設けられたので、次に金剛ターラーと彼女を取りまく諸尊が生み出される。(9) テキストのこの部分は、金剛ターラー・マンダラの観想の最も実質的な過程について述べており、それは前後二部分に分けられる。すなわち、月輪の上に存する諸尊の観想（a〜c）と日輪の上に存する諸尊およびシンボルのそれ（d〜f）とである。金剛ターラーと彼女を取りまく四供養ターラーと四仏のシンボルは月輪に存し、月輪を取りまく六人の女神と四妃のシンボルは日輪に存する。したがって、この場合、月輪は日輪によって包接されているのである。通常、一人の尊格（ほとけ）は一つの月輪の上（あるいは、一つの日輪の上）に存すると考えられるが、ここでは一つの月輪の上に五尊、一つの日輪の上に六尊の尊格が存すると考えられている。

a　金剛ターラーと諸尊の種子

①（①等の番号に関しては図4―2―11参照）四面八臂であらゆる飾りにかざられ、黄色で、乙女の特質（しるし）で光り輝く金剛ターラーを(10)〔観想せよ〕。

この女神は、新鮮な若さの輝きがあり、黄金のイヤリングが揺れ、四仏〔の化仏の付いた〕大冠をつけ、ルビーの輝きを有する。

〔四本の〕右手に、金剛・羂索・矢およびホラ貝を持ち、

〔三本の〕左手に、黄色の蓮華・弓・鉤を持ち、

〔第四の左手は〕人差し指を伸ばして威嚇している（図4―2―07）。

第一面〔前面〕は黄金色、右面は白色、
左面は赤、背後は青で、結跏趺坐に坐している。
心種子（フリダヤ・ビージャ）から生まれた真言は
マンダラの主〔金剛ターラー〕の口から出て、十の女神に分かれ、
〔それぞれの女神の〕種子となる。〔その真言は次のようである。〕
オーム　ターレー　トゥ　ターレー　トゥレー　スヴァーハー（oṃ tāre tuttāre ture svāhā）

図 4-2-07　金剛ターラー。「金剛ターラーの観想法」の記述におおむね一致する。ガウタム・バジュラーチャーリヤ画

東方等の〔四つの〕花弁それぞれに、月輪に存する（映る）文字「オーム　ター　レー　トゥ」がある。東方等の〔四つの〕門には、日輪に映る文字「ター　レー　トゥ　レー」がある。上方には日輪に映る文字「スヴァー」があり、下方には日輪に映る文字「ハー」がある。かの種子の文字から変化したこれらの〔四維に存する四仏の〕シンボルと〔四方の四女神の〕種子を共に観想せよ。そして、かの〔種子から生まれた〕光を伸縮させ、かのもろもろの種子とシンボルから変化した女神たちが〔現れるのを見よ〕。

以上の観想によって、金剛ターラーを四方、四門および上下から取りかこむ十人の女神が生まれた。ここでは、月輪と日輪はそれぞれ円盤状のものと表象されており、白く光り輝く月輪の上にそれより大きく、光り輝く日輪が重ねられている。

この観想の場合、一つの大きな月輪の内側に四弁が存する、と考えられている。東西南北の四つの花弁のそれぞれには、月輪に映る「オーム　ター　レー　トゥ」という四文字のうちの一つずつが見られる。そして、月輪の外側に四つの門があり、それぞれの門に「ター　レー　トゥ　レー」の四文字のうちの一文字ずつが見られる。これらの四門全体は日輪の中に存する。「スヴァー」という文字は日輪の上に、「ハー」という文字は日輪の下に存する。「スヴァー」の文字と「ハー」の文字を含む日輪は少なくともここではある程度の厚みを有するものと考えられている。そうでなければ、かの二文字を上下に含むと述べられることはないからである。もっとも後に述べるように、二次元的図としてのマンダラ図にあっては、かの二文字のうち、「スヴァー」は東門、「ハー」は西門に配される。これらの位置関係を立体的構図で描くならば図4-2-08のようになる。

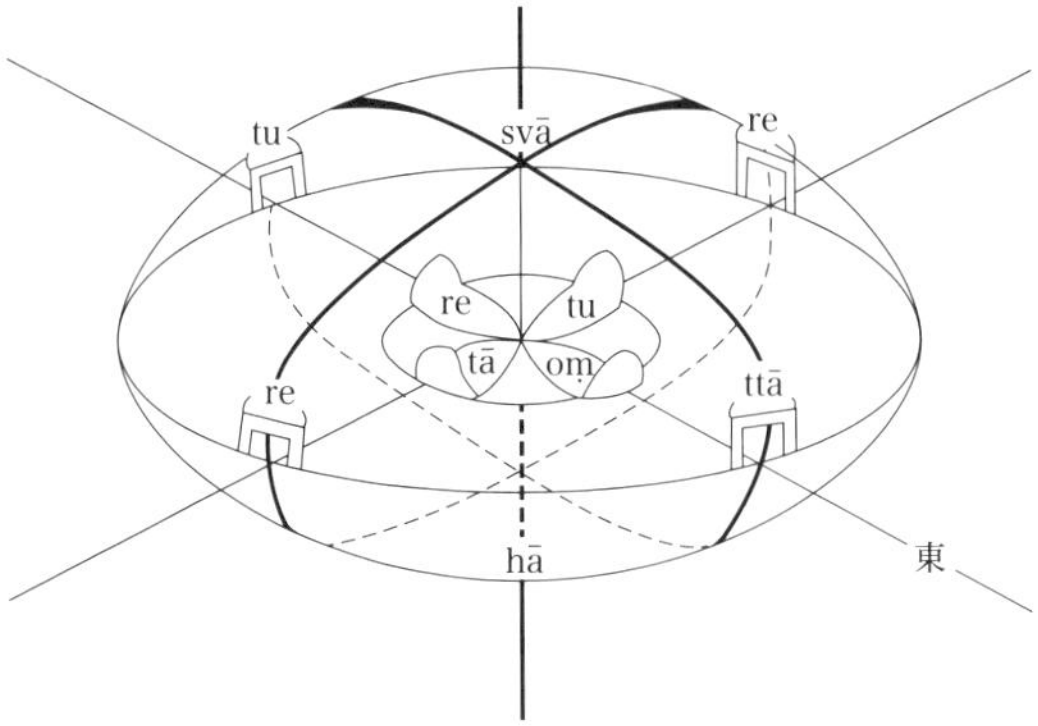

図 4-2-08　月輪と日輪との関係

コルカタのインド博物館には、金剛ターラーの立体マンダラがある（図4-2-09）。花弁の開閉ができるようになっており、中に金剛ターラーの像がある。金剛ターラーを取りまく華ターラー等の四ターラーの花弁が作られている。門そのものは作られてはいないが、四門衛女と思われる女神の像は花弁の外側に見られる。コルカタのインド博物館などに残されている金剛ターラーの立体マンダラに関しては、A・フーシェ[11]、N・K・バッタサリ[12]、B・バッタチャリヤ[13]、N・K・サフ[14]などの研究がある。

図4-2-09　金剛ターラー・マンダラ。インド博物館、コルカタ

立体マンダラではないが、金剛ターラーの両側に八女尊を配した一一世紀頃の絵が残っていると報告されている[15]。今日のインドにおいて十女尊に囲まれた金剛ターラー・マンダラ図は現存していないと思われる。『観想法の花環』九七番「金剛ターラー観想法」では、図4-2-10に見られるようなマンダラが述べられている。

チベットにおいて胎蔵マンダラが残っていないわけではないが、ほとんどのマンダラが金剛界マンダラの変化・発展上にあると考えられる。インド・チベットの金剛界系のマンダラ図では一般に向かって下部が東方であり、上部が西方である。一方、「日輪の上」は、この二次元的図ではマンダラ図の最下部、つまり東門より一層下の部分によって表現される。「日輪の下」は、マンダラ図の最上部、つまり西門より一層上の部分によって表現されている。すなわち、マンダラ図の中の上部・下部と三次元的構造の中での「日輪の上、下」とは対応しないのである。[16] 一方、『西蔵曼荼羅集成』（タントラ部集成、ギュテクントゥ[17]）八番におけるように、三次元的構造を考えた場合の上方に位置する神が、マンダラ図に向かって守護輪の下部に、つまり東に位置する神に向かって右隣りに描かれることもある。チベットには立体マンダラもいくつか現存しているが、このように「三次元的」なものを「二次元的な」図に表すための工夫がなされてきた。

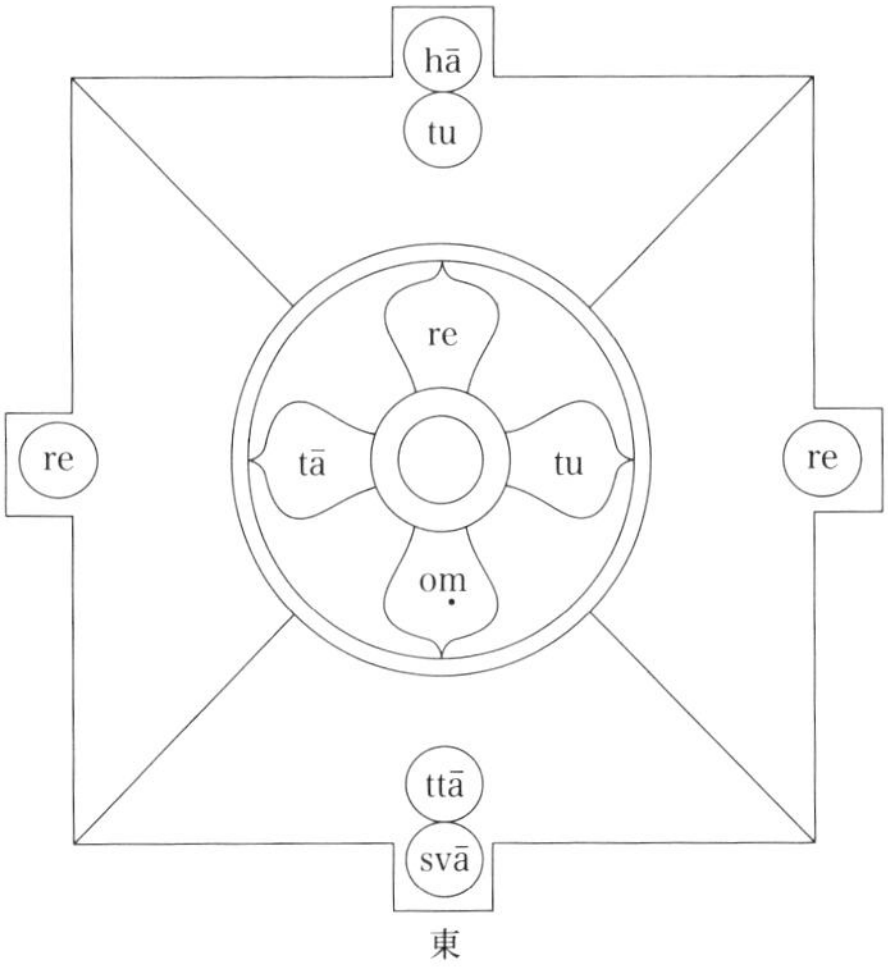

図 4-2-10　金剛ターラー・マンダラの構造と真言の配置図

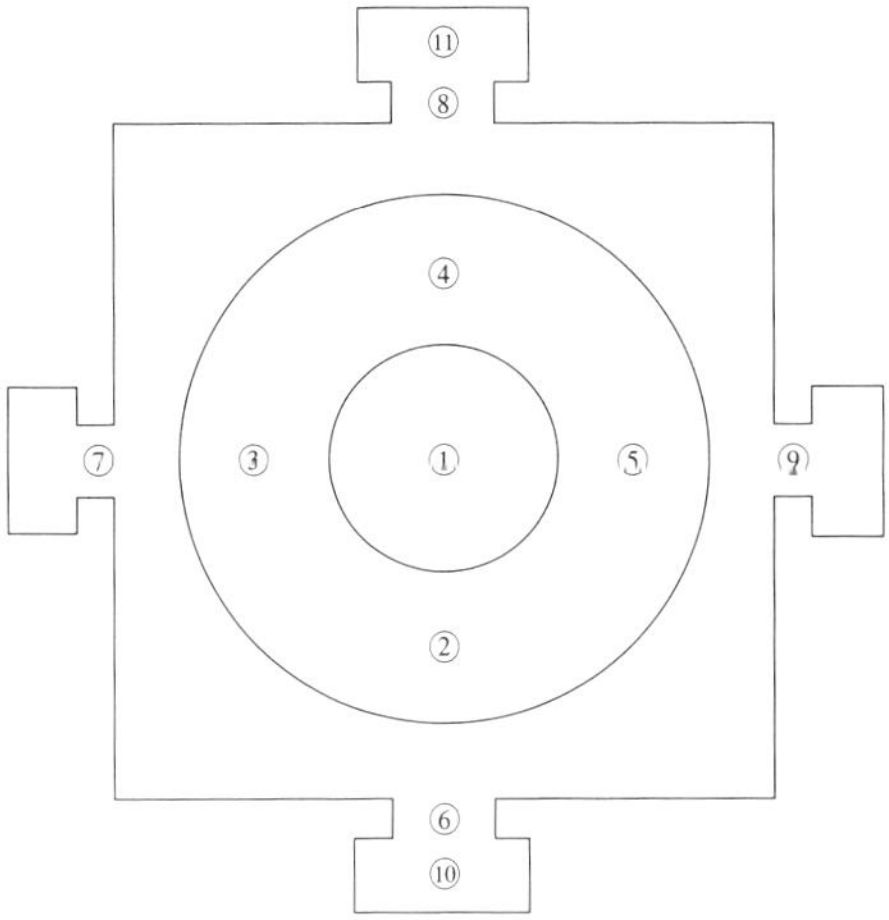

図 4-2-11　金剛ターラー・マンダラの諸尊配置図

b　四人の供養ターラー

次に、先述の真言から金剛ターラーを取りまく十人の女神の生まれてくる様子が観想されるが、この十女神は「仏になるまでの十段階」（十地）と対応する。東方のプシュパ（華）・ターラーは第一地に対応し、南方のドゥーパ（香）・ターラーは第二地に対応するという具合である。

「仏になるまでの十段階」（十地）の本質に呼応して、
これらの女神は十尊であると知るべきである。
〔彼女らは〕結跏趺坐に坐すヨーギニーであり、一面二臂である。
②月輪に乗り、白色で、飾りを付け、
花環《プシュパ》を手にして、文字「オーム」（oṃ）から生まれた
〔プシュパ・〕ターラー（華多羅）を東方に観想せよ。
③月輪の上に、青黒色で、すべての飾りにかざられ、
細長い線香《ドゥーパ》[18]を手にして、「ター」（tā）の文字から生まれた
ドゥーパ・ターラー（香多羅）を南方に観想せよ。
④月輪の上に、黄色で、美しく飾られ、
木枝のような灯明《ディーパ》を手にして、「レー」（re）の文字から生まれた
ディーパ・ターラー（灯多羅）を西方に観想せよ。
⑤同様に、月輪の上に、赤色で、飾りを付け、

塗香《ガンダ》を〔水とともに〕入れたホラ貝を掲げて、「トゥ」(tu) の文字から生まれたガンダ・ターラー(塗多羅)を北方に観想せよ。

これらの四人のターラーはそれぞれ花環(華)・線香(香)・灯明(燈)および塗香(塗)を手にする。バツタチャリヤ版のテキストにおいては、第一のターラーが「華(プシュパ)ターラー」とは呼ばれていないが、『完成せるヨーガの環』[19]における「金剛ターラー・マンダラ」の章では、この女神が「華ターラー」と呼ばれている。華・香・灯および塗(塗香)という四つのものは、金剛界マンダラでは「外の四供養女」(華金剛女・香金剛女・灯金剛女および塗金剛女)として神格化されて現れる。「金剛ターラー・マンダラ」はこの四供養女をモデルにしたと思われる。

華・香・灯および塗は、インドにおいて神々に対して供養(プージャー)を行うときに捧げる基本的な供物である。プージャーの典型は「ウパチャーラ・プージャー」(upacārapūjā) と呼ばれるが、これは、客を迎え、もてなした後、客が帰るのを送るのと同じようにして、神を迎え、もてなし、見送るというものである。「ウパチャーラ」とは、もてなしの行為あるいはそのために用いる花や線香などのものを意味する。この供養法の最も整備されたものが「十六段階の供養法」(ショーダシャ・ウパチャーラプージャー)であり、神を迎えて送るまでの行為を一六に分けている。[20] この一六という数は『リグ・ヴェーダ』(一〇・九〇)「原人歌」の一六偈に合わせて、偈とウパチャーラのそれぞれを対応させたものと考えられる。この十六段階の供養法の中で、神を沐浴させ(第六ウパチャーラ)、衣を着せた(第七・第八ウパチャーラ)後、第九から第十二までのウパチャーラとしてそれぞれ華・香・灯および塗の四つが捧げられる。この金剛ターラー観想法における東西南北に位置する四女神も、今述べたウパチャーラの神格化と考えることができよう。

c 四仏のシンボル

「供養の四ターラー」を四方に観想した後、四方の中間方位（四維）に四仏（大日・阿閦・阿弥陀および不空成就）のシンボルがそれぞれ観想される（図4−2−12参照）。東南において法輪（白）が大日（白）を、南西において金剛（青）が阿閦（青）を、西北において蓮華（赤）が阿弥陀（赤）を、北東に剣（緑）が不空成就（緑）を象徴する。北東の剣は『観想法の花環』のテキスト（バッタチャリヤ版）ではホラ貝（シャンカ）となっているが、『完成せるヨーガの環』「金剛ターラー・マンダラ」の章では剣（カドガ）である。[21] 不空成就のシンボルとしては剣の方がよく知られている。なお第五の仏である宝生は、金剛ターラー自身と対応している。この女神は宝生の率いる部族に属し、宝生より流出したと伝えられている。テキストにいう。

また、四維の花弁には、阿閦等それぞれに対応したシンボル、
すなわち、金剛、法輪、蓮華、ホラ貝がある。
色彩もそれぞれに対応している。

金剛界系のマンダラでは一般に、大日を中心にして、東に阿閦、南に宝生、西に阿弥陀、北に不空成就を配する。一方、この金剛ターラー・マンダラでは、金剛界マンダラにおける四仏の場は四人の「供養ターラー」によって占められており、四仏は中間の方位（四維）に置かれている。

d　四門衛女の観想

楼閣の中の内殿にいる諸尊が生み出された後、次に内殿の外側にある四門を守る女神たちが生み出される。これらの四門衛女は、十地に相応する女神たちのうちの第二グループである。

また、日輪の上にいる、蛇に飾られた門衛女たちを観想せよ。

⑥白色で、「ター」（tā）という種子の文字から生まれた〔金剛〕鉤女を東門に観想せよ。
彼女は、右手に鉤を持ち、左手の人指し指を伸ばして悪人を威嚇している。

⑦黄色で、「レー」（re）という種子の文字から生まれた、赤輪（日輪）にいる〔金剛〕索女を南門に観想せよ。
彼女は、手に羂索を持ち、人差し指を伸ばして威嚇する。

⑧赤色で、「トゥ」（tu）という種子の文字から生まれた、赤輪（日輪）にいる〔金剛〕鏁女を西門に観想せよ。
彼女は手に金剛鏁を持ち、人差し指を伸ばして威嚇している。

⑨緑色で、「レー」（re）という種子の文字から生まれた、光（日輪）にいる〔金剛〕鈴女を北門に観想せよ。
彼女は、金剛鈴を手にし、左手の人差し指を伸ばして威嚇している。

四門衛女、すなわち金剛鉤女・金剛索女・金剛鏁女および金剛鈴女は、以上のような姿で生み出される。これらの四女尊は、金剛界マンダラにおける四摂菩薩（金剛鉤・金剛索・金剛鏁および金剛鈴）をモデルとしている。四摂菩薩は、日本に伝えられた金剛界マンダラ（九会マンダラ）の中心である成身会の四門に位置している。

e　四妃のシンボル

門衛女の観想に続いて四仏のシンボルが観想され、次に、四仏の妃のシンボルがそれぞれ四仏のシンボルの外側に観想される。

四方それぞれの中間に、妃マーマキー等の清浄性に基づき、菩提心（精液）の瓶、メール山、火炉、大旗というシンボルがある。

四つのシンボルが示す四妃の名称・色・方角およびそれぞれの妃が結びつく仏の名称は次のようである。

菩提心の瓶	仏眼明妃	Locanā（白）	東南	大日
メール山	我母	Māmakī（青）	南西	阿閦
火炉	白衣明妃	Pāṇḍarā（赤）	西北	阿弥陀
大旗	多羅	Tārā（緑）	北東	不空成就

これらの四妃の位置や仏との組合せは時代等によって異なる。ここでは宝生如来が金剛ターラーと対応するため、通常とは異なる組合わせとなっている。

f　上方と下方の二門衛女

金剛ターラーと四供養ターラーおよび四仏のシンボルは、月輪上に存する。金剛ターラーや四供養ターラーなどの外側に位置する四門衛女および四妃のシンボルは、月輪より大きな日輪に存する。これらの尊格およびそれらのシンボルはほぼ一つの水平面に並ぶが、それらの尊格やシンボルが並ぶ面の上下に二尊が観想される。この二尊が、十地に相応する十女神の最後の、つまり第三のグループとなる。この二尊とも「日輪に存する」と述べられているから、日輪はある程度の厚みをもつと考えてよいだろう（図4-2-08参照）。

⑩白色で、「スヴァー」（svā）の文字から生まれた、日輪の上にいる仏頂尊勝を上方に観想せよ。
彼女は、白色の金剛を持ち、左手では人差し指を伸ばして敵を威嚇している。
⑪青色で、「ハー」（hā）という文字から生まれた、日輪にいる恐ろしい女神スンバーを下方に観想せよ。
彼女は、蛇の索を持ち、左手の人差し指を伸ばして威嚇している。

仏頂尊勝は、仏陀の頭頂を女尊としたものといわれる。この理由によって、上方に位置するのであろう。

スンバーは、ヒンドゥーの女神ドゥルガーによって殺される水牛の姿をした魔神マヒシャの家来シュンバ（スンバ）を女神化したものと考えられる。[22] ヒンドゥー教において否定的なもの、あるいは敵と見なされているものが、仏教では肯定的な評価を受けることはしばしばであり、これもその例の一つと考えられる。

（3）金剛ターラーと観想者の合一

以上の観想によって金剛ターラー・マンダラはできあがる（図4-2-12）。次の段階では金剛ターラーと観想者とが一体であることが体得される。この一体化は三つの段階を追ってなされる。第一には、観想者自身の「聖化」がなされ（a）、第二には、智的存在のマンダラ（月輪）を象徴的存在のマンダラ（日輪）の中に引き入れるという作業を通じて、金剛ターラーと観想者との一体性が経験される（b）。第三には、その一体感が灌頂という儀礼――これも精神化されている――によって、より確固たるものとなる（c）。これらの三段階のうち、第二の段階（b）が最も重要である。智的存在とは実践者が観想しようとする「聖なるもの」である対象を指し、象徴的存在（サマヤ・サットヴァ）とはその「聖なるもの」を受け入れる実践者側の「器」あるいは「枠組」である。前者を後者に引き入れることによって実践者は「聖なるもの」と一致するのである。[23]「サマヤ・サットヴァ」の「サマヤ」には、象徴の意味もあれば、約束・誓願の意味も存する。

a　観想者の眼等を加持（聖化）すること

すべて〔の女神〕によって眼等の加持がなされる。

両眼に痴金剛女を布置せよ。両耳に瞋金剛女を、

図 4-2-12　金剛ターラー・マンダラ（『完成せるヨーガの環』第 16 章の中心部分）。ガウタム・バジュラーチャーリヤ画

そして、鼻と口に貪金剛女を布置せよ。身（皮膚）に嫉金剛女を、心にナイラートミヤ・ヨーギニー（無我瑜伽女）を布置せよ。(24)

以上のように、眼等の加持を行った後、身（身体的活動）・口（言語的活動）・意（精神的活動）の加持を行う。つまり、「オーム」（oṃ）という文字によって身の加持を、「アーハ」（āḥ）という文字によって口の加持を行う。「フン」（huṃ）という文字によって意の加持を行う。そして、すべての女神の心において月輪に存する種子の文字を見よ。

b　智的存在と象徴的存在（約束の存在）との合体

それから、光線によって智存在（智薩埵）のマンダラが引き寄せられる。華多羅等によって〔そのマンダラを〕拡散しながら、すべての供養によって供養せよ。智的存在のマンダラ（jñānasattva-maṇḍala）を門衛女たちとの結合によって象徴的（三昧耶）マンダラ（samayasattva-maṇḍala）(25)へと入らしめよ。

実践者の心の外に「無始以来存在する」と考えられる智的存在のマンダラを、観想者の中にある象徴的マンダラの中へと引き入れて、両者を合体させるのである。この際の真言は次のようである。

「オーム、金剛鉤女よ、引きよせよ。ジャハ、オーム、金剛索女よ、入らしめよ。フン、オーム、金剛鏁女よ、結びつけよ。ヴァン、オーム、金剛鈴女よ、支配せよ。ホーホ」

その後すぐ、〔実践者〕自身の心臓の種子から生まれた光によって、三界に存する諸仏を引きよせて供養して、母神たちによって〔観想者は〕侍られる。

c　五仏による灌頂

「すべての如来は仏智によって私を灌頂せよ」と〔いう言葉とともに私、行者は〕ヘールカ尊の姿をとった仏たちによって、すなわち、五つの甘露より生れた五如来の本質を有する五つの瓶によって灌頂される。灌頂されているとき、花とクンクマ粉（人や神像の額に塗る色粉）が降り、太鼓が鳴る。神々により供養され、賛嘆される。頭部に灌頂を受けたときに、宝生如来が現れる。内殿（マドゥヤ・プタ）に住む女神たちの、さらには門衛女たちの宝冠において化仏として大日・阿閦・阿弥陀、および不空成就如来がそれぞれの順序で現れる。仏頂尊勝の宝冠には宝生が、女神スンバーの宝冠に阿閦が現れる。

（4）金剛ターラーの活動

金剛ターラーと一体になった実践者は、金剛ターラーつまり自分自身が人々のために活動を始める。その活動を進展あるいは持続させる機能を有するものが、真言である。

そして、〔金剛ターラーが〕もろもろの化身の姿をとってあらゆる方角において生類のために働くのを見て、真言を唱えよ。

「オーム　ターレー　トゥ　ターレー　トゥレー　スヴァーハー」

この勝れた真言は、すべての仏によって

崇められた最上のものである。

これが唱えられれば成就が得られる。

この神々しい真言は、金剛の籠[26]の中で語られた。

また他の陀羅尼真言がある。

「聖観自在菩薩大悲者に敬礼する。オーム　ターレー　トゥ　ターレー　トゥレー。すべての邪悪なものたちを私のために打ち負かせ。押しとどめよ。迷わせよ。繋げ。フン（huṃ）、フン、フン、パト（phaṭ）パト、パト、すべての悪人を押しとどめる者よ、ターレー　スヴァーハー」

金剛ターラーの観想法終わる。ダルマーカラマティ作。

五　むすび

『観想法の花環』九七番「金剛ターラー観想法」は、以下の三点において重要である。第一に、この観想法が、インドにおけるマンダラの「立体構造」を記述していること、第二に智存在マンダラと象徴的存在マンダラとの関係を明確に述べていること、第三には、わずかではあるがマンダラの主尊、つまり、実践者自身が化身の姿をとって他者のために働くことが言及されていることである。

マンダラの立体（垂直）構造に関する記述を有するインド資料は少ない。「金剛ターラー観想法」九七番は、金剛環（金剛杵輪）・金剛籠・法源等を含む構造について述べている貴重な資料である。『完成せるヨーガの環』第一章にはマンダラの立体構造が述べられている。[27]

G・トゥッチは『マンダラの理論と実践』において、三昧耶（サマヤ）薩埵（象徴的存在、約束の存在）とは「精神集中の対象である本尊に理念的に変容した行者が、一時的にその姿をとる『約束（サマヤ）の存在』なのである」[28]、智薩埵（智的存在）とは「（無始以来、存在する根源的な原型に相当する）本尊の『投影』である」[29]と述べているが、「金剛ターラー観想法」九七番はその両者の関係を二つのマンダラの空間的包接関係において理解している。すなわち、「智的存在のマンダラ」を月輪の上の諸尊によって、「象徴的存在のマンダラ」を日輪に存する諸尊によって示し、「器」あるいは「枠組」としての後者の中に前者を引き入れ、両者の融合を目指すべきであると述べている。

「象徴的存在」とは観想の最終局面における対象としての尊格の姿を約束するものであり、前もって想定された尊格の姿である。この「仮のあり方」は実践者の側のものであり、この想定され、約束された尊格の姿に本来存在する智的存在としての尊格が招き入れられるのである。

古来インドの宗教は、個体と宇宙との融合を求めた。実践者にとっての世界の住人は自分ひとりである。世界を見る主体が複数であるという自覚は、インドの宗教実践、特に観想法では希薄である。観想法を行うヨーガ行者にとって問題なのは、「聖なるもの」としての世界全体とその世界の部分たる自己との融合なのであって、複数の人格が世界に存在するということは、ほとんどの場合、無視されてきた。特に観想法においては「聖なるもの」が「俗なるもの」の中で活動する場面は取り上げられないのが普通である。この「金剛ターラー観想法」は「聖なる」金剛ターラーが「俗なる」人々の中で働く場面にほんのわずかではあるが言及している数少ない例である。「俗なるもの」が「聖化」されて「聖なるもの」として世界の中で活動する、という宗教一般のあり方と観想法を結びつける一つの例であると考えられる。

注

（1）本節におけるサンスクリット・テキストとして［Bhattacharyya 1968b］（バッタチャリヤ版）を用いた。この文献の写本に関しては［佐久間　二〇一一、七九〜九九］参照。

（2）『西蔵大蔵経』北京版には「三九六四〜四一二六番」（デルゲ版、三一四三〜三三〇四番）(sGrub thabs bsdus pa, 成就法集成)、「四一二七〜四二二〇番」（デルゲ版、三三〇六〜三三九九番）および「四二二一〜四四六六番」（デルゲ版、三四〇〇〜三六四四番）(lHa so so'i sgrub thabs rgya mtsho, 尊成就法海）という三部分が含まれており、これらの観想法のほとんどはバッタチャリヤ版に含まれる。本節で扱う「金剛ターラー観想法」は『西蔵大蔵経』において一種類の訳が存するのみである（北京版四三一一番、デルゲ版三四八九番、台湾デルゲ版三四九四番）（［吉崎　一九八〇］［塚本・松長・磯田　一九八五、三八二〜三八五］参照）。

（3）［Eliade 1969: 202］［立川一九七五a、一一〇］。ターラーの起源・図像などについては［Banerjea 1974: 560, n.1］［Dutt 1955: 261~262］［Hummel 1950: 89~111］［Liebert 1976: 325］［Roerich 1925: 65~66］［Slusser 1984: 282, 292, Pl.526］［Schroeder 1981: 576］［Waddell 1984: 51~91］［神代　一九六二、二八七〜二八九］［杉山　一九八四、六二番］［山折　一九六一、一七六〜一七九］を参照。チベット仏教における多種のターラーに関しては、［bsTan pa'i ni ma 1974: Vol.1, 570~628, Vol.2, 145~164］に詳しい。ターラーの儀礼については［Beyer 1973］を参照。

（4）［TTP, Vol. 80, p. 285, f.5, l.3~p. 289, f.1, l.6］
（5） 観想法の準備としての儀礼に関しては［清水 一九七八］［頼富 一九七八］参照。
（6）［bSod nams rgya mtsho 1983: No.124］［bSod nams rgya mtsho and Tachikawa 1989: No.124］
（7）［bSod nams rgya mtsho 1983］の中では一三九点の中、七点（Nos. 62, 69, 83, 119, 122, 123, 124）に現れる。
（8）［栂尾 一九二七、三一］［Tucci 1961: 34］［トゥッチ 一九八四、五八］参照。
（9）これらの尊格に関しては［Dasgupta 1967: 125］［Getty 1962: 125］［Gordon 1959: 16, 75］［Gupte 1972: 130］［Kirfel 1948: 64］［Kirfel 1959: 61, 102, 104.］［Tucci 1980: 388］を参照。
（10）［Lokesh Chandra 1984: 18］にネパールの金剛ターラー白描がある。［Clark 1965: C50c, CR5a, A6B14, B228］参照。
（11）［Foucher 1905: 68-72］
（12）［Bhattasali 1929: 45-53］
（13）［Bhattacharyya 1968a: PL36］
（14）［Sahu 1958: 211-212, Fig.67］
（15）［Bhattacharyya 1978: PL23-25］
（16）［Raghu Vira and Lokesh Chandra 1995: 57］の金剛ターラー・マンダラ図では諸尊（6～11）は四門においてではなく、マンダラ中央寄りに置かれている。
（17）［bSod nams rgya mtsho 1983］［bSod nams rgya mtsho and Tachikawa 1989］
（18） dhūpaśākhā（線香の枝）とは細長い枝のような格好をした線香の意味である（TTP, Vol. 80, p. 289, f.3, l.8 参照）。
（19）［Bhattacharyya 1972: 38］参照。『完成せるヨーガの環』（SM）の諸写本（東京大学所蔵本…松浪目録四五一番（73a, 4）、松浪目録四五二番（71b, 2）、松浪目録四五三番（73a, 4））もバッタチャリヤ版［Bhattacharyya 1968b: 197］と同じ読みである。チベット訳（北京版四三一一番、東北版三四八九番、台北版三四九四番（Vol.32, p.40, f.3, l.4）にも

「ドルマ」（sgrol ma）とあるのみであって、プシュパ・ターラー（華ターラー）とはない。しかし、このターラーがプシュパ・ターラーであることは明らかである。

（20）［Tachikawa 1983: 104~105］［Tachikawa, Hino and Deodhar 2000: 5~7］

（21）［Bhattacharyya 1968b: 198］［Bhattacharyya 1972: 38］参照。SM の諸写本（東京大学所蔵本…松浪目録四五一番（T1）（73a, 6）、松浪目録四五二番（T2）（71b, 4）、松浪目録四五三番（T3）（73a, 6）、京都大学写本 E303（128a, 2））もバッタチャリヤ版［Bhattacharyya 1968b: 197］と同じ読みであり、「ホラ貝」とある。

（22）シュンバについては［立川　二〇〇八、二四八］参照。

（23）［Tucci 1961: 31, 95~96］［トゥッチ　一九六七~六八…（一）一~一六、（二）三三~三八、（四）二三~二五］［トゥッチ一九八四、五五~五九、一五一~一五三］

（24）この頌のサンスクリット・テキスト［Bhattacharyya: 1968b, Vol. 1, 189, ll.18~20］は読解不能であり、チベット訳に従った。TTP, Vol. 80, p. 289, f.4, l.8~f.5, l.1. を参照した。

（25）T1（73b, 6）, T2（72a, 1）, T3（73b, 6）および E303（128b, 4）には Bh と同様に samaya-maṇḍale とある。チベット訳（TTP, Vol. 80, p. 289, f.5, l.5: dam tshig sems dpa'i dkyil 'khor）に従い、samaya-sattvamaṇḍale の意味に理解した。

（26）vajrapañjarabhāṣita（「金剛籠の中で語られた」）の意味ははっきりしない。この語は『諸仏菩薩聖像賛』［Clark: 1965: B228］ではターラーの一種「金剛宮室救度仏母」とされている。

（27）『完成せるヨーガの環』第一章におけるマンダラ構造の叙述に関しては［森　一九四四、一三七~一三八］参照。

（28）［トゥッチ　一九八四、一五三］

（29）［トゥッチ　一九八四、一五三］

3　秘密仏のシンボリズム

一　仏教タントリズムとヒンドゥー教

インドの仏教タントリズムは、夥しい数のほとけたちの世界（パンテオン）をつくりあげるに際して、ヒンドゥー教のパンテオンの一部を自分たちの尊格として受け入れた。ヒンドゥー教のパンテオンもまた新興の仏教から少なからず影響を受けた。神々の図像学的特徴のみならず、教理・儀礼形態等にあっても仏教とヒンドゥー教は互いに影響を与えたのである。このように、仏教とヒンドゥー教の間には相互の「浸透作用」が存在した。(1) しかし、仏教タントリズムがどのようにヒンドゥー教より影響を受けたのか、その逆の影響はどのようなものであったのか、さらにはその相互浸透作用はどのような基盤に立つものであったか、などについては明らかになっていない。ここでは、仏教タントリズムにおいてよく知られたヘールカ（Heruka）尊の性格を考察することによって、ヒンドゥー教が仏教タントリズムに与えた影響の一面を考察したい。

二　仏教パンテオンにおけるヘールカ

インドの七、八世紀は仏教タントリズムの興隆期であった。一方、この時期は古代のヴェーダの宗教の伝統を受け継ぎ、地方の崇拝形態を吸収しつつあったヒンドゥー教が勢力を増大させていたときでもあった。この時期のヒンドゥー教では、シヴァ、ヴィシュヌ、ブラフマーおよびドゥルガー女神の四神を中心とする崇拝形態がすでに確立されていたと考えられる。このような状況の中で、仏教徒はヒンドゥー・パンテオンより特定の神を、あるいはその一部、つまり持物・装飾・乗物等を受け取って仏教パンテオンの中に組み入れたが、仏教タントリズムの中に導入された「ヒンドゥーの神々」には、シヴァおよびその系統のものが多い。それは、シヴァは元来ヨーガの神であり、仏教タントリズムではヨーガが大きな位置を占めていることによると思われる。シヴァとその系統の神々に比べれば、ヴィシュヌ、ブラフマーおよびその系統の神々が仏教パンテオンにおいて果たす役割は小さい。

仏教のパンテオンの中でシヴァ崇拝の影響を強く受けている「神々」の代表がヘールカであるが、ヘールカの性格や職能を知るためには、仏教タントリズムのパンテオンの全体的構造を知ることも重要である。仏教タントリズムは、七、八世紀以降、自らのパンテオンの図像学的システムを整備した。これは、仏教の尊像が仏教タントリズムの儀礼において用いられるようになっており、また当時、尊像の造形活動が盛んとなっていたので、その図像学的規範を定める必要があったためと考えられる。仏像は寺院などに参拝に来る人々の礼拝の対象として用いられる一方で、僧たちがヨーガあるいは観想法を実修したり、マンダラ儀礼を行う場合の補助あるいは道具ともなった。

ヨーガ行者あるいは観想法の実践者たちは、尊像の図あるいは彫像の前に坐し、その尊像の図像学的特徴を眼前に見つめたり思い出したりしながら、その尊自身が眼前に顕現し、ついには自分自身がその尊と一体

図4-3-01　妃を伴う秘密集会。チャウニー、ネパール国立博物館、カトマンドゥ

となることができるまで、その尊像の「精神的産出」を行った。この「産出」はスクリーンに像を映すようにして行われる射影なのである。自分の前に立つほとけの宝冠はどのようなものか、顔（面）はいくつあるのか、それぞれの顔は何色か、首飾りはどのような形か、臂は何本あるか、手には何を持つのか、女神を抱いているか否か、足の下に何者を踏みつけているか、このようなことすべてを行者は知っていなければならない。後期タントリズムにおいては、このような図像学的細目が細かに定められ、密教行者たちはそれぞれ自分たちの流儀を定め、それを秘伝として弟子たちに教えたのである。

仏教タントリズムにおける「精神的産出」の方法、すなわち観想法（成就法）が一つのシステムとして示されている代表的な経典の例として、『秘密集会タントラ』がある。[2] このタントラ経典の成立年代は明らかではないが、早くても七世紀後半であろう。このタントラは後期タントラ経典グループのうちで、初期のものであり、これ以後のもろもろの後期タントラ経典の基点となったと考えられる。この経典が説くマンダラの中尊は持金剛（ヴァジュラダラ）であり、経典自体の中に後世、図4-3-01に見られるような「秘密集会」と呼ばれる秘密仏のイメージが述べられているわけではない。またこの秘密仏は、ヘールカに一般的な象の皮、三叉戟、血に満たされた頭蓋骨杯などを有してはいない。

　このタントラによれば、砂地などの上に坐った行者は綱を用いてマンダラの外枠を作り、その中央に坐って観想を始める。(3) 最初に行者が観想によって心的に産出するのは、そのマンダラの主尊である。産み出された主尊が、四方にそれぞれ仏を生む。その仏たちがさらにさまざまなほとけたちを生む、という具合にマンダラを満たす諸尊が生まれてゆくのである。

　『秘密集会タントラ』の説く「秘密集会マンダラ」の中心部を構成する五尊は、阿閦・大日・阿弥陀・宝生・不空〔成就〕である。金剛界マンダラの五仏と比べて、中尊と東の仏が入れ替わっている以外は同じである。これら五仏は仏教パンテオンを構成する「族」の「主」（族主）となる。この五仏は、それぞれの妃（プラジュニャー、智慧）を伴い、それぞれの部族を率いる。それらの五部族とは瞋（dveṣa）・痴（moha）・貪（rāga）・如意宝珠（cintāmaṇi）および三昧耶（samaya シンボル）の名で呼ばれる。すでに見たように、それぞれの部族に属する諸尊はその族主を示すために、その小さな像（化仏）を頭上にいただく。(4)

　五仏および彼らが産出した「五部族」の主要構成員は次頁の**表1**のごとくである。(5) 部族の構成員はそれぞれ自分たちの「族主」の性格を反映している。仏教タントリズムのパンテオンにおいて古参の仏である阿閦から流出したほとけたちの数はすこぶる多く、またこの瞋部に属するほとけたちは一般に「恐ろしい形相」をしている。一方、大日の部族に属するほとけたちは柔和な相をしたものが多く、「ほとんどが女性的な感じを与える」。(6) 阿弥陀の部族に属する者たちの姿は一般に、観音や、花の矢をつがえて踊る女神クルクッラーなどに見られるように柔和である。宝生は新参のためか、彼の部族に属するほとけたちの数は少ない。柔和な男尊ジャンバラとその忿怒相であるウッチュシュマ・ジャンバラはこの部族に属している。不空の部族もまたターラー女神など柔和な尊格に満ちている。
このように、阿閦の部族は「恐ろしい」形相の男尊をほとんど抱えているが、そのうちの一群がヘールカと呼ばれる尊格のグループなのである。本書第4章1節において扱われた二臂ヘールカは単独のヘールカ尊を指しており、本節で扱うヘールカ尊の一種である。

表1　五部族名とそれぞれの部族のほとけたち

族名	瞋部	痴部	貪部	如意宝珠部	三昧耶部
仏	阿閦	大日	阿弥陀	宝生	不空
構成員	Heruka（ヘールカ） Yamāri（閻魔敵） Ekajaṭā（一髻女） Nairātmā（無我女） Hayagrīva（馬頭）	Mārīcī（マーリーチー） Vajravārāhī（金剛雌豚） Uṣṇīṣavijayā（仏頂尊勝） Śitātapatrā（白傘蓋） Aparājitā（無能勝）	Lokeśvara（世自在） Kurukullā（クルクッラー） Mahābala（大　力）	Jambhaḷa（ジャンバラ） Vasudhārā（持　世）	Khadiravaṇītārā Parṇaśavarī（パルナシャヴァリー） Mahāmāyūrī（大孔雀明妃）

表 2a　ヘールカの種類とそれぞれの特徴

名　称	配偶女神	面・臂の数	身体の色	面の色	眼の数
(I) Hevajra					
(a) Trailokyākṣepa	Nairātmā	一面二臂	青		三眼
(b)	Vajravārāhī	一面四臂	青		三眼
(c) 1°	Vajraśṛṅkhalā	三面六臂	青	青（前），赤（左），白（右）	三眼
2°	Vajraśṛṅkhalā	三面六臂	青	青（前），赤（左），白（右）	三眼
3°	名称不明の妃	三面六臂	青	青（前），赤（左），白（右）	三眼
(d)	Nairātmā	八面十六臂	青	赤（左第 1），白（右第 1），他は青	三眼
(II) Buddhakapāla	Citrasenā	一面四臂	青		三眼
(III) Mahāmāyā	Buddhaḍākinī	四面四臂	青	青（前），緑（左），黄（右），白（後）	三眼
(IV) Vajraḍāka					
(a) Saṃvara	Vajravārāhī	一面二臂	青		三眼
(b) Saṃvara	Vajravārāhī	四面十二臂	青	青（前），緑（左），黄（右），赤（後）	三眼
(c) Saptākṣara[1]	Vajravārāhī	三面六臂		青（前），緑（左），黄（右）	三眼

(1) Saptākṣara も Saṃvara と呼ばれることがある（SM251）.

表 2b　ヘールカの種類とそれぞれの特徴

	左手の持物	右手の持物	飾　り	踏みつけているもの	
(I)	(a) 血の入った頭蓋骨杯	金剛	虎皮をつける	屍	NPY 5
	(b) 〃	〃		屍	NPY 5
	(c) 1° 鈴，弓，頭蓋骨杯	金剛，矢，三叉戟		屍	NPY 5
	2° 鈴，三叉戟	金剛，カルトリ包丁		屍	NPY 8
	3° カトヴァーンガ，宝石	金剛，剣		屍	SM 243
	(d) {鈴，蓮華，弓，カトヴァーンガ，頭蓋骨杯，宝石，立てた人差指，索	{金剛，剣，矢，円盤，盃，棒，三叉戟，突棒		ブラフマン，ヴィシュヌ，シヴァ，インドラの姿をした四魔	NPY 5
(II)	カトヴァーンガ，頭蓋骨杯	小刀，小鼓	頭の環で飾る		SM 254
(III)	カトヴァーンガ，弓	頭蓋骨杯，矢	灰を塗る，人皮を着る	屍	NPY 9; SM 239
(IV)	(a) 鈴	金剛	頭の環や三日月で飾る	Bhairava と Kālarātri	NPY 255
	(b) 鈴，象の皮，カトヴァーンガ，血の入った頭蓋骨杯，索，ブラフマンの首	金剛，象の皮，ダマル，斥，小刀，三叉戟		Bhairava と Kālarātri	GDK，Vol.4，p.64; NPY 12
	(c) 鈴，人の皮，カトヴァーンガ	金剛，人の皮，三叉戟	頭蓋骨の環や三日月で飾る		SM 251

NPY：*Niṣpannayogāvalī*（完成せるヨーガの環），SM：*Sādhanamālā*（観想法の花環），GDK：*rGyud sde kun btus*（タントラ部集成），31vols., Delhi, 1971.

三　男尊ヘールカの諸相

男尊ヘールカは、配偶女神を伴う場合もあれば伴わない場合もある。[7] また、ヘールカは常に同じ姿で表されるのではなく、配偶女神の種類、顔面や臂の数、持ち物の違いなどによって種々に呼ばれる。

ヘールカには（一）ヘーヴァジュラ（Hevajra）（図4-3-02）、（二）ブッダカパーラ（Buddhakapāla）（図4-3-03）、（三）マハーマーヤー（Mahāmāyā）（図4-3-04）、（四）ヴァジュラダーカ（Vajraḍāka）の四種がある。本書第4章1節で考察した「二臂ヘールカ」は（一）のグループに属する。また（四）のグループにネワール仏教やチベット仏教においてよく知られたチャクラサンヴァラ（図4-3-05～07）が属するが、特にオリッサ出土とされる図4-3-07は重要である。[8] それぞれの特徴を表示すれば表2のようである。[9]

われわれはすでに一面二臂のヘールカの特徴を本書第4章1節において見た。さらに表2および図4-3-02～07に見られるように、ヘールカは身体が青く、象の皮を被り、虎皮の腰巻き（虎皮裙）を付け、死体あるいはシヴァ（あるいは、その畏怖相バイラヴァ）を踏みつけ、しばしば妃と交わる姿で表される。髪には三日月の飾りをつけ、三眼で、手には三叉戟、カトヴァーンガ、ダマル太鼓、頭蓋骨杯、金剛杵、男神ブラフマーの首、生首の環などを持つ。そして、牙をむき、常に恐ろしい姿である。ちなみに、バイラヴァがブラフマー神の第五の首を切り落とすという神話は、すでにブラーフマナ文献に見られる［立川　二〇〇八、二〇〇九］。これらのヘールカの諸性格は、ヒンドゥー教の主神シヴァのそれによく似ているのである。ヘールカはシヴァの図像学的特徴を受け取っていると思われる。

図 4-3-03　ブッダカパーラ尊。『完成せるヨーガの環』第 10 章「ブッダカパーラ・マンダラ」の中尊。ガウタム・バジュラーチャーリヤ画

図 4-3-02　ヘーヴァジュラ尊。パタン市、パタン博物館、カトマンドゥ

図 4-3-05　チャクラサンヴァラ尊。『完成せるヨーガの環』第 12 章「チャクラサンヴァラ・マンダラ」の中尊。ガウタム・バジュラーチャーリヤ画

図 4-3-04　マハーマーヤー尊。『完成せるヨーガの環』第 9 章「マハーマーヤー・マンダラ」の中尊。ガウタム・バジュラーチャーリヤ画

図4-3-06　妃を抱くチャクラサンヴァラ尊。象の生皮が尊の背後に見られる。チャウニー、ネパール国立博物館、カトマンドゥ

図4-3-07　象の生皮を背後に広げ持つチャクラサンヴァラ尊。東インド・オリッサ出土、一三世紀頃。インド国立博物館、ニューデリー

四　シヴァの諸相

インドの神々の性格、職能、「人気」などは時代によって変化してきたが、シヴァもまた時代によってその職能、「人気」さらには名称までも変化させてきた。『リグ・ヴェーダ』におけるシヴァの原型はルドラと呼ばれた。ルドラは破壊の神、暴風雨の神、あるいは病気治療の神として尊敬を集めていたが、インドラやアグニのような有名な神々の力に圧倒されて、いわば脇役的存在であった。ルドラのイメージもそれほどは

つきりしたものではない。ルドラは元来、非アーリア的要素を多分に含んでいる神であった。『リグ・ヴェーダ』におけるルドラ讃歌は編纂時期が遅く、いわば新参者だったのである。『リグ・ヴェーダ』などではルドラやインドラへの讃歌の中で彼らのイメージがわずかな箇所においてではあるが述べられている。しかし、古代インドではガンダーラ美術の出現まで、神あるいは仏を人に似た形に表現することはなかった。

ヴェーダの宗教が徐々に勢力を失い、ウパニシャッドの時代、さらには叙事詩の時代になると、シヴァとヴィシュヌとが勢力を得ていった。シヴァやヴィシュヌなどの神々も結婚し、子供をもうけ、種々の「手柄」をたてるにつれて「神々の歴史」が書かれた。そのような「神々の歴史」あるいは系譜は『マハーバーラタ』などの叙事詩や、後世の『シヴァ・プラーナ』などのプラーナ文献の中に見られる。紀元二、三世紀までにシヴァの勢力は『リグ・ヴェーダ』のルドラのそれよりもかなり増大したが、シヴァ神話が成熟し、整備されるには紀元四〇〇年頃の詩人カーリダーサの『王子の誕生』(クマーラ・サンバヴァ)やそれ以後の『シヴァ・プラーナ』などを俟たねばならなかった。

六、七世紀になるとヒンドゥー教の尊像が数多く作られるようになった。その頃までにシヴァはますます多様な性格を獲得していたが、この神が彫像に表現される場合にはそれぞれの特徴が強調され、数多くの異なった相(ムールティ)が成立した。[10] ヴィシュヌは亀や魚などの化身(アヴァターラ)としてその姿を現すことがあるが、シヴァは化身することはなく、さまざまな相を見せるのである。

G・ラオはその著『ヒンドゥー教図像学の諸要素』[Rao 1914]の第二巻(第一部および第二部)をシヴァの諸相の説明にあてている。この書において扱われている相はそれぞれ、シヴァに関する神話および図像学的特徴が「成熟した」形を示している。ラオに従えば、シヴァの諸相は、一、男根相、二、男根より生まれる相、三、月を飾りとする相、四、殺戮神としての相、五、恩寵を与える者としての相、六、踊り手たちの王としての相、七、恩恵を与える相（ダクシナー相）、八、骸骨相（カンカーラ相）などに分けられる。

このようにシヴァは極めて多様な側面を有し、狂暴な面と柔和な面を合わせもっているが、狂暴さを表現する代表的な相である、第四の殺戮神としての相（saṃhāra-mūrti）がヘールカとの関係において特に重要である。この相におけるシヴァは、己れの苦行を邪魔したものや邪悪な魔を殺戮する神である。シヴァの殺戮・破壊の側面を描いた彫刻はすこぶる多く、ラオは一二の種類を挙げている。この中に「カーマを殺した者」（kāmāntaka）、「死神カーラの敵」（kālāri）、「三都を焼き亡した者」（tripurāntaka）などの相とともに、「象の姿をした魔神を殺戮する相」（gajāsurasaṃhāramūrti）（図4―3―08）、「ブラフマー神の〔第五の〕頭を切り取った者（バイラヴァ）としての相」（brahmasiraśchedakamūrti）などの相がある。

「象の姿をした魔を殺戮する相」は一般に、多数の臂を有し、三叉戟・剣・短槍（シャクティ）・棒・槍・カトヴァーンガ・蛇・頭蓋骨杯・鹿などを持ち、第一（前面の）の左手と右手は象の生皮を広げて持っている[11]。この「象の魔神の殺戮者」のイメージには、いくつかのパターンがある。一つの典型はエローラ第一六窟に見られる（図4―3―08）。ここでは、シヴァは手に三叉戟・剣・頭蓋骨杯などを持ち、象の生皮を上方におし広げている。右足を魔神たちの上に置いている。

これに似た構図のシヴァ像がコルカタのインド博物館に所蔵されている（図4―3―09）。

このインド博物館の像は、今述べたエローラ第一六窟の像の場合と似てはいるが、脚のポーズは異なっている。

図4-3-08　象の姿をした魔神を殺戮する相のシヴァ。象の魔神の生皮を上方で広げ持つ。象の頭が写真左に見られる。エローラ第16石窟

図4-3-09　象の姿をした魔神を殺戮する相のシヴァ。10世紀。オリッサ、インド博物館、コルカタ

「象の魔神の殺戮者」のイメージにはまた異なったパターンがある。すなわち、南インドのハーレービドゥ（Halebid）のホイサレーシュヴァラ（Hoysaleśvara）寺には、一六臂のシヴァ像が見られる［Rao 1914: Vol. II, PL. XXXIII］（図4-3-10）。この像は、金剛杵・ダマル太鼓・カトヴァーンガ・鈴・弓・頭蓋骨杯などを持ち、頭には頭蓋骨の冠を付けている。図4-3-08の場合と同様、象の魔神の生皮を上方背後で広げ持ってはいるが、

図 4-3-10　一六臂のシヴァ。ハーレービドゥのホイサレーシュヴァラ寺

退治した象の魔神の頭の上で踊る。この象の上で踊る構図は特に南インドにおいてよく見られる。

また次のような「象の魔神の殺戮者」のイメージもある。すなわち、シヴァはまっすぐ伸ばした右脚で立ち、左の大腿を右脚と直角になるまで上げ、膝から下を大腿部につけ、第一組の左右の手は象皮を広げて持ち、胴体をねじり、顔は後ろ下方を見ている［Rao 1914: Vol. II, PL. XXXI, XXXII, Fg.1&2］(12)。

ところでこれらの持ち物は、ヘールカの持ち物でもあり、頭蓋骨の冠はヘールカの頭をも飾っている。ヘールカの脚の形も図4-3-08〜10に見られるように、シヴァの脚のポーズに似ている。この類似は仏教からの影響の結果であった可能性もあるかもしれない。しかし、少なくとも「象の魔神を殺戮する相」は、仏教におけるヘールカのイメージが確立される以前に存在していたことは忘れられてはならない。

「バイラヴァ」は、シヴァが有するもろもろの狂暴な側面をよく表している相である。バイラヴァ像はしばしば、カトヴァーンガ・縄・槍・ダマル・頭蓋骨杯・蛇などを持ち、目を見開き、牙をむき、背面に火炎を有する［Rao 1914: 178, PL XLI］［立川　二〇〇八、二〇〇六〜二〇一一］。「象の殺戮者の相」の場合と同様に、このようなバイラヴァの彫像はむしろ仏教タントリズムの影響による可能性もあるかもしれない。しかし、カトヴァーンガ等の特徴は、ヘールカ像の確立以前にシヴァの特徴的要素として確立されたものであるから、それらの特徴・性格自体はヒンドゥー教から仏教のパンテオンの中に導入された、と考えるべきであろう。「バイラヴァ」という呼称も仏教タントリズムの興隆以前に確立していたものである。

五　ヘールカとシヴァ

表2に挙げたヘールカの諸特徴のうち、象皮、虎皮、三日月、三叉戟、カトヴァーンガ、頭蓋骨杯、ブラフマー神の首、青色の身体、屍、灰などは、仏教タントリズムがヒンドゥー教より影響を受ける以前に、すでにシヴァの一般的特徴と考えられていたものである。[13] これらのもろもろの特徴を「要素群C」と名づけよう。

それとは別に、シヴァの特徴では決してない、あるいは相矛盾する要素群も表2に見られる。ヘールカが阿閦如来の小さな図像がついた宝冠をいただくこと、ヘールカが足の下にシヴァを踏みつけていること、ヘールカと女神が交接の姿をとっていることなどである。これらを「要素群H」と名づけよう。ちなみにヒンドゥー教の男神たちは仏教タントリズムの仏たちのように妃と交接した姿で表されることはない。ヒンドゥーの男神の左膝に女神の乗ることがあるのみである。

一方、シヴァの特徴でありながら表2には現れてこない諸要素（要素群S）がある。頭上に流れ落ちるガンガー川、乗り物としての牛ナンディン、起立した男根などである。

表2にはそのほか金剛・索・棒などの諸要素も見られる。これらは、シヴァやヘールカの多臂像に通常見られるという意味では、シヴァやヘールカに共通な特徴ではあるが、両者のみに固有なものではなく、他の

ヒンドゥー教および仏教の「神々」にもしばしば見られる。たとえば金剛杵は、元来は『リグ・ヴェーダ』の神インドラの武器であったが、時代を経るにしたがって、多くの神々の手に握られるようになり、仏教パンテオンの中でも重要な役割を果たしてきた[14]。このようなインドの神々のもつ一般的諸特徴を「要素群D」と名づけよう。

さて以上述べたH、S、C、Dの要素の四集合の関係を整理して図示すれば、図4-3-11のようになろう。

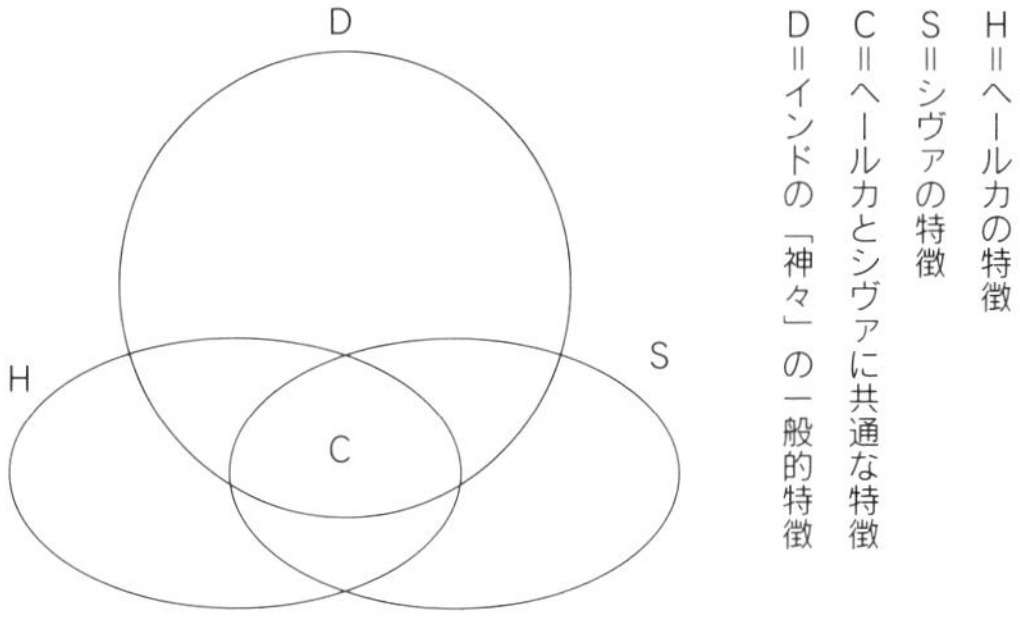

図4-3-11　ヘールカとシヴァの特徴の関係

すでに四項で述べたように、仏教タントリズム興隆以前に要素群Cはシヴァの特徴として確立されており、このことから「Cはシヴァからヘールカが得た要素である」ということができよう。ヒンドゥー教の伝統において「ヘールカ」とは、シヴァの従者の名称であったともいわれる[15]。ともあれ、Cの諸特徴を担った仏教の「神」ヘールカのイメージができあがったのである。

ところで、なぜCに含まれる諸要素がシヴァ崇拝から仏教に受容されたのか。それは、当時の仏教徒の儀礼・実践にとって有利だったからにちがいない。ヘールカの図像を見て、人々はそれがシヴァによく似ていると思ったであろう。しかし、シヴァに似てはいるがシヴァではない尊像を前にして、仏教徒たちは、ヒンドゥー教の神に似た像をつくりあげた者たち、あるいはそのようなイメージを提供した者たちに対して不満であったろうか。そうではなかろう。ヘールカの図像に接した人々は、そのヒンドゥー教的な姿の神に対する反発よりも、むしろ当時、強大な権威をもっていたシヴァ像に似た自分たちの「聖なる」尊像に接して、畏敬の念を深めたと考えるべきであろう。ヘールカなどが活躍する後期仏教タントリズムの時期においては、ヒンドゥー教の主神に似た神が自分たちの神であることに仏教徒たちが大きな違和感を抱かないほどに、ヒンドゥー教と仏教の同化が進んでいた、と思われる。

だが、仏教徒はただ単に自分たちの尊像の一つのモデルとしてシヴァに似たものを選んだわけではなかった。彼らは、シヴァの図像学的諸特徴を有し、一見、シヴァとも思わせるヘールカにしばしば畏怖相のシヴァ、すなわち、バイラヴァを踏みつけさせたのである。ある「神」が足の下に何者かを踏みつけるのは、その「神」が踏みつけた者を降伏させていった「歴史」を表す一般的な方法であった。仏教徒たちはヒンドゥー教への反抗的態度を示すために、仏教のほとけたちがシヴァなどのヒンドゥー教の神々より勝っていることを示すために神話を創っていった。たとえば、シヴァを打ち負かした金剛手尊やハヤグリーヴァ（馬頭）の戦いの神話は有名である[16]。

このように、シヴァに似たヘールカは、足の下に「シヴァ」を踏んでいるが、このようなことが可能になったのは、仏教徒たちがシヴァの図像学的特徴の象徴的意味を変えたからである。

六　シヴァとヘールカの象徴的意味の違い

インドの神々の身体的特徴・装飾・持物などは、それぞれの神に関する神話が整備されていくにつれて、シンボルとしての機能を確立させていった。シヴァの身体の青色・三眼・三日月・象皮・頭蓋骨などはそれぞれシンボルとして働き、象徴的意味をもつようになった。

ある伝承によれば、シヴァの三眼は「太陽・月・灯火を意味し」、他の伝承によれば、「過去・現在・未来を意味する」[Danielou 1964: 214]。三日月の飾りは再創造の力を意味し、頭上に落ちるガンガー川は「儀礼的浄化の手段」を、虎皮は「原物質の力」を、三叉戟は純質・暗質・激質という「世界の三構成要素（トリグナ）」[立川　二〇一三b、五一] を意味する [Danielou 1964: 215~216]。

シヴァと蛇との関係は深い。後期のヨーガの一種であるハタ・ヨーガの理論によれば、人体の中央を背骨のように貫く中脈には数個の神経叢（チャクラ、エネルギー・センター）があるが、それらのうち、最も下の神経叢にはシヴァを象徴するリンガがある。そのリンガには「蛇」の姿をとる女神クンダリニーが巻きついて睡っており、ヨーガ行者の修錬によってその眠りが醒まされるならば、その「蛇」は中脈を押し開きながら上昇するという。また、今日のインドで売られているシヴァ神のポスターでは、蛇はしばしばシヴァの首や腕に巻きついている。

一つの宇宙周期が終わり、世界が破壊されてシヴァのみが残るとき、彼は死体を焼いた後の灰を身体に塗り、頭蓋骨の環で身を飾るという。一方、仏教のヘールカ尊がその身体に灰を塗るという伝承はまずないであろう。宇宙周期の終わりにヘールカが世界を焼くという言い伝えもない。

「頭蓋骨の環は、世界がたえず転変し、人間たちの出現と消滅が繰り返されること」を意味する[Danielou 1964: 217-218]。ヒンドゥー教においては、男性原理と女性原理の合体によってこの現象界が生まれると考えられているが、前者は頂点を上にした三角形によって、後者はいわゆる逆三角形によって表され、二原理の合体は二つの三角形の頂点同士が合わされた形で表される。シヴァのダマル太鼓は、この組み合わさった二つの三角形をかたどったものとされる［Danielou 1964: 219］。元来、ダマル太鼓は二つの頭蓋骨杯の底に穴を開け、その穴同士を接合し、両側に皮を張ったものである。ダマル太鼓はシャーマンたちが神を呼び出すために用いた道具であった。

一方、仏教の尊格としてのヘールカの有するもろもろのシンボルの意味は何であろうか。仏教タントリズムにおいては、シヴァは仏教徒にとって最も憎むべき「自我」のシンボルとなった［Chögyam Trunpa 1975: 88］。このゆえに、仏教パンテオンの一員となったヘールカはシヴァを踏みつけるのである。また、「ヘールカの身体の色である青色は、すべての属性を欠いた空間という宇宙原理シンボル」であり、「金剛と鈴は慈悲（方便）と空性（般若の智慧）の不二性を意味し、ヘールカと妃との交渉も、方便と般若の合一を意味し」、「象の皮は無畏を意味する」［Chögyam Trunpa 1975: 88］。ヘールカと深い関係にあるハヤグリーヴァ（馬頭）尊の三眼は、応身（報身）・法身・化身のシンボルとなっており、ナイフは方便を意味する。その手に握られる頭蓋骨の数珠は力の積集を意味し、ダマルの音は人を無明から目覚めさせ、三叉戟は貪・瞋・痴の三つを止滅させる。数珠つなぎになって前面に垂れ下がる数多くの首は、止滅させられるべき心作用を意味する［Chögyam Trunpa 1975: 112］。足下に踏みつけられる屍は、シヴァであるとともに、自我を意味する［Chögyam Trunpa 1975: 106］。

このように、ヘールカのもろもろのシンボルは仏教の教理に合わせて解釈されており、その意味は、シヴァあるいはシヴァの侍者が手にするもろもろのシンボルの意味と異なっている。つまり、仏教徒はイメージを主とする図像学的特徴のみをヒンドゥー教より受け取り、ヒンドゥー教におけるものとはまったく異なった象徴的意味を与えたのである。

先ほどわれわれが命名したS、H、C、Dの四要素群のうち、要素群Cにおけるある要素（C_1）が仏教タントリズムにおいては意味B_1を有し、ヒンドゥー教においては意味N_1を有するとしよう。その関係は左のように図示することができる（図4-3-12参照）。たとえば、シヴァの三叉戟は純質・暗質・激質の三構成要素を意味するが、ヘールカにあっては貪・瞋・痴の三煩悩を意味している。シヴァが踏みつける屍は「無属性のブラフマン」を意味するが[17]、ヘールカの踏みつける屍は、すでに述べたように自我のシンボルである。このようにして要素B_1より要素B_nまでを含むシステムは仏教のシンボリズムのそれであり、仏教教理のシステムをふまえたものである。同様に、H_1よりH_nまでを含むシステムはヒンドゥー教のシンボリズムのそれであり、ヒンドゥー教の教理のシステムをふまえている。このように、仏教徒はヒンドゥー教より「神々」の図像学的諸特徴を借りたのであるが、ヒンドゥー教の象徴的意味とは異なった象徴的意味をそれらに与えることによって、仏教の独自性を主張することができたのである。

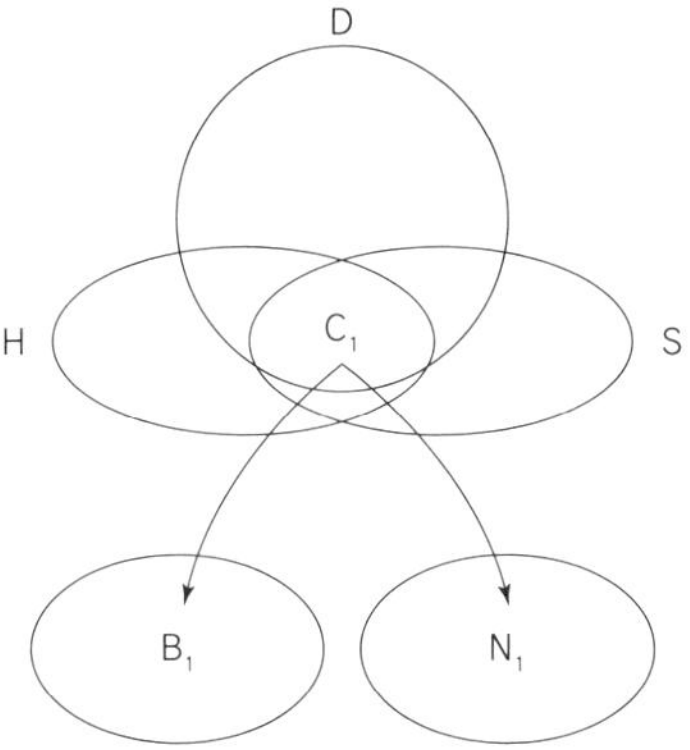

図4-3-12　仏教のシンボリズムとヒンドゥー教のシンボリズム

七　象徴的意味の二重構造

仏教はインドの異端児であった。インドは仏教を産みはしたが、その子を「兄」のヒンドゥー教と戦わせ、結局は「母」の知らぬ国々に「弟」を追い払ってしまった。だが、これら二人の兄弟は仲がよくなかったとしても、ともにインドの地に生まれ、インドという共通の土壌に育ったものであった。
ヒンドゥー教はもちろん、その後に生まれた仏教も、インドの、さらにはその他の地域の古代からの土着的要素を数多く受けついでいる。シヴァのもろもろの図像学的特徴およびそれらの象徴的意味は、時代を経るにしたがってシヴァが徐々に獲得したものである。たとえば、シヴァが持つ「頭蓋骨杯に満たされた血」は、M・ウェーバーの指摘するように[18]古代の「血の供犠」をシヴァ崇拝が徐々に吸い上げてきたものと思われる。

このような骨・血崇拝の要素は『リグ・ヴェーダ』におけるルドラ（シヴァ）には明確な特徴としては現れてこないが、『マハーバーラタ』においてシヴァは「頭蓋骨杯を持つもの」と呼ばれている。[19]しかし、シヴァが「血の供犠」とより密接に結びつき、性的オルギーの要素を強くしたのはタントリズム興隆以後である。「人の首の環」、カトヴァーンガなども、「頭蓋骨杯に満たされた血」とほぼ同じ経過をたどったものと思われる。ダマル太鼓も『リグ・ヴェーダ』や『マハーバーラタ』の時代にはシヴァの特徴として確立されていなかったと思われるが、六、七世紀と推定されるバーダーミーの石窟にはダマルをもったシヴァ像が見られる（図4―3―13）。

一〇、一一世紀以降、南インドで作られるようになり、後には全インドで有名になった、火炎の輪の中で足を高くかかげて踊るシヴァのブロンズ像の手には、ほとんどいつもダマルが握られている（図4―3―14）。このダマル太鼓はユーラシア大陸のシャーマンたちが手にする太鼓と同じものと考えられ、シャーマニズムの影響が考えられる。

シヴァが被る象の皮は、古代宗教における入門儀礼（イニシエーション）において秘儀を授けられる者が

「儀礼において一度死に、再生する」［エリアーデ　一九七五a、一八〇］ときに被る毛皮を思い起こさせる。『クールマ・プラーナ』（一・三二・二二）には、「千回生まれ変わっても解脱はどこか他のところ（趣）で得られるか得られないかであるが、象皮を被れば一回の生において解脱を得ることができる」とある。

図4-3-13　踊るシヴァ。右（写真左）の上から第三の手はダマル太鼓を持つ。バーダーミー石窟。山口しのぶ氏撮影

図4-3-14　火炎の中で踊るシヴァ。右の第二臂がダマル太鼓を持つ。インド国立博物館、ニューデリー

血の儀礼、シャーマニズム、古代宗教の入門儀礼、性的オルギーなどというシヴァ崇拝が順次受容してきた諸要素のシンボルは、ヘールカにおいては別の意味を与えられたが、それだからといって古代のシンボリズムをすべて失ったわけではなかった。

ヘールカの場合に限らず、仏教タントリズムにおける血の象徴的意味は一般に般若の智慧である。この象徴的意味は、しかし、観想法を実践する仏教僧つまり専門家向けのものであり、一般大衆や、まだそれほど職業的訓練を積んでいない僧にとっては「頭蓋骨杯の血」は般若の智慧であるよりも、「自分たちの生命体の中に常にあるけれども、日常においてはほとんど見かけず、それの多量の流出は死を約束するもの」として、恐怖あるいは畏怖の念を起こすものであった。訓練・経験を積んだタントリストにとってもまた、血は般若の智慧のシンボルであるとともに、今述べたような意味をも有したであろう。古代の「血の供犠」において、血は生命の証であり、かつ死と隣り合わせの「聖なるもの」であったと考えられる。

頭蓋骨の数珠、人の首の環、象の皮、ダマル太鼓、カトヴァーンガなどの場合も同様に考えることができる。それらが古代において有していた意味あるいは機能は、仏教タントリズムの時代においては表面に現れなくなり、その代わりに、仏教的教理の色彩の濃い意味が与えられたのである。とはいえ、その教理的色彩の濃い意味のシステムの下では、古代のシンボリズムがいくつかの層をなしながら、明確な形ではないにせよ根強く生き残ってきた。

今、述べたような「シンボリズムの操作」は、仏教のみではなく、ヒンドゥー教においても行われた。ヒンドゥー教や仏教の思想家あるいは彫刻家たちは、それぞれの教理のシステムに基づいてもろもろのシンボルに意味を与え、なおかつ、その「神々」のイメージを通して古代の普遍的なシンボルの意味をも表現しようとしていたと考えられる。

仏教タントリズムは、当時台頭してきていた土着の文化要素を吸い上げ、職業的な知的訓練を受けたものばかりではなく、専門的知識のないものたちも参加できるものにならなければならなかった。そのために、視覚的・聴覚的装置がさかんに活用された。影像は視覚に訴える手段としては最も効果的であった。不特定多数の図像学的特徴が、僧たちには仏教教理に即したシンボルの意味を、一般大衆には古代宗教や土着宗教のシンボルの意味を伝えたのである。言語学者N・チョムスキーのかの有名な呼び方にならって、今、前者のシンボルの意味（象徴的意味）を「表面意味」(surface meaning)、後者のそれを「深層意味」(deep meaning) と呼ぶことにしよう。このようにして、われわれは図4-3-15を得ることができる。

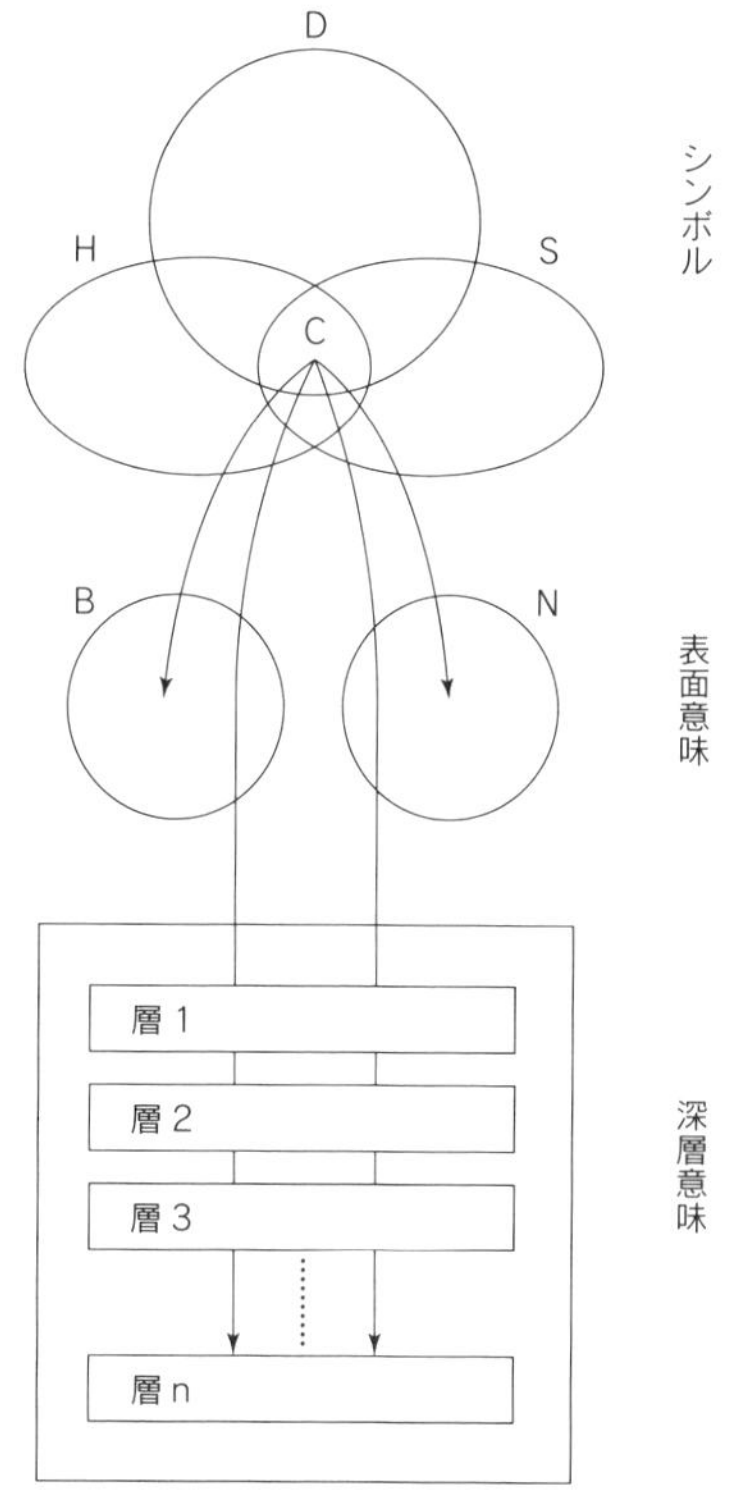

図 4-3-15　シンボルの表面意味と深層意味

深層意味の一つ「男・女の区別」のシンボリズムについていえば、男性と女性という、生物にとって根本的な両極を世界の二大原理として立て、その二つの相即によって現象世界を説明することは、すでに『リグ・ヴェーダ』の創造歌（一〇・一二九）にも見られるが、ヒンドゥー教においてはシヴアとその妃シャクティが男・女の二大原理となる。

ヒンドゥー教の基礎的世界観となったサーンキヤ思想においては、世界開展の資料因である原物質は女性で活動的であるが、原物質の運動を見守り自らは動かない宇宙精神は男性と表象される。

一方、仏教では、般若の智慧は非活動的で女性、方便は活動的で男性である［Dasgupta 1950: 113~118］。このように、男・女の表象の仕方は逆であるが、仏教もヒンドゥー教もともに「男・女の区別」という深層意味を有しているのである。

八　むすび

元来、シヴァの従者であったといわれるヘールカはシヴァの諸特徴を受けとり、仏教パンテオンの主要尊となった。一見してシヴァと思われるほどシヴァに似ているヘールカが仏教徒の間で崇拝されたことは、仏教の中においてもヒンドゥー教の神のイメージが受容される歴史的状況があったことを意味している。また、シヴァに似るヘールカはしばしばシヴァを足で踏みつけているが、これは、仏教徒たちがヒンドゥー教に対してはある種の反抗的態度を示していたことを推定させる。

ヘールカやシヴァの持物などには、仏教およびヒンドゥー教はそれぞれの教理に基づいた象徴的意味を与えており、同一のシンボルに与えられた意味は、両者の間で異なっていることがしばしばである。しかし、タントリズムにおいては仏教タントリズムもヒンドゥー・タントリズムも、「血の供養」「男女の区別」「古代宗教のイニシエーション（入門儀礼）における再生のシンボリズム」などの、古代宗教あるいは地方文化の諸要素を吸い上げた点で共通している。古代宗教あるいは地方文化のこれらの諸要素のイメージを通して、タントリストたちは古代の深層意味を読み取るとともに、自分たちの教理に合わせてシンボルを理解し、表面意味を与えたのである。シンボルをこのように二重に用いることによってタントリズムは、当時、それが有していた教理体系を維持するとともに、古代宗教や地方文化の諸要素を自身の中に吸い上げて自身を強化することができた。

注

(1) エリアーデはバラモン正統説とヨーガの間に「浸透作用」という言葉を用いているが、ヒンドゥー教と仏教タントリズムの間にもこの言葉を使うことができよう［エリアーデ　一九七五a、二三七］［Eliade 1954: 144］。

(2) 『秘密集会タントラ』のテキストについては［Bagchi 1965］［Matsunaga 1978］参照。和訳に関しては［松長　二〇〇〇］参照。

(3) ［Bagchi 1965: 13~14］［松長　二〇〇〇、一四］

(4) ［Bhattacharyya 1932: 130］［バッタチャリヤ　一九六二、一六九］

(5) ［バッタチャリヤ　一九六二、一七〇］

(6) ［Shukla 1958: 30］

(7) 本書第4章1節において扱った一面二臂のヘールカは、妃を伴っておらず、象皮・ダマル太鼓・三叉戟などを持つとは述べられていない。

(8) ニューデリー国立博物館の表示によれば、これはオリッサ地方出土で一三世紀頃の作品である。つまりインド亜大陸から大乗仏教が滅亡しつつある時のものということになる。高さ、巾、奥行きはそれぞれ九七・五、五一、二五センチメートルで、材質は硬質の砂岩である。標本番号は六〇・一一四二。この像の特徴は『完成せるヨーガの環』第一二章「サンヴァラ・マンダラ」に述べられるサンヴァラのイメージとおおよそ一致する。ただし、この像は妃を伴ってはいないが、『完成せるヨーガの環』の場合は妃を伴っている。

このサンヴァラ像は中央と右の二面および左の第一臂にかかえられた三叉戟の上部が破損しているが、それ以外は保存状態もよい。パトナ博物館所蔵のサンヴァラ（標本番号六五〇五）は、ニューデリー国立博物館のものとほとんど同じ構図を有する。

ニューデリー博物館所蔵の彫像は、一二、三世紀以降の彫像に多く見られるように、頭部、胸・腹部、尻・脚部および基段部の四部分から構成されている。サンスクリット文学では神の容貌の説明は頭部から足へという順でなされるが、人の容貌の説明は逆に足から頭部へという順でなされる。『完成せるヨーガの環』におけるサンヴァラの説明も上（頭部）から下へとなされている。

石像最上部の左右には花環をもった飛天がいる。その下に象の生皮があたかもサンヴァラ尊の天蓋であるかのように半円を描いている。象の生皮を背中の背後に広げるのではなくて、自らの身体がすっぽりと入るように広げていることに注目したい。おそらくはその方が象の生皮を被ることのシンボリズム――再生のシンボリズム――をより効果的に表現できたと思われる。

『完成せるヨーガの環』に述べられるように三面であり、右面は口を大きく開き、牙らしきものも認められる。パトナ博物館の像では三面がほぼ完全な形で残っており、頭蓋骨を連ねた髪飾りを付けているのがわかる。

『完成せるヨーガの環』は一二臂と二臂のサンヴァラを説明しているが、ニューデリーおよびパトナの像は一二臂であり、その持物もテキストの記述と一致する。右第一臂は金剛を、左第一臂は鈴を持って、両手を胸の前で組合わせる。右の第二臂（最も下の臂）は斧、第三臂（第二臂のすぐ上の臂）はカルトリ刀、第四臂は三叉戟、第五臂はダマル太鼓、第六臂は象の足の皮を持つ。左の第二臂はカトヴァーンガ、第三臂は頭蓋骨杯（カパーラ）、第四臂は四面を有するブラフマー神の首、第五臂は索、第六臂は象の足の皮を持つ。なおニューデリーの国立博物館チャクラサンヴァラ像の右の側面に象の面が彫られている。象の他の二本の足は左右第二臂の下に垂れさがっている。

第三の部分である尻・脚は切り取られた人間の首の輪によって飾られている。その環の外側には腰から七個の鈴が放射状に垂れている。サンヴァラの右脚の下には骨ばかりの身体の女神を踏む。この女神は右手にカルトリ刀らしきものを、左手に頭蓋骨杯を持つ。左足で踏みつけられた男神は右第一臂に頭蓋骨杯、右第二臂に与願印、左第一臂に三叉戟、左第二臂にダマルを有する。

基段部は二重蓮華と唐草模様によって構成されている。ニューデリーの像の最下部の向かって左には二人の供養者が見られる。右には仏塔らしきものが浮彫にされている。

(9) ヘールカに関しては以下の文献がある。『タントラ部集成』([bSod nams rgya mtsho 1983] [bSod nams rgya mtsho and Tachikawa 1989]) に収められる一三九のマンダラのうち、ヘーヴァジュラと呼ばれるヘールカを中尊とするマンダラに関しては九九〜一〇五番、マハーマーヤー・マンダラに関しては八六番、チャクラサンヴァラ・マンダラに関しては六二〜六六番、七〇〜七六番、七八番などを参照。[Bhattacharyya 1968: 155~165] [de Mallmann 1975: 183~190] [Gordon 1967: 36m41, 52, 83, 87, 98] [Chögyam Trunpa 1975: 88, 106, 112] [Getty 1962: 142~145] [Dasgupta 1950: 73, 98, 107, 130] [Sierksma 1966: 159~184, PL.7 & 20] [Wayman 1973: 8~11] [Bhattacharyya 1932: 131~132]

(10) シヴァの諸相については [立川　二〇〇八、一七八〜二一四] 参照。

(11) [Rao 1914: Vol.2, 115] 参照。

(12) 同様の構図の彫像に関しては [立川　二〇〇八、一八二] 参照。また [Zimmer 1946: PL.39~40] の像にあっては、卵の殻を縦に半分にしたような形に広げられた象の生皮の中にすっぽりとシヴァが入って踊っている。卵形の生皮は子宮を思い起こさせる [ツィンマー　一九八八、口絵39、40]。

(13) 『マハーバーラタ』はヴェーダ文献から後期プラーナへの歴史的経過を物語る最も重要な資料である。象皮についてはプーナ版 (Bhandarkar Research Institute 刊) XIII17, 163; 18, 37を、三日月と三眼についてはXIII 14, 119を、身体の青色についてはXIII 17, 82を参照。墓場を歩くことに関してはXIII 17, 32を、灰に関しては［原　一九六九］を、三叉戟に関しては［Hopkins 1915: 223］を参照。シヴァが象皮を被ることは、紀元四〇〇年頃のカーリダーサ著『王子の誕生』（五・六七）に見られる［Kale 1967: 29］。

（14）「金剛」（vajra）は武器としての稲妻、金剛石（ダイヤモンド）、真理、方便、男性原理、男性性器などの象徴的意味を有する。［長尾　一九五六：六六四］参照。

（15）［Böhtlingk & Roth 1875: Vol.7, 1658］［Apte 1957: 1765］参照。

（16）［Tucci 1949: 218］［Chögyam Trunpa 1975: 104］

（17）［Avalon 1922: 46］参照。この解釈はもちろん一つの学派のものであり、学派さらには時代によって意味が変わるのはいうまでもない。

（18）［ウェーバー　一九七〇、一二六、一三二］参照。

（19）『マハーバーラタ』（プーナ版）XIII, 17, 40; 100.

（20）［Gupta 1971: 270］

（21）『西蔵大蔵経』では「ヘールカ」は「He ru ka」と音写されることが多いが、「血を飲む者」（khrag 'thun）と訳されることもある。ネワール仏教の「チャクラサンヴァラ三三昧」では「ヘー」は無因のもの。「ル」は物質の消滅、「カ」はどこにも存在しないものを意味すると考えられている　山口　二〇〇五、一八六」。

（22）シヴァとシャクティという二大原理の結合に関する種々の解釈については、［Subrahmanya Sastri and Srinivasan Ayyangar 1972: 9~25］［Kumar 1974: 84~86］参照。

第5章
チベットの密教

1 チベット密教とは何か

一 チベット文明と仏教

ヒマーラヤ山脈を北に越えるとチベット高原がある。この高原は南をヒマーラヤ山脈、西をカラコルム山脈、北を崑崙山脈に囲まれている。崑崙山脈のさらに北にはタクラマカン砂漠があり、崑崙山脈とタクラマカン砂漠の間を縫うように西域南道があり、「崑崙の玉」の産地コータン（于闐）の国はこの南道にあった。タクラマカン砂漠の北には天山山脈がある。タクラマカン砂漠北端と天山山脈の南の間を走る道が天山南路（西域北道）である。この北道にはカシュガル、キジル、クチャ、トゥルファン（高昌）などがあった。さらに天山山脈の北を走る道「天山北路」があり、この北路にはイリ、ウルムチなどがあった。これらの道がいわゆる「絹の道」である。天山北路と天山南路は敦煌で合流し、その道は長安を経て洛陽へと通じていたのである。このように見てみると、ラサを中心とする中央チベット（ウー）は「絹の道」の世界からかなり南に存することがわかる（補遺2「インド・中央アジア・東アジア仏教地図」参照）。

チベット高原の東側は徐々に高度を落として中国平原へとつながっている。仏教はすでに紀元一、二世紀には中国に伝えられ、五世紀頃までには多数の仏典が漢訳されていたが、これらの仏典は主としてヒンドゥークシュ山脈を越え、かの天山南路や天山北路などを通って中国にもたらされたのであった。

ラサを中心とした中央チベットは、五、六世紀までの仏教の中国への伝播にはほとんど無関係であった。中央チベットが軍事的勢力を増強し、仏教を導入しはじめるのは七世紀に入ってからである。また、中央チベットおよび西チベット（ラダック）が仏教を中心とした文化をつくりあげようとした時期には、中央アジアにおけるコータン、キジル、クチャなどの仏教王国はすでに亡んでいた。

中央チベットは地理的にはむしろインド亜大陸、特に密教の盛んであった北東インドに近いのではあるが、中央チベットに仏教文化が開花するためには、チベット王国が政治・経済的力を蓄えるのを待つ必要があった。八世紀頃にはインド亜大陸においてすでにかげりの兆しがみえはじめていた大乗仏教は、その後、自身の将来を託す者たちを見つけたかのように、そのエネルギーの大半をチベットに注いだ。

一三世紀初頭、インドにおいて大乗仏教が急速に亡びつつあった頃、ちょうど二〇世紀中頃にチベットからインド、ネパール、ヨーロッパなどにチベット僧たちが亡命したように、サンスクリットの知識を有するインドの仏教僧たちがチベットに逃れた。インド亜大陸において大乗仏教が亡んだ後も、チベット仏教は、ネパール、中国、モンゴルなどと関係を保ちながら、独自の形態をとるまでに発展し、一九五九年の「チベット動乱」を経て今日もなおチベット仏教の宣教は続いている。

「チベット」と呼ばれた地域（チベット自治区）は広大であるが、チベット文化の中心はチベット高原の南端を西から東へ流れるツァンポ河の流域にあった。チベット自治区の南西部、ネパールおよびインドが国境を接するあたりには聖なるカイラーサ山が存するが、ツァンポ河はこの山の近くに水源を有し、東へ流れ、ブラフマプトラ河となってアッサムを南下し、ブータンの南を西に流れ、やがて南下してベンガル湾に注いでいる。ツァンポ河に沿って、シガツェ、ラサなどの町があり、タシルンポ、ガンデンなどの大僧院があるのもこの河の流域においてである。

チベット仏教は、まずこの中央チベットを中心として育ったが、時代とともにチベット仏教の伝播した地域は拡大した。西は、ラダック、北は敦煌、東はモンゴル、満州、中国、雲南にまで達した。モンゴル人に伝えられたチベット仏教がごく最近までカスピ海の近くで残っていたという報告もある。

チベットの人口はそれほど多くない。今日、チベット語を話す人口は約五〇〇万人ほどと推定されるが、チベットが残した文化は巨大である。D・スネルグローヴとH・リチャードソンはその共著『チベット文化史』[1]の中で「チベット文明」という名称を用いているが、この名称は決しておおげさなものではない。川喜多二郎氏も「ヒンズー文明」と対立するものとして「チベット文明」の存立を想定している。[2]また、高山龍三氏もチベット文明をインドあるいは中国の小さな周辺文明の一つとして見ることに批判的であり、チベットにはチベット独自の文明があると考えている。[3]

本書では「チベット・ビルマ文化圏」という名称が用いられるが、この概念は確立されたものとはいえない。この文化圏の命名が可能ではあったとしても、それはインド、中国、イスラムといった強大な文化圏と並ぶ規模のものではないことは明白である。チベット・ビルマ文化圏は個々の小文化圏の複合体なのではあるが、インド文明と中国文明の摩擦で生じた小さな周辺文化にすぎないと片づけてしまうことはできないと思われる。

仏教を導入してからはチベットの文明の根幹は仏教であり続けた。チベットほど仏教にかかわった国はないであろう。チベットは七世紀頃から仏教を本格的に導入し、やがて「法王」ダライ・ラマを中心とする神権政治を行うようになった。しかし、この国の仏教中心主義者たちは、一九世紀になってイギリスが開国を求めたとき、時代の状況を見とおすことはできなかった。まして、二〇世紀の中頃になって共産主義の洪水が押しよせたとき、チベット仏教の指導者たちはなすすべを知らなかったようだ。一九五九年のチベットの動乱から約半世紀以上の年月が過ぎた。その後、共産主義はその性格を変えたが、この半世紀の間、中国とチベットとの基本的関係は変わっていない。ともあれ、チベット文明に一九五九年、歴史的な変化があったことは事実だ。

世界的視野に立ってイスラム教やヒンドゥー教の歴史と較べるならば、仏教の歴史は衰退へと向かっているといわざるをえない。ヒンドゥークシュ山脈を越えてクチャやキジルなどの中央アジアに伝えられた仏教が亡んでから久しい。仏教を育てたインド亜大陸からも仏教が消滅し、わずかに残ったカトマンドゥ盆地の大乗仏教も文字通り風前の灯火である。ベトナム、ラオス、カンボジアの仏教も弱体化しつつある。中国に起きた文化大革命は、おそらくは中国の歴史に残るほどの規模と徹底さで民間信仰や仏教の崇拝形態を根こそぎにした。スリランカではシンハラ人の仏教はタミル系ヒンドゥー教徒との抗争に苦しんでいる。

このような仏教の弱体化の近年におけるもっとも大きな事件が、一九五九年におけるチベットの動乱である。いったいチベット仏教のこの弱体化の原因は何であったのか。一九世紀前半以降のチベットの指導者たちの対応のまずさが一因であったとしても、それが主原因だとも思えない。根はさらに深いところにあるようだ。ならば、仏教を中心とした文明を築いたことが、このような結果を招いた主原因なのか。仏教中心主義の王朝あるいは国家が亡んだ例は多い。仏教の中に元来そのような要素が含まれているのであろうか。

インド大乗仏教が密教的要素を多分に吸収したのは、当時、衰弱しつつあった大乗仏教を活性化させるためであった。チベット仏教も、特に後世、その全体が密教的色彩を強くした。チベット仏教は「密教」と呼ばれる宗教形態が国家規模において幾世紀も続いた唯一のケースである。このことと、この一、二世紀における外的世界との政治的対応とは無関係ではない。密教的要素を強くしたことはチベットを「閉じられた」世界としたことの一因となったと思われる。さらに、チベット仏教が二〇世紀にあっても僧院中心主義を守り続けたこともチベットの体制が閉鎖的・保守的世界に留まり続けたことと無関係ではないであろう。

チベット動乱の後、チベットからは一五万以上のチベット人がインド・ネパール等に逃れたという。亡命した僧たちの多くがインド、欧米さらに日本においてチベット仏教の宣教にたずさわってきた。チベット仏教に関する英語やドイツ語で書かれた書物はすこぶる多い。それらの書物のうち、密教に関するものも少なくない。それはチベット仏教の密教的側面が欧米の人々にも意味あるものとして受けとられていることの一つの証左である。

二　チベット密教の成熟

チベットの歴史は次の四期に分けることができよう。

第一期……古代（五〜九世紀）
第二期……中世（一〇〜一五世紀前半）
第三期……近代（一五世紀後半〜一九五九年）

第四期……現代（一九五九年〜）

「古代」「中世」等の名称はここでは、チベットの歴史を理解するための目安であって、ヨーロッパ史における呼称と厳密に対応するわけではない。しかし、チベット仏教千数百年の歴史は世界史の動きと無関係ではない。かつてチベットのことを「陸の孤島」と表現したり、「外界から遮断された神秘と呪術の国」などといったりしたが、チベットの歴史は他民族との絶え間ない友好と抗争の歴史である。「外界から遮断された孤島」はむしろ日本であった。チベットでは七世紀中頃、ソンツェンガムポ王の治世に軍事的経済的力が蓄積され、その後の繁栄の基礎が築かれた。当時、唐は文成公主をこのチベット王に降嫁させて、新興国との友好関係を計った。それほどにチベットは超大国唐にとっても侮りがたい存在となっていたのである。

ソンツェンガムポ王（六五〇年没）、ティソン・デツェン王（七四二〜七九七年）などが活躍した七〜九世紀のヤルルン王朝の時代に、チベットはインドから実に積極的に、あるいは貪欲に仏教を導入した。チベットは、当時、仏教の存在のみを知っていたわけではない。ヒンドゥー教はむろんのこと、イスラム教、ネストリウス派のキリスト教、ゾロアスター教などにも接していた。チベットが当時軍事的に支配していた土地には、さまざまな宗教の信徒たちが生活していたからだ。だが、チベット王室は仏教を選んだ。

ソンツェンガムポ王の治世に仏教はチベットに徐々に導入されていった。チベット仏教の飛躍的な発展は特にティソン・デツェン王の時代に見られた。この王は当時のインド大乗仏教を代表する学者シャーンティラクシタを招いた。このインド人の仏教思想は伝統的な修行階梯を重視し、認識論・論理学の体系をその宗教実践の理論的基礎としていた。また、彼は当時台頭しつつあった密教には冷淡であった。

チベットに着いたシャーンティラクシタが出会ったのは、チベットの土着宗教の反目であった。彼の入蔵直後に疫病が流行したが、これが新しい宗教の導入のせいとされたこともあり、このインドの学匠は一時、中央チベットから逃れて、カトマンドゥ盆地西部にある町キールティプールに逃れて、次の機会を待ったと伝えられる。

再度の入蔵の機会が訪れたとき、シャーンティラクシタは、密教行者であり呪術者でもあったパドマサンバヴァ（蓮華生）を伴ってでかけた。あるいはチベットでおちあったともいわれる。この密教行者はポン教徒をはじめとするチベットの土着宗教の徒たちを圧してしまった。シャーンティラクシタはサムイェー僧院を建立し、ここではじめてチベット人の仏教僧が誕生したのであった。

パドマサンバヴァは入蔵後、数年を経ずして没してしまう。チベット王室は公式にはシャーンティラクシタの伝えた非密教（顕教）の仏教を自分たちの新興の国のイデオロギーと定めた。この後しばらくは密教経典の翻訳が禁じられたこともあった。ともあれチベットは八四一年のランダルマ王の破仏までの約半世紀の間に基本的なサンスクリット仏教文献をほとんどチベット語に訳し終えたのである。チベットの「古代」はこの破仏をもって終わる。伝統的には破仏までの仏教を「前伝期」と呼び、それまでの翻訳を「旧訳」という。先ほど述べたチベットの歴史の四つの時期でいえば第一期にあたる。

シャーンティラクシタという論理的・顕教的仏教徒と、パドマサンバヴァという呪術的・密教的仏教徒の両者が、仏教のチベット導入の当初から関係したことが、以後のチベット仏教の性格を決定した。この二人は対極的であるが基本的な仏教の二つの型を代表していた。チベット仏教では今日に至るまでこの相反する二つの側面の統一と反目が見られるのである。ランダルマ王の破仏から約一五〇年間、チベット仏教は空白時代を迎える。チベットにおける仏教復興は、一〇世紀後半から一一世紀にかけて西チベット（ラダック）の翻訳官リンチェンサンポ（九五八～一〇五五）などによって始められた。この翻訳官以後の仏教文献の翻訳を「新訳」といい、これ以後の仏教を「後伝期」の仏教という。中世（一〇～一五世紀）においてチベットはインドから導入した大乗仏教を中心に、哲学思想、天文学、医学、美術、工芸などをインドから吸収して、前伝期とは異なった文明をつくりあげた。

一〇四二年、インド人アティーシャ（九八二～一〇五四）が仏教の復興のためにチベットに招かれ、彼の弟子ドムトゥンがカダム派を開いた。アティーシャ自身は密教に反目していたわけではなかったが、弟子ドムトゥンの性格に負うところもあって、カダム派は顕教的色彩が濃かった。後にこの学派はツォンカパが創始したゲルク派に吸収された。

インド人の学僧が招かれる一方で、チベット人も新しい仏教の宗派を開いていった。マルパ（一〇一二～一〇九七／九六）はカギュ派を、コンチョクギェルポ（一〇三四～一一〇二）はサキャ派を開いた。マルパの弟子に有名な行者ミラレーパがおり、その弟子ガムポパがカギュ派の僧院組織をつくりあげた。少し遅れて一一世紀末には南インド出身のパタムパサンギェー（?～一一一七）がチベットを訪れ、シャーマニズムの要素をも含む特殊なヨーガを提唱するシチェ派を開いた。彼の弟子には女性行者ラプキドゥンマがいる。彼女はシャーマニズム的でしかも性的秘儀を伴う儀礼チューー（断）の本尊として神格化された。

これらの新興の諸派とは別に、ニンマ派（古派）の宗教運動がある。八世紀末に入蔵したパドマサンバヴァの伝えた密教は、その後、顕教系の仏教に抑えられているかに見えた。しかし、破仏以後も地方では土着的崇拝と結びつきながら生き残っていた。そうした密教的形態が一三、四世紀になると社会の表面に噴き出してきたのである。このようにパドマサンバヴァの伝統を守る者たちは一般にまとめて「ニンマ派」(古派)と呼ばれるが、一宗としてまとまった組織があるわけではない。この「古派」は、チベット仏教の「主流派」であるゲルク派と対峙しながら、今日に至っている。シャーンティラクシタの伝えた仏教とパドマサンバヴァの伝えた仏教は、チベット仏教の二大潮流となったのである。

三　血・骨・皮と性

カダム、カギュ、サキャ、シチェといった宗派が成立して成熟した時期が第二期であり、いわゆるチベットの中世である。この時期の仏教は密教的色彩がきわめて濃い。カギュ派やサキャ派の者たちは、九～一〇世紀頃にインドで成立した新しい密教経典である『勝楽(チャクラサンヴァラ)タントラ』や『呼金剛(ヘーヴァジュラ)タントラ』を重視した。これらのタントラ経典の主尊である勝楽尊や呼金剛尊は、血に満たされた頭蓋骨杯を持ち、肉切り包丁(カルトリ)を振り上げ、しばしば妃(プラジュニャー、智慧)を抱きつつ、血のしたたる象の生皮を背後に広げ持つ。この秘密仏のイメージは、頭を剃り、僧衣一枚の如来の姿からは遠く離れている。われわれはこのような姿の仏(秘密仏)に関しては、すでに第4章1節および3節において考察している。

秘密仏はチベット中世、さらにはそれ以後の時代におけるチベット密教パンテオンの代表である。このようなおどろおどろしいイメージは、チベットやネパールなどのチベット・ビルマ文化圏において初めて生まれたものではない。すでにインドの仏教大僧院においてサンスクリットのテキストの中で確立されていたものである。ではあるが、秘密仏たちはチベット仏教において「安住の地を見出した」かのようであり、今日に至るまで住み続けている。ヘーヴァジュラ等の秘密仏は、かつてはスリランカ、ジャワ、カンボジア、タイ、雲南にも伝えられたのであるが、それらの地では生き続けることはなかった。

チベットの中世の密教が特に深くかかわったのは、秘密仏のイメージからも窺うことができるように、血・骨・皮の儀礼と性の問題などであった。血や骨あるいは皮の儀礼は、仏教密教の占有ではなく、ヒンドゥー教にも見られる。血や骨の儀礼はヴェーダの宗教においては忌避されていたが、後世、密教的色彩の濃いヒンドゥー教において重視された。

頭蓋骨杯（カパーラ）を儀礼や食事に用いたりするカーパーリカ派についてはすでに述べたが（二九頁参照）、彼らはヒンドゥー教徒の中ではしばしば「タントリック」だと考えられている。コルカタのカーリー寺院、カトマンドゥのタレジュ寺院やダッキン・カーリー寺院などの密教系のヒンドゥー教寺院では、水牛や山羊の首からほとばしる血が、カーリー女神やタレジュ女神（ドゥルガーやチャームンダーと同一視される）の像にかけられる。これらの儀礼形態は「タントリック」であるとベンガルやネパールの人々は考えている。

しかし、血・骨・皮の儀礼をある宗教形態が有すれば、それは常にタントリズム（密教）であるというわけではない。元来、アーリヤ系のヴェーダの宗教自体がアーリヤ人たちによって征服された民族の崇拝形態をある程度含んだものであったが、その後に生まれたヒンドゥー教は、紀元一、三世紀からさらに新しく土着的崇拝を吸収したものである。ヒンドゥー教の一部が非アーリヤ的な土着崇拝形態を内に含みながら、紀元六、七世紀以降、タントリズム（密教）と今日われわれが呼んでいる形態へとつくりあげられていった。ヒンドゥー教の密教も仏教の密教もともに自然発生的なものではなく、知識人たちによって純化・昇華された結果なのである。

一つの例をあげよう。ヒンドゥー教はすでに紀元前において土着の男根（リンガ）崇拝を吸収していたと考えられる。シヴァの姿であるリンガと妃としてのヨーニ（女陰）とが結合したシンボル（リンガ・ヨーニ）は今日、インドやネパールのいたるところで見られる。リンガ・ヨーニは民間信仰のレヴェルにおいてのみではなく、巨大な神殿、たとえばエローラの第一六窟の本尊シヴァの姿としても祀られている。しかし、紀元一、二世紀の古い石窟にあるシヴァ・リンガもエローラ第一六窟のリンガ・ヨーニも「密教的である」（タントリック）とヒンドゥー教徒によっていわれることはない。

一方、ヒンドゥー・タントリズム（密教）では、リンガすなわちシヴァとヨーニすなわちシヴァの妃とは不二のものであると考えられている。さらに、この世界はシヴァとその妃とが合体した姿であると考えられる。すなわち、世界はリンガ・ヨーニに他ならないのである。さらに、タントリズムにおいては、非タントラ的形態においては見られなかったような性的実践および儀礼が見られる。

タントリズムの興隆は女神崇拝の台頭と平行している。というよりも、後者が前者の実質を物語っているといえよう。ヒンドゥーの男神の妃を意味する語「シャクティ」は元来、力つまり男神の力、エネルギーを意味した。男神の力として神話の中で成長を続けた女神（妃）たちは、やがて力の基体である男神たちの領分まで侵して、男神たちを文字通り骨抜きにしてしまった。女神たちはエネルギーのみではなく、エネルギーを蓄える一方で、放出する基体という性格をも兼ね備えるようになった。ちなみに、仏教における男尊の妃は一般に智慧（プラジュニャー）と呼ばれる。

ほとんどの民族の古代神話においては、女神あるいは母神は、ものを生み、育て、やがてものが帰っていく源であった。つまり、力というよりもむしろその基体であった。しかしながら、古代インドにあっては、「もろもろのものがそこから生まれ、生まれたものがそれによって生き、〔死んだとき〕そこに帰入していくもの」『タイッティリーヤ・ウパニシャッド』（三・一・一）は「ブラフマン」（梵）と呼ばれる中性原理であった。

ウパニシャッドの時代を過ぎ、ヒンドゥー教が成立した時代にあっても、紀元八、九世紀に女神崇拝が勢力を得るまでは、ものを生み育てる「母」の役は、ブラフマー、シヴァ、ヴィシュヌといった男神であった。だが、密教の興隆に伴って女神たちはますますその力を増大させ、男神たちの職能をも奪ってしまった。ときには、カーリー女神が夫シヴァを踏みつけて踊るように、男神たちの力をも凌ぐまでに至ったのである。

ある形態の中に性崇拝等が吸収された後であっても、その形態が純化（聖化）されない以前の形態は「タントリズム」と呼ばないほうが歴史的理解としても正しいと思われる。では、リンガ崇拝を吸収した初期のヒンドゥー教では、リンガ崇拝は「純化」されなかったのか、という疑問が生まれるであろう。もちろん、それは、一種の純化であり、正統派バラモンも受け入れるものであったといえよう。しかし、後世の性的実践を含んだ密教的「純化」あるいは展開は、少なくとも正統派バラモンたちは受け入れなかった。リンガ・ヨーニを「忌避すべき性崇拝の名残だ」といって拒否する正統派バラモンはほとんどいない。しかし、男神たちの力をも凌いだ女神たちのヨーニのシンボルの前で性的シンボリズムの濃厚な宗教実践をしようとする正統派バラモンたちもほとんどいないのである。

このように考えてくると、ある宗教形態が「タントリズム」（密教）と呼ばれるか否かは、血・骨・皮の儀礼、性的オルギーをも含む性崇拝、憑依などのエクスターゼが純化される局面、度合いなどによると思われる。ごくおおざっぱにいうならば、血・皮・骨などの日常において「不浄なるもの」と考えられているものが、「浄なるもの」の価値をもつまでに純化（聖化）される場合、その血・皮・骨の儀礼はすぐれて密教的である。また、世界が神と女神（妃）の合一した姿そのものであるというように、男性的原理と女性的原理の合一が宇宙論的規模で考えられるとき、その世界観は密教的であるといえよう。さらにその世界観がヨーガやシャーマニズムの身体技法の基礎理論となるとき、その技法は密教的色彩を帯びる。

チベットの密教を論ずるべき本章で長々とヒンドゥー教の密教について述べてきたが、それはチベットの密教を考える際、ヒンドゥー・タントリズムを念頭に置いたほうがより正確な理解が得られると考えたからである。そもそもチベットの第二期（一〇～一五世紀）はインドの密教文化を受け入れ、それを消化しようとした時代であった。当時のインド仏教密教はヒンドゥー教の影響を多く受けていたのである。

チベットの密教においては、すでに見たように、インド後期密教の伝統に従ってパンテオンの頂点に立つ秘密仏たちは血に満たされた頭蓋骨杯を持ち、象の生皮を背後に広げていた。日常においては「不浄のもの」である血・皮・骨は、「聖なるもの」としての秘密仏の一部となることによって「浄化」（聖化）されている。血・皮・骨のかたまりにすぎない人間の身体が、秘密仏の身体となることによって「浄化」されたと考えられているのである。秘密仏が持つ頭蓋骨杯の中の血は、今や悟りの智慧のシンボルとなった。

シヴァとその妃の、合体し不二となった姿がこの世界に他ならなかったように、仏教の密教（タントリズム）においてもこの世界は仏と妃（プラジュニャー、悟りの智慧）とが抱き合った姿であるという。勝楽尊、呼金剛尊、さらに後期密教を代表する『時輪（カーラチャクラ）タントラ』の時輪尊の姿はこの世界である。

それぞれの秘密仏の巨大な身体（世界）の中にさまざまな仏や菩薩が並んでいる。このような仏・菩薩たちと、彼らの住む宮殿やその宮殿が建てられている須弥山（メール山）との複合体が「マンダラ」と呼ばれる。またそれを立体に表現したものや平面に描いた図も「マンダラ」と呼ばれる。マンダラは密教の儀礼・実践のための補助手段ないし装置であり、密教以外では製作されたり使用されたりすることはない。

マンダラに表現された宇宙は個々の行者の身体と相同関係にあると密教は考える。マンダラをチャートとして行者はヨーガを行う。マンダラを前にして行われるヨーガはしばしばシャーマニズムにおける身体技法と多くの共通点を有する。密教は知的な理解よりも直接的に身体によって体得することを重視している。ヨーガの行法は行者の意識のみならず無意識にも作用する。シャーマニズムにおける憑依になる技法は、言葉による知的理解を絶ち切って、身体の生理学的メカニズムに直接作用しているようである。

仏と一体となる行法である観想法（成就法）も密教の中で精緻なものに仕上げられたが、シャーマニズムの身体技法がどこかの段階で取り入れられたように思われる。ちなみに、チベット・ビルマ文化域に憑依状態になるシャーマンが多いことはよく知られている。

おどろおどろしい秘密仏を崇拝し、マンダラを用いた儀礼を重視し、仏と一体となる行法を実修するといった密教的な宗教形態は、カギュ派、サキャ派、さらにはニンマ派において一般的であった。もっともカギュ派もサキャ派も僧院制度をとっており、僧たちのほとんどは戒律を守る顕教の比丘たちであったし、今もそうであることを忘れてはならない。

四　ゲルク派の精神主義

チベットは一五世紀後半から新しい歴史の中に入るのであるが、それまでは、チベット人たちは主として仏教と内政問題にかかわっていた。というよりは、一五、六世紀までに次の時代状況に備えて準備すべきであったのに、それができなかったと考える方が正しいかもしれない。チベットがインドで発達した密教を受け入れようとしていた一三世紀初頭には、イスラム世界、インド、モンゴルでは決定的な変化が起きていた。一二〇三年には仏教の大僧院ヴィクラマシーラがイスラム教徒によって亡ぼされている。

インド大乗仏教が亡びるとほとんど同時に、インドは長いイスラム教徒による支配の時代に入る。一方、一二〇七年にはチンギスハンはチベットの首長たちを降伏させた。この頃からすでにモンゴルの脅威は現実的なものとなっていた。モンゴルは一二一一〜一二一五年に金帝国を攻撃し、数年後には西夏王国を亡ぼしている。つまり、カギュやサキャなどの宗派が成立して一世紀ほどで、すでにチベットは非常に危険な状態に置かれていたことになる。

モンゴルはしかしチベットを亡ぼさなかった。それは、モンゴルがチベット人たちの文書作成能力と精緻な体系に仕上がっていた仏教システムを、自分たちの国のために役立てようと思ったからだと思われる。モンゴルのゴダンハンによって「捕囚の身」となったサキャ派の指導者サキャパンチェン（サキャパンディタ）は、「皆殺しになるのを避けるためにモンゴルに従ったほうがよい」とチベット人たちに手紙を書いている。

ともあれチベット人たちは知識人であったことが幸いして生き永らえることができた。モンゴルと結びついたサキャ派の勢力が衰えると、カギュ派の一派パクモトゥ派が権力を有するといったように、チベットはモンゴル（元朝）との友好関係を保ちながら、自国の中の抗争に終始した。

元朝が亡ぶ一〇年ほど前、青海湖の近くにツォンカパが生まれた。彼は一四〇九年にガンデン僧院を建立して、ゲルク派を開いた。チベットの近世（第三期）は、このゲルク派を中心とした時代である。ツォンカパの生涯と密教思想に関しては、あらためて本章7節「ツォンカパの生涯と宗教思想」において述べることにしたい。

ツォンカパの開いたゲルク派がダライ・ラマ政権を確立させて、神権政治を行いはじめるのは一六四二年のことである。ツォンカパの開宗から実に一世紀半後のことであった。それ以降、一九五九年までダライ・ラマは政治・経済・文化・宗教などチベットのほとんどあらゆる局面において中心的存在であった。数千の僧侶をかかえる巨大な僧院があちこちに存在した。ある時期には人口の一割近くが僧侶であったともいわれる。

チベットの僧院は、学校、軍、警察、裁判所、銀行、印刷所、病院、薬局、さらには劇場でもあった。ひとつの宗教がこれほどまでに世俗のすみずみにまで権力と権威をもった例は世界でも珍しい。ヒンドゥー教も結婚式などの人生儀礼、借金、遺産相続などの世俗のほとんどすべての局面でかかわってはいるが、チベットのダライ・ラマ政権のように、堅固な統一的組織をもった宗教的権力・権威が直接に軍事から死者供養にまでかかわるというようなことはなかった。このように、仏教はチベットのすべてであった。

ところで、チベット仏教は密教である、という場合の「密教」の意味を明確にしておく必要があろう。仏教密教は大乗仏教にのみ生じたのであって、いわゆるテーラヴァーダ仏教には呪術的要素が混在しているとしても、それは密教とは呼ばれない。次に、チベットの仏教の密教（仏教タントリズム）は、現実的には顕教（非密教）を土台にしてその「上に」密教が存するのであって、顕教という基礎のない密教は僧院を中心とする形態では考えられない。たとえば、ゲルク派の僧たちは全員がまず顕教を学習する。その学習が一応終了した段階で意欲があり、師が許せば次の段階としての密教の研修に進むのである。だが、密教の学習に進むのは僧の約一割にすぎない。したがって、密教に独特な行法である観想法（成就法）などはその一割程度の専門僧、しかも幾年かの予備的行を終えた僧にのみ許されたのである。

もちろん、顕教の修行僧や在家の参拝者たちが密教的パンテオンの図像や彫像に飾られた一堂に入って、供養や護摩などの儀礼に参列することはあった。それは、しかし、密教的装置の中で行われた集団的儀礼に参列している場合であって、自ら密教的行法を実施している場合とは区別されるべきであろう。密教はそのようにさまざまなかたちで専門僧（密教修行僧）、非専門僧および在家たちを自らのシステムの中に取り入れる。

カギュ派やサキャ派の僧院においてもほぼ同様であった。つまり、ゲルク派と比較するならば、より大きな比率の僧たちが密教の研修に進んだであろうが、基本的はカギュ派やサキャ派の僧院も、顕教の学習をし戒を守る僧たちによって支えられていたのである。

しかし、カギュ、サキャ、ニンマの宗派にあっては妻帯した密教僧が多くいたし、今もいる。彼らはなるほど比丘の守るべき戒律は守っていないにしても、他者に対する慈悲心、自分の所業の浄化など比丘が実践すべき徳目のほとんどを実践している。妻帯した密教行者は、性行為が悟りの智慧の獲得のためには障害とならないという立場に立っているのである。

ツォンカパ以降のチベット仏教は、密教を顕教よりも高い位に置いたが、それは選ばれた者たちが顕教の学習の後に研修すべきものであって、仏教の土台はやはり顕教にあるという前提に立ってきた。顕教がまず基礎にあるべきであるという考え方は、ツォンカパの確信でもあった。

一五世紀以降のチベットは、このような顕教を中心とした仏教を保持してきたのではあるが、チベットをとりまく世界の状況を見るとき、チベットは二、三世紀、周囲の世界より遅れていたのではないかと思われる。

たとえば、ヨーロッパは一四、五世紀まではキリスト教を中心とした文化を吸収していたが、それ以後はキリスト教をむしろ捨てる方向に動いている。ルネッサンスもフランス革命も産業革命も、中世のキリスト教世界から脱した後の結果であった。しかし、チベットは、ルネッサンスも産業革命もなく、一九世紀にイギリスが訪れたときにも国を開くことなく、二〇世紀の半ばにそれまでとはまったく異質な巨大な力に接しなければならなかった。それと向かい合う準備も力もなくてである。

チベット密教とは何か、という問いは、一九五九年の事件を考察の出発点とするとき、より明確な解答が得られるのではなかろうか。

注

（1）［Snellgrove & Richardson 1980：21］［スネルグローヴ、リチャードソン　一九九八、八］
（2）［川喜多　一九七七、一四］
（3）［高山　一九八三、チベットガイド（頁数なし）］

2 チベット仏教パンテオンと観想法

一 神々の組織

チベットの仏教には、他の地域における大乗仏教と同様、夥しい数の仏、菩薩、護法神などが登場する。僧衣を着て禅定に入った姿の如来の像は、歴史に登場したシャーキャ・ムニの姿を写している。宝冠を被った菩薩は仏になろうとする人間たちの姿の表現である。人間には似ていない姿のほとけたちも登場する。腕(臂)を四本以上もち、頭も三つ、四つ、あるいはそれ以上もつことがある。この異形のほとけたちは柔和な相を有する場合もあるが、恐ろしい姿に表されることが多い。上下左右に伸ばされたもろもろの手が、剣・弓・索・三叉戟などの武器や、血で満たされた頭蓋骨杯などを持つ多臂像は、普通の人間の姿から遠く離れている。血のしたたる巨象の生皮を背中にひろげ持ち、蛇を腕飾りとし、生首をつないで作った環を首からかけるといったほとけたちのイメージは、すでにインドにおいて成立していたが、チベット仏教においては特に重要なものとなった。

本書第4章1節においてわれわれは、「宗教」と一般に呼ばれる現象においては常に「聖なるもの」の存在が想定されているのを見た。その「聖なるもの」は『旧約聖書』における神ヤーウェのように唯一のものであることもあり、古代ギリシャにおけるように複数の場合もある。『旧約聖書』の神、古代ギリシャの神々、インドのヴィシュヌ教などではその「聖なるもの」は人格神であるが、古代ウパニシャッドが提唱する宇宙の根源「梵」（ブラフマン）は人格神ではない。

初期仏教におけるシャーキャ・ムニは仏教徒たちの礼拝の対象になっていた。アマラーヴァティーやバールフトの仏塔など紀元前の仏教遺跡に残る浮き彫りなどには人々が仏塔に花環などを捧げて供養しているのが見られる。この場合、ブッダは人々の死後の魂の救済を約束する「人格神」ではなかった。だが、インド浄土信仰における阿弥陀仏は人の死後の魂の救済を約束する「人格神」である。

ある宗教における「聖なるもの」の像（イメージ）がその聖典などに常に述べられるわけではない。たとえば、『旧約聖書』において神は「まさに存在するもの」なのであるが、その神がどのような姿・形をとるかについて詳しく述べられてはいない。少なくとも大乗仏教におけるようには、論じられなかった。後世、キリスト教神学において「神の像」が問題となったことはあったが、それは獣がもつことなく人間がもつ「理性」が神の像として取り上げられたのであって、神が人間あるいは他のものに似せて表現されるか否かの問題ではなかった。中世以降のヨーロッパにおいては天地創造の神が人間の姿で表現されることはあったが、ユダヤ教の伝統において今日も基本的には神の姿が図像に表現されることはない。少なくともユダヤ・キリスト教的伝統にあっては神自身がどのような姿――手が何本あり、頭がいくつあるかといったような――をしているか、は重要ではない。神を擬人的に表現することはむしろ戒められている。

古代インドのヴェーダ文献においては多くの神が登場する。英雄神インドラ、火の神アグニ、太陽神スーリヤなどが敵と戦い、人々に恵みを垂れるさまを述べる讃歌の中は、それらの神の姿あるいはイメージについても触れられており、ヴェーダの詩人たちが『旧約聖書』の編者たちよりは神々の姿やイメージを具体的に思い描いていたことを窺わせる。祭官たちは火神アグニそのものでもある火の中にバター油などの供物を投げ入れて天に住む神々を招いた。しかし、神々のイメージが図像に表現されることはなかった。インドにおいてヴェーダ祭式の伝統は今日も残っているが、その中で神々の彫像を用いないという伝統は受け継がれている。

古代ギリシャの神殿には、インドの場合と異なって、神々の彫像が置かれていた。つまり、ギリシャの場合には、神々は複数であり、人格を有し、そしてそのイメージは外的に、すなわち、彫像などに表現されていた。古代ギリシャではオリンピアにおける神ゼウスの神殿、バッサイにおける神アポロの神殿、エフェソスにおける女神アルテミスの神殿におけるように、神々はそれぞれの神殿において祀られていた。

「パンテオン」という語がある。これは元来、古代ローマの諸神を祀った神殿を意味し、この神殿は紀元前二七年に建設され、後に焼失し、再建されたという。その後「パンテオン」という語は、ある宗教の神々の組織体（神界）を指すことになった。本書においても一つの宗教における神界の意味でこの語を用いたいと思う。

インドのヒンドゥー教や仏教においても「神々の組織」（神界、パンテオン）を明確に指し示す言葉はない。本書において扱ってきた『完成せるヨーガの環』では仏・菩薩・女神・忿怒尊たちをまとめて指し示す言葉として神を意味する「デーヴァ」（deva）あるいは「デーヴァター」（devatā）が見られるのみである。もっともある宗教が興隆しており、神々の世界が成長し続けているときには、いわば神々を「閉じられた」組織の中に組み入れることはできないばかりかその必要もない。

紀元一、二世紀、大乗仏教の興隆期にあっては、新しい神々が生まれている時代であった。当時、初期大乗仏教のパンテオンが組織されたこともなく、その必要もなかったであろう。また同時期のヒンドゥー教にあっても、ヴィシュヌ教あるいはシヴァ教はそれぞれ成長しており、「ヴィシュヌ教のパンテオン」あるいは「シヴァ教のパンテオン」というようないわば鳥瞰図のようなものは存在しなかったと考えられる。だが、チベット仏教、特に一八、九世紀のチベット仏教にあっては、新しいほとけたちが新しく生まれることもなくなると、後に見るように、いくつかの尊像の図像集が作られた。つまり、パンテオンの組織が考えられていったのである。

ところで、ある宗教が神々の組織（パンテオン）を有するか否かと、その宗教がそれらの「聖なるもの」の姿を外的に、つまり造形作品として図像に表現するか否かは別のことである。パンテオンの存否と神々の造形作品の存否とは異なるものなのである。

二　仏教タントリズムの「神々」

仏教はその当初には「神」の存在を否定したが、後世、阿弥陀仏など、宗教一般の観点からすれば「神」と呼ぶことには問題のない存在を認めるようになった。むろん、このことは阿弥陀仏等がキリスト教の神と同じものであることを意味しない。「神」とは「神経」という単語からもうかがい知ることができるように、心の作用というほどの意味であって、キリスト教におけるような創造神を意味するようになったのは近年においてである。

チベット仏教のパンテオンの性格は、複雑である。チベット仏教に現れる夥しい数の「神々」には、仏や菩薩のみではなく、ヒンドゥー教の神々やチベット土着の神々も含まれており、パンテオンのメンバーを指し示す言葉としては「神」と呼ぶことができよう。というよりも、この語以外には適当な言葉が見つからないのである。「神」という語を用いるのはチベット仏教のパンテオンに対してのみではなく、仏教のパンテオンのメンバーに対しても用いることができるのはいうまでもない。「尊格」という言葉があり、本書においても用いている。しかし、この言葉はかなりの硬さがあり、一般にはまだなじみがない。

元来は「神」と呼ぶべき存在を認めなかった仏教が、人格を有し、しかも擬人的に表現された神々のパンテオンを有するようになったのは、どのような理由によるのか。この理由にこそ大乗仏教、さらには仏教タントリズムの重要な特質が潜んでいると思われる。チベット仏教にかぎらず、仏教、特に大乗仏教においては、「神」と呼ばざるを得ないような「聖なるもの」の図像が儀礼や実践において重要な役割を果たしてきた。

インドやチベットの仏教において「神々」のイメージや彫像は、ヒンドゥー教におけると同様、少なくとも二つの機能を有している。第一には、在家や一般の参拝者さらには僧たちの礼拝の対象（あるいは「聖なるもの」の視覚的シンボル）として働くこと、二つは、僧侶が「成就法」（サーダナ、本書第2章6節参照）を行う際の補助となることである。

第一の場合には、仏あるいは神は礼拝する者の眼前に礼拝の対象としてすでに与えられており、「俗なるもの」である人間と、「聖なるもの」である仏（あるいは神）との距離は縮められることはあっても埋められることはない。しかし、第二の場合には、人と「神」との距離は（a）接近せしめられるか、（b）無にされる。

第二の場合の（a）は、つまり、眼前に置かれた図像、あるいは行者の脳裏に刻まれたイメージはもはや、単なる図像やイメージであることをやめて、「神自身として眼前に立つ」場合である。この場合には、行者は眼前に見ようとする「神」の図像学的特徴に心を集中させ、ヨーガという行法に従いながら、対象の像を眼前に射影し、精神の力によってその映像を現実化するのである。この種の観想法はチベット語で「ドゥンケー」（〔神を〕近くに生ぜしめること）と呼ばれる。

（b）の場合は、チベット語で「ダクケー」（自らが〔神と〕なること）と呼ばれる。すなわち、「神」の像は「神」そのものとなり、次いで行者自身となってしまう。このようにして「聖なるもの」と「俗なるもの」との間の距離は無となるのである。

サンスクリットで書かれて、後にチベット語に訳され、『西蔵大乗経』に収められた成就法文献はかなりの数にのぼる。サンスクリットで書かれた観想法集としては『観想法の花環』（サーダナマーラー）が重要である。インドからもたらされた成就法はチベットにおいて発展せしめられ、今日、チベット人の手になる厖大な数の成就法文献が残されている。チベット仏教において夥しい数の「神々」の図像が伝えられているのは、成就法が重要視された結果であるといえよう。「精神的に産出する」つまり「観想する」ためには、神々の図像学的特徴を詳細かつ正確に覚えていなくてはならない。古代のバラモンたちが火の中にバター油や餅のかけらを注ぎつつ、天界から神々を招き呼んだように、インドの仏教タントリストたちは、護摩壇の火の中に油を注ぐ一方で、精神の中でも護摩の火を燃やし、精神的に神々を眼前に呼び出したのである。

現在残る文献の量から推測するならば、チベット仏教において、成就法はインドにおけるよりもより盛んに行われたと思われる。チベットが仏教を受容する際に、元来、土壌として有していたシャーマニズムや占いは、成就法を普及させる一原因となったのであろう。シャーマンたちの神降ろしが盛んに行われていた土壌に、ヨーガの行法によって内化された古代インドの儀礼主義が移植されたとき、チベットは仏教を生んだインドにおいてよりもいっそう鮮やかな神のイメージの世界をつくりえたのである。もちろん仏教徒たちは、表向きは神降ろしに対して否定的な態度をとったのであるが、仏教の密教行者たちがシャーマニズムの身体技法を自分たちの行法の中に取り入れようとしていたことは明らかだ。このような行法の実際に関しては本書第6章において扱いたい。

ここではそうした神降ろしと「聖なるもの」の図像との関係について一点のみ述べておきたい。神降ろしと「聖なるもの」の図像とは本質的には無関係である。神降ろしを行う人々が常に「降りてくる神」の明確な図像あるいはイメージを有しているわけではない。イメージがなくても「身体によって」神の降りたことを感じるのである。一方、仏教タントリズムにおける観想法にあっては「神」、すなわち、ほとけたちのクリヤーなイメージが不可欠である。チベット仏教において尊像集が数多く編纂されたのは、観想法の行者たちの手引きの意味もあったのであろう。

七世紀に中インド出身の阿地瞿多《あじくた》が漢訳あるいは編纂した『陀羅尼集経《だらにじっきょう》』（『大正蔵』九〇一番、六五三〜六五四年訳）はインドにおける仏教の「神々」（諸尊）を分類しようとした初期的な試みである。この書は陀羅尼を仏（第一〜二巻）、菩薩（第三〜六巻）、金剛すなわち明王（第七〜九巻）、天（第一〇〜一一巻）、その他（第一二巻）というように五種類に分類している。この書はいわゆる図像集ではないが、印の結び方、マンダラ壇の作り方、供養の仕方などとともに、それぞれの尊格の図像学的特徴を述べている。

『陀羅尼集経』に用いられた「仏・菩薩・明王・天」という分類の仕方は、近年の日本において一般に行われているものと同一である。[1] たとえば、『昭和新纂国訳大蔵経』（解説部第一巻、仏像解説、東方書院、一九三〇）にもこの分類法がとられており、佐和隆研編『仏像図典』（吉川弘文館、一九六二）でも（1）如来部、（2）観音部、（3）菩薩部、（4）明王部、（5）天部、（6）星宿部その他、（7）垂迹部、（8）羅漢および高僧部というようにほぼ同じ分類法がとられている。町田甲一『仏像―イコノグラフィ』（岩波書店、一九八三）においても仏教パンテオンの構成に関しては、「如来、菩薩、明王、諸天、羅漢、その他、祖師高僧像」というように分類がなされており、『仏像図典』における分類とほぼ一致する。この分類法は後に考察するように六、七世紀までの密教、つまり、前半期の密教における諸尊に関するものである。この分類法は、密教の後半期の尊格を中心とするチベット仏教のパンテオンの分類法とはいささか異なっている。

後世、インドにおいて仏教パンテオンの構造を総括的に見ようとする動きがあった。すでに述べたように、一一、一二世紀のアバヤーカラグプタは、もろもろのマンダラに登場する諸尊を述べた『完成せるヨーガの環』とマンダラの描き方や灌頂等の儀礼の解説書である『金剛の環』[2]（*Vajrāvalī*）を著した。先述の『観想法の花輪』も仏教パンテオンの図像学的資料として重要であり、この中の記述に一致する造型作品も残されてはいる。しかし、インド人の手になる仏教の諸尊の図像集は、今日、残されていないようである。

三　チベット仏教の図像集

後世、チベット人の手によって仏教パンテオンの図像資料がいくつか作られた。それらの中で、従来よく知られているものに『三百尊図像集』(sKu brnyen sum brgya pa) がある。これはチャンキャ・フトゥクトゥ(lCang skya Qutuktu) 二世ロルペードルジェ (Rol pa'i rdo rje 一七一七〜一七八六) の撰になるものであり、一葉に三尊ずつ横に尊格の図像が並べられており、裏側にはそれぞれの尊格の真言が書かれている。

一八九〇年、オイゲン・パンダー (Eugen Pander) はA・グリューンヴェーデル (Grünwedel) の協力を得てこの図像集を紹介した。パンダーの論文 ("Das Pantheon des Tschangtscha Hukuktu," *Veröffentlicungen aus dem Königen Museum fur Völkerkunde*, 1 (2/3), pp. 43~116) に収められた図像集は、中国の木版本をもとに描き起こしたもので、模写された絵は、原画の特徴を捉えてはいるが、西欧の画家の描いたものであった[3]。また、三〇〇の図像のうち約三分の二が収められているにすぎず、部分的には他の図像集からの図も使用されていた。とはいえ、この論考はチベット仏教のパンテオンを、図版とともに初めて本格的に西欧社会に紹介したものである。

一九〇三年、S・F・オルデンブルグ (Oldenburg) は、ロシア帝室学士院アジア博物館所蔵の、シリング・フォン・カンシュタット (Schling von Kanschtatt) 男爵の収集した『三百尊図像集』を『ビブリオテーカ・ブッディカ V』(*Bibliotheca Buddhica* 名著普及会復刊、一九七八) として複製出版した。ここに用いられた原画は一紙に三像が描かれ、各図の大きさは (キャプションを除いて) 横一二センチ、縦一二・五センチである。絵は西洋紙に墨書され、画家はブリヤート人か中国人らしい[4]。

一九六四年、ローケーシュ・チャンドラはこの『三百尊図像集』をそれぞれの「神」(尊格) の名称と共に二枚の大きな紙にまとめて出版した。ローケーシュ・チャンドラのこの版は、B・C・オルシャク (Olschack) の『古代チベットの神秘的美術』(*Mystic Art of Ancient Tibet*, 1987) の中にそれぞれの尊格の図像学的説明とともに再録された。

松長有慶氏はその著『マンダラ』（毎日新聞社、一九八一）の中でローケーシュ・チャンドラ複製の『三百尊図像集』を収め、その尊格の詳細な分類を、上述のオルシャクの著書と逸見梅栄『中国喇嘛教美術大観』（東京美術、一九七五）とを参照して、試みておられる。

一九三〇年代には『三百尊図像集』の木版がまだ残っており、木版本は北京市内において入手できた、といわれる。東京駒込の東洋文庫にも木版本が所蔵されている。オルデンブルグ本と北京木版本とは、約二〇点に関して持物・服装などの相違が見られるが、基本的には一致する。[5]

『三百尊図像集』と並んで重要な図像集は一般に『五百尊図像集』（sKu brnyan lnga brgya）あるいは『ナルタンの五百尊』（*Five Hundred Gods of Narthang*）と呼ばれるものである。満州皇帝ガクモン（bsNgags smon）の治世の一五年目、すなわち一八一〇年、管財人ロサン・コンチョク等がパンチェン・ラマ四世のテンペーニマ・チョクレーナムギェル（bsTan pa'i nyima phyogs las rnam rgyal）に灌頂を授けてもらうように依頼した際に、この『五百尊図像集』が開版されたのである。この図像集は三部、すなわち、パンチェン・ラマ四世の観想法集『リンヘン』（Rin lhan）に従って描かれた図像集『リンジュン』（Rin 'byung 一四一葉、四四場面）、『ナルタン』（sNar thang あるいは sNal thang brgya rtsa）と呼ばれる小さな図像集（一三葉、三四場面）、および『ドルテン』（rDor phreng 二〇葉、五一場面）から成り立っている。第三のものは、先述のアバヤーカラグプタ著『金剛の環』に述べられる諸マンダラの中尊を描いたものである。

一九五六年、ローケーシュ・チャンドラの父ラグ・ヴィーラ（Raghu Vira）はウランバートルのある僧から『五百尊図像集』を入手した。一九六四年、ローケーシュ・チャンドラは『新チベット－モンゴル・パンテオン』(*A New Tibeto-Mongol Pantheon: Śata-Piṭaka Series* Vol. 22 (9)) として『五百尊図像集』を新しく描き起こしたものを出版した。ラグ・ヴィーラが入手した図像集は木版本であったと考えられる。またローケーシュ・チャンドラが出版した図像集は『仏教図像学』(*Buddhist Iconography*, 2 vols., Aditya Prakashan, New Delhi, 1987) に再録された。

ハンブルグ大学インド文化および歴史研究所には『五百尊図像集』の木版本が所蔵されている。この木版本の内容は図像学的にはローケーシュ・チャンドラにより出版された手書き本とほぼ一致する。パンダーの例の論文に収められている羅漢の図 (Nos. 193~210) は、『三百尊図像集』からではなく、『五百尊図像集』(R5b-R11a) 木版本から採用されたものであった。また一九〇〇年にA・グリューンヴェーデルが出版した『チベットとモンゴルにおける仏教の神話』(*Mythologie des Buddhismus in Tibet und der Mongolei*, Leipzig, 1900) の中にも『五百尊図像集』の最初の部分である『リンジュン』第一六葉が掲載されている。グリューンヴェーデル本の画像は木版本のリプリントではないが、明らかに木版本の画像をトレースしたものである。このように『五百尊図像集』は一九世紀末のヨーロッパにおいては専門家の間に知られていた。

『五百尊図像集』は幾種類かの複製が出版されている。ローケーシュ・チャンドラの『仏教図像学』(Vol. 2, pp. 205~378) に手書き本が再録されている。M. Tachikawa, M. Mori, and S. Yamaguchi, *Five Hundred Buddhist Deities*, Adroit Publishers, 2000 は、先述のハンブルグ大学所蔵の木版本を基本にして欠けていた部分をLibrary of Tibetan Works and Archives 所蔵のもので補って複製したものである。また、M. Wilson and M. Brauen (ed.), *Deities of Tibetan Buddhism*, Wisdom Publication, Boston, 2000 はテューリッヒ大学蔵のカラー版の『五百尊図像集』の複製である。二〇一一年にはこのカラー版『五百尊図像集』が『五百佛像集』

（中国蔵学出版社、北京）として復刊されている。

一九三七年、E・クラーク（Clark）は『二つのラマ教パンテオン』（*Two Lamaistic Pantheons*, Harvard University, 1937）の中に、チベット仏教の二つの図像学的資料、すなわち『諸尊諸菩薩聖像賛』と北京紫禁城内にある宝相楼仏像群の写真を掲載した。また彼はこの書の中に、かの二資料と『三百六十尊図像集』『五百尊図像集』を合わせた四資料に含まれる尊像名の索引を含めた。もっとも、この書に収められた仏像群は宝相楼仏像群の全体ではなく、未収録の仏像が今日、紫禁城の宝相楼に残っている。[6] とはいえ、このクラークの業績によって、チベット仏教図像学の基礎が固められたのである。二〇〇九年、北京の故宮博物院（紫禁城）にある梵華楼所蔵の仏像・仏塔・壁画などを収録した『梵華楼』（一～四巻）（王家鵬主編、故宮博物院、紫禁城出版社）が出版された。

クラークの書で扱われた四つの図像集の他に、『賢劫千仏名経挿図図像』『八千頌般若経挿図図像』および『蒙古語版カンギュル挿図図像』の三点が重要な図像資料として残されている。この三資料集は、先述のローケーシュ・チャンドラ編『仏教図像学』（一九六四年）に、『三百尊図像集』および『五百尊図像集』と共に再録されている。

『三百六十尊図像集』に関しても、いくつかの複製が出版されている。すなわち、M. Tachikawa, M. Mori, and S. Yamaguchi, *Three Hundred & Sixty Buddhist Deities*, Adroit Publishers, 2001; Lokesh Chandra and F. W. Bunce, *The Tibetan Iconography of Buddhas, Bodhisattvas and other Deities-Unique Pantheon*, D. K. Printworld, New Delhi, 2002; 羅文華『諸佛菩薩聖像賛』（中国蔵学出版社、二〇〇八）がある。

四　チベット仏教の「神々」の分類

以上に述べたもろもろのチベット仏教図像集においては「神々」あるいは尊格の分類がなされている。『三百尊図像集』の序文には「仏、菩薩、聲聞、縁覚、忿怒尊、空行母、護法神、夜叉」という尊格の「分類キャテゴリー」が挙げられている。実際には『三百尊図像集』に収められる尊格は、これらの分類キャテゴリーのみでは分類できないほど多岐にわたっている。パンダーはかの論文の中で『三百尊図像集』の内容構成に従いながら、チベット仏教のパンテオンを（1）師、（2）守護尊（yi dam）、（3）仏、（4）菩薩、（5）空行母（mkha' 'gro ma）、（6）護法神（chos skyong）、（7）シャーマニズムあるいはブラーフマニズム起源の神々、（8）家、樹木、大地、水、火などの神、および四天王の八つのキャテゴリーに分けている。この分類法と『陀羅尼集経』のそれとを比較するならば、前者では、師と守護尊が仏の前に置かれていること、「空行母」と呼ばれる女神たちが一つの分類キャテゴリーとして設けられていること、さらにシャーマニズム起源の神などのキャテゴリーも追加されていることなどが注目される。

チベット仏教では師（ラマ）の重要性が強調される。師は仏の具現であり、仏への尊崇は師への尊崇に他ならない。守護尊（iṣṭadevatā 念持仏）とは各々が常に祈念するべく選ばれた特定の尊格をいう。インド以来の伝統ではあるが、後期仏教タントリズムおよびチベット仏教においては特に守護尊の機能は重要なものとなった。アティーシャの守護尊がターラー女神であり、ツォンカパの守護尊が文殊であったことはよく知られている。したがって、守護尊というキャテゴリーは他の諸キャテゴリーと複集合的ではない。にもかかわらず、守護尊が一つの独立のキャテゴリーとして立てられているのは、後で考察するように、守護尊は多くの場合、恐ろしい形相の「秘密仏」であり、伝統的・顕教的な仏と区別したためであろう。

グリューンヴェーデルは『仏教の神話』の中でチベット仏教のパンテオンを（1）守護尊、（2）仏、（3）菩薩、（4）女神、（5）護法神（忿怒尊）、（6）土着的神の六キャテゴリーに分類している。パンダーの分類法と同様、守護尊が第一のキャテゴリーとして置かれていることが注目される。

一方、守護尊を第一のキャテゴリーとして立てず、菩薩の後のキャテゴリーとして立てる分類の仕方も行われており、今日ではその方が一般的である。たとえば、A・K・ゴードン（Gordon）の『チベット喇嘛教の図像学』（*The Iconography of Tibetan Lamaism*, revised ed. 1978）では細かな分類項目が立てられているが、全体としては、仏・菩薩・女神・守護尊・護法神（忿怒尊）・群小神・成就者という分類がなされている。

松長有慶氏の『マンダラ』では、（1）仏〈A＝伝統的な仏、B＝密教の仏〉、（2）菩薩〈A＝男尊、B＝女尊〉、（3）守護尊、（4）護法尊、（5）その他、（6）祖師〈A＝祖師、B＝成就者〉という分類がなされている。頼富本宏氏の「ラマ教の美術」『チベット密教の研究』（種智院大学インド・チベット研究会編、永田文昌堂、一九八二）では、（1）仏・如来、（2）菩薩、（3）守護尊、（4）護法神、（5）女神、（6）雑尊、（7）祖師という分類がなされている。これらの分類においては、守護尊が仏・如来とは同次元のものとして捉えられておらず、むしろ護法神などに近いものとして考えられているように思われる。

仏教タントリズムのパンテオンに含まれる尊格を複集合的に分類できるようなキャテゴリーを立てることはほとんど不可能である。つまり、部分的には領域が重なったり、「その他」というようなキャテゴリーを立てたりすることは避けられない。とはいえ、分類のためのキャテゴリーを立てるときには、その諸キャテゴリーが依って立つ「軸」がなくてはならない。パンダーの分類は、修行しつつあるチベットの僧にとっての「聖性の度」の高低に従ったものであった。グリューンヴェーデルの分類においては、「神々」と「人間である師」とが分けられているが、チベット仏教における守護尊の重要性あるいは「聖性の度」を考慮して、守護尊を第一のキャテゴリーとして立てたと考えられる。

「守護尊」（イダム）とチベット仏教において呼ばれている尊格のほとんどすべてがインドで生まれた尊格であるゆえに、「守護尊」をどのようなものと考えるのか、パンテオンのどこに位置させるかは、チベット仏教のみの問題ではなく、インド・ネパール密教のパンテオンの問題でもある。もっともネパールの仏教においては、タントラの最終発展の段階である無上ヨーガ・タントラがチベットにおけるほど流布しなかったため、守護尊とされる尊格の種類はそれほど多くはないが、「聖性の度」は極めて高い。カトマンドゥ盆地の仏教寺院では守護尊の像は一般に「アゴン」――「アーガマ」（伝統的教説）に由来する――と呼ばれる秘密の儀礼場に置かれてあり、外部のものは見ることができない。

後期仏教タントリズムのもう一つの問題点は女神である。インド大陸においては七世紀頃から女神崇拝が盛んになり、インド大乗仏教のマンダラが整備された一〇世紀頃以降には女神の勢力は無視できないものとなっていた。ヒンドゥー教の女神たちは従来、活躍していた男神たちの「妃」と考えられ、「力」（シャクティ）と呼ばれるようになった。

後期仏教タントリズムのパンテオンには実にさまざまな女神が組みこまれている。仏の「妃」としての高い地位を獲得したもの、パンテオンの周縁にあって一般的には知られていないもの、ヒンドゥー教の女神だったものが仏教に取り入れられたために仏教パンテオンの中核には位置しないものなどが見られる。男尊が菩薩、護法神、その他と分類されるのならば、女神たちも守護尊、仏の妃、護法神的性格を有する女神、天体の神格化としての女神というように分類することは可能であろう。しかし、歴史的にはインドやチベットではそのような女神に関する分類キャテゴリーは発達しなかった。ともかくも守護尊および女神を「仏・菩薩・護法尊・その他」という歴史的分類モデルの中にどのように位置づけるのかということが、後期仏教タントリズムやチベット仏教のパンテオンの問題点であろう。

五　チベット仏教のパンテオン（神界）

以下において『五百尊図像集』を素材としながら、チベット仏教のパンテオンを紹介したい。(7)「神々」（尊格）の分類は『陀羅尼集経』における分類のように「守護尊」というキャテゴリーを用いるのではない仕方で行ってみたい。つまり、仏を顕教的な仏と密教的な仏（秘密仏）に分けるのである。チベット仏教において「守護尊」（イダム）と呼ばれていたほとけたちのほとんどは「密教的な仏」の中に分類することができよう。一方、女神の「聖性の度」は非常に高くなることがあり、仏の妃となり、菩薩などの「子孫」を生むと考えられるので、ここでは仏と菩薩の近くに置くことにした。

チベットの仏教の神々あるいは仏教パンテオン（神界）は以下のように分類できよう。以下はチベット仏教の神々の分類ではあるが、最後の「祖師」のキャテゴリーを除けば、仏教パンテオン一般に通じる分類である。拙著『曼荼羅の神々』（ありな書房、一九八七b）におけるネワール仏教のパンテオンの分類も基本的には以下と同じものである。

1 仏…シャーキャ・ムニ（図版①）、薬師（②）、五仏（大日・阿閦・宝生・阿弥陀〔無量寿③、④〕・不空成就）、本初仏《ほんじょぶつ》（金剛薩埵《こんごうさった》⑤、持金剛《じこんごう》）等

2 秘密仏…秘密集会《ひみつしゅえ》（⑥）、勝楽（⑦）、呼金剛（⑧）、大幻、ヴァジュラバイラヴァ等

3 菩薩…観自在（⑨、⑩）、文殊（⑪）、地蔵（⑫）、金剛手（⑬）、虚空蔵、弥勒、普賢、除蓋障《じょがいしょう》等

4 女神…般若（⑭）、ターラー（⑮）、弁天（⑯）、マーリーチー（⑰）、仏頂尊勝《ぶっちょうそんしょう》、金剛ダーキニー（⑱）、ドゥーママティー（⑲）等

5 護法神…マハーカーラ（⑳、㉑）、不動（㉒）、馬頭（㉓）等

6 その他…ヤマ（㉔）、四天王（増長《ぞうじょう》天・持国《じこく》天・広目《こうもく》天・多聞《たもん》天㉕）、金翅鳥《こんじちょう》（㉖）、墓場の王（㉗）等

7 祖師…インドの祖師、チベットの祖師、十八羅漢《らかん》（バドラ㉘等）等

もっとも「秘密仏」という概念はチベット仏教では用いられてこなかったことは事実であり、「イダム」（守護尊、念持仏）という言葉がチベット仏教において用いられてきたことは確かである。

インダス文明を作りあげた人々は明らかに「聖なるもの」の彫像を有していた。その後にインドに侵入したアーリア人たちは、パンテオンを有してはいたが、人間に似た「聖なる」神々の彫像は作られなかった。儀礼の壇も必要に応じて作り、儀礼が終われば打ち捨てられるか、取り壊された。煉瓦を焼くところから始められた大規模な煉瓦製の祭壇も、儀礼が終われば打ち捨てられた。その祭壇が「聖なる」場所あるいは霊場となるようなことはなかったのである。

『五百尊図像集』からの尊像〔略号　R：リンジュン、N：ナルタン、D：ドルテン〕

②薬師如来　R13b

①カダム派に伝えられる釈迦　R12c

④バリ翻訳官の伝えた無量寿　R63c

③変化身としての無量寿　R63b

⑥秘密集会　R17b

⑤金剛薩埵　D9b

⑦白色の勝楽　R22b

⑧呼金剛　D5b

⑨四臂観自在　N5c

⑩十一面観自在（観音）　N5b

⑪サキャ派流の黄赤色の文殊　R65c

⑫地蔵菩薩　R86a

⑭仏母般若　N11b

⑬サキャ派流の金剛手　R55b

⑯白色の弁天　R2b

⑮緑色の女神ターラー　N7a

⑱金剛ダーキニー（空行母）　R29c

⑰女神マーリーチー　N4a

⑳タクポ流のマハーカーラ　R128c

⑲シュリーデーヴィー・ドゥーマ マティー
R134a

㉒青色の不動　N5a

㉑牡のチャマラ鹿の面をしたマハーカーラ
R130b

㉔黒色のヤマ（閻魔）　R139a

㉓カシュミールパンディタ流の馬頭　R60b

㉖雑色の金翅鳥　R79a

㉕多聞天　R12b

㉘十八羅漢の一人バドラ　R7a

㉗墓場の主（チティパティ）　R138b

一方、仏教では多くの「聖なるもの」の造形作品が生まれ、重要な機能を果たしたが、初期仏教ではその機能はさほど大きなものではなかった。仏教の開祖シャーキャ・ムニは、紀元一世紀頃までは人の姿をした彫像に表現されることはなく、樹木、座、塔、法輪などがシンボルとして用いられたにすぎない。また、シャーキャ・ムニが人間の姿で表現されて以来、今日まで、その簡素な姿はおどろくほど変化していない。髪飾りや首飾りをつけることもなく、出家者の姿をとどめている。このことは、仏教の伝播したほとんどの地域においていえることであり、徐々に飾りを多くしていく他の如来や菩薩たちと較べ、人間の世界における「出家者としての禁欲」をしのばせる。

図版①は、禅定を妨げる悪魔を打ち負かし、悟りを得たことを意味する「大地に手を触れる姿」(触地印)をとったシャーキャ・ムニを示している。この他にシャーキャ・ムニは、菩提樹の下での禅定を表す定印、悟りの「法の輪」を回転させようとする転法輪印、人々の願いを叶えようとする与願印などを結ぶ(本書一六二頁参照)。一般に彫像に彫られたシャーキャ・ムニは、たとえば、ヒンドゥー教のシヴァ神の像にしばしば見られるような激しい動きをすることはない。

古い伝統を受け継ぐ顕教的な仏としては、シャーキャ・ムニの次に、東方浄土の瑠璃光世界に住む薬師②があげられる。この仏は衆生に対し現世利益を司るといわれる。多くの場合、シャーキャ・ムニに近い姿で表され、後世の秘密仏たちのように飾りをつけることはない。薬壺、持鉢、あるいは薬草を持つが、シンボルとしての手・指の形(印相《いんぞう》)はシャーキャ・ムニのそれと同じである。薬師は顕教の仏としては呪術的性格の強い仏ではあるが、主に庶民の崇拝を集めた仏であって、宗教エリートの実践補助という性格を有するマンダラではあまり活躍することがなかった。日本に伝わる胎蔵および金剛界の両マンダラにも薬師は表れない。だが、この仏は、インド・西域・チベット・中国においてと同様、日本においても特に民衆の間で盛んに尊崇された。

大乗仏教の時代のインドで、人々はシャーキャ・ムニに対するイメージを変化、発展させ、幾多の仏を「生んだ」。その仏たちの中で最もよく知られたものは、西方浄土に住む阿弥陀仏であろう。歴史においては肉体をもって現れたシャーキャ・ムニとは異なって、「歴史における肉体」から自由になった阿弥陀仏は、衆生を救うために形をとって世界に出現した仏（応身《おうじん》）、あるいは「〔過去における修行の結果の報いを〕享受する身体を有する仏」（sambhogakāya）として出現した仏（報身《ほうじん》）として表現されるようになった。仏の造形の歴史は、人間の姿のブッダがどのように人間の姿を離れて「非現実な」（あるいは超人的な）姿をとるにいたるか、という観点から見ることができるが、阿弥陀仏の出現はシャーキャ・ムニのイメージの「神話化」（あるいは「超人化」）への一歩であったといえよう。

しかしながら、阿弥陀仏の出現がそれまでの、つまり、初期仏教のブッダの「神話化」あるいは「超人化」という観点からのみ説明できるとは考えられない。初期仏教のシャーキャ・ムニの職能と阿弥陀仏のそれとの間には決定的な違いが存すると思われる。阿弥陀の名前を呼ぶこと、あるいは阿弥陀に己のすべてを託すというような信仰のあり方は初期仏教においては見られなかったものである。このような浄土信仰がインド、おそらくは西北インドにおいて起きたのは紀元一、二世紀のことと思われるが、当時形成されつつあった初期ヒンドゥー教においても「神への献信」（バクティ）が生まれたのは仏教の浄土信仰の誕生とほぼ同時代であった。

ヒンドゥー教においてバクティ運動が初めてはっきりとしたかたちをとったのは、聖典『バガヴァッド・

ギーター』においてであった。この聖典の原形は、紀元前に遡るであろうが、現在の形の成立は約二世紀頃といわれる。仏教の浄土信仰もヒンドゥー教のバクティ崇拝も、おそらくは西アジアのミトラ教、ゾロアスター教あるいはごく初期のキリスト教の影響を受けたと考えられる。個々人の死後の魂の救済、光の概念の重要視、ヨーガなどの訓練によるのではなく神を信ずることの提唱などは、西アジアの宗教文化の影響を想定しなければ、考えられないことである。また地理的にも時期的にも西アジア文化の影響を考えることは十分に可能である。阿弥陀仏が「無量光」と「無量寿」という二つの名称をもち続けたことは、西アジアからの影響と関係があるかもしれない。

阿閦・宝生・阿弥陀・不空成就という四仏の名は、四世紀には知られていた。これらの四仏が四方に配され、中央にシャーキャ・ムニが据えられて、マンダラの基本構造ができあがったのは、六世紀頃と考えられる。中央のシャーキャ・ムニは、七世紀には飾られた大日如来に置きかえられ、胎蔵マンダラの基本構造が完成した。大日如来はほとんどの場合、華麗に荘厳された姿で表現されており、真如そのものの姿をとった仏（法身《ほっしん》）と呼ばれた。七世紀という時期は、インド仏教が急速に密教化しはじめる時期であった。

阿弥陀はチベットでは、伝統的な仏としての無量寿（③）と密教仏としての無量光との二種の仏として受け取られるのが一般的であったが、バリ翻訳官が伝えた無量寿（④）は髪飾り、首飾り、天衣をつけており、③までの仏よりは後に述べる菩薩のグループに近い姿で表されている。ちなみに、チベット仏教においては、中国や日本におけるような浄土信仰は育たなかった。チベット仏教における阿弥陀仏はマンダラに登場する諸仏の一メンバーであり、人々を浄土で待つ阿弥陀仏ではない。

五仏の中心が大日から阿閦に移り、その後、かの五仏を総括する根源的な神格として本初仏が生まれた。

金剛薩埵はその一例である。⑤に見られるように、菩薩に似た姿をとるが、しばしば女神を抱く。このように仏のイメージは、出家の姿のシャーキャ・ムニから女神を抱く菩薩の姿の仏へという方向をたどっていた。シャーキャ・ムニのイメージは世俗的な要素を強めていったのである。

後期密教では、宝冠や胸飾りによって荘厳された女神（妃）を抱く仏たちが数多く登場するようになった。五仏を中心とするマンダラを組織的に説いた密教経典のうち、初期の作品である『秘密集会タントラ』の仏は、一般に⑥のように座って女神を抱く姿で表される。この仏のイメージからは、しかし、後世の密教経典で一般的になるような血・骨の儀礼の要素を窺うことはできない。

『秘密集会タントラ』に少し遅れて成立した『勝楽タントラ』に説かれる勝楽尊は、一般に血のしたたる多くの生首の環を自分の首にかけながら女神を抱く。しかし、この⑦の勝楽尊は「白色」であり忿怒相をとっておらず、それほどおどろおどろしくはない。しかし、他の種類の、たとえば青黒の身体を有する勝楽尊は、青色の身体、象の生皮、ドクロ棒、血に満たされた頭蓋骨杯、虎皮の腰巻き、首にまきつく蛇、三叉戟、切り取られたブラフマンの生首などを持つ。これらは明らかに本書第4章3節で述べたように、ヒンドゥーの神シヴァの特徴である。同様にして、『呼金剛タントラ』に説かれる呼金剛は、⑧に見られるように、虎皮をまとい、手に三叉戟を持っている。これらの勝楽・呼金剛などはヘールカとも呼ばれることはすでに本書第4章1節において見た。守護尊としてのヘールカはときとして、かつての主シヴァを足の下に踏みつけている。秘密集会・勝楽・呼金剛などのヘールカは守護尊、すなわち「僧たちが自分の念持仏として選んだ仏」であり、いわば身近な仏たちである。これらの恐ろしげな仏は、インドにおいてすでに力を得てはいたが、チベットに入ってますます広く尊崇されるようになった。「チベット仏教のパンテオン」の「戦慄すべき秘儀」(R・オットー)の魅力は、その多くをこれらの守護尊に負っている。

菩薩の代表は観自在であろう。この菩薩は、『法華経』「普門品」にいうように、「あらゆる方角に顔を向け」ており、さまざまに姿を変えて衆生を救うのである。その図像も実に多様、複雑である。四臂の坐像⑼はよく知られており、十一面の像⑽もしばしば見かけられる。『五百尊図像集』には、一七種類の観自在の図が収められている。

文殊⑾もまた観自在と同じように有名な菩薩であるが、観自在ほどは姿を変えない。手には智を象徴する木と煩悩を断ち切る剣を持っている。

地蔵⑿は、日本では髪をおろした僧形に表されることが多いが、ネパール、チベット、中央アジアでは一般に飾りをつけた菩薩の姿で表現される。日本に伝わる胎蔵マンダラには、髪を結った地蔵菩薩が現れる。金剛手尊つまり「手に金剛を持つ者」は、しばしば忿怒尊の姿で表される。たとえば、⒀は髪を逆立て、口を開き、腹を突き出した金剛手尊を示しているが、『三百尊図像集』九〇に見られるように、ときとして、花などを持った柔和な姿の菩薩として表される。「ヴァジュラパーニ」(金剛を手にする菩薩、執金剛)はすでにガンダーラの浮彫などに現れ、古参の菩薩であるが、このような恐ろしげな姿をとる金剛手尊は、観自在や文殊に較べて後に出現した菩薩である。

ヴェーダの宗教において女神の地位は低く、部派仏教の時代にあっても女神の活躍はほとんど見られない。大乗仏教の時代となると、般若すなわち「智慧の完成」⒁が女性の神格として崇拝されるようになり、中国あるいは中央アジア起源と思われる女神ターラー⒂も人々を救う女神として出現した。一方、この時代まで生き残った古代ヴェーダの女神たちも、仏教パンテオンの中に組み入れられていった。たとえば、日本では弁天として知られている芸能の神サラスヴァティーも、着飾った柔和な姿で描かれた⑯。女神マーリーチー⑰は、日本では摩利支天《まりしてん》として崇拝されているが、チベットにおいてよく知られた女神である。猪に車を牽かせたマーリーチーは太陽神としての職能を有しており、馬車を駆る太陽神スーリヤを思い起こさせる。ちなみに、猪（ヴァラーハ）はヴィシュヌの一化身でもあるが、太陽のエネルギーのシンボルである。他にもさまざまな女神が登場するが、ローチャナー（仏眼母《ぶつげんも》）、マーマキー（我母《がも》）、パーンダラー（白衣明妃《びゃくえみょうひ》）たちは五仏の妃となった。

密教は自分たちの守護神のイメージを作り上げるに際して、ヒンドゥー教の神シヴァをモデルにしたが、空行母《くうぎょうも》（ダーキニー）のイメージもまたヒンドゥー教あるいはベンガル地方の土着崇拝より導入したものと考えられる。空行母は元来、ベンガル地方の女神カーリーの侍女であったともいわれる。後世、カーリーがシヴァの妻となったため、「空中を飛ぶ超能力者」ダーキニーもシヴァの従者となった。彼女は、血に満たされた頭蓋骨杯を持って、髪を逆立てて踊りながら、空を駆ける⑱。ダーキニーを代表とする少数の女神は、「恐ろしき神々」に仲間入りしている。ヒンドゥー教の女神ラクシュミー崇拝の一つの流れはチベットにおいて土着の女神崇拝と結びつき、恐ろしい形相の女神ラモ（lha mo）の一群を生んだ。図⑲はラモの一種ドゥーママティーである。

敵を打ち負かし、仏や法を守る神々は、敵よりも恐ろしい形相をしていなければならない。すでに述べたダーキニーも護法神としての職能を有しているが、インド仏教のパンテオンで、すでに数多くの護法神が活躍していた。マハーカーラ（大黒）は、ヒンドゥイズムにおける死神であり、破壊の神シヴァの一つの姿でもあった。チベットではマハーカーラはゴンポ（mgon po）と呼ばれ、実にさまざまな姿に表現されるが、図⑳に見られるように、馬に乗る姿で表されることもしばしばである。この描き方は、チベット土着の神々の描き方と共通するものである。勝楽（チャクラサンヴァラ）などのヘールカが、やはりシヴァをそのイメージのモデルとはしているが、馬に乗った姿で描かれることはない。チベットではゴンポは土着の要素を多分に吸収した護法神となった。㉑のゴンポも馬に乗るが、その馬の下の三角形のものは、チベット土着の神々の図像にしばしば現れている。

不動㉒も代表的な護法神であるが、チベットでは日本におけるほどの重要性はもたなかったようだ。頭上に馬の頭を有する護法神「馬頭」㉓もゴンポや不動と同様に恐ろしい姿で表される。シヴァからイメージを借りて自分たちの神のイメージを作った仏教徒は、自分たちの神々がシヴァよりも勝れている、と主張せねばならなかった。ある伝承は、巨大なペニスをもつ馬という陽性の動物の性格を有する馬頭は、シヴァの肛門をその男根で貫き、降参させたという。

両足を鎖で縛られた姿で横向きに馬に乗る先述の女神ラモも恐ろしい形相で法を守る。彼女は馬の背に人皮を敷いて乗るが、その馬の下は血の海である。一方、すでに『リグ・ヴェーダ』に現れる死者の王ヤマも「仏教によって調伏されて」護法神として働く。ヤマは裸身で水牛に乗ることが多いが、㉔では馬に乗り、衣を着ている。世界四方を守る四天王もインドで古くから護法神としての職能を有していたが、チベットにおいてもよく知られている。多聞天の鎧《よろい》に身を固めた姿㉕は、中央アジア、中国の四天王を思わせる。このほか、中央アジアあるいはモンゴルに起源を有する神も護法神となった。そのような神々の中にペクツェがある。(8)

インドの地に生まれたが、仏教の伝播した地域ならば必ずといってよいほど姿を見せる鳥は、怪鳥ガルダ

（金翅鳥㉖）である。この鳥が蛇をくわえた図は、特にラダックやネパールによく見られる。同じくインド起源と思われるが、現在ヒマーラヤ地域に多く見られるのは、骸骨の姿をした「墓場の王」（チティパティ）である。二尊が並んで踊る場合㉗と交接の姿（ヤブ・ユム yab yum）をとる場合とがある。この骸骨尊はネパールのヒンドゥイズムでは、シヴァの従者として扱われている。この他にチベット仏教では、チベット土着の多くの神々が崇拝されている。たとえば、カギュ派の行者ミラレーパの密教修行上の女性パートナーとして崇拝されたタシ・ツェリンマは、チベット土着の神格と考えられる。

チベット仏教が「ラマ教」（ラマイズム）と呼ばれたことがあったが、ラマとは師を意味し、ラマイズムとは「師中心主義」のことである。今日でもモンゴルにおける仏教をさす場合に「ラマ教」という名称が用いられることがある。それほどにチベット仏教では師の機能が重要視される。成就法の実践を指導する師は、実は仏であり菩薩なのである。すでに述べたように『三百尊図像集』は、初めにインドおよびチベットの祖師を置き、十八羅漢を菩薩の後に置いている。『リンジュン』には、インドおよびチベットの祖師の図像は出ていないが、一八羅漢を成就法の対象として出している。㉘はその一人バドラである。

このように、古代インド、中央アジア、ヒマーラヤ諸地域に生まれたさまざまな神々が、チベット仏教の中で育った、極めて整然とした構造を有するパンテオンに住むのである。

注

（1）一一三五年頃に編纂された『図像抄』（『十巻抄』）、一二世紀後半の『別尊雑記』などにおける諸尊の分類に関しては［立川　二〇〇八、三七〇～三七二］参照。

（2）『金剛の環』のテキストに関しては［Lokesh Chandra 1977］［Mori 2009］参照。

（3）［名著普及会　一九七八、一九］

（4）［名著普及会　一九七八、一九］

（5）オルデンブルクの『三百尊図像集』と東洋文庫所蔵の木版本（ローケーシュ・チャンドラの木版本の複製本と一致する）との相違についての研究には亀谷（桑村）恵美子「『三百尊図像集』の研究」（未出版、一九八三）がある。これによれば、尊像21, 22, 66, 68, 159, 165, 174, 176, 178, 179, 184, 208, 209, 210, 211, 236, 252, 277, 279, 286, 288, 298, 299などに相違点が見られる。たとえば、東洋文庫版68番（秘密集会金剛文殊）は左第一臂に弓を持つが、オルデンブルク版68番はそれを持たない。また165番パルナシャバリーの事物は異なっている。

（6）［Clark 1937: xi］

（7）本文中に使用した『五百尊図像集』の尊像図はTachikawa, Mori and Yamaguchi, *Five Hundred Buddhist Deities*, 2000所収の図を使用した。『五百尊図像集』はゲルク派のパンチェン・ラマ四世の観想法集に基づいたものである。したがって、ゲルク派以外の僧たちの間ではこの図像集はゲルク派のものであると受け取られている。また尊像の種類に関してもニンマ派で尊崇されている、チベット土着の要素の強い尊格はほとんど見られない。

（8）［Keilhauer 1980: 158］

3　カギュ派の歴史と思想

一　カギュ派の法の源泉

一一世紀に台頭する中期チベット仏教の一派カギュ派の祖師たちは、インドあるいはネパールにおいてテーローパ、ナーローパ、マイトリーパ等の密教行者に就いて学んだ。カギュ派の主要な教法となった大印契および六法は、これらの師によりカギュ派の祖師たちに伝えられたのである。テーローパ（Te lo pa　九八八～一〇六九）は一一世紀のインド仏教で活躍した在家の密教行者の一人であり、弟子ナーローパに『大印契の教誡』（*Phyag rgya chen po'i man ngag*）を伝えた、とされている。

知を超えた無為のかの真意（大印契）を得たいと思うならば、
自らの心を断ち切り、心を赤裸に置け。
概念知（分別）の汚れの水を澄ませよ。
顕われたものを否定することも成立させることもなく、あるがままにせよ。
捨てることも受け入れることもなければ、大印契へと解き放たれるであろう。(1)

と『大印契の教誡』は語っている。古典ヨーガが目指した心の作用の統御という側面よりも、心のそのままのあり方を見守る側面に力点が置かれていて、密教の大きな特徴の一つを読み取ることができる。

テーローパはまた『不可思議大印契』(*Phyag rgya chen po bsam gyis mi khyab pa*)において、

輪廻の煩悩の三毒は、自ずと成就した無作の身口意であり、
有為の蘊の自性は、無漏の解脱の状態である。(2)

と、やはり密教的特徴の一つである「俗なるもの」の無媒介的な「聖化」を主張している。後世のカギュ派の諸師にもこれらの傾向は受け継がれていった。

ナーランダー僧院長の職を辞して行者テーローパに師事したナーローパ(Nā ro pa 一〇一六〜一一〇〇)は、「六法」と呼ばれる一連の修法をも師から学び、さらにそれを大成した。「六法」は、それぞれ「内的火」「幻身」「夢」「光明」「中有《ちゅうう》」、および「遷有《せんう》」と名づけられている。第一の修法の「内的火」とは、ヨーガによって脊柱の基部に生ぜしめられる熱のことである。この種のヨーガは、心の作用の統御を旨とする「古典ヨーガ」と異なって、訓練によって精神・生理学的訓練によって身体的にエネルギーを生み出すことを目指しており、ヒンドゥー教において後世「ハタ・ヨーガ」の行法として体系化された。身体は多数の脈(ナーディー)と数個の叢《そう》(チャクラ)によってできている。クンダリニーと呼ばれる、蛇の姿をしたエネルギーの権化が中央の脈の基部に巻きついて眠っており、ヨーガの力によってその「蛇」を目覚めさせると、身

体中に滞在していたエネルギーが中央の脈（中脈）の中を上昇する、と考えられた。「内的火」の修法とは、したがって、輪廻から脱出するために必要なエネルギーの活性化を目指すのである。

第二の修法「幻身」の理論的基礎は、古代インドのマーヤー（幻影）説である。幻影の如き現象世界の背後に創造原理としてのブラフマンというような不変な実体が存在するというのがヒンドゥー教におけるマーヤー説であるが、仏教では、この多様な現象世界が幻影のように不確かなものあるいは実在しないものであるというところに核心がある。そのように説くことによって、現象世界に対する執着を捨てるように勧めるのである。

「幻身」の修法では、実践者の身体がまず観想の対象となる。実践者は、鏡に映った自分の身体を凝視しながら、陽炎《かげろう》、雲、月影などに譬えることによって自分の身体が幻影にすぎない、と観想する。身体が幻影であることを得心し、執着を離れた状態になった行者は、自分の身体が仏の身体であるかのように感得することができる。やがてその像はもはや単なる映像ではなく、肉体をもった、生きた存在として動きはじめる。他のすべての現象に対しても同様に観想することによって行者は結局、それらの現象が守護尊の戯れる姿であることを知るのである。仏教タントリストは、この現象世界を「空である」とみるばかりでなく、「空性は光明として顕現する」とも考える。幻身の修法が生み出す像は、第四の修法「光明」と深く関係している。

第三の修法「夢」は、「世界は幻影である」と感得することが夢という意識の舞台においても実現することを目指している。それが実現するとき、あらゆる現象が夢の中の現れに他ならないと感得され、同時にそれらの現象は光明へと昇華される。

第四の修法の求める「光明」とは、第二・第三の修法が最終的に目指していたものに他ならない。この光明は個人的経験の域を超えて、色や形などの属性をもたず、心身の形成がなされる以前の「心」であり、法身の輝きそのものと考えられる。

第五の「中有」とは、輪廻において死んだ後、次の生を受けるまでの四九日間、魂が肉体を有することなくさまよう状態をいう。この名をもつ第五の修法は、「死の瞬間」に輪廻の主体としての霊魂が光明に接する機会が幾度もあることを教え、かの瞬間のために精神的準備をさせるのである。生の時間の最後に心的エネルギーを凝縮させることによって人は非日常の「時間」に入ることができる。この修法はユングが指摘するように、無意識と思念の深奥との相剋の構図をあらわにしつつ人間を非時間——すなわち永遠——へと導く技術である。

第六の「遷有」は、意図的に自己の、あるいは他者の意識を「引き抜く」修法である。ヨーガ行者はヨーガの力によって死に近い状態を作り出し、自らの意識を一時的に無にする（引き抜く）ことができる。それはいわば、意識の「電圧」を限りなく低くすることによって、普通では接することのできない、無意識の領域からのシグナルを見ようとする試みと考えられる。

六法の中、第一の修法はエネルギーの充填である。第二と第三によっておのが状況に理論的基礎を与えられた実践者は、第四で意識あるいは心の本源的な姿が光であることを知る。第五ではその光に接する場として「死」あるいはヨーガによる「擬似的死」が選ばれる。最後の修法は、光との触れ合いを目指す内的エネルギーが飛翔するための技法である。このような構造をもつ「六法」がナーローパやその妻ニグマ、あるいはマイトリーパなどに就いて学んだカギュ派の祖師たちによってチベットにもたらされ、この派の主たる実践法となった。

二　カギュの二派

「カギュ」と今日呼ばれている学派は、相互には人物的交流のほとんどない二つの学派の総称である。その二つとはキュンポを祖とするシャンパ・カギュ（Shangs pa bKa' brgyud）派とマルパ・ロツァーワ（翻訳官）・チューキロトゥより続いている派とである。後者は「マルパ・カギュ」（Mar pa bKa' brgyud）と呼ばれることもあるが、マルパの孫弟子にあたるタクポラジェの名を取って「タクポ・カギュ」と呼ばれることが多い。これはマルパから続く伝統がタクポラジェによって強大な社会的勢力を有する教団に成長したという歴史的事実を反映している。「カギュ」とは「教え」（カ）の「伝統」（ギュ）という意味であって、他の学派、たとえば、ゲルク派の「カギュ」と呼ばれることもあるが、宗派名としての「カギュ」は、その法の源泉の近さ、思想内容や実践形態の近似性のゆえに一体のものと見られている上記の二つの派を指す。

ヨーガ行者の集団としてのシャンパ・カギュ派は、チベット史においてそれほど大きな位置を占めなかったが、タクポ・カギュ派はいくつかの氏族教団として成長し、チベットの政治史においても大きな勢力を得た。もっともカギュ派は一八世紀末までにはその勢力は弱まっていた。カルマ派やドゥク派などのカギュのいくつかの分派は、しかし、今日、ラダック、北インド、ネパール、ブータンなどに生き続けている。

カギュ派はゲルク派のように認識論・論理学を基礎とする巨大な理論体系を作りあげたわけでなく、サキャ派のようにゲルク派の理論体系に正面から論争をいどむこともしなかった。タクポラジェ以来、カギュ派はカダム派的要素を取り入れて理論の構築をいくらか行ってはいるのであるが、カギュ派全体としては観想法という宗教実践を中心として伝統を守ってきた。観想法とは広義のヨーガ実践の一形態と考えられるが、「聖なるもの」のイメージを眼前に産出する観想法は、一方では神降ろしなどの宗教現象と共通する要素も有している。

三　シャンパ・カギュ派

シャンパ・カギュ派の祖キュンポ（Khyung po 九九〇～一一三九）はインドとネパールに幾度も赴き、多くの師に就いた。その師の中にアドヴァヤヴァジュラ（Advayavajra）――マイトリーパ（Mai trī pa）あるいはアヴァドゥーティパ（Avadhūti pa）とも呼ばれる――がいた。ナーローパと同時代のアドヴァヤヴァジュラは、「大印契」（mahāmudrā）の思想をインド・ネパールにおいて普及させた人物であり、いわば大印契の思想運動の祖であった。キュンポはまた「ニグマ（Ni gu ma）の六法」と呼ばれる行法を学んだといわれる。ニグマはナーローパの「妻」あるいは、宗教実践上の女性パートナーといわれた行者である。

キュンポは超能力者であったらしく、多くの逸話が残されているが、彼の著作集は残されておらず、彼の思想の全体像はまだ把握されていない。後世、ゲルク派の学僧トゥカンが自派の立場からチベット仏教を俯瞰して著した『一切宗義』の叙述によれば、彼は「ニグマの六法」「幻道次第」「大印契カウマ」さらに亥母《がいも》や金剛手尊の観想などに通じていた[3]（GSM, 4a, 6-4b, 1）。「大印契カウマとは、〔大〕楽と空性とを〔ちょうど籠の上下の〕口を合わせ閉じたときのように無差別であると観想することにより、光明を眼のあたりにするための教誡である」（GSM, 4b, 2）といわれる。ここではハタ・ヨーガ的行法によって得られる大楽と空性との両者がそれぞれの存在を主張する一方、両者が無差別と考えられている。キュンポはまた『勝楽』『呼金剛』『大幻』『秘密集会』『ヴァジュラバイラヴァ』の五タントラに詳しかった（GSM, 4a, 5）といわれる。チベットにおけるマンダラ理論の集大成『タントラ部集成』第一二〇番はキュンポ流のマンダラであるが、(4) このマンダラは先述した五タントラのそれぞれのマンダラが呼金剛を中心として十字形に配置されて一つの複合的マンダラを形成している。タクポ・カギュは主として勝楽、サキャ派は呼金剛、ゲルク派は秘密集会というように、タントラ間の相違を強調してそれぞれの学派の特徴を表現しようと努めたチベット密教の流れの中で、キュンポは五つの無上ヨーガ・タントラのマンダラを一つに収めて統合をはかろうとしたと考えられる。この点に、肯定的な何ものかをひたすら追求しようとした密教ヨーガ行者たちの「融合的」特徴を見ることもできよう。

シャンパ・カギュ派には後世、タントンギェルポというような人物も現れたが、この派は巨大な教団を形成することはなかった。

四　マルパとミラレーパ

タクポ・カギュ派の祖マルパ・ロツァーワ・チューキロトゥ（Mar pa Lo tsā ba Chos kyi blo gros 一〇一二～一〇九七）は、サキャ派の祖コンチョクギェルポの師でもあるドクミ翻訳官にチベットでサンスクリットを学んだが、インドに三回、ネパールに四回留学して、ナーローパ、マイトリーパ等に就いたと伝えられる。彼の翻訳した多数の典籍が『西蔵大蔵経』に収められているが、彼自身のまとまった著作は伝えられていない。

　このカギュ派の祖は無上ヨーガ・タントラに通じていたと思われる。彼は僧院の中に住む学僧ではなく、妻帯し、息子を儲け、民衆に近く生活しながら、仏教を広めていった。後世のカギュの幾つかの分派の師たちと異なって彼は豪族の保護を受けず、壮大な僧院を建立しようともしなかった。

　タクトゥンギェルポ（Khrag 'thung rgyal po）著のマルパ伝には次のように述べられている。

東方のガンガー河の岸に行き、そこで大徳マイトリーパの恩恵により、
根本たる法性は不生であると証解し、空性である心を把握し、
戯論を離れた不変なる最高真理の本体を見て、三身たる母（光明）と現にまみえた。
我が戯論をそれ以後断った。(5)

　カギュ派の時代にあっては、初期大乗仏教には見られなかったような空性あるいは最高真理の実体視が確立していたことをこの叙述からも見てとることができる。

　マルパには「四柱」と呼ばれる重要な四弟子がいるが、その中でも最も知られた人物はミラレーパ（Mi la ras pa　一〇四〇～一一二三）である。彼の青春は彼の家族を襲った不幸に対する憤りに満ちたものだった。父の死後、彼の家、財産を奪った親類の者たちに対して彼は呪術を学んで復讐する。後に、多くの人を殺してしまった罪を悔いたミラレーパは、マルパの弟子となる。マルパが彼に、法を教えることなく大工仕事などをさせた話はよく知られている。

ミラレーパは哲学的体系を作りあげるような学僧ではなかったが、ヨーガの行法によって内的な証解を求め続け、マルパと同様、豪族の保護を求めなかった。生涯、山中にあって修行し、権力を遠ざけた彼の姿は、今日なおチベット人の中に行者の典型として生きており、白描やタンカの最も好まれる題材の一つである。こうしたマルパやミラレーパの態度は、後世、タクポ・カギュが政治的権力と結びついた後でも、「狂者」(ニョンパ)と呼ばれる人々の生き方の中に伝えられていった。

後世、「ツァン地方の狂者」と呼ばれるツァンニョン・ヘールカ(gTsang smyon He ru ka 一四五二〜一五〇七)がまとめたミラレーパの自伝風の詩『十万歌』(*mGur 'bum*)には、ミラレーパが弟子や訪問者たちと交した問答が残されている。美しい文体で綴られたこの歌は今もチベット人の間に歌われている。

最高真理(勝義)においては、障礙より他に仏性もなく、
観想する人もなく、観想されるものもなく、
踏み歩かるべき地と道の印なく、
果身と智恵なく、それゆえに、涅槃もない。
名と語により仮説されるのみである。

おお、見よ、有情がなかったならば、三時の仏はどうして現れたであろう。
因のない果はあり得ないゆえに、世間的真理においては輪廻と涅槃がすべて存する、とムニは説いた。(6)

最高真理においてはすべてのものは存在しないが、世俗的真理のレヴェルにおいて仮にその存在が認められているというミラレーパの考えは、大枠においては中観派の思想に似る。

五　タクポ・カギュ派

ミラレーパの弟子の中では「太陽のような」タクポラジェ（Dwags po lha rje 一〇七九～一一五三）と「月のような」レーチュンパ（Ras chung pa 一〇八三～?）の二人が重要である。後者はミラレーパに多年にわたって師事した愛弟子であり、師の命によってインドにわたり、ナーローパとマイトリーパの直弟子と伝えられるティプパ（Ti phu pa）から無体空行の法類を授けられた。この法類には、回路すなわち脈をめぐる呼吸（風）の調整を主とする行法および大印契などが含まれていた[7]。レーチュンパはこの法類とともに論理学や「異教」の書物をインドからもってくるが、あるとき、ミラレーパはレーチュンパが将来した書物を、無体空行の書を除いて、焼き捨ててしまう。「書物を返してほしい」と叫ぶレーチュンパに対して師は「空行の法類」こそ重要なのだと教えたという。

後になってミラレーパの命によりレーチュンパは中央チベットに行き、法を広めたと『十万歌』の中に述べられている。レーチュンパから続いた伝統は「レーチュン聴聞の伝統」と呼ばれるが、マルパ、ミラレーパ、レーチュンパと続いてきたこのいわば古いカギュの伝統は、レーチュンパ以後、カギュ派諸教団の歴史の深層に潜むことになる。社会的・政治的には、もう一人の弟子タクポラジェから続く「タクポ・カギュ派」が勢力を有したからである。

タクポラジェ、別名ガムポパ（sGam po pa）およびその弟子たちによってマルパの伝統は大きく変化させられ、巨大な教団組織を有するものとなって地方の豪族の政治勢力と結びついた。「カギュ派教団」と呼べるような組織はタクポラジェ以後出現したのである。彼は若いとき、医者――「ラジェ」とは医者を意味する――となったが、妻子をなくした後、カダム派のシャワリンパ（Sha ba gling pa）より具足戒を受けた。その後もタクポラジェは、ミラレーパに会うまでは、主としてカダム派の教理を聴いていた。師ミラレーパに自分の聴いたカダム派の教理を並べ挙げたところ、ミラレーパは笑って、カダム派の教理には見られない秘密の口伝を与えた、と伝えられている。

カダム派の「道次第」（修行過程を重視する顕教的教理）とミラレーパから学んだ大印契の教法を統合して、タクポラジェは『道次第解脱荘厳』（*Lam rim thar rgyan*）を著した。「これによりカダム派と大印契の二つが混ざった」といわれている。(8) しかし、この著作は実際はカダム派の著作と言ってよく、密教的実践についてはほとんど触れていない。もっともタクポラジェは、「人には生来、根源的実在がそなわっている」と主張する倶生派《くしょうは》の要素も摂取しており、彼の密教的実践に関する著作は他に残されている。(9) いずれにせよ、タクポラジェの時代にカギュ派はカダム的要素を積極的に取り入れて、巨大な教団を有する宗派に成長したのである。

タクポラジェ以降、一七世紀中期のダライ・ラマ政権の確立までのおよそ五〇〇年間（カギュ派中期）は、カギュ派内部の抗争、興隆してくるゲルク派との相剋などを含みつつも、この派の活動のもっとも盛んな時期であった。タクポラジェの直弟子、孫弟子からは多くの分派が生まれた。トゥカンの『一切宗義』は、(一) カルマ、(二) パクトゥ、(三) ツァル、(四) ディクン、(五) ドゥク、(六) タクルン、(七) バプロム、

（八）ヤーサン、（九）トプの九派を数えるが[10]、「四大分派と八小分派」が数えられることもある。[11]「四大」とは、バプロム、パクトゥ、カルマおよびシャンツァルの四派であり、「八小」には、ディクン、タクルン、トプなどが含まれる。

六　カルマ派

カルマ派の開祖は、タクポラジェの高弟トゥースムキェンパ（Dus gsum mkhyen pa 一一一〇～一一九三）であるが、彼もまた師と同様にカダム派の影響を強く受けている。この派は化身相続の制度を採用した。この制度の成功によってカルマ派は、パクトゥ派のように氏族の政治・経済の道具となることなく、カギュ諸派を代表する存在となった。[12]カルマ派は二派に大別される。トゥースムキェンパを第一世とする黒帽派と、トゥースムキェンパの弟子筋から生まれた紅帽派との二派である。

カルマ派黒帽派の伝統の中で特に重要な人物は、座主第三世ランチュン・ドルジェ（Rang byung rdo rje 一二八四～一三三八）および八世ミキョ・ドルジェ（Mi bskyod rdo rje 一五〇七～一五五四）である。ランチュン・ドルジェの著作の中、最もよく知られ、かつ重要なものに、次節で扱う『大印契請願』（*Phyag rgya chen po'i smon lam*）がある。[13]これはカダム派的影響の強いカルマ派の中にあって、古い伝統を伝えているという点で注目すべき著作である。

この著はまず、「教えを聞くこと（聞）により無智から解放され、観想（修）より生まれた光によって本質が明らかとなり、智慧（慧）が輝き現れんことを」（第五偈）と、聞・修・慧という初期仏教以来の伝統的な言いまわしによって悟りへの道を説くが、続く部分（第七偈）では、浄化の基体である心において、浄化の手段であるヨーガにより、浄化の対象である煩悩がなくなったとき、果としての法身が得られる、と述べられる。

浄化の基体であり、「明」（心作用）と空とが融合した心そのものにおいて、
浄化の手段である大印契の大金剛ヨーガにより、
浄化の対象である、客塵の迷乱の汚れが浄化された果としての
無垢法身を感得せんことを。(14)

浄化の基体、手段、対象および結果という四つのキャテゴリーで悟りへの道を説くのも仏教の伝統的方法であるが、ここでランチュン・ドルジェは「大印契の大金剛ヨーガ」という手段によってその道を縮めようとしている。また、あたかも客のように附着した汚れ、つまり煩悩から離れるならば、恒常的存在である法身が感得されるとする考えは、中観思想ではなく如来蔵思想である。第二一偈には、「有情の本性は常に仏である」と述べられている。

カギュ派と如来蔵思想との関係はまだ明らかにされてはいないが、空性が恒常的実体とみなされる傾向が強まる一方で、カギュ派と如来蔵思想との関係も深くなっていったのであろう。第九偈では「諸法はすべて心の変化の現れである」と述べられており、唯識思想の要素も見受けられる。「生ずるものも心であり、滅するものも心である」（第一四偈）。心は「作られないもの、不変なもの、自ずと湧き出るものである」（第一

五偈)。

第一九偈前半は、心を「大印契」であり、「大中観」であり、大究竟《だいくきょう》である、と述べている。この「大」総合は、悟りの境地を要領よく語っており、「大中観」という言葉を用いることによって中観派の伝統をも受けているようにランチュン・ドルジェはいうのであるが、ここには龍樹におけるように徹底した戯論(思惟の多元性)の否定作業が見られるわけではなく、意識に対するあらゆる働きかけを中止することによってのみ大印契に到達しようとする。大究竟とはニンマ派やポン教(本書第6章参照)において重視された思想であり、根源的なものの有を主張するという意味では、元来、空思想とは相反するものである。ここではその両者が同一視されてしまっている。

カギュ派と如来蔵思想との結びつきをさらに強めたのは、カルマ派第八世ミキョ・ドルジェである。彼は『入中論』に註を書いたことでよく知られているが[15]、中観の思想を「他空説」(gzhan stong)の立場から解釈した『中観他空説の説き方を正しく開く灯火』(*dBu ma gzhan stong smra ba'i srol legs par phye ba'i sgron me*)をも著した[16]。「他空説」の立場では、空性に至るための否定作業はすべてのものに及ぶわけではなく、否定され得ない、あるいはその必要のない何ものかが存在すると考える。

たとえば、「瓶は自性を欠く」と伝統的中観論者(自空説論者)がいうのに対し、他空説論者は「瓶は他のものの自性を欠くが、瓶は瓶として存在する」と主張する。他空説が如来蔵説と結びつくと、客塵煩悩は否定されるが、如来蔵そのものは否定されない、という構図が得られる。ミキョ・ドルジェの他空説はこの構図を有する。

ミキョ・ドルジェによれば、如来蔵(すべての生類が元来有している仏性)[立川 二〇一三a、一五七]

は凡夫・菩薩および仏という三つの位において存する。凡夫の位にあるときには、如来蔵は汚れに覆われており、最後の仏の位では如来蔵は汚れのない自生智そのものである。凡夫から仏へと移行する段階である菩薩の位では、菩薩の機根の利鈍によって汚れの払拭の度合いは異なる。このような考え方は、インドの中観派とは相容れないものであるが、ミキョ・ドルジェは「中観他空説」の根拠を、「大中観論者」無着・世親・弥勒という初期唯識論者に求めている[17]。すなわち、如来蔵思想および唯識思想の中で「中観」思想を理解しようとしたのである。このような考え方に対しては他学派からの批判もあった。たとえば、ゲルク派のセラ・ジェツンパのミキョ・ドルジェ批判が有名である。

カルマ派にはその後、第九世ワンチュク・ドルジェ（dBang phyug rdo rje 一五五五～一六〇三）が出世するが、この人は大印契を顕教的な意味での空性と理解する一方で、非カダム派的な古いカギュの伝統をも有していた。彼の弟子であるカルマ派紅帽派六世チューキワンチュク（Chos kyi dbang phyug 一五八四～一六三〇）は非カダム派的カギュの伝統を守った人物である。カルマ派黒帽派一六世は一九八一年にシッキムで没している。

七　その他の分派

パクトゥ派は、強力な氏族集団となった。一四世紀中期から一五世紀末まで中央チベットおよびツァン地方の政権を得たほどである。この派はタクポラジェの弟子パクモトゥパ（Phag mo gru pa 一一一〇～一一七〇）を祖とする。彼には弟子が多く、タクルン派やディクン派の祖は彼の弟子であった。

ツァル派の祖はタクポラジェの孫弟子にあたるシャン・ユタクパ（Shang g'Yu brag pa 一一二三～一一九三）である。彼の「白妙丸」（dkar po gcig thub）思想は、心作用を超絶した根源的実在を感得しようとするもので、カギュ派、特にツァル派を代表する思想となった。この思想はサキャ派のサパン著『三律儀細別』の中で批判の対象となった。

ディクン派はジクテンゴンポ（'Jig rten mgon po 一一四三～一二一七）より続いている。彼の思想は彼の甥のシェルジュンがまとめた『同一意趣』（*dGongs gcig*）に残されている。

ドゥク派はパクモトゥパの弟子リンレーパ（Gling ras pa 一一二八～八八）とその弟子ツァンパギャレー（gTsang pa rgya ras 一一六一～一二一一）より続いている。この派を代表する思想は、レーチュンパが埋蔵経としたものをツァンパギャレーが掘り出したと伝えられる「等味に関する六法」（ro snyoms skor drug）である。この学派の人材は多彩であり、詩論のポェケーパ（Bod mkhes pa）、仏教史、暦、密教教理など、多分野にわたって概説を残したペーマカルポ[18]（Padma dkar po 一五二七～九二）、さらにはミラレーパの『十万歌』を編纂したツァンニョン（ツァン地方の狂者）やウーニョン（ウー地方の狂者）といった一見、狂人とも見える生き方をした行者たちもこの派に属した。

このように多くの派に分かれて学問的にも政治的にも勢力のあったカギュ派は、ゲルク派のダライ・ラマ政権の確立以後は急速に力を失っていった。トゥカンが『一切宗義』をまとめていた一八世紀末には、わずかな派を除いてほとんどの分派はその活動力を失っていた。今日、カギュの諸派のチベットにおける状況は明らかではない。しかし、ラダック、北インド、ネパール、ブータンにおいて、カルマ、ディクン、ドゥクなどの諸派が活動を続けている。

八　カギュ派内部の二潮流

サキャ派の教法のインドにおける主要な源泉が『呼金剛タントラ』に基づくとされるヴィルーパの思想であったように、カギュ派のインドにおける教法の源泉は大印契や六法であった。カギュ派の人々はしかし、理論体系の整備にはあまり熱心でなく、ハタ・ヨーガ的方法を用いて、空性と同一視された「心の本質」を体得しようとした。彼らは複雑な観想法や、「ドーハー」(dohā) と呼ばれるシンボリズムの体系を尊重した。「ドーハー」は究極的真理と世界との相同関係と、それを直接体験する道程とを象徴的な言葉で述べたものである。

カギュ派においてはこれらの密教的修行法と、タクポラジェ以降顕著となったカダム派的（顕教的・理論的）要素とが、二つの潮流となってあるいは抗争し、あるいは並存してきた。前期においては大印契やドーハーが、中期以降ではカダム派的要素が支配的となった。マルパやミラレーパといった行者たちの時代が終わり、チベットの地に巨大な教団が必要となったとき、カダム派に特に顕著な顕教的要素が必要となったのである。ただ中期以降においても、新カダム派とも呼ばれるゲルク派との抗争の中でマルパやレーチュンパに代表される古いカギュ派の要素が台頭することはあった。

注

（1） TTP, No. 3132, Vol. 69, p. 134, f. 4, ll. 4-5.

（2） TTP, No. 4635, Vol. 82, p. 39, f. 1, l. 6.

（3）［立川　一九八七a、五〇］

（4）［bSod nams rGya mtsho 1983: No. 120］

（5） Khrag'thung rgyal po, *Mar pa'i rnam thar*, Varanasi, E. Kalsang, 1970, 64b, ll. 2-3; 東洋文庫西蔵蔵外文献 No. 363A, B;［立川　一九八七a、七〇］. Cf. CLT, No. 1012.

（6） *Mi la'i mgur 'bum*, reprinted from the 1980 Kokonor edition. Gangtok, Sherab Gyaltsen 1983, p. 483;［立川　一九八七a、七一］. Cf. CLT, No. 1539.

（7） Mi la'i mgur 'bum, 東洋文庫西蔵蔵外文献 No. 364A, 197a, 1. 4 参照。

（8） BA, p. 460, p. 560.『道次第解脱荘厳』は CLT, No. 2311.　和訳として［ツルティム・ケサンおよび藤仲　二〇〇七］が出版されている。

（9）［立川　一九八七a、八〇］参照。ガムポパと倶生派との関係は今日よくわかっておらず、今後の研究を俟たざるを得ない問題である。ガムポパの大印契に関しては［山口　一九八八、二四二］参照。

（10）［立川　一九八七a、五三］

（11）［Khetsun Sangpo　1981: 4~5］

（12）［山口　一九六七、二七二］

（13） reprinted from the Hemis Godtshang blocks, Chemre 1968;［立川　一九八七a、九九、一七三］. Cf. CLT, No. 2057.

（14）［立川　一九八七a、九九］におけるこの偈の訳には誤りがあるのでここで訂正したい。本書五一〇頁参照。

（15） *dBu ma 'jug pa'i rnam bshad dpal ldan dus gsum mkhyen pa'i zhal lung dwags brgyud grub pa'i shing rta*, Rumtek 1969;［立川　一九八七a、一〇〇、一七一］. Cf. CLT, No. 1531.

（16） *dBu ma gzhan stong smra ba'i srol legs par phye ba'i sgron me*, Rumtek, Karma chos sgar in Sikkim, 1972;［立川

一九八七ａ、一七一]. Cf. CLT, No. 1530.

（17） CLT, No. 1530, 4a, 1. 5.

（18） ペーマカルポの全集については［立川　一九八七ａ、一九六～二〇八］参照。

〔略号〕（第４章３節分）

BA: *The Blue Annals*, tr. by G. Roerich, 2 parts, The Asiatic Society, Calcutta 1953.

bSod nams rGya mtsho, *Tibetan Mandalas, the Ngor Collection*, Kodansha, Tokyo 1983.

CLT: *A Catalogue of the United States Library of Congress Collection of Tibetan Literature in Microfiche*, compiled by M. Tachikawa in collaboration with Tshulkrim Kelsang and S. Onoda, The International Institute for Buddhist Studies, Tokyo 1983.

GSM: *Grub mtha' shel gyi me long*（the chapter on the bKa' brgyud School）.

TTP: *The Tibetan Tripiṭaka*, the Peking edition, Suzuki Foundation, Tokyo 1957.

４　ランチュン・ドルジェの『大印契誓願』

一　智慧（果）と修行過程（道）

宗教行為の三要素

仏教におけるのみならず宗教行為一般の構造は、(一) 自己と世界の現状認識、(二) 求むべきもの、あるいは至るべきものとしての目標 (結果)、および (三) その目標に至るための手段という三要素によって語られる。その三要素の中でいずれに力点が置かれるか、あるいはその諸要素がどのような関係にあるかは、それぞれの宗教によって異なる。というよりも、その力点の置き方、諸要素間の関係等がそれぞれの宗教の特質を語るのである。

仏教においては一般に (一) の「自己と世界の現状認識」は「因」(原因)、(二) の目標は「果」(結果)、(三) の手段は「道」(過程) と呼ばれてきた。インド・チベット仏教の歴史の中でこれらの要素間の関係は、ゆっくりとではあるが一定の方向に向かって進んできた。すなわち、初期仏教から大乗仏教、さらに初期・中期大乗仏教から後期大乗仏教に進むにつれて、第三要素に力点が置かれるとともに第三要素が第二要素を含むようになった。初期仏教やアビダルマ哲学においては、かの三要素は第二要素から別のものとして明確に区別されていた。第二要素としての悟りあるいは智慧は長く厳しい修行の終わった後に顕現するものと考えられていた。しかし、大乗仏教、特にタントラ仏教においては、第三要素の道が最終目標たる第二要素をそれ自身の中に含む傾向が顕著である。つまり、道に力点が置かれ、それが「聖化」されることによって、道が目的視されるようになったのである。

チベット仏教の歴史はインド大乗仏教の一展開といえよう。今述べたように、第三要素「道」は、後期インド大乗仏教の重要な要素であったが、それはチベット仏教史においても重要なモメントである。チベット中期仏教の一宗派であるサキャ派の代表的な教説は「道果説」(lam 'bras bu dang bcas pa) と呼ばれる。この名称は「果を備えた道」を意味し、道が果を含むという思想であることを示している。

智　慧

仏教では、分別（分析的概念作用）を超えた智慧は一般に第二要素と考えられている。智慧の本質は特に第三要素との関係によって明らかとなるが、第二および第三要素間の距離が小さくなるにつれて、第三要素としての道は第二要素の側面もより多く含むようになる。

元来、第三要素は「俗なるもの」としての第一要素と、「聖なるもの」としての第二要素の間の仲介者である。宗教実践としての仏教の修行は、基本的に「俗なるもの」から道を通って「聖なるもの」に至るという過程をたどる。したがって、修行者はまず「俗なるもの」である道に自らの「身」をおいて「聖なるもの」への歩みを始めるのである。

このようにして当初は「俗なるもの」としての性格をより多く有していた道——あるいは道を歩む者——は、その宗教実践の過程の中で「聖なるもの」の要素を次第により多く有するようになる。今われわれが問題にしている第三要素の重視は、このように道に「聖なるもの」の度合が次第に増してくることと関係している。「俗なるもの」（第一要素）が「聖化」されて「聖なるもの」（第二要素）になるのは、道においてなのである。

「俗なるもの」としての自己・世界を否定し続けることによって、「聖なるもの」へと近づきつつあるときに智慧が現れる。しかし、どの場面に現れると考えられているのかは、それぞれの学派によって異なる。元来は第二要素たる智慧がどのような仕方で他の要素、特に第三要素とかかわるのかを次にチベット仏教の一分派であるカギュ派の一文献を通して考察してみたい。

ランチュン・ドルジェの『大印契誓願』

サキャ派と並んでチベット中期仏教を代表するカギュ派は、七あるいは八の分派に分かれたが、その最大の分派がカルマ派である。カルマ派はまた黒帽派と赤帽派に分かれたが、その黒帽派の第三代座主がランチュン・ドルジェ（Rang byung rDo rje 一二八四〜一三三九）である。[1] 彼の著作は中国で全集として復刻されているが、全集とは別に幾点かの著作が出版されている。[2] その中に『大印契誓願』（*Phyag rgya chen po'i smon lam*）がある。これはわずか二五偈の小品でもあるが、彼の思想を簡潔かつ体系的に述べているとともに、カギュ派のみならず他の学派の者の間でもよく読まれたり、唱えられたりしてきた。この作品を通してランチュン・ドルジェが果と道との関係をどのように考えたのかを見てみたい。またその作業の中でチベット仏教における智慧の本質の一端が明らかとなると思われる。

大印契（マハームドラー）の思想あるいはその実践形態についてここで詳細に述べることはできない。この作品は「大印契」という語をタイトルに含んではいるが、タントラ仏教の秘儀としての大印契を述べたものではない。[3] むしろ顕教の実践形態全体を「大印契」と呼んで述べているのである。『大印契誓願』は、仏教修行の誓願を述べたものであり、僧堂などにおいて多勢の僧たちが唱和することのできるように書かれている。その意味ではサキャ派の道果説の秘儀を性的ヨーガの観点から述べた、ヴィルーパ著の小品『金剛句偈』（*rDo rje tshig gang*）とはその性格を異にしている。[4]『大印契誓願』は小品でありながらもチベット仏教の思想・実践形態を実に手際よく述べており、チベット仏教の一つの形態を示すものといえよう。

まず『大印契誓願』の内容構成（科文）を掲げて、その後で翻訳と解説を述べることにしたい。

『大印契誓願』の内容構成（科文）

（以下の科文は、シトゥパ・テンペーニンチェ著の『大印契誓願註』（*Situ pa bStan pa'i nyin byed* 1974）に依る。丸括弧の中の数字はシトゥ注の頁数および行数を示す。）

大印契誓願科文

〈1〉誓願を立てる際の準備（2, 4）——v.1（3, 2）
〈2〉誓願に関する本論（2, 5）
〈2・1〉総論。善行を究極の悟りに廻行する（3, 4）——v.2（3, 5）
〈2・2〉各論。誓願を立てる（3, 5）
〈2・2・1〉道という所依（基盤）の完全であることを願う（8, 1）
〈2・2・1・1〉一般的に述べる（8, 2）——v. 3（8, 2）
〈2・2・1・2〉個別的に述べる（8, 2）——v. 4（8, 6）
〈2・2・2〉道を証悟する智慧を願う（14, 3）——v. 5（14, 3）
〈2・2・3〉錯誤のない道を願う（18, 5）——v. 6（18, 5）
〈2・2・4〉その道を体得する方法に錯誤のないことを願う（24, 1）
〈2・2・4・1〉理解すべきことの略説（24, 1）——v. 7（24, 1）

〈2・2・4・2〉観想の内容の実修を願う（24, 1）

〈2・2・4・2・1〉略説（31, 6）――v. 8（31, 6）

〈2・2・4・2・2〉詳論（31, 6）

〈2・2・4・2・2・1〉見解によって根本に関する疑惑を断つ方法（32, 3）

〈2・2・4・2・2・1・1〉略説（32, 4）――v. 9（32, 4）

〈2・2・4・2・2・1・2〉詳論（32, 6）

〈2・2・4・2・2・1・2・1〉顕現は心であると確認する（32, 6）〔v. 9a の説明〕v. 10（32, 6）

〈2・2・4・2・2・1・2・2〉心は自性を欠くと確認する（40, 1）〔v. 9b の説明〕

〈2・2・4・2・2・1・2・2・1〉「存する」「存しない」という片寄りを離れる（40, 5）――v. 11（40, 5）

〈2・2・4・2・2・1・2・2・2〉「である」「でない」という片寄りを離れる（40, 5; 44, 6）――v. 12（44, 6; 45, 1）

〈2・2・4・2・2・1・2・3〉空性と縁起との融合（双入）は矛盾しないと説く（46, 4）〔v. 9c の説明〕――v. 13（46, 4）

〈2・2・4・2・2・1・2・4〉このようにそれぞれに証悟した智慧によって根本に関する疑惑を断つ必要のあることを示す（47, 5）――v. 14（47, 5）

〈2・2・4・2・2・2〉それ〔見解〕を観想によって確認する方法（32, 3）

〈2・2・4・2・2・2・1〉略説（48, 2）――v. 15（48, 2）
〈2・2・4・2・2・2・2〉詳説（48, 2; 55, 5）
〈2・2・4・2・2・2・2・1〉寂止と余観のヨーガ（55, 5）
〈2・2・4・2・2・2・2・1・1〉寂止（55, 6）――v. 16（55, 6）
〈2・2・4・2・2・2・2・1・2〉余観（55, 6）
〈2・2・4・2・2・2・2・1・2・1〉本質（60, 2）――v. 17（60, 2）
〈2・2・4・2・2・2・2・1・2・2〉根本を断つこと（62, 4）――v. 18（62, 4）
〈2・2・4・2・2・2・2・1・3〉寂止と余観の融合のヨーガ（65, 2）――v. 19（65, 2）
〈2・2・4・2・2・2・2・2〉それ〔寂止と余観の融合のヨーガ〕より体得と証悟が生れるありさま（55, 6）
〈2・2・4・2・2・2・2・2・1〉体得（75, 4）――v. 20（75, 4）
〈2・2・4・2・2・2・2・2・2〉証悟（77, 4）――v. 21（77, 4）
〈2・2・4・2・2・2・2・3〉空性と悲の融合の実修の仕方（81, 1）
〈2・2・4・2・2・2・2・3・1〉空性と悲の融合の実修の必要なこと（81, 1）――v. 22（81, 1）
〈2・2・4・2・2・2・2・3・2〉空性と悲の融合のあり方（82, 3）――v. 23（82, 3）

〈2・2・4・2・2・3〉それ〔見解の観想〕を行ずることによって成就が生ずる（32, 3; 84, 4）

〈2・2・4・2・2・4〉道が完成する（32, 3）

〈2・2・5〉道の完成した結果を願う（85, 6）――v. 24（85, 6）

〈3〉誓願のむすび（94, 1）――v. 25（94, 1）

二 『大印契誓願』の翻訳と解説

〈1〉誓願を立てる際の準備――第一偈

第一偈においてランチュン・ドルジェは誓願を立てるにあたって準備をする。具体的には、誓願が成就するように諸仏よりの加持（力を与えられること）を祈るのである。

諸師よ。守護尊（イダム）のマンダラに居ますほとけたちよ。
弟子たちと共なる、十方と三時の勝者よ。
わたしに慈愛を垂れよ。わたしのもろもろの誓願が
願うままに成就すべく加持されんことを。（一）

「守護尊」（yi dam, iṣṭa-devatā 文字通りには「望まれた神」）とは、数多い仏・菩薩・女尊などの中で僧あるいは修行者が自らの宗教的実践の中で中心的に交わりを結ぶ尊格（念持仏）のことをいう。チベット仏教においては「守護尊」はしばしば異形の秘密仏ヘールカであるが、必ずしもヘールカとは限らない。アティーシャ（アティシャ）の守護尊はターラー女尊であった。

第四句の「加持」（byin brlab, adhiṣṭhāna）とは、あるもの（x）から他のもの（y）への「聖なる」力の授与をいうが、この場合、xの有する聖性の方がyのそれよりも勝っていなければならない。たとえば、守護尊が修行者を加持するのであり、その逆ではない。もっとも「行者が大日如来を加持する」というような表現が用いられることがあるが、その場合にも行者が自分自身に聖性の度のより強い大日如来から力を受けるという意味である。ランチュン・ドルジェは、誓願を立てるにあたってこのように師や諸仏から自らに力が授けられることを祈るのである。

〈2〉誓願に関する本論

〈2・1〉総論。善行を究極の悟りに廻行する——第二偈

わたしと限りなきすべての有情の
清らかな思惟と行為の雪山より生れた
濁りなき三界の諸善の河が
勝者の四身の大海に入らんことを。（二）

第一偈で師と仏から力を授けられることを祈ったが、ここでは迷いの世界にある人間たち（衆生）の思惟と行為より生れた善行が、勝者すなわち仏へと帰入するようにと望む。思惟・行為は雪山つまりヒマーラヤ、善行は山から流れる河、仏は河の水が流れ入っていく海である。この偈は『チャーンドーギヤ・ウパニシャッド』（六・一〇・一）に、もろもろの河の水が海に流れこみ、どの河の水であったかと知ることがないように、とあるのを思い起こさせる。小宇宙としての個我が大宇宙に帰入するというのは、バラモン正統派がヴェーダ以来もち続けている思想であるが、仏教においてそのような考え方は少なくとも仏教タントリズム（密教）の時代に至るまではなかった。

もっともここで問題となっているのは、個々の人間の諸善を仏へと「振り向ける」つまり廻向することであって、個々の魂（アートマン）が仏の中へと帰入するといわれているわけではない。しかし、河の水が海に注がれるように、衆生の諸善が仏の身体へ入るという考え方は、仏教タントリズム的なものであり、ヒンドゥー的な色合いすら認められる。

「四身」とは、法身・報身・化身、および自性身である（『シトゥ註』（略号S）（p. 5, *l*. 6)。『シトゥ註』によれば、法界の究極的自性を直証した者である法身が基本となり、報身はさまざまな姿をとった仏として現れる。報身の出現と同時に、「太陽と光線とのごとく」（S. 6, 5）本来成立していた御業の力によって、この世界における歴史的存在としての化身が成立する（S. 6, 1~6)。自性身は、直証された法身の力によって得られた一切法の自性である（S. 7, 3)。このように『シトゥ註』は、法身と報身を基本にして化身を説明している。ここで自性身は個体としての仏あるいはシャーキャ・ムニを離れた普遍的存在である。

〈2・2〉各論。誓願を立てる。

これ以後、『大印契誓願』の最後の偈から二つ目の偈（第二四偈）までが〈2・2〉であり、この著作の実質的内容である。〈2・2〉の内容は次の五部分に分かれる。すなわち、

〈2・2・1〉道という所依の完全たることを願う（第三・四偈）
〈2・2・2〉道を証悟する智慧を願う（第五偈）
〈2・2・3〉錯誤のない道を願う（第六偈）
〈2・2・4〉その道を体得する方法に錯誤のないことを願う（第七〜二三偈）
〈2・2・5〉道の完成した結果を願う（第二四偈）。

これらの五部分の底流としてあるのは、現状認識（世界・因に関する認識）、結果としての智慧（証悟、果）、およびその結果に至る手段（道）という三要素の観点である。つまり、〈2・2・1〉は因を、〈2・2・2〉は結果を、〈2・2・3〉と〈2・2・4〉とは手段を述べており、〈2・2・5〉は〈2・2・2〉つまり結果の再認である。このようにして『大印契誓願』では道を証悟する智慧が究極的な目的であり、道を証悟することがとりもなおさず成仏することである。ランチュン・ドルジェは、現状認識・結果・手段という「行為の三要素」の観点を挙げてはいるが、道を中心に考えている、といえよう。道の現状認識が彼の世界観に他ならず、道の正しき認識が智慧なのである。さらに、道を体得する方法に『大印契誓願』のほとんどの部分（第七〜二三偈）があてられている。ランチュン・ドルジェは、道の中に因（世界の現状認識）と果（智慧）を含

ませる。すでに述べたように、このような道重視の考え方は、大乗仏教一般に見られるものである。

〈2・2・1〉道という所依の完全たることを願う

〈2・2・1・1〉一般的に述べる――第三偈

これ以後、誓願の具体的内容に入るが、まずランチュン・ドルジェは、実践の行われるべき場（所依）としての道について一般的に述べる。

それがなしとげられないかぎりは、
生まれ、また生まれ、すべての生において
障りと苦しみの言葉も聞くことなく、
楽と善行の海の栄えの中で行ぜんことを。（三）

〈2・2・1・2〉個別的に述べる――第四偈

次に作者は実践のあるべき姿を個々の行為項目を挙げながら述べる。

人身を得て、信仰・努力・智慧を有し、
賢い導き手により優れた教えを受けて、
正しく成就を遂げ、
間断なくすべての生において法を行ぜんことを。（四）

〈2・2・2〉道を証悟する智慧を願う――第五偈

ここでは実践の目指すべき目標あるいは結果が智慧（shes rab）として述べられる。まず聴聞（聞）し、次に修習（修）によって智慧（慧）を得るとは、仏教の伝統的な実践形態であるが、この第五偈では聴聞より生ずる聞慧と、教誡を念ずることにより生ずる思智と、観想（修習）より生ずる修慧という三種の智慧が述べられる。聴聞・思念（思索）および観想という三種の道を歩んだ結果としての智慧が生まれると理解されるのではなくて、聴聞・思念・観想それぞれより智慧が生まれると理解されている。後に見るように、それらの三つより生れる智慧は、それぞれの実践過程（道）と別のものではない。つまり、道の中に果が含められるのである。

教説と道理を聞いて、無知の障りから解き放たれ、
教誡を念じて黒い暗の疑いを断ち、
観想より生じた光により本質がありのままに明らかとなり、
〔聞慧・思慧・修慧の〕三慧が広く輝き現れんことを。（五）

〈2・2・3〉錯誤のない道を願う――第六偈

第六偈では、因・果・道という伝統的な「三要素の観点」から正しい法に会うための実践の構造が総括的に語られる。

常と断の片寄りを離れた「二つの真理」（二諦）という依止（因）の意味が、
無を有といい、有を無という片寄りを離れた二資糧という優れた道によって、
有（輪廻）と止（涅槃）という片寄りを離れた二利の果を得るための
誤りのない法と会遇せんことを。（六）

最高真理（勝義諦）と世俗的真理（世俗諦）という二諦の意味が、資糧（悟りの因を養い育てる糧）という道を通じて自利と自他という二利を結果として生むように、とランチュン・ドルジェは願う。菩薩の実践すべき「六種の完成」（六波羅蜜）の中、布施・持戒・忍辱という三つを福徳資糧といい、禅定と智慧との二つを智慧資糧といい、精進は福徳と智慧の両者にまたがる。福徳資糧と智慧資糧とを合わせて「二資糧」という。

「第六偈第一句は所依である知られるもの（所知）の本性に錯誤がなく、第二句は手段たる道の修練に錯誤がなく、第三句は達成されるべきものである結果の本性に錯誤がなく、第四句は錯誤なき三つのものをそなえた法が錯乱のない正しい道であると示して、そのこと、すなわち、錯誤のない道を願う」と『シトゥ註』はこの偈の意味をまとめている（cf. S. 18, 6~19, 1）

〈2・2・4〉その道を体得する方法に錯誤のないことを願う——第七—一三偈

〈2・2・4・1〉理解すべきことの略説——第七偈

第七偈は『大印契誓願』の内容の密教的立場よりの総説である。

浄化の基体であり、「明」（心作用）と空とが融合した心そのものにおいて、
浄化の手段である大印契の大金剛ヨーガにより、
浄化の対象である、客塵の迷乱の汚れが浄化された果としての
無垢法身を感得せんことを（七）

第六偈は非密教（顕教）の立場から法に会うための実践の構造を述べたが、第七偈は第六偈の内容と対応するかたちで密教の立場を述べている。心作用の活動の場であり、実践の行われる場が「因」であり、心を浄化する手段としてのヨーガが「道」であり、煩悩を取り除いた後に顕わになる法身が「果」である、というのが第七偈における因・道・果に関する考え方である。

恒常的な核として法身があり、それを本来のものではなくて客のように外から訪れたものである煩悩（客塵煩悩）が覆っている。その覆いを取り除くならば、法身が光り輝くというのは如来蔵思想の根幹であるが、第七偈には明らかに如来蔵思想が述べられている。如来蔵思想はカルマ黒帽派第三代座主ランチュン・ドルジェの思想の一つの柱であるが、カルマ黒帽派第八代座主ミキョ・ドルジェもまた如来蔵思想を奉じた人として知られている。(5)

〈2・2・4・2〉観想の内容の実修を願う――第八～二四偈

〈2・2・4・2・1〉略　説――第八偈

第八偈において密教的実践が見解（哲学、教義）観想および行という三つの観点から概観される。

依止に関する疑いを断つは、見解の確信。
それを揺れないよう守るは、観想の本質。
観想をどこに居ようと努力して行うは、最高の行。
見解・観想・行の確信を得んことを。（八）

〈2・2・4・2・2〉詳　論

以下、第九偈から第一四偈までは見解について述べ、第一五偈から第二三偈までは観想について述べる。行に関して独立の偈があてられているわけではない。

〈2・2・4・2・2・1〉見解によって根本に関する疑惑を断つ方法——第九偈〜一四偈

〈2・2・4・2・2・1・1〉略説——第九偈

第九偈は『大印契誓願』の哲学的思想の総説である。

諸法はすべて心の変現であり、
心は、無心にして、心の自性を欠き、
空であり、不滅であり、何にでも顕現する。
これを正しく考察して〔苦の〕本〔たる煩悩〕を取り除かんことを。（九）

この偈においてランチュン・ドルジェは唯識派的な考え方と中観派との考え方とを統一しようとしている。第一句の「諸法はすべて心の変現であり」とは、唯識派的な考え方であり、第二句から第三句にかけての「心は（中略）心の自性を欠き、空であり」とは中観派的な見解である。第三句の後半は「何にでも顕現する」というように、心作用の顕現の側面について再び言及する。第三句は『シトゥ註』によれば「空と縁起とが融合（双入）して相反しないことを示す」（S. 32, 5）。

第三句に「〔心は〕不滅である」とあるが、『中論』の帰敬偈は「不滅にして不生なる縁起」と述べ、縁起が滅することや生ずることのないものだと主張している。しかし、『中論』はこの場合、縁起が生滅の作用・変化を超えた常住なるものであると考えているわけではなく、『中論』の帰敬偈には「不常なる縁起」という表現も見られる。しかし、『大印契誓願』の第九偈の「不滅である」には、「すなわち、常住である」という含みが存するように思われる。

〈2・2・4・2・2・1・2〉詳　論

以下、第一四偈までは第九偈を説明するというかたで、ランチュン・ドルジェの哲学的教義（lta ba）の説明がなされる。

〈2・2・4・2・2・1・2・1〉顕現は心であると確認する――第一〇偈

次の第一〇偈は第九偈第一句（a）の説明である。

「存在する」とは、経験されたことのない自らの〔心の〕顕現が対象だ、と錯誤されることである。
無明の力により自己認識が我だ、と錯誤される。

〔所取（認識対象）と能取（認識主体）という〕二取の力によって有（世界）の深みにさまよう無明と錯誤の根を

考察し断たんことを。（一〇）

〈2・2・4・2・2・1・2・2〉心は自性を欠くと確認する——第一一～一二偈

第九偈第二句（b）に関する説明は、次の第一一偈および第一二偈においてなされる。つまり、心が自性を欠くことの確認は、心が「存する」「存しない」という片寄りを離れること（第一一偈）および「である」「でない」という片寄りを離れること（第一二偈）の二つによって行われる。

〈2・2・4・2・2・1・2・2・1〉「存する」「存しない」という片寄りを離れる——第一一偈

〔心は〕存しないものである。勝者も見ないゆえに。

〔心は〕存在しないものではない。輪廻と涅槃すべての所依であるゆえに。

相異なるものでもない。中道は融合したもののゆえに。

片寄りを離れた心の法性を悟らんことを。（一一）

最初の二句における「存する」および「存しない」の主語が心であることは明らかだが、第三句「相異なるものでもない」の主語は明白ではない。『シトゥ註』では「空性と縁起は融合（双入）しており、相異なるものではない」（S. 46, 4）とあり、第三句の主語は「空性と縁起」と考えられている。もっとも「諸法はすべて心の変現であり」（第九偈a）、「〔心は〕輪廻と涅槃すべての所依であるゆえに」（第一一偈b）、空性と縁起も心の変現と考えることもできる。

第一一偈の初めの二句は、いわゆる四句分別の第一、二句となっていると考えることができる。[6] しかし、この「四句分別第一、二句」は『中論』およびそれに対する清弁註や月称註における四句分別の場合とは異なる。『中論』の論法に従うならば、「〔心は〕存在しないものではない」（第一句）は、「〔心は〕非存在のものでもない」ということ、つまり、心は非存在なるものの領域においても存在しないことを意味する筈である。『中論』では「〔心は〕非存在のものでもない」は「〔心は〕存するものである」を含意しないのである。龍樹の『中論』における意図は、「心は存在の領域にも存せず、非存在の領域にも存しない。ゆえに心は空なるものである」というものであった。

しかし、『大印契誓願』の場合には「〔心は〕存在しないものではない」ことの理由として「輪廻と涅槃すべての所依である」（第二句後半）と述べられている。つまり、輪廻と涅槃すべての所依としての心の存在が認められた上で「〔心は〕存在しないものではない」つまり「〔心は〕存在する」と述べられているのである。ここでは「〔心は〕存在しない」という否定命題の否定、すなわち二重否定として理解されている。

ここでインドの否定について簡単に述べておきたい。インド大乗仏教においては、命題の否定（prasajya-pratiṣedha）と名辞の否定（paryudāsa）という二種の否定が区別されていた。名辞の否定とは、その際の全論議領域のうち、否定された名辞の補集合領域の定立を意味するものであった。たとえば、論議領域が人間であり、この領域は男性と女性に分かれるとした場合を考えて見よう。このような状況においては、「非男性」という語は人間という領域の中の男性の領域を否定することによってその補集合的領域の女性を定立している。この種の否定は名辞の補集合的領域を肯定するのであって、命題全体の否定、肯定とは関係しないものであった。たとえば「〔心は〕非存在なるものではない」という場合の「非」は、「存在なるもの」という名辞を否定し「非存在」という名辞が指し示す領域の肯定を意味するのであって、命題全体を否定するのではない。したがって「〔心は〕非存在なるものではない」は「〔心は〕存在する」を意味しない。つまり、「非存在」の「非」と「ものではない」の「ない」とは二重否定を意味するのではない。しかし、ランチュン・ドルジェの『大印契誓願』の場合には、二重否定の意味にとられている。

チベット仏教では、命題の否定が「存在否定」(med dgag, 文字通りには、〜がない、という否定)、名辞の否定が「定立否定」(ma yin dgag 〜でない、という否定)と呼ばれた。しかし後世のチベット仏教では、命題全体を否定すること(すなわち「存在否定」)によって論理的に他の事象の肯定を含意する場合も、定立否定(ma yin dgag)の名で呼ばれるようになった〔立川　一九九四、九〕。たとえば、「ものは自らからか他からのいずれかから必ず生ずる」という前提があるときには、「ものは自ら生じない」という命題が「ものは他から生ずる」を含意するという場合のように。『大印契誓願』の場合もこの種の定立否定であると考えることができよう。

〈2・2・4・2・2・1・2・2・2〉「である」「でない」という片寄りを離れる――第一二偈

「これである」〔など〕とどのようにいっても〔何も〕表現しない。
「これではない」〔など〕とどのようにいっても〔何も〕否定しない。
知を超えた法性は無為である。

正しい意味の極みを決定せんことを。（一二）

〈2・2・4・2・2・1・2・3〉空性と縁起との融合（双入）は矛盾しないと説く――第一三偈

この第一三偈は第九偈第三句（c）の詳説である。すでに述べたように、第九偈cの「相異なるものでもない」の主題は「空性と縁起」であるといえよう。

これを悟らぬうちは、輪廻の海に転生し、
これを悟れば、仏に他ならない。
一切は「これである」とも「これでない」とも、どのようにも〔いえ〕ない。
法性は一切の所依の住処なりと知らんことを。（一三）

この偈の第三句（c）は、すべてのものは「これである」とか「これではない」とかの表現を許さないという。この限りではランチュン・ドルジェは龍樹に見られるような否定的態度を保持しているが、第四句（d）では法性を一切の所依の存すべき場（住処）として認めている。この第四句の考え方は、龍樹には見られない。つまり、空性と縁起という、現象的には相異なるものが、法性という言葉を離れた一切の所依においては、矛盾しないと述べられることは龍樹においてはないのである。そもそも法性の存在を認めること自体が『中論』にはない思想である。

〈2・2・4・2・2・1・2・4〉このようにそれぞれに証悟した智慧によって根本に関する疑惑を断つ必要の

あることを示す――第一四偈

この第一四偈によって第九偈から続いた、見解に関する論議がしめくくられる。

顕現せるものも心であり、空であるのも心である。
証解も心であり、錯誤も己の心である。
生じたものも心であり、滅したものも心である。
心に関するすべての疑惑を断たんことを。(一四)

顕現せるものと空、証解と錯誤、生じたものと滅したものというような、相反する対をなすものがいずれも心であるとランチュン・ドルジェは主張する。見解に関する論議の結論において、このようにすべての現象の根拠を心に求めるのである。

〈2・2・4・2・2・2〉それ〔見解〕を観想によって確認する方法

次の第一五偈から第二四偈までは、これまでの第九偈から第一四偈までの見解の内容を観想によって確認する方法を述べる。『大印契誓願』の実践の内容がこの部分で扱われている。見解・観想・行という三行程がインド・チベットにおける仏教実践の一般的な階梯であるが、ここでは第三の行に関しては第二四偈があてられているのみである。つまり、行の実質的内容は観想の説明の中に含められている。

〈2・2・4・2・2・2・1〉略　説――第一五偈

第九偈から第一四偈までの見解の説明の場合と同様に、この場合も第一五偈は略説である。

意識を働かせて努力した想念に汚されず、
通俗の関心の風によって乱されず、
無為の本性を自然のままにしておくことのできる
心なるものを受け入れることができつつ、それを保持せんことを。（一五）

「無為の本性」というような実体的かつ究極的存在を認めないのが、初期大乗仏教の態度であったが、後世の大乗仏教、特にカギュ派などにあっては、ここに見られるように、否定作業によってその存在の否定を受けることのない実体の存在を認めることになる。ここでいう観想法は、本来存在している無為の本性をわれわれの通俗の意識によって濁らせないことを目指している。

〈2・2・4・2・2・2・2〉群　説――第一六～二三偈

以下の詳説は、まず寂止《じゃくし》と余観《よかん》のヨーガそれぞれの説明、寂止と余観の双入のヨーガ、および空性と悲の双入の実修という三点について行われる。

〈2・2・4・2・2・2・2・1〉寂止のヨーガと余観のヨーガ

ヨーガは仏教の誕生以前からインドにおいて開発されていた行法であるが、ブッダがヨーガを宗教実践の方法として自らのシステムに取り入れて以来、仏教徒にとってヨーガは自分たちの宗教実践の最も重要な実践方法の一つとなってきた。ヨーガは『ヨーガ・スートラ』（I. 1）にもいわれるように「心作用のニローダ（止滅あるいは統御）」である。ヨーガにあっては、おおまかにいって心作用のニローダが二段階によって行われる。すなわち、第一にもろもろの対象を追う心を引き戻し、心を鎮め、特定の対象に心を定めることであり、第二に心をその対象に浸透させることである。かの対象は常に形のあるものとはかぎらない。前者の段階のヨーガを寂止（gzhi gnas, śamatha）といい、後者のヨーガを余観（lhag mthong, vipaśyanā）という。この『大印契誓願』にあっては、かの二種のヨーガの内容は詩の形で簡単に述べられているにすぎない。

〈2・2・4・2・2・2・2・1・1〉寂　止――第一六偈

細かな、あるいは粗い思惟分別の波が自ずと鎮まり、
不動心の川の水が自ずととどまって
濃い霧の思惟分別の汚れを離れた
寂止の海を不動に保たんことを。（一六）

ここでは特に「不動心の川の水が自ずととどまって」という第二句によって寂止が説明されているが、寂止の中の後段階ともいうべき「特定の対象に心を定めること」については特に言及されていない。

〈2・2・4・2・2・2・2・1・2〉余　観――第一七〜一八偈

第一七偈が余観の本質を、第一八偈が余観の本質を証悟するための方法として「根本、すなわち、ものに自性があると思うことを断つこと」を述べる。もっとも『大印契誓願』の一七・一八偈の叙述は簡単であり、余観の本質も一般的に述べられているにすぎない。

〈2・2・4・2・2・2・2・1・2・1〉本　質――第一七偈

見ることのできない心を幾度も見るとき、
見られないものがありのままに余観できる。
「である」とか「でない」に関する疑いを断ち、
錯誤なき当体を自ずと知らんことを。（一七）

〈2・2・4・2・2・2・2・1・2・2〉根本を断つこと――第一八偈

対象を見ることによって対象のないことが心に見える。
心を見ることによって心はなく、自性を欠く〔ことが見える〕。
〔対象と心の〕両者を見ることによって〔所取、能取〕の二取は自ずと解き放たれる。
心の本質である光明を証解せんことを。（一八）

〈2・2・4・2・2・2・2・1・3〉寂止と余観の融合のヨーガ――第一九偈

すでに述べたように、ヨーガには寂止と余観の二段階がある。寂止を前段階として次に余観が続くのであるが、チベット仏教にあってはシトゥが自註において指摘するように、寂止と余観とが融合（双入）すると考えられることがある。これはヨーガという、階梯の順に行われるべき伝統的な実践方法においてはあり得ないことではある。もっとも今日の東南アジアにおける瞑想法にあっては、寂止と余観とがむしろ相反するもののように扱われることがある。つまり、寂止と余観のいずれに力点を置くのかによって意見・行法が分かれるのである。このような理解がチベットにおいてもあれば寂止と余観とが融合する、というような理解はあり得ることになる。

一九偈の内容からは、しかし、寂止と余観の融合という関係は明白とはならない。少なくとも「寂止と余観の融合」というような表現は見られない。シトゥ自身もこの偈の註においてこの二者の関係を説明しているわけではない。ともあれ一九偈は、大印契、大中観および大究竟という、カギュ派にとっては中心的教義について触れているという意味で重要な偈である。

意識の作用を離れるゆえに、これは大印契である。
片寄りを離れるゆえに、大中観である。
これはすべてを集めるゆえに、大究竟ともいわれる。
一を知ってすべての意味を証解する自信を得んことを。（一九）

シトゥによれば、ここにいう「大印契」とは「生来存する本性を如実に証悟すること」（S. 65, 3）であり、「すべてを集めるゆえに」とは、「すべての法の証悟がここに集まっているゆえに」（S. 65, 4）という意味である。

〈2・2・4・2・2・2・2〉それ〈寂止と余観の融合のヨーガ〉より体得と証悟の生ずるありさま

これまでは手段あるいは階梯としてのヨーガが述べられてきたが、これ以後はヨーガの結果の側面が徐々に述べられる。第二〇偈では結果としての体得が、第二一偈では結果としての証悟が述べられる。

〈2・2・4・2・2・2・2・2・1〉体　得――第二〇偈

執着なき不断の大楽、
〔対象の〕相をとらえない光、障りの覆いを離れ、
知を超え、思惟分別なく、自然に成就しているもの〔空性〕を
努力なく、不断に体験できんことを。（二〇）

この偈では、ヨーガの結果を享受する側の心理的側面の説明に力点が置かれている。次の第二一偈においても真如を証解するヨーガ行者の心理的側面が触れられていないわけではないが、その力点は「究極の智」の内容の説明にある。

〈2・2・4・2・2・2・2・2・2〉証　悟――第二一偈

善きものに執着する気持ちが自ずとなくなる。

虚妄な分別という錯誤は自然に法界において清浄となる。

究極の智は、〔障りを〕断ずることと〔その手段を〕受け入れることより生じた離も得もない。

言葉の多元性（戯論）を離れた法性という真如を証悟できんことを。（二一）

第二〇偈にいう「自然に成就しているもの」とは、シトゥによれば空性であり（S. 75, 6）、それは認識を超えたところに存する実在である、と考えられている。ここでは少なくとも初期中観派におけるように不断の否定の中に空性を理解しようとする態度はない。第二一偈においても寂止と余観のヨーガの結果として生じてくるもの、あるいは到達するところは、恒常不変の何ものかである。虚妄な分別がおのずと清浄なものとなる法界、最終的な意味では障害を除いたり、障害を除く手段を受け入れたりする必要のないところに存在している「究極の智」、言葉の多元性を離れたところに存在する法性、これらは、すでに存在し、ヨーガ行者の実践の果てに行者たちを待っているものとして表象されている。というよりも、それを追求する行者たちの実践さえ必要ではないと主張しているのである。

このような「聖なるもの」が実践者の行為を俟たずして存しているという考え方は、如来蔵思想の根幹である。もっともここでランチュン・ドルジェは、個々の行者の宗教実践がいかなる意味でも不必要だと主張しているのではないことはいうまでもない。

〈2・2・4・2・2・2・3〉空性と悲の融合の実修の仕方——第二一〜二四偈

ランチュン・ドルジェは第一三偈では空性と縁起の融合について、第一九偈では寂止と余観の融合について述べた。そして、結論部分である第二一偈から解二四偈において空性と悲（他者の苦しみを取り除くこと）の融合について述べる、空性とはここではあらゆる活動が止滅した境地を指している。それは単なる虚無を意味しない。「再生」を得るために活動を一度は止めて「死」の状態に入ったものの姿である。よみがえるために「死」に至り、悲という姿で生きかえる。つまり、悲とは空性が働いたあり方なのである。

ランチュン・ドルジェが「空性と悲の融合」というのは、空性と悲とがまったく同一となるというのではなくて、両者が本来は別のものではない、ということを主張したと思われる。それは空性と縁起の融合あるいは寂止と余観の融合が、それぞれまったく同一のものとなることが意図されていないのと同様である。

〈2・2・4・2・2・2・2・3・1〉空性と悲の融合の実修の必要なこと——第二二偈

生類の自性は常に仏であるが、
悟らないゆえに限りない輪廻にさまよう。
はてしない苦しみを有する衆生に対して
抑えることのできない悲が心に生れることを。（二二）

シトゥは「悲の本質の把握が、空性と融合することである」（S. 81, 1）と解釈している。ランチュン・ドルジェ自身は第二二偈において「生類の自性（rang bzhin）は常に仏である」と如来蔵的な見解を述べるのみで、空性には直接触れていない。しかし、仏の本質は空性である、という理解はランチュン・ドルジェにあったと思われる。

次の第二三偈においては悲が働くときに空性の本質が明らかとなると述べられる。

〈2・2・4・2・2・2・2・3・2〉空性と悲の融合のあり方——第二三偈

抑えることのできない悲の巧妙な力は滅することはないが、
それが働くとき、本質たる空性の当体が赤裸となる。

過失を離れた融合という最高のこの道を
昼も夜も常に瞑想せんことを。（二三）

「空性と悲の融合」とは、空性と悲という両者が溶けあってそれぞれの特質を失い、まったく別のものになるというわけではない。両者は一つの統一体をかたちづくるのであるが、その統一体の中を流れるエネルギーには定まった方向がある。つまり、悲の力が働くとき「空性の当体が赤裸となる」のである。悲の働きが空性を顕わにするのであって、その逆ではない。空性そのものは悲のはたらきを生み出す直接的原因ではなく、悲の活動があってはじめてその本質が顕わになる。空性それ自体が独りで自らを顕わにするということはない、とランチュン・ドルジェは考える。

〈2・2・4・2・2・3〉それ〔見解の観想〕を行ずることによって成就が生ずる

見解（lta）、観想（bsgom）および行（spyod）という、チベット仏教にとって基本的な三過程に従って『大印契誓願』の叙述は進められてきた。第九〜一四偈は特に見解の内容に関して述べ、第一五〜二三偈は観想の内容とその方法について述べている。次は、行に関しての叙述が来るべきであろう。しかし、第二四偈は行に関して述べているわけではない。行に関する叙述がないことについて、シトゥは次のように述べる。「すなわち、「これまでに行が教示されていないではないかというならば、観想の教示によってすでに行が教示されているからである」（S. 84, 4）。

〈2・2・4・2・2・4〉道が完成する

この項目についても『大印契誓願』は個別の偈を当ててはいない。しかし、道についての叙述はすでに第三偈から始まっており、『大印契誓願』全体が道について述べているといっても過言ではない。

〈2・2・5〉道の完成した結果を願う——第二四偈

観想の力より生じた慧眼と神通を〔得て〕、
衆生を熟せさせ、仏土を浄め、
仏のもろもろの法の成就する誓願を成就し、
完成、熟成、浄化の三を究めて成仏せんことを。（二四）

「完成、熟成、浄化」とは、菩薩たちがさまざまな手段によって衆生を熟成させ、仏土を浄化し、仏の有するあらゆる徳を自らにおいて完成することをいう（cf. S. 88, 1~3）。『大印契誓願』の目指すところは成仏そのものである。

〈3〉誓願のむすび——第二五偈

十万の仏と菩薩のあるかぎりの
悲心と清浄な善の力により
かくの如くわたしと一切衆生の
清らかな誓願がありのままに成就せんことを。（二五）

三　智慧の動態　むすび

見解・観想、および行という三つの過程に従って叙述を進めてきたランチュン・ドルジェは、行についてはほとんど述べていない。しかし、これはランチュン・ドルジェが行を無視したことを意味するわけでも、第三要素たる道を軽視したわけでもない。行について特に述べなかったのは、彼の考える観想がいわゆる行をも含んでいたからである。

ところで、彼の考えた観想は自己が自己の精神世界にかかわるのみであって、他者への直接的かかわりはまったくない、というようなものではなかった。『大印契誓願』の終わりの結論部分では、ランチュン・ドルジェは悲、つまり「他者の苦痛を取り除こうとすること」の重要性を強調する。第二三偈では、悲が活動するとき空性の本質が明らかとなる、といわれている。つまり、空性が自立的に働くのではなくて、悲という行為を俟って空性の本質が顕わとなるのである。このような悲の重視も第三要素としての道の重視の一側面である。『大印契誓願』における智慧は、以上に述べたような第三要素である道との関係において考察されるべきものである。

すでに述べたように、智慧は一般に第二要素としての目標である。たとえば、戒・定・慧という三項目は仏教の修行階梯の大枠を示すものとして知られているが、ここでは慧は明らかに最終目標である。しかし、定つまりここでいう観想と慧との関係は、「戒・定・慧」というフレームで表現されるより、なおいっそう複雑である。

『大印契誓願』第五偈では聴聞・思索・観想のそれぞれから智慧が生ずると述べられたが、第六偈では基礎的原理としての「二つの真理」（二諦）と二資糧（六波羅蜜）と利益という三者の正しさの根拠として智慧が考えられている。第一句にいう「常と断の片寄りを離れた〈二つの真理〉」は、融合（双入）していると考えられているが（S. 21, 1）、二つの真理が融合していることを直証することは智慧による。ようするに、聴聞・思索・観想より智慧が結果として生ずるのであるが、智慧によってこそ「二つの真理」、二資糧、二利を真に得ることができる。このようにして、智慧は結果でもあり、原因ともなる。道（手段）の中に果（結果）が含まれると述べたが、道と果の二者あるいは、因・道・果の三者の関係を語るものは、『大印契誓願』においては智慧である。そして、智慧の動態を語るものは、道と果との関係である。つまり、道と果との関係を語ることによって智慧の本質を語り、智慧の内容を語ることによって実践の内容である「道と果の力学」を語るのである。これは決して自家撞着ではない。

道と果との「力学」においては、道および果それぞれの構造が語られる限りにおいて道は道の独自性を主張し、果は道とは異なったものとしての自己の特質を主張する。しかし、智慧はこれらの二者の区別を超えようとする。一方、智慧が言葉によって語られはじめると、本来は言葉によってとらえられないはずのものが、言葉によって固定されるのであるから、本来は統一・融合したものである智慧は、自己を分析的概念智の次元へと投げ出してしまう。そのときには、すでに智慧は道と果という異なるキャテゴリーの分裂の中に自らをゆだねている。そして、智慧は再びそれらのキャテゴリーを嫌って、それらから脱出しようとする。このようにして、道と果という分析的知の次元と非分析的な智慧の次元とは、終わることのないシーソーゲームを繰り返すのである。

注

（1）ランチュン・ドルジェに関しては〔立川　一九八七a、七～八〕を参照。

（2）〔Tachikawa, Tshulkrim Kelsang and Onoda 1983: 269-270〕、〔立川　一九八七a、一七三～一七四〕、『蔵文典籍目録』四川民族出版社　一九八四、一。

（3）大印契に関しては〔立川　一九八七a、一七〕を参照。

（4）『金剛句偈』に関しては〔立川　一九七四、二二一～二三〇〕、〔立川　一九八九a、一六一～一六八〕を参照。

（5）ミキョ・ドルジェの思想については〔立川　一九八九b、一八四〕を参照。

（6）四句分別については〔立川　一九八六、一三二〕参照。

〔略号および文献〕

A:〔Rang byung rdo rje 1968a〕
B:〔Rang byung rdo rje 1986b〕
Cr:〔Rang byung rdo rje 1970〕
IIBS:〔Tachikawa, Tshulkrim Kelsang, Onoda 1983〕
S:〔Si tu pa bStan pa'i nyin byed 1974〕

Rang byung rdo rje, *Nges don phyag rgya chen po'i smon lam*, Chemre, 1968a（IIBS, No. 2057, microfiche No. 1130）（Printed from the blocks preserved in Hemis godtshang Hermitage）.

Rang byung rdo rje, *Nges don phyag rgya chen po'i smon lam*, Chemre, 1968b（IIBS, No. 2056, microfiche No. 215）（Printed from the blocks carved in 1968 at Bir and preserved in the sgrub sde at Hemis godtshang Hermitage).

Rang byung rdo rje, *Nges don phyag rgya chen po'i smon lam*, n. p., 1970（IIBS, No. 2059, microfiche No. 405）（Printed from the blocks preseved in the Phur rtse brag dgon ri khrod).

Si tu pa bStan pa'i nyin byed, *Nges don phyag rgya chen po'i smon lam gyi 'grel ba grub pa mchog gi zhal lung*, Gangtok, 1974.

Tachikawa, M., Tshulkrim Kelsang and Onoda, S., *A Catalogue of the United States Library of Congress Collection of Tibetan Literature in Microfiche*, Tokyo, The International Institute for Buddhist Studies, 1983.

四　付録『大印契誓願』チベット文テキスト

以下は『大印契誓願』（詳しくは『了義大印契誓願』Nges don phyag rgua chen po'i smon lam）の本文である。略号表に示したように、三本のテキストと『シトゥ註』（S）に含められた本文テキストがある。以下、異同を示した。

rje rang byung zhabs kyis mdzad pa'i nges don phyag rgya chen po'i smon lam bzhugs so //

na mo gu ru //

bla ma rnams dang yid dam dkyil 'khor lha //
phyogs bcu dus gsum rgyal ba sras dang bcas //
bdag la brtser dgongs bdag gi smon lam rnams //
ji bzhin 'grub pa'i mthun 'gyur byin rlabs mdzod // (1)

bdag dang mtha' yas sems can thams cad kyi //
bsam sbyor rnam dag gangs ri las skyes pa'i //
'khor gsum rnyog med dge tshogs chu rgyun rnams //
rgyal ba sku bzhi'i rgya mtshor 'jug gyur cig // (2)

ji srid de ma thob pa de srid du //
skye dang skye ba tshe rabs kun tu yang //
sdig dang sdug bsngal sgra yang mi grags[(1)] cing //
bde dge rgya mtsho'i dpal la spyod par shog // (3)

[(1)] A: grag

dal 'byor mchog thob dad brtson shes rab ldan //
bshes gnyen bzang bsten gdams pa'i bcud thob nas //

tshul bzhin bsgrub la bar chad ma mchis par //
tshe rabs kun tu dam chos spyod par shog // (4)

lung rigs[1]thob pas mi shes sgrib[2]las grol[3]//
man ngag bsam pas the tshom mun nag bcom //
sgom byung 'od kyis gnas lugs ci bzhin gsal //
shes rab gsum gyi snang ba rgyas par shog // (5)
[1]Cr: rig; [2]sprin; [3]Cr: grel

rtag chad mtha' bral bden gnyis gzhi yi don //
sgro skur mtha' bral tshogs gnyis lam mchog gis //
srid zhi'i mtha' bral don gnyis 'bras thob pa'i //
gol 'chugs med pa'i chos dang 'phrad[1]par shog // (6)
[1]A: phrad

sbyang gzhi sems nyid gsal stong zung 'zug la //
sbyong byed phyag chen rdo rje'i rnal 'byor ches[1]//
sbyang bya glo bur 'khrul pa'i dri ma mams //

sbyangs ’bras dri bral chos sku mngon gyur shog //（7）
[(1)]Cr: che

gzhi la sgro ’dogs chod pa lta ba’i gdeng //
de la ma yengs skyong ba sgom pa’i gnad //
sgom don kun la rtsal sbyor spyod pa’i mchog //
lta sgom spyod pa’i gdeng dang ldan par shog //（8）

chos rnams thams cad sems kyi rnam ’khrul te //
sems ni sems med sems kyi ngo bos[(1)]stong //
stong zhing ma ’gags cir yang snang ba ste //
legs par brtags[(2)]nas gzhi rtsa chod par shog //（9）
[(1)]B: bo; [(2)]A: rtogs

yod ma myong ba’i rang snang yul du ’khrul //
ma rig dbang gis rang rig bdag tu ’khrul //
gnyis ’dzin dbang gis srid pa’i klong du ’khyams[(1)]//
ma rig ’khrul pa’i rtsa bdar[(2)]chod par shog //（10）

(1)A: ’kyam; (2)A, S: rtsad dar, B: rtsad bdar

yod pa ma yin rgyal bas kyang ma gzigs //
med pa ma yin ’khor ’das kun gyi gzhi //
’gal ’du ma yin zung ’zug dbu ma’i lam //
mtha’ bral sems kyi chos nyid rtogs par shog // (11)

’di yin zhes pa gang gis mtshon pa med //
’di min zhes bya gang gis bkag[1] pa med //
blo las ’das pa’i chos nyid ’dud ma byas //
yang dag don gyi mtha’ ni nges par shog // (12)
(1)A: ’gag

’di nyid ma rtogs ’khor ba’i rgya mtshor ’khor //
’di nyid rtogs na sangs rgyas gzhan na med //
thams cad ’di yin ’di min gang yang med //
chos nyid kun gzhi’i tshang[1] ni rig par shog // (13)
(1)B. Cr: mtshang

snang yang sems la stong yang sems yin te //
rtogs kyang sems la ’khrul yang rang gi sems //
skyes kyang sems la ’gags kyang sems yin pas //
sgro ’dogs thams cad sems la chod par shog // (14)

blos byas rtsol ba’i sgom gyis ma bslad cing //
tha mal ’du ’dzi’i rlung gis ma bskyod par //
ma bcos gnyug ma rang babs[1] ’jog shes pa’i //
sems don nyams len mkhas shing skyong bar shog // (15)

[1] B: ma ngang bab; Cr: mar rang chas

phra rags rtog pa’i rba rlabs rang sar zhi //
g’yo med sems kyi chu bo ngang gis gnas //
bying rmugs rtog[1] pa’i dri ma dang bral ba’i //
zhi gnas rgya mtsho mi g’yo brtan par shog // (16)

[1] B, Cr, S: bying rmugs rnyog

bltar med sems la yang yang bltas pa'i tshe //
mthong med don ni ji bzhin lhag ger mthong //
yin min don la the tshom chod pa nyid //
'khrul med rang ngo rang gis shes par shog // (17)

yul la bltas pas yul med sems su mthong //
sems la bltas[(1)]pas sems med ngo bos[(2)]stong //
gnyis la bltas[(3)]pas gnyis 'dzin rnag sar grol //
'od gsal sems kyi gnas lugs rtogs par shog // (18)
[(1)]A: bltes; [(2)]B: bo; [(3)]A: blte

yid byed bral ba[(1)]'di ni phyag rgya che //
mtha' dang bral ba dbu ma chen po yin //
'di ni kun 'dus rdzogs chen zhes kyang bya //
gcig shes kun don rtogs pa'i gdeng thob shog // (19)
[(1)]A: bas

zhen pa med pa'i bde chen rgyun chad med //

mtshan 'dzin med pa'i 'od gsal sgrib g'yogs bral //
blo las 'das pa'i mi rtog lhun gyis grub //
rtsol med nyams myong rgyun chad med par shog // (20)

bzang zhen nyams kyi 'dzin pa rang sar grol //
ngan rtog 'khrul pa rang bzhin dbyings su dag //
tha mal shes pa spang blang bral thob[(1)]med //
spros bral chos nyid bden pa rtogs par shog // (21)

[(1)]A: ba

'gro ba'i rang bzhin rtag tu sangs rgyas kyang //
ma rtogs dbang gis mtha' med 'khor bar 'khyams //
sdug bsngal mu mtha' med pa'i sems can la //
bzod med snyng rje rgyud la skye bar shog // (22)

bzod med snying rje'i rtsal yang ma 'gags pa'i //
brtse dus ngo bo stong don rjen par shar //
zung 'zug gol sa bral ba'i lam mchog 'di //

’bral med nyin mthsan kun tu sgom par shog //（23）

sgom stobs las byung spyan dang mngon shes dang //
sems can smin byas sangs rgyas zhin rab sbyangs //
sangs rgyas chos rnams grub pa’i smon lam rdzogs //
rdzogs smin sbyangs gsum mthar phyin sangs rgyas shog //（24）

phyogs bcu’i rgyal ba sras bcas thugs rje dang //
rnam dkar dge ba ji snyed yod pa’i mthus //
de ltar bdag dang sems can thams cad kyi //
smong lam rnam dag ji bzhin grub[(1)]gyur cig //（25）

[(1)]B. Cr: ’grub

5　サキャ派の歴史と思想

一　サキャ派の祖師たち

サキャ派の開祖コンチョクギェルポ（dKon mchog rgyal po 一〇三四～一一〇二）はコン（'Khon）氏の出身である。この血統の者はニンマ派の基礎を築いたパドマサンバヴァから続いている旧訳、すなわち、前伝期の古密教の伝統を受け継いでいた。兄の勧めによってコンチョクギェルポは、新訳すなわち後伝期の密教を学ぶべく、ドクミ翻訳官の許に赴いた。帰国して後、後はポンポ山の地相が吉であると見て、その白い土地の中腹に寺を建てた。彼の宗派はその土地の名称「サキャ」（「サ」は土地、「キャ」は白色）をとって「サキャ派」と呼ばれた、という。

ドクミ（'Brog mi）翻訳官シャーキャイェシェ（Śākya ye shes）は、インドの後期仏教タントリズムの伝統を受け継いでおり、一一世紀、サキャ派やカギュ派の祖師たちに法を伝えた人物である。サキャ派の代表的思想である道果説（lam 'bras）は、この思想の源泉とされるヴィルーパ（Virūpa）の伝統からドクミを経てサキャ派に伝えられた。道果説とは、「道は果をそなえている」（lam 'bras bu dang bcas pa）、すなわち、宗教実践の過程（道）そのものがその結果（果）の即時的獲得を保証している(1)、という考え方である。前節（4節）

においては、カギュ派にあっても仏教の目的である悟りとその手段である修行あるいは瞑想との距離が、インド初期仏教と比べて縮小されていた。サキャ派にあってはその距離はさらに縮小されている。このような縮小は大乗仏教、特に仏教タントリズムの傾向である。

インドの後期仏教タントリズムにおける「八四人の成就者（シッダ）」の一人に数えられるヴィルーパは、「ダーキニー女神から力を与えられて」ナーランダー僧院の学僧であることをやめ、行者として各地を遊行したと伝えられている。(2)

彼の直弟子には、「成就七部作」（grub pa sde bdun）の一つである『倶生《くしょう》成就』（*Sahajasiddhi*）を著したドームビー・ヘールカ（Dombī Heruka 一〇世紀頃）と『タントラ部集成』（GDK）の中に勝楽マンダラの行者として名を残しているクリシュナチャーリン（Kṛṣṇacārin チベット名、ナクポパ Nag po pa）がいる。両者ともヴィルーパより道果説を聞いているようであるが、今日残っている道果説のテキストはヴィルーパよりクリシュナチャーリンに伝えられたものである。

クリシュナチャーリンの系統にガーヤダラ（Gāyadhara）が現れ、彼がチベットのモンカルの地にドクミを訪れてさまざまな教誡を与えたといわれる。ガーヤダラに会う以前に、チベット人ドクミはナーランダー僧院で学んだドームビー・ヘールカの弟子にも道果説を聞いていた。

サキャ派の開祖コン氏のコンチョクギェルポはこのドクミから『呼金剛タントラ』を学んだ。

後世のチベットにおけるタントラ分類法によれば、『呼金剛タントラ』は、タントラの最終の発展段階にある無上ヨーガ・タントラに属し、さらにその中では「不二タントラ」のグループに属すると考えられている。このタントラでは、それぞれのヨーガ行者には「内的マンダラ」としての金剛身がそなわっており、この金剛身を場として輪廻と涅槃との無差別が感得される、と述べられる。また、ヨーガ行者の金剛身は小宇宙として外界の大宇宙と相同性を保っていると考えられており、サキャ派の人々は『呼金剛タントラ』に基きながらこの相同性を体験しようとした。その際には精神・生理学的なヨーガの行法が重視された。

ドクミは幾人かの弟子に道果説を伝えたが、道果説全体はその中の一人セトンクンリク（Se ston kun rig 一〇三〇～一一一八）が受け継いだといわれる。サキャ派の開祖コンチョクギェルポはドクミから道果説全体を詳細に聞くことはなかったと思われる。道果説全体がサキャ派に受け入れられたのは、コンチョクギェルポの実子サチェン・クンガーニンポ（Sa chen Kun dga' snying po 一〇九二―一一五八）によってである。セトンクンリクはクンガーニンポに道果説を授けようとしたが、授ける前にセトンは没してしまう。結局、クンガーニンポはセトンクンリクの弟子ゴンパワ（dGon pa ba）兄弟より道果説を聞くことになった。

もっともドクミが伝えた道果説は、さまざまなかたちで伝えられたのであって、サキャ派に伝えられていったのはその一派である。トゥカンの『一切宗義』（サキャ派の章）には「一般には大師ドクミから道果説の伝統を守る者たちが順に現れて、種々の流派が一八ばかりになったともいうが、主なものは大徳サキャ派に『天与として許されたもの』である」と述べられている。[3]

サキャ派以外に伝えられた道果説の例としては『テプテルゴンポ』（BA）に述べられる、姉弟二人の行者、すなわちマチクシャマ（Ma gcig zha ma 一〇六二～一一四九）とコンプパ・チューキギェルポ（'Khon phu pa Chos kyi rgyal po）に伝えられた道果の伝統があげられよう。[4] シチェ派の行者として有名なこの二人も、セトンから道果説を聞いている。しかし、『テプテルゴンポ』の伝える道果説は、卵、羊の足、頭蓋骨杯、少女、仏舎利などを取りそろえて行う呪術的なものであった。シチェ派では、「女神に捧げた自らの肉体が女神によって切り刻まれるのを観想し、次に解体された肉体が復元されるのを観想する」というような観想法が行われ、シャーマニズム、呪術の要素も見られる。おそらくはセトンから伝えられた道果説が、シチェ派という土壌の中で変質していったのであろう。

サキャ派の道果説は、ヴィルーパが弟子ナクポパに与えたと伝えられる『金剛句偈』(*rDo rje tshig rkang*)に基づいている。この書を『タントラ部集成』は「タントラの非常に簡潔な註」と呼んでいる。[5] ここでいわれている「タントラ」が『呼金剛タントラ』を指すことはサキャ派一般の伝承である。『金剛句偈』そのものは、わずか五葉あまりのものだが、その文面からわれわれはヴィルーパの時代に、すでに複雑にして巨大な理論体系が『金剛句偈』の背後に存在していたことを知ることができる。『金剛句偈』の内容には後ほど触れることにしたいが、サキャ派に受け継がれた道果説は、その思想の核心からいって当然ながら、顕教的伝統においてよりも、儀礼や行法を重んじてシンボリズムの体系に支えられた密教的システムとして発展していった。

タントリズム(密教)、特に後期のタントリズムの特質の一つに「性に対する態度の変換」がある。つまり、タントリズムの運動が盛んになる六、七世紀頃までは、性は否定さるべきもの、抑止されるべきものであったが、性は本来は否定さるべき「俗なるもの」ではなく、それ自体はある条件のもとでは「聖なるもの」に至る手段、あるいは「聖なるもの」ではないのかという考え方が、タントリズムの興隆とともに育ってきた。もっとも性行為が欲動の赴くままに許されるべきだと考えられたわけではない。厳しい禁欲生活と修練の結果、特殊な境地に至ったもののみが性的ヨーガを行うことを許されたのである。いずれにせよ、タントリズムにおいては、性に対する態度がそれ以前の顕教とは大きく変わったのである。

『呼金剛タントラ』および『金剛句偈』には、性行為あるいは性的な象徴的意味の体系をヨーガ実践の中に取り入れようとする「性的ヨーガ」の要素も見られる。この「性的ヨーガ」に対してどのような態度を取るかが、チベット仏教の他の諸派におけると同様、サキャにおいてもその歴史を通じての主要な問題の一つとなった。

二　サキャ派の道果説

コンチョクギェルポの実子サチェン・クンガーニンポにより道果説がサキャ派に定着した。セトンよりゴンパワ兄弟を経て伝わった道果説を、サチェンは『金剛句偈』の註釈というかたちで人々に伝えていった。当時、道果説のテキストは『大宝広説』(*gSung ngag rin po che*)あるいは単に『広説』(*gSung ngag*)と呼ばれていた。『広説』の解説をサチェンに最初に請うたのはアセン(A seng)であり、その解説を文字にしたものを『註釈書アセンマ』(*gZhung bshad a seng ma*)と呼ぶ。サチェンによる『広説』の註釈書としては今日九点が残されている[立川　一九七四、四四～四五]。サチェンが打ち立てた道果の教説はその後のサキャ派の重要な柱となり、この後、サキャ派の師たちは積極的にせよ消極的にせよ、この道果説にかかわることになった。

サチェン以降、初期のサキャ派にとって、サチェンの二子であるソナムツェモ(bSod nams rtse mo　一一四二～八二)とタクパギェルツェン(Grags pa rgyal mtshan　一一四七～一二一六)が重要である。ソナムツェモも『広説』に関する教誡を多くの弟子たちに与えたが、道果説はタクパギェルツェンによりさらに深くサキャ派内部に浸透していった。彼の道果説に関する数多くの著作が、サキャ派の奥義書的性格を有する『道果弟子教授全書』(*Lam 'bras slob bshad*) に収められている。「道果行者」(lam 'bras pa) あるいは「ヨーガの自在主」(rnal 'byor gyi dbang phyug) と呼ばれたタクパギェルツェンは、もともと行者的傾向の強かった父サチェンの道果説をさらにいっそう行的側面において発展させた。サチェン、ソナムツェモ、タクパギェルツェンの三師を「白い三人」と呼ぶならわしがあるが、開祖コンチョクギェルポおよびこの三人に代表される時期を「サキャ派初期」と呼ぶことができよう。

サキャ派は、タクパギェルツェンの甥で、次の指導者であるサキャパンチェン (Sa skya paṇ chen 一一八二〜一二五一) によって大きな変化を受けることになった。すなわち、サキャ派内部において顕教的側面が強化される一方で、蒙古王朝と結びついて政治・経済的権力を急速に増大させたのである。これは歴史的には、カギュ派のタクポラジェによってカギュ派内部における顕教的側面が強調されるとともに彼以後、カギュ派諸派が巨大な教団に急成長していったことに対応するなりゆきであった。サキャパンチェンすなわちサパンは、道果説にはそれほど関心を示さず、『論理の明蔵』(*Tshad ma rig gter*) や『三律儀細別』(*sDom gsum rab dbye*) などの顕教的要素の顕著な著作を残している。サパン以後、サキャ派において論理学・認識論の研究が盛んになったのである。

サパンが密教の伝統に触れる場合には、彼はしばしばそれを顕教的に解釈しようとした。たとえば、後期インド仏教タントリズムにおいて重要な思想となり、後世、カギュ派において尊重された大印契 (mahāmudrā) に関しても、彼なりの顕教に軸を置いた考え方をもっていた。[6] サパンは『三律儀細別』の中で次のように述べている。「二資料〔すなわち布施・持戒・忍辱・精進という福資糧と、禅定・智慧という知資糧〕が完全でないうちは、か〔の大印契〕の観想も完成しない。その二資糧が完全なものとなるためには無数の劫が必要である、と〔仏は〕いわれた。私の〔考える〕大印契は、灌頂から生じた智慧であり、〔生起と究竟の〕二次第より生じた、本来、存在としている智慧である。この〔大印契〕を証解し、密教の方便に通ずればこの世で成就を得る。それ以外に大印契の証解を仏は語っておられない」[7]。二資糧すなわち六波羅蜜の実践の重要視という点に、われわれはサパンの教学の顕教的色彩を見てとることができる。

サパンの次の指導者パクパ（'Phags pa 一二三五〜一二八〇）は『道果弟子教授全書』の中に、道果に関する多くの著作を残しており、タクパギェルツェンと同様に「道果行者」と呼ばれた。サパンは蒙古との結びつきを積極的に求めたが、パクパは叔父サパンの遺志を継いで元朝の初代帝師となった。これ以後、サキャ派は、元朝に対し被施者と施主の関係を保つことによって、蒙古人たちにとってはカリスマ的存在となる一方で、自らの国の支配権を元朝より与えられた。サパン、パクパはこうして一四世紀前半までのサキャ派全盛時代の基礎を築いた。サパン以後、一四世紀前半までの時期を「サキャ派中期」と呼ぶことができよう。

一四世紀後半からは、衰退したサキャ本家に代わってゴル（Ngor）派やゾン（rDzong）派が活躍する。この二派はどちらもサパンの影響を受けた「新サキャ派」（Sa skya gsar ma）の重要人物ラマタムパ・ソナムギェルツェン（Bla ma dam pa bSod nams rgyal mtshan 一三一二〜一三七九）の伝統を受け継ぐものである。タクパギェルツェンによって確立され、「中期」において顕教的側面を組み入れた道果説は、ゴル派やゾン派によって新しく展開することになる。

後期の道果説にとってとりわけ重要なのは、ゴル派の創始者クンガーサンポ（Kun dga' bzang po 一三八二〜一四五六）である。彼は一四二九年、ゴル寺を建立し、道果説を八三回にわたって弟子たちに伝授した。

図 5-5-01　ゴル派のクンガーサンポ

彼の時代にあってはサキャ初期の道果説とは異なって性的ヨーガは少なくとも表面には現れていなかった。道果伝授の方法が整備され、「一般的弟子たちへの解説」と「特に優れた弟子たちへの解説」を区別する習慣もできた。

ゾン派は前期と後期に分かれる。前期ではゾンチュンパ・ガーチャン・スンキペルワ（rDzong chung pa sNgag 'chang gZungs kyi dpal ba）が重要であり、後期では、コンカル・ドルジェデン寺（本書五八四頁参照）を建立したトゥトン・クンガーナムギェル（Thu ston Kun dga' rnam rgyal）が有名だ。ゴル派やゾン派の時代以降のサキャ派を「サキャ派後期」と呼ぶことができよう。

ダライ・ラマ政権が確立してから以後、サキャ派はかつてのような勢力を得ることはなかった。一九五九年の動乱以後は、サキャ派本家およびゴル派は北インドのデラドゥンを中心に活動を続けている。チベットでは、サキャ寺は破壊をまぬがれ、最近では僧侶たちの活動も許されていると伝えられる。ゴル寺はしかしその建物のほとんどが破壊された。

三　『金剛句偈』の道果説

『金剛句偈』（DTS）は師に対する簡潔な敬礼に始まり、道（lam）について述べるために全体の九割を費やし、最後に極めて簡単に果（'bras）に触れる。道と果の説明にあたって、実質的には道を説明しているところに道果説の性格の一端を窺うことができる。「果をそなえた（あるいは有する）道」（lam 'bras bu dang bcas pa）と呼ばれてはいるが、果はやはり果であり、道とは異なるものであり、道の中に完全に吸収されてしまっていると考えられることに対する警戒心がサキャ派の人々にはあった。したがって、「道果」とは、手段としての実践階梯（道）が踏み終えたところで直ちに悟りという果が得られることが約束されるという意味で考えられる。[8]

『金剛句偈』の「道」に対する説明は次の三段階に分かれている。すなわち、

（一）輪廻と涅槃に共通な道

（二）世間の人々の道

（三）世間を超えた人々の道

（一）は道の基礎理論であり、（二）および（三）と共通する要素を有するが、[9] さらに七項に分かれる。そのうち、第一項の「三つの顕れ」（snang ba gsum）と第二項の「三つの連続〔体〕——これは因・方便・果のタントラをも意味する——[10]」（rgyud gsum）の二項がとりわけ重要である。トゥカンの『一切宗義』（サキャ派の章）は、「三つの顕れ」の項がサキャ派における顕教的修行の道程を代表するものである、と述べている。[11] また『金剛句偈』を「三つの連続あるいは三タントラの経函」と呼んでいる。[12]

（二）においては、（一）の基礎理論をふまえてヨーガの精神・生理学的修行が勧められ、悟りの実質的な第一段階である見道位（初地）直前までの道程が示される。（三）においては、初地から悟りの究極的段階

としての第一三地金剛取得地までの諸段階が説明される。

『金剛句偈』の全内容の詳述はここでは不可能なので、最も基礎的な部分、すなわち（一）「輪廻と涅槃に共通な道」の第一と第二の項を述べることにしたい。関係する『金剛句偈』の全文は次のようである（第一項をa、第二項をbとする）[13]。

（a―1）衆生に、煩悩のある者に、汚れた顕れがあり、

（a―2）ヨーガ行者に、三昧に体得の顕れ〔あるいはひらめき〕があり、

（a―3）覚書（善逝）に、無尽の身・口・意の荘厳の輪に、清らかな顕れ〔あるいはひらめき〕がある。

（b―1）一切の基体であり原因たる連続〔あるいは因タントラ〕に輪廻と涅槃が存するゆえに根本連続〔あるいは根本タントラ〕が〔説かれ〕、

（b―2―1）身体であり手段たる連続〔あるいは方便タントラ〕等に座等等三の四〔灌頂〕があるゆえに因〔時〕の灌頂が〔説かれ〕、

（b―2―2）道として生起次第等が五の四〔灌頂〕によって説かれる。

（b―2―3）心の寂定（等引）の誓戒等を守ること、

（b―2―4）金剛ダーキニー〔女神〕等の心をとりなすこと、および

（b―2―5）感官の対象（欲）等の五によって〔護法神を〕喜ばすことなどをなせ。

（b―2―6）道〔時〕の四段階において四灌頂を修習することにより、身体に依り、大楽の障害を破って仏となることを明らかにするゆえに〔道は〕釈タントラである。

（b−3）大印契なる果の連続〔あるいは果タントラ〕は果〔時〕の四灌頂によって一切智者となることである。[14]

LB, Ta,（Vol. 9）, pp. 1-2a:

（a−1）sems can la / nyon mongs pa la / ma dag pa’ i snang ba /

（a−2）rnam byor pa la / ting nye dzin la / nyams kyi snang ba /

（a−3）bde bar gshegs pa la / sku gsung thugs mi zad pa rgyan gyi khor lo la / dag pa’ i snang ba’ o //

（b−1）kun gshi rgyu rgyud la ’khor ’das tshang bas rtsa rgyud /

（b−2−1）lus thabs rgyud stsogs（イ）la gdan stsogs stsogs（ロ）gsum pa bshis rgyu’ i dbang /

（b−2−2）lam du bskyed rim stsogs（イ）lnga pa bshis bstan //

（b−2−3）mnyam gshag gi dam tshig stsogs（イ）bsrung /

（b−2−4）rdo rje mkha’ ’gro stsogs（イ）kyi nyams chag bskang /

（b−2−5）’dod yon stsogs（ハ）lngas mnyes pa stsogs（イ）bya //

（b−2−6）lam gyi thun bshi la dbang bshi bsgoms pas lus la brten nas bde chen gyi sgrib pa ’gag cing ’tshang rgya bar gsal bas bshad rgyud /

（b−3）phyag rgya chen po ’bras bu ’i rgyud ni bras bu ’i dbang bshis thams cad mkhyen to //

（GDKVol. 26, p. 93~94 に収められている『金剛句偈』のテキストにおいては、（イ）の stsogs は sogs（前者は後者の古い形）とあり、（ロ）の stsogs stsogs は sogs とあり、（ハ）の stsogs は見当らない。Cf. TTP. No. 3131.）

（a）には修道論の一般的道程が簡潔に示されている。修行者は、迷いの存在として生きている時期（基本時、a–1）、修行段階にある者としてさまざまな体得をする時期[15]（道時、a–2）、悟りという果を得た時期（果時、a–3）の三階梯を経験する。ここでは凡夫も仏も一貫して「顕れ」（顕現）として把握される。「顕れ」とは、基本時ではいわゆる現象世界に他ならず、果時では「仏の一切智」に他ならない[16]。道時には菩薩等は仏の一切智を得るために、さまざまな体得としての「顕れ」を経験する。ここに言う「顕れ」は次の（b）において心の連続〔体〕として把握される。

（b）においては、（a）と異なる側面から修行過程が示される。ヴィルーパは唯識派の伝統を受け継いだと思われ、『金剛句偈』の哲学的基礎として唯識説を採用している。（b–1）では唯識説の中心的概念である「アーラヤ識」が導入された後、密教修行の代表的手段であるマンダラに関する理論が述べられ（b–2–1）、さらに断片的ではあるが修行過程が述べられる（b–2–2〜6）。

（b–1）の「一切の基体であり原因たる連続」の意味は、クンガーニンポが母に説いた註釈（DTSM）によれば次の三にまとめることができる。すなわち、(1)アーラヤ識、(2)アーラヤ識が「香りが花に存するように」存する基体としての感覚器官と身体、および(3)アーラヤ識とその基体としての感覚器官と身体との関係である[17]。「一切の基体」という意味が「アーラヤ識」の第一義であるが、アーラヤ識が感覚器官や身体から独立して存しないことを示すために、(2)と(3)の意味をクンガーニンポは加えていると考えられる。

「連続〔体〕」と訳したチベット語「ギュ」（rgyud）のサンスクリットは「タントラ」であり、タントラはしばしば「因タントラ」「方便タントラ」および「果タントラ」に三分される。人間の基本的なあり方を語る「〔心の〕連続〔体〕」（タントラ）が、経典を意味する「タントラ」と同じ語であることは示唆的である。また、この三タントラの別の呼び方として、「根本タントラ」「釈タントラ」「果タントラ」といわれることもある。[18]

（b－2）では、連続体である心身が悟りに至るための一手段であることが確認された後、悟りに至るための他の手段であるマンダラが登場する。ここにいう「座等等三」の「座」はマンダラにおいて仏たちの生ずる場を意味する。[19]「等等」の第一の「等」は「座」が複数存することを意味する。クンガーニンポによれば、「座等」は、(1)仏と菩薩の座、(2)密教修行の「女性パートナー」とラモ女神の座、および(3)忿怒男尊と忿怒女尊の座を意味し、「三座」と呼ばれる。「座等等」の第二の「等」は、次の四マンダラを意味する。[20]

(1)絵具で描いたマンダラ
(2)バガ（bhaga）のマンダラ
(3)世俗の菩提心のマンダラ
(4)勝義の菩提心のマンダラ

「バガ」とは、古代インドでは儀礼の後に与えられる分け前、あるいは神よりの恵みを意味した。ヒンドゥー教の経典『バガヴァッド・ギーター』の「バガヴァッド」は「恵み（バガ）を与える者（ヴァッド）」、すなわち神を意味する。時代が下り密教の時代になると、バガは女性原理あるいは「悟りの智慧」のシンボルである一方で、女性性器をも意味するようになった。「菩提心」は男性原理である「悟りへの手段（方便)」のシンボルであるとともに精液(滴)をも意味した。

このような三座と四マンダラ、それに四つの[21]「垢の除去」を加えた三が「座等等三」の「三」といわれる。四つの「垢の除去」とは、身・口・意それぞれの垢の除去の三と、身・口・意全体の垢の除去の一とを合わせたものである。これらの四つの垢の除去は、先の四マンダラのそれぞれにおいて行われる。すなわち、第一の身の垢の除去は絵具で描いたマンダラにおいて、第二の口の垢の除去はバガのマンダラにおいて、第三の意の垢の除去は世俗の菩提心のマンダラにおいて、第四の身・口・意全体の垢の除去は勝義の菩提心のマンダラにおいて行われる。

次に、「座等等三の四」の「四」は四灌頂(瓶・秘密・智慧および第四灌頂)を意味する。[22]灌頂とは秘儀を伝授され得る資格を認める儀礼であり、第一から第四まで順次に授けられる。それぞれの灌頂の段階に応じたマンダラにおいて行者は、仏あるいは世界との融合を試みる。つまり、第一の瓶灌頂は絵具のマンダラにおいて、第二灌頂はバガのマンダラにおいて、第三、第四の灌頂も順次二つの菩提心のマンダラにおいて行われる。以上述べた(b−2−1)の内容を図示すれば図5−5−02のようになる。

(b−2−1)の四灌頂は「器をきれいに洗う、あるいは田を整地するようなもの」といわれる。[23]すなわち、この段階の灌頂は「因時の灌頂」であり、「方便タントラの最初」である。[24]次の(b−2−2)に述べられるのは、「道時の灌頂」すなわち「方便タントラの主要なもの」である。[25]

(b−2−2)の「五」とは、(1)道、(2)見解、(3)宗義、(4)臨終、および(5)結果の五を指す。[26](1)は修行階梯であり、(2)はその階梯において所有すべき顕教的教理であり、(3)は(2)に基づいて確立された密教的教義体系である。これらの三は、人為あるいは「生」の世界に属する。(4)は死に直面した場あるいは時である。この臨終

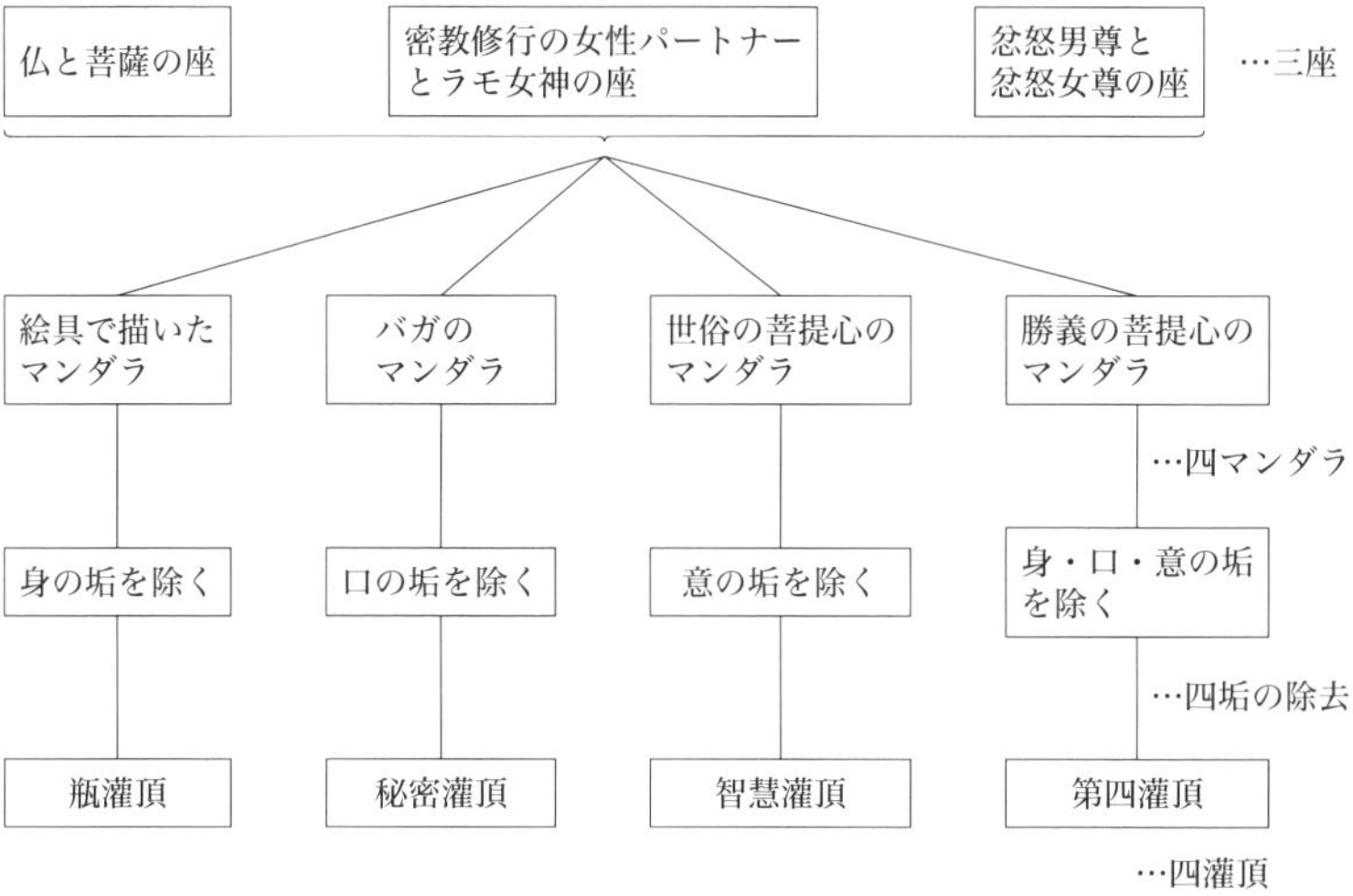

図 5-5-02 『金剛句偈』（b–2–1）における因灌頂

における緊張と衝撃を踏み台として、(5)の結果すなわち涅槃へと至るのである。(1)から(3)までに蓄積されたエネルギーを、行者は(4)においてひきしぼった弓から矢を放つように放って人為を超えた世界へと飛翔する。

（a）の中の表現と関連づけていうならば、(1)から(3)までの「道」においては、汚れた顕れが体得のひらめきに変化しつつあるが、(4)という転換点において、未だ不純なひらめきは清らかな智慧へと変質をとげるのである。

「五の四」の「四」は（b–2–1）の場合と同じく四灌頂を指す。つまり、前述（b–2–2）の生と死のパターンが四灌頂のそれぞれにおいて繰り返される。その結びつきのそれぞれにクンガーニンポは名称を与え、説明している。たとえば、第一灌頂における、

(1)道は生起次第

(2)見解は唯識思想の中の三性説（［立川　一九七四、四七～四八］［立川　二〇〇一、一四五～一四六］参照）

(3)宗義は輪廻涅槃無差別の思想（［立川　一九七四、三三～三七］参照）

(4)臨終は住天上（gong du 'pho ba 輪廻の流れの中で上へ、つまりより良い状態〈趣〉へと行くこと）

(5)自性として実在する応身

である。（b-2-2）にいう「道として生起次第」とは、第一灌頂における道を例としてあげたものであり、背後に見られる複雑な修行過程こそ（b-2-2）の主内容であり、道時の灌頂である。

（b-2-3）は密教修行の準備となる誓戒等を守ることを命じ、（b-2-4・5）は行者が単に禁欲的になるのではなくて、密教修行からはずれない限り、むしろ五官を満足させることを勧めている。（b-2-5）は道果説では感官に対する態度が少なくとも初期仏教とは異なることを示している。（b-2）の最後の項目である（b-2-6）は、道時の総括であり定義づけであるが、その中にすでに（b-3）の果時の境地とほとんどちがわない境地が述べられていることに注目すべきである。（b-2-6）に見られる「釈タントラ」とは（b-1）の「根本タントラ」の内容理解を助けるものである。一般に「釈タントラ」は、方便として「根本タントラ」と「果タントラ」の媒体となる。

（b-3）の「大印契たる果」についてクンガーニンポは母のために著した註釈の中で「印契《ムドラー》（密教修行の女性パートナー）を用いて得た完成であるから〈印契〉といい、その上に他のものはないから〈大〉という。…（中略）…果である四身が完成するゆえに〈一切智者〉といわれる。〈一切智者〉とはすべての身体（身）を知り、すべての言葉（口）を知り、すべての意を知り、すべての身・口・意を知る者である。〔四身とは〕応身・報身・法身、および自性身である」と述べるにとどまり、[27]（b-1）から（b-2）に見られるような詳細な説明はしていない。

（b-3）の「果〔時〕の四灌頂」は、『金剛句偈』の説明の初めにあげた（二）「世間を超えた人々の道」

に述べられる四つの灌頂と同一である。すなわち、「世間を超えた人々の道」は初地から第一三地までを四段階（初地〜第六地、第七地〜第一〇地、第一一地〜第一二地、および第一三地）に分けて、そのおのおのに灌頂が行われる。さらにこれらの四段階のそれぞれに「応身より灌頂を受けること」「報身より灌頂を受けること」「法身より灌頂を受けること」「自性身より灌頂を受けること」が配分される。このように『金剛句偈』は道の中に四身という果[28]を配するのである。

以上、（二）「輪廻と涅槃に共通な道」の第一項と第二項を中心に『金剛句偈』の道果説をクンガーニンポの註釈に基づいて見てきたが、そこでは汚れた顕れが、清らかな顕れあるいは智慧に転変すると考えられている。感覚器官による享受は、浄化作用を前提にした上ではあるが、肯定されるのである。「大楽の成就」も、人間の性の快楽が何らかの自己否定もなくて肯定されるのではないが、浄化あるいは「聖化」の結果として肯定される。

クンガーニンポの道果説は、生来の智慧を涅槃とし、心意識の連続体としての人間のあり方の根底に常住する核――すなわち如来蔵的なもの――を考えている。サキャパンチェンの道果説もこの大枠から脱したものではない。『金剛句偈』（a）において「顕れ」（あるいは、ひらめき）が因・道・果の三時に配され、（b）においても連続（心意識の連続体）ととらえられた人間存在が三時に配されているが、この三時を通じて繰り広げられる生存のあり方はすべて「生来の智慧」の顕れにすぎないと考えられる。しかし、サキャ派の道果説は修行階梯としての「道」の構造を詳細に考察し、かつ道時の実践体系を厳密に保持しようとしたことによって、無媒介的な「果」の獲得を容認する危険をまぬがれたといえよう。

注

（1）［山口　一九八八、二四八］参照。
（2）Chogay Trichen, *The History of the Sakya Tradition*, Ganesha Press, Bristol 1983, F. 8.
（3）［立川　一九七四、七三］参照。
（4）BA, p. 218 ff.;［立川　一九七四、三一］
（5）GDK, Vol. La, 4b, 5.
（6）［山口　一九八八、二五〇］参照。
（7）SKK, Vol. 5, p. 309, f. 2, 11. 3 ff.
（8）注（1）参照。
（9）［平松　一九八三、七二］
（10）［津田　一九七九、六一～六二参照。
（11）［立川　一九七四、七一］参照。
（12）［立川　一九七四、五八］参照。
（13）以下の訳文は［立川　一九七四、二三～二四］の改訳である。改訳にあたっては［津田　一九七九、六二］に多くを負っている。津田真一氏の御指摘に感謝したい。
（14）『金剛句偈』のテキストについては［立川　一九七四、二四、一四二～一四七］、（*TTP*）No. 3131 参照。
（15）DTSM, 6a, 3 以下には一五種の顕れが述べられている。『金剛句偈』の註釈については［立川　一九七四、四五］［Tachikawa 1975: 98-99］参照。
（16）DTSM, 7a, 6.
（17）DTSM, 7b, 1-2.
（18）［平松　一九八三、七三］

(19) DTSM, 9b, 3.

(20) DTSM, 9b, 1-2.

(21) DTSZ, 10a, 6.

(22) DTSM, 12a, 2-3.

(23) DTSZ, 11a, 3-4.

(24) DTSM, 9a, 4.

(25) DTSM, 9a, 5.

(26) DTSM, 12a, 3.

(27) DTSM, 37b, 6 ff.

(28) ［立川　一九七四、七五］

〔略号〕

BA: *The Blue Annals*, tr. by G. Roerich, 2 parts, The Asiatic Society, Calcutta 1953.

DTS: *rDo rje tshig rkang*

DTSM: *rNam 'byor bdang phyung dpal sa skya pa chen pos yum ma gcig zhang mo'i don du mdzad pa, Lam 'bras slob bshad*, Vol. Ya, ff. 1-80.

DTSZ: *rNam 'byor dbang phyug dpal as skya pa chen po la zhu byas dngos grub gyis zhus pa, Lam 'bras shob bshad*, Vol. E. ff. 1-95.

GDK: *rGyud sde kun btus*, ed. by 'Jam-dyangs Blo-gter-dpang-po, N. Lungtok & Gyaltsan, Delhi 1971.

SKK: *Sa skya bka' 'bum*, ed by bSod nams rgya mtsho, Oriental Library, Tokyo 1968.

Tachikawa, Musashi, "The Tantric Doctrine of the Sa skya pa according to the Śel gyi me lon," *Acta Asiatica*, No. 29, 1975, pp. 95-106.

TTP: *The Tibetan Tripitaka*, the Peking edition, Suzuki Foundation, Tokyo 1957.

6 ヘーヴァジュラ・マンダラの観想法

一 秘密仏の「不浄な」すがた

簡素な僧衣をまとい、手には布施を受けるための鉢を持った仏、この姿こそ「仏」と呼ぶにふさわしいと伝統的あるいは保守的な仏教徒たちは考えるだろう。家族を捨て、家を出た修行者には冠や身を飾る装飾品はふさわしくないからだ。

だが、インド大乗仏教の後期には冠を戴き、装身具で身を飾った仏（如来）のイメージができあがっていた。七世紀の編纂と考えられる『大日経』には装った姿の大日如来が登場する。その後、如来たちの姿は、僧衣をまとった当初の姿からますます遠ざかる。たとえば、妃を抱き、血で満たされた頭蓋骨杯（カパーラ）を持ち、血のしたたる象の生皮を光背のように広げもつ姿をとるようになる。護法神ではなく仏（如来）もこのような姿をとることがしばしばである。水牛の面をした仏ヴァジュラバイラヴァ尊も現れた。

ところで、このような密教に特徴的な仏すなわち秘密仏の姿は、異様なものではないかもしれない。それらの姿はわれわれ人間の姿そのものであるともいえるのだから。肉を食らい、性行為を営み、悲しげな叫び声をあげる姿、それは人間の日常の姿である。いささか乱暴な言い方をするならば、僧衣の仏にしても有機物を摂取し続けなければ肉体を維持できないヒトなのである。

ヒトの心身のできあがる様子を説明する代表的な仏教理論に十二因縁（十二支縁起）がある。これは無明（迷い、正しい知の欠如）が原因となって行（行為エネルギーに存する慣性、現象世界を形成する潜在能力）があり、行が原因となって識（認識内容およびその作用）があり、識が原因となって第四の「支」（項）が生ずるというように、心身の「形成史」が語られ、最後の第十二支である老死に至るという説である。

この説において注目すべきは、心身を形成する十二の項のすべてが迷いの世界にあるものであって、それらの項のどれ一つとして迷いの世界から脱出していないことである。悟りは第一の項、無明の否定である明（正しい知）として「裏に」暗示されているにすぎない。その場合でも「明」は実在であると主張されているわけではない。

要するに、われわれ人間のあり方は、現在の姿を考えるにせよ、その成立の過程から考えるにせよ、悟りという最終目標に達するためには否定さるべき「俗なるもの」である。「俗なるもの」をどのような方法で聖化すべきなのかということが、後期仏教タントラの主要な課題であった。ほとけたちがことさらに異様な姿をとるというのは、人間たちの「俗なる」あり方を示すための意図的な一つの方法であった。

頭蓋骨杯を持ちながら性行為をしている仏の姿は、ヒトの生のあり方をリアルに写しているとともに、悟りの知の獲得はこの現実に正面から取り組むことによって可能であると述べているように思われる。すなわち、日常の感性では「不浄」で恐ろしい秘密仏の姿は、われわれを悟りへと導く手段（方便）に他ならないのである。悟りはその恐ろしき姿の「裏」にある。その「裏」は古来「空性」と呼ばれてきた。仏の姿は、たとえそれがそれまでの伝統的な仏教における仏の姿と異なっていようとも、空性の働きによって顕現したものなのである。

チベット自治区の首都ラサ市の近郊にコンカル・ドルジェデンと呼ばれる僧院がある［正木・立川　一九九七、一八］。この僧院はサキャ派に属するが、サキャ派の人々にとってもっとも重要な秘密仏はヘーヴァジュラである。このほとけは一般に十六臂で、それぞれの手に頭蓋骨杯を持つ姿で表現される。コンカル・ドルジェデン寺院イダム堂北面壁の正面には十六臂のヘーヴァジュラが描かれている。

すでに述べたように、密教の行法の一つに観想法（サーダナ、成就法）があり、これは精神集中によって眼前に仏たちの姿を現実のものであるかのように見る行為である。ここでは、サキャ派の僧コンチョクフントゥプ（一四九七〜一五五七）の著したテキスト『ヘーヴァジュラの現観』に従って、ヘーヴァジュラを中心としたマンダラの観想を見てみたい[1]。

初めに、コンチョクフントゥプのテキストに基づきながら、ヘーヴァジュラ・マンダラの観想のあらましを述べておこう。

観想法を行おうとする行者は、まず、禅定の姿勢をとり、それから観想すべきヘーヴァジュラやその周囲に立つ女神などをおおまかに思い浮かべる。観想の「核」を作るのである。次に仏・法・僧の三宝に帰依する。そして、かの観想の「核」は行者の身体に収められ、その核から恐ろしい秘密仏ヘールカが出現する。

このヘールカが、後にヘーヴァジュラとして現れるのである。

ヘールカのまわりには八人の女神が出現する。ヘーヴァジュラとこの八人の女神がヘーヴァジュラ・マンダラの中心メンバーである。このメンバーを念じながら、行者は自らの罪障の告白と懺悔をし、菩提心、つまり悟りを得ようとする心を起こす。以上が、観想法のいわば準備段階である。

観想法の実質的部分は、空性の観想で始まる。「すべてが空である」とは密教のみならず大乗仏教の基本的テーゼである。観想によって生まれてくる仏たちの姿はすべて空性の働きによって仮に現れたものにすぎない。空性の観想後はマンダラのおおまかな立体構造が現れてくるのである。

次に、そのマンダラの中心的構造の中に円盤の形をした守護輪（ラクシャーチャクラ）が現れる。これは周囲に鋭い刃をつけており、その歯を回転させることによって「敵」すなわち煩悩などを亡ぼすのである。この観想法では守護輪の上に世界の物質的基礎である四元素（地・水・火・風）が積み上げられるが、それらの元素が攪拌された後に宮殿が現れる。この宮殿の中にヘーヴァジュラやかの八女神が並ぶのである。次に、宮殿の周囲八方に八つの尸林《しりん》（死体を焼いたり、しばらく安置したりする場所）がイメージされる。

以上の観想によって、ヘーヴァジュラや八女神の住む館あるいは「器」が完成する。これ以後は、その館の住人であるヘーヴァジュラたちが観想される。ヘーヴァジュラの出現には二段階がある。つまり、因の状態にあるヘーヴァジュラの出現と、果の状態にあるヘーヴァジュラのそれとである。いずれの状態のヘーヴァジュラが現れた場合であっても、その直後にその周囲に立つ女神たちが生まれる。

ヘーヴァジュラは実は「世界」（一個体の心身を中心にした世界、一人の人が自分の感覚器官を用いて得た情報を再構成して得た周囲世界）そのものであり、行者も本質的にはヘーヴァジュラと同一のものであるゆえに

「世界」と等しくなる。「世界」と等しくなった行者がその後どのようになるのかは、しかし、本章では扱われていない。ヘーヴァジュラ・マンダラの形成のプロセス（生起次第）の考察が本章の課題である。

以下、コンチョクフントゥプのテキストを訳した部分は段を下げてある。下げていない部分は筆者の解説である。

二　準備としての観想法

a　観想法の「核」の形成

トルマ（小麦とバターで練った供物、本書二〇四頁参照）を供えた後で、二重金剛の〔描かれた〕座に坐り、禅定の姿勢をとる。東を向き、「帰依すべきもの」を眼前に観ずる（2a, 2-4. この数字は翻訳されたテキスト部分の最後の頁数と行数を示す。以下も同様である）。

「帰依すべきもの」とはこれから始まる観想の対象となるもろもろの尊格を意味する。すなわち、一本の聖樹の頂上に獅子に支えられた玉座があり、その座には八弁の蓮華がある。それぞれの花弁には女神の座となる月輪（白く描かれる円盤）がある。東の花弁には黒い身色のガウリー、南には赤いチャウリー、西には黄のヴェーターリー、北には緑のガスマリー、南東には白いシャヴァリー、南西には紫のチャンダーリー、北西には多色のドーンビニー、および北東には青いプッカシーがいる。蓮華の中央には日輪があり、その上に四魔（マーラ）がいる。この四魔の上にヘーヴァジュラが妃と共にいる。

この場合、ヘーヴァジュラは仏（ブッダ）と師を象徴し、西のヴェーダーリー女神の前にあると考えられている聖典は法（ダルマ）を、八人の女神たちは僧（サンガ）を象徴する。

b　三宝への帰依

観想者が唱える。

「師と三宝に礼拝し帰依する。私が生きているかぎり私に恵みを与えてください」

かの帰依すべきものが光の中に溶け、その光は〈実践者〉自身の中へと吸収される。

「すべての生類のために私は完全な悟り〈等正覚〉を得なければならない。そのために私はこの深い道を修します」

c　ヘールカの出現と彼に対する帰依

突然、〈実践者〉自身の頭の上に蓮華と〈白い円盤として描かれる〉月輪が現れ、その上に金剛薩埵たるシュリー・ヘールカが現れる。この身体は白、一面二臂で、金剛杵と金剛鈴を持ち、妃を抱く。六つの骨飾りで飾られ、足を金剛坐〈結跏趺坐〉に組む。額には、彼自身と同じ姿をした族の主〈阿閦如来〉の化身を戴く。彼の腿には妃ヴァジュラガルヴィーがおり、彼女の身体は白で、曲った刃を有するカルトリ刀と頭蓋骨杯を持つ。五つの骨飾り（ムドラー）に飾られ、彼女は彼と一体となる。父「ヘーヴァジュラ」の心臓に月輪があり、そこに白い「フーン」（hūṃ）の文字が見られる。ここから光が放射されてすべての如来の心の本性を招く。〔如来の心の本性は〕智慧の甘露の姿をとりながらかの「フーン」の文字へと吸収されるのである。

「始まりのない輪廻を通じて、私を、そしてすべての生類が積んできた罪、障害、過失、誤りと不浄を払い清めてください。主よ」

甘露は「フーン」の文字から落ちて、ヘールカの身体を満たす。そして、彼の身体の次に母の身体を満たす。甘露は父の全身と母の全身から降りて、〔実践者〕自身の頭部から入り、すべての病、悪霊、罪および障害を二つの下の門から便と尿のように外に出すか、あるいは、足の裏から煙のような汁あるいは膿と血として外に出す。空なるもの〔となった身体〕は甘露で完全に満たされる。

「オーン、栄えある金剛ヘールカよ、誓願を加護せよ、ヘールカとして近くに立て、私にとって堅固たるものであれ、私を喜ばせるものであれ、私にとって養われるべきものであれ、私に対して心を尽すものであれ、私にすべての成就を与えよ、すべての行為において私の心を最上のものとせよ。フーン、ハ、ハ、ハ、ハ、ホー、世尊金剛ヘールカよ、私を解き放て、ヘールカであれ、マハーサマヤ・サットヴァ（偉大なる三昧耶薩埵よ）、アーハ、フーン、パト（百字真言）」（できるかぎり数多く唱えるべきである。）

「無明に惑わされ、私は誓願を破ってしまった。師、守護者に帰依します。大いなる慈悲心を有し、生類の主である最高の執金剛に帰依します。…（中略）…」

金剛薩埵である父〔ヘーヴァジュラ〕と母〔ヴァジュラガルヴィー〕は、光の中に溶け入る。その光は〔実践者〕自身の頭頂から全身へと吸収され、その身体は虹の如くになる。〔実践者〕自身は、瞬間のうちに栄えあるヘーヴァジュラとなる。〔実践者〕自身の心臓の中で、「パン」（paṃ）の文字から蓮華が生まれ、その上で「ラン」（raṃ）の文字から日輪が生まれる。その上には青い「フーン」の文字が生まれるが、この文字は見られるもの（客体 gzung）と見るもの（主体 'dzin）の二元性を離れた〔心の〕本質である。ここから光が放たれた後、真如の場（gnas）から、九尊ヘーヴァジュラ・マンダラ（図5–6–01）の中へと、主〔ヘーヴァジュラ〕の額を〔化仏として〕飾る阿閦如来の姿をとった師を、金剛を集める印相を結んで招く。

「オーン、ヴァジュラ・サマージャ」（金剛召《こんごうちょう》の仕草で呼ぶ）

「師たちに礼拝」（両手を額で合わせる）。

「シュリーヘーヴァジュラ・マンダラに礼拝します」（合掌する）

図 5-6-01　九尊シュリーヘーヴァジュラ・マンダラ。
［Raghu Vira and Lokesh Chandra 1967: Vol. 21（15）, No. 99］より

d　八女神の出現

心臓の中の「フーン」の文字から生じた女神たちによって主尊に供養がなされたと念じながら、観想法を実践する行者は次のようにいう。

「ガウリーは優しい動物（兎）の印を持つ。チャウリーは魔に打ち勝つことの印を、ヴェーターリーは水を、ガスマリーは薬を、プッカシーは金剛を、シャヴァリーはトニック剤（チベット語 マル）を、チャンダーリーはダマル太鼓を持つ。彼女らはかの主〔ヘーヴァジュラ〕に供養するが、ドーンビニーは激しい愛欲のために〔自身の身体を両手で〕抱いている（5a, 5）」

「優しい動物（兎）の印」とは月、つまり白い菩提心すなわち精液を意味し、「魔に打ち勝つこと」とは太陽、赤いもの、すなわち経血・卵子を意味する。「水」とは尿を、「薬」とは便を、「金剛」とは「大いなる肉」、つまり脳を意味する。これらの五つは「内的供物」と呼ばれる。「トニック剤」とは金剛薩埵と妃との合体から生まれた精液と血との混合物をいう。「主」とは究極的には真如のことである。これらの三つ〔精液、血、太鼓〕は「外的供物」あるいは「真実の供物」と呼ばれる。

この場合、「水」や「薬」は尿や便を意味するシンボルではあるが、それらのシンボルは究極的には尿や便という物体そのものを指しているわけではない。テキストにいう「尿や便」という排泄物にすぎない存在が、ダーキニーの持物として述べられているとは考えられない。ここにおいても、本書第4章3節で見たように、シンボリズムが複数の層において働いていると考えられる。

e　罪障の告白と懺悔

ヘーヴァジュラおよびその周囲の八人のダーキニー女神、すなわちヘーヴァジュラ・マンダラの核を観想し終わると、実践者は自分がこれまでに積み上げてきた罪障を告白し、懺悔した後、悟りを得ようと決意する。

「三宝に帰依します。すべての罪を一つひとつ告白します。すべての生類の徳ある行為（善行）を喜び、そして仏の悟り（菩提）を心に念じます。悟りを得るまで、私は三宝に帰依します。私自身と他人の目的を達成するため、私は悟りへの心（菩提心）を起こします（5b, 3）」

三　器としてのマンダラの観想

a　空性の観想

以上でヘーヴァジュラ・マンダラの構造の観想がおおよそ終わり、三宝に帰依し、悟りを得ようと決心し、つまり菩提心を起こし、罪を懺悔し終わった。次に最終的なマンダラ観想が始まる。

すべてのものが自分の心の顕れであり、それも自意識（rang rig）の幻に似ている。それは本来

(rang bzhin gyis) 見ることのできない空性なのであると知るべきである (7a, 4)。

「空性は自性という点で空である」(自性あるいは自体を欠いている、rang bzhin gyis stong pa) というのが初期大乗仏教の一般的表現なのであるが、その場合、「自性」とは反対論者の主張する「実在」(恒常的実体) とも呼ぶべきものであり、仏教徒にとっては否定さるべきものであった。しかし、コンチョクフントゥプのこのテキストにあっては「自性」という語は明らかに「本来のあり方」の意味で用いられており、仏教徒にとって否定さるべきものではない。「本来、見ることのできない」という場合は、空性がわれわれの経験を離れて無始以来、実在するという意味である。

空性はわれわれの経験を超えているとしばしばいわれる。だが、龍樹の『中論』における空性は、われわれの経験を超えた次元において実在する恒久不変の存在ではない。少なくとも初期および中期大乗仏教においては、空性が恒久不変のものであるという考え方は支配的ではなかった。しかし、密教においては空性はしばしば実体視された。つまり、「空性」が実在の意味で用いられるようになったのである。今われわれが問題としている一節はこのような空性の実体視の一つの証左であると考えられる。

「オーン。私の本質は空性の智慧という金剛である」

(oṃ śūnyatā-jñāna-vajra-svabhāva-ātmako 'ham) (7a, 4)

これは空性の観想がなされたときに発せられるものとして最もよく知られたものであり、たとえば『観想法の花環』においても、バッタチャリヤ版七番、一三番、一四番、二四番、二六番、三八番などに現れる。チベット仏教においては、空性と智慧の関係に関して古来より異論がある。すなわち、空性は智慧に他ならない、という考え方と、空性という対象に関する智慧である、という考え方である。今の場合、どちらの意味に用いられているのかは不明である。「空性の智慧という金剛」という場合の「金剛」は譬喩的意味に用いられており、智慧の空性が金剛に譬えられている。

b 器としてのマンダラの出現

空（stong pa）の当体より蓮華が生じ、「ラン」の文字より日輪（白く輝く円盤として表象される）が生ずる。この上に「フーン」の文字より二十鈷の二重金剛が現れる。〔二重金剛の〕東は白、南は黄、西は赤、北は緑、そして中央は濃い青で「フーン」の文字が刻まれている。この「フーン」の文字から十方に光が放たれる。金剛地（ヴァジュラ・ブーミ）は下方にあり、それは金剛塀（ヴァジュラ・プラカーラ）によって囲まれ、さらにその上に金剛籠（ヴァジュラ・パンジャラ）がある。周囲は智の明るく燃える炎によって囲まれている（7b, 2）。

以上によってマンダラの構造の枠組が明らかになった。コンチョクフントゥプのテキストには述べられていないが、すでにインドにおいて「金剛の環」（vajra-āvalī）と呼ばれる金剛が鎖状に連なったものが考えられていた。『完成せるヨーガの環』第一章では、金剛の環が金剛の地を囲み、さらにその外側に金剛の塀が垣根のように囲む。その上にテントあるいは籠を逆さに置いたような形をした金剛の籠がある。これら金剛の籠や金剛の塀などの位置関係は図5−6−02あるいは図5−6−03のように示すことができよう。金剛の籠が金剛の塀を覆うのか（図5−6−02）、あるいは金剛の塀の内部に収まるのか（図5−6−03）については古来、二通りの解釈があったようだ。『完成せるヨーガの環』第一章では、後者のケースが述べられている。かつてサキャ派の分派ゴル寺の僧院長（ケンポ）であったソナム・ギャツォ（bSod nams rgya mtsho 一九三三〜一九八七）師は、前者のケースのあることを述べられていた。

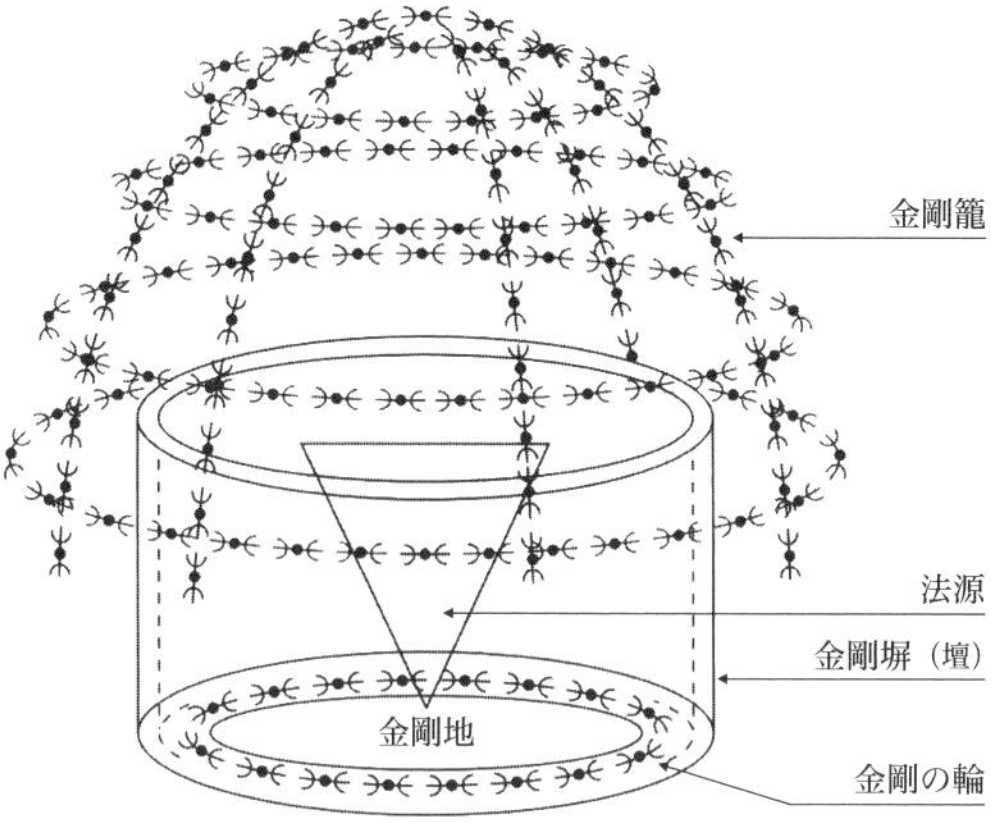

図5−6−02　マンダラにおける金剛塀と金剛籠（1）
（金剛塀より金剛籠の方が大きい場合）

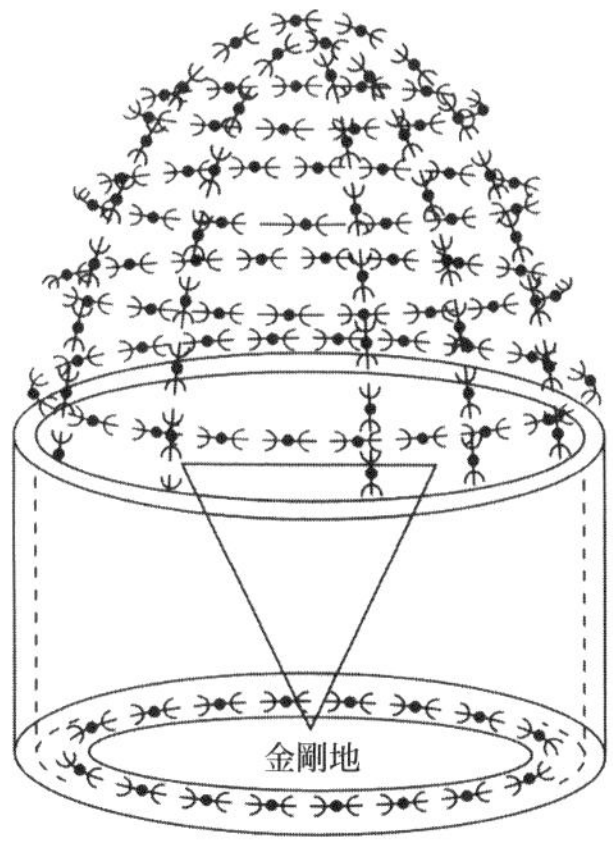

図5−6−03　マンダラにおける金剛塀と金剛籠（2）
（金剛塀より金剛籠の方が小さい場合）

このマンダラの構造は、ソナム・ギャツォ師の言葉を借りるならば、「バリヤーに守られた宇宙空間に浮かぶギャラクシー」である。師は、金剛の塀などは無色透明のものであり、金剛の籠は、無色透明の大小の金剛が、あたかも曲げることのできる透明なプラスティックのテント状に敷きつめられたものだ、と解釈されていた。

c　守護輪の出現

マンダラの全体的枠組の観想が行われたところで、次の真言が三回唱えられる。

「オーン、ラクシャ（守れ）、ラクシャ、フーン、フーン、パト、スヴァーハー」（三回唱えられる）（7b, 2）

かの二重蓮華の中央において、「パン」の文字から蓮華が、「ラン」の文字から日輪が生まれる。これらの上で黄色い「ブルーン」（bhrūṃ）の文字から十の刃のついた円盤が生まれる。〔刃の〕先端は鋭く、〔円盤の〕内の部分は空であり、広く、さえぎるものは何もない。

ここで観想された二重蓮華は十方（八方と上下）に刃を有する円盤（チャクラ、円輪）となり、それぞれの刃に忿怒尊が降り立つ。円盤とは、元来はヒンドゥー教のヴィシュヌ神の武器であり、ドーナッツ型の盤の外側に山形の刃が数多く付いたものであった。マンダラの主尊が住む宮殿が観想される以前に、あたかもその宮殿の建てられる土地を守るかのように観想される。ちなみに、この円盤は次に見る真言では「金剛の円盤」（ヴァジュラ・チャクラ）と呼ばれているが、これは金剛で作られた円盤を意味するというよりも、「円盤」という語を飾るために「金剛の」という語が用いられていると思われる。

「オーン、ヴァジュラ・チャクラ（金剛の円盤）よ、ラクシャ（守れ）、フーン、ブルーン、フーン」（三回唱えられる）。

円盤の内部では、中央と十方それぞれに蓮華と日輪が現れる。中央の日輪には黄色い「ブルーン」の文字が、十方のそれぞれの日輪には「フーン」の文字が現れる。これらの文字のうち、南のものは白、西のものは赤であり、残りのものは青である。これらの文字はそれぞれの位置で変形する。すなわち、

中央の文字は輪を持つ黄色いウシュニーシャ・チャクラヴァルティンとなり、
東は斧を持つ青いヤマーンタカ、
南は鉤を持つ白いプラジュニャーンタカ、
西は蓮華を持つ赤いパドマーンタカ、
北は金剛を持つ青いヴィグナーンタカ、
北東は剣を持つ青いアチャラ（不動）、
南東は鉤を持つ青いタッキラージャ、

南西は棒を持つ青いニーラダンダ、
北西は三叉戟を持つ青いマラーバラ、
上方は胸のところで自身の印相として金剛〔を持つ右腕〕と鈴〔を持つ左腕〕を交差させる青いフーンカーラ、
下方は棒を持つ青いシュムバとなる。
〔両手で降三世印を結ぶ〕フーンカーラ（降三世）を除き、他のすべての者は上にあげた右手で持物を持ち、左手で人差し指を伸ばして威嚇する仕草をする。
中央と〔東南西北の〕四方の忿怒尊は、恐ろしい忿怒の姿で、丸い三眼でにらみつけている。彼らの身体は太っていて、短足で、腹は大きく、虎皮の腰巻（虎皮裙《こひくん》）を付ける。〔身体には〕蛇が飾りとして付けられ、彼らの黄色の髪は逆立ち、眉とひげは上にはねあがっている。
他の〔四方以外の〕忿怒尊は美しい忿怒の腰巻を付ける。少しばかり楽しげで、わずかに怒っているが、彼らの身体はすらりとまっすぐである。宝石の装飾を付けて、黒い髪を有し、多色の布の下衣（裙）をはいている。これらすべて〔の忿怒尊〕は左脚を伸ばした姿勢（展左）で智慧の炎の中に立つ（9a1）。

十忿怒尊を有するかの円盤は、これから行われるマンダラ観想の障害となる心の汚れや悪鬼を制圧したり、追い払ったりする機能を有する。円盤は一般に時計まわりにゆっくりと回転していると観想されるが、突然、逆の方向に急回転をして、その先端の十の刃によってかの障害を切り刻むといわれる。

d　四大元素、宮殿および八尸林

次に、かの円盤の上に三角の法源（ダルマ・アーカラ、ものの源泉）が観想された後、その法源の中央に風、火、水および土という四大元素が観想される。これらの元素が混ぜあわされると、宮殿が出現する。次に、この宮殿の中に仏たちが整然と並ぶのである。それらの仏たちの観想の前に、宮殿の周囲に八つの尸林（シュマシャーナ）が観想される。「尸林」とは、前にも述べたように、死体を荼毘に付したり、死体をしばらく放置したりする場所であり、現代の日本における墓場のような場ではない。もっとも、古代日本においても尸林と呼ぶことができるような場所が存在したと思われる。ヴァジュラヴァーラーヒー、チャクラサンヴァラ、ヴァジュラキーラヤなど、後世に出現したマンダラの周囲には八尸林が描かれている場合が多いが、ヘーヴァジュラ・マンダラにも八尸林が現れる。

〔観想者〕自身である〔忿怒尊〕ウシュニーシャ・チャクラヴァルティンは消え、そこに三角形の法源が現れる。外側は白色、内側は赤色であり、上方は広く、下方は細くなり、〔三角形の〕頂点を下にしている。この中で、「ヤン」(yaṃ)〔の文字が生じ、それ〕から弓の形をした青い風輪が生ずる。〔弓の〕両端には「ヤン」〔の文字〕が刻まれた旗がある。その上に「ラン」(raṃ)〔の文字が生じ、それ〕から「ラン」の文字の刻まれた〔頂点を上にした〕三角形の火輪が生ずる。その上に「ヴァン」(vaṃ)〔の文字から生じ、それ〕から壺の印が刻まれた、円形の白い水輪が生ずる。その上に「ラン」(laṃ)〔の文字が生じ、それ〕から四角形の黄色い地輪が生ずる。〔この地輪には〕四隅のそ

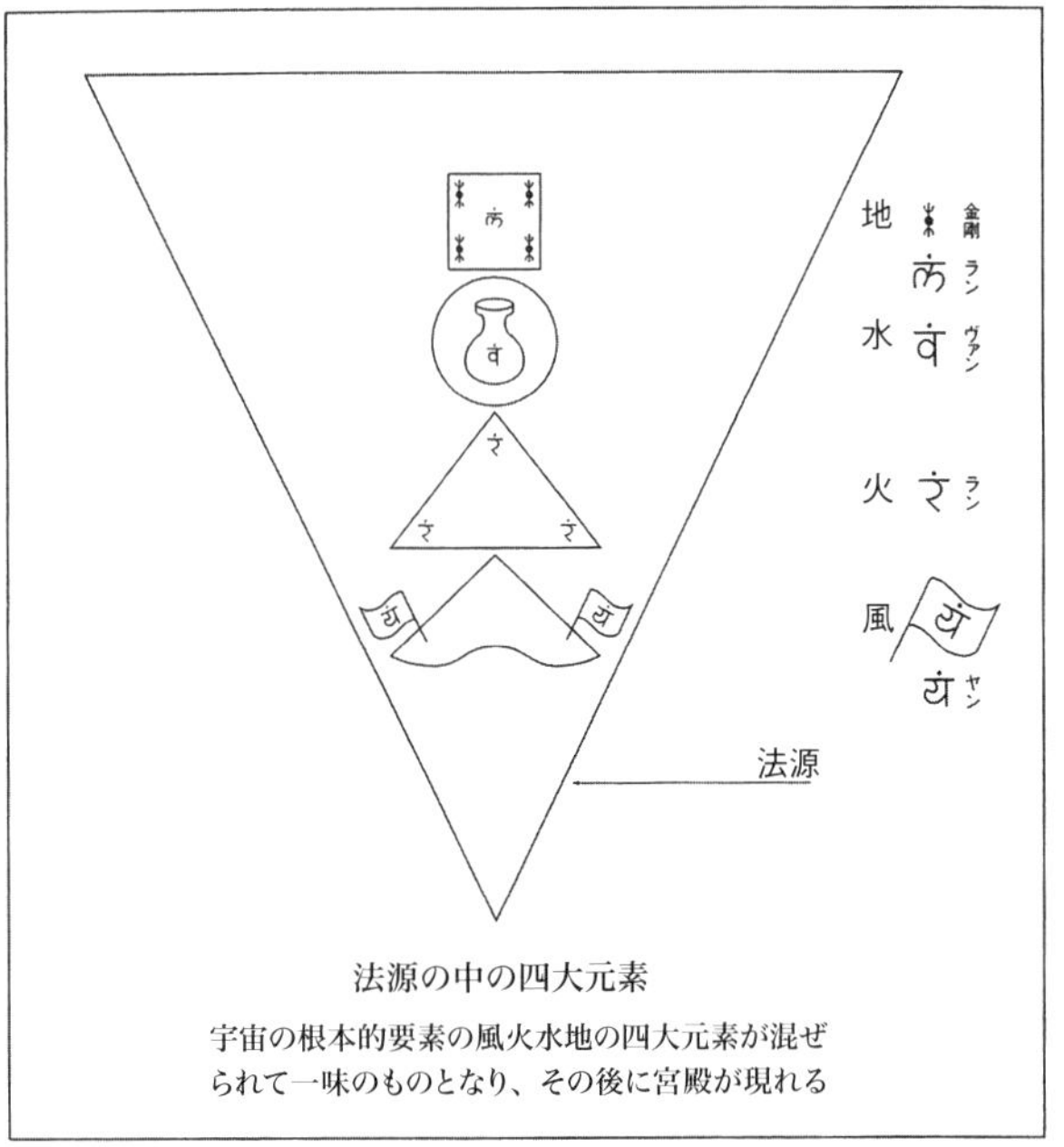

図5-6-04　諸元素と世界構造

れぞれに金剛が、中央には「ラン」(laṃ)〔の文字〕が刻まれている(13b, 3)。

……(中略)……

これら〔法源の中の四元素〕すべてが混ぜられて一味のものとなり、さまざまな宝石でできた、四門を備えた四角の宮殿〔が生まれる〕。この中には五重の壁があり、その壁は内から順に黒・緑・赤・黄および白である。この壁の上には黄色い塀(墻)があり、そこに瓔珞(U字型に連なった真珠の飾り)と半瓔珞(U字を縦半分にしたような格好に連なった真珠の飾り)がかかっている。その上に宝石でできた、〔矢を射るための〕小孔の付いた望楼がある。〔かの五色の〕壁の外側には「欲望の対象」〔を表すところ〕の赤いヴェランダが「四方を囲んで」あり、そこには十六人の供養女がいろいろな供物を〔自分たちの〕心を染めた世尊に捧げている(14a, 4)。

「十六人の供養女」(ショーダシャ・ラースヤー)とは、供養女尊たちのいくつかのグループがまとめられて、十六尊よりなる一グループとなったものであり、ネワール仏教においてもよく知られている（[Ashakajee Bajracharya 1989: 34]、補遺4および5参照）。

e　八尸林の出現

コンチョクフントゥプはこの後、宮殿がいかに美しく造られているかを述べ、続いて八尸林の詳細な説明に入る。

宮殿の外側に八大尸林がある。
東にチャンドーグラカタシー尸林があり、
南にバイラヴァカパーリカ尸林があり、
西にジュヴァーラマーラーランカーラ尸林があり、
北にギリガフヴァローンナティ尸林があり、
北東にウグローパニヤーサ尸林があり、
南東にイーシュヴァラヴァナ尸林があり、
南西にバイラヴァーンダカーラ尸林があり、
北西にキリキリゴーシャナーディタ尸林がある。

それらに八本の樹がある。東にシリーシャ、南にチューター（マンゴー）、西にカンカラ(2)、北にアシュヴァッタ（ヴァタ、バニヤン）、北東にマハーヴリクシャ、南東にカランジャ、南西にランビタヴリクシカ、北西にアルジュナがある。

これらの樹の元に八方天がいる。東〔の樹の元〕には、象に乗り、金剛の印の付いた頭蓋骨杯を左手で持った黄色のシャクラ（インドラ）がいる。南には、水牛に乗り、左手に頭蓋骨杯と棍棒を持った青いヤマがいる。西には、〔海獣〕マカラに乗り、左手に頭蓋骨杯と索を持った白い〔水天〕ヴァルナがいる。北には、馬に乗り、左手に頭蓋骨杯と棒を持った黄色いクベーラがいる。

北東には、牛に乗り、左手に頭蓋骨杯と槍を持った白いイーシャーナがいる。

南東には、山羊に乗り、一面四臂の赤い〔火天〕アグニがいる。二本の右手は棒と頭蓋骨杯を、二本の左手は壺と念珠を持っている。

南西には、ゾンビ（生きかえった死体）に乗り、左手に頭蓋骨杯と剣を持った黒いラークシャサ（羅刹）がいる。

北西には、鹿に乗り、左手に頭蓋骨杯と幡を持った〔風天〕ヴァーユがいる。

また彼らは右手で世尊〔ヘーヴァジュラ〕に敬礼している。

天空には八つの大きな雲がある。東に黄のコーラーハラ、南に青いニヴリティカ、西に白いバイラヴァ、北に黄色いブラマラ、北東に白いガーダ、南東に赤いプーリカ、南西に緑のバラーハカ、北西に青いローシャナがある。

それら〔の雲〕に住む八大ナーガ（蛇）は〔以下のようである〕。東に黄色のヴァースキが、南には白いパドマが、西には黒いカルコータが、北には赤いタクシャカが、北東には白いマハーパドマが、南東には青いアナンタが、南西には緑のクリカが、北西には黄色のシャンカパーダがいる。彼らすべては七匹の蛇が頸部をふくらませて作った傘を有している。彼らの身体の下部はとぐろを巻いた蛇の尾であり、上部は神の姿である。彼らは合掌している。
八人の土地神がかの〔八本の〕樹の枝にいる。
東に象面の白いデーヴァサンガが、
南に水牛面の青いヤマが、
西にマカラ（chu srin）の顔の赤いメーガラージャが、
北に馬面の黄色のヤクシャ・セーナーパティが、
北東に牛面の煙色をしたプレータサバーが、
南東に山羊面の赤いリシサバーが、
南西にゾンビの顔の黒いラクシャガニカが、
北西に鹿面の緑のヴァーユラージャがいる。
彼らの身体の胸部から上が葉の間から見えており、すべては剣と頭蓋骨杯を持っている。
さらに、首のない死体…（中略）…、生首、骸骨、ジャッカル、カラス、フクロウ、ハゲタカ、ゾンビたちが「パイン」（phaim）という音をたてている。これらすべては〔マンダラの〕前に〔いて瞑想して〕いる行者たちが「眼前にありありと観た（現観、アビサマヤ、mngon par rtogs pa）」ものである（17a, 1）。

図 5-6-05　南西のバイラヴァーンダカーラ尸林

ここに述べられているような観想の対象としてのマンダラは、行者の心の中に生まれてきたものである。ここで注意すべきは、行者が行法によって眼前にありありと観たマンダラは「現観」の内容であると、コンチョクフントゥプが述べていることである。「現観」とは元来は非密教つまり顕教において基礎的な仏教修行として開発されたものであって、仏教の真理を表す単純な観念、たとえば「無常性」をありありと観る訓練であった。後世は、「現観」は密教における実践の一つとしての観想（サーダナあるいはバーヴァナー）に近い意味で用いられることがあるが、この場合はその一例と思われる。

この後、コンチョクフントゥプは、尸林の中にさらにヤクシャ（夜叉）、ラークシャサ（羅刹）、餓鬼、バイラヴァ、ダーカ、ダーキニー（荼吉尼天、空行母）、池、火、仏塔、観想法の行者たちがいると述べている（17a, 3）。

ところで、これらの尸林の意味するところは何か。それは「死」であり、「不浄なるもの」である。この「死」に囲まれて美しい宮殿があり、その中ではわれわれがこれから見るように、ヘーヴァジュラとその妃のすさまじいばかりの性行為がある。性行為へと駆り立てるもの、それはエロスである。「死」に囲まれたエロスという構図がこのマンダラにはある。

f　宮殿の出現

宮殿の周囲に存在するこれらの八尸林の説明が終わると、次にはその宮殿の内部が説明される。

宮殿の内部は〔中央と四方の五つに仕切られるが〕、東が白、南が黄、西が赤、北が緑、中央が青である。その中央〔の部屋〕の内部にさまざまな色の八弁の蓮華があり、その「蓮華の」うてなの上に日輪があり、その上に煩悩などの〔シンボルである〕四魔の本体（ngo bo)、すなわち、黄色のブラフマー、白いインドラ、青いヴィシュヌおよび黒いシヴァが重なり合っている。

八弁それぞれには月輪があり、東〔の花弁〕には〔その月輪の上に〕黄色のブラフマー、南〔の花弁〕には白いインドラ、西〔の花弁〕には青いヴィシュヌ、北〔の花弁〕には黒いシヴァ、北東〔の花弁〕には青いヤマ、南東〔の花弁〕には黄色のクベーラ、南西〔の花弁〕には黒いラクシャ、北西〔の花弁〕には煙色のヴェーマチトリンがおり、彼らは仰向けに横たわっている（17b, 3)。

かの四魔はヘーヴァジュラの足の下に踏みつけられている。以上によって宮殿ができあがったのであるが、この宮殿は大日如来の身体であると、コンチョクフントゥプ著のこのテキストの英訳の注に述べられている（[Dkon mchog lhun grub 1985: 45]）。この英訳は、現代のサキャ派を代表するサキャ・ティジンなどによってなされており、このような解釈が少なくともサキャ派においてはよく知られたものであると考えられる。

四　中尊ヘーヴァジュラの観想

a　因の状態のヘーヴァジュラの出現

テキストはこの直後に執金剛尊の出現について述べるが、このほとけはこのマンダラの中尊であるヘーヴアジュラに他ならない。つまり先ほど述べたように、大日如来の身体である宮殿の中に並ぶ諸尊の中心がヘーヴァジュラであるという構造を有することになる。

コンチョクフントゥプは宮殿の中にある八弁の蓮華のうてなにヘーヴァジュラが出現する過程を述べているが、ここではその訳出は割愛している。ただ重要なことは、ヘーヴァジュラの出現が、大日如来をはじめとする五仏の智、つまり五智の表現であると述べられていることである。五智とは、すでに述べたように（本書三七七頁参照）、五仏（大日・阿閦・宝生・阿弥陀・不空成就）のそれぞれの智をいう。五智の内容と五仏との結びつきは次のようである。

1　法界体性智＝もろもろのものの根本である、完全に清浄な法界を知る智。大日の智。

2　大円鏡智＝もろもろのものを鏡のように明らかに映し出す無垢な智。阿閦の智。

3　平等性智＝もろもろのものを差別なく平等に見る智。宝生の智。

4　妙観察智＝もろもろのものを正しく識別して誤りのない智。阿弥陀の智。

5　成所作智＝衆生を教化するという行為を完成させる智。不空成就の智。

コンチョクフントゥプのテキストでは、ヘーヴァジュラの出現に関しては、この五智のうち第一の法界体性智が最も重視されており、この智の本質の表現として因の状態にある執金剛が出現する。このほとけは、未完成態として因の状態にあり、身体は白く、まだ完成態としての果の状態にあるわけではないが、ヘーヴァジュラの姿を有している。果の状態に至ったヘーヴァジュラの身体は青黒である。

図 5-6-06 『完成せるヨーガの環』第 8 章のヘーヴァジュラとダーキニー。
ガウタム・バジュラーチャーリヤ画

〔行者〕自身である世尊執金剛の身体は白く、八面、十六臂、四足である。中央の面は白、右は青、左は赤、上の面は煙色、他の二組二面は青黒である。それぞれの面は三眼で四本の牙をつき出している。黄色の髪は逆立ち、彼の頭頂には二重金剛がある。

彼の十六の手は十六の頭蓋骨杯を持っている。第一の右手は〔頭蓋骨杯の中に〕白象を、第一の左

図 5-6-07　因の状態のヘーヴァジュラ。チベット自治区のコンカル・ドルジェデンのイダム堂の壁画（正木晃氏撮影）

手は黄色の地の神を持ち、これらの両腕で妃を抱く。第二の右手は青い馬を、第三は額に白い斑点のあるロバを、第四は黄色の牛を、第五は灰色のラクダを、第六は赤い〔衣の〕人を、第七は青いシャバラ（背に羽がある、八本足の強力な幻獣［正木・立川　一九九七、一二五］）、および第八は額に白い斑点のある猫を持つ。

第二の左手は白い水神を、第三は赤い火神を、第四は緑の風神を、第五は白い月神を、第六は赤い日神を、第七は青いヤマ神（死者の王、閻魔）を、そして第八は黄色の財神を持つ。

〔中尊ヘーヴァジュラの〕もろもろの面はそれぞれ五つの頭蓋骨でできた冠を戴き、五十の生首でできた首飾りをして、六つの骨飾り（頭頂、耳、首、上腕、手足、腰に付ける骨飾り）を付けている。彼の二本の右足は〔地面に向かって〕伸びており（展右）、二本の左脚は〔内側に〕曲がりながら〔右の〕腿に押しあてられて半跏の姿勢（丁字立）をとる。つまり、彼は舞踏の姿勢をとり、舞踏の九つの「味」（情調、ラサ）、すなわち恋情（シュリンガーラ）・憤激（ラウドラ）・勇武（ヴィーラ）・憎悪（ビーバッツァ）・滑稽（ハースヤ）・悲愴（カルナ）・奇異（アドブタ）・驚愕（バヤーナカ）および寂静（シャーンタ）を有する（本書一一一頁参照）。

彼の腿には妃金剛無我女（ヴァジュラナイラートマー）がいる。彼女の身体は青である。彼女は一面・二臂・三眼であり、彼女の黄色の髪は逆立っている。彼女は右手に〔肉を切るための〕カルトリ刀を持つ。一方、左手で頭蓋骨杯を持ちながら「父」（夫）を抱いている。彼女の面は五つの人の頭蓋骨で飾られており、五十の人の首でできた首飾りをして、六つの骨飾りを付けている。彼女の左脚は〔地面に向かって〕伸びており、曲げた右脚によって夫を抱く。両者とも智慧の炎の中に立っている（19b, 5)。

以上によって宮殿の中央に抱き合って立つ、因の状態のヘーヴァジュラとその妃ナイラートマー（無我女）との観想が終わる。顕教的立場にあっては仏とは修行が完成して「果の状態」に至った者なのであるが、この観想法では仏としての働きがまだ初めの段階にあるという意味で「因の状態」にあるヘーヴァジュラが白い身体で登場するのである。すでに仏の位にあるヘーヴァジュラは、仏の姿をとったままで因の状態から果の状態へと移行する。

仏が妃とともに性行為をしながら登場するとは、どのようなことなのか。密教以前には仏が性行為をすること、さらにはその姿が彫像に表現されるなどとは思いもよらないことであった。頭蓋骨の飾りをつけ、妃を抱く「仏」のイメージをなぜつくり出す必要があったのか。これは、本書第1章2節に述べた「現世に対する拒否的態度の緩和」の一例であると考えられる。

『ヘーヴァジュラ・タントラ』や『チャクラサンヴァラ・タントラ』によって代表される母タントラ系における実践形態が、少なくとも当時の仏教タントリズムとそれをめぐる社会的状況が性行為を肯定的にとらえていたことは明らかだ。だからといって、密教僧あるいは密教行者たちが経典に述べられている仏やその妃の性行為をそのまま実践したとは思えない。「男性」と「女性」という二つの異なる二つの原理あるいは「エネルギー」は、本来同一のものであるということを主張したかった、と解するべきであろう。

『ヘーヴァジュラ・タントラ』などのタントラは、当初は、いわゆる「在野の」つまり僧院には住まない行者たちによって編纂され、護持されていたのであるが、後になって僧院に住む僧たちによっても読まれ、新しい解釈も付け加えられたと考えられる。タントラ経典を護持する僧たちの幾割かは、僧院において戒律を守って修行していた。

『完成せるヨーガの環』の編者であるアバヤーカラグプタ（一一～一二世紀）は、少なくともある時期はヴィクラマシーラ僧院に住んだと考えられる。彼が、たとえば『ヘーヴァジュラ・タントラ』に述べられるヘーヴァジュラとその妃たちの「物語」を、経典に述べられているとおりに自ら実践しようと努めたとは思えない。しかし、『ヘーヴァジュラ・タントラ』が編纂された当時、このタントラの性行為をふまえた叙述がどのように受け取られていたのかは、今日よくわかっていない。

では今日、われわれはこの種の「シンボリズム」あるいは「神話」に対して、どのような態度をとるべきなのか。われわれが学ぶことのできるものは何なのであろうか。このことは今の時点で結論が出る種類のものとは思われないが、性行為をふまえて世界の創造を説明することは『ヘーヴァジュラ・タントラ』などに限ったものでもなく、このタントラ経典に述べられる性のシンボリズムは、今日のわれわれにとってそれほど目新しいものでもないことは確かである。いずれにせよ、このような後期仏教タントリズムにおける「性」の象徴的意味に関する考察は十分にはなされていない。

b　ヘーヴァジュラとその妃との「創造」行為

次にヘーヴァジュラとその妃は「創造」を行う。性行為になぞらえて世界の「創造」の説明がなされる。

「母」（妃ナイラートマー）の空間（性器）は見ることができないが、空の当体から〔すなわち、空なるがままに〕「アーハ」（āḥ）〔の文字〕が現れる。「アーハ」〔の文字〕から、うてなに「アーハ」が刻まれた八弁の蓮華が生まれる。

「オーン。楽しきパドマよ。大いなる愛欲を有し、芳しきものよ。四つの喜びよ。秘所よ。一切よ。フーン、フーン、フーン、フーン。なすべきことを私のためになせ」

「父」（ヘーヴァジュラ）の秘所（性器）は見えないが、空の当体から〔すなわち、空なるがままに〕「フーン」（hūṃ）〔の文字〕が現れる。「フーン」から中央に「フーン」が刻印された五鈷の金剛が生ずる。

「オーン。金剛よ。大いなる貪欲を有し、四つの喜びを与えるものよ。空行尊の顔を有するものよ。一味のものよ。尊師よ。フーン、フーン、フーン、フーン。なすべきことを私のためになせ」

父と母が味わう大いなる喜びの音「ハ、ハ、シ、シ、クンドゥルハ[3]、ヴァジュラ、ドゥリック」が生まれる。この音は、秘所（性器）のところで聞かれるが、十方のすべての如来を招き寄せる。その音は父の口から入り、心臓において貪欲の火によって光へと変容する。彼の身体の中を下りて金剛の道（ペニス）を通って母の〔秘密の〕空間に入り、八つの滴となる。それらは「ガン」（gaṃ）、「チャン」（caṃ）、「ヴァン」（vaṃ）、「ガン」（ghaṃ）、「パン」（paṃ）、「シャン」（śaṃ）、「ラン」（laṃ）および「ダン」（daṃ）という種子となる（20b, 2）。

金剛が男性原理を、蓮華が女性原理を意味することはよく知られているが、ここにおいても、ヘーヴァジュラが表す男性原理とその妃の表す女性原理とは、金剛と蓮華という二つのシンボルによって表現されている。またこの二尊には別の一組のシンボリズムも与えられている。すなわち、女尊には究極の目的である悟りの智が、男尊にはその智を獲得するための手段（方便）、すなわち活動・行為というシンボリズムが与えられる。

c　八ダーキニーの出生

「母」の胎内に入った八つの滴は、やがて八人のダーキニー女神となってヘーヴァジュラの周囲に並ぶ。これらの八女神はこの観想法の初めにおいて、すでに現れていた。今その姿を再び現すのであるが、このような重複は観想法において珍しくない。つまり、初めにこれから観想すべき内容をおおまかに設定することによって観想の核をつくり、次にその核の構造を守りながら、あらためて詳細な観想へと進むのである。

それら「八種子」は光へと変容し、そして八女神となる。彼女たちは母の「空間」から生まれ、それぞれの台〔すなわち花弁〕の上に立つ。

東に黒いガウリーが、右手でカルトリ刀を、左手でローヒタ魚を持って立つ。

南に赤いチャウリーが、右手でダマル太鼓を、左手で豚を持って立つ。

西に黄色のヴェーターリーが、右手で亀を、左手で頭蓋骨杯を持って立つ。

北に緑のガスマリーが、右手で蛇を、左手で頭蓋骨杯を持って立つ。

北東に青いプッカシーが、右手で獅子を、左手で斧を持って立つ。

南東に白いシャヴァリーが、右手で比丘を、左手で比丘の錫杖《しゃくじょう》を持って立つ。

南西に紫のチャンダーリーが、右手に円輪を、左手で犁を持って立つ。西北に多色のドーンビニーが、右手に金剛を、左手に「人差し指を伸ばして威嚇する印」（期剋印《きこくいん》）を有して立つ。

彼女らはすべて一面・二臂・三眼で、黄色の髪を逆立てており、裸身で、五つの骨飾りで飾られ、五つの人の頭蓋骨の付いた冠を戴き、そして五十の頭蓋骨の首飾りをしている。各女神は左脚を伸ばし（展左）、右脚で半跏の姿勢をとっている。この舞踏の姿勢で彼女らは智の炎の中央に立つ（21a, 5）。

ここに述べられている八人の女神たちは、名前が示すように、いわゆる「低カースト」の出身者である（本書第1章3節四項参照）。正統派のバラモンたちにあっては、彼女たちと性行為をするというようなストーリーを作ることは考えられないことであった。元来、非正統派の伝統を強く受け継いできた仏教タントリズムの修行者たちは、『ヘーヴァジュラ・タントラ』などの経典では、「低カースト」の女性たちをパートナーとしていると述べられている。それが経典におけるフィクションなのか、ある程度の現実を反映しているのかについて、われわれは今の時点では結論づけることはできない。

「高位のカースト」の者に比べて「低カースト」の者の方が神懸《かみが》かりあるいは憑依《ひょうい》の状態に入りやすい資質を有していると思われる［立川　二〇〇八、八］。密教の修行においては、神懸かりあるいは憑依の状態が重要な位置を占めることがあるが、仏教タントリズムの修行者にとっては、そのような資質に恵まれた女性を修行パートナーとすることは意味のあることであったとも考えられる。

d　果の状態にあるヘーヴァジュラの出現

「父」ヘーヴァジュラと「母」ナイラートマー（無我女）が再び合体すると、「オーン、アーハ、フーン、ホーホ」という真言が生まれ、それが父の口からペニスを通って母の「空間」に入る。すると、父と母は光へと変容し、金剛薩埵の本質である滴（精液）となり、四魔の上に落ちる。この四魔は無活動つまり空性を意味している。この金剛薩埵が果の状態に至ったヘーヴァジュラとなるのである。

すでに述べたように、行者は、すべてのものは空性である、と瞑想してから観想を始めるのであるが、その場合の空性は仏教徒にとって好ましいものであった。しかし、今の場合の空性は、活動をしていないという意味に用いられており、仏教タントリストたちにとって否定さるべき好ましくないものを指している。四魔の上に落ちた、つまり無活動（空性）の精液から果の状態に至ったヘーヴァジュラが生まれてくるが、この出生はヘーヴァジュラが空性を離れた結果である。中尊の出生を促すために四隅に立つ四人の女神たちは、ヘーヴァジュラに空性を離れるよう要請する。この際、観想法を行っている者は、四隅に心を移し、四女神が歌によって促す様を観ずるのである。

〔観想する者〕自身の心は四隅の四人の女神に移り、女神たちは歌によって〔ヘーヴァジュラに空性を離れるべく〕促す。

「尊者よ、苦しみを除く悲の心をもつ者よ、立て。そして私プッカシーを救え。空性の本性を離れ、私を大楽の中で抱け」

「あなたがいないならば、私は死ぬ。それゆえ、ヘーヴァジュラよ、立ちあがれ。空性を離れて

〔私〕シャヴァリーの〔目指す〕目的を達成せよ」

「喜びの主よ。世間を〔仏性へと〕招く者よ。なぜ、あなたは空性に留まるのか。あなたがいなくては、私は何もできない。それゆえ、私チャンダーリーは〔あなたに〕請う」

「私はあなたの心がわかる。奇蹟を起こすあなた、立て。私ドーンビニーは心が弱い。それゆえ、〔あなたの〕悲の心を断ち切らないでほしい」

（このように〔女神たちは〕促すのである。）

かの滴は青い「フーン」と「オーン」〔という文字〕となり、火炎の中で燃え、恐しきものとなる。そ〔の種子〕が溶けて、〔観想法の行者〕自身は果〔の状態に至った〕金剛薩埵となる。彼は、身色は青黒で、八面・十六臂・四足である。中央の面は青黒で、右は白、左は赤、上の面は煙色で、残りの二面二組（四面）は青黒である（22b, 1）。


四隅に立って歌う四人の女神たちに促されて、ヘーヴァジュラは、八人の女神たちを生むという「創造」を終えて、果の状態に至った姿を顕現させるのである。もっとも、図像的には身体と三面（中央・右・左）の色が異なるのみであり、コンチョクフントゥプのテキストはこの後、身体の色以外は、因の状態にあるヘーヴァジュラの図像的記述と同じものを繰り返している。

五　身体マンダラとしての宇宙

この後、再びガウリーなどの女神を招き寄せるための所作が行われるが、女神たちが招かれた直後に、観想法の行者の身体は世界つまりマンダラそのものとなる。行者は究極的にはヘーヴァジュラに他ならないゆえに、世界としてのマンダラはヘーヴァジュラの身体でもある。

〔見るものと見られるもの、有と無、人と仏などが〕二つのものとして存在しないように融合すると、一瞬にして〔観想法の行者〕自身の身体が、基体（生類たちの器）とその基体にあるもの（生類たち）からなる完全なるマンダラとなる。〔行者の〕頭頂には二重金剛があり、足底は金剛地（ブーミ）であり、肋骨は金剛環（アーヴァリー）、皮膚は金剛籠（パンジャラ）と天蓋（ヴィターナ）、体毛は矢の柵（シャラジャーラ）である。爪は火炎をあげて燃える守護輪（ラクシャー・チャクラ）である。足底は風、股は火、胃は水、心臓は地、脊椎は須弥山、頭はその頂である。完璧な身体は四角い宮殿、心臓より生じた四つの「息」が通る穴は〔宮殿の〕四つの扉、眼は五重の壁、鼻は宝石でできたバルコニー、歯は瓔珞と半瓔珞、舌と唇は欲望の対象〔を表すところ〕のヴェランダである。耳は外門、髄は〔宮殿の中の〕八つの柱である。以上が、基体（器）のマンダラである（26a, 3）。

このようにしてマンダラの基体（器）の部分ができあがった。それはその中にさまざまな仏を入れる器としてのマンダラであるとともに、観想者自体の、さらにはヘーヴァジュラの身体でもある。また、その身体は世界あるいは宇宙そのものでもあった。

観想法のテキストに述べられるほとけたちのイメージは何のためのものであったのか。観想法のテキストに述べられたところに従って、仏たちの姿を画に描くことは可能であろう。しかし、そのテキストが画家たちのマニュアルとして著されたものでないことは明らかだ。果の状態に至ったヘーヴァジュラの姿をコンカル・ドルジェデンのイダム堂に見ることができる［正木・立川　一九九七、一三二］。この寺院の壁に描かれたヘーヴァジュラの絵が、単に観て楽しむためのものではなかったであろうことは容易に推測できる。では、何のためなのか。

これらの問いは、要するに、観想法とは何かというところに帰着する。観想法という行法によって眼前に立ち現れてくる仏たちは、観想法を行じている者にとっては現実のものと近い、あるいは現実そのものであるはずだ。寺院の壁や布の上に絵具で描かれた絵図は、観想法の中で観た姿を写したものと思われる。

コンチョクフントゥプのテキストは、ヘーヴァジュラや彼の周囲に舞う女神たちの姿あるいはイメージを説明することはあっても、どのような精神生理学的な方法・状態で仏たちのイメージを思い描くのかは、まったくといってよいほど述べていない。「行者はこの尊格のこの状態を観想する」とあっても、観想するためにどのような身体技法を用いるべきか記されていないのである。

もっともそれは、われわれが扱ってきたコンチョクフントゥプの観想法のテキストがそのような種類のものであったということであって、観想法のテクニックに関して述べている、あるいは伝えている文献あるいは口伝はどこかに存在するのかもしれない。仏たちのイメージを観想法のテキストの記述に従って幾時間、頭の中で描いてみても、観想法となることはない。つまり、仏は眼前に立ち現れることはないであろう。

観想法はある種のヨーガの技法を利用する。そのヨーガは『ヨーガ・スートラ』のヨーガに代表されるような、心の作用の止滅を求める古典的なものではなく、心の作用の活性化を求める後期のヨーガである。活性化された「気」を凝固させて、ほとけたちのイメージを現前に形として作りあげるのだと思われる。仏たちが立ち現れた行者は普通あるいは日常の状態にはないと思われる。

観想法の伝統は今日ほとんど絶えてしまったようだ。チベット仏教やネワール仏教の僧侶に伝えられていると聞く。ただ観想法に近い形態をあげるとすれば、カトマンドゥ盆地で会った「神の降りてくる女性たち」であろう。彼女らの体験あるいは行為は憑依と呼ぶべきものかもしれない。もっとも当人たちはそう呼ばれるのを嫌う。彼らの説明によれば、神が眼前に現れて身体の中に入ってくる過程は、仏教の観想法のそれに極めて近いのである。

また、日本の中で観想法の実践を探すならば、修験道の「座が立つ」つまり「行者に神が降りる」といわれる場合の現象が、それに近いのではないかと思われる（本書六五四頁参照）。要するに、コンカル・ドルジエデンのイダム堂に描かれた密教仏たちは、観想法という行法によって眼前にリアルに出現した仏たちの姿なのである。

注

（1）テキストとして、ゴルチェン・コンチョクフントゥプ（Ngor chen dKon mchog lhun grub 一四九七あるいは一四九八～一五五七あるいは一五五八）作『美しい六支の荘厳と呼ばれる、ヘーヴァジュラの現観に関する中級の実践』（*dPal kye rdo rje'i mngon par rtogs pa 'bring bu bya ba yan lag drug pa'i mdzes rgyan*, The Institute for Advanced Studies of World Religions Microfilm No. R-1972-900, 1～67a）を使用した。本節は、このテキストの前半（26aまで）の抄訳および解説である。

このテキストの英訳が出版されている（*The Middle Length Practice of the Realization of Shri Hevajra which is called the*

Beautiful Six-Limbed Ornament, translated by His Holiness Sakya Trizin, Ngawang Gellek and Ngawang Samten Chopel, Sakya Centre, Rajpur, India, 1985, pp. 47)。

なお、このテキストは、一八七〇年から一八九二年にかけてサキャ派のゴル僧院で編纂されたマンダラの理論と実践の集大成である『タントラ部集成』（*rGyud sde kun btus*, ed. by Blo gter dbang po, N. Lungtok & N. Gyaltsan, 1971, 32 vols.）の第九九番「ゴル派流の九尊ヘーヴァジュラ・マンダラ」の基本テキストの一つである。したがって、サキャ派の伝統の中ではこのコンチョクフントゥプの観想法テキストは基本的なものと考えられてきたといえよう。『タントラ部集成』第九九番のカラー図版に関しては、［bSod nams rgya mtsho and Musashi Tachikawa 1989: pl. 99］を参照されたい。なおこのマンダラに登場する尊格たちの名称とマンダラのテキストに関しては、［bSod nams rgya mtsho 1991: 173-174］を参照されたい。

（2）テキストには kaṃ ka la とあるが、kaṃ ka ta（樹の一種）であろう。

（3）「クンドゥルハ」の意味は不明。擬声語の一つと思われる。

7 ツォンカパの生涯と密教思想

一 顕教と密教の統一

チベット仏教史千数百年のうちで画期的人物を二、三人あげよといわれれば、間違いなく誰もがその一人としてツォンカパ（Tsong kha pa　一三五七～一四一九）の名をあげるだろう。彼は単にチベット仏教最大の学派ゲルク派の開祖であるにとどまらず、一五世紀以降のチベット仏教史の方向を定めた人物なのである[1]。

ツォンカパは一三五七年に生まれた。この頃にはチベットを武力で脅していたモンゴル（元王朝）はすでに力を失っており、次の明王朝はチベットに対して寛容であった。一方、チベット人たちは相変わらず各学派あるいは宗派間の衝突を繰り返していたが、仏教をとりまく状況は、マルパのカギュ派やコンチョクギェルポのサキャ派が誕生した「中期仏教」の初期すなわち一一、一二世紀頃のチベットとは変わっていた。

図 5-7-01　ツォンカパ。『三百尊図像集』（木版）より。個人蔵

ツォンカパが生きた一四世紀後半から一五世紀にかけては、インドにおいて大乗仏教はほとんど消滅していたであろう。ツォンカパ自身、インドに遊学したいと考えたが思いとどまった、と伝えられている。ツォンカパがサンスクリットを学んだという伝承もあり、それは事実であろうが、彼がインドからきたパンディットに就いたことはなかったと思われる。このようにツォンカパの時代には、チベット人たちはインド大乗仏教との直接の接触がないままに、それまでに受け入れたインド的伝統を自分たちの精神的風土の中で消化しようとしていた。それは、日本において遣唐使制度廃止の後、日本人たちがそれまでに中国から学んだものを消化して日本風文化を築こうとしていたのと似ていた。

ツォンカパの誕生の地は今日の青海省アムドの青海湖近くの村ツォンカである。「ツォンカパ」という名は「ツォンカ村の出身者」を意味する。ちなみに、彼の僧名は「ロサンタクパ」(Blo bzang grags pa)である。彼の生地はラサなどのある中央チベットから遠く離れている。巡礼者たちは青海湖からラサまで三カ月をかけて来るという。しかし、アムドはチベット族にとって決して辺境の地ではない。この地は当時すでにチベット族の儀礼、習俗などがよく保たれていたところであり、(2) ツォンカパというチベット仏教の巨人が生まれる素地は十分にあった。

ツォンカパは三歳でカルマ派黒帽派第四代座主から優婆塞戒《うばそくかい》を受け、一六歳で中央チベットに出かけたが、それまでの少年時代をアムドで過ごし、アムド人としての気質を十分に育てていたであろう。彼がネパール領に近い地域あるいはイスラム文化圏に近いラダックで生まれ、その地で成人していたならば、おそらくかのツォンカパは存在しなかったにちがいない。

中央チベットに出かけた後しばらくしてツォンカパは具足戒を受けているが、その後の彼の勉学にはすさまじいものがある。チベット仏教史概説として有名なトゥカン著『一切宗義』(すべての定義の源泉と説き方を示す善説水晶鏡〈ガラスの鏡〉、一八〇一年完成)は、「ゲルク派の章」の前半部を「ツォンカパの伝記」に当てている。この伝記はツォンカパ自身の『自伝略説』(東北五二七五(五八)番)や、弟子のケートゥプジェ著のツォンカパ伝『信仰入門』(東北五二五九番)などを素材としながらトゥカンがまとめたものであるが、ツォンカパが学習した、あるいは聴聞したテキストおよび彼の著作をアビダルマ、中観、論理学、作・行・ヨーガ・無上ヨーガに分類される四種タントラなどの分野別に列挙している。

それらのテキストや彼の著作のリストをここに再録することは紙面の関係上できないが、ツォンカパは、ディクン、デワチェン、サムリン、ダムリン等の僧院をまわり、数多くの師に就き、顕教のみならず密教のほとんどあらゆるテキストを学習している。彼は生涯をかけて、顕教および密教両者を統一的システムへとつくりあげた。

ツォンカパ以前のチベットにも彼の思想体系を凌ぐスケールを有する人物はいた。プトゥン（一二九〇～一三六四）である。彼は当時チベット語に訳されていた仏教典籍の目録を作り、仏教史を著し、タントラ経典の分類法を確立し、『金剛頂経』『時輪タントラ』などに詳しい注釈を書いた。インド大乗仏教、特に密教のチベット導入はプトゥンによって完成したということができよう。プトゥンが学僧であるとするならば、ツォンカパは師であり、教育者である。ツォンカパは弟子に恵まれ、今日に至るまで彼自身が崇拝の対象となっている。これは宗教者としての彼の資質を物語るものであろう。

先に述べた『一切宗義』の中でトゥカンは、ツォンカパが顕教と密教両者に関心があり、両者を統一させようとしたことについて次のように述べている。(3)

〔ツォンカパが〕秘密真言乗を聴聞した仕方は、『自伝略説』の中に、この世で完全な仏になる道には、深々なる金剛乗（密教）と般若乗（顕教）の二種類がある。〔このうち〕秘密真言（密教）が般若乗より殊勝であることは、日と月のようによく知られている。…（中略）…非常に逢いがたい無上の道である、このような〔秘密真言乗の〕道を捨てさることがどうしてできよう。したがって、最勝なる勝者の乗、仏（sangs rgyas）よりも稀な金剛乗、〔一般と特殊の〕二種の成就（超能力の獲得）をそなえた深き蔵に入った、とおっしゃられたごとくである。

当時、チベットでは顕教と密教の両者を寒と暖のように矛盾するものだと考える人がほとんどであって、般若〔乗〕（顕教）を崇拝する者たちは秘密真言〔乗〕に入らず、真言〔乗〕を崇拝する者たちは般若〔乗〕を捨てていた。

ジェ〔ツォンカパ〕は…（中略）…〔仏法に会うという〕幸運に恵まれた人々が顕教と密教に二つを、一方がもう一方の支えとなると認めるような美風をつくるために、まず〔ツォンカパ〕ご自身が秘密真言乗に関して部分的ではない、幅広い聴聞をしようと思われたのである。

〔ツォンカパは〕「他人が私に密教の方向を薦めて、学べといったのではない。小さいときからこれを非常に知りたくて、すべてのタントラを完全に勉強しようという思いは、最初からあった」とおっしゃった。(4)

ツォンカパ以前のチベット人たちが、いわゆる顕教と密教との統一的理解を考えなかったわけではなかった。たとえば、中期チベット仏教復興のさきがけとなったアティーシャ（ディーパンカラ・シュリージュニャーナ）、サキャ派の密教理論の大成者であったクンガーニンポ（本書五四三頁）なども顕教（mdo）と密教（ngags）との両者を見据えた理論体系を築こうとしていた。しかし、顕教と密教の二つを統一して仏教全体を一つのシステムへとつくりあげたのはツォンカパなのである。

チベット仏教ではツォンカパにおけるのみならず、一般に顕教的な空思想と密教のマンダラ儀礼や特殊な行法（ナーローの六法など）が等価値に置かれた。そのような特殊な行法が重視されたのは、ウェーバーのいうように、オルギーやエクスターゼを昇華する方法（本書一〇頁参照）が開発されていたからである。

二　ツォンカパの密教体験

ツォンカパはまず顕教の学習から始めた。顕教の分野の師たちのうち最も重要な者はサキャ派のレンダワ（Red mdaʼ ba　一三四九〜一四一二）であろう。ツォンカパが一九歳の頃から就いたこの師は中観派に対する理解が深く、ツォンカパも生涯を通じて中観派の空思想を自らの思想の柱の一つとした。だがレンダワはツォンカパが密教に傾斜していくことには批判的だったようである。(5)

三〇代半ばでツォンカパに転機が訪れる。彼が密教僧としての資質を開花させたのはこの時期である。「三四歳の年に金剛乗のすべてのタントラ、灌頂、口伝要決などすべてを聴聞しよう」と思い立った頃、キュンポ・レーパという行者を夢に見て、その行者をシャルに訪ねた、とトゥカンの『一切宗義』ゲルク派の章は記している。(6)ツォンカパの秘密乗の学習はこの頃から本格化する。彼はシャルに一年留まり、『秘密集会タントラ』やルーイパ流やナクポパ流の『勝楽タントラ』を学習した。ちなみに、キュンポ・レーパはプトゥンの弟子であった。

さらにツォンカパはゴンサンやギェルツァンタクなどの行者を招いて密教的舞踏、図像、声明などを学んだ。ツォンカパの密教理解は行者ラマ・ウマパに会って飛躍する。三六歳の頃、ツォンカパは「文殊を眼前に見る」というラマ（師）ウマパに会って、瞑想を行いながら文殊を観想する。初めのうちはツォンカパは文殊と直接に「会う」ことはできなかったが、ラマ（師）ウマパの指導のもとで文殊と直接に「会う」ことができるようになったという。トゥカンは次のように記している。

それまでは、ジェラマ（ツォンカパ）は文殊と直接にお会いすることのないまま、ラマ（師）ウマパの通訳を介して〔文殊に〕ご質問申し上げていたが、このとき（ガーワトンでラマ（師）ウマパと修行したとき）ジェ〔ツォンカパ〕ご自身が文殊の近修（ニェンギュ）をなさったので、虹の輪の中央に坐するアラパチャナ文殊のお姿を眼のあたりにご覧になった。これ以後、〔ツォンカパは〕望むときにはいつでも〔文殊を〕眼前にご覧になられ、顕教と密教の甚深の要点を聖〔文殊〕から直接聴聞されたのである。それから聖〔文殊〕のご命令に従って、成就法の行に進もうとされた。(7)

ツォンカパが文殊の姿を見たり、文殊と問答をしたという話は有名であり、トゥカン自身もツォンカパの弟子ギェルツァプ著のツォンカパ伝『信仰入門』などに依っているように、数多くの伝承がある。ゲルク派において文殊の化身である秘密仏ドルジェジクチェ（ヴァジュラバイラヴァ）の観想法（成就法、サーダナ）が盛んに行われてきたのは、ツォンカパと文殊の関係が深かったことによると思われる。

ところで、トゥカンのこのツォンカパの瞑想に関する記述をどのように理解すべきなのであろうか。チベット僧の間でも理解が一致しているわけではない。今日のポン教の指導者であり、カトマンドゥ盆地にあるティテン・ノルプツェ寺の住職テンジンナムタクは「昔、特にニンマ派の僧の中には突然、道端で経典を書き出し、何日もそこで書きつづけた埋蔵経の発見者（テルトン）たちがいるが、ツォンカパは彼らと同じである」といわれる。日本に一〇年以上滞在されたことのあるニンマ派のケツンサンポ師は「ごくまれに資質に恵まれた人物に仏が姿を見せることがある」といわれた。この両者はツォンカパが成就法を行じたと理解することに否定的であった。一方、ゲルク派の僧たちは、一般的にツォンカパの密教的行法については触れたがらないのではあるが、ゲルク派の中でも特に密教の研究と実践を重視するセギュ寺やギュトェ寺の僧たちは、ツォンカパが一種の成就法を実践したと考えているようだ。

成就法の実際はわれわれにはよくわかっていない。密教の行法の中核としての観想法が外部の者に容易に示されるべくもない。しかし、明らかにそれは精神生理学的に顕著な変化を伴う現象であり、イメージの連想ゲーム以上には出ることのない単なる儀礼行為であったとは思えない。今日でもカトマンドゥ盆地やチベット仏教圏には、神々の姿を眼のあたりにして、それと一体になる身体技法が生きている。宗教学的には、そういった現象を「憑依《ひょうい》」（ポゼッション）と一括して呼ぶことには一応の意味があるかもしれない。しかし、チベットのシャーマン（パーオ）たちの神降し、ネワールのドゥヨーマたちの神降し、タマン族のジャンクリの神懸かりというように、微妙に異なるこれらの宗教現象をまとめて「憑依」という語によって表現したとしても、それぞれの現象の特徴を表すことはできないであろう。また彼ら自身が「憑依」と呼ばれるのを拒否する場合もある(8)。

問題なのは、いわゆる憑依と観想法（成就法）がどのような関係にあるのかということである。ツォンカパの文殊との「交信」をトゥカンは成就法（grub thabs 観想法）と呼んでいるが、はたしてそれがどのような現象であったのかを、われわれはまだ確かめることができないままである。中観派の哲学的模索をもツォンカパは、文殊との対話で進めていったという。文殊との交信はツォンカパの密教を理解する際に避けて通ることのできない問題であろう。ツォンカパのそのときの精神生理学的状態はどのようなものであったのだろうか。

図 5-7-02　ヴァジュラバイラヴァ。雍和宮、北京

三六歳頃の「密教的」体験は彼の生涯にとって決定的なものであったと思われる。ゲルク派の立宗も三六歳頃といわれている(9)。そもそも文殊と直接に交信が可能となったのは、彼が立宗を考えており、どの弟子たちを連れていくかを文殊に尋ねた、そのときであったと伝えられる。仏や菩薩の姿を眼前に見るヴィジョン体験は、ツォンカパには四〇歳代の前半までしばしばあったようであるが、それ以後もまったくなくなったわけではなかった。晩年にはツォンカパの念持仏である文殊の忿怒相ヴァジュラバイラヴァなどのヴィジョンを見たと伝えられる。

一四〇九年、ツォンカパの活動の拠点であり、ゲルク派の本山でもあるガンデン寺が建立された。一四一九年、ツォンカパは没した。享年六三歳。遺体はミイラ処理されてガンデン寺に安置されていたが、誰も見ることは許されなかった。もっとも、文化大革命の際にガンデン寺は破壊され、ツォンカパの遺体も「破壊された」といわれている。

三 『大真言道次第』

ツォンカパは四八、九歳の頃、サンガクナン寺院において彼の密教総論『大真言道次第』(ガクリム・チェンモ)を著した。[10] この書は作・行・ヨーガ・無上ヨーガという四種タントラの分類に従って論を進め、第四の無上ヨーガに全体の分量の四分の三以上を割いている。

第一章「教法に入る次第に種々の門があることを一般的に説く章」に続いて、作タントラを扱う第二章、行タントラを扱う第三章、ヨーガ・タントラを扱う第四章が続く。第五章から終章の第一四章までは無上ヨーガ・タントラの説明にあてられている。

第五章は無上ヨーガ実修の総論に続いて、マンダラを描く土地、あるいはその神に対する供養法について述べる。マンダラを描く土地神に供養することは、インドで七世紀頃に編纂された『大日経』第二章にも詳しく述べられている。寺院や民家などの土地の神、あるいはそれぞれの村や山に棲む神に対する崇拝は、密教の興隆とともに仏教の中に組み入れられてきた。なお、この章では呪術的シンボリズムを有するプルパ(儀礼用杭)もマンダラ儀礼に用いられると述べられている。[11]

第六章は神々、瓶、弟子に関して説明する。それらはマンダラ儀礼や密教的ヨーガの中で重要な役を果たすので、まず聖別される必要がある。第七章は、マンダラを描き、それに供養する過程を述べる。第八章は、師自身がマンダラに入った後で弟子をマンダラへと導き入れる過程を述べる。弟子は師に導かれて初めてマンダラへと入ることを許されるのである。次の第九〜一〇章では、マンダラへと導かれた弟子が第一から第三までの灌頂を受ける次第を述べる。灌頂を受けるまでは、弟子たちは実際のマンダラ観想法の実修は許されない。もっともツォンカパは最終の第四灌頂に関しては、おそらくそれが性的要素を含むという理由からであろうが、ほとんど扱っていない。ツォンカパの仏教は、密教を組み入れてはいるが、第一義的には戒律を守る出家者のためのものであって、性的行為を伴う実修（性的ヨーガ）を許してはいないのである。

第一一章では、マンダラを産む過程である生起次第と、身体を走る脈に息を入れる行法である究竟次第が「花とその香りのように基体とその上に存するもの[12]」の関係にあると説かれている。生起次第は行者の身体が仏の色身《しきしん》となることを目指し、究竟次第はその色身にある仏の心を得ることを目指す、というのがツォンカパの考え方である。

第一二章では生起次第を扱う。「どのくらいの時間、観想するならば神々（ラナム、つまり仏など）が眼前にはっきりと現われるか[13]」という問いに答えて、ツォンカパは一年以上ではないという。もっともこれは準備期間を除いてのことであって、生起次第を始める資格ができてから一年以内という意味であろう。これがインド以来の伝統か否かは定かではない。ちなみに、ツォンカパはマンダラが地・水・火・風・空の諸元素や宮殿などの基体と、その上に存するものとの二つによって構成されているというインド以来の理解に従っている。

ツォンカパはマンダラ観想の手順の説明に関しても実際的である。たとえば、ルーイパ流の者たちは基体とその上に存する神々との産出（生起）を同時に行うが、『秘密集会タントラ』の二流派（聖者流《しょうじゃりゅう》とジュニャーニャパーダ流）、ラワパ、ドーンビパなどは基体の観想を先にして神々の観想を後にするなどと[14]、マンダラ観想の個々の過程を具体的に述べている。「ヨーガの実修の途中で、頭の皮と頭蓋骨の間がブヨブヨになる」

とか「便秘になる」とか、ツォンカパは『秘密集会タントラ』の密教的ヨーガの解説である『五次第赤註』（東北五三一四番）においても、弟子が実修する際の生理学的手がかりをしばしば述べている。このことは、ツォンカパにとって生起次第は単なるイメージを連ねる儀礼ではなくて、精神生理学的変化を伴う実修であったことを窺わせる。ラマ・ウマパから習った文殊の観想法は、ツォンカパにとっては生起次第の最終的な実修だったのではなかろうか。

第一三章と最終の一四章は究竟次第、つまり身体を走る脈の中に息（気）を送り込んで行う密教的ヨーガの説明である。生起次第と究竟次第とが歴史的には別個の系統に属したという説がある。ツォンカパ自身は、この二つの流れがインド密教の中でどのように形成されてきたかという、その歴史については詳述してはいない。ツォンカパはこの二過程を統一しようとした。そして、究竟次第が最後に求めるもの、それはツォンカパにとって空性の智なのである。究竟次第と呼ばれた行法の最終目的が歴史的に常に空性であったか否かはともかくとして、ツォンカパはその立場に立った。

このように、『大真言道次第』はツォンカパの密教の全体系を示しているが、その行法が究極的には空性を目指していることは明らかである。一方、彼にとって神の姿を見ることも、その空性に至る過程の一環として位置づけられていると思われる。

四　ナーローの六法

究竟次第を説明した書としては、先に述べた「五次第」や「ナーローの六法」が有名である。ツォンカパは両方に註を著しているが、ここでは後者の註『ナーロー六法導論』[15]（東北五三一七番）に触れておきたい。

ナーロー（一〇一六生）の六法とは、（一）内的火、（二）幻身、（三）中有（死と再生の中間期）、（四）光明、（五）意識移動（ポワ）、（六）死体への生命力注入（死者蘇生術）の六である。第六はカギュ派の開祖マルパの息子が行っていたと伝えられるが、後世はそれに代わって（二）の支分である夢が数えられることが多い。ちなみに（三）も（二）の支分と考えることができる。

六法の基本構造は、内的火によって身体と中有とを幻と観じ、光明を生み、意識を自分を超えたより優れた存在へと移すことである。死者蘇生術とは「自己を超えた存在」が他人となる場合である。要するに、ヨーガによって生まれた熱（火）によって身体あるいは世界を幻と見て、光を生み、自己を超越しようとする。これは基本的にはヒンドゥー教のハタ・ヨーガと同様の構造を有している。ただ、ヒンドゥーのヨーガ行者たちは身体あるいは世界が仏教徒ほど「空なるもの」とは考えないという違いはある。内的火のサンスクリットはチャンダーリーであるが、これは元来、インドの低カーストの女性をさす言葉である。ヒンドゥーのヨーガの内的火はクンダリニーと呼ばれ、蛇の姿の女神である。

インド人ナーローパがその師テーローパ（ティローパ）から伝えられた行法をまとめたものが「ナーローの六法」として伝えられた。ツォンカパのみならず、後世のチベット人たちはこの六法の実修に多大なエネルギーを費やした。われわれはすでに第5章3節の初めにおいて、カギュ派の行者たちが実践していたナーローパの六法を概観した。ツォンカパが終生ナーローの六法を実践していたことはよく知られているが、ツォンカパの用いた身体技法がはたしてどのようなものであったかは、よくわかっていない。おそらく彼はこのインドより伝えられた行法をチベット的精神風土の中で実践したのであろう。ちょうど空海が元来はインドの観想法である虚空蔵求聞持法《こくうぞうぐもんじほう》を、日本の山岳信仰の徒として実修したようにである。そもそもナーローの六法、さらにはヨーガそのものが非アーリア的要素を多分に含んでいるのである。
ツォンカパが密教をどのように実践したかは従来あまり問題にされてこなかった。しかし、ツォンカパは空の哲学者であるよりも、「空の行者」であることを忘れてはならない。

注

（1）ツォンカパの伝記については、[立川・石浜・福田　一九九五、xii] 参照。

（2）アムド地方におけるチベット人については、長野泰彦氏（国立民俗学博物館名誉教授）より教示を得た。ここに記して謝意を示したい。

（3）『一切宗義』のテキストは東京大学文学部所蔵のゴンルン版を用いた（ゴンルン版、九頁a–b）、[立川・石浜・福田　一九九五、一三]。

（4）[立川・石浜・福田　一九九五、一三]（ゴンルン版、九頁a–b）

（5）レンダワの思想を伝える代表作に『中論』注がある。*dBu ma tsa ba'i 'grel pa 'thad pa'i snang ba zhes bya ba bzhugs pa*, The Collected Works of Red mda wa gshon nu blo gros, Vol. B, Sakya College, Dehra Dun, 1999, pp. 149-472.

（6）[立川・石浜・福田　一九九五、一四]（ゴンルン版、一〇頁a–b）

（7）[立川・石浜・福田　一九九五、二五]（ゴンルン版、一九頁a）

（8）ネワールのドゥヨーマの中には自分たちの状態は成就法ではなくて、バクティ（帰依）であるという者もいる。[立川武蔵　一九九七、一二六] 参照。

（9）[長尾　一九五四、五三]

（10）本稿ではテキストとして *sNags rim chen mo*（青海民族出版社、一九九五）［Tsong kha pa 1995］を使用した。以下の註（11）～（14）に示した頁数はこの版による。
（11）［Tsong kha pa 1995: 199］
（12）［Tsong kha pa 1995: 445］
（13）［Tsong kha pa 1995: 473］
（14）［Tsong kha pa 1995: 503］
（15）［Mullin 1996］を参照した。

第6章 ポン教とマンダラ観想法の実際

1　ポン教と密教

一　ポン教とシャーマニズム

インドにおいて密教と呼ぶことのできる形態は仏教、ヒンドゥー教およびジャイナ教においてのみ見られる、というのが本書におけるわれわれの前提であった（本書一七頁）。しかし、チベット仏教圏においては、仏教やヒンドゥー教でもなく、ジャイナ教でもない宗教が「密教」と呼ぶことのできる形態をとって今日に至っている。ポン（Bon）教である。かつてはこの宗教は「ボン教」と呼ばれていたが、今日では「ポン教」と呼ばれる。その方がチベット語の発音により近いからである。この宗教が密教的形態をとるに至ったのは、仏教の影響によるということは明らかだが、ポン教は仏教が排斥してきた諸要素を保持してきたことも事実である。

ポン教は、仏教がチベットに導入される以前からチベット・中央アジアなどに存在していた土着的崇拝の一種である。この宗教は元来、西チベットあるいは西アジアに生まれたのではないかといわれているが、はっきりしない。

古代・中世チベットにおいて、ポン教がどのようにして密教的要素を強めていったのかを見てみよう。そ

図6-1-01　ポン教僧院ティテンノルプツェ（写真上段）。カトマンドゥ

の際、仏教とは異なる型の宗教を考察するのであるから、われわれは宗教一般の構造を語るためのパラダイムを備えていなくてはならない。われわれはすでに本書第4章1節において、宗教の基本構造に関して考察した。本章ではそこで考察した宗教の基本構造によってポン教の考察を行うことにしたい。

ポン教がどのような種類の宗教であるのかと問われると、明確な答えを出すことは難しい。しばしば「ポン教はシャーマニズムである」といわれるが、そのように断定することもできない。少なくとも七、八世紀までのポン教がシャーマニズムであるという歴史的あるいは文献的証左は見られないからだ。もっとも後世、ポン教がシャーマニズムとの関係を深めたことは事実である。

ポン教とシャーマニズムとの関係を問題とする際には、まず「シャーマニズム」を規定しておく必要があろう。ここではとりあえず、シャーマニズムを「自己制御によって憑依あるいは脱魂の状態になる者、あるいは、なることのできる者を中心にした崇拝形態（オルギー）である」と考えておこう。

チベットの王国時代の王たちの葬儀は、ポン（神霊を降ろす者 bon）とシェン（いけにえを捧げる者 gshen）という二種の司祭によって取り仕切られていたという。しかし、ポン教の初期の時代（六～七世紀）において、ポンと呼ばれた司祭が憑依あるいは脱魂という技法と無関係に神霊を降ろしていたか否かは不明だ。さらに、ポン教が葬送儀礼を重視することは今日でも変わっていないが、古代の王の葬儀を取り仕切った司祭たちすべてが、われわれが今扱おうとしている「ポン教」の司祭であったと断定することもできない。というのは、チベットでは、今日に至るまで、ポン教や仏教に属するわけではない民間信仰が行われており、その民間信仰と「ポン教」と呼ばれる宗教形態が古代チベットにおいて明確に区別できたかどうかもはっきりしないからである。

一一世紀頃以降、ポン教は大きく自己変革を遂げたが、その変革の過程においてポン教はシャーマニズムの要素をも取り入れていった。だが、後世のポン教の本質がシャーマニズムであると断定することもできない。取り入れられたもろもろのシャーマニズム的要素が後世のポン教の本質となったわけではないからである。後世、ポン教が仏教から多大な影響を受けたことは事実である。そのためであろうか、今日、ポン教を仏教の一派であると考える人々もいる。だが、ポン教と仏教との驚くほどの類似性にもかかわらず、ポン教は仏教に完全に同化されたわけではなく、ポン教独自の特質を失ってはいない。

インドにおいて、後期仏教タントリズムやヒンドゥー教もシャーマニズムの要素を取り入れている。だが、ある派がシャーマニズムの影響を受けたからといって、その派が「憑依した霊媒による託宣を中心とした形態へと生まれ変わった」ということはできない。シャーマニズムの影響はさまざまな領域や程度において現れるからである。ともあれ、シャーマニズムはポン教、仏教、さらにはヒンドゥー教がそれぞれ要素を吸い上げることのできる宗教的基層である、といえよう。一方では、ポン教、仏教、ヒンドゥー教などと無関係のシャーマニズムがインド、チベット、ネパールに存在したし、今も存在していることはいうまでもない。

要するに、ポン教とは、その当初は死者儀礼などを中心とした宗教であったが、一一世紀頃以降、仏教と同様に悟りという精神的至福をも求める側面も併せもつようになった。一方で、仏教から影響を受けると同時に、ポン教はシャーマニズムの身体技法などをも取り入れていった。このように、ポン教は異なる型の宗教のもろもろの側面を併せもち、複雑な構造を有する宗教である。「ポン教はどのような宗教であるか」という問いに簡単に答えることが難しい理由はここにある。

シャーマニズムとの関係においてポン教の特質を考えてきたが、ポン教がどのような型の宗教なのかを別の観点から考えてみよう。宗教的行為は「聖なるもの」と「俗なるもの」という二つの極の相違を意識して行われる。宗教とは、かの「二つの極」の相違を意識した合目的的な行為の形態である、と規定することができよう。まず、ポン教が個人的宗教実践および集団的宗教行為をともに重視する型の宗教であることを確認しておきたい。

「聖なるもの」は、神々しい神や悟りに瞬間に現れる「浄なるもの」のみを指すのではなく、死体やハゲタカのような「不浄なるもの」をも指し示すということは、すでに本書第4章3節「密教と呪術」において述べた。われわれはこのような概念設定の基にポン教の特質を考えていきたい。

二　宗教の三類型

宗教は多様な形態を見せてきた。宗教学者たちはそれぞれの立場から、この多様なる宗教を分類しようと試みてきた。これまで行われている分類法のうち、よく知られたものに、①自然宗教、②民族宗教、③世界宗教（高等文化宗教）の三類型への分類がある。

②型と③型の宗教と結合した形態はしばしば見られる。たとえば、仏教タントリズム（密教）は世界宗教としての特質を失うことなく、しかもインド、さらには仏教の伝播した諸地域における土着的要素、すなわち、民族宗教の諸要素を吸収している。タントリズムとは、一般に③型の宗教が自らの「体質改善」のために②型の宗教の要素を自らのシステムの中に組み入れたものなのである。

ポン教もまた、カトマンドゥ盆地にあるポン教僧院ティテンノルプツェの院長テンジン・ナムタク師がいうように、「タントリズム（密教）の一形態である」。元来は②型の宗教であったポン教は、一一世紀頃以降その体質を変化させたことによって③型の宗教の要素も有するようになったが、②型の宗教の特質を失っていない。②型と③型の宗教とは基本的構造の多くの部分を共有している。それゆえにこそ、②型の宗教であったポン教が③型の宗教の要素を多分に吸収して自己改革を遂げることができたのである。

インド大乗仏教に理論的なモデルを与えた龍樹の思想は、精神的救済を目指した釈迦（ブッダ）の思想を受け継ぐものであり、③型の宗教のタイプを有している。龍樹以後、大乗仏教はその歴史の中で数多くの土着文化に出会い、ヒンドゥー教などの他宗教との抗争あるいは相互浸透作用を経験することになった。大乗仏教は③型の宗教としての特質をもち続ける一方で、①型や②型の宗教からさまざまな影響を受け取った。本書第4章1節および2節で見たように、仏教タントリズムはそれまで仏教が避けてきた血・骨・皮などの儀礼を積極的に受け取ったのであるが、そのような儀礼は①型あるいは②型の宗教の要素を有していた。

ポン教は元来、動物供犠などを行っていたので、仏教タントリズムが血、骨、皮などの儀礼を受け入れたと同じようには、後世、それらの儀礼を自らのシステムに取り入れるための努力をする必要はなかった。そうではあっても、血や骨といったものに対する象徴的意味の付加の方法などに関しては、仏教タントリズムの影響を受けたと思われる。その際、ポン教徒たちはそれらのシンボルに対して、しばしば仏教とは正反対の象徴的意味を与えたのである。

①型および②型の宗教において宗教行為のほとんどは儀礼の形式をとる。一方、③型の宗教において儀礼の形式をとる行為は精神的救済という究極的な目的を獲得するためには障害となる、あるいは、不要であるという理由でしばしば退けられる。たとえば、真宗や禅宗において、少なくともその初期においては、外的行為としての儀礼は重要視されなかった。一方、後世のポン教にあっては、古代からの伝統である儀礼主義が保持される一方で、個人の精神的救済を得るための修行も重視されてきた。

宗教一般の構造を考えるためには「聖なるもの」と「俗なるもの」という一対の概念は十分ではない。したがって、この二概念に加えてわれわれは「浄なるもの」と「不浄なるもの」という操作概念を設定した（本書三三六頁）。さらに集団によって追行される宗教行為（集団的宗教行為）と、個人が自発的・計画的・反復的に行う実践行為（個人的宗教行為）という二概念も基本的な操作概念であることをすでに述べた（本書三三八頁）。また集団的宗教行為および個人的宗教行為それぞれにおいて「聖なるもの」と「俗なるもの」の意味のみならず、「浄なるもの」と「不浄なるもの」の意味も異なることについても述べた（本書二五八頁）。

葬儀やバラモンの行うホーマなどの集団的な宗教行為において、「浄なるもの」と「不浄なるもの」はともに「聖なるもの」に属する。一方、悟りなどを求める個人的な宗教行為にあっては、「浄なるもの」が「聖なるもの」とみなされ、「不浄なるもの」が「俗なるもの」とみなされる。

インドの宗教においては、キリスト教的な世界などと比べ、この二種の行為が統一あるいは融合したケー

図 6-1-02　問答（論理学）の実習をするポン教の僧たち。ティテンノルプツェにて

スがより多い。典型的な例としては、仏教タントリズムや後世のポン教があげられよう。

　後世のポン教のよく知られたテキスト『十万白龍』には、瓶の中で水、羊乳、砂糖、蜂蜜、樹脂、栴檀などを混ぜたものを用いて天界の魔ニャン、地上の土地神サダク、および水中の蛇（ル）の害毒を洗い流す儀礼が述べられているが、その中の一環として衆生の悪行と煩悩を洗い清める行為が言及されている［寺本　一九〇六、一一章］。ここにも「儀礼の内化」が見られる。さらにポン教は、仏教の場合と同様、悟りを求めるための瞑想も行われている。後で述べるように、ポン教ではマンダラ観想法も取り入れられている（本章2節参照）。

　このように、宗教の三類型の観点から見るならば、ポン教は②型の宗教（民族宗教）の要素を保ちつつ、③型の宗教（世界宗教）の要素を多分に吸収したということができる。その「吸収」は主として一一～一二世紀以降に行われた。今日のポン教は集団的宗教行為と個人的宗教行為の統一に成功した宗教なのである。

三　古代のポン教

「ポン（bon）」という語は仏教以前には「神を呼び出す僧」を意味した。いわゆるポン教を意味する語として用いられるようになったのは、チベット語の「チュー（chos 法、Skt. dharma）が仏教を意味する語として用いられるようになってからである。仏教との抗争の中でポンは一つの宗教として教理を整備し、組織を有するに至った。仏教において真理を意味する「チューニ（chos nyid）」、すなわち「法性（dharmatā）」は、ポン教では「ポンニ（bon nyid）」（ポン性）と呼ばれる。ポン教徒たちは仏教から学びつつ、自分たち本来の宗教形態を発展させながら、量においては仏教の大蔵経に匹敵するほどのポン教大蔵経を作り上げた。

チベットには仏教が七世紀前半から本格的に導入されたと考えられるが、それまでのチベットにはポン教の原初的形態が存在したと考えられる。『旧唐書』（吐蕃書）は仏教伝播以前のチベットの事情を伝えるが、それによれば当時、動物供犠が行われていたという。五世紀頃までのそのような形態は後世「芽の出たばかりのポン教」あるいは「穴の開いたポン教」（ドゥルポン brdol bon）と呼ばれた。

ディグム・ツェンポ王（五世紀）の葬儀に際して中央チベットのポン教徒たちはカシミール、フンザ、およびシャンシュンからポン教司祭を招いたという。これは、当時の中央チベットのポン教徒たちが、葬儀の方法を知らなかったためというよりも、自分たちの儀礼の形態をよりいっそう整備・洗練されたものにしたいと考えたためであろう。この時期の葬儀においては、羊や馬などの家畜が犠牲にされて死出の旅の供をつとめたというが、五世紀頃からチベットへの仏教導入が本格化するまでの八世紀前半を「方向を転じたポン教」（キャルポン 'khyar bon）と呼ぶことができよう。

八世紀後半、チベット王室はインド仏教を新しい国家イデオロギーにしようとして、インドから多くの仏教僧を招聘した。結局、ポン教勢力はチベット王室とインド仏教との連合勢力に敗北し、八世紀末には弾圧を受けている。しかし、一一世紀には仏教からの影響を受け、悟りという精神的至福をも求める宗教へと変質して、今日に至っている。八世紀後半頃以降のポン教は「変質したポン教」（ギュルポン brgyur bon）と呼ばれる。(1) もっとも八世紀後半から一一世紀までのポン教の実体を語る文献資料はほとんどない。しかし、この時期に変質への準備がなされていたことは確かである。

六世紀末から七世紀前半にかけて、ソンツェン・ガンポ（五八一～六四九）という有能な王がチベットに出た。この王の時代以降、チベットは国力を急速に増大させることができた。次世紀のティソン・デツェン王は七六一年頃、仏教を本格的に導入し始める。王はインドの仏教にも関心を寄せ、ネパールに遊学していたパ・セルナンを通じてインドの学僧シャーンティラクシタをチベットに迎えようとした。その甲斐があって、シャーンティラクシタは、チベットに渡り、インド仏教をチベットに伝えることになった。

シャーンティラクシタが迎えられてしばらくすると、伝染病がチベットに蔓延したという。ポン教徒たちは、仏教僧をインドから呼んだためにこのような病気が広がったのだという理由をつけて、インド仏教導入に対する反対運動を繰り広げた。やむなくシャーンティラクシタはひとまずネパールのカトマンドゥ盆地に引返し、次の機会を待った。そして、七七〇年代に第二回目のチベット入りをし、今度はポン教との論争に勝ったのである。

シャーンティラクシタが対決したときの「ポン教」がどのようなものであったかは、今日よくわかっていないが、彼の時代には、ポン教は仏教と対抗するほどの力を得ており、仏教導入に積極的であったチベット王室は、ポン教の勢力を無視できなかったと思われる。しかし、ポン教は、結局、チベット王室とインドから招かれた仏教僧たちの連合勢力に負けてしまった。

シャーンティラクシタは、七七五年、大僧院の建立にとりかかり、七八七年にチベットで最も由緒あるサムイェー寺院が建立された。この僧院の開眼供養を記念して、チベットにおいて初めて出家僧が生まれた。シャーンティラクシタは、魔術あるいは妖術に通じたインドのウッディヤーナ出身の密教行者パドマサンバヴァ（蓮華生）をチベット王室を通じてチベットに招き、この寺院の地鎮祭を執行させたという。この密教行者の「法力」は、ポン教の司祭たちの行法や呪法の力を凌ぐものであったのであろう。

シャーンティラクシタとの対論に負けた後、サムイェー寺院の造営が終わる直前の七八五年頃にポン教徒は大弾圧を受けた。それ以後、一一世紀初頭までポン教についてはほとんど何もわかっていない。

四　「変質したポン」（ギュルポン）

一九世紀初頭に完成されたトゥカン著『一切宗義水晶（ガラス）の鏡』によれば、カギュ派の観想法の目的は自分の心を把握することである。まず、自分の心がどこにもないとわかったときに、心の本質におのずと出会い、カギュ派の人々が目指す真理である大印（マハームドラー）が体得できる、という。さらに現在の生の作意のない認識のあり方そのままをそっと瞑想することによって、心そのものを赤裸に感ずれば、心の本質におのずと出会うという。また否認や是認を少しもしないで、心の様態をじっと見つめるならば、そういった考え方はひとりでに消滅する。このひとりでに消滅したときのあり方が大印であるという［立川一九八七a、七六〜七七］。

このような考え方は、ニンマ派やポン教のそれと似ている。ポン教は死者儀礼や悪霊を払う儀礼などの場合は別として、僧侶が悟りを得るために瞑想する行法にあっては、今述べたような「無作為に心の本質を見る」という態度を重視する。このような瞑想の仕方は、かつてカマラシーラに論破された大乗和尚の考え方と似ていなくもない。しかし、カギュ派やニンマ派における瞑想は、精緻に組み立てられた精神生理学的行法をその階梯に従って実修するものであり、その点では、瞑想の階梯に関する自覚を重視しない大乗和尚の考え方と異なるのである。

ニンマ派は当時チベットに存在した土着崇拝の要素を吸収し、さらにインド仏教には見られなかった神々をも自派のパンテオンの中に組入れ、今日でもなおネパール、北インドなどのヒマーラヤ地方において活動を続けている。ニンマ派では儀礼的・呪術的要素がいっそう顕著である一方、認識論・論理学などの理論体系にはそれほど努力が払われていない。もともと「ニンマ派」と一括して呼ぶことのできるような組織が存在したわけではなく、いくつかの同種の伝統をまとめて呼ぶのである。この派の思想や儀礼は、チベット仏教諸派の中で土着的要素との結びつきが最も強いといえよう。

ニンマ派には、土着的民間信仰に基づいた儀軌を中心とする者たちと、教説を中心とするエリート集団「大究竟《だいくきょう》（ゾクチェン）派」とに大別されるが、後者を理論的に大成したのは、ロンチェン・ラプジャムパ（一三〇八～一三六八）である。一般にこの派の思想では、「有と無というような矛盾するものの統合が最高真理である」というように非合理的側面が強調されるのであるが、できる限り合理主義を貫こうとするゲルク派と対照的である。

後世、ポン教は仏教から大きな影響を受けたが、ポン教が最も影響を受けた仏教の宗派はニンマ派である。しばしば「ポン教はニンマ派と同化した」といわれる。さまざまな側面において似ていることは両者とも認めるのではあるが、「同化した」とはこの二派のいずれも認めないであろう。

ポン教には元来、開祖はなかった。少なくとも五世紀頃までの形態である「芽の出たポン」(ドゥルポン)の頃には、開祖を中心にした形態を有してはいなかったと思われる。おそらくは五〜八世紀前半までのポン教、つまり「方向を転じたポン」(キャルポン)の時代における仏教との対決を通じてポン教徒たちは、ブッダという開祖を中心にした仏教の崇拝形態から影響を受け始めていたと考えられる。しかし、八世紀後半の弾圧までの期間に、ポン教が開祖を有する形態をとっていたとは考えられない。九世紀から一一世紀頃までにかけて、ポン教は仏教から多くを学ぶ中で、シェンラプミオ(gShen rab mi bo)という一人の人格を核にして、教祖を有する崇拝形態を形成していった。

図6-1-03　トンパ・シェンラプ像(写真右)。ティテンノルプツェ本堂

シェンラプミオの年代などについては、ほとんど何もわかっていない。一〇世紀頃の編纂と推定されるいくつかの伝記、すなわち『ドドゥ』(mDo hdus)、『セルミク』(gZer mig)、『シジ』(gZi brjid)などには、彼はチベット西部のシャンシュン(Shan shun)の地で生まれたと記されている。おそらくシェンラプミオのモデルになった歴史的人物はいたのであろう。「シェン」(gshen)とは、「いけにえを捧げる者」を意味した。「シェンラプミオ」と呼ばれた者は、ポン教の伝統的司祭であったシェンの一人なのであったと推定

されるが、やがて彼は「トンパ・シェンラプ」と呼ばれるようになる。「トンパ」とは、「〔教えを〕示す者、説法者」を意味する。要するに、教祖である［立川 一九九〇d、三二］。「シェンラプミオ」から「トンパ・シェンラプ」へと変わったことは、ポン教が「変質した」ことを意味する。これは、ポン教が先に述べた③型の宗教である世界宗教の要素を備えるようになったことを意味するのである。

五 ポン教の教祖トンパ・シェンラプ

仏教徒はゴータマ・ブッダの生涯をさまざまに解釈した。ジャータカ物語では前世において人々を救うために自分の命を投げ出すという、自己犠牲を払う菩薩と捉えた。浄土経典では法蔵という名の菩薩が世自在王のもとで「すべての衆生を救うまでは自分は仏とはならない」という誓願をたて、修行の後、阿弥陀仏となった、といわれるが、この法蔵菩薩が阿弥陀仏となったという伝承は、ゴータマ・ブッダの生涯の浄土教的解釈である。

そのようにポン教の教祖トンパ・シェンラプの場合も、この開祖の伝記がポン教の大まかな構造を浮き上がらせる。ニンマ派ではブッダの生涯は一二（あるいは一四）の重要な行為の連なりとして語りつがれるが、ポン教の開祖の伝記もまた一二の行為によって語られている。(2) ポン教における一二の行為が、ゴータマ・ブッダの生涯に見られる一二の行為それぞれに明確に対応するものではないが、明らかにトンパ・シェンラプの伝記は、ゴータマ・ブッダの生涯を踏まえている。このことは、ポン教がこの時期以降、仏教と同様、個々人の精神的至福を求める宗教へと「変質した」ことと関係があるといえよう。

図6-1-04　ティテンノルプツェ本堂入口。壁に描かれた輪廻図や須弥山図は仏教からの影響を示している

一〇一七年にシェンチェンルガ（gShen chen klu dgah 九九六〜一〇三五）がそれまで迫害を逃れて「埋蔵されていた」古い経典を発見したと伝えられる。これが「変質したポン教」（ギュルポン）の実質的な始まりである。一〇七二年にイェールイエンサカ（gYas ru dben sa kha）の僧院が建立されたのに続いて、数多くの僧院が建てられた。これ以後、三世紀あまりポン教は農民らの支持を得ることができたのである。また、この時期に多くの文献も残されたが、その後、再び徐々におとろえた。

一三八六年、イェールイェンサカ僧院が洪水で消滅したのを象徴的事件としてポン教は仏教徒、とくにゲルク派からの迫害を受けて活動を抑えられた。その後も、ポン教はたびたびゲルク派を中心とする仏教勢力によって弾圧を受けている。たとえば、一七世紀のダライ・ラマ五世は当初、ニンマ派やポン教に対しては寛容であったと伝えられるが、最終的にはポン教徒を中央チベットから追い払っている。ポン教徒抹殺のために蒙古や中国の軍隊が派遣されたこともあった。こうした困難の中でもポン教の伝統は伝えられ、一九世紀後半シャルザ・タシギェルツェン（Shar rdza bKra shis rgyal mtshan 一八五八〜一九三五）を中心にして復興の試みもなされた。

ポン教の文献はこれまで外部にはほとんど知られていなかったが、その量は驚くほど多い。ポン教経典は、発見された埋蔵教（テルマ）と口伝のものとに大別できる。前者は発見された地域ごとに「中央部の宝」「南部の宝」「北部の宝」などと呼ばれる。後者にはシェンの伝記やポン教の理論を収めた『シジ』が含まれる。今日ではこの口伝のものも文字化されている場合が多い。一八世紀にポン教大蔵経およそ三〇〇冊が開版されたと伝えられている。近年、ポン教大蔵経の目録が出版された(3)。

ポン教はニンマ派などの仏教の影響のもとに「九乗（あるいは九道）」と呼ばれる理論を一〇世紀までに築いた。九乗のそれぞれは、①予言、②現世界の神あるいは魔の調伏、③すべての敵を追払うための儀礼、④死から再生までの中有、⑤ポン教徒のあり方、⑥苦行者のあり方、⑦マンダラなどのタントラ的実践、⑧ポン教の生起次第および究竟次第、⑨絶対（根本）などを主たる内容としており、チベットの宗教実践のほぼ全領域にわたるものを含んでいる。明らかに⑥から⑨までの内容が仏教の影響を受けているが、①から⑤までの内容はポン教が古代からもち続けてきたものである。もっとも、④の「中有」という概念は紀元前のインドにすでにあった。

ポン教のパンテオンは、シャンシュン、インド、中国の他、多分、イランにも由来する神々とチベット土着の神々から構成されている。「大母神（サティクエルサン）」や教祖シェンラプミオを含む柔和な四主神や、女神ラゴトクパをはじめとする恐ろしい形相をした五神などがいる。仏教と共有の神もあるが、多くはポン教独自のものである。象徴・法具・儀礼など仏教と共通の場合も多いが、しばしばその意味や手順が、ポン教の特色を出すために変えられている。

宇宙には無数の遊離魂が存在し、樹木・石・貝・穀物などにも精霊が宿っている。これらの無数の精霊の発動によって吉凶禍福が現れるとポン教では考えられている。したがって、これらの精霊に祭祀や祈りを捧げ、これを宥め、災難を防ぎ、幸福が訪れることを目指す。それらの精霊が人間に意志・意向を表すためには巫僧の媒介を必要とする。

もっとも、このようなポン教の側面は、仏教の影響を受けて自らの体系を変えて「変質したポン教」となる以前から、もち続けてきたものであった。また、これに加えてポン教には、個々人の精神的救済としての悟りを追求する宗教であるという側面を有するようになった、ということを忘れてはならない。ポン教の特質は、今世紀においても集団的宗教行為を中心とする崇拝形態と、個人的宗教行為を中心とする形態との両者を、仏教と比較するならば前者の形態が顕著であるままに、もち続けていることにある。

一九五九年の「チベット動乱」から半世紀以上の時がたった。チベット自治区におけるチベット仏教は、かつての勢力を取り戻してはいない。これからの歴史において仏教がチベット人たちにとってどのような機能を果たすのかはまだ不明である。一方、ポン教徒にこの半世紀の間、苦難の日々がなかったわけではないが、ポン教はこの半世紀においてその勢力を伸ばすことができたようである。

注

（1）これらの三種のポン教の訳語は［長野　二〇〇九、九］による。［御牧　二〇一四、vi］では「自然生のボン」「逸脱のボン」「改変のボン」と訳されている。［立川　一九九〇e、四八］参照。

（2）［津曲 2009: 50-66］［Sangye Tandar 1995］. インド大乗仏教におけるブッダの一四の行状については［高崎　一九八九、一五六］参照。

（3）［Karmay and Nagano 2003］

2 ポン教マンダラと観想法

一 マンダラの観想法

マンダラの用途はさまざまである。弟子に灌頂を授けるために用いられたり、信者が仏や神たちを供養するために用いられたりする。行者が尊格と一体になる行法を行う場合にも用いられるが、その場合、実践者の心身はどのような状態になるのであろうか。

マンダラの図像学的研究についてはこれまでにすでに多くの研究がなされている。今日、われわれは、西チベットすなわちラダック地方において残された一一、二世紀にさかのぼると考えられるマンダラ群から、一五、六世紀のギャンツェ地方のペンコルチューデ仏塔内部の壁に見られるマンダラ群、さらには一九世紀におけるサキャ派ゴル寺において編纂された『タントラ部集成』(GDK)とそれに従って描かれたマンダラ図など、チベット仏教に残されたマンダラのほぼ全容を知ることができるようになった。

カトマンドゥのネワール大乗仏教のマンダラに関してもその全貌が明らかになりつつある。中国に残るマンダラ、すなわち居庸関[1]、故宮、雍和宮などに残るチベット仏教のマンダラに関しても研究が進みつつある。日本の真言密教や神道系のマンダラに関して詳細な研究がなされてきたことはここであらためていうまでもない。近年はポン教のマンダラの伝統も研究者たちの手に届くようになってきた。

しかし、チベット、ネワール、日本などのマンダラに関する従来の研究はほとんどの場合、文献的・図像学的あるいは美術史的観点からなされたものであって、マンダラを観想する行者の実践的形態を扱ったものは極めて少ない。マンダラの重要な機能の一つに観想法がある以上、マンダラを観想する場合、行者あるいは実践者の心身にどのような変化が起きたのかという疑問が起きてくるのは当然であろう。

このような疑問に対して、あるチベット仏教僧は「空の体験あるいは悟りの智慧を得たときの精神・生理学的変化を云々することは、不可能であるとともに無意味だ。空性の智慧は各々の修行者（実践者）が体験するものであり、その体験の際の精神・生理学的変化を問題にすることは的はずれである」と答えられた。マンダラが究極的に空や悟りの智慧の獲得を目指したものであり、その究極的な体験を言葉にするということはほとんど不可能であるというのは理解できる。

だが、マンダラ観想法は一連のプロセスを追う行法であり、その実践の過程にはさまざまな精神生理学的

図6-2-01　時輪立体マンダラ。雍和宮、北京

な諸変化が現れると思われる。マンダラ観想は幾年もの期間を要する心身改造でもあり、その修行の過程で起きるさまざまな精神生理学的変化はツォンカパの『真言道次第』(ガクリムチェンモ)とか『五次第注』(リムガテンゾ)などに言及されている。またヨーガにおいては、その行法の深化に伴い心身に起きるさまざまな変化が報告されている。マンダラ観想法の実践にもその過程における諸変化が今以上に問題にされてしかるべきであろう。マンダラ観想法はヨーガの行法の要素を多分に含んでいる。従来はマンダラ観想法の過程の精神・生理学的な研究はほとんどなされてこなかったが、観想法の実践過程を明らかにすることにより、マンダラのもつ意味もより鮮明になると思われる。

イタリアのインド・チベット学者G・トゥッチは、「他者から一者への再統合の過程」としてのマンダラ観想法には二通りの方法があるという。一には、「特定の神格が象徴する神的次元を自らの内に降入させる場合である。……このやり方は、アーヴァーハナ(āvāhana)《あるいは宗派によってはサマーヴェーシャ(samāveśa)、すなわち神掛かりの状態—英訳のみ》と呼ばれる。二には、瞑想者は、自分が同化しようとする神格を、自らの心に玄妙な形で内在する、意識の無限なる可能性の中から喚び起こすのである[2]」。トゥッチは、第一の方法が「仏教徒特有のものであると考えるべきではない[3]」とも述べている。この二方法は同一の成就法(観想法)において組み合わされる場合もあれば、別個に実践されることもある。

第二の方法は、第一の方法より一般的・正統的なものである。たとえば、本書第4章2節「金剛ターラーの観想法」における前半部分(一つの文字から主尊が生み出される過程)は、この第二の方法の例としてあげることができよう。一方、第一の方法は、後期タントリズムにおいて一般的となったものであり、憑依などの身体技法を取り入れていると思われる。

二　ポン教のマンダラ

ポン教においてはマンダラ観想が今日においても盛んに行われており、われわれはポン教のマンダラ観想法の実際を知ることができる。

八世紀頃までのポン教においてマンダラは用いられていなかったと考えられるが、後世、仏教からの影響によってポン教においてマンダラは重要なものとなった。今日、ポン教寺院の天井などにはさまざまなマンダラが描かれている。これまでは、しかし、仏教のマンダラに較べ、ポン教のマンダラに対しての関心は少ない。

近年、ポン教のマンダラに対する関心が高まってきた。二〇〇〇年、カトマンドゥ盆地にあるポン教僧院ティテンノルプツェのテンジン・ナムダク院長によって監修されたポン教のマンダラ集が国立民族学博物館から出版された［Tenzin Namdak, Nagano and Tachikawa 2000］。この出版もこの動きの一環とみなすことができよう。このマンダラ集は、これまで継承されてきたポン教の伝統に基づいて、ラサおよびカトマンドゥにおいて一九九〇年代に描かれたマンダラ図一三一点を収めている。一九九〇年代に初めてポン教のマンダラが描かれたわけではないことはいうまでもない。このマンダラ集において登場する尊格はすべてシンボルによって表されているが、これは、ポン教のマンダラにあっては一般的なことである。

二〇〇六年には、チベット自治区の北部にあり、カム地方の東に位置するキュンポ地方で描かれたポン教タンカ集が、国立民族学博物館から出版された［Tenpa Yungdrung, Kvaerne, Tachikawa and Nagano 2006］。

図6-2-02　ティテンノルブツェ僧院本堂の天井に描かれたマンダラ

ここには四九点のタンカが収められているが、そのうち、三点を除いて［Tenzin Namdak, Nagano and Tachikawa 2000］に収められたマンダラに描かれたシンボルが「人間に似た神」の姿で描かれている。二〇一一年に中国のレプコン（同仁）地方で描かれたボン教のタンカ五一点も同様に、国立民族学博物館から出版された［Bon brgya dge legs lhun grub rgya mtsho, Tumagari, Tachikawa and Nagano 2011］。以上に述べた三点が、国立民族学博物館に所蔵されているボン教マンダラの資料の主なものである。

ボン教のマンダラは四つのグループに分類される。このマンダラの分類法は、インド仏教タントリズムにおいてほぼ確立されていたタントラ経典の分類法に基づいている。インドにおいて仏教マンダラは図像学的な意味でも実践・儀礼の面でもすでに十分発展を遂げており、それらをチベット仏教は受け継いだ。またボン教のマンダラの図像学的な技術や観想の技法も仏教の観想法から多大の影響を受けた。

ボン教のマンダラは、一般的に以下の五グループに分類される。

①行為を浄める原初的ボンの乗。ボンとは、仏教の法ダルマと同様、教え、あり方を意味する。乗とは、元来は乗り物を

意味するが、この場合はランク付けされた、ポン教内の教法のグループを指す（bya ba gtsang spyod ye bon gi theg pa）

②もろもろの超能力の乗（rnam pa kun ldan mngon shes kyi theg pa）

③真実の結果を生む大悲の働き（戯れ）の乗（dngos bskyed thugs rje rol pa'i theg pa）

④最高の利益を備えた完成の乗（shin tu don ldan kun rdzogs kyi theg pa）

⑤その他

①〜④は、仏教タントラのよく知られた分類法である所作・行・ヨーガ・無上ヨーガの四分類法を参考にしている。③はさらに三つの小グループに分類されている［Tenzin Namdak, Nagano and Tachikawa 2000: xxii~xxiv］。

②に属するマンダラの一つに仏教の悪趣清浄マンダラ（Durgatipariśodhana-maṇḍala）に相応するものがあり、ポン教の「悪趣清浄マンダラ」（Ngang song dkyil 'khor）と呼ばれている［Tenzin Namdak, Nagano and Tachikawa 2000: No. II. 9］、［立川　二〇〇九 f、八一］。またこのマンダラは、そこに現れる主要な三尊のシンボルにちなんで「トゥティス」（Tu dri su）とも呼ばれる。チベット仏教やネワール仏教において悪趣清浄マンダラは死者儀礼に用いられてきたが、ポン教のこのマンダラも特に死者儀礼にとって重要なものである。

このポン教の悪趣清浄マンダラの儀軌のタイトルは『障害を除くことに関するトゥティスという観想の書「無明の暗を照らし、悪い輪廻を断ち切る燈火」』（*Tu dri su'i sgrib sbyon gi sgrub gzhung ma rig mun sel sgron me 'khor ba ngan song dong sprugs*（ティテンノルプツェ僧院所蔵））である。このテキストの中でマンダラの説明

図6−2−03　ポン教の悪趣清浄マンダラ。国立民族学博物館蔵
[Tenzin Namdak, Nagano and Tachikawa 2000: No. II. 9] より

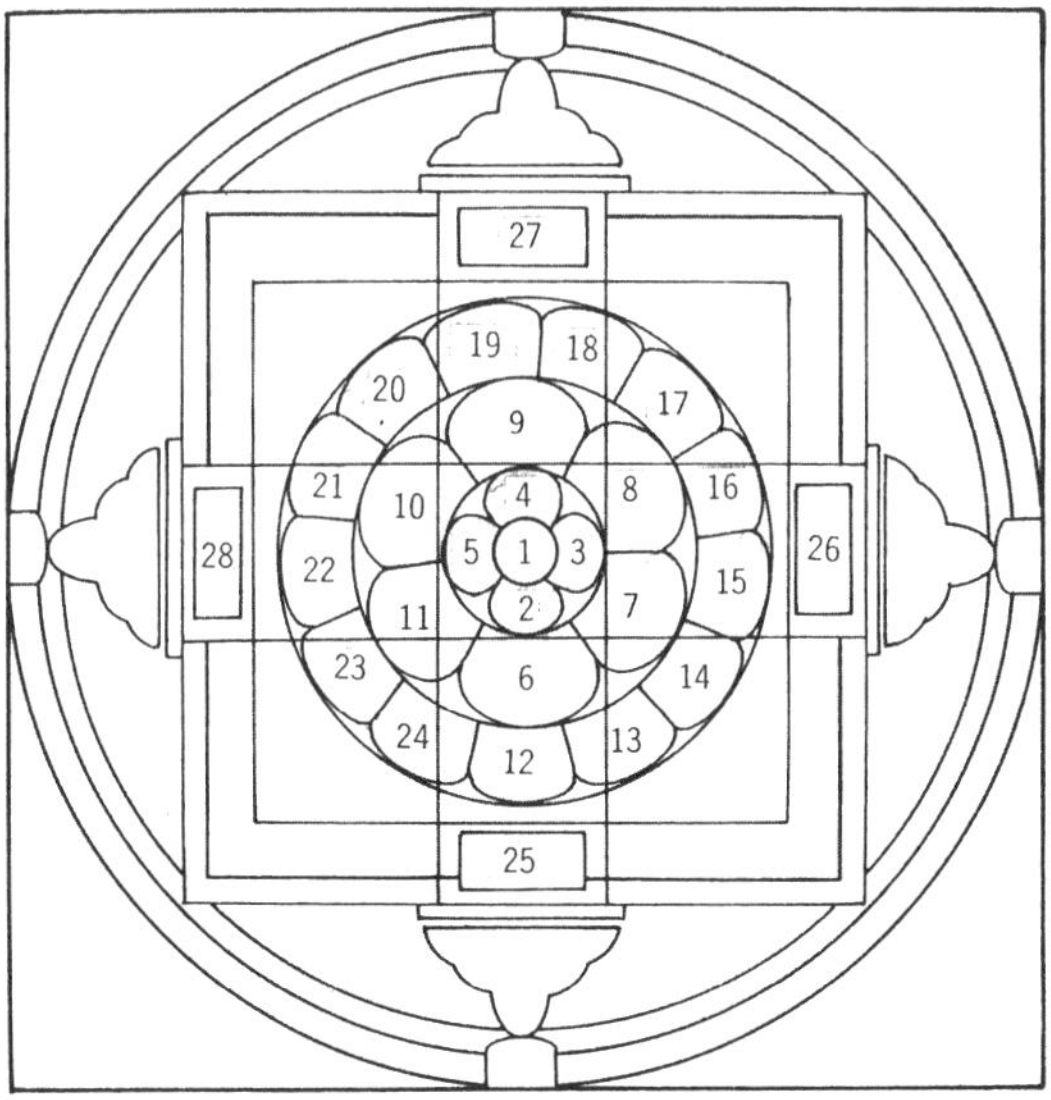

図6−2−04　ポン教の悪趣清浄マンダラの諸尊配置図。図の中の番号は諸尊番号で、以下の訳における番号①〜㉘と対応する

図 6-2-05　ポン教の悪趣清浄マンダラの諸尊。国立民族学博物館所蔵
［Tennpa Yungdrung, Kvaerne, Tachikawa and Nagano 2006: 14］より

13　སྒྲིབ་སྦྱོང་ཡུན་སེལ་སྒྲོན་མའི་ཞལ་ཐང་གི་ལྷ་བཀོད། (དུ་ཏྲི་སུ)

図 6-2-06　ポン教の悪趣清浄マンダラの諸尊
(図の中の諸尊番号は図 6-2-05 の諸尊の位置に対応する)
［Tennpa Yungdrung, Kvaerne, Tachikawa and Nagano 2006: 134］より

は「眼前におけるマンダラの生起」（ドゥンキェ mdun bskyed）（二二頁二行〜二八頁一行）としてなされており、その前に「自身としてのマンダラの生起」（ダクキェ bdag bskyed）の説明がある（一九頁一三行〜二二頁二行）。

「ダクキェ」および、それに続く「ドゥンキェ」は、後期チベット仏教の観想法において一般的なものであった。「ダクキェ」と「ドゥンキェ」に厳密に対応するサンスクリットは明らかではない。おそらくはチベットでできた概念であろう。ポン教もその仏教の伝統からこの一組の概念を学んだと思われる。

もっともインド仏教のみならずヒンドゥー教においても「ダクキェ」と「ドゥンキェ」に相当するものは存在する。ヒンドゥー教では、布置《ふち》（ニャーサ）と呼ばれる儀礼的所作がよく知られている。これは、修行者が呼んだ神を、修行者自身の頭・胸、腹・大腿部などの身体の各部分、あるいは手の指の節に「留まるよう」願いながら置くことである。この布置に相当する行為は、仏教タントリズムにおいても見られるが、チベット仏教では「ダクキェ」と呼ぶ。布置という行為は、身体や手のひらにさまざまな仏や神を留めることによって、最終的に行者の身体を一つのマンダラへとつくりかえるのである。もっともこの段階では、彼の心身は聖化されるにとどまるのであって、真の意味のマンダラは次の段階の「ドゥンキェ」において現前に産出される。

三　ポン教の悪趣清浄マンダラ

かのポン教の悪趣清浄マンダラ観想のテキストは、この諸尊の布置の説明に続いて、マンダラの全体的構造と諸尊の図像学的特徴とマンダラにおける位置を以下のように述べている。以下のチベット語テキストに関しては［Tachikawa 2000: 245~246］を参照されたい。

宮殿の中央に卍の滴があり、それを含む光のテントがあり、その中で行者は日輪・月輪・蓮華（nyi zla padma'i gdan 日輪の上の月輪の上の蓮華）の上に坐っていると考える。さらに、自身の心からaという文字が一つ、日輪・月輪・蓮華の上に放たれる。そのaという文字から光明が出てすべての衆生の障りを除く。それらの光明は集まって、文字aに溶けて、光明の中に入っていく。

①飾りのない裸体の一面二臂の普賢（クントゥサンポ Kun tu bzang po）が、結跏趺坐しているのを観想する（図6–2–07）。

主尊の心から光明が四方にある四つの花弁に出ていき、

②東においてユムチェン・サティクエルサン（Yum chen Sa trig er sangs 智慧の大母神、姿は仏教の般若波羅蜜に似る）（図6–2–08）、

③北においてラチェン・シェンラオーカル（lHa chen gShen lha 'od dkar 禅定印を結び、姿は阿弥陀に似る）（図6–2–09）、

④西においてシパサンポ・ブムティ（世界の生類を生んだ主 Srid pa sangs po 'Bum khri）（図6–2–10）、

⑤南においてトンパ・シェンラプミオ（教祖、最高の僧、偉大な者 sTon pa gShen rab mi bo）（図6–2–11）

となる。

テキストでは、②〜⑤の諸尊はそれぞれ持物として鏡、鉤、旗、挟み板を持つとあるが、図6–2–09と図6–2–06③の神はカルトリ刀を持っている（図6–2–05参照）。おそらく鉤をカルトリ刀と間違えたのであろう。

このマンダラの別称である「トゥ・ティ・ス」の三文字は、それぞれ図6–2–04の中の②、③、④の位置に描かれている。⑤は神というよりは教祖である。②から⑤までの四尊は、ポン教のパンテオンの中では最も代表的な尊格である。ポン教の数多くのマンダラの中で「トゥティス・マンダラ」が最も基礎的・代表的なものであるといわれる理由の一つはここにある。

さらに今述べた四尊の外にも神々が生まれる。すなわち、主尊の心から光明は外へ順に放たれて、以下の諸尊となるのである。

⑥サンワガンリン（gSang ba ngang ring）は、身色が紫、火水の旗を持つ（図6–2–12）。

⑦ムチョデムットゥク（Mu cho ldem drug）は、身色が白、持物として甘露の入った瓶を持つ（図6–2–13）。

⑧ティサンランシ（Ti sangs rang zhi）は、身色が緑、宝と本を持つ（図6–2–14）。

⑨サンワドゥーパ（gSang ba 'dus pa）は、身色が黄、金のドラムと鈴を持つ（図6–2–15）。

⑩チェギエルパルティ（lCe rgyal bar ti）は、身色が青、刀を持つ（図6–2–16）。

⑪イエシェンツクピュ（Ye gshen gtsug phud）は、身色が白、ヴィーナーを持つ（図6–2–17）。

これらすべて〔⑥〜⑪の神〕は究竟身（rdzogs sku、報身《ほうじん》）の分位にあり、それぞれの姿が顕わとなる。

再び、主尊の心から光明が外へ順に放たれて、以下の諸尊となる。

⑫イエシエン・ナムカーパデンチェン（Ye gshen Nam mkha' ba dan can）は、身色が白、天空の飛幡を持つ（図6–2–18）。
⑬イエシエン・キュンキルツォン（Ye gshen Khyung gi ru mtshon）は、身色が赤、ガルダ鳥の幡を持つ（図6–2–19）。
⑭イエシエン・ゴーキパルダプチェン（Ye gshen rGod kyi 'phar 'dab can）は、身色が緑、ハゲタカの羽を持つ（図6–2–20）。
⑮イエシエン・マチェーデムガンチェン（Ye gshen rMma bya'i ldem rgang can）は、身色が青、孔雀の羽（ldem rgyang）を持つ（図6–2–21）。
⑯イエシエン・ソオワルシェチェン（Ye gshen Zo bo war shad can）は、身色が赤、カラスを持つ（図6–2–22）。
⑰イエシエン・ペルソドゥンチェチェン（Ye gshen dBal so mdung rce can）は、身色が緑、剣の柄を持つ（図6–2–23）。
⑱イエシエン・セーダードゥンユクチェン（Ye gshen gSas mda' dung g'yug can）は、身色が赤、ホラ貝の付いた棒を持つ（図6–2–24）。
⑲イエシエン・ガトンリチェムパチェン（Ye gshen rNga stong ri chem pa can）は、身色が黄、ドラム（rnga stong ri chem pa）を持つ（図6–2–25）。
⑳イエシエン・シャンティロナムタクチェン（Ye gshen gShang khri lo gnam grags can）は、身色が青、鈴（khri lo gnam grags）を持つ（図6–2–26）。

㉑イェシェン・ドゥンパルポパルチュンチェン（Ye gshen Dung ’phar po ’phar chung chen）は、身色が白、ホラ貝（’phar po ’phar chung chen）を持つ（図6-2-27）。

㉒イェシェン・チェギェルゴーシュチェン（Ye gshen Che rgyal rgod zhu can）は、身色が青、白いa文字を持つ（図6-2-28）。

㉓イェシェン・ヤンギェルドゥクラクチェン（Ye gshen Yang rgyal ’brug slag can）は、身色が白、真珠の珠子を持つ（図6-2-29）。

㉔イェシェン・チューパタラクチェン（Ye gshen gCod pa khra slag can）は、身色が青、甘露の瓶を持つ（図6-2-30）。

これら〔⑫〜㉔の神〕すべては一面二臂で、究竟身（rdzogs sku　報身）の分位にあって、それぞれの位置で姿を現している。

この場合の「報身」は明らかに仏教の三身思想から取り入れた概念である。三身とは、法身《ほっしん》（姿・形はなく、法そのものを身体とする仏）、報身（肉体はないが、姿と働きのある仏、たとえば阿弥陀仏）、および化身《けしん》（肉体を有して歴史に現れた仏、たとえば釈迦）をいう。歴史と歴史を超えた側面との両方から、仏のあり方を三つの様態に整理した理論である。

また、主尊の心から光明が四門に放たれて、

㉕東門にソオウグ（Zo bo dbu dgu）（図6-2-31）、

㉖北門にセマウグ（gZe ma dbu dgu）（図6–2–32）、
㉗西門にルチョデグ（Ru co sde dgu）（図6–2–33）、
㉘南門にルンポチェグ（Rum po rce dgu）（図6–2–34）
がいる。彼らはすべて身色が濃青、九面十八臂で、さまざまな持物を有する。

外側には、徳をそなえ慈悲深い守護尊たちがおり、このように生じた神たちはそれぞれのとりまきを連れているのであるが、彼らには自性がなく、障りもなく、光明の身体を有しており、智の力をそなえていると観想すべきである。彼らの心から光明が無量に生じて本源に入った本源の存在（dbyings kyi sems dpa'）を、無数に勧請して生起した神々（bskyed pa'i lha tshogs）の中に溶かして、「不二の行為の存在」（gnyis med las kyi sems dpa'）となって、人々の利益をなすべきである。

以上、仏教の悪趣清浄マンダラに相応するポン教の「トゥティス・マンダラ」の観想法を見てきた。諸尊の配置の順序に関して、仏教の一般的仕方とは逆に左回りであるとか、ポン教のマンダラ絵図ではもっぱら文字等のシンボルによって諸尊が描かれるなどの相違はあるものの、マンダラの諸尊の配置や持物の説明の仕方などは、仏教のマンダラの説明、たとえば『完成せるヨーガの環』第二二章の悪趣清浄マンダラと似ていなくもない。しかし、「トゥティス・マンダラ」の構造が仏教の悪趣清浄マンダラのコピーであるとはいえない。さらに、これら二つのマンダラに登場する尊格との間には対応関係があるとはいえないほど、両者のマンダラに登場する神は異なっている。

「トゥティス・マンダラ」の中尊として登場する普賢（クントゥサンポ）は元来、インド仏教における普賢

①普賢（クントゥサンポ）（図 6-2-07）
（図 6-2-04 の中の 1 に対応）

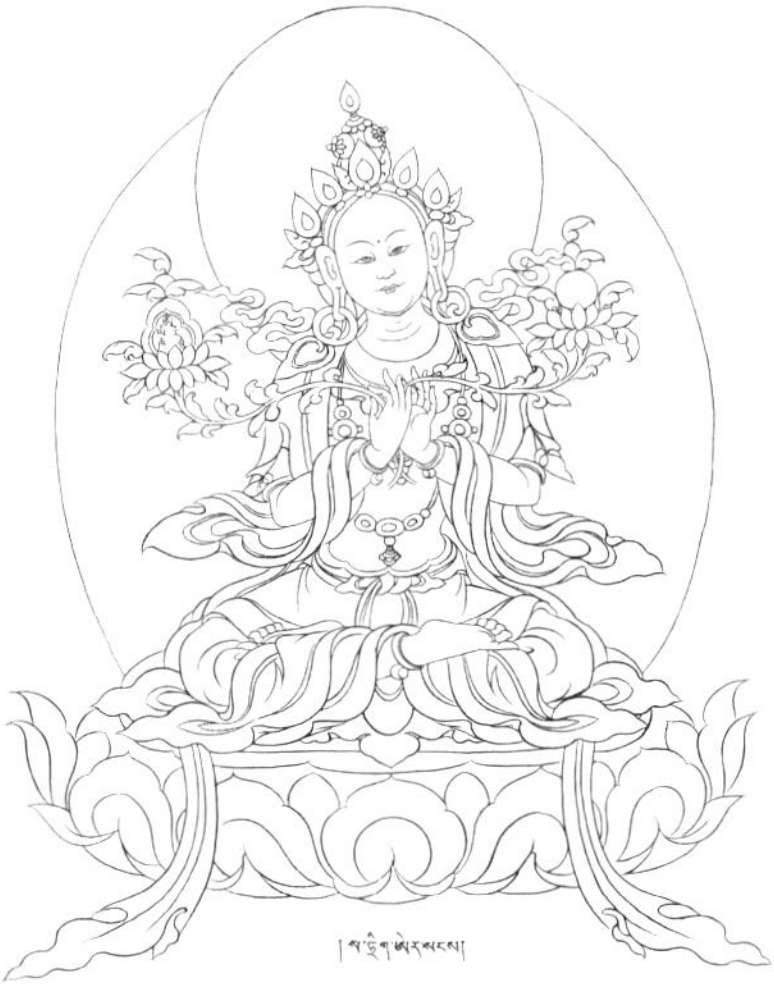

②ユムチェン・サティクエルサン
（図 6-2-08）

③ラチェン・シェンラオーカル
（図 6-2-09）

④シパサンポ・ブムティ（図 6-2-10）

⑤トンパ・シェンラプミオ（図6-2-11）

⑥サンワガンリン（図6-2-12）

⑦ムチョデムットゥク（図6-2-13）

⑧ティサンランシ（図6-2-14）

⑩チェギェルパルティ（図6-2-16）

⑨サンワドューパ（図6-2-15）

⑫イェシェン・ナムカーパデンチェン（図6-2-18）

⑪イェシェンツクピュ（図6-2-17）

⑬イェシェン・キュンキルツォン
(図6-2-19)

⑭イェシェン・ゴーキパルダプチェン
(図6-2-20)

⑮イェシェン・マチェーデムガンチェン
(図6-2-21)

⑯イェシェン・ソオワルシェチェン
(図6-2-22)

⑰イェシェン・ペルソドゥンチェチェン（図6-2-23）

⑱イェシェン・セーダードゥンユクチェン（図6-2-24）

⑲イェシェン・ガトンリチェムパチェン（図6-2-25）

⑳イェシェン・シャンティロナムタクチェン（図6-2-26）

㉑イェシェン・ドゥンパルポパルチュンチェン（図 6-2-27）

㉒イェシェン・チェギェルゴーシュチェン（図 6-2-28）

㉓イェシェン・ヤンギェルドゥクラクチェン（図 6-2-29）

㉔イェシェン・チューパタラクチェン（図 6-2-30）

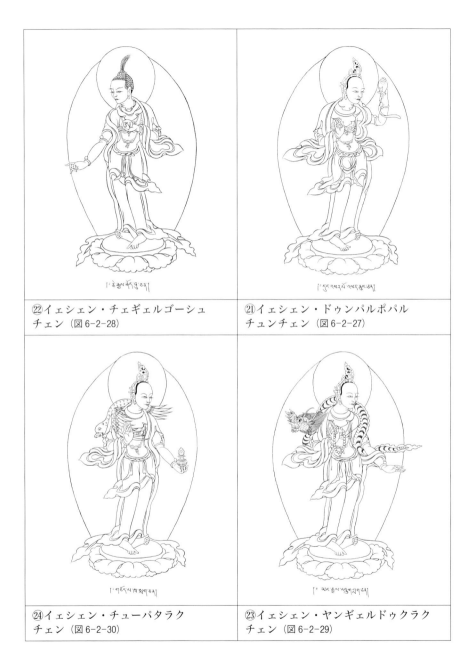

㉕ソオウグ（図 6-2-31）

㉖セマウグ（図 6-2-32）

㉗ルチョデグ（図 6-2-33）

㉘ルンポチェグ（図 6-2-34）

（①～㉘は国立民族学博物館所蔵）

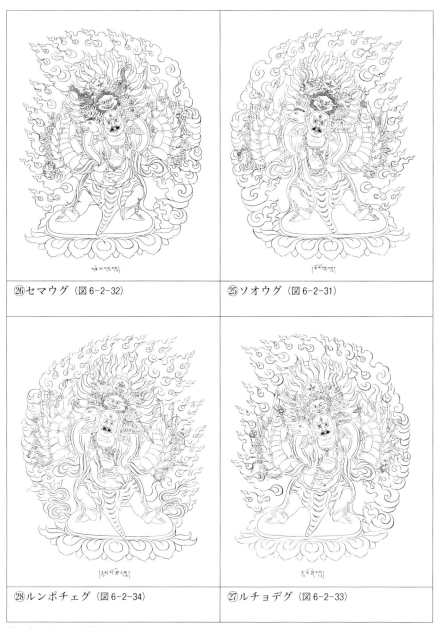

菩薩（サマンタバドラ・ボーディサットヴァ）であるが、この菩薩はチベット仏教のニンマ派およびカギュ派においては如来たちよりはるかに聖性の度を高めた尊格として崇められてきた。ポン教においてもニンマ派およびカギュ派からの影響によるものと思われるが、普賢の位置は非常に高い。しかし、仏教の悪趣清浄マンダラ（『完成せるヨーガの環』第二二章）の中尊は大日如来である。ポン教が仏教のマンダラの形態から影響を受けて、自分たちのマンダラをつくっていったことはまず確かであるが、どのような側面でポン教が仏教のマンダラから影響を受け、どのような側面では独自性を保っていったのかは、今日の段階ではよくわかっていない。

われわれの考察にとって重要なのは、この儀軌の最後の部分で本源の存在と生起した神々について語っていることである。この二者は、仏教の観想法における智的存在と象徴的存在にそれぞれ対応する、と思われる。象徴的存在とは、観想法の実践者があらかじめ観想の対象として選んだ尊格を実践者が思い描いたイメージであり、智的存在とは象徴的存在に似たイメージを有するが実践者の外部から彼を訪れると考えられた実在である。象徴的存在に智的存在を合体させたときに、行者の現前に尊格が現れるという。

ポン教の場合には、諸尊の心から光明が生じて本源に入った存在、すなわち心から生じた神々を、行者が外界から招いた神々の中に溶かすために、仏教の場合と観想の方向が異なっている。そのような違いはあるが、その両者の合体したあり方が「不二の行為の存在」と呼ばれており、この状態に達した行者が人々に利益を与えることができるといわれている。おそらくは、その状態に達した行者は人の病気治療などもしたのであろう。

「本源の存在」と「生起した神々」との間の合一あるいは融合を試みるという行為には、仏教観想法の影響を見ることができる。もっとも、ポン教徒たちは仏教の影響を受ける以前から彼ら独自の「神降ろしの行法」を有していたにちがいない。したがって、ポン教徒たちが仏教から影響を受けたのは、主として神降ろしの技法の理論的説明の方法に関してであったと推測される。すでに述べたように、「智的存在」と「象徴的存在」を中心としたシステム自体、仏教本来のものではなく、シャーマニズム的身体技法であった。ポン教徒たちも時代を経るにしたがって、シャーマニズムの技法を自らのシステムの中に組み入れていた。それゆえ、ポン教徒たちは、仏教における智的存在と象徴的存在に関する理論に接したとき、ポン教徒たちはそれを容易に受け取ることができたのであろう。

仏教の象徴的存在と智的存在とはひとりの尊格に関していわれる場合が多い。しかし、複数の尊格の集合を「象徴的存在」あるいは「智的存在」と呼ぶ場合が、仏教においてないわけではない。『観想法の花環』九七番におけるように、マンダラの中核の諸尊を智的存在と呼び、四門などのマンダラの周縁の尊格たちのグループを象徴的存在と呼ぶ場合もある。一方、このマンダラ儀礼の場合には、諸尊の心から光明が本源に入った本源の存在と、外界から招いた無数の神々が、象徴的存在と智的存在に対応すると考えられている。

ともあれ、ポン教のこのマンダラ観想法が仏教のそれと似ていることは明らかである。その共通点は、おそらく後期仏教タントリズムと後期のポン教がともにシャーマニズムの身体技法の要素を受け入れたことを示唆していると思われる。

ポン教の観想法の実際がどのようなものであるかについては、ポン教の外部では明らかではない。現時点では、ポン教の観想法は仏教あるいは日本の修験道における行法とそれほど異なっていないのではないか、と推測できるのみである。しかし、たとえば、ティテンノルプツェ僧院では、光のない部屋の中で約三カ月の間、瞑想するという修行をする者がいるという。この修行を終えた者にどのような精神・生理学的変化や宗教的変化が現れたかについての報告もなされている。

四　観想法と精神・生理学的変化

チベット仏教寺院において今日、観想法（成就法）はどのように実践されているのか。観想法は密教の修行体系の内でも特に秘密裡に行われており、外部の者が参加あるいは観察することはすこぶる難しい。したがって、観想法の実際に関して、それらの行法を実際に行ったか、あるいは観察したことのある者たちに質問するという形式をとる場合がほとんどである。チベット仏教あるいはネワール仏教の僧侶となってその行法を実践する、という方法が有効であることは明白である。私はチベット仏教あるいはネワール仏教の僧侶ではない。しかし、観想法の実践者の精神的あるいは生理学的な状態を自身の身体において直接的に体験してみたいと思っている。

カトマンドゥ市の東の郊外ボードナート仏塔の北約二キロメートルのところにチベット仏教ゲルク派に属するセギュ派の一僧院がある。セギュ僧院はギュト僧院、ギュメ僧院と並んで、ゲルク派の密教修行のセンターとして知られている。現在、カリンポンにチベットから移された新しいセギュ僧院があるが、カトマンドゥの寺院はその分院である。ここには一九九六〜一九九八年の時点では約三〇名の僧がいた。一九九八年一一月にこの寺院を訪れたとき、私は二人の若い僧に観想法について質問することができた。私は次のように質問した。

「智的存在が象徴的存在に引き入れられたとき、行者の身体はどのようになるのか。また、そのとき行者はどのように感ずるのか」

この質問を受けたその二人の僧侶は、私が密教の観想法を問題にしているのであって、顕教の観想法を問題にしているのではないことがわかるはずであった。私は次のように付け加えた。

「日本においても山岳宗教（ri chos）の一種があり、この流派（chos lugs）では今日でも『神が降りる人』（lha babs）がいる。その流派は『修験道』と呼ばれており、仏教密教と日本古来の宗教である神道とが統一されたものである。修験者の他にも日本には、カトマンドゥにおけるジャンクリとほとんど同じと思われるような人々がおり、多くの人が病気治療をしたり、未来の予言をしたりしている。しかし、修験道の行者（rnal sbyor pa）は、仏教密教の伝統も受け取っており、自分たちがジャンクリ型の神降ろしをするのではないと明言している」。この追加説明がないと、セギュ僧院の僧侶たちは私が神降ろしとか憑依とかの現象を現実に見たことがなく、テキストからの知識のみで話していると思うかもしれなかった。チベット密教およびネワール密教の僧侶たちが、自分たちの観想法とシャーマニズムの要素を多分に含むジャンクリの神降ろしとの間に明確な区別を置いていることを、私は以前から知っていた。仏教密教の観想法とシャーマニズムの憑依とがどのように異なるのか、という問題が私にとって最も重要な関心事であった。

セギュ僧院の二人の僧侶は、自分たちの寺院において観想法の行法が実践されていると話し始めた。「智的存在が象徴的存在に引き入れられたとき」行者の身体的精神的状態はどうなるのか、という質問には「体のあちこちが痛くなり、気分が悪く、身体をまっすぐには保っておれなくなる」と答えた。

「神が降りてくるまでの時間はどれほどか、また降りてから帰っていくまでの時間はどれほどか」という質問には「降りてくるのにそれほどの時間はかからない。もっともすでに訓練を積んだ人の場合であるが。神懸かりになってからの時間は、数分から一両日にわたることがある」という答えが返ってきた。

ネワール社会では、しかし、「ジャンクリ」という呼び名はほとんど用いられず、その代わりに「ドゥヨーマー」（生きた母神、神としての母）という名称で呼ばれている。彼女たちのほとんどは、貧困とか自身あるいは家族の長期にわたる病気を契機として、いわゆる霊能力を有するようになったという。私は一九八〇年代から九〇年代にかけて、カトマンドゥ盆地や台湾における「霊能力者」たちにインタヴューを行った。というのは、彼らが「神懸り」あるいは憑依になる際のプロセスが、マンダラ観想法と似通っている要素があるように思われたからである。カトマンドゥ市の南のパタン市に住むドゥヨーマーK（一九九五年当時、五五歳前後）にインタヴューを行うことができた。また彼女が週二回行う集会にも参加することができたが、そのときの観察では、彼女が集会参加者とともに鬼子母神の賛歌を歌い始めて約一〇分で「鬼子母神が降りてきた」。この間の事情に関しては、［立川　一九九七、一一二〜一二二］を参照されたい。

図6-2-35　神が降りたドゥヨーマー（生きた母神）（中央）と信者。1998年4月、カトマンドゥ

カトマンドゥ盆地の北西部にあるスヴァヤンブーナート寺院の近くに住んでいたドゥヨーマー・クスママヤ（Kusumamaya 一九九八年七月没、享年七八歳）の場合は、「ハーリーティ女神を呼び出す」

図 6-2-36　トランス状態に入って踊る行者ダルマ・ジー。クスママヤ氏提供

図 6-2-37　あるドゥヨーマー（生きた母神）の座。「神が降りた」ドゥヨーマはこの座に坐る。カトマンドゥ

のに約五分かかっただけであった（一九九八年四月）。

クスママヤの夫ダルマ・ジー（Dharma Jee）はネワールの密教僧であり、彼は特に不動尊を信奉する行者として有名であった。彼が著した「不動尊観想法儀軌」を画家ガウタム・バジュラーチャーリヤの家で見たことがある。一九九八年四月の時点ではすでに故人であったが、この行者は「不動尊の観想に入ると荒々しくなった」という。

日本の修験道の場合も「神が降りてくる」のにそれほどの時間はかからない。一〇分か一五分である。もっとも、これらの者は日常でも「神の近くにいる」という意識をもち続けている者たちであるので、神懸かりになる準備を常にしているともいえよう。

神懸かりになっている時間は数分から一両日という答えは、うなずけるものであった。カトマンドゥのドゥヨーマーたちは、一日に数人から一〇〇人以上のクライアントを看るのであるから、ときには数時間、神懸かりになったままである。神懸かりあるいは憑依になる過程では少なくとも二段階が区別される必要がある。すなわち、神あるいは「智的存在」と呼ばれているものがその実践者に訪れ、「大いなる混乱を感じる」短いとき（前段階）と、その後に続く「まだ醒めていない」状態（後段階）とである。前段階では一種の痙攣を伴うことが多く、後段階では自意識は存するようであるが、語られる言葉の調子は硬く、ゆっくりとしたものとなる。

セギュ僧院でのインタヴューにおいて興味深かったのは、一人の僧侶が「神懸かりになった後、こちら、つまり普通の状態に戻ってくることのできない者の場合には、その者の心臓のあたりを押す」といいながら、心臓の停止した患者をマッサージする仕草を一人の僧侶がしたことだ。神懸かりになった者が普通の状態に戻ってくることができないということは、修験道やシャーマニズムの行法においては起きうることである。呼吸ができなくなったり、心臓の運動が不調になったりして死亡した修験者がいたと聞いている。

次に、私は床の上に坐り、観想法に入るポーズをして、眉間の上、二〜三センチのところに右手の人差し指を近づけた。喉からしゃっくりに似た声がでた。この声は私の場合、九〇年代の初めから出るようになったもので、観想法を実践しようとする場合、指や鉛筆のような細長いものを近づけたとき、仏像などの前に立った場合などに出る。この種の声は私の場合のみではなく、観想法を実践しようとする者や神懸かりになろうとする者に、このような声が出ることのあることはわかっていた。

吉野の金峯山寺は修験道の道場の一つであるが、世界大戦後、ここの管長であった五條覚澄氏は神懸かりになると、錫杖《しゃくじょう》を右手に持って上下に降《ふ》りながら、左手で妊婦の腹帯などに猛烈な速度で字を書くことがしばしばであった。氏は、通常は右ききであるが、そのような場合には喉からゲップに近い声を出しながら、左手で書いていたという。これは一九九六年三月に蔵王堂を訪れたときに、その寺務所に勤める女性から聞いた話である。

一九九八年八月に台湾の埔里において仏教、道教および地母神崇拝の総合的宗教運動を進めているある道院に集まった約一〇人の半数が同じような喉の音を出していた。

セギュ派の寺院でのインタヴューに話を戻そう。私が坐って喉から声を出してみると、二人のチベット僧はただちに「そのような声は出ることがある」と答えた。残念ながらインタヴューはここで終わってしまった。一人の初老の僧が部屋に入ってきてインタヴューは中断されたからだ。セギュ派の寺院でのインタヴューによって、ともかくもこのゲルク派の寺院において何らかの行法が実践されており、その行法は日本における修験道における実践のあり方とそれほど異なっていないようである、ということがわかった。

一九九八年一一月中旬、カトマンドゥ市の東のボードナートにおいて中国アムド地方から来たチベットの巡礼僧に会った。彼には予言の能力があると知れわたっていたらしく、自分の将来や家族の健康について尋ねる人々が彼をとりまいていた。五体到地の行をしながら巡礼をする彼は、五ミリほどの厚さの鉄板のついた「手の靴」を持っていた。二つのサイコロを振る前に彼は数秒間、瞑想する。左手の上に落ちた二つのサイコロを見ながら、人々に「お告げ」をしていた。

私はこの巡礼僧にセギュ派の寺院でしたのと同じ質問をした。その僧はただちに私が何を聞いているのかを了解した。そして、彼が呼び出す尊格と「一体となった」のは約三〇年前のことであったが、当初は身体の各所が痛く、気持ちが悪かったと語ってくれた。サイコロを振る前に呼び出すのは恐ろしい姿の女神ペンデン・ラモであるとのことであった。私は瞑想してサイコロを振る彼を一メートルも離れていないところで見ていたが、彼の息づかいは穏やかであった。このチベット僧がペンデン・ラモを呼び出すのが、はたして象徴的存在に智的存在を引き入れる観想法によるものなのか否かは、はっきりしなかった。

また同じ一九九八年一一月、ボードナートのサキャ派の寺院チャンバリン（弥勒寺）におられたチョギェ・ティチェン（ガワンケルラプ・ツプテンレキシェギャツォ　一九二〇〜二〇〇七）に質問する機会があった。彼はサキャ派の分派ツァル派（［立川　一九七四、七一］参照）の管主であり、現在のダライ・ラマ一四世やサキャ派本家の管主サキャ・ティジンの師でもあった。「象徴的存在に智的存在が引き入れられたときの心身の状態はどのようなものか」という私の質問に対して、師は「神が降りる（lha babs）ときのそれに似ており、身体のあちこちが痛い」と答えられた。

このように観想法はときとして激しい精神・生理的変化を伴うものであることが推測される。

五　文献に見られる観想法の実際

サンスクリット、チベット語で書かれた観想法の儀軌は実に数多く残されている。それらは観想法を行う際のマニュアルであり、尊格を眼前に呼び出してそれと一体になるという行法のスケッチではあるが、その実践にあたっての身体技法上の注意、あるいはその技法の結果としての精神・生理学的変化について述べている文献は少ない。すでに見たポン教のトゥティス・マンダラの儀軌におけるように、ごく簡単な行法のメモである場合がほとんどである。

しかし、ときとして文献はその精神・生理学的変化について言及している。たとえば、佐久間留理子氏の指摘によれば、『観想法の花環』（バッタチャリヤ版）三一六番には、「［観想法の］ヨーガを実践することによって、叫んだり、ふるえたり、憑かれたようになる」とあり［佐久間　二〇〇一、二三六］、写本によっては「象のように鳴く」とある［佐久間　二〇〇一、二三六］。このような変化あるいは状態は、憑依状態になるときのものと近い。

また、あるチベット人の手になる仏教史概説の中にも観想法の実際に言及している箇所がある。ゲルク派の僧トゥカンが、チベット仏教の歴史および教理の概説書『一切宗義』を著している。この書についてはこれまでにも幾度も言及・引用をしたが、この書の「ゲルク派の章」の初めの三分の一は、ツォンカパの直弟子が著したツォンカパの伝記のいくつかを主要な資料としてまとめたツォンカパ伝記である。われわれはすでに第5章7節において、この文献からツォンカパの観想法の一端を見たのであるが、再度、彼の観想法を取り上げてみよう。

さて〔ツォンカパは〕顕教の聴聞のほとんどを終えてから、ツァン地方のロン寺院にお行きになり、そこの貫主タクパシェネンにさまざまな教法を聴かれて、文殊菩薩の弟子であるラマ（師）ウマパ・ツォンドゥーセンゲに初めて会った。この人の密教行者としての名称はパーオドルジェといわれる。彼〔ラマウマパ〕は文殊の命令に従って弁財天〔の観想〕の成就したことを認める儀式と〔チャンドラキールティ著の〕『入中論自註』に関して大師〔ツォンカパ〕に説明を求めた。〔ラマウマパが〕大師に対して「〔私の〕幼いときからいつも眼前に現れる文殊の顕現に関して調べてほしい」といわれた。そこで、大師が教義の難解な要点に関して質問等をして調べてみたが、眼前に現れることは普通でない、という確信を得た［立川・石濱・福田　一九九五、二一四］。

ツォンカパがラマウマパに会った当時は、ツォンカパ自身は文殊を眼前に見たり、直接話をしたりすることはなかった。この後、ラマウマパがツォンカパの師の一人となるのであるが、このトゥカン著『一切宗義』では、ラマウマパがツォンカパに対して尊崇の礼をとったと書かれている。トゥカンは続ける。

後にロン僧院においてまたラマウマパに会われて文殊菩薩の法類を〔大師はラマウマパに〕聴かれた。ラマウマパが翻訳されて、文殊に多くの法類に関して質問された。…（中略）…〔ラマウマパが文殊に質問をした。〕そのとき、文殊が成就の行（観想法）を〔大師に〕勧めたので、〔大師は〕密教の聴聞と浄化の行を終えてから、成就法の実践に進むことを決心した。

それからすでに述べたように密教の聴聞をすべて終えてから、師〔ラマウマパ〕と弟子〔ツォンカパ〕の二人はキショ地方のガワトン寺に行かれた。〔大師が〕独居的瞑想（ツァム）を正しくされてから、ラマウマパが翻訳をして大師が〔文殊にラマウマパを通して〕顕教と密教の難解な要点すべてについて質問した［立川・石濱・福田　一九九五、二一四］。

ラマウマパが翻訳したとは、どのようなことなのか。それは、修験道において中座（神が降りる者）に降りた神の声を前座（中座の前に坐って中座を導く者）が取り次いで、傍らに控える信者に伝えるのと似ているのか。ラマウマパのみが文殊を眼のあたりにして問答する力を有するか、行法を知っていたというのであろうか。ラマウマパは文殊と問答をする際に何らかの行法を修したと考えられる。トゥカン自身、「成就法」

つまり、われわれのいう観想法をツォンカパが実践する決心をした、と述べているのであるから、師のラマウマパが文殊を見たのは観想法の一種によると考えるべきであろう。

ツォンカパは当時、新しい宗派を開こうとしていた。宗派の創立に際してどのような弟子を連れていくべきかを案じていた。

〔文殊に〕どのような弟子たちを連れていくべきでしょうかと尋ねたところ、「〔心の〕清らかな八人の弟子」と呼ばれている者たちを連れていくべきだと〔文殊が〕いわれた〔立川・石濱・福田　一九九五、二二四〕。

それまでは、大師は文殊と直接には会わないが、ラマウマパの通訳を通じて文殊に質問等をされていたが、このとき以来、大師は望むときにはいつも文殊を眼前に見ることができるようになった、という（本書六〇二頁参照）。

ツォンカパの観想法に対する関心の深さは、ロサンツルティム（Blo bzang tshul khrims）著の『ツォンカパ伝』にも詳しく述べられている。この書によれば、大師三四歳のとき、ラマウマパを通じて文殊に質問をしており、三六歳のときにはマンダラの中に文殊を見たという。この年、八人の弟子とキョルモルン寺を去っている。四〇歳頃までツォンカパは文殊ばかりではなく弥勒、サラスヴァティー（弁財天）、マハーカーラ、ヴァイシュラヴァナ（毘沙門天）などの姿をしばしば眼前に見ている。つまり、ツォンカパはそれらの仏や神の「ヴィジョンを見た」のである。

ロサンツルティムの伝記によるかぎり、四〇歳を過ぎたツォンカパは、あまり神々のヴィジョンを見ていない。これはこの伝記の著者の執筆態度によるものか、事実をそのまま反映したものか不明である。もっとも、五六歳のときや没年の六三歳のときには「多くの神々を見た」とロサンツルティムが記しているので、晩年においてもツォンカパは文殊や他の仏や神の姿を見ていたと思われる。このようにツォンカパはその人生の後半、「仏の姿を眼前に見ること」、すなわち一種の成就法にかかわっていたことは事実であろう。

チベットは従来、超能力を有する僧侶や行者たちが活躍する、いわゆる神秘の国として知られてきた。だがそのチベットにあって、ゲルク派は戒律によって生活を律した比丘たちの僧団によって支えられ、「神秘」とか超常現象をそれほどは高く評価しない学派として知られてきた。しかし、われわれが今見たように、開祖ツォンカパ自身が「超常現象」とも呼ぶべき体験を幾度もしており、しかも、それらの体験はツォンカパの生涯にとって重要なものであったようである。

ツォンカパのかの体験を「超常現象」と規定することは、少なくとも現時点では正しくないかもしれない。ツォンカパが師であるラマウマパから、ある種の成就法を習ったことが事実であったとしても、成就法なるものがそもそも自己暗示あるいは幻視ではないかと、ほとんどの人は考えるだろう。自己暗示もなくて、突然、人や神の姿を眼前に見る人々が古来いたし、現在もいる。ツォンカパの場合も、それに近いかもしれない。しかし、ツォンカパの場合には、明らかに神の姿を見ようとしたり、声を聞こうとする意図的で反復的な努力が見られる。このことは、意図的な努力のない者の前にまったく突然に——無意識の領域で用意されているのであろうから、「突然」ではないかもしれないが——神が現れる場合と区別されるべきであろう。つまり、このツォンカパの行為は成就法（観想法）の実修であったといえよう。

『サンヴァラ・タントラ』『ヘーヴァジュラ・タントラ』などの女性的原理を重視する母タントラ系のマンダラ観想においては、トゥッチのいう「第一の方法」（本書六三一頁）つまり憑依の身体技法が取り入れられている。『観想法の花環』などの観想法のテキストがしばしば述べるように、上に挙げた母タントラ系のマンダラにおける中尊の観想は「一瞬に」成立する。憑依も一瞬にして成立するものである。(4) 段階を追って観想を進めていく「三三昧《さんざんまい》」(trisamādhi) の方法(5)がこれらのタントラに見られないことは、それらのタントラの観想法が憑依の方法を取り入れていることを意味すると思われる。

憑依の瞬間が訪れる直前、行者は言語中枢をおかされ、話すことができなくなる。憑依の瞬間では自意識はほとんどない。その後、行者は言語中枢が前の状態に戻らないままぎこちなく語り始める。しかし、リズムとイメージに関しては以前より敏感となる。したがって、自意識を失うタイプ（無識）の憑依は別として自意識を失わないタイプ（有識）の憑依ならば、憑依状態になったままで「第二の方法」つまり「順に階梯を追って修行する方法」に従いながらマンダラ世界を構築することができる。このような方法が後世の仏教タントリズムの観想法においてはしばしば用いられたと思われる。

またポン教の思想や行法が一様でないことはむろんのことである。呪術的要素をも含んだ儀礼を中心とするポン教徒も存在するであろうし、空性と同一視されたゾクチェンの観想を第一義的なものとみなすポン教徒もいる。後者を代表する者はカトマンドゥのテンジン・ナムタクであろう。氏によれば、ゾクチェンの観想と諸尊の観想は目的を異にしており、前者は悟りの智慧の獲得を目指しており、後者は「強くなろうとする場合」に行われるとのことであった。

このように観想法を二分することは、仏教においても見られることである。尊格の観想によって悟りの智慧の獲得そのものが達成されるものでないということを僧たちは知っている。ヒンドゥー教のヨーガにおいても、解脱を求める道と、いわゆる超能力を求める道との二種が存することはよく知られている。

しかしながら、われわれの問題は未解決のままである。われわれが疑問としたのは、尊格の観想とは実際にどのようなものであるのかということであった。もしもポン教の観想法における尊格の観想が、憑依と呼んで差し支えないもの、あるいはその要素を有するものであるとしたならば、われわれも一応の回答を得たことになる。そしてそれは十分あり得ることである。また、その場合にはわれわれは次に「仏教の観想法も憑依に近いものではないのか」という仮説をさらに一歩推し進めることができるのである。

ここで断っておかねばならないことがある。この章では後期の密教におけるマンダラ観想法の一面を扱ったのみであって、マンダラを用いた儀礼あるいは実践の全体像を描こうとしたのではない。つまり、憑依に近いかたちでマンダラが、あるいはマンダラの中の尊格が観想された、あるいは観想されることがあったとしても、それ以外の方法によってマンダラ観想が行われてきた、あるいは行われるであろうことはいうまでもないことである。

たとえば、インド密教において胎蔵マンダラの観想法においては憑依の要素はないといえるであろう。金剛界マンダラにおいては憑依に近い要素があったかもしれないが、ほとんどなかったといっても差し支えないであろう。

本章では主としてマンダラ瞑想法と憑依現象との関係が考察の焦点となっており、マンダラというものが現代人にとってどのような意義をもつのかは扱われていない。歴史的にはマンダラ観想と憑依とは深い関係にあると思われるが、現代において憑依が瞑想法の一般的あるいは普遍的な方法になるとは思えないからである。現代におけるマンダラの意義といえば、C・G・ユングのマンダラ理解が思い出されるであろう。ユングはマンダラを近代ヨーロッパ世界における自我の問題と捉えた。したがって、ユングのマンダラ理解を取り上げるためには、私たちはこれまでとはまったく異なった観点あるいは方法によらねばならない。マンダラが今日の社会の中でどのような意味を有するのかについては、ユングのマンダラ理解に対する考察も含めて、別の機会を俟ちたいと思う。

注

（1）［立川　一九九六、六二］（［立川　二〇〇四、二三二］参照。）

（2）［トゥッチ　一九八四、五三］

（3）［トゥッチ　一九八四、五九］

（4）憑依現象の時間構造に関しては［立川　二〇〇〇、一七］参照。

（5）三三昧とは一般に「第一ヨーガの三昧」「最勝マンダラ王の三昧」および「最勝行為（カルマ）の王の三昧」と呼ばれる三階梯による瞑想法をいう。第一にはマンダラ瞑想の核が設定され、第二においてマンダラの全構造が観想され、第三において行者の眼前に生まれたマンダラが行者の心の中に入っていくというプロセスをいう。［山口　二〇〇五、二〇～二二］参照。

補遺

1　カトマンドゥおよびパタンの寺院

2　インド・中央アジア・東アジア仏教地図

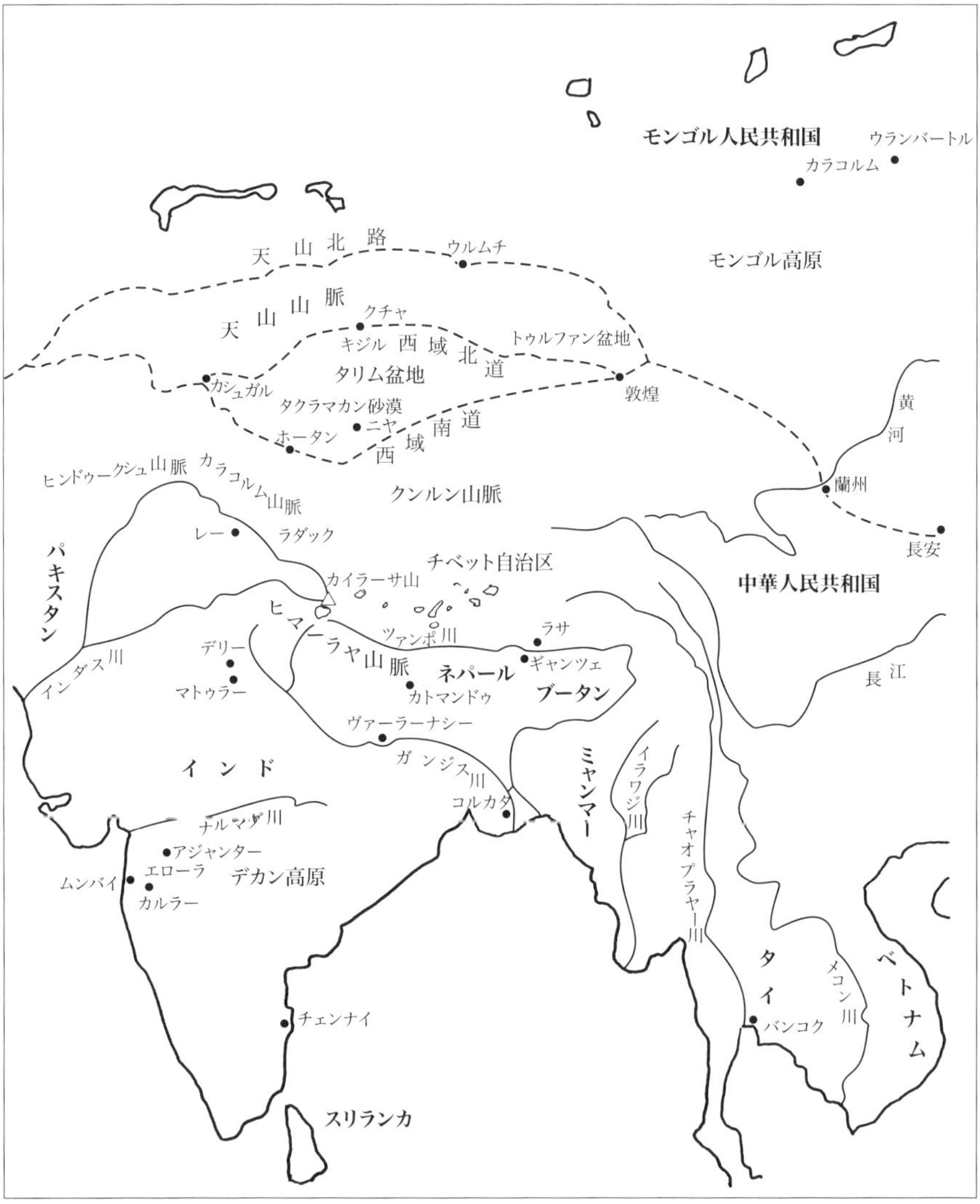

3　法界マンダラ十六菩薩（賢劫十六尊）の作例

カトマンドゥ盆地においては数多くの法界マンダラの作例が見られるが、以下は、盆地に残る三つの法界マンダラに見られる十六菩薩（賢劫《げんごう》十六尊）の作例である。その三つの法界マンダラとは、

(a)クワー・バハール本堂裏の仏塔
(b)スヴァヤンブー寺院境内の仏塔（図3-4-27）
(c)スヴァヤンブー寺院境内の銅製マンダラ（図3-1-21）

である。各写真キャプションのa、b、cはそれぞれの作例のあるマンダラを示す。

この作例に見られる図像学的特徴はおおむね『完成せるヨーガの環』の記述と一致する。詳細は[Tachikawa 2001]において述べた。以下、かの三つのマンダラに見られる十六尊の名称と図像学的特徴をあげておきたい。法界マンダラにおける賢劫十六尊のサンスクリット名と位置については、図3-1-15および本書第3章2節の表を参照されたい。

1　普賢。右手に与願印、左手に睡蓮の上の剣。
2　無尽慧（意）。右手に剣、左手に蓮華。

3　地蔵。右手に蝕地印（3ａ、3ｃ）あるいは与願印（3ｂ）、左手に如意樹。

4　虚空蔵。右手に宝、左手に如意宝。

5　虚空庫。右手に宝（5ｂは傘の上に宝）、左手に如意樹（5ｂ）。5ｂの左手には壺に入った宝、5ｃの左手は握られている。

6　宝手。右手に宝、左手に蓮華の上の円輪。

7　海慧。右手にホラ貝、左手に剣。

8　金剛蔵。右手に金剛、左手に経典。

9　観自在。右手に与願印（9ａは蓮華を持ちながら与願印）、左手に蓮華。

10　勢至。右手に剣、左手に蓮華。

11　月光。右手に円輪、左手に月輪。

12　光網。右手に剣、左手に蓮華の上の日輪。

13　無量光。右手に蓮華、左手に蓮華の上の瓶。

14　弁積。右手にチョーティカー（親指と中指で音を出す仕草）、左手に蓮華の上の剣。

15　除憂闇。右手に金剛、左手に短槍（シャクティ）。

16　除蓋障。右手に剣（16ａ、16ｃ）与願印（16ｂ）、左手に旗の上の二重金剛（16ａ、16ｃ）と経典（16ｂ）。

1b

1a

1
普
賢

1c

2 無尽慧（意）

2b

2a

2c

3b

3a

3c

3 地蔵

4b

4a

4c

4 虚空蔵

5b

5a

5c

5

虚空庫

6b

6a

6c

6 宝手

7b

7a

7

海

慧

7c

8b

8a

8c

8

金剛蔵

9b

9a

9
観自在

9c

10b

10a

10 勢至

10c

11b

11a

11 月光

11c

12b

12a

12 光網

12c

13b

13a

13

無量光

13c

14b

14a

14

弁積

14c

15b

15a

15

除憂闇

15c

16b

16a

16 除蓋障

16c

4　ショーダシャ・ラースヤー（十六供養女 ṣodaśalāsyā）

ガウタム・バジュラーチャーリヤ画（供養女たちの順序はネワールの伝統に従う）

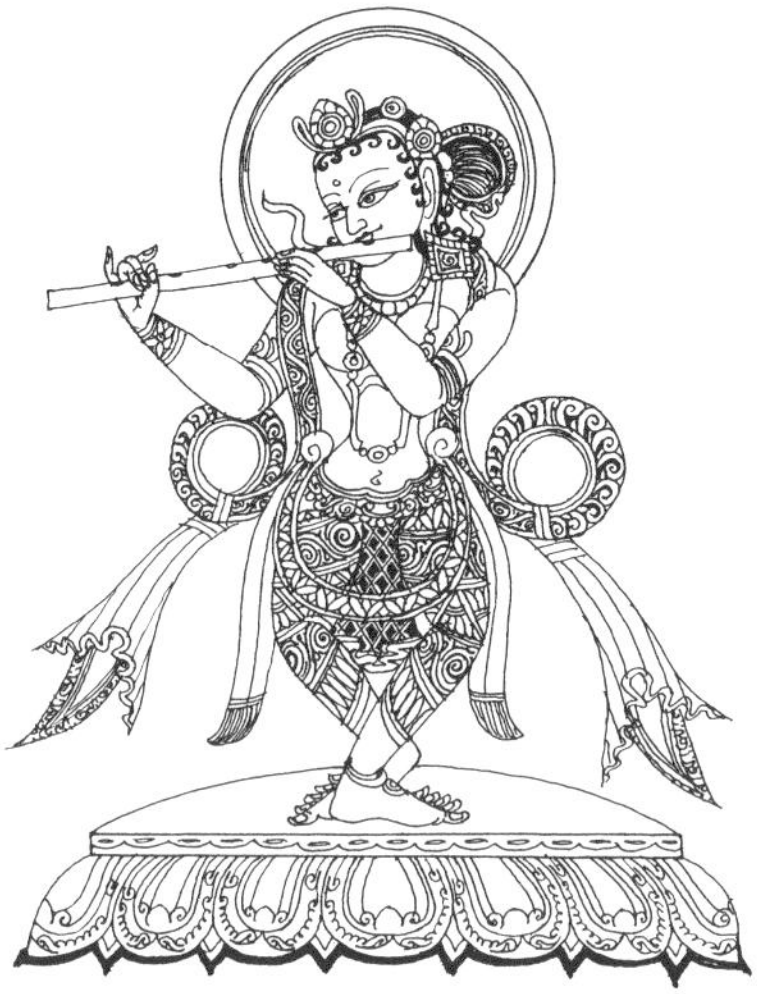

2 ヴァンシャー（Vaṃśā）

1 ヴィーナー（Vīṇā）

4 ムラジャー（Murajā）

3 ムリダンガー（Mṛdaṅgā）

6 マーラー（Mālā）

5 ラースヤー（Lāsyā）

8 ヌリトヤー（Nṛtyā）

7 ギーター（Gītā）

10 ドゥーパー（Dhūpā）

9 プシュパー（Puṣpā）

12 ガンダー（Gandhā）

11 アーローカー（Ālokā）

14 ラサ・ヴァジュラー（Rasavajrā）

13 ダルパナー（Darpaṇā）

16 ダルマダートゥガルバー
（Dharmadhātugarbhā）

15 スパルシャ・ヴァジュラー
（Sparśavajrā）

5　ショーダシャ・ラースヤー（十六供養女）

スヴァヤンブーナート仏塔の西北にある鬼子母神寺院のほうづえに、ショーダシャ・ラースヤー像が見られる。ラースヤーは元来、踊り手を意味する。補遺4に見られる供養女たちと名称・図像的特徴は若干異なる。右図の番号は鬼子母神寺院のほうづえの位置を示す。

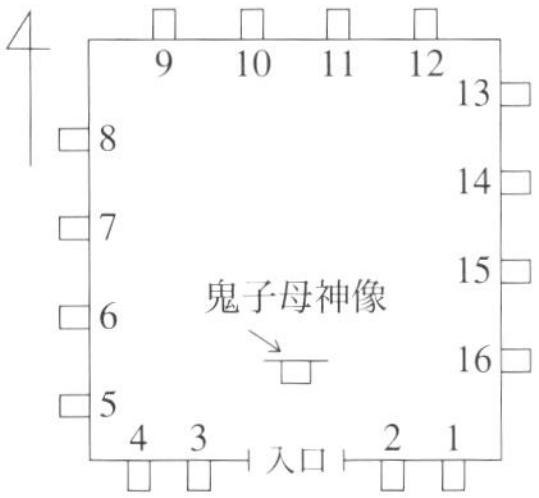

鬼子母神寺院のほうづえ配置図

2 ヴァンシャー：笛供養女（ヴァジュラ・ヴァンシャー）。ヴァンシャ＝笛（当初は笛を持っていたのであろう）

1 ヴィーナー：琵琶供養女（ヴァジュラ・ヴィーナーともいう）。ヴィーナー＝琵琶

4 ムラジャー：ムラジャ太鼓供養女（ヴァジュラ・ムラジャー）。ムラジャ＝太鼓の一種

3 ムリダンガー：ムリダンガ太鼓供養女（ヴァジュラ・ムリダンガー）。ムリダンガ＝太鼓の一種

6 マーラー：鬘供養女（ヴァジュラ・マーラー）。マールヤーとも呼ばれる。マーラー＝鬘、花環

5 ラースヤー：嬉供養女（ヴァジュラ・ラースヤー）。7と図像学的にはほとんど同一である

8 ヌリトヤー：舞供養女（ヴァジュラ・ヌリトヤー）。ヌリトヤ＝舞

7 ギーター：歌供養女（ヴァジュラ・ギーター）。ギーター＝歌

10 ドゥーパー：香供養女（ヴァジュラ・ドゥーパー）。ドゥーパ＝香

9 プシュパー：華供養女（ヴァジュラ・プシュパー）。プシュパ＝華

12 アーダルシャナ：鏡供養女（ヴァジュラ・アーダルシャナ）。アーダルシャナ＝ダルパナ＝鏡。補遺4ではダルパナーと呼ばれている

11 アーローカー：灯供養女（ヴァジュラ・アーローカー）。アーローカ＝灯

14 ラサ・ヴァジュラー：味金剛供養女。ラサ＝味

13 ガンダー：塗香供養女（ガンダ・ヴァジュラー）。ガンダ＝塗香。補遺4では12と13が入れ替っている

16 ダルマダートゥガルバー：法界蔵供養女。ダルマダートゥ＝法界

15 スパルシャ・ヴァジュラー：触金剛供養女。スパルシャ＝触

6 『タントラ部集成』マンダラ一覧

以下のマンダラは、1983年に講談社より出版されたソナム・ギャッツォ著『西蔵曼荼羅集成』（[bSod nams rgya mtsho 1983]）に収められたものである。ただし、個々のマンダラ・タイトルの和訳には修正・変更が加えられている。この出版は、19世紀末、サキャ派のゴル僧院において編纂されたマンダラの理論と実際の集成『タントラ部集成』（*rGyud sde kun btus*, 略称 GDK）に従って描かれたマンダラ図コレクションの複製とそれらの解説である。ここに含まれたマンダラ139点の中には、137～139のように『タントラ部集成』に含まれていないものや、133, 136のように『タントラ部集成』にはないが、ロントゥルタイェー編『埋蔵宝蔵』（*Rin chen gter mdzod*, RCT）に含まれているものもある。

［Ⅰ］作タントラ

1. 初善3尊マンダラ……〔主尊〕文殊・観自在・金剛手
2. 三三昧耶ムニ5尊マンダラ……シャカムニ
3. 薬師51尊マンダラ……薬師
4. 光明無垢6尊マンダラ……シャカムニ
5. 五護陀羅尼56尊マンダラ……随求明妃
6. 広大明14尊マンダラ……斗母（グラハマートリカー）
7. 白傘蓋女17尊マンダラ……白傘蓋
8. 白傘蓋女27尊マンダラ……白傘蓋
9. 無垢仏頂6尊マンダラ……シャカムニ
10. ジターリ流無量寿9尊マンダラ……無量寿
11. 鼓音声17尊マンダラ……無量寿
12. 不空羂索16尊マンダラ……不空羂索観自在
13. 千手千眼十一面観自在37尊マンダラ……十一面観自在
14. アティーシャ流金剛阿閦9尊マンダラ……報身の金剛阿閦
15. シャヴァリ流金剛阿閦9尊マンダラ……報身の金剛阿閦
16. シャヴァリ流白色金剛摧砕19尊マンダラ……金剛摧砕（ヴァジュラヴィダーラナ）
17. 黒色忿怒摧砕97尊マンダラ……金剛摧砕
18. シャヴァリ流青色金剛摧砕15尊マンダラ……金剛摧砕

19. スガティガルバ流金剛手独尊マンダラ……金剛手

［Ⅱ］**行タントラ**

20. 大悲出生（現等覚）大日 122 尊マンダラ……大日
21. アパラチャナ文殊 5 尊マンダラ……文殊

［Ⅲ］**ヨーガタントラ**

22. 金剛界 1037 尊マンダラ……大日
23. 降三世 1037 尊マンダラ……大日
24. 金剛頂摂族 1271 尊マンダラ……大日
25. 最勝本初摂族 319 尊マンダラ……金剛薩埵
26. 最勝本初金剛薩埵 77 尊マンダラ……金剛薩埵〔根本テキストは 25 と同じ〕

◆〔27 ～ 38……悪趣清浄タントラに属するもの、28 ～ 38 の根本タントラは 27 と同じ〕

27. 一切智大日 37 主尊マンダラ……大日
28. 身形のシャカムニ・マンダラ 17 尊……シャーキャシンハ仏
29. 意形の金剛手 13 尊マンダラ……金剛手
30. 口形の無量光 13 尊マンダラ……無量寿
31. 徳形の転輪王 139 尊マンダラ……金剛薩埵
32. 業形の烈焔 17 尊マンダラ……烈焔（ジュヴァラーナラ）
33. 四天王に囲まれた金剛手 9 尊マンダラ……金剛手
34. 十方天に囲まれた金剛手 16 尊マンダラ……金剛手
35. 九曜と月宿に囲まれた降三世 41 尊マンダラ……降三世
36. 八龍王に囲まれた金剛手 13 尊マンダラ……金剛手
37. バイラヴァ 9 尊に囲まれた降三世 14 尊マンダラ……降三世
38. ヒンドゥー 8 尊に囲まれた降三世 17 尊マンダラ……降三世
39. 九仏頂シャカムニ 37 尊マンダラ……シャーキャシンハ仏

◆〔40 ～ 41……『ナーマサンギーティ』（聖文殊真実名義経）によるマンダラ〕

40. 法界語自在文殊 219 尊マンダラ……語自在文殊

41A. 摂族秘密文殊 57 尊マンダラ……大日

［Ⅳ］**無上ヨーガタントラ**

41B．摂族秘密文殊57尊マンダラ……文殊（根本テキストは40と同じ、図像的には本尊以外は41Aと同じ）

◆〔42～45……秘密集会タントラに属するもの〕

42．サキャ派ゴル派流秘密集会阿閦金剛32尊マンダラ……ヴァジュラダラ（執金剛）としての阿閦

43．カギュ派のマルパ流秘密集会阿閦金剛32尊マンダラ……ヴァジュラダラとしての阿閦（諸尊の配置は42と同じ）

44．ゴル流秘密集会文殊金剛19尊マンダラ……文殊

45．秘密集会世自在19尊マンダラ……世自在（中尊以外は44と同じ）

46．金剛手大輪9尊マンダラ……金剛手

47．ヴィルーパ流金剛摧砕75尊マンダラ……金剛摧砕（ヴァジュラヴィダーラナ）

48．不動9尊マンダラ……黒不動

49．カギュ派のレーチュンパ流金剛手五尊マンダラ……金剛手

◆〔50～53……ヤマーリ・タントラに属するもの〕

50．ヴィルーパ流赤ヤマーリ5尊マンダラ……赤ヤマーリ

51．シュリーダラ承伝赤ヤマーリ13尊マンダラ……赤ヤマーリ

52．ラ翻訳官流文殊黒ヤマーリ13尊マンダラ……黒ヤマーリ

53．ラ翻訳官流六面文殊ヤマーリ21尊マンダラ……瞋恚ヤマーリ

◆〔54A～59……ヴァジュラバイラヴァ・タントラに属するもの〕

54A．8屍鬼と32の持具に囲まれたラ翻訳官承伝ゴル派流ヴァジュラバイラヴァ尊マンダラ……ヴァジュラバイラヴァ

54B．8屍鬼と32の持具に囲まれたマル翻訳官流ヴァジュラバイラヴァ尊マンダラ……ヴァジュラバイラヴァ

55．ラ翻訳官流ヴァジュラバイラヴァ13尊マンダラ……ヴァジュラバイラヴァ

56．ラ翻訳官流ヴァジュラバイラヴァ17尊マンダラ……ヴァジュラバイラヴァ

57．シャン流ヴァジュラバイラヴァ49尊マンダラ……ヴァジュラバイラヴァ

58．32の持具に囲まれたプトゥン流ヴァジュラバイラヴァ独尊マンダラ……

ヴァジュラバイラヴァ

59. ゲルク派流ヴァジュラバイラヴァ独尊マンダラ……ヴァジュラバイラヴァ

◆〔60～61……一切仏和合タントラに属するもの〕

60. 一切仏和合摂族135尊マンダラ……大日・金剛日・蓮華舞自在・馬頭および金剛薩埵に囲まれたヘールカ

61. 一切仏和合金剛薩埵摂族多尊マンダラ……大日・ヘールカ・蓮華舞自在・金剛日と4馬頭に囲まれた金剛薩埵

◆〔62～83……勝楽マンダラおよび金剛亥母マンダラに属するもの〕

62. ルーイパ承伝ゴル派流勝楽62尊マンダラ……勝楽（チャクラサンヴァラ）

63. クリシュナチャーリン承伝ゴル派流勝楽62尊マンダラ……勝楽

64. ガンターパーダ流勝楽5尊マンダラ……勝楽

65. マイトリーパ流勝楽13尊マンダラ……勝楽

66. カムツァン派流勝楽5尊マンダラ……勝楽

67. カムツァン派流金剛亥母5尊マンダラ……金剛亥母（ヴァジュラヴァーラーヒー）

68. ラ翻訳官流金剛瑜伽女37尊マンダラ……金剛瑜伽女（ヴァジュラヨーギニー）

69. 金剛瑜伽ナーロー空行母（ダーキニー）マンダラ……金剛瑜伽女

70.『金剛手タントラ広釈』による勝楽62尊マンダラ……勝楽

71. アバヤーカラグプタ流捨離迷乱勝楽62尊マンダラ……勝楽〔図像学的には中尊を除いて62と同じ〕

72.『サンヴァローダヤ・タントラ』による13尊マンダラ……勝楽

73. 空行（ヴァジュラダーカ）勝楽62尊マンダラ……勝楽

74. ラワパ流頭陀行勝楽13尊マンダラ……金剛空行勝楽

75. 六転輪王勝楽71尊マンダラ……金剛薩埵

76. 文殊金剛勝楽25尊マンダラ……文殊金剛

77. 驢面勝楽37尊マンダラ……勝楽

78. 十万臂ラウドラ勝楽62尊マンダラ……勝楽

79. 金剛薩埵忿怒勝楽51尊マンダラ……執金剛勝楽

80. 空行大海（ダーカールナヴァ）十二輪勝楽マンダラ……金剛空行

81. ジクメタクパ流金剛亥母 17 尊マンダラ……金剛亥母
82. 大亥面母 37 尊マンダラ……金剛亥面母（ヴァラーハムキー）
83. 金剛亥母 21 尊マンダラ……金剛亥母

84. パドマサンバヴァからサキャ派のコン氏に伝えられた真実半月 9 尊マンダラ……ヘールカ
85. ブッダカパーラ 25 尊マンダラ……ブッダカパーラ
86. ゴク流大幻（マハーマーヤー）5 尊マンダラ……ブッダヘールカ
87. ゴク流ヨーガーンバラ 77 尊マンダラ……ヨーガーンバラ
88. ゴク流智慧自在 13 尊マンダラ……智慧空行母
89. カムツァン派流大悲者 9 尊マンダラ……大悲観自在
90. ミトラ流大悲者 5 尊マンダラ……大悲観自在
91. トゥプギェル流無量寿 33 尊マンダラ……無量寿
92. クルクッラー 5 尊マンダラ……クルクッラー
93. 勝楽観自在蓮華網 45 尊マンダラ……観自在蓮華網
94. 三昧耶ターラー 25 尊マンダラ……三昧耶ターラー
95. プルパ教説前半に基づく金剛童子 19 尊マンダラ……金剛童子
96. プルパ教説後半に基づく金剛童子 19 尊マンダラ……金剛童子

◆〔97 ～ 98……時輪タントラに属するもの〕
97. 身口意円満時輪 634 尊マンダラ……時輪（カーラチャクラ）
98. 大勝楽時輪 73 尊マンダラ……時輪〔根本タントラは 97 と同じ〕

◆〔99 ～ 108……呼金剛タントラおよび無我女マンダラに属するもの〕
99. ゴル派流教誡系呼金剛 9 尊マンダラ……呼金剛（ヘーヴァジュラ）
100. サロールハヴァジュラ流呼金剛 9 尊マンダラ……呼金剛
101. クリシュナチャーリン流一面二臂身金剛呼金剛 9 尊マンダラ……身金剛呼金剛
102. クリシュナチャーリン流一面四臂口金剛呼金剛 9 尊マンダラ……口金剛呼金剛
103. クリシュナチャーリン流三面六臂意金剛呼金剛 9 尊マンダラ……意金剛呼金剛
104. クリシュナチャーリン流心呼金剛 9 尊マンダラ……心呼金剛

105. ドーンビヘールカ流呼金剛9尊マンダラ……呼金剛
106. 金剛無我女15尊マンダラ……金剛無我女（ヴァジュラナイラートマー）
107. ゴク流呼金剛9尊マンダラ……呼金剛
108. ゴク流金剛無我女15尊マンダラ……金剛無我女

109. ゴル派流略摂5ダーカ族呼金剛49尊マンダラ……意空行呼金剛
110. 略摂族パンジャラ49尊マンダラ……阿閦金剛〔根本タントラは109と同じ〕

◆〔111～112……サンプタ・タントラに属するもの〕
111.『サンプタ・タントラ』によるゴル派流金剛界37尊マンダラ……阿閦
112.『サンプタ・タントラ』による金剛薩埵37尊マンダラ……金剛薩埵

◆〔113～116……大黒マンダラ、根本タントラは109と同じ〕
113. 金剛大黒5尊マンダラ……大黒（マハーカーラ）
114. 金剛大黒8尊マンダラ……大黒
115. 金剛大黒12尊マンダラ……大黒
116. 金剛大黒17尊マンダラ……大黒

［V］**チベット的伝統のマンダラ**
117. パタンパサンギェー流善逝13尊マンダラ……金剛無我女
118. シチェ派流勝楽13尊マンダラ……勝楽
119. シチェ派流忿怒5女尊マンダラ……金剛ヨーギニーのシンボル文字VAM
120. シャン派流略摂5部タントラ・マンダラ……呼金剛
121. ニグマ流勝楽5尊マンダラ……勝楽
122. シャン派流幻身大自在マンダラ……中央に金剛
123. カギュ派のレーチュンパ承伝勝楽輪父教マンダラ……勝楽
124. カギュ派のレーチュンパ承伝勝楽輪母教マンダラ……金剛ヨーギニー
125. カギュ派のタクポラジェ流勝楽10尊マンダラ……勝楽
126. ガムゾン流口伝勝楽5尊マンダラ……勝楽
127. カダム流16層（滴）尊マンダラ……中央に法身勝者海（ジナサーガラ）マンダラ

128. カムツァン派流智慧大黒マンダラ……大黒
129. 『シッディサンバヴァ・タントラ』に説かれる智慧大黒30尊マンダラ……大黒
130. ソンツェンガンポ流如意宝ジャガッドダーマラ多尊マンダラ……観自在

［Ⅵ］**編纂終了を飾るにふさわしいマンダラ**
131. 仏頂尊勝母9尊マンダラ……仏頂尊勝母
132. 聖心滴9尊マンダラ……ターラー

［Ⅶ］**補　遺**
133. 忿怒最秘馬頭9尊マンダラ……馬頭〔RCTに含まれる〕
134. パドマサンバヴァより伝えられるニャン流赤色可畏尊師マンダラ……パドマサンバヴァの忿怒相形赤色可畏尊師
135. ラクシュミー流大悲観自在5尊マンダラ……観自在
136. ユトクユンテンゴンポ流ユトク心滴マンダラ……馬頭〔RCTに含まれる〕
137. ゲルク派流秘密集会阿閦金剛マンダラ〔GDKには含まれない〕……執金剛
138. ゲルク派流勝楽62尊マンダラ〔GDKには含まれない〕……勝楽
139. ゲルク派流忿怒文殊13尊マンダラ〔GDKには含まれない〕……ヴァジュラバイラヴァ

参考文献一覧

文献Ⅰ（和文）

伊藤真樹子「法界語自在マンダラの儀礼」『マンダラ―チベット・ネパールの仏たち―』（立川武蔵編）国立民族学博物館、二〇〇三年、九四〜九九頁
岩本　裕『密教経典』（『仏教聖典選』第七巻）読売新聞社、一九七五年
宇井伯寿「真理の宝環」『名古屋大学文学部研究論集』一号、一九四九年、一〜三一頁
ウェーバー、マックス『アジア宗教の基本的性格』（池田昭・山折哲雄・日隈威徳訳）勁草書房、一九七〇年
ウェーバー、マックス『宗教社会学』「第二部第五章」（武藤一雄・薗田宗人・薗田担訳）創文社、一九七六年
ウェーバー、マックス『世界宗教の経済倫理Ⅱ　ヒンドゥー教と仏教』（深沢宏訳）日貿出版社、一九八三年
氏家昭夫「ネパールの仏教儀礼の紹介」『密教文化』九七号、一九七四年、七二〜九六頁
エリアーデ、M『ヨーガ（1）』（立川武蔵訳）せりか書房、一九七五年ａ
エリアーデ、M『ヨーガ（2）』（立川武蔵訳）せりか書房、一九七五年ｂ
小野玄妙『仏教世界観』大東出版社、一九三六年
カイヨワ、R『人間と聖なるもの』（塚原史・吉本泰子・小幡一雄・中村典子・森永直幹訳）、せりか書房、一九九四年
金倉円照・山田龍城・多田等観・羽田野伯猷編『西蔵撰述仏典目録』東北大学印度学研究会、一九五三年
ガムポパ『解脱の宝飾』（ツルティム・ケサン・藤仲孝司訳）星雲社、二〇〇七年
川喜多二郎編『ヒマーラヤ』朝日新聞社、一九七七年
肥塚　隆『天竺への旅　第二集』学習研究社、一九八三年
佐久間留理子「『サーダナ・マーラー』におけるジュニャーナサットヴァとサマヤサットヴァ」『宮坂宥勝博士古稀記念論

文集』法蔵館、一九九三年、七九三〜八〇七頁
佐久間留理子「観想法という行法」『癒しと救い』（立川武蔵編）玉川大学出版、二〇〇一年、二三七〜二四四頁
佐久間留理子『インド密教の観自在研究』三喜房仏書林、二〇一一年
佐和隆研編『密教美術の原像』法蔵館、一九八二年
杉山二郎『インド古代彫刻展』東京国立博物館・京都国立博物館・日本経済新聞社、一九八四年
清水　乞「インド宗教儀礼と造型―『サーダナ・マーラー』を中心として―」『日本仏教学界年報』四三号、一九七八年、五九〜七二頁
清水乞「マンダラと美的情趣」『マンダラの世界』（松長有慶・杉浦康平編）講談社、一九八三年、一〇〇〜一二三頁
スネルグローヴ、D、リチャードソン、H『チベット文化史』（奥山直司訳）春秋社、一九九八年
ソナム・ギャッツォ『西蔵曼荼羅集成』講談社、一九八三年
高崎直道『宝性論』講談社、一九八九年
高橋尚夫「金剛界大曼荼羅儀軌一切金剛出現第一瑜伽三摩地品」『密教文化』一六一号、一九八八年、一五〇〜一一三頁
高橋尚夫「真実摂大乗現証大教王経」『新国訳大蔵経・密教部』第七巻、大蔵出版社、一九九六年
高山龍三「風土と人々」『大チベット展』毎日コミュニケーションズ、一九八三年
立川武蔵『西蔵宗義研究（二）―トゥカン一切宗義サキャ派の章―』東洋文庫、一九七四年
立川武蔵「密教のインド学的アプローチ―シヴァとヘールカ」『密教の文化』（講座密教四）春秋社、一九七七年、二六〇〜二八一頁
立川武蔵「密教と呪術」『密教の理論と実践』（講座密教二）春秋社、一九七八年、一九六〜二三二頁
立川武蔵「ネパールにおける仏塔崇拝」『現代南アジアにおける仏教を囲む社会的文化的環境の研究』（昭和五八年度文部省科学研究費補助金研究成果報告書、研究代表者 前田恵學）一九八四年、六三〜七九頁
立川武蔵『空の構造』第三文明社、一九八六年
立川武蔵『西蔵仏教宗義研究（第五巻）―トゥカン『一切宗義』カギュ派の章―』東洋文庫、一九八七年a

立川武蔵『曼荼羅の神々』ありな書房、一九八七年b
立川武蔵「サキャ派」『岩波講座・東洋思想（一一）』岩波書店　一九八九年a、一五三～一七〇頁
立川武蔵「カギュ派」『岩波講座・東洋思想（一一）』岩波書店　一九八九b一七一～一八九頁
立川武蔵「カトマンドゥにおける法界マンダラ」『国立民族学博物館研究報告』七号、一九八九年c、五～四四頁
立川武蔵「近年の海外における空思想研究」『仏教学』三六号、一九九四年a、一～一七頁
立川武蔵『聖なるものへの旅』人文書院、一九九四年b
立川武蔵『日本仏教の思想』講談社、一九九五年a
立川武蔵「『完成せるヨーガの環』第一九章「金剛界マンダラ」訳注およびテキスト」『密教図像』一四、一九九五年b、一～三三頁
立川武蔵『マンダラ瞑想法―密教のフィールドワーク―』角川書店、一九九七年
立川武蔵『最澄と空海』講談社、一九九八年a
立川武蔵「密教における世界の表象」『インド密教の形成と展開』（松長有慶編）法蔵館、一九九八年b
立川武蔵「ネワール法界マンダラ図像資料」『国立民族学博物館研究報告』二三号－四、一九九九年、六九九～八〇八頁
立川武蔵「憑依について」『東アジアの身体技法』（石田秀美編）勉誠出版、二〇〇〇年、八～一七頁
立川武蔵『般若心経の新しい読み方』春秋社、二〇〇一年
立川武蔵「アンコールの大日如来」『文化遺産の世界』一〇巻、二〇〇三年、二四～二五頁
立川武蔵「マンダラ瞑想の特質」『印度学仏教学研究』五三号－一、二〇〇四年、二三一～二三六頁
立川武蔵「『完成せるヨーガの環』第二章訳注―『ピンディークラマ』（略次第）に述べられた阿閦マンダラ―」『愛知学院大学文学部紀要』第三五号、二〇〇五年、一一三～一二九頁
立川武蔵『聖なるもの　俗なるもの―ブッディスト・セオロジーI―』講談社、二〇〇六年a
立川武蔵『マンダラという世界―ブッディスト・セオロジーII―』講談社、二〇〇六年b
立川武蔵「『完成せるヨーガの環』研究（一）」『愛知学院大学文学部紀要』第三六号、二〇〇六年c、一二九～一四四頁

立川武蔵「『完成せるヨーガの環』研究（二）」『愛知学院大学人間文化研究所紀要　人間文化』第二二号、二〇〇七年、一七九～一九八頁
立川武蔵『ヒンドゥー神話の神々』せりか書房、二〇〇八年
立川武蔵「『完成せるヨーガの環』研究（三）」『愛知学院大学人間文化研究所紀要　人間文化』第二四号、二〇〇九年a、一一七～一四三頁
立川武蔵「『完成せるヨーガの環』研究（四）」『愛知学院大学文学部紀要―第二十一章「法界マンダラ諸尊図像」―』第三九号、二〇〇九年b、二二四～二〇八頁
立川武蔵「ポン教とはどのような宗教か」『チベット　ポン教の神々』（長野泰彦編）国立民族学博物館、二〇〇九年c、二〇～二七頁
立川武蔵「ポン教とマンダラ」『チベット　ポン教の神々』（長野泰彦編）国立民族学博物館、二〇〇九年d、二八～三五頁
立川武蔵「ポン教とチベット仏教」『チベット　ポン教の神々』（長野泰彦編）国立民族学博物館、二〇〇九年e、三六～四九頁
立川武蔵「ポン教の悪趣清浄マンダラ」『チベット　ポン教の神々』（長野泰彦編）国立民族学博物館、二〇〇九年f、七九～八六頁
立川武蔵（編著）『曼陀羅の仏たち』千里文化財団、二〇一一年a
立川武蔵「『完成せるヨーガの環』二十三章和訳」『密教美術と歴史文化』（真鍋俊照編著）法蔵館、二〇一一年b、二七五～二八九頁
立川武蔵『ブッダから仏へ』岩波書店、二〇一三年a
立川武蔵『ヨーガの哲学』講談社、二〇一三年b（一九八八年度改訂版）
立川武蔵「『完成せるヨーガの環』第24章「五ダーカ・マンダラ」和訳」『奥田聖應先生頌寿記念インド学仏教学論集』佼成出版社、二〇一四年、六九八～七〇六頁
立川武蔵・石濱裕美子・福田洋一『西蔵仏教宗義研究（第七巻）―トゥカン『一切宗義』ゲルク派の章―』東洋文庫、一

九九五年
立川武蔵（文）・大村次郷（写真）『聖なる幻獣』集英社、二〇〇九年
田中公明「西チベット・トリン寺とツァパラン遺跡の金剛界諸尊壁画について」『密教図像』一一号、一九九二年、一一～一二頁
塚本啓祥・松長有慶・磯田熙文『梵語仏典の研究 Ⅳ 密教経典篇』平楽書店、一九八五年
ツィンマー、H『インド・アート［神話と象徴］』（宮本啓一訳）せりか書房、一九八八年
辻直四郎『シャクンタラー』刀江書院、一九五六年
津田真一「タントラとは何か」『豊山学報』二四号、一九七九年、五三～六六頁
津田真一『金剛頂経』東京美術、一九九五年
津曲真一「シェンラプ・ミボ─生涯の物語─」『チベット ポン教の神々』（長野泰彦編）国立民族学博物館、二〇〇九年、五〇～六六頁
寺本婉雅『十万白龍』帝国出版協会、一九〇九年
トゥッチ、ジュゼッペ「曼荼羅の理論と実際」（一）～（四）（山本智教訳）（『密教文化』八〇～八三号、一九六七～六八年）、（一）一～六頁、（二）三三～三四頁、（三）三九～六五頁、（四）二三～二五頁
トゥッチ、ジュゼッペ『マンダラの理論と実践』（ロルフ・ギーブル訳）平河出版社、一九八四年
栂尾祥雲『曼荼羅乃研究』高野山大学、一九二七年
栂尾祥雲『理趣経の研究』高野山大学、一九三〇年
栂尾祥雲『金剛頂経の研究』『栂尾祥雲全集』（別巻）臨川書店、一九八五年
長尾雅人『西蔵仏教研究』岩波書店、一九五四年
長尾雅人「チベット仏教における真理観」『仏教の根本真理』三省堂、一九五六年
長野泰彦編『チベット ポン教の神々』国立民族学博物館、二〇〇九年
長野泰彦・立川武蔵『法界語自在マンダラの神々』（『国立民族学博物館研究報告別冊』七号）国立民族学博物館、一九八九

年
バッタチャリヤ、B『インド密教学序説』（神代峻通訳・松長有慶補記・高木訷元訳補）密教文化研究所、高野山大学、一九六二年
八田幸雄『五部心観の研究』法蔵館、一九八一年
原　実「灰」『東京大学文学部研究報告・哲学論文集』一九六九年、三八四〜四四八頁
バンダルカル、R・G『ヒンドゥー教』（島岩・池田健太郎訳）せりか書房、一九八四年
平松敏雄「サキャ派「道果説」について」『仏教学』一六号、一九八三年、七一〜九四頁
フレーザー、J・G『金枝篇（一）』（永橋卓介訳）、岩波文庫、一九七一年
星野元豊『宗教の本質』法蔵館、一九六七年
堀内寛仁『梵蔵漢対照・初会金剛頂経の研究・梵本校訂篇（上）』密教文化研究所、一九七三年
正木晃・立川武蔵『チベット密教の神秘』学習研究社、一九九七年
松長有慶（解説）、加藤敬（写真）、杉浦康平（構成）『マンダラ—西チベットの仏教美術—』毎日コミュニケーションズ、一九八一年
御牧克己『西蔵仏教宗義研究（第一〇巻）—トゥカン『一切宗義』ポン教の章—』東洋文庫、二〇一四年
宮治　昭『インドのパーラ朝美術の図像学的研究』（平成三年度〜四年度科学研究費補助金研究成果報告書、研究代表者　宮治昭）一九九三年
名著普及会編『仏教文庫文献解題』東京、一九七八年
森　雅秀「『完成せるヨーガの環』（*Nispannayogāvalī*）第二一章「法界語自在マンダラ」訳およびテキスト」『国立民族学博物館研究報告別冊』第七号、一九八九年、二三五〜二七六頁
森　雅秀「賢劫十六尊の構成と表現」『インド学密教学研究・宮坂有勝博士古稀記念論文集』法蔵館、一九九三年
森　雅秀「『完成せるヨーガの環』第一章「文殊金剛マンダラ」訳およびテキスト」『高野山大学密教文化研究所紀要』第七号、一九九四年、一四二〜一一三頁

森　雅秀「『完成せるヨーガの環』第11章「ヴァジュラフーンカーラ・マンダラ」訳およびテキスト」『高野山大学論文集』（高野山大学創立百十周年記念論文集編集委員会編）高野山大学、一九九六年、一〇一～一二四頁
森　雅秀「ペンコル・チューデ仏塔第五層の『金剛頂経』所説のマンダラ」『国立民族学博物館研究報告別冊』一八号（立川武蔵・正木晃編）国立民族学博物館、一九九七年、二六九～三一八頁
森　雅秀「『ヴァジュラーヴァリー』所説のマンダラ―尊名リストおよび配置図―」『高野山大学密教文化研究所紀要』第一四号、二〇〇一年、三〇八～一九二頁
山折哲雄「叙事詩（ラーマーヤナ）にみえるターラー妃」『印度学仏教学研究』九巻‐一、一九六一年、一七六～一七九頁
山口しのぶ『ネパール密教儀礼の研究』山喜房、二〇〇五年
山口瑞鳳『チベット仏教』（『講座　東洋思想　五』仏教思想Ⅰ）、東京大学出版会、一九六七年、二三一～二八三頁
山口瑞鳳『チベット　下』東京大学出版会、一九八八年
山口益・舟橋一哉『倶舎論の原典解明・世間品』法蔵館、一九八七年
吉崎一美「Sādhanamālā 研究・資料編（1）」『東洋大学大学院紀要』一六号、一九八〇年、一五～三一頁
吉崎一美「ネパールの仏塔双六について」『密教文化』二一一号、二〇〇三年、三六～六三頁
頼富本宏「無上瑜伽密教の実践儀礼」『日本仏教学界年報』四三号、一九七八年、三～一三頁

文献Ⅱ（中国語、出版年代順）

于倬雲『紫禁城宮殿』講談社、一九八二年
民族図書館『蔵文典籍目録（上）』四川民族出版社、一九八四年
張秀政『金剛佛造像図録』鴻禧芸術文教基金会、台北、一九九三年
中国社会科学出版社（編）『西蔵地区的寺院与仏塔』北京、二〇〇三年
羅文華（編著）『諸佛菩薩聖像贊』中国蔵学出版社、北京、二〇〇八年
王家鵬主編『梵華楼』（一～四巻）故宮博物院、紫禁城出版社、北京、二〇〇九年

郑堆・羅文華（主編）『五百佛像集』中国蔵学出版社、北京、二〇一一年

文献III（欧文）

A:〔Rang byung rdo rje 1968a〕

B:〔Rang byung rdo rje 1986b〕

BA: *The Blue Annals*, tr. by G. Roerich, 2 parts, The Asiatic Society, Calcutta, 1953.

Bh:［Bhattacharyya 1972 (1949)］

C: *Niṣpannayogāvalī Mss*, Āsh Archives, Kathmandu, No. 2-146.

Cr:〔Rang byung rdo rje 1970〕

D: *Tibetan Tripiṭaka*, the sDe dge Edition.

DTS: *rDo rje tshig rkang*.

DTSM: *rNam 'byor dbang phyung dpal sa skya pa chen pos yum ma gcig zhang mo'i don du mdzad pa, Lam 'bras slob bshad*, Vol. Ya, ff. 1-80.

DTSZ: *rNam 'byor dbang phyug dpal sa skya pa chen po la zhu byas dngos grub gyis zhus pa, Lam 'bras shob bshad*, Vol. E. ff. 1-95.

E: *Niṣpannayogāvalī Mss*, National Archives, Kathmandu, No. 1/1113.

G: *Niṣpannayogāvalī Mss*, National Archives, Kathmandu, No. 3/687.

GDK: *rGyud sde kun btus*, ed. by 'Jam dbyangs Blo gter dpang po, N. Lungtok & Gyaltsan, 32vols., Delhi, 1971.

IASWR: Institute for Advanced Studies of World Religions, *Buddhist Sanskrit Manuscripts: A Title List of the Microfilm Collection of the Institute for Advanced Studies of World Religions*, New York, 1975.

IIBS:〔Tachikawa, Tshulkrim Kelsang and Onoda 1983〕

LB: Lam 'bras sbob bshad, sDe dge Edition, in the possession of bSod nams rgya mtsho.

Lee: [Lee 2004]

NPY: *Niṣpannayogāvalī*.

P: *Tibetan Tripiṭaka*, the Peking Edition, Suzuki Foundation, Vol. 80, No. 3962.

P_2: *Tibetan Tripiṭaka*, the Peking Edition, Suzuki Foundation, Vol. 87, No. 5023.

R: *Maṇḍalāralī Mss*, The Instiute for Advanced Studies of World Religions, New York, No. MBB II-224.

S: 〔Si tu pa bStan pa'i nyin byed 1974〕

SKK: *Sa skya bka' 'bum*, ed by bSod nams rgya mtsho, Oriental Library, Tokyo 1968.

SM: *Sādhanamālā*.

TTP: *The Tibetan Tripiṭaka*, the Peking Editon, Suzuki Research Foundation, 1955~61.

TTT: *The Tibetan Tripiṭaka*, Taipei Edition, SMC Publishing Inc., 72vols. 1991.

Apte, V. S., *Sanskrit-English Dictionary*, Poona, 1957.

Ashakajee Bajracharya, *Ācārya Paṇ Advayavajra kṛta Gurama alārcana Pustakam*, Yal Athanani, Kathmandu, 1989.

Avalon, A.(ed.), *Tantrik Texts, IX, Karpūrādistotram*, Calcutta, London, 1922.

Bagchi, P.C., "Evolution of Tantras," *The Cultural Heritage of India*, Vol. IV, ed. by Haridas Bhattacharyya, The Ramakrishna Mission, Calcutta, 1956.

Bagchi, S. (ed.), *Guhyasamāja Tantra of Tathāgataguhyaka*, Buddhist Sanskrit Texts, No. 9, Mithila Institute, Darbhanga, 1965.

Bhandarkar, R. G., *Vaiṣṇavism, Śaivism and Minor Religious Systems*, Bhandarkar Institute, 1928.

Banerjea, J. N., *The Development of Hindu Iconography*, Munshiram Manoharlal, New Delhi, 1974.

Banerjea, S. C., *A Brief History of Tantra Literature*, Naya Prakash, Calucutta, 1988.

Beyer, Stephan, *The Cult of Tārā*, University of California Press, Berkeley, 1973.

Bhattacharyya, Benoytosh, *An Introduction to Buddhist Esoterism*, Oxford University, Oxford, 1932.

Bhattacharyya, Benoytosh, *The Indian Buddhist Iconography*, Firma K. L. Mukhopadhyay, Calcutta, 1968a (1924).

Bhattacharyya, Benoytosh (ed.), *Sādhanamālā, Vol. 1, Gaekwad's Oriental Series*, No. 26, Oriental Institute, Baroda; Vol. 2, No. 41, 1968b (1925/1928).

Bhattacharyya, Benoytosh (ed.), *Niṣpannayogāvalī of Mahāpaṇḍita Abhayākaragupta, Gaekwad's Oriental Series*, No. 109, Oriental Institute, Baroda, 1972 (1949).

Bhattacharyya, D. C., *Studies in Buddhist Iconography*, Munshiram Manoharlal, New Delhi, 1978.

Bhattasali, Nalini Kanta, *Iconography of Buddhist and Brahmanical Sculptures*, Dacca Museum, 1929.

Blo bzang tshul khrims, *rJe thams cad mkhyen pa tsong kha pa chen po'i rnam thar go sla bar brjod pa bde legs kun gyi 'byung gnas*, TBRC (The Tibetan Buddhist Resource Center) W17157.

Böhtlingk, O. & Roth, R., *Sanskrit-Wörterbuch*, St. Petersburg, 1875.

Bon brgya dge legs lhun grub rgya mtsho, Tumagari, Tachikawa, and Nagano, *Bonpo Thangkas from Rebkong, Senri Ethnological Reports 95*, National Museum of Ethnology, Osaka, 2011.

bSod nams rgya mtsho, *The Tibettan Maṇḍalas, the Ngor Collection* (『西蔵曼荼羅集成』), Kodansha, 1983.

bSod nams rgya mtsho, *The Ngor Mandalas of Tibet, Listings of the Mandala Deities*, revised by Tachikawa, M., Onoda, S., Noguchi, K. and Tanaka, K., The Centre for East Asian Cultural Studies, Tokyo, 1991.

bSod nams rgya mtsho and Tachikawa, M., *The Ngor Mandalas of Tibet, Plates*, The Centre for East Asian Cultural Studies, Tokyo, 1989.

bsTan pa'i ni ma Phyogs las rnam rgyal, *Sādhana-mālā of the Panchen Lama*, reproduced by Lokesh Chandra, *Śata-piṭaka Series, Indo Asian Literatures*, Vol. 210~211, 1974.

Bühnemann, G. and Tachikawa, M., *Niṣpannayogāvalī, Two Sanskrit Manuscripts from Nepal*, The Centre for East Asian Cultural Studies, Tokyo, 1991.

Chogay Trichen, *The History of the Sakya Tradition*, Ganesha Press, Bristol, 1983.

Chögyam Trunpa, *Visual Dharma, The Buddhist Art of Tibet*, Shambhala, Berkeley & London, 1975.

Clark, Walter Eugene, *Two Lamaistic Pantheons*, Harvard University, 1937.

Danielou, A., *Hindu Polytheism*, Routledge & Kegan Paul, London, 1964.

Dasgupta, S. B., *An Introduction to Tāntric Buddhism*, University of Calcutta, 1950.

Dasgupta, K. K, "Iconography of Tārā," *The Sakti and Tara*, ed. by Cirkar, D. C., University of Calcutta, Calcutta,1967.

de Mallmann, Marie-Therese, *Introduction a l' Iconography de Tantrisme Bouddhique*, Paris, 1975.

Dharmākara, *Vajratārā-sādhana* (in Tibetan), *Tibetan Tripiṭaka, the Peking Edition*, Suzuki Foundation, No. 4311, Vol. 80., 1957.

dPal kye rdo rje'i mngon par rtogs pa 'bring bu bya ba yan lag drug pa'i mdzes rgyan, The Institute for Advanced Studies of World Religions Microfilm, IIBS, No. R-1972-900 (1~67a).

Dutt, N., "Avalokiteśvara and Tārā," *The Age of Imperial Kanauj, The History and Culture of the Indian People*, Vol. IV, ed. by Majumdar, R. C., Bombay, 1955.

Eliade, Mircea, *Yoga, Immortality and Freedom*, Bollingen Series, Princeton, 1969.

Foucher, A., *Etude sur l'Iconographie Bouddhique de l'Inde d'apres des Textes Inédits*, Ernest Leroux, Paris, 1905.

Getty, Alice, *The Gods of Northern Buddhism*, Charles E. Tuttle Company, Tokyo, 1962.

Gordon, A. K., *The Iconography of Tibetan Lamaism*, Paragon Book Reprint Corp. New York, 1967.

Govinda, Lama Anagarika, *Psycho-cosmic Symbolism of the Buddhist Stūpa*, Dharma Publishing, Berkeley, 1976.

Grünwedel, A., *Mythologie des Buddhismus in Tibet und der Mongolei*, Leipzig, 1900.

Gupte, R. S., *Iconography of the Hindus Buddhists and Jains*, D. B. Taraporevala Sons & Co., Bombay, 1972.

Gutschow, Niels, *The Nepalese Caitya*, Edition Axel Menges, Stuttgart/London, 1997.

Hastings, J., *Encyclopedia of Religion and Ethics*, T. & T. Clark, Vol. 11, 1920.

His Holiness Sakya Trizin, Ngawang Gellek and Ngawang Samten Chopel (tr.), *The Middle Length Practice of the Realization of*

Shri Hevajra which is called the Beautiful Six-Limbed Ornament, Sakya Centre, Rajpur, India, 1985.

Hokins, E. W., *Epic Mythology*, Verlag von Karl J. Trübner, Strassburg, 1915.

Hummel, Siegbert, *Lamaistische Studien*, Otto Harassowitz, 1950.

Kale, M.R.,*The Kumārasambhava of Kālidāsa*, Motilal Banarsidass, 1917 (sixth edition).

Karmay, Samten G., "A General Introduction to the History and Doctrine of Bon," *Memoirs of the Research Department of the Toyo Bunko*, No. 33, 1975, pp. 171~218.

Karmay, Samten G. and Yasuhiko Nagano (ed.), *A Catalogue of the New Collection of Bonpo Katen Texts, Senri Ethnological Reports 24*, National Museum of Ethnology, Osaka, 2001a.

Karmay, Samten G. and Nagano, Yasuhiko (ed.), *A Catalogue of the New Collection of Bonpo Katen Texts-Indices, Senri Ethnological Reports 25*, National Museum of Ethnology, Osaka, 2001b.

Keilhauer, A. & P., *Ladakh und Sanskar*, Köln, 1980.

Khetsung Sangpo, *Biographical Dictionary of Tibet and Tibetan Buddhism*, Libraly of Tibetan Works and Archives, Dharamsala, 1981, Vol. 8.

Kirfel, W., *Die dreikopfige Gottheit*, Bonn, 1948.

Kirfel, W., *Symbolik des Buddhismus*, Stuttgart, 1959.

Kolhatkar, M. and Tachikawa, M., *Buddhist Fire Ritual in Japan*, Vajra Publications, Kathmandu, 2013.

Kumar, P., *Śakti Cult in Ancient India*, Bharatiya Publishing House, Varanasi, 1974.

Lee, Yong-hyun, *The Niṣpannayogāvalī by Abhayākaragupta*, Baegun Press, Seoul, 2004.

Liebert, Gosta, *Iconographic Dictionary of the Indian Religions*, E. J. Brill, Leiden, 1976.

Lokesh Chandra, *Five Hundred Gods of Narthang, A New Tibeto-Mongol Pantheon: Śata-piṭaka Series, Indo-Asian Literatures*, Vol. 22 (9), International Academy of Indian Culture, New Delhi, 1964.

Lokesh Chandra, *Vajrāvalī, Śata-piṭaka Series, Indo-Asian Literatures*, Vol. 239, International Academy of Indian Culture, New

Delhi, 1977.
Lokesh Chandra, *Buddhist Iconography in Nepalese Sketch-Books, Śata-piṭaka Series*, Indo-Asian Literatures, Vol. 302, International Academy of Indian Culture, New Delhi, 1984.
Lokesh Chandra, *Buddhist Iconography*, 2 vols., *Śata-piṭaka Series, Indo-Asian Literatures*, Vol. 342, Aditya Prakashan, New Delhi, 1987.
Lokesh Chandra and Bunce, F. W., *The Tibetan Iconography of Buddhas, Bodhisattvas and other Deities - Unique Pantheon*, D. K. Printworld, New Delhi, 2002.
Lokesh Chandra, Tachikawa M. and Watanabe S., *A Ngor Maṇḍala Collection*, Mandala Institute, Nagoya & Vajra Publications, Kathmandu, 2006.
Martin, Dan, Kvaerne, Per and Nagano, Yasuhiko, *A Catalogue of the Bon Kanjur, Senri Ethnological Reports 40*, National Museum of Ethnology, Osaka, 2003.
Matsunami, Seiren, *The Catalogue of the Sanskrit Manuscripts in the Tokyo University Library*, Suzuki Research Foundation, Tokyo, 1965.
Mitra, Debala, *Ratnagiri (1958-61) II*, Archaeological Survey of India, New Delhi, 1983.
Mori, Masahide, *Vajrāvalī of Abhyākaragupta, Editions of Sanskrit and Tibetan Versions, Buddhica Britanica XI*, The Institute of Buddhist Studies, Trink, UK, 2009.
Mullin, G. H., *Tsongkhapa's Six Yogas of Naropa*, Snow Lion Publications, Ithaca, New York,1996.
Ngor chen dKon mchog lhun grub, *The Middle Length Practice of the Realization of Shri Hevajra which is called the Beautiful Six-Limbed Ornament*, translated by His Holiness Sakya Trizin, Ngawang Gellek and Ngawang Samten Chopel, Sakya Centre, Rajpur, India, 1985.
Oldenburg, S. F., 『三百尊図像集』 名著普及会復刊 , 1978 (*Bibliotheca Buddhica* V, 1903).
Olschack, B. C., *Mystic Art of Ancient Tibet* (in collaboration with Geshé Thupten Wangel), Shambhala, Boston & London, 1987.

Pander, Eugen, "Das Pantheon des Tschangtscha Hukuktu," *Veröffentlicungen aus dem Königen Museum fur Völkerkunde*, 1(2/3), 1890, pp. 43~116.

Pema Dorjee, *Stūpa and its Technology: A Tibeto-Buddhist Perspective*, Indira Gandhi National Centre for the Arts, New Delhi, and Motilal Banarsidass, Delhi, 1996.

Pradhan, P. (ed.), *Abhidharmakośabhāṣyam of Vasubandhu*, K. P. Jayaswal Research Institute, Patna, 1975.

Pruscha, C., *Kathmandu Valley, The Preservation of Physical Environment and Cultural Heritage, A Preservation Inventory*, 2 vols., Vienna, 1975.

Raghu Vira and Lokesh Chandra, *Maṇḍalas of the Vajrāvalī, A New Tibeto-Mongol Pantheon, Śata-piṭaka Series, Indo-Asian Literatures*, Vol. 21 (12~15), International Academy of Indian Culture, New Delhi, 1967.

Raghu Vira and Lokesh Chandra, *Tibetan Maṇḍalas (Vajrāvalī and Tantrasamuccaya), Śata-piṭaka Series, Indo-Asian Literatures*, Vol.383, International Academy of Indian Culture, New Delhi, 1995.

Rang byung rdo rje, *Nges don phyag rgya chen po'i smon lam*, Chemre, 1968a (IIBS, No. 2057, microfiche No. 1130) (Printed from the blocks preserved in Hemis godtshang Hermitage).

Rang byung rdo rje, *Nges don phyag rgya chen po'i smon lam*, Chemre, 1968b (IIBS, No. 2056, microfiche No. 215) (Printed from the blocks carved in 1968 at Bir and preserved in the sgrub sde at Hemis godtshang Hermitage).

Rang byung rdo rje, *Nges don phyag rgya chen po'i smon lam*, n. p., 1970 (IIBS, No. 2059, microfiche No. 405) (Printed from the blocks preserved in the Phur rtse brag dgon ri khrod).

Red mda' ba, *dBu ma tsa ba'i 'grel pa 'thad pa'i snang ba zhes bya ba bzhugs pa, The Collected Works of Red mda wa gshon nu blo gros*, Vol. B, Sakya College, Dehra Dun, 1999, pp. 149-472.

Rao, G. T. A., *Elements of Hindu Iconography*, 4 vols., Madras, 1914.

Ratnakaji Bajracharyya, *Yeṃ deyā bauddha pūjā kriyā yā halaṃ jvalaṃ*, Nepal Bauddha Prakashan, Kathmandu, 1980.

Ricca, Franco, and lo Bue, Erberto, *The Great Stūpa of Gyantse*, Serindia Publications, London, 1993.

Roerich, George, *Tibetan Paintings*, Paul Geuthner, Paris, 1925.

Rospatt, Alexander von, "On the Conception of the Stūpa in Vajrayāna Buddhism. The Example of the Svayambhūcaitya of Kathmandu," *Journal of the Nepal Research Centre*, Vol. XI, 1999, pp. 121~147.

Sahu, N. K., *Buddhism in Orissa*, Utkal University, 1958.

Sangye Tandar (tr.) and Guard, Richard (ed.), *The Twelve Deeds*, Library of Tibetan Works and Archives, 1995.

Shukla, D. N., *Vāstu-Śāstra*, Vol, II, Hindu Canons of Iconography and Painting, Gorakhpur University, Gorakhpur, 1958.

Sierksma, F., *Tibet's Terrifying Deities*, Mouton & Co. Publishers, The Hague-Paris, 1966.

Si tu pa bStan pa'i nyin byed, *Nges don phyag rgya chen po'i smon lam gyi 'grel ba grub pa mchog gi zhal lung*, Gangtok, 1974.

Slusser, Mary Shepard, *Nepal Mandala: A Cultural Study of the Kathmandu Valley*, Princeton, 2 vols., 1982.

Snellgrove, D. L., *The Nine Ways of Bon*, Oxford University Press, 1967.

Snellgrove, D. L. & Richardson, H., *A Cultural History of Tibet*, Prajna Press, Boulder, 1980.

Snodgrass, Adrian, *The Symbolism of the Stūpa*, Cornell University, Ithaca, New York, 1985.

Subrahmanya Sastri, S. and Srinivasa Ayyangar, *Saundarya-Laharī of Śaṃkara-Bhagavatpāda with Transliteration, English Translation, Commnentary, Diagrams and an Appendix on Prayoga*, The Theosophical Publishing House, Madras, 1972.

Tachikawa, Musashi, "The Tantric Doctrine of the Sa skya pa according to the *Śel gyi me long*," *Acta Asiatica*, No. 29, 1975, pp. 95-106.

Tachikawa, Musashi., "A Hindu Worship Service in Sixteen Steps, Shodaśa-upacāra-pūjā," *Bulletin of the National Museum of Ethnology*, Vol. 8-1, Osaka, 1983, pp. 104~186.

Tachikawa, Musashi, "A Study of Vajradhātu-maṇḍala (1): Modern Line-drawings depicted according to the *Niṣpanna-yogāvalī*," *Bulletin of the National Museum of Ethnology*, Vol. 15-4, Osaka, 1990, pp. 1073-1120.

Tachikawa, Musashi, "Creation Myth on the Ṛgveda — Critique of Professor N. Brown's Theories of Creation in the Ṛgveda —," *Wisdom in Indian Tradition* (ed. by Hino, S. and Deodhar, L.), Pratibha Prakashan, 1999, pp. 106~124.

Tachikawa, Musashi, "Maṇḍala Visualization and Possession," *New Horizons in Bon Studies, Senri Ethnological Reports 15*, National Museum of Ethnology, Osaka, 2000, pp. 227~247.

Tachikawa, Musashi, "The Sixteen Bodhisattvas in the Dharmadhātu Maṇḍala," *Bulletin of the National Museum of Ethnology*, Vol. 25-4, Osaka, 2001, pp. 537~623.

Tachikawa, M., Bahulkar, S. and Kolhatkar, M., *Ancient Indian Fire Ritual*, Motilal Banarsidass, Delhi, 2001.

Tachikawa, M. and Ito, M. (Compiled), "Buddhist Maṇḍala Deities—A Study of the *Niṣpannayogāvalī*—"『ヒマーラヤ地域における仏教タントリズムの基層に関する研究』（平成一四年度〜一七年度科学研究費補助金研究成果報告書、研究代表者立川武蔵）2006, pp. 187~321.

Tachikawa, M. and Kolhatkar, M., *Vedic Domestic Fire-Ritual: Sthālīpāka*, New Bharatiya Book Corporation, Delhi, 2006.

Tachikawa, M., Tshulkrim Kelsang and Onoda, S., *A Catalogue of the United States Library of Congress Collection of Tibetan Literature, Bibliographia Philologica Buddhica, Series Maior III*, The International Institute for Buddhist Studies, Tokyo, 1983.

Tachikawa, M., Mori, M. and Yamaguchi, S., *Five Hundred Buddhist Deities*, Adroit Publishers, 2000.

Tachikawa, M., Mori, M. and Yamaguchi, S., *Three Hundred & Sixty Buddhist Deities*, Adroit Publishers, 2001.

Takaoka, Hidenobu, *A Microfilm Catalogue of the Buddhist Manuscripts in Nepal*, Vol. 1, Buddhist Library, Nagoya, 1981.

Tenpa Yungdrung, Kvaerne, P., Tachikawa, M. and Nagano, Y., *Bonpo Thangkas from Khyunpo, Senri Ethnological Reports 60*, National Museum of Ethnology, Osaka, 2006.

Tenzin Namdak, Nagano,Y. and Tachikawa, M., *Mandalas of the Bon Religion, Senri Ethnological Reports 12*, National Museum of Ethnology, Osaka, 2000.

Thubten Legshay Gyatsho, *Gateway to the Temple*, Ratna Pustak Bhandar, Kathmandu, 1979.

Tucci, Giuseppe, *Tibetan Painted Scrolls*, Rome, 1949.

Tucci, Giuseppe, *The Theory and Practice of the Maṇḍala*, Rider & Company, London, 1961 (third impression).

Tu dri su'i sgrib sbyon gi sgrub gzhung ma rig mun sel sgron me 'khor ba ngan song dong sprugs, preserved at Tritan Norbutse Collection of Khri brtan nor but se Monastery, Kathmandu.

von Schroeder, Ulrich, *Indo-Tibetan Bronzes*, Visual Dharma Publication, Hong Kong, 1981.

Tuladhar, Sugat Das, *Caitya va Bhāvanā*, Manadas Lumanti Prakashana, 1985.

Vajracharya, Sumati, *Stūpa ra Caitya*, Akhil Nepal Mahayan Bauddha Samaja, Kathmandu, 2007.

Waddell, L. A., "The Indian Buddhist Cult of Avalokita and his Consort Tārā, illustrated from the Remains in Magadha," *J. R. A. S.*, 1894, pp. 51~91.

Waldschmidt, Ernst, *Nepal, Art Treasures from the Himalayas*, Oxford & IBH Publishing Co., Calcutta, Bombay, New Delhi, 1969.

Wayman, A., *The Buddhist Tantras*, Samuel Weiser, New York, 1973.

Weber, Max, *Gesammelte Aufsätze zur Religionssoziologie*, II, J. C. Mohr (Paul Siebeck), Tübingen, 1963.

Wilson, M. and Brauen, M. (ed.), *Deities of Tibetan Buddhism*, Wisdom Publication, Boston, 2000.

Yoshizaki Kazumi, *A Catalogue of the Sanskrit and Newari Manuscripts in the Āshā Archives (Āshā Saphu Kuthi), Cwasa pasa, Kathmandu, Nepal*, Kumamoto, 1991.

Zimmer, H., *Myths and Symbols in Indian Art and Civilization*, ed., by J. Campbell, N. Y., 1946.

【初出一覧】

これらの論文はそれぞれ別個に発表したものであり、出版時にもかなり差があるため、本書に含めるに当たって、大幅な増補・変更を加えたことを断っておきたい。

第1章

1節…「序論—密教とは何か—」『シリーズ密教一　インド密教』（立川武蔵・頼富本宏編）春秋社、一九九九年、三〜一三頁

2節…「インド密教の歴史的背景」『シリーズ密教一　インド密教』（立川武蔵・頼富本宏編）春秋社、一九九九年、一九〜三一頁

3節…「ヒンドゥー・タントリズム」『シリーズ密教一　インド密教』（立川武蔵・頼富本宏編）春秋社、一九九九年、二二五〜二三六頁

4節…「カトマンドゥ盆地のネパール密教」『シリーズ密教一　インド密教』（立川武蔵・頼富本宏編）春秋社、一九九九年、二三九〜二五二頁

第2章

1〜2節…「金剛界マンダラの仏たち」『曼荼羅のほとけたち』（立川武蔵編著）千里文化財団、二〇一一年、八〜一七頁

3節…「『完成せるヨーガの環』第一九章「金剛界マンダラ」訳注およびテキスト」『密教図像』一四、一九九五年、一〜三三頁

4節…「金剛界マンダラの仏たち」『曼荼羅のほとけたち』（立川武蔵編著）千里文化財団、二〇一一年、一八〜六三頁

5節…「マンダラ—構造と機能」『岩波講座・東洋思想〈一〇〉』岩波書店、一九八九年、二八九〜三一四頁

第3章

1節…「カトマンドゥにおける法界マンダラ」『国立民族学博物館研究報告』七号（長野泰彦・立川武蔵編）、一九八九年、五〜四四頁

2節…「『完成せるヨーガの環』研究（四）」『愛知学院大学文学部紀要—第二一章「法界マンダラ諸尊図像—』第三九号、二〇〇九年、二二四〜二〇八頁（横組）

4節…「ネパールの仏塔」『インド文化圏における仏塔の総合的研究』（平成二一年度〜二三年度科学研究費補助金研究成果報告書、代表者・頼富本宏）二〇一三年、九一〜一〇五頁

第4章

1節…「密教と呪術」『講座密教一　密教の理論と実践』春秋社、一九七八年、一九六～二二二頁

2節…「金剛ターラーの観想法」『論叢　仏教美術史』（町田甲一先生古稀記念会編）吉川弘文館、一九八六年、六五～九七頁

3節…「密教のインド学的アプローチ―シヴァとヘールカ」『講座密教四　密教の文化』春秋社、一九七七年、二六〇～二八一頁

第5章

1節…「序論―チベット仏教とは何か―」『シリーズ密教二　チベット密教』（立川武蔵・頼富本宏編）春秋社、一九九九年、三～二三頁

2節…「仏教図像」『チベットの言語と文化』（長野泰彦・立川武蔵編）冬樹社、一九八七年、三三六～三六三頁

3節…「カギュ派」『岩波講座・東洋思想〈一一〉』岩波書店　一九八九年、一七一～一八九頁

4節…「ランチュン・ドルジェの『大印契誓願』」『愛知学院大学人間文化研究紀要』二〇号、二〇〇五年、九五～一一八頁

5節…「サキャ派」『岩波講座・東洋思想〈一一〉』岩波書店　一九八九年、一五三～一七〇頁

6節…「ヘーヴァジュラ・マンダラの観想法」『チベット密教の神秘』（正木晃編）学習研究社、一九九七年、一〇六～一三三頁

7節…「ツォンカパの生涯と密教思想」『シリーズ密教二　チベット密教』（立川武蔵・頼富本宏編）春秋社、一九九九年、五一～六三頁

第6章

1節…「ポン教とはどのような宗教か」『チベット　ポン教の神々』（長野泰彦編）千里文化財団、二〇〇九年、二〇～二七頁

2節…「ポン教の悪趣清浄マンダラ」『チベット　ポン教の神々』（長野泰彦編）千里文化財団、二〇〇九年、七九～八六頁、「マンダラ瞑想の特質」『印度学仏教学研究』五三号－一、二〇〇四年、二三一～二三六頁

カラー口絵

図9…『チベット　ポン教の神々』（長野泰彦編）千里文化財団、二〇〇九年、三八頁

おわりに

仏教は修行者としての自分と悟り（あるいは帰依の対象としての尊格）との関係を中心としており、複数の修行者が悟りあるいは尊格に向き合っているという状況を踏まえたものではなかった。仏教の三宝（仏・法・僧）の僧（サンガ）は一種の「集団」であった。しかし、この「僧」にしても個人としての修行者の集まりであって、王侯・貴族、さらには農民、商人たちを含めた社会ではなかった。元来、出家たちの集団であった「サンガ」は、少なくともインドにあっては、国・部族などが直面する問題に積極的にかかわることはなかった。

このような社会に関する態度は、いわば仏教の当初からの「設定」であり、いたし方ないことではある。そうではあるが、わたしは仏教の歴史の中で「世界」の概念にかかわりの強い伝統に関心を払ってきた。その場合の「世界」とは社会と自然（器世間）という両方の意味においてである。そのような関心の一つに「マンダラという世界」があった。マンダラにしても元来は一人の修行者が向き合うものではあるが、後世のマンダラは世界の構造を図示したものということはできよう。後世のマンダラが描く世界は、地・水・火・風といった世界の物質的基礎とか世界軸とも考えられる須弥山などを取り入れていた。さらに、マンダラの中に整然と並ぶほとけたちは世界の構成員と考えることもできる。

たしかに地・水・火・風という物質的基礎や須弥山を含み、さらにその器世間の中に住む生類（世間）をも含んだ「世界」の精緻な構造は、マンダラが成立する数世紀以前にすでにアビダルマ仏教において提示されていた。だが、アビダルマ仏教における「須弥山世界」とマンダラが示す世界とは、世界の意味付けにおいて異なっていた。すなわち、『倶舎論』などが説くアビダルマ仏教において重要なことは、修行者がそれぞれ業と煩悩を滅することであって、地・水・火・風の元素や須弥山を滅することではなかった。そもそも地などの元素は原子でできているものであり、その中で修行者たちが住むための器であって、修行者が止滅させることのできるようなものではなかったのである。「聖なるもの」と「俗なるもの」という対概念を用いていうならば、アビダルマ仏教にあっては、地・水・火・風の元素や須弥山などの器世間は、「聖なるもの」と「俗なるもの」の区別とは無関係である。

マンダラを瞑想あるいは儀礼において重要な補助手段として用いる密教にあっては、地・水・火・風という物質的基礎や須弥山も最終的には「聖なるもの」として価値を有する。つまり、聖化されるのである。たとえば、本書第5章6節において扱ったサキャ派のヘーヴァジュラ尊のマンダラ観想にあっては、地・水・火・風や須弥山は修行者の身体の各部分と相同関係に置かれることによって「聖なるもの」としての価値を与えられる。この場合、修行者の身体はヘーヴァジュラ尊と同一視されていたのである。さらに、ヘーヴァジュラ尊の身体はこの世界に等しい。ようするに、マンダラにあっては世界全体が聖化されるのである。

マンダラの伝統の中で世界の聖化がどのように行われてきたのか。これが本書の主要なテーマの一つであった。そのテーマの考察のためには、マンダラがインドにおいてどのように成立してきたか。どのようなマンダラがどのようなほとけたちのイメージ（図像）を取り込んできたのか。また、密教（タントリズム）はその歴史のなかでどのように土着文化あるいは非アーリア的文化を取り入れてきたのか、といったような問題を扱う必要があった。このような観点に立ちつつ、これまでに書いた論文を纏めながら、マンダラ観想と密教の思想を扱ったのが本書である。

密教の現代的意義の一つは、生類の器としての世界（マンダラ）、つまり地球がいかにして聖化できるのかを提示できるだろうということである。もっとも、本書の主要内容は、マンダラ成立のための歴史的条件、マンダラに登場する尊格の図像などであり、世界の聖化の今日的意義についてはほとんど触れることができなかった。「では、今日、マンダラはどのように用いられるべきなのか」「もしもマンダラの本質が世界の聖化であるならば、現代思想としてその考え方がどのように展開されるべきなのか」というような問題が、まさに重要である。本書はそのような問題に立ち向かうための準備である。

学生であった頃からずいぶんと時が経った。インド学・仏教学において「世界」の概念が重要であることは、名古屋大学の上田義文・北川秀則両先生が常にいわれていた。ハーヴァード大学ではD・インゴールズ先生のもとでインド実在論哲学における世界構造の研究をすることができた。これらの先生のもとでわたしは世界の構造に関する関心を養うことができた。

名古屋大学に勤めてからは、教授の宮坂宥勝先生から密教の基本的なことを学び、さらに宮坂先生の後に赴任されたチベット学の山口瑞鳳先生にはチベットの歴史・仏教について学ぶことができた。

大学院生であった頃からわたしは、東京の東洋文庫においてチベット仏教通史であるトゥカン著『一切宗義』の翻訳事業に参加する機会を与えられた。その際、チベット僧ソナムギャツォ、ケツンサンポ、テンパギェンツンの諸先生に就くことができた。これらのチベットの先生方にお会いできなかったならば、チベット仏教、特にチベットのマンダラについてはほとんど何も知ることができなかったと思う。

また、ソナムギャツォ先生は一九八年、ゴル寺で編纂されたテキストに従って描かれたマンダラ図を講談社から複製出版された。その出版の手伝いをすることができたが、それ以後、わたしはマンダラに対する関心を深めていった。

チベット仏教研究に関しては、わたしはもう一人の先生に会うことができた。ツルティムケサン先生（大谷大学名誉教授・白館戒雲氏）である。この先生からはトゥカン著『一切宗義』ゲルク派の章について多くの質問などをすることができた。

一九八二年以降、わたしは当時のアジア・アフリカ言語文化研究所の北村甫先生代表の科研メンバーとし、てカトマンドゥ盆地にてチベット仏教やネワール仏教の儀礼および図像の調査をする機会に恵まれた。わたしは二〇〇四年に国立民族学博物館に職場を変えたが、ここでの南アジア展示の準備のためにカトマンドゥ盆地を幾度も訪れることができた。

ここでカトマンドゥ盆地の友人ガウタム・バジュラーチャーリヤ氏について述べておきたい。一九八二年以降、わたしはカトマンドゥに行くたびに氏と会い、『完成せるヨーガの環』などのサンスクリット・テキストの意味不明な箇所について質問することができた。そして、画家である氏にはマンダラに登場する尊格のタンカ（キャンバス画）や線画（白描）を描いてもらうよう依頼した。本書に収められた白描のほとんどは氏が描いたものである。サンスクリットを理解する画家は、今日、カトマンドゥにおいてきわめて少ない。しかも、氏はサンスクリット・テキストの理解について実に三〇年にわたり、辛抱強くわたしの質問に付き合ってくださった。サンスクリット・テキストとの整合性を重視したわたしの理解のために、ネワールの伝統的な描き方から遠のいた箇所があるかもしれないことをここに記しておきたい。氏の描いた白描はこの後、歴史的な価値をもつことになろう。

ガウタム・バジュラーチャーリヤ氏の父ラトナカジ・バジュラーチャーリヤ氏はもう故人となられてしまわれたが、著名な仏教学者であった。氏からもネワール仏教のさまざまな側面を学ぶことができた。また本書のために幾人かの方から写真をお借りしたが、その方たちの名前は写真キャプションに記載した。

本書に収めた諸論文の幾編かは、国立民族学博物館における共同研究（平成六年度の「南アジア宗教図像の研究」、平成七～九年度の「聖性と世界に関する研究」など）および、文部省科研費による学術調査『ヒマーラヤ地域における仏教タントリズムの基層に関する研究』（平成一四～一七年度、研究代表者・立川武蔵）、『チベット文化域におけるポン教文化の研究』（平成八～一〇年度、研究代表者・長野泰彦）などの分担研究の成果の部分であることも記しておきたい。

このように書いてくると、わたしは実に多くの先生や友人に恵まれたことを改めて感ずる。他にもお名前を挙げておきたい先生や友人が多く思い出されるが、本書はそれらの多くの方々のおかげでできた。この場をかりて厚く御礼申し上げたい。末筆ながら、本書の出版を引き受けてくださった春秋社に感謝したい。特に編集部の桑村正純氏にはこの書の初めから終わりまでお世話になった。氏の辛抱強い舵取りがなかったならば、本書は出版されることはなかった。

すでに述べたように、本書はわたしのマンダラ研究の前半であり、後半に向けて今から努力したい。

二〇一五年三月二六日　　バンコクから帰国するタイ航空機の中で

立川武蔵　記

小峰彌彦・勝崎裕彦・渡辺章悟 編

般若経大全

『般若心経』『理趣経』等を含む膨大な般若経典群を、歴史・文献・思想から図像や美術、日本での般若経信仰の実態や儀礼・法会に至るまで、徹底解説した「般若経の百科全書」。　４８００円

高橋尚夫・木村秀明・野口圭也・大塚伸夫 編

初期密教

わが国では「雑密」と呼ばれてきた初期密教を、「主要経典」「陀羅尼・真言」「図像・美術」「修法・信仰」の四つの面から、碩学と新進気鋭の研究者22人が総合的に解説する。　４２００円

大塚伸夫

インド初期密教成立過程の研究

密教の成立と発展の過程を梵・蔵・漢の文献を渉猟して徹底的に研究し、「雑密」と呼ばれてきた初期密教の輪郭を鮮明に浮かび上がらせた世界初の画期的かつ総合的な研究書。　２２０００円

D・スネルグローヴ＋H・リチャードソン／奥山直司 訳

チベット文化史

政治・宗教・芸術など、チベット人の活動全般を歴史的展開に沿って体系的に概説した世界的名著。格調高い文章と121点の貴重な写真で、この比類なき世界の全貌を伝える。　５８００円

田中公明

図説 チベット密教

一九九三年の刊行以来、好評を博してきた『チベット密教』を最新の研究成果を盛り込んで増補改訂。図版類も大幅に増やして、レイアウトを一新し、ビジュアル面の充実をはかる。　３２００円

※価格は税別

立川武蔵（たちかわ　むさし）
1942年、名古屋市生まれ。名古屋大学文学部卒、名古屋大学大学院中退後、ハーヴァード大学大学院修了（Ph.D.）。文学博士（名古屋大学）。専攻はインド学・仏教学。名古屋大学文学部教授、国立民族学博物館教授、愛知学院大学文学部教授を経て、現在、国立民族学博物館名誉教授。1991年にアジア太平洋特別賞、1997年に中日文化賞、2001年に中村元東方学術賞受賞。2008年に紫綬褒章受章。著書は『女神たちのインド』『ヒンドゥー神話の神々』（せりか書房）、『中論の思想』（法蔵館）、『ブッディスト・セオロジー（Ⅰ-Ⅴ）』『空の思想史』（講談社）、『マンダラ』（学習研究社）、『般若心経の新しい読み方』（春秋社）、『ヒンドゥー教の歴史』（山川出版社）など多数。

マンダラ観想と密教思想

2015年5月28日　第1刷発行

著　　者　立川武蔵
発 行 者　澤畑吉和
発 行 所　株式会社 春秋社
〒101-0021　東京都千代田区外神田2-18-6
電話　03-3255-9611（営業）
03-3255-9614（編集）
振替　00180-6-24861
http://www.shunjusha.co.jp/
装 幀 者　伊藤滋章
印刷・製本　萩原印刷株式会社

ISBN978-4-393-11315-8　　定価はカバー等に表示してあります

索　　引

［ア］
アーヴァーハナ　631
アーダーラ　66
アーデーヤ　66
アートマン　65,150,151,172,505
アーナンダガルバ　112,117,176
アーラヤ識　550
アーリヤ人　vi,14,20,149,160,438
アーローカー　321
アヴァドゥーティパ　483
アガン（聖堂）　113
悪趣清浄マンダラ　148,270,273,276,280,289,290,291,301,328,634,638,643,651
アジア化されたインド　vi,14,25,204,207
アシュヴァッタ　577
阿閦［如来］　74,90,92,96,100,102,111,158,161,164,172,183,190,193,194,209,212,231,303,350,353,377,385,392,401,402,412,463,471,563,565,582,701,703
アショーカ王　199
阿地瞿多　453
『アタルヴァ・ヴェーダ』　167
アチャラ　573
アッサム　vi,vii,39,205,430
アティーシャ　436,459,504,600,701
アドヴァヤヴァジュラ　483
穴の開いたポン教　620
アナンタ　578
アヌッタラヨーガ・タントラ　69
アパブランシャ　43
アバヤーカラグプタ　77,454,456,587,704
アビダルマ仏教　66,153,154
アビナヴァグプタ　29
アマラーヴァティー　448
阿弥陀［如来］　60,74,155-158,161,164,173,183,209,212,225,303,377,385,387,392,401,448,450,463,470,471,582,625,639,642
アムド　598,609,658
アンダ（卵）　308,311,316,319,320,324,326,327

［イ］
イーシュヴァラ　172,577
イェールイェンサカ僧院　626
イスラム　33,431,432,434,443,598
板曼陀羅　61
イダム　461-463,503,560,594,595
一切義成就品　173
一切義成就菩薩　180,182,194
『一切宗義』　483,488,493,541,547,598,599,601,609,660,661
『一切宗義水晶（ガラス）の鏡』　622
一切如来　102,179-194
五つの骨飾り　564,590
イトゥー・バハ　315
イニシエーション　418,422
印相　112,161,289,312,313,316,328,349,351,355,469,565,574
インダス文明　160,463
インド主義　38,202,203,206
インドの演劇理論　110
インド博物館　59,311,381,409
インド文化圏　viii,39
インドラ　150,285,407,408,413,448,578,581

［ウ］
ヴァー・バハ　310
ヴァーク　324
ヴァースキ　578
ヴァーラーナシー　35
ヴァイシェーシカ　41,153,205,207
『ヴァイシュナヴィズム』 29,32
ヴァイシュヤ　31
ヴァイシュラヴァナ　662
ヴァシシュタ一族　48
『ヴァジュラーヴァリー』 219,290
ヴァジュラーサナー　287
ヴァジュラースリー　286
ヴァジュラーチャーリヤ　45,46,47,49,113
ヴァジュラーナーギー　287
ヴァジュラーナラ　288
ヴァジュラーニラ　288
ヴァジュラームリター　285
ヴァジュラーユダ　285
ヴァジュラーンクシャ　288
ヴァジュラヴァーラーヒー　575,704

ヴァジュラヴァサー　287
ヴァジュラヴァシン　287
ヴァジュラヴィカター　289
ヴァジュラヴィナヤー　287
ヴァジュラヴィナーヤカ　289
ヴァジュラカーラ　288
ヴァジュラカーリー　288
ヴァジュラカーンティ　286
ヴァジュラガンタ　285
ヴァジュラグル　286
ヴァジュラクンダリン　285
ヴァジュラケートゥ　287
ヴァジュラサウムヤ　286,287
ヴァジュラサウムヤー　286
ヴァジュラサットヴァ　188
ヴァジュラシャーンティ　285
ヴァジュラシャウンダ　287
ヴァジュラジュヴァーラー　288
ヴァジュラシュクラ　286
ヴァジュラセーナー　287
ヴァジュラダーカ　405,704
ヴァジュラダラ　400,703
ヴァジュラダンダ　286
ヴァジュラドゥーティー　288
ヴァジュラパーニ　186,473
ヴァジュラバイラヴァ　76,289,463,484,558,602,604,703,704,707
『ヴァジュラバイラヴァ［・タントラ］』　76,484
ヴァジュラピンガラ　286
ヴァジュラブーミ　324
ヴァジュラプラバ　285,286
ヴァジュラヘーマー　284,285
ヴァジュラマーラ　287
ヴァジュラマカラー　288
ヴァジュラムキー　288
ヴァジュラムサヤ　288
ヴァジュラムシュティ　285
ヴァジュラメーカラー　286
ヴァジュラヤーナ　49
ヴァジュララーフ　286
ヴァジュローシュニーシャ　280,283
ヴァタ　102,408,577
ヴァチカン　47
ヴァラーハ　288,474,705
ヴァルナ　149,578
ヴァンシャー　321
ヴィーナー　289,290,321,640
ヴィグナーンタカ　573
ヴィジャヤヴァジュラ　287
ヴィシュヴァダラカマラ　373
ヴィシュヴォーシュニーシャ　280,284
ヴィシュヌ　32,33,152,172,210,284,285,399,408,440,448,450,474,572,581
ヴィルーパ　494,499,539,540,542,550,703
ウーニョン　493
ヴェーガヴァジュリニー　288
ヴェーターラ　288
ヴェーターリー　562,567,589
ヴェーダーンタ　vii,29,41,153,172,207
ヴェーダ時代　18
ヴェーダの宗教　10,34,48,160,166,167,399,408,438,473
ウェーバー，マックス　iv,5
ウク・バハ　321
宇宙開闢の歌　150
宇宙原理ブラフマン　150,156
宇宙周期　79,118,415
宇宙的蓮華　67
宇宙の創造　149
ウッチュシュマ・ジャンバラ　401
ウッディヤーナ　622
ウパチャーラ　167,369,384,385
ウパチャーラ・プージャー　167,384
ウパニシャッド時代　18
ウマパ・ツォンドューセンゲ　660
ヴューハ　312
ウランバートル　456
ウロボロス　218,322
雲南　431,438

［エ］

エクスターゼ　vii,9–14,24–27,33,34,46,441,600
エリアーデ，M　vi,14,15,25,204,205,334,361,364,419,423
エローラ石窟　314

縁覚　459
縁起　152,501,512,513,514,516,523,524,559
円珍　60
円仁　60
円輪　88,284,285,289,572,590,672

［オ］

オーランガバード　31
オイゲン・パンダー　455
『王子の誕生』 408,426
応身　416,470,554,555
オットー，ルードルフ　334,473
オリッサ　vi,205,405,423
オルギー　vii,9-14,18,21,26,27,33-35,46,418,420,441,614
オルシャク，B・C　455,456
オルデンブルグ，S・F　455,456

［カ］

カースト　30-37,45-49,203,590,608
ガート　32
カーパーリカ派　29,30,32,438
カーマルーパ　vi,39
カーヤ　324
ガーヤダラ　540
カーラチャクラ　171,441,705
カーリー寺院　438
カーリー女神　201,361,438,440
カーリダーサ　408,426
外郭輪　371
開敷華王　158
カイヨワ，R　334,341
カイラーサ山　430
カウマーリー　231,285
火炎輪　94,145,229,322
鏡　346,376,377,480,582,598,622,640
カギュ派　vii,200,207,436,437,442,443,445,476,478,479,481-485,487,488,490,491,493,494,499,518,521,539,540,544,597,608,622,623,651,703,706
覚勝印　88,112,113,114
ガクリムチェンモ　605,631
加持　82,185,186,351,356,367,389,391,503,504
カシミール・シャイヴィズム　29,33,36
カシュガル　429
火神　166,288,585
火神アグニ　166,449
春日曼陀羅　60
ガスマリー　562,567,589
火葬　148,357
カダム派　436,482,488,489,492,494
果タントラ　549,550,551,554
月光［菩薩］ 98,282,321,672
羯磨印　117
羯磨部　74
月輪　100,190,282,283,286,353,368,376-380,383,388,389,391,394,562-564,581,639,672
カトマンドゥ国立古文書館　114,118
『カトマンドゥ渓谷』 300
カトマンドゥ盆地　vii,24,35,36,38,41-44,46,49,55,59,113,146-148,199-201,203,205,208,209,213,216,218,222,235,299,300,308,310,315,316,321,325-328,330,432,435,461,595,602,603,617,621,632,655,671
カパーラ　29,405,424,438,558,705
カピラヴァストゥ　41,42
花弁輪　270
我母　474
神降ろし　453,483,652,654
神の器　23
神の像　381,448,469
ガムポパ　436,488,495
カリスマ　48,49,346,360,545
火輪　374,375,575
カリンポン　215,653
カルコータ　578
ガルダ鳥　94,161,165,231,641
カルト集団　34
カルマ　176,666
カルマ派　482,488,489,491-493,499,510,598
カルマ・ムドラー　117
火炉　387
灌頂　92,117,146,148,192,193,284,367,389,392,454,456,545,548,549,552-555,601,606,629
『完成せるヨーガの環』 59,77,78,83,84,88,110,116,130,183,209,210,212-215,219,222,225,

226,229,231,233–235,241,270,273,276,284,289–291,320,324,384,385,394,396,397,423,424,449,454,570,571,587,643,651,671
完成の過程　177
感染呪術　345
感染の法則　345
観 想 法　25,26,53,62,65,67,69,70,74,82,111,112,146,168,169,170,172,173,176–178,181,182,195,208,215,331,347–349,353,355,356,363–368,370,373,375,377,381,384,385,393–396,399,400,420,442,445,447,452–454,456,477,482,483,494,518,542,558,560–562,567,569,580,586,589,591–596,602,603,606,607,609,611,619,622,629–633,638,643,651–655,657,659–665
『観想法の花環』 349,353,355,363–367,381,385,393,452,569,652,659,664
ガンダー　161,171,311,321,408,473
ガンダーラ　161,171,311,408,473
ガンダーラ美術　408
ガンダ・ヴューハ　312
ガンデン［寺／僧院］ 431,444,604
カンボジア　16,39,114,432,438

［キ］

ギーター　281,321,471,551
キールティプール　435
キールティムカ　310,317,318
期剋印　90,590
儀軌　43,54,69,116,118,270,273,623,634,651,659
鬼子母神　210,321,324,655
キジル　429,430,432
器世間　66,67,153,154
基体　63,65–68,439,440,490,510,548,550,593,606
基体（器）のマンダラ　593
吉祥天　289
絹の道　429
キャルポン　620,624
ギャンツェ 113,173,308,629
救済　7,10,19–23,25,26,27,154,159,234,337,338,346,359,448,471,617,618,628
ギュテクントゥ　382
ギュト僧院　653
ギュメ僧院　653
キュンポ地方　632
キュンポ・レーパ　601
行タントラ　69,70,71,208,605,702
キリスト教神学　448
儀礼主義　69,150,154,166,453,618
儀礼の内化　70,361,619
『金枝篇』 345
金帝国　443
禁欲　6,7,8,340,361,469,542,554

［ク］

空海　13,16,54,55,60,71,207,608
空行母　36,459,474,580,704,705
空性　152,350,353,370,416,480,483,485,490–492,494,501,502,513,514,516,518,522–525,527,560,561,568–570,591,592,607,630,664
空性智　350,353
空性の智　370,569,570,607,630
空性と悲の融合　502,523,524,525
クーターガーラ　214
九会曼荼羅　55,71
究竟次第　177,606,607,627
クシャーン期　161
孔雀　94,161,165,231,641
クシャトリヤ　31,32
グジャラート州　28
『倶舎論』 20,66,109,117,153
九乗　627
クチャ　429,430,432
グッチョウ　299,300,310
グバジュ　45
九バイラヴァ　270
グプタ朝　16,161
クマーラ　285
クマーラ・サンバヴァ　408
熊野曼陀羅　60
供物　53,63,79,82,146,147,155,160,165–167,204,351,363,369,370,384,449,562,567,576
供養　53,54,63,69,70,77,79,82,146,147,165–169,173,203,300,363,366,367,369,370,384,385,

391,422,445,453,567
九曜　155,210,213,702
供養祭　203
供養女　60,77,79,82,96,98,118,173,180,184,190,194,210,320,321,384,576
供養法　20,41,79,165,167,168,384,605
クラーク，E　458
クリカ　578
クリシュナ崇拝　11
クリシュナチャーリン　328,540,704,705,706
クリヤー・タントラ　68
グリューンヴェーデル　455,457,460,461
グル・マンダラ　118
グルヴァジュラー　286
グルカ王朝　44
クワー・バハール　113,270,671
クンガーサンポ　545
クンクマ　392
クンダリニー　415,479,608
クントゥサンポ　639,643

［ケ］

携帯用祭壇　63
ケートゥ　287,598
『華厳経』 212,213,312
化身　49,156,157,392,394,416,489,505,563,602,642
化身（アヴァターラ）408,474
仮説　17,152,486,665
華多羅　383,391
結跏趺坐　88,90,92,94,212,368,379,383,563,639
ケツンサンポ　602
外の四供養女　77,79,82,98,384
化仏　100,283,284,353,378,392,401,565
外マンダラ　276,284
ゲルク派　147,207,436,437,442,444,445,477,482-484,488,492-494,597,598,601-604,623,626,653,658,660,663,704,707
戯論　152,485,491,522
顕教　16,26,35,343,435,436,442,444-446,460,462,469,488,492,494,499,510,542,544,545,547,552,580,586,596,599-602,654,660,661
『賢劫千仏名経挿図図像』 458
賢護［菩薩］ 98,282
原初の蛇　218,322
献信　348,470
幻身　479,480,608,706
原人　150,384
原人歌　150,384
現図胎蔵曼荼羅　82
現世拒否的禁欲　8
現世逃避的瞑想　8
現世内神秘主義　8,13
現世内的禁欲　7
現世に対する拒否　6,8,9,19,586
現世利益　21,70,344,359,360,362,469
元朝　443,444,545
現等覚大日一二二尊マンダラ　71
幻道次第　483
原物質　415,422

［コ］

五位七十五法　153
高昌　429
恍惚　9,10
業金剛女　90,102
降三世品　284
『広説』 543
香象［菩薩］ 98,108,282
香多羅　383
後伝期　436,539
業と煩悩の止滅　19
光明　479-481,483,485,520,608,639,640,642,643,651,652,701
光網［菩薩］ 98,282,321,672
広目天　463
五蘊　152,153
ゴージャ　204
ゴータマ・ブッダ　153,155,156,182,205,625
コータン　429,430
個我　65,150,151,168,505
個我アートマン　150,151
虚空　94,98,282,321,323,328,371-373,376,463,609,672
虚空蔵求聞持法　609
黒帽派　489,492,499,510,598

五供物　369
国立民族学博物館　215,235,632,633
呼金剛尊　437,441
五根　319
五次第　177,607,631
五條覚澄　657
個人的宗教行為　46,338,339,359,618,619,628
コスモス　153,170
五相成身観　182
五智如来　78
古典ヨーガ　70,169,479
言葉の多元性　152,522,523
護符　346
五部族　100,401
五仏　16,74,77,78,88,110,158,161,164,173,179,183,184,367,377,392,401,463,471,472,474,582
護法神　155,159,165,447,459-461,463,474,475,548,558
護摩　20,166,171,206,216,341,445,452
五力　319
五輪塔婆　376
ゴルカ王朝　201
コルカタ　59,311,381,409
ゴル［寺／僧院］　14,201,205,209,376,430,431,443,456,457,475,476,545,546,571,595-597,629,701,703-706
ゴル派　545,546,596,703,704,705,706
ゴル派流の九尊ヘーヴァジュラ・マンダラ　596
コンカル・ドルジェデン［寺］　546,560,594,595
金剛愛　92,190
金剛因　94
金剛王　92,184,185,186,189,190,192,193,195
金剛界九会曼荼羅　71
金剛界三十七尊　77
金剛界三十二尊　77
金剛界四仏　316
金剛界大曼荼羅　116,174
金剛界品　173
金剛界マンダラ　51,55,68,71,74,76,-79,83,88,100,109,111,112,117-119,130,158,161,165,170,172-174,176,178-180,182-184,187,190,194,195,210,212,213,215,234,289,301,317,333,348,371,381,384,385,387,401,665
金剛亥母　704,705
金剛歌女　79
金剛環　229,270,374,375,394,593
金剛嬉女　79,96,194
金剛喜　92,190
『金剛句偈』　499,529,542,543,546-550,554-556
金剛華女　98,165
金剛牙　96
金剛拳　88,90,92,96,351
金剛誇印　96,117
金剛鉤　92,100,102,119,187,188,192,193,195,212,283,289,387,391
金剛鉤召　192,193,195
金剛香女　98,165,194
金剛光　92
金剛業　94,102,213
金剛語　94
金剛護　96
金剛柵　371
金剛索　100,102,212,283,387,391
金剛薩埵　90,100,102,117,186,188,190,326,463,472,563,565,567,591,592,702,704-706
金剛手　186,316,317,414,463,473,483,701-704
金剛地　312,324,371,570,593
金剛笑　92,117
金剛鏁　100,102,212,283,386,387
金剛乗　49,50,599,601
金剛塗女　98,165
『金剛尖タントラ』　104
金剛蔵　98,102,282,321,672
金剛ターラー　363-371,373,375-380,381,383-385,388,389,392-396,631
金剛ターラーの観想法　363,365,367,368,375,393,631
金剛智　193
金剛冑　96
金剛召　565
『金剛頂経』　54,55,71,74,158,170,173,176,178,179,181-184,187,188,190,194,195,208,210,215,599

金剛灯女　98,165
『金剛の出現』 176
『金剛の環』 454,456,477
金剛部　74,317
金剛舞女　79
金剛鬘女　79
金剛夜叉　104
金剛鈴　92,100,102,119,212,225,283,285,386,387,391,563
金剛籠　88,109,280,282,366,370,371,373,394,397,570,593
金翅鳥　463,476
コンチョクギェルポ　436,484,539-541,543,544,597
コンチョクフントゥプ　560,562,569,570,577,580,581,582,592,594-596
ゴンパワ　541,543
コンプパ・チューキギェルポ　541
ゴンポ　474,475,493,541,707
根本タントラ　548,551,554,702,705,706

［サ］

サーダナ　20,25,70,146,348,363,451,452,560,580,602
サーンキヤ思想　422
サーンチーの仏塔　160
最勝羯磨王の三摩地　174
最勝マンダラ王の三摩地　174
西方浄土　157,470
サキャ（ネパールのカースト） 47,49
サキャ・ティジン　581,659
サキャ派　16,207,209,376,436,437,442,443,445,482,484,493,494,497,499,539-547,555,560,571,581,596,597,600,601,629,659,701,703,705
サキャパンチェン　443,544,555
サキャパンディタ　443
作タントラ　68,69,70,169,208,605,701
サチェン・クンガーニンポ　541,543
薩埵金剛女　90,102
サフ，N・K　381
サマーディ　174
サマヤ　351,355,389,394
サマヤ・サットヴァ　355,389,564
サムイェー僧院　435
サムリン　599
サラスヴァティー　112,276,289,474,662
『サンヴァローダヤ・タントラ』24,704
山岳宗教　654
山岳信仰　609
三構成要素 415,417
三叉戟　231,285,289,401,405,409,412,415-417,423-426,447,472,574
三三昧　176,426,664,666
三段階観想　176-178,181-184,194
三毒　479
『三百尊図像集』 455-459,473,476,477
『三百六十尊図像集』 458
三昧耶　185,351,391,394,401,564,705
『三律儀細別』 493,544

［シ］

慈　350,370,416,445,503,565,643
シヴァ　32,109,156,172,285,325,326,361,399,405,407-418,420-422,425,426,439-441,450,469,472,474-476,581
シヴァ派　29,30
『シヴァ・プラーナ』 408
シェーシャ蛇　288
シェン　614,624-627,639-642
シェンチェンルガ　626
シェンラプミオ　624,625,627,639
自我　416,417,666
シガツェ　431
紫禁城　60,458
自空説論者　491
ジクテンゴンポ　493
四句分別　514,529
持国天　463
自己神化　10,13
自己同一性　150,206
自己透徹性　168
死後の世界　157
自己否定的契機 333
持金剛　400,463
四金剛女　77,78,212

『シジ』 624,627
四洲 109
自性 153,350,370,417,479,491,501,505,511-513,519,520,524,528,554,555,569,643,651
四摂菩薩 98,118,387
氏姓カリスマ 48,49
自然宗教 616
死体 29,31,35,46,148,336,344,351,356,357,405,415,561,575,578,579,608,616
四大元素 227,234,575
七海 88,102,109
七母神 210,231
シッキム vii,viii,492
嫉金剛女 391
実在論哲学 153,205
実践者 23,26,62-67,74,82,83,164,165,169,170,171,179,180,184,186,347-349,357,358,360,363,366,368-370,389,391-394,399,480,481,523,563-565,568,629,630,651,653,657
四天王 270,318,459,463,475,702
『シトゥ註』 505,509,512,513,530
シトゥパ・テンペーニンェ 500
シパサンポ・ブムティ 639
四波羅蜜 77,179,212
四妃 77,180,184,187,190,194,219,222,234,270,320,328,367,378,387,388
四宝 118
地母神崇拝 658
四魔 562,581,591
四無礙 213
止滅の道 20,24,26
四門衛 77,79,102,184,289,367,381,386-388
シャー王朝 201
シャーキャ・ムニ 151,152,155,156,161,164,165,447,448,463,469-471,472,505
シャーキャシンハ 273,280,702
シャーキャミトラ 112
シャークタ派 17,36
ジャーティ 45,46,202,320
シャーマニズム vi,14,21,22,24,25,30,168,188,205,361,418,420,436,441,442,453,459,542,613-616,652,654,657
シャーマン 22,416,418,442,453,603
シャーンティラクシタ 199,434,435,437,621,622
シャイヴァ・シッダーンタ vii,29,36
ジャイナ・タントリズム 28
ジャイナ教 16-18,28,29,36,37,613
ジャイナ教の密教 16,17
ジャイナ窟 314
シャヴァリー 562,567,589,592
シャカ族 155,182
釈迦族 41,42
シャカムニ 317,701,702
寂止 502,518-521,523,524
寂静 111,585
釈タントラ 548,551,554
シャクティ 158,325,409,421,426,439,461,672
ジャター地区 209
娑婆世界 327
ジャヤ 213,287
ジャヤーヴァハ 287
シャルザ・タシギェルツェン 626
ジャワ 16,438
シャワリンパ 488
シャン・ユタクパ 493
シャンカパーダ 578
ジャンクリ 603,654,655
シャンシュン 620,624,627
シャンツァル 489
シャンパ・カギュ 482-484
手印 69,349
周囲世界 152,153,561
宗教倫理の類型 6
集団的宗教儀礼 21
集団的宗教行為 21,22,30,46,335,338,359,616,618,619,628
十二因縁 559
十二支縁起 559
十二自在 213
十二地 212,213,231
十二波羅蜜 213
十八羅漢 463,476
十波羅蜜 213
『十万歌』 486,487,493
十六供養女 320

十六大菩薩　77,90,100,116,117,172,173,179,180,183,184,186,187,189,190,192–195,212,270,281,321,330
『儒教と道教』 6
修験道　595,652,654,656–658,661
守護尊　459–463,472,473,480,503,504,643
守護輪　382,561,572,593
種子曼荼羅　61
呪術　6,10,13,21,22,25,28,41,55,207,333,344–347,359,360,362,364,434,435,444,469,485,541,542,605,616,623,664
呪術行為　344–347
呪術的儀礼　207,345,347
ジュニャーナ・サットヴァ　351,355
ジュニャーニャパーダ流　606
須弥山　59,61,66,67,88,109,118,153,155,183,213,280,315,322,324,326,442,593
須弥山世界　154,155
呪文　69
ジュヤー・バハ　315
シュリー　30,276,289,563,565,600,703
小宇宙　151,206,505,541
聖観自在菩薩大悲者　393
勝義　486,509,551,552
生起次第　177,548,553,554,562,606,607,627
生起した神々　643,651
青頸　284
勝解行地　212
聖者流　606
成就　347,393,503,507,525,545,555,564,599,661
小洲　88,109,118
成就法　20,53,111,146,347–351,355–360,362,363,395,400,442,445,451–453,476,560,602,603,609,631,653,661,663
情態　110,111
情調　110–112,145,585
象徴機構　342
象徴的存在　355,367,389,391,393,394,651,652,654,659
正等覚大日マンダラ　373
浄土教　234,625
浄土宗　234
浄土信仰　448,470,471
浄土真宗　46,234
浄土変相図　60
浄土曼陀羅　60,61
青睡蓮　282
勝楽尊　437,441,472
『勝楽（チャクラサンヴァラ）タントラ』 76,437
ショーダシャ・ラースヤー　320,321,322,576
『長阿含経』 109
初期大乗仏教　154,205,206,450,485,518,569
初期仏教　9,19,20,21,152,153,154,160,165,166,169,205,206,207,448,469,470,489,497,540,554
初期仏教教団　20,21
所作智　377,582
所取　513,520
女神崇拝　17,32,35,36,155,159,361,439,440,461,474
『諸佛菩薩聖像賛』 458
尸林　351,357,561,575,577,580
『時輪タントラ』 76,109,599
瞋　401,416,417
神我　23
人格神　155,157,448
『信仰入門』 598,602
親近　193,194
真言　13,16,102,104,171,185,186,343,351,353,355,356,370,379,383,391–393,455,564,572,573,591,599,600,605,607,629,631
瞋金剛女　389
『真言道次第』 631
真言密教　13,171,629
真言理趣　343
新サキャ派　545
心種子　102,379
心真言　102
深層意味　421,422,423
身体技法9,21,22,24,27,29,30,168,188,348,441,442,453,594,603,608,616,631,652,659,664
神通力　188,347
心的空間　64
神秘体験　7
シンボリズムの操作　420

［ス］
垂迹部　454
水神　288,585
スヴァヤンブーナート寺院　47,301,328,655
スヴァヤンブーナート仏塔　147,299,301,303,308,310–313,316,320,321,324,327
頭蓋骨杯　29,55,76,343,348,350,356,358,360,401,405,409–412,416,418,420,424,425,437,438,441,447,472,474,541,558–560,564,578,579,584,585,589
塗香　165,282,369,384
『図像抄』 476
塗多羅　384
スティティ・マッラ　45
砂マンダラ　147
スネルグローヴ，D　431,446
スパルシャー　321

［セ］
精液　387,552,567,591
聖化　7,19,25,70,82,151,170,172,327,356,358,359,367,389,395,440,441,479,497,498,555,559,638
青海湖　444,598
西夏王国　443
誓願　146,157,343,355,389,496,499,500,503,504,506,507,509,511,512,514,515,517,519,525–528,530,564,565,625
性行為　19,20,76,340,362,445,542,543,559,580,586,587,590
星宿部　454
精神生理学的変化　67,607,631
精神的産出　176,177,184,193,194,366,400
精神的至福　8,19,21,28,29,46,341,616,620,625
聖水容器（カマンダル）　285,286,288
聖性顕現　145
生成の過程　177
聖性の度　335,461,462,504,651
性的オルギー　18,21,34,35,418,420,441
性的ヨーガ　499,542,543,546,606
正統バラモン　10,11,30,153
『聖なるもの』 333
性に対する態度　19,542
聖紐　285,289,350
聖別　193,605
世界宗教の経済倫理　6
世界宗教の否定的倫理　333
世界の構成要素　145,153
世界の構造　59,61,67,151–155,206,207,234
世界の聖化　172
セギュ僧院　147
セギュ派　653,658
世間　8,20,66,67,153,154,486,547,554,555,592
世親　152,153,492
世俗諦　509
接触の法則　345
セトンクンリク　541
施無畏印　94,161,164,280,290,312
『セルミク』 624
遷有　479,481
禅定印　88,94,280,290,311,639
前伝期　435,436,539
贍部洲　181,182

［ソ］
双入　501,512,513,516,518,520,528
象皮　411,412,414,419,423,425,426
葬儀　46,334–339,341,342,346,356,614,615,618,620
創造神　iv,172,218,450
増長天　463
象の生皮　409,424,425,437,441,447,472,558
象の魔神の殺戮者　409–411
ソエンブー　300
ソーマ酒　10,160
即身成仏の思想　13
促進の道　20,24
触地印　90,161,164,280,290,469
祖師 454,460,462,463,476,478,481,539
『蘇悉地経』 70
ソナム・ギャツォ　109,376,571,572
ソナムツェモ　543,544
『蘇婆呼童子経』 70
ゾロアスター教　434,471
ソンツェンガムポ　199,434

ゾン派　545,546

［タ］
ダーカ　405,580,704,705,706
ダーキニー　36,373,463,474,540,548,567,568,580,589,704
タークリ王朝　44
第一瑜伽の三摩地　174,176
大印契　478,479,483,487–492,494–496,499,500,503,506,509,510–512,514,515,517,519,521,525–530,544,545,549,554
大印契カウマ　483
『大印契請願』　489
大円鏡智　377,582
大究竟　491,521,623
『大幻』　484
大乗仏教中期　19
胎生マンダラ　71
『大真言道次第』　605,607
胎蔵界曼荼羅　54
胎蔵マンダラ　71,158,169,373,381,471,473,665
胎蔵曼荼羅　54,71,82
大中観　491,492,521
『タイッティリーヤ・ウパニシャッド』　440
『大日経』　54,55,70,71,82,158,169,558,605
大日［如来］　54,55,66,70,71,74,77–79,82,88,100,102,110–114,155–158,161,164,169,170,172,179,210,212,234,270,273,283,289,290,301,303,326,328,373,376,377,385,392,401,463,471,504,558,581,582,605,651,702,704
大悲胎蔵生マンダラ　71
大毘盧遮那　82,112,181
『大毘盧遮那成仏神変加持経』　82
『大宝広説』　543
第四灌頂　552,606
ダウ・バハール本堂　114
他空説　491,492
ダクキェ　113,452,638
タクシャカ　578
タクパギェルツェン　543–545
タクポ・カギュ　482,484,486,487
タクポラジェ　482,487–489,492–494,544,706
タクルン　488,489,492
タシルンポ　431
タッキラージャ　573
脱魂　9,14,21,168,614,615
ダッタートレーヤ　201
ダマル太鼓　360,405,410,415,416,418,420,423,424,567,589
タマン　44,603
ダムリン　599
多聞天　463,475
多羅　364,383,384,391
ダライ・ラマ　431,444,493,546,659
ダライ・ラマ一四世　659
陀羅尼　69,210,213,393,453,454,459,462,701
陀羅尼真言　393
『陀羅尼集経』　453,454,459,462
ダルパナー　321
ダルマダートゥ・ヴラタ　146
ダルマダートゥガルバー　321
ダルモーダヤー　366,372
タレジュ　200,201,438
ダンダヴァジュラーグリー　286
タントラ行者　8,29
タントラ時代　18
タントラ主義　17
タントラ的集団　34
『タントラ部集成』　70,71,76,118,209,212,276,425,484,540,542,596,629,701
タントリズム　i,vi,9,15–21,28–30,33–38,41,49,70,71,82,83,111,145,152,154,155,159,167,169,171,176,177,199,205,206,208,310,3410–344,347,348,361,363,365,398–401,411–414,416–418,420–423,438–441,444,450,451,453,459–462,505,539,540,542,544,586,587,590,615,617–619,631,633,638,652,664
タントンギェルポ　484
ダンデーカル，D　32

［チ］
痴　401,416,417
血・骨・皮の儀礼　76,438,440
地・水・火・風の物質的な基礎　59
智慧資糧　509
智慧の甘露　282,564

智拳印　112,113,161,164,313
痴金剛女　389
智薩埵　368,369,391
秩序世界　149,153,156,208
チッタ　324
智的存在のマンダラ　389,391,394
智幢［菩薩］ 98,282
血の供犠　418,420
智の存在　351,355
『西蔵大蔵経』 22,68,395,426,484
『西蔵曼荼羅集成』 270,382,701
『チベット死者の書』 215
チベット・ビルマ文化圏　viii,39,431,437
チベット自治区　39,173,430,560,628,632
チベット仏教　vii,16,24,40,43,44,46,49,109,147,200,204,207,214,218,318,359,373,374,395,405,429–435,437,438,444,445,447,450–455,458–463,471,472,476,478,483,497–499,504,515,520,525,543,570,595,597,598,600,603,613,623,628–630,633,634,638,651,653,660
チベット文明　429,431,432
智法身　112
チャームンダー女神　201
『チャーンドーギヤ・ウパニシャッド』 150,505
チャウリー　562,567,589
チャクラ（神経叢） 415,479
チャクラサンヴァラ　76,171,176,215,405,424–426,437,475,575,586,704
チャクラサンヴァラ（勝楽）・マンダラ　171
チャクラサンヴァラ三三昧　426
チャトローシュニーシャ　281
チャリヤー・ダンス　43
チャリヤー・タントラ　69
チャンダーリー　36,37,562,567,590,592,608
チャンバリン　659
中有　215,479,481,608,627
中央アジア　vii,39,364,430,432,473,475,476,613
中央チベット　218,429–431,435,487,492,598,620,626
中観思想　490
チューキロトゥ　482,484
チューキワンチュク　492
中台八葉院　373
中脈　415,480
『中論』 152,153,512,514,516,569,609
チュシュヤー・バハール　209,225
チョーティカー　672
チョギェ・ティチェン　659

［ツ］

ツァル　488,489,493,659
ツァル派　493,659
ツァン　430,431,486,492,493,601,660,704,705,707
ツァンニョン　493
ツァンニョン・ヘールカ　486
ツァンパギャレー　493
ツォンカパ　436,444–446,459,596–609,631,660–663
『ツォンカパ伝』 662
角塔婆　376
ツルジャープル　200

［テ］

ティークシュノーシュニーシャ　281
ディーパンカラ・シュリージュニャーナ　600
ディクン　488,489,492,493,599
ティソン・デツェン王　434,621
ティテンノルブツェ　617,632,634,652
ティラウラコット　41,42
ティローパ　608
テージョーシュニーシャ　281
テーラヴァーダ仏教　44,444
テーラヴァーダ仏教徒　44
テーローパ　478,479,608
滴　552,588,589,591,592,639
『テプテルゴンポ』 541
テルトン　602
デワチェン　599
天蓋　343,424,593
天山南路　429,430
天山北路　429,430
テンジン・ナムダク　632
天台の密教　16

天鼓雷音［如来］ 158
転法輪印 94,112,113,161,164,225,280,313,326,469

［ト］

ドゥーパー 321
ドゥーママティー 463,474
道果説 16,497,499,539–547,554,555
トゥカン 483,488,493,541,547,598,599,601–603,622,660,661
ドゥク 482,488,493,642
ドゥク派 vii,482,493
『灯作明広釈』 177
『道次第解脱荘厳』 488,495
トゥッチ，G 109,394,396,397,631,664,666
トゥティス 634,640,643,659
トゥティス・マンダラ 640,643,659
ドゥヨーマー 603,609,655,656
ドゥルガー 31,201,276,289,389,399,438
トゥルファン 429
ドゥルポン 620,624
ドゥンキェ 452,638
ドーハー 494
トーラナ 113,114,301,303,310,317,328,376
ドーンビー 36
ドーンビニー 562,567,590,592
ドクミ 484,539–541
土地神 54,579,605,619
土着的崇拝 vii,21,55,436,438,613
『ドドゥ』 624
トプ 187,489
トポス 334
ドムトゥン 436
灯多羅 383
トゥースムキェンパ 489
虎皮 405,412,415,472,574
鳥居門 376
『ドルテン』 456
トルマ 204,233,562
貪［族］ 401
貪金剛女 391
敦煌 429,431
トンパ・シェンラプ 625,639

［ナ］

ナーガヴァジュラ 288
ナーガケーサラ 281
ナーグ・バハ 315
ナーディー 24,479
『ナートヤ・シャーストラ』 111
『ナーマサンギーティ』 208,702
ナーランダー僧院 199,479,540
ナーローの六法 600,607–609
ナーローパ 199,478,479,481,483,484,487,608
内的マンダラ 280,540
内の四供養女 77,79,96
流し口 314,315,324,325
生首 348,350,356,405,447,472,579,585
ナマスカーラ 167
『ナルタン』 456
ナンディン 412

［ニ］

ニーラカンタ 284,285
ニーラダンダ 574
ニヴリッティ・マールガ 20
ニグマ 481,483,706
ニグマの六法 483
二次第 177,545
西チベット 430,436,613,629
二資糧 509,528,545
二重金剛 74,90,94,317,350,376,562,570,584,593,672
二十八宿 155,210,213,270
二重蓮華 88,90,92,94,109,216,280,283,323,324,350,353,425,572
『ニシュパンナ・ヨーガーヴァリー』 59
二諦 509,528
日蓮 61
ニヤーサ 24,577
『入中論自註』 660
「入法界品」 312
入門儀礼 70,146,148,418,420,422
如意幢 92,290
如意宝珠 282,401
如来蔵 490,491,492,510,523,524,555

如来の身体　13,157,581,582
如来部　74,454
『人間と聖なるもの』 334
ニンマ派　vii,46,207,436,437,442,477,491,539,602,622,623,625,626,627,651

［ヌ］

ヌリトヤー 281,321

［ネ］

ネオ・ブッディズム　45
ネストリウス派　434
ネパール　vi–viii,1,16–18,22,26,34,35,38–44,50,53,54,61,62,77,112,113,155,199,200,201,205,209,214,300,314,358,359,396,430,433,437–439,461,473,476,478,482–484,493,598,615,621,623
『ネパールの仏塔』 300
涅槃　160,308,326,327,486,509,513,514,541,547,548,553,555
ネワール語　43,45,117,200,204
ネワール大乗仏教　24,629
ネワール仏教　43,44–49,113,118,148,199–204,209,210,218,235,273,276,291,300,319,324,327,328,405,426,462,577,595,634,653
念持仏　459,463,472,504,604

［ノ］

ノ・バハール　229
能取　513,520

［ハ］

パーオ　603,660
バージャー岩窟　160
バーダーミー　418
バーフヤ・マンダラ　284
ハーリーティ女神　655
バール崇拝　10
バールフットの仏塔　160,166,448
ハーレービドゥ　410
パーンチャラートラ派　33
バイラヴァ　76,270,289,405,409,411,412,414,463,484,558,577,578,580,602,604,702–704,707
バガ　20
ハカー・バハール　216,222,225–227,229,234,270,330
バガヴァーン・バハ　315
バガヴァッド　358,470,551
『バガヴァッド・ギーター』 470,551
バグチ，P・C　15
墓場　31,344,426,463,476,575
墓場の王　463,476
ハク・バハール　216
バクタプール　42,201,300,328
バクティ　348,470,471,609
バクトゥ　488,489,492
パクパ　545
パクモトゥ派　443
パクモトゥパ　492,493
ハタ・ヨーガ　169,415,479,483,494,608
パタムパサンギェー　436
パタン市　42,113,114,148,216,270,310,321,655
八四人の成就者　540
八小洲　109,118
八大尸林　577
八大ナーガ　578
八大龍王　210,270
八仏頂　212,273
髪髻冠　110
『八千頌般若経』 167
『八千頌般若経挿図図像』 458
バッタサリ，N・K　381
バッタチャリヤ，B　15,27,117,241,284,351,353,381,384,385,395,396,397,423,570,659
パッティ　281,284
パッティカー　284
八方天　210,328,578
パドマ　199,435,436,437,539,573,578,588,622,705,707
パドマーンタカ 5　73
パドマサンバヴァ　199,435,436,437,539,622,705,707
バニヤン　577
バプロム　488,489
ハヤグリーヴァ　414,416

バラタ　111
波羅蜜　77,179,210,212,213,343,364,509,528,545,639
波羅蜜理趣　343
バラモン　8,10,11,22,29–37,45–47,49,69,153,160,165,166,201–204,206,207,343,347,361,423,440,452,505,590,618
バラモン中心主義　36,69,166,201,204,206,207,343
バリ島　16,114
バリの密教　16
パリ翻訳官　471
パルナシャバリー　213,477
ハルミカー　311
半円形装飾　303,310
バンダルカル　29,30,32,38
パンチェン・ラマ四世　456,477
バンテアイ・クデイ　114
パンテオン　viii,40,41,149,155,156,158,159,161,203,209,210,364,398,399,401,412,413,416,422,437,441,445,447,449–451,454–456,458–460,461–463,472–474,476,623,627,640
般若経　94,166,167,225,458

［ヒ］

悲　350,370,502,518,523–527591,592
非アーリヤ系　31
非アーリヤ的起源　14
ビーマー　276,289
東インド　20,205,430
ビジェーシュヴァリー寺院　313
非バラモン系の哲学　207
ヒマーラヤ地方 40,623
『秘密集会タントラ』 76,177,400,401,423,472,601,606,607
秘密集会マンダラ　158,401
秘密仏　333,343,358,398,400,437,438,441,442,460,462,463,469,504,558–560,602
白衣明妃　387,474
百字真言　564
憑依　9,10,14,19,21,24,168,188,360,441,442,590,595,603,614,615,631,654,655,657,660,664–666
平等智　377
毘盧遮那　82,112,181
瓶　227,282,387,392,491,552,605,619,640,642,672
瓶灌頂　552
ヒンドゥー・カースト社会　45
ヒンドゥー・タントリズム　28,30,33,35,37,341,361,422,439,441
『ヒンドゥー教と仏教』 6
『ヒンドゥー教図像学の諸要素』 408
ヒンドゥークシュ山脈　429,432
ヒンドゥー密教　vi,vii,21,28,41

［フ］

ブ・バハール　113,114,229,270
フーシェ　381
プージャー　20,63,69,79,146,167,203,320,363,370,384
風神　288,585
プータナー　289
ブータン　vi–viii,39,205,215,430,482,493
プーナ　31,425,426
『不可思議大印契』 479
不空王［菩薩／大菩薩］ 185,188–193,195
『不空羂索経』 70
不空成就［如来］ 74,94,96,98,100,102,116,173,183,212,365,377,385,387,392,463,471,582
福徳資糧　509
普賢［菩薩］ 98,283,321,322,328,463,639,643,651,671
プシュパー　321
部族　100,102,117,200,202,385,401,402
『二つのラマ教パンテオン』 458
父タントラ　76
布置　24,389,391,638
プッカシー　562,567,589,591
仏教タントリズム　20,21,28,36,37,70,71,82,111,169,171,176,177,199,206,208,341,343,347,361,363,365,398–401,411–414,416,417,420–423,444,450,451,453,459–462,505,539,540,544,586,587,590,615,617–619,633,638,652,664

仏教パンテオン　149,155,159,161,203,210,398,399,401,413,416,422,447,454,461,462,473
仏教密教　vii,16,20–22,24–26,28,29,41,43,50,438,441,444,654
仏眼明妃　387
仏国土　327,367,376
仏性　486,491,592
『仏像—イコノグラフィ』　454
『仏像図典』　454
ブッダカパーラ　405,705
仏頂尊　273,280,281,289,326
仏頂尊勝　213,388,392,463,707
仏塔　59,147,160,166,167,173,199,209,216,229,231,234,273,299–301,303,308,310–316,318–322,324–328,330,425,448,458,580,629,653,671
仏部　74,317
不動［明王／尊］　61,171,463,475,573,656,703
プトゥン　68,599,601,704
不二タントラ　76,540
プラーナ　18,24,408,419,425
プラーナ（叙事詩）時代　18
ブラーフマナ文献　14,15,308,326,405
ブラーフマニズム　69,202,459
プラヴリッティ・マールガ　20
プラカーラ　324,570
プラジュニャー　158,364,401,437,439,441
プラジュニャーンタカ　573
プラパンチャ　152
『ブラフマ・スートラ』　30
ブラフマー　231,285,399,405,409,412,424,440,581
ブラフマン　23,150,151,156,166,205,210,417,440,448,472,480
フリダヤ・ビージャ　379
プルシャ　23
フレーザー　345
プロテスタンティズム　26,46,340,341
忿怒尊　55,149,165,210,213,449,459,460,473,572,574,575

［ヘ］

ヘーヴァジュラ　36,343,353,405,425,438,560–565,567,568,578,580–582,585,587–589,591–595,705
『ヘーヴァジュラ・タントラ』　36,437,586,590,664
ヘーヴァジュラ・マンダラ　36,558,560–562,565,568,575,596
ペーマカルポ　493,496
ヘールカ　333,347,348–351,353,355–360,392,398–400,402,405,409,411–417,420,422,423,425,426,472,475,486,504,540,560,561,563,564,704–706
ヘールカ成就法　347–349,351,355–360
『別尊雑記』　476
別尊曼荼羅　61
ベンガル　vi,205,430,438,474
ペンコル・チューデ［仏塔］　113,173,629
弁才天　289
変質したポン教　621,626,628
遍調伏品　173
弁積［菩薩］　98,283,321,672
逸見梅栄　456

［ホ］

ホイサレーシュヴァラ　410
忘我　10,11
法界マンダラ　147,158,197,208–210,212,214,216,218,219,222,225–227,229,234,235,300,301,320,321,327,333,671
法源　370,372,373,394,575,576
奉献塔　60,311
方向を転じたポン　620,624
法金剛女　90,102
宝金剛女 90,102,116
宝生［如来］　74,92,98,100,102,116,158,161,164,172,183,194,209,212,303,377,385,388,392,401,463,471,582
報身　112,156,157,416,470,505,554,555,640,642,701
法蔵菩薩　156,625
宝幢［如来］　158
宝マンダラ　118
法輪　42,94,112,113,161,164,212,225,280,313,326,385,469

ボードナート仏塔　653
ホーマ　20-22,160,166,171,341,618
菩薩地　210
ホジソン　43
ポゼッション　603
菩提心　111,371,387,551,552,561,567,568
法界語自在マンダラ　117,208-210,212,213
法界語自在文殊　111-114,208,210,234,241,702
法界体性智　100,377,582
法界の誓願　146
法身　112,156,157,165,181,416,471,481,490,505,510,554,555,642,707
ポワ　608
『梵華楼』 458
ボン教 613
ボン教の「悪趣清浄マンダラ」 634
本源の存在　643,651,652
ボン性　620
ボンニ　620

［マ］

マーヤー　207,405,425,480,705
マーラー　281,452,577
マーリーチー　213,463,474
マールヤー　321
マイトリーパ　199,343,478,481,483-485,487,704
マウナヴァジュラ　285
マカラ　287,288,317,578,579
マソーバー　31-35,37
マチクシャマ　541
マッラ王朝　44,45,200
マッラ王プラターパ　209
マッラ朝　45,46,200
マドゥカラ　287
マドゥスーダナ・サラスヴァティー　112
マドゥマッタ　287
マドゥヤ・プタ　392
『マヌ法典』 167
マハーヴァーキヤ　150
マハーヴァイローチャナ　181,280,283
『マハーバーラタ』 41,408,418,425,426
マハーパドマ　578
マハーマーヤー　405,425,705
マハームドラー　499,622
マハーラーシュトラ州　31,33,37,45,47,200,201
マヒシャ　31,389
マヒシャ・アスラ・マルディニー　31
マラーバラ　574
マリアイ　31-35,37
摩利支天　474
マルパ　200,436,482,484-488,494,597,608,703
マルパ・カギュ　482
満州　431,456
『マンダラ』 456,460
マンダラ儀礼　43,147,169,170,206,399,600,605,652
マンダラ台　216,218,227
マンダラの基体　593

［ミ］

ミキョ・ドルジェ　489,491,492,510,529
密教行者　8,26,168,177,199,328,349,362,368,400,435,445,453,478,586,622,660
密教僧　62,357,362,445,586,601,656
密教的ヨーガ　24,83,177,605,607
ミトラ教　471
脈管　177
明王　55,61,66,453,454,597
妙観察智　377,582
未来を予見する印相　312
ミラレーパ　436,476,484-488,493,494
民主連邦共和国　44
民族宗教　616,617,619

［ム］

無我　370,391,585,586,591,705,706
無我瑜伽女　391
無上ヨーガ・タントラ　69,74,76,208,461,484,485,540,605
ムラジャー　321
ムリダンガー　321
無量寿［如来］ 463,471,701,702,705
ムンバイ　31,160

［メ］
名辞の否定　514,515
瞑想　6,8,20,29,62,64–66,70,164,340,525,540,579,591,601,602,619,622,623,631,653,658,661
瞑想法　20,25,62,520,666
芽の出たばかりのポン教　620

［モ］
『蒙古語版カンギュル挿図図像』458
母タントラ　76,586,664
門衛　77,79,102,119,173,184,212,213,289,367,381,386–388,391,392
モンゴル　14,205,430,431,443,456,457,475,476,597
文殊崇拝　209
文殊菩薩　55,65,147,208,316,317,660,661
門標　376

［ヤ］
ヤーサン　489
薬師［如来］　463,469,701
ヤクシャ　104,160,270,579,580
約束の存在　355,367,391,394
夜叉　104,160,459,580
ヤブ・ユム　476
ヤマーンタカ　231,573
ヤルルン王朝　434
ユダヤ・キリスト教　6,10,11,24,448
ユベール　334
ユムチェン・サティクエルサン　639
夢　370,479,480,601,608
ユング，C・G　481,666
『要集次第』177

［ヨ］
ヨーガ　14,23–26,37,59,62,67,70,71,74,76,83,168,169,174,177,181,206,208,339–341,348,356,360,399,415,436,441,442,452,453,471,479,481–483,486,490,494,499,502,510,518–523,541,544,547,594,605–609,631,659,665
ヨーガ・タントラ　69,71,74,76,169,170,208,210,461,484,485,540,605
ヨーガ行者　7,8,23,24,26,273,340,394,399,415,481,482,484,522,523,540,541,548,608
『ヨーガ・スートラ』169,518,594
ヨーギニー　270,383,391,704,706
ヨーニ　314,324–326,439,440
余観　502,518–521,523,524
与願印　92,161,164,280,285,290,313,425,469,671,672

［ラ］
ラークシャサ　270,578,580
ラースヤー　281,289,320–322,576
ラーフ　14,15,69,155,202,286,308,326,405,459
ラーマーヌジャ　30,172
『ラーマーヤナ』41
礼拝　64,146,167,363,399,448,451,563,565
ラオ　408,409,432,639
羅漢　270,454,457,463,476
ラグ・ヴィーラ　226,456,457
ラクシャー　351,355,356,561,593
ラクシャーチャクラ　561
ラサ（味）　110–112,585
ラサ（チベットの地名）　429,431,560,598,632
ラサヴァジュラー　321
ラダック　118,218,328,430,431,436,476,482,493,598,629
ラチェン・シェンラオーカル　639
ラトナカジ・バジュラーチャーリヤ　273
ラトナギリ　311
ラトノーシュニーシャ　280,284
ラプキドゥンマ　436
ラマイズム　476
ラマウマパ　660–663
ラマ教　458,460,476
ラマタムパ・ソナムギェルツェン　545
ラモ　8,10,11,22,29–37,45–47,49,69,153,160,165,166,201–204,206,207,343,347,361,423,440,452,474,475,505,551,590,618,658
ランダルマ王　435
ランチュン・ドルジェ　489–491,496,499,503,504,506,507,509,510,512,515–517,523–525,527,529

［リ］
『リグ・ヴェーダ』 48,149,150,384,407,408,413,418,421,475
リチャードソン，H 431,446
リタ 149,285
立体マンダラ 60,214,215,218,381,382
リッチャヴィ王朝 44,200,310
リムガテンゾ 631
「略ヘールカ成就法」 349,355-357,359,360
龍樹 152,153,167,205,491,514,516,569,617
リンガ・ヨーニ 314,325,439,440
輪廻涅槃無差別の思想 553
『リンヘン』 456
リンレーパ 493

［ル］
類感呪術 345
類似の法則 345
ルーパー 321
ルドラ 231,407,408,418
瑠璃光世界 469
ルンビニー 41,42

［レ］
レーチュン聴聞の伝統 487
レーチュンパ 487,493,494,703,706
レプコン 633
蓮華生 435,622
蓮華手菩薩 316,317
蓮華部 74,317
レンダワ 601,609

［ロ］
楼閣 77,88,96,98,102,183,184,194,195,213-215,280,320,321,367,371,376,377,386
ロサンタクパ 598
ロサンツルティム 662,663
六波羅蜜 509,528,545
論理学 207,434,482,487,544,598,623
『論理の明蔵』 544

［ワ］
ワンチュク・ドルジェ 492

[A]
adhiṣṭhāna 186,504
Advayavajra 483
Akṣayamati 81,143
Akṣobhya 80,131
Amitābha 80,99,107,131
Amitaprabha 81,99,142
Amoghadarśin 81,140
Amoghasiddhi 80,95,99,108,131
Ānandagarbha 176
Aparājitā 402
Avadhūti pa 483

[B]
Bhadrapāla 81,99,142
bhāvanā 146,352
bodhyagrī 85,89,113
bodhyaṅgī 85,113
Buddhakapāla 405

[C]
Candraprabha 81,99,142
cintāmaṇi 401

[D]
Dharma-dhātu-vāgīśvara-maṇḍala 208
dharmodaya 370
dharmodayā 370
Dharmavajrī 80,132
dohā 494
dveṣa 401

[E]
Ekajaṭā 402

[G]
Gaganagañja 81,99,141
Gandhahastin 81,99,141
Gāyadhara 540

[H]
Hayagrīva 402
Heruka 398,402,540

[J]
Jālinīprabha 81,143
Jambhala 402
Jñānaketu 81,142
jñānasattva 352,355,368
jñānasattva-maṇḍala 391

[K]
Karmavajrī 80,132
Kṛṣṇacārin 540
Kurukullā 402

[L]
Lokeśvara 402

[M]
Mahābala 402
Mahāmāyā 403
Mahāmūyūrī 402
Maitreya 81,140
Mārīcī 402
moha 401
mudrā 349

[N]
Nāmasaṅgīti 208
Nairātmā 402
niṣpannakrama 177

[P]
Pañcakrama 177
Parṇaśavarī 402
paryudāsa 514
Piṇḍīkrama 177
Pradīpodyotanaṭākā 177
prasajyapratiṣedha 514
Pratibhānakūṭa 81,143

[R]
rāga 401
Ratnasambhava 80,131

Ratnavajrā 80,132

[S]
sādhana 53,146,348
Samantabhadra 81,144
samaya 352,355,391,397,401
samayasattva-maṇḍala 391
Sarvāpāyañjaha 81,140
Sarvaśokatamonirghātamati 81,141
sarvatathāgata 103,179
sattva 185
Sattvavajrī 80,132
siddhi 95,99,103,108,347,540
sāmābandha 371
Śitātapatrā 402
Śūlaṅgama 81,141

[T]
Taleju 200
toraṇa 376
Tuljāpur 200

[U]
upacārapūjā 384
Uṣṇīṣavijayā 402
utpattikrama 177

[V]
Vairocana 80,112,132
Vajrabhāṣa 81,135
Vajraḍāka 403
Vajradharma 81,135
Vajradhūpā 81,138
Vajragandhā 81,139
Vajragarbha 81,143
Vajragītā 81,137
Vajrahāsa 81,34
Vajrahetu 81,135
Vajrakarma 81,136
Vajraketu 81,134
Vajralāsyā 81,137
Vajrālokā 81,138
Vajramālā 81,137
Vajrāṅkuśa 81,139
Vajranṛtyā 81,138
Vajrapāśa 81,139
vajraprakāra 371
Vajrapuṣpā 81,138
Vajrarāga 80,133
Vajrarāja 80,133
Vajrarakṣa 81,136
Vajraratna 81,134
Vajrasādhu 80,133
Vajrasandhi 81,137
Vajrasattva 80,133
Vajrasphoṭa 81,139
Vajratārāsādhana 368
Vajrateja 81,134
Vajratīkṣṇa 81,135
Vajrāvalī 454
Vajravārāhī 402
Vajrāveśa 81,140
Vajrayakṣa 81,136
Vajrodaya 117,176
Vasudhārā 402
viśvavajra 216,376
vrata 343

[Y]
Yamāri 402